La face cachée du *Monde*

DES MÊMES AUTEURS

PIERRE PÉAN

Pétrole, la 3e guerre mondiale, Calmann-Lévy, 1974.
Après Mao, les managers, Fayolle, 1977.
Bokassa Ier, Alain Moreau, 1977.
Les Émirs de la République,
en collaboration avec Jean-Pierre Séréni, Seuil, 1982.
Les Deux Bombes, Fayard, 1982 ; nouvelle édition, 1991.
Affaires africaines, Fayard, 1983.
V, l'affaire des « avions renifleurs », Fayard, 1984.
Les Chapellières, récit, Albin Michel, 1987.
La Menace, Fayard, 1988.
L'Argent noir, Fayard, 1988.
L'Homme de l'ombre, Fayard, 1990.
Vol UT 772, Stock, 1992.
Le Mystérieux Docteur Martin, Fayard, 1993.
Une jeunesse française, François Mitterrand, 1934-1947,
Fayard, 1994.
L'Extrémiste, François Genoud, de Hitler à Carlos,
Fayard, 1996.
TF1, un pouvoir,
en collaboration avec Christophe Nick, Fayard, 1997.
Vies et morts de Jean Moulin, Fayard, 1998.
La Diabolique de Caluire, Fayard, 1999.
Bethléem en Palestine,
en collaboration avec Richard Labévière, Fayard, 1999.
Manipulations africaines, Plon, 2001.
Dernières volontés, derniers combats,
dernières souffrances, Plon, 2002.

PHILIPPE COHEN

Le Bluff républicain, Arléa, 1997.
Protéger ou disparaître. Les élites face à la montée
des insécurités, Gallimard, 1999.

Pierre Péan
Philippe Cohen

LA FACE CACHÉE DU *MONDE*

Du contre-pouvoir aux abus de pouvoir

MILLE ET UNE NUITS

Remerciements

Un grand nombre de personnes ont aidé les deux auteurs à réaliser leur enquête. Parmi eux, une mention particulière doit être portée à Richard Labévière, journaliste, pour sa contribution concernant l'affaire de la GSI. La situation professionnelle de la majorité de nos informateurs nous interdit de les citer nommément. Elle ne nous empêche pas de les remercier chaleureusement.

ISBN : 2-84205-756-2

« C'est normal qu'on critique *Le Monde*
et nous devons le prendre comme un compliment…
Il a du pouvoir, celui d'un fort contre-pouvoir.
Or j'ai toujours considéré que, dans ce métier,
il faut avoir un moral de boxeur : pour avoir le droit
de donner des coups – ce que nous revendiquons,
en un mot –, il faut d'abord apprendre à les encaisser.
Reste qu'il y a coups et coups… »

EDWY PLENEL,
interview à *Livres Hebdo*, 4 octobre 2002

« La presse a fini par acquérir une position telle
que le métier même de journaliste est devenu
synonyme d'impunité et d'irresponsabilité. »

JACQUES BOUVERESSE,
Schmock ou le triomphe du journalisme

Introduction

> « Il arrive que de l'anecdotique émerge le fondamental (...). Les "affaires" disent ce que les pouvoirs cachent ou ne veulent pas voir. »
>
> EDWY PLENEL,
> *Un temps de chien*

« *J'ai sauvé, puis refait* Le Monde. » Cette affirmation de Jean-Marie Colombani, Pdg du groupe Le Monde, doit être prise au pied de la lettre : aidé d'Alain Minc et d'Edwy Plenel, Colombani a bel et bien créé un nouveau *Monde*, ainsi que le promettait la campagne publicitaire de relance du quotidien en 2002. Certes, mais ce journal n'a strictement plus rien à voir avec ce qu'il fut, même si la nouvelle direction continue d'y puiser sa légitimité. Le nom de Hubert Beuve-Méry, maintenu en « une », dont les mânes sont continuellement invoquées par les nouveaux patrons, n'est plus qu'un masque visant à dissimuler l'abandon du statut de contre-pouvoir pour celui de pouvoir.

Pourtant, le journal bénéficie encore de l'aura de ce qu'il fut avant le magistère de ses dirigeants actuels. Pour la grande majorité de ses lecteurs, *Le Monde* reste un organe d'information insoupçonnable. Il a longtemps incarné la seule opposition consistante au gaullisme triomphant. Pour qui regarde d'assez loin cet univers, il paraît indépendant du monde des affaires. Ses campagnes contre le mensonge d'État et la corruption en politique, initiées par l'affaire du *Rainbow Warrior*, lui ont conféré une image d'intransigeance et d'indépendance. Les éclats qui entourent certaines révélations sur les grandes entreprises françaises renforcent encore cette image... si bien que prévaut une impression générale : mieux que ses concurrents, *Le Monde* incarnerait ce quatrième pouvoir auquel chacun reconnaît un rôle indispensable au bon fonctionnement de la démocratie. Enfin, le nouveau *Monde* séduit depuis peu par une indéniable capacité à moderniser sa formule et à aborder tous les sujets qui composent l'air du temps, du « Loft » à la Coupe du Monde de football. L'aura du *Monde* reste donc inégalée, en dépit de l'érosion qu'a subie la puissance de l'écrit dans la société française comme ailleurs.

Les hommes politiques, les intellectuels, les grands patrons se damneraient pour une tribune dans la rubrique « Horizons ». Les rédactions des grandes télévisions hertziennes élaborent le sommaire de leur « 20 heures » avec *Le Monde* ouvert sur les genoux. Ce qui fait de ce quotidien le cœur du dispositif médiatique en France et, en dernière analyse, le pouvoir d'entre tous les pouvoirs.

Dans la presse écrite, on peut vilipender un ministre, crucifier un patron, salir un président, mais, jusqu'à présent[1], il est hors de question de publier la moindre virgule de travers sur le Pdg du *Monde* ou sur son directeur de la rédaction. Les attaques contre le sectarisme critique de Josyane Savigneau[2] ont immédiatement déclenché une levée de boucliers : en s'en prenant à la responsable du *Monde des Livres*, c'est bien entendu à la « liberté de la presse » (sic), voire aux femmes en tant que telles, que l'on s'attaque. Même *Marianne*, qui « ose » de temps en temps, passe sous silence bien des dérapages du quotidien de

1. Mentionnons toutefois l'exception de *L'Express*, qui, au moment de la publication du livre de Jean-Marie Messier (avec Yves Messarovitch), *Mon vrai journal* (Balland, novembre 2002), a osé signaler en « une » que l'ex-Pdg de Vivendi s'en prenait au quotidien de référence.
2. Au printemps 2002, la publication de l'ouvrage de critique littéraire de Pierre Jourde, *La Littérature sans estomac* (L'Esprit des péninsules), passa pour une violente attaque au prétexte que le livre s'ouvre sur un préambule intitulé « L'Organe officiel du combattant majeur : *Le Monde des livres* et Philippe Sollers ».

référence. Par exemple, lorsque *Le Monde* se procure les bonnes feuilles du livre de Jean-Marie Messier[3] grâce aux « bons offices » d'un *paparazzi* connu notamment pour avoir dérobé à Alfred Sirven son carnet d'adresses, *Marianne* applaudit : « *Oui, on a le droit de voler l'information.* » Comme si le vol d'un livre – qui sera public de toute façon et sous peu – était équivalent à celui d'un document démontrant la corruption d'une institution ou d'une personnalité. Bref, les attaques du journal de Jean-François Kahn contre *Le Monde* sont plutôt modérées, elles s'en tiennent au domaine des goûts et des idées, sans jamais dénoncer les méthodes de son équipe dirigeante. Mieux : alors que *Le Monde* boycotte systématiquement tous les ouvrages de Kahn, *Marianne* consacre des pages à chaque ouvrage de Colombani ou de Plenel[4]. Prudence élémentaire ? Instinct de survie ?

C'est ici qu'il nous faut expliciter notre propre démarche. Nous sommes, reconnaissons-le, de vieux lecteurs du *Monde*. Le journal a accompagné notre éducation civique et politique dans les années 1950 pour l'un, 1960 pour l'autre. Comme pour beaucoup de Français, ce journal était devenu le nôtre. Notre prière quotidienne, selon le mot de Hegel. À l'étranger, nous étions prêts à parcourir des kilomètres pour le trouver. Journalistes, nous avons rêvé d'y travailler[5].

Cours, camarade, le vieux *Monde* est derrière toi... C'est justement parce que le portrait flatteur du quotidien esquissé plus haut nous paraît désormais obsolète que

3. *Op. cit.*
4. Notons en particulier que l'hebdomadaire a publié les bonnes feuilles du livre d'Edwy Plenel, *L'Épreuve,* et salué par quatre pages l'ouvrage de Jean-Marie Colombani, *Les Infortunes de la République.*
5. *Le Monde* a publié une lettre de Pierre Péan le 12 décembre 1964 et quelques lignes sur le même sujet – la situation politique au Gabon – le 12 janvier 1965. Dans sa livraison du 11 décembre 1968, le quotidien de référence a remplacé le fameux billet de Robert Escarpit par un billet signé Pierre Péan et intitulé « *Le droit du garagiste* ». L'auteur a alors rêvé d'entrer au *Monde,* mais n'a jamais reçu de réponse à sa lettre de candidature. Un peu moins de cinq ans plus tard, il a en revanche décliné l'offre de remplacer Renaud de Rochebrune pour s'occuper de la rubrique pétrolière... parce qu'il lui aurait fallu se lever trop tôt !

nous avons entrepris cette enquête. Depuis près de dix ans, nous avons le sentiment qu'on nous a volé notre journal. Pourquoi ? La première prise de conscience est sans doute venue en 1995 : comment un journal comme *Le Monde* pouvait-il faire campagne en faveur d'Édouard Balladur ? Pourquoi le faisait-il « en douce », en attaquant ses concurrents plutôt qu'en revendiquant, comme cela avait toujours été le cas jusque là, son engagement ? La balladurisation du *Monde* était d'autant plus inquiétante qu'elle survenait après une campagne d'une violence inouïe contre François Mitterrand et tous ses proches, campagne qui n'a pas perdu en agressivité aujourd'hui encore, sept ans après sa mort[6]. De ce jour, nous n'avons plus lu notre quotidien de la même façon. Et plus nous le lisions dans le détail, plus nous découvrions tantôt la partialité de nombre d'enquêtes, tantôt une inexplicable volonté de nuire, tantôt encore la fatuité de certains articles, tous traits qui, accumulés, ont entraîné une vraie transformation du journal. Et voilà que bientôt sa « une », autrefois modèle de rigueur intellectuelle – une sobre hiérarchie des événements du jour – verse dans l'info-spectacle et le racolage. Les articles raccourcissent en proportion de la pensée qu'ils expriment, rapprochant le quotidien de cette « *fast information* » que l'on trouve aujourd'hui un peu partout. D'une manière générale, et surtout en « une », l'international s'efface progressivement au bénéfice de l'hexagonal, voire du parisianisme. Comme dans un mauvais rêve orwellien, plus *Le Monde* clame que les frontières sont dépassées, plus il se provincialise au point de faire un jour sa « une » sur un livre de Sylviane Agacinski, jugeant ainsi sa publication prioritaire sur les préparatifs de guerre contre l'Irak ou le projet de budget du gouvernement Raffarin. L'économie est présentée comme un phénomène naturel, qui ne peut que s'imposer à la société. De 1994 à

6. En décembre 2002, *Le Monde* publie une incroyable enquête sur la « Chambre du Président », dans laquelle Hervé Gattegno évoque la construction d'un palais qui aurait été destiné à abriter la retraite du Président Mitterrand sans autre preuve… qu'une déclaration du capitaine Barril. Voir chapitre 10, « La machinerie d'Edwy Plenel », p. 225.

2002, sous l'influence de ses nouveaux dirigeants, *Le Monde* a pratiquement nié la possibilité de politiques économiques alternatives. La même essentialisation de la loi du marché joue dans les commentaires de la vie des entreprises. Leurs options et leurs évolutions sont toujours « inéluctables ». Tout aussi inéluctables sont le dénigrement et la détestation de la France. Les nouveaux responsables du *Monde* sont littéralement obsédés par les épisodes sombres de son passé (Vichy, les guerres coloniales, l'esclavage) qui se retrouveraient dans la « lepenisation rampante des esprits[7] ». Bref, *Le Monde* semblait perdre chaque jour un peu plus de son exception.

Il fallait donc y aller voir. Tenter de comprendre la logique – si elle existe – sous-tendant ces évolutions récentes. *Le Monde* est-il seulement devenu ce qu'il est par nécessité de s'adapter à la société contemporaine ?

Comment le journal a-t-il été conduit à abandonner une à une les qualités qui lui valaient respect de la part de ses adversaires idéologiques, y compris au sein de la profession journalistique ? Cette curiosité d'appréhender comment on nous a subrepticement subtilisé *Le Monde* est à l'origine de ce livre[8].

L'enquête, menée durant plus de deux ans, nous a conduits largement au-delà de cette motivation initiale. Si

---

7. Voir à ce sujet *Les Francophobes*, par David Martin-Castelnau, Fayard, 2002.
8. Précisons une fois pour toutes les relations des deux auteurs avec leur « objet d'étude » :

Pierre Péan a été choqué par le traitement réservé à son livre *Une jeunesse française* par *Le Monde*, lequel en profita pour lancer une campagne tendant à s'appuyer sur cette enquête afin de démontrer que l'ex-Président avait été un collaborateur, voire un personnage antisémite. Pierre Péan a eu tout loisir de s'exprimer sur ce point dans un ouvrage paru en 2002 chez Plon, *Dernières volontés, derniers combats, dernières souffrances*.

Philippe Cohen a travaillé au *Monde de l'Éducation* de 1984 à 1987, comme pigiste puis comme salarié à plein temps à partir de décembre 1985. Un conflit avec le rédacteur en chef du mensuel, Jean-Michel Croissandeau, l'a amené à quitter le journal après qu'André Fontaine, à l'époque directeur, lui eut proposé un autre poste au bureau lyonnais du quotidien. Par la suite, lors de son passage à la rédaction en chef d'*InfoMatin*, de 1994 à 1996, il a eu l'occasion de se réconcilier avec Croissandeau. Peu avant la parution du livre, les dirigeants du *Monde* ont pris prétexte de cette histoire pour rejeter toute demande d'entretien et calomnier Philippe Cohen. Le lecteur trouvera une reproduction des courriers échangés à cette occasion en annexe, pp. 629-631.

nous devions résumer son résultat en une phrase, ce serait celle-ci : le pouvoir du *Monde* ne repose plus sur la confiance ou le respect de ses lecteurs, mais sur la crainte qu'il inspire et le bénéfice qu'il en tire des autres pouvoirs. Ici commence la part d'ombre du nouveau *Monde*. Elle est devenue, par la force des faits, le vrai sujet de ce livre. Nous laisserons donc volontairement de côté sa « part de lumière », autrement dit la grande qualité de la plupart de ses journalistes, des articles et dossiers qui trouvent encore à s'y publier, malgré la stratégie de « mise en scène de l'information » et l'appétit de « coups » de la nouvelle direction. Pour reprendre une formule souvent utilisée par Edwy Plenel afin de défendre sa propre conception du journalisme et l'importance qu'il accorde aux « affaires », nous n'allons parler que des trains qui arrivent en retard et « *porter la plume dans la plaie* ».

« *Notre fonction première,* explique le directeur de la rédaction du quotidien[9], *n'est pas de rassurer les esprits et d'apaiser les consciences, mais au contraire d'éveiller et de stimuler (...). Il arrive que de l'accidentel surgisse l'essentiel, que de l'anecdotique émerge le fondamental, que de l'éphémère naisse le durable.* » À propos des « affaires », Edwy Plenel affirme précisément qu'« *elles disent ce que les pouvoirs cachent ou ne veulent pas voir. En bousculant et dérangeant, elles contraignent à la réflexion citoyenne, nourrissent le débat public, suggèrent les remises en cause. En interpellant ceux qui nous gouvernent ou nous dirigent, elles obligent à sortir du cadre imposé par le règne de la communication où les pouvoirs maîtrisent questions et réponses, informations et commentaires.* » Nous essaierons d'appliquer ces énoncés au propre journal de l'auteur de ces lignes.

La peur est devenue la principale arme du *Monde*. Une peur qu'il prétend mettre au service d'un combat sans merci contre tous les pouvoirs qu'il dénonce comme corrompus. Car – c'est devenu en quelque sorte son métier

9. In *Un temps de chien*, Stock, 1994.

de base – le nouveau *Monde* traque les secrets des autres pouvoirs. Au nom de cet objectif, il s'autorise toutes les transgressions qu'il condamne si souvent chez les autres : le droit de revendiquer la confidentialité de ses sources ; celui de violer le secret de l'instruction et de faire fi de la présomption d'innocence ; celui, enfin, d'utiliser délation ou dénonciation, voire de s'allier de manière occulte à des juges.

Edwy Plenel a prétendu relancer naguère les ventes du journal en réussissant quelques grands scoops politiques comme l'affaire Greenpeace ou celle des Irlandais de Vincennes. Il réussit ensuite à imposer la pratique dite du journalisme d'investigation. Depuis, devenu maître de la rédaction en 1996, il est parvenu à bouleverser l'esprit et les repères du « journal de référence ».

Loin de nous l'idée de défendre ici une quelconque « pureté » du métier de journaliste. Le journaliste d'investigation a les mains sales parce qu'il doit souvent passer des accords tacites avec un pouvoir ou une fraction de ce pouvoir pour avoir raison d'un autre. Si les conséquences de cette pratique sont « gérables » (c'est-à-dire acceptables sur le plan moral ou déontologique) à titre individuel, elles deviennent beaucoup plus délicates et discutables, une fois ladite pratique instaurée à l'échelle d'une rédaction. En devenant directeur de celle du *Monde*, Plenel s'est fait le metteur en scène des investigations des journalistes qu'il a cooptés. Puis ces investigations elles-mêmes sont devenues une véritable marque de fabrique, ainsi qu'une stratégie marketing. Pour la promotion de ses ventes – ce qui peut être légitime, à certaines conditions. Mais quand un journal se sert du contenu de ses propres colonnes pour contraindre ou séduire des actionnaires, voire renvoyer l'ascenseur à des amis politiques susceptibles de le soutenir ou de le faire soutenir financièrement, on est plus près des personnages du Bel-Ami de Maupassant ou des journaux évoqués par Balzac dans *Les Illusions perdues* que de l'épure anglo-saxonne...

La « trahison » de la direction du *Monde* a pris quatre formes principales, qui seront exposées par le menu dans ce livre :

La dénonciation à sens unique. *Le Monde* d'hier s'engageait mais respectait ses adversaires ; celui d'aujourd'hui n'hésite pas à les salir et à les piétiner. Ses investigations sont à charge ; elles ne prennent que rarement en compte les arguments des accusés. Pour atteindre certaines de ses cibles, *Le Monde* bâtit des accords occultes et crée *de facto* une caste d'intouchables englobant même parfois certaines personnalités – telles Charles Pasqua, Nicolas Sarkozy – dont le lecteur jurerait qu'ils sont pourtant des adversaires du *Monde*. Bref, le quotidien de référence dénonce quand cela l'arrange. Mais quand il y va de son financement ou de liens de connivence qui concernent ses dirigeants, il dissimule ou ment à ses lecteurs.

Le cynisme. Par une curieuse coïncidence, *Le Monde* s'est mis à procéder par dénonciation au nom de la morale[10] au moment même où ses dirigeants s'en affranchissaient. Pendant que le quotidien de référence donnait des leçons de civisme aux hommes politiques et aux chefs d'entreprise, son Pdg oubliait volontiers ces beaux principes dans sa conduite personnelle. Nous montrerons également qu'en tant que dirigeants d'entreprise, la direction du quotidien donne une présentation incomplète et donc non sincère des chiffres de la diffusion, et n'hésite pas à émettre des factures relevant de pratiques contestables, allant jusqu'à entraîner d'autres institutions dans ses turpitudes.

L'abus de pouvoir. Les dirigeants du *Monde* se servent de leur position pour obtenir en faveur de l'entreprise des avantages qui leur permettent de mettre mieux en valeur leur gestion. Ils menacent de campagnes de presse certains grands patrons pour les contraindre à satisfaire les intérêts supposés du *Monde*.

10. Dont justement se méfiait Beuve-Méry : « *J'ai toujours maintenu ce principe de fond que la morale est autre chose que la politique.* » *Paroles écrites, Mémoires*, édition établie par Pierre-Henry Beuve-Méry, d'après les entretiens réalisés par Jean-Claude Barreau et Pierre-André Boutang, Grasset, 1991.

L'autocratie. L'actuel directeur du *Monde* a été élu à l'issue d'un scrutin ouvert à tous les membres du personnel et à la rédaction, *via* la Société des Rédacteurs, principal actionnaire. À son arrivée à la direction du quotidien de référence, plusieurs contre-pouvoirs existaient dans l'entreprise : certains services puissants comme celui de l'Étranger, la Société des Rédacteurs, les syndicats. Nous verrons comment chacun d'eux a été démantelé ou neutralisé. Nous montrerons comment Edwy Plenel a créé au sein de la rédaction un climat de peur qui rend difficile toute critique interne de la direction.

Dès lors, tout est en place, l'instrument est prêt. Assuré de son invulnérabilité, Plenel peut orchestrer, comme le faisait la Ligue Communiste révolutionnaire dans les années 1970, de véritables campagnes d'opinion et susciter parallèlement, de par ses relations, des « reprises radio et télé » qui étayent et crédibilisent davantage encore l'intervention du *Monde*. Comme on avance ses régiments en bon ordre de bataille, le directeur de la rédaction du *Monde* fait alterner les manipulations politiques – affaire Schuller-Maréchal, *outing* de Jospin, etc. –, les offensives idéologiques – la repentance nécessaire, la torture en Algérie –, les *fatwas* affairistes – Lagardère, « *Qui veut la peau de Messier ?* » – ou culturelles – la « *France moisie* », l'affaire Renaud Camus, les nouveaux réactionnaires, etc.

Comme on le vérifiera par le menu, le nouveau *Monde* n'a donc plus de filiation morale, politique et culturelle avec le journal de Hubert Beuve-Méry. Il constitue une drôle d'« exception française » qui n'a non plus rien à voir avec les grands journaux auxquels ses responsables actuels se plaisent à le comparer : le *New York Times*, le *Financial Times*, *El País* ou *La Stampa*. Parler de scandale à propos du nouveau *Monde* ne relève pas d'une simple polémique de journalistes. La place prise par le quotidien dans la vie et dans le fonctionnement de la République est désormais décisive, car il terrorise les hommes politiques, inquiète les responsables économiques, intimide les éditeurs, les intellectuels et les syndicalistes. Au cœur du dispositif médiatique français, il influence, neutralise ou tétanise la plupart des autres médias.

En cela, le nouveau *Monde* présente tous les traits de l'imposture, même s'il s'agit d'une imposture moderne. C'est parce que celle-ci entraîne une véritable dégradation de la vie démocratique dans ce pays que nous avons décidé de lever le voile à son sujet. En somme, d'investiguer sur l'investigateur...

Avertissement

Le lecteur sera peut-être surpris de ce que nous n'ayons jamais donné directement la parole aux dirigeants du *Monde* qui sont mis en cause dans ce livre. La raison en est simple : malgré trois tentatives successives, Jean-Marie Colombani et Edwy Plenel ont refusé de répondre à nos questions sous un prétexte menaçant[1]. Les responsables du *Monde* refusent ainsi de s'appliquer à eux-mêmes les principes de transparence et d'éthique qu'ils prônent dans le monde des affaires et de la politique, sous le prétexte fallacieux que ceux qui enquêtent sur l'institution qu'ils dirigent ne leur conviennent pas. Comme s'ils souhaitaient, tels ces dirigeants staliniens naguère, sélectionner leurs historiens et leurs biographes. Voilà pourquoi le lecteur tient entre ses mains une « biographie » qui n'a rien d'officiel.

Les informations que nous délivrons dans cet ouvrage ne manqueront certainement pas de déplaire aux dirigeants actuels du *Monde*. Le risque est grand, et nous le connaissons parfaitement, de les voir saisir la justice afin de tenter d'empêcher la diffusion de notre livre. Mais les faits qui mettent en cause ces dirigeants nous ont paru suffisamment graves pour mériter un exposé sans fard des dérives du journal auxquelles ont conduit huit années de magistère de Jean-Marie Colombani, Alain Minc et Edwy Plenel. En deux ans d'enquête, nous avons découvert quelques faits d'une gravité que nous ne soupçonnions

1. Voir annexes, l'échange de courrier, pp. 629-631.

pas au début de notre travail. Du coup, nos énergies se sont focalisées sur quelques « affaires », ce qui peut donner l'impression d'une « instruction exclusivement à charge », alors que nous nous sommes contentés d'aller jusqu'au bout de nos enquêtes, en utilisant les méthodes classiques du « métier » (recoupement de l'information, collecte de témoignages et de documents). Si notre récit peut paraître partisan, la méthode utilisée ne l'est pas. Enfin, le lecteur doit savoir que nous renonçons à prétendre à l'exhaustivité...

Notre condamnation n'est pas morale, mais politique : les faits nous enseignent que les méthodes employées par les dirigeants du *Monde* l'éloignent de plus en plus de sa vocation initiale – un regard éclairé et intellectuellement honnête sur le monde – pour le mettre au service du pouvoir d'un petit groupe d'hommes eux-mêmes entourés d'une caste bureaucratico-médiatique en voie de constitution. Ce livre s'adresse proritairement à celles et ceux qui furent ses lecteurs attentifs et fervents, qui ont cessé de le lire ou qui en sont restés les acheteurs alternativement résignés et indignés, nostalgiques d'un temps où l'éthique professionnelle y campait au poste de commande.

Avant même d'éventuelles tribulations judiciaires, le lecteur doit savoir que l'objet qu'il tient entre ses mains n'a pu y parvenir qu'à force de prudence et de ruse. Il a été fabriqué dans des conditions proches de la clandestinité. Craignant des pressions, l'éditeur a préféré rester dans l'ombre et ne pas annoncer la parution de l'ouvrage, comme il est d'usage. L'impression a été réalisée à l'étranger et les libraires l'ont reçu d'office, sans même avoir eu à le commander et en ignorant tout de son contenu. Ces craintes n'avaient rien de paranoïaque. Nous avons pu mesurer, à l'occasion de la parution des ouvrages de Pierre Botton ou de Jean-Marie Messier, jusqu'où les dirigeants du *Monde* étaient prêts à aller pour « se protéger ». Plusieurs mois avant la parution de notre enquête, les pressions ont été sournoises, mais pugnaces. Les dirigeants du *Monde* voulaient absolument connaître le nom de l'éditeur de l'ouvrage (sans doute pour le féliciter ?). Ils ont, à cet effet, interrogé ou fait interroger plusieurs éditeurs. Puis, des avertissements « cordiaux » ont été adressés à plusieurs responsables de médias : à la sortie des ouvrages, il leur faudrait « choisir leur camp », pour ou contre *Le Monde.*

Pourquoi « des » ouvrages ? À l'origine, les deux auteurs projetaient d'écrire chacun leur propre livre. En se rencontrant, ils ont pu mesurer le caractère complémentaire des deux projets et ont réussi à les « fusionner » à partir de septembre 2002. En outre, le sentiment partagé de risquer une rude bataille contre un adversaire puissant et pas toujours regardant sur les méthodes, a également milité en faveur de l'union de nos forces. Compte tenu des pressions des dirigeants du *Monde,* décision fut prise de ne pas révéler avant parution la co-signature de l'ouvrage. Les interlocuteurs et les informateurs que nous n'avons pas prévenus de notre collaboration nous pardonneront cette précaution.

Choisir son camp ? Pour ce qui nous concerne, notre choix est fait : pour *Le Monde*, contre ceux qui l'ont emmené là où il en est aujourd'hui.

CHAPITRE PREMIER

La première crise

« Le poisson pourrit par la tête. » Lugubre, la formule du Président Mao s'applique-t-elle à l'histoire récente du *Monde* ? Pour comprendre la prise de pouvoir du trio Colombani-Plenel-Minc, l'indignation ne suffit pas. Il convient de revenir sur la longue crise qui précéda l'entreprise victorieuse des trois hommes.

Jusqu'en 1980, *Le Monde* pouvait prétendre au titre d'entreprise mythique, une sorte de *success story* de l'après-guerre. Entreprise est d'ailleurs un mot inadéquat pour rendre compte de la réalité de l'institution. *Le Monde* n'est pas un « produit ». C'est d'abord une idée, un espoir, notamment celui d'une profession passablement mise à mal par la Seconde Guerre mondiale, ou bien, si l'on veut encore, l'expression d'une « certaine idée » de la presse et du journalisme. Ce n'est pas là qu'une formule : le journal est né sous les auspices de deux figures d'exception. La première, Hubert Beuve-Méry : après avoir été fasciné par le rayonnement de l'Allemagne d'avant-guerre [1], il a su refuser Munich en 1938, quitter *Le Temps*, avant de rejoindre l'école d'Uriage, puis, plus tard, le maquis. C'est donc un journaliste intègre, indépendant et courageux – et il y en avait peu au sortir du second conflit mondial. La deuxième figure est un homme politique d'exception, le

1. Contrairement à une légende bien établie, si Hubert Beuve-Méry a bien rompu avec *Le Temps* lorsque celui-ci s'est enlisé dans la Collaboration, il a pu montrer quelque faiblesse intellectuelle pour le régime nazi, exprimée par le biais d'un livre, *Vers la Grande Allemagne*, publié avant-guerre : quelques formulations ambiguës sur l'Allemagne national-socialiste ont été exhumées par la revue *Immédiatement* (« *Voici les pères fondateurs "oubliés" de l'Europe* », n° 13, février 2000).

général de Gaulle, qui n'a pas voulu autoriser *Le Temps* à reparaître, mais qui s'est montré magnanime envers ceux de ses rédacteurs – Hubert Beuve-Méry en était – qui avaient pris leurs distances avec le journal au temps de la Collaboration. Quoique toujours reconnaissant envers de Gaulle de sa décision, Beuve-Méry a été un opposant permanent au pouvoir gaulliste, excepté, fait notable, lors du référendum de 1958 : il appela alors à voter en faveur du Général. La bataille constante entre les deux hommes ne les empêchait pas de s'accorder une estime[2] mutuelle. *Le Monde* put jouir ensuite d'une prospérité qui se perpétua bien au-delà de leurs règnes respectifs, comme si les deux hommes, qui s'affrontaient tout en se respectant, avaient mis à jamais le journal sur de bons rails.

Car le « quotidien de la rue des Italiens », comme l'on disait à l'époque[3], a su bien négocier le virage des années 1970, auquel il était pourtant fort peu préparé. En 1968, poursuivant bien malgré lui un chemin si parallèle à celui du Général qu'il en devient mimétique, Hubert Beuve-Méry s'envole pour Madagascar tandis que de Gaulle refuse d'annuler son voyage en Roumanie durant le déclenchement du mouvement étudiant. Rue des Italiens, Jacques Fauvet, rédacteur en chef, joue les Pompidou, plus qu'indulgent envers un soulèvement qui s'attire les sympathies d'une fraction de la rédaction. Dès son retour à Paris – le 24 mai seulement, à cause des grèves –, « Beuve » rétablit l'ordre au sein de celle-ci[4], comme

2. Dans son ouvrage autobiographique, *Paroles publiques*, entretiens réalisés par Jean-Claude Barreau et Pierre-André Boutang (Grasset, 1991), Hubert Beuve-Méry rapporte ce dialogue avec le Général : « *Mon Général, j'aimerais justement bien vous en parler. Il y a assez longtemps que je ne suis pas allé à l'Élysée... – À quoi bon* ! *Vous connaissez mes idées et moi je connais les vôtres, alors...* » (p. 232.)

3. *Le Monde* restera dans les murs de l'immeuble qui a vu sa création, sis rue des Italiens, jusqu'en 1990. À cette date, le journal s'installe rue Falguière, avant de déménager à nouveau dans l'immeuble neuf de la rue Claude-Bernard, dont le journal doit partir prochainement.

4. La notule « *Comment* Le Monde *a vécu Mai 68* », publiée par le site de la Société des Lecteurs du *Monde*, est totalement lénifiante sur la période. Elle présente un quotidien nullement affecté par la situation, pour lequel « tout va très bien, madame la marquise » : « *Soudé à l'intérieur, le journal est respecté à l'extérieur* ». Elle ne fait même pas mention de l'absence du « patron ». Mais

De Gaulle va mettre fin à la « chienlit ». Mais, comme ce sera le cas pour son ombre tutélaire à l'Élysée, son retour aux affaires du *Monde* se révélera bien éphémère. Hubert Beuve-Méry quitte en effet la direction du journal en 1969. Comme de juste, son « Premier ministre », le « moderne » Fauvet, qui lui succède, n'a pas cherché à prolonger outre mesure le règne de celui qui l'avait intronisé. Mouvement étrangement similaire au fameux « oui mais » de Giscard d'Estaing au référendum de 1969, qui concourra à l'échec et à la démission du Général. Tant il est vrai qu'à ce tournant de l'histoire du pays comme de celle du journal, il faut aimer *beaucoup* les enragés pour rester *un peu* dans le coup.

User de l'épithète « moderne » à propos de Jacques Fauvet fera sourire ceux qui ont connu ou connaissent le parcours d'un homme qui menait une vie très bourgeoise, voire traditionnelle, et qui prétendait, quelques années avant sa mort (2002), non sans une certaine coquetterie, lire davantage *Le Figaro* que *Le Monde* – car « *voyez-vous,* disait-il, *c'est dans* Le Figaro *et non dans* Le Monde *que meurent les hommes de ma génération*[5] ».

Mais le fait est là : Jacques Fauvet a épargné au *Monde* de devenir l'une des victimes de Mai 68. Au fond, le quotidien de référence est même la seule institution à avoir évité d'entrer en crise durant un après-68 qui les vit quasiment toutes – de l'école à la justice en passant par la télévision, les prisons, l'Église, le système de santé – vaciller sous les coups de boutoir de la contestation.

Patrick Eveno[6], historien du *Monde* apprécié de son actuelle direction, impute pourtant la crise du journal dans les années 1980 à Jacques Fauvet. Chef d'inculpation : avoir bradé son indépendance en soutenant l'union de la gauche, puis François Mitterrand. Coup de pied de l'âne : Fauvet est accusé d'avoir soutenu la gauche par

---

ce déni ne tient sans doute pas du hasard : une institution malade a du mal à regarder son histoire en face.

5. Anecdote rapportée par Bernard Guetta, entretien avec l'auteur.

6. Voir « La direction de Jacques Fauvet », *in Le journal* Le Monde, *une histoire d'indépendance*, Odile Jacob, 2001, pp. 33-35.

dépit, la droite ne lui ayant pas accordé un maroquin ministériel. Fait contestable, selon Manuel Lucbert[7], puisque Hubert Beuve-Méry aurait dissuadé son successeur d'embrasser toute carrière politique par ce mot : « *Vous serez ministre ? Et alors*[8] ? » Par ailleurs, considérer le soutien du *Monde* à la candidature de François Mitterand comme un choix partisan constitue sans conteste une erreur contextuelle. Certes, au soir de la victoire du secrétaire général du PS à l'élection présidentielle, Jacques Amalric se souvient d'avoir vu Jacques Fauvet et Raymond Barrillon, alors chef du service politique, tomber dans les bras l'un de l'autre sur l'air d'« On a gagné ! ». Mais il ne faut pas oublier qu'à l'époque, la droite est au pouvoir depuis vingt ans (vingt-trois). *Le Monde* milite davantage pour l'alternance en tant que telle que pour la gauche. Pour qui se remémore la longue bataille de « Beuve » contre le pouvoir personnel, ce comportement relève de la pure et simple fidélité.

En outre, les chiffres parlent pour Fauvet, en tout cas contre un procès trop sommaire : en 1979, *Le Monde* vend 459 000 exemplaires, sans contingents soldés aux compagnies d'aviation ni aux sociétés de location de parkings[9] ; alors que le nombre de bacheliers est bien moins important qu'aujourd'hui dans la société française. L'érosion des ventes ne va vraiment commencer qu'après l'élection présidentielle, pendant la toute fin du règne de Fauvet, en 1982. La dégringolade qui suit ne saurait lui être imputée. On peut certes critiquer la présidence du successeur de Beuve-Méry, mais c'est davantage sur ses orientations à long terme. Durant les années 1970, *Le Monde* est passé du statut de PME à celui de grande entreprise « *en se lais-*

7. Entré au *Monde* en 1969, Manuel Lucbert en fut le secrétaire général de 1991 à 1994, tout en occupant les fonctions de directeur de la communication et de vice-président du comité stratégique. Il a quitté *Le Monde* en 1997.
8. Entretien avec l'auteur.
9. Depuis les années 1980, les éditeurs de journaux ont pris l'habitude de gonfler leur diffusion payée en y incluant les exemplaires soldés aux compagnies aériennes qui souhaitent offrir la presse à leurs passagers. *Le Monde* de Jean-Marie Colombani excelle dans ces « techniques », *cf.* chapitre 25, « Des comptes à la Enron », p. 594 et suivantes.

sant porter par la croissance », tout en conservant des « *structures artisanales* », selon un rapport rédigé par Jean-Marie Dupont[10]. L'entreprise n'investit plus. La gestion de Jacques Sauvageot fait la part belle aux ouvriers du Livre, mais aussi aux services administratifs. On achète la paix sociale par de bons salaires et des conditions de travail enviées dans l'ensemble de la presse parisienne. On compte à cette époque quarante-deux secrétaires et trente garçons de bureau pour la seule rédaction ! « *Le poids des syndicats du Livre, des employés et des cadres,* se souvient Jean-Michel Quatrepoint[11], *était considérable.* »

Jacques Fauvet a su néanmoins moderniser la rédaction. La photographie fait de timides apparitions. *Le Monde-dimanche*, hebdomadaire consacré aux faits de société, sait épouser une époque dans laquelle la sociologie devient reine, et conquérir un public de soixante-huitards dont l'influence commence à se faire sentir dans la société. Pour recentrer le journal sur un pays dans lequel « il se passe enfin quelque chose[12] », Jacques Fauvet lance un éditorial de politique intérieure qui vient contrebalancer le fameux « bulletin de l'étranger ». Enfin, c'est sous son règne que sont recrutées plusieurs futures grandes « plumes » du *Monde*, parmi lesquelles non seulement les principaux protagonistes de son histoire récente, Jean-Marie Colombani et Edwy Plenel, mais aussi des « pointures » – qui l'ont quitté depuis – comme Philippe Boucher ou Bernard Guetta[13].

Il nous faut, à cette étape, rétablir la vérité concernant l'embauche de l'actuel président-directeur général du

10. *Cf.* Jacques Doléans, *La Fin d'un* Monde, Est-Samuel Tastet Éditeur, 1988, pp. 67-98, ainsi que le rapport de mission de Jean-Marie Dupont, décembre 1978.

11. Entretien avec l'auteur. Jean-Michel Quatrepoint a travaillé comme journaliste au *Monde* de 1973 à 1984. Il a été, entre autres, directeur de la rédaction de *La Tribune de l'Expansion*, puis du *Nouvel Économiste*.

12. Clin d'œil au fameux éditorial « *La France s'ennuie* » de Pierre Viansson-Ponté, paru quelque temps avant les événements de Mai 1968.

13. Ce dernier à son corps défendant, puisque c'est Jacques Amalric, chef du service Étranger qui l'imposa ; mais Fauvet sut ne pas s'y opposer. Un genre d'occurence qui est devenue impossible dans *Le Monde* très centralisé d'aujourd'hui…

groupe Le Monde, et ainsi écorner passablement une légende. Colportée par Jean-Marie Colombani lui-même[14], elle voudrait que, « *journaliste à l'ORTF, affecté au bureau de France-Régions 3* (*FR3*) *à Nouméa* (*Nouvelle-Calédonie*)[15] » depuis 1973, il ait tant excédé le potentat de l'île, Jacques Lafleur, dirigeant du RPCR, par ses « correspondances » pour *Le Monde*[16], que ce dernier aurait alors demandé et obtenu son limogeage de la télévision. Le quotidien de la rue des Italiens, grand seigneur, aurait alors, par esprit de responsabilité, embauché le journaliste à temps plein en 1977. La légende ne se trompe pas sur les motivations du journal. Raymond Barrillon, chef du service politique, est mort et ne peut donc pas témoigner, mais Thierry Pfister, à l'époque journaliste de son service, se souvient de l'embarras de la hiérarchie : Colombani prétendait s'être fait virer de FR3 Nouméa à cause de ses articles dans *Le Monde,* et aurait pour cela demandé à être embauché.

Le jeune Colombani semble bien avoir bluffé Noël-Jean Bergeroux et Raymond Barrillon pour se faire embaucher[17], si l'on en croit le directeur de la station de FR3 Nouméa à l'époque, Roger Le Leizour, qui ne donne pas du tout la même version de cet épisode : « *J'avais embauché Jean-Marie à la demande de son père que je connaissais fort bien, puisque je lui avais succédé à la tête du Lion's Club. Jules Antoine* [Colombani] *m'avait demandé de donner une chance à son fils à la suite de son échec au concours d'entrée à l'ENA – ou à Sciences-Po, je ne sais plus –, ce que je fis bien volontiers. Il avait donc un statut de pigiste à la station. Jean-Marie avait de l'appétit, et c'est pour cette raison qu'il est parti – de son propre*

14. Voir *Libération*, 25 juillet 1987 ; *Le Nouvel Observateur*, 10 juillet 1987 ; *Le Figaro*, 5 mars 1994 ; *Le Nouvel Économiste*, 9 février 1996.
15. Selon son *curriculum vitæ* diffusé par la Société générale de presse.
16. En plus de son travail à FR3 Nouméa, Colombani était correspondant pigiste pour *Le Monde*.
17. Il est vrai que le Pdg du *Monde* lui en voue une reconnaissance durable puisque l'une de ses premières décisions, une fois parvenu à la tête du journal en 1994, fut de l'embaucher comme directeur de la rédaction avant de lui offrir la direction du groupe Midi Libre.

chef. Mais il n'y eut aucun conflit, il n'a jamais été renvoyé, et surtout pas pour avoir invité Jean-Marie Djibaou. Vous savez, le dialogue avec les Kanaks correspondait à la volonté politique des autorités françaises. Moi-même, à l'époque, j'invitais leur leader à dîner à la maison sans choquer personne... » La « bio » avantageuse de Colombani fait état d'une lettre de blâme de René Han, alors directeur de FR3 pour l'Outre-Mer, sur le thème : « Le journal télévisé n'est pas *Le Monde* ». Le 18 novembre 2002, René Han, contacté par nos soins, a formellement démenti cette version « héroïque » des débuts de carrière de Jean-Marie Colombani : « *Je n'ai jamais eu l'occasion de le dire, mais toute cette histoire est fantaisiste. Il aurait fallu des raisons extraordinaires pour renvoyer un journaliste de France 3. En outre, Colombani n'était que pigiste. Je le mets d'ailleurs au défi de montrer l'existence de cette lettre. En réalité, il a souhaité me revoir à Paris. Je l'ai reçu et il m'a demandé de lui trouver des collaborations sur le continent. Mais je n'avais rien de concret à lui proposer.* »

Peu importe la réalité ; l'argument employé par Jean-Marie Colombani, victime de la « répression coloniale » finit en tout cas par « payer », d'autant plus que trois postes se libèrent au service politique à ce moment-là, en 1977 : Thomas Ferenczi quitte la « couverture » de l'Élysée pour rejoindre le service Étranger ; Bernard Brigoulex quitte lui aussi le service ; enfin, la rupture entre Giscard et Chirac rend nécessaire la création d'un nouveau poste. C'est avec certaines difficultés, selon Alain Rollat, que « *Noël-Jean Bergeroux réussit à caser Colombani à la couverture de la mairie de Paris* ».

Revenons-en à la gestion Fauvet. Si on peut reprocher au successeur de Beuve-Méry un manque de courage dans la gestion, qui le conduit à adopter une attitude plus que complaisante à l'égard des syndicats, cette faiblesse ne saurait occulter l'indéniable progression de l'audience du journal et la réussite de sa modernisation durant son magistère.

Oui, mais Jacques Fauvet se prend les pieds dans le tapis de sa propre succession. Il n'a pas su, comme son prédécesseur Hubert Beuve-Méry, transmettre sa charge en épargnant à l'institution des turbulences. Ici prend place l'un des épisodes les plus étonnants de l'histoire du journal, ignoré ou occulté jusqu'à présent par les historiographies, officielles ou non : la rencontre entre Fauvet et Philippe Boucher. « *Comme tous les grands dirigeants*, raconte ce dernier[18], *Jacques Fauvet était incapable de se désigner un successeur. Il en suscitait, puis les fusillait...* » Il est cependant une candidature dont le directeur en place rêvait, mais qu'il ne réussit point à imposer : celle de Boucher lui-même. Entré au *Monde* en 1971, ce jeune homme semble alors incarner à lui seul Mai 68 et les années 1970. Il est le premier rédacteur à porter les cheveux longs. Le premier à s'afficher « homosexuel » à une époque où le mot *outing* n'existait pas, même aux États-Unis. Celui qui, bien plus tard, « inventera » le Syndicat de la Magistrature dans l'espace public, autrement dit « fera » sa communication. Son parcours est fulgurant. Supportant mal le poids d'une hiérarchie, il réussit en 1976 à prendre la tête du service Informations-générales. Il devient bientôt le « conseiller personnel » de Jacques Fauvet. Ce dernier commet alors un péché bien connu dans les familles : le désir des grands-pères de « sauter une génération » en voulant transmettre leur patrimoine à l'un de leurs petits-enfants. Le style et les conceptions du conseiller, qui suscitent sourires et connivence de la part du patriarche, en indisposent plus d'un, notamment parmi ceux des rédacteurs qui ont l'âge et assez de bouteille pour briguer la succession de Fauvet. Écharpe de soie blanche au vent, nonchalant, presque lascif, plume trop facile et volontiers éditorialisante, grand amateur d'imparfaits du subjonctif, Boucher joue les Dorian Gray dans les couloirs du *Monde*. C'est un impertinent-né, qui moque les institutions dans un journal qui les a toujours respectées. Rue

18. Entretien avec l'auteur.

des Italiens, c'est la consternation. L'amitié entre les deux hommes suscite une sourde réprobation. On prête à Philippe Boucher des intentions malveillantes. On raconte que, non content de stationner plus que de raison dans l'immense bureau du patron, il « s'incruste » dans les repas dominicaux de la famille Fauvet, ce dont se plaindraient, des proches de ce dernier[19]. Des méchantes langues affirment même avoir vu le « damoiseau » traîner « grand-père » dans un ciné porno de la rue des Italiens !

Peu importe ici la nature des rapports privés entre Boucher et Fauvet, sublimés par une rédaction pour laquelle l'épithète « convenable » a encore un sens. On imagine plutôt, comme le suppose son ennemi principal de l'époque, Jacques Amalric, un Fauvet, catholique traditionnel, qui, « *après une vie de bedeau, a brusquement la révélation qu'il est passé à côté des vrais plaisirs de l'existence* ». Le fait est que les deux hommes entretiennent une triple connivence : affective, intellectuelle et idéologique. Comme Fauvet, ancien MRP démo-chrétien, Boucher a été centriste dans sa jeunesse, et même « *partisan de la peine de mort* », ainsi qu'il le reconnaît aujourd'hui en souriant. Comme lui, son parcours l'oriente à gauche, « *ce qui vaut mieux que l'inverse* », ainsi qu'il l'apprendra, dans les années 1980, de la bouche de François Mitterrand en personne[20], dont il deviendra un ami – un de ces amis que le Président emmenait volontiers arpenter les rues de Paris au fil de ses pérégrinations bibliophiliques. Fauvet perçoit dans la nomination de Boucher l'occasion de rajeunir *Le Monde* et de lui permettre de séduire les nouvelles générations.

Philippe Boucher affirme aujourd'hui qu'on lui a prêté des ambitions qu'il n'a nourries que fort peu de temps. Ses contemporains à la rédaction du *Monde* pensent au contraire qu'il a tout fait pour « décrocher la timbale ». Celle-ci ne pouvait cependant que lui échapper. Boucher

19. Impossible de vérifier l'information auprès des enfants de Jacques Fauvet : Christian est décédé, et sa fille n'a pas souhaité s'exprimer.
20. Il s'agit de la réponse du défunt Président aux commentaires dont il fit l'objet à propos de ses relations avec le régime pétainiste, puis avec la Résistance.

était fort peu soutenu au sein de la rédaction. Jacques Amalric, le tout-puissant chef du service Étranger – le plus important, à l'époque, pour qui voulait conquérir la direction du journal –, lui vouait une hostilité non feinte. Il s'était ainsi violemment opposé à la publication en « une » d'un fameux papier de Jean Genet faisant des Palestiniens un éloge qui n'était pas que politique. Amalric avait aussi jugé coupables les faiblesses de la direction du journal envers l'écrivain Gabriel Matzneff, bientôt accusé par certains de pédophilie[21]... et contraint à quitter le journal.

À la fin de son mandat, Jacques Fauvet souhaite le proroger de trois années supplémentaires afin de mieux préparer sa succession. Ce qui nécessite de faire adopter par la rédaction un amendement aux statuts du *Monde,* reculant l'âge limite du directeur. En 1978, l'Assemblée générale de la Société des Rédacteurs, qui préside aux destinées du journal, doit se prononcer sur cet amendement. Un homme se lève, le premier à intervenir. C'est un jeune journaliste du service Politique, considéré alors comme prometteur. Sans aucune révérence à l'égard de ses aînés, il se prononce contre la réforme, indiquant de façon prémonitoire que repousser le départ du directeur de trois années est la meilleure façon de provoquer une guerre de tranchées, préjudiciable au quotidien, entre les prétendants à la succession. Cet homme n'est autre que Thierry Pfister. Son intervention lui vaudra de devenir l'un des personnages les plus en vue du journal[22]. Elle ne lui permet cependant pas d'éviter la réalisation de sa prédiction, puisque Pierre Viansson-Ponté, le plus reconnu des journalites, qu'il sollicite, n'ose aller jusqu'au bout de sa candidature après avoir accepté l'idée d'un « tandem » de direction avec Bernard Lauzanne.

Quant à Jacques Amalric, ce « Sony Liston[23] » du jour-

21. Pas de faux procès : le regard de la société sur ces pratiques n'était pas encore celui qu'il est devenu après l'affaire Dutroux dans les années 1990.
22. Thierry Pfister quittera *Le Monde* en 1981. En charge de la communication de Matignon sous Pierre Mauroy après la victoire de François Mitterrand, il est aujourd'hui directeur éditorial aux éditions Albin Michel.
23. Champion du monde de boxe poids lourd dans les années 1960, détrôné par le fameux Cassius Clay/Mohamed Ali.

nalisme, il conteste ouvertement l'amendement et donc la légitimité de Fauvet, ce qui paraît inimaginable à l'époque vis-à-vis d'un directeur intronisé par Hubert Beuve-Méry en personne. Jacques Fauvet n'obtient la modification des statuts que de justesse, ce qui révèle la puissance de feu du « clan Amalric ».

L'hostilité de ce dernier n'est pas seulement d'ordre personnel, même si, dans ses célèbres coups de gueule, le chef du service Étranger stigmatise volontiers la prétendue sénilité du patron et les comportements de son conseiller. En réalité, Amalric représente alors un courant de la rédaction qui devient important. Il incarne surtout, par anticipation, les débats qui vont agiter la gauche pendant vingt ans, avant que l'anticommunisme de gauche ne devienne la norme. Car, contrairement à ce qu'on colportera ensuite sur son compte, Amalric n'est pas un homme franchement de droite. Il a été élevé dans une famille de gauche du Sud-Ouest de la France qui en a fait un laïc convaincu. Il a même fait le coup de poing, dans sa jeunesse, contre les partisans de l'OAS. Il s'est aussi engagé contre la guerre du Vietnam. Mais son poste de correspondant à Moscou a agi sur lui comme un révélateur. Le régime soviétique ne fait pas que présenter quelques défauts, c'est un enfer pour tous les êtres épris de liberté. Frayant avec les dissidents qui commencent à se manifester à l'époque, Amalric est littéralement persécuté par le KGB. Ses allées et venues sont surveillées, les pneus de sa voiture souvent crevés, il reçoit des appels anonymes. Chaque fois qu'il revient à Paris, l'incompréhension de la direction du journal à son égard s'accroît. « *Vous avez de la chance que nous passions encore vos papiers* », lui jette froidement le patron. Pour Amalric, *Le Monde* de Fauvet a trahi l'éthique du fondateur. Non seulement il a soutenu la gauche et facilité l'accession au pouvoir de la coalition socialo-communiste conduite par François Mitterrand, mais – plus grave encore à ses yeux – *Le Monde* a manifesté une indulgence coupable à l'égard de l'URSS et de ses alliés.

En 1976 déjà, un journaliste qui a quitté la rue des Italiens quatre ans plus tôt, Michel Legris, a publié un brûlot[24] dans lequel il dénonçait la dérive crypto-communiste du *Monde*, épinglant notamment le fameux reportage de mars 1975 sur l'arrivée des Khmers rouges à Pnom-Penh et l'exode de deux millions de Cambodgiens, largement minoré par l'auteur dudit reportage[25]. Prenant appui sur le traitement de différents sujets de politique extérieure (Israël, Portugal) ou intérieure (les grèves du Livre, le PCF, le Syndicat de la Magistrature), Legris exige le retour à la philosophie et à la déontologie de Beuve-Méry. Le livre obtient un certain succès commercial, en dépit des foudres du *Monde* qui manifeste une arrogance inouïe dans sa dénonciation de l'auteur, se permettant au passage un jeu de mots « à la *Libé* », comme on dira plus tard, en maquillant le titre du livre « *Le Monde* tel qu'il est » en « *Le Monde* tel qu'il le hait ».

Jacques Amalric ne fait que s'emparer d'une thématique voisine, en plus modéré. La direction du journal contrôle certes moins bien les articles, alors que la période est propice aux dérapages. Ceux de Dominique Pouchin sur la « révolution des œillets » à Lisbonne suscitent ce mot de Mitterrand : « *Il est dommage que la France soit informée du Portugal à travers les lunettes d'un trotskiste.* » Le futur Président est bien informé, car Pouchin appartient en effet à la LCR[26]. Mieux, en tout cas, que Jacques Fauvet qui, ayant eu vent du mot de Mitterrand, convoque l'impétrant et lui demande, les yeux dans les yeux, comme on faisait au *Monde* d'autrefois, s'il est ou non militant de la LCR. L'autre, pas fou, répond par la négative, alors que le reporter de *Rouge*[27] squattait sa chambre d'hôtel à Lisbonne !

Pour l'élection du futur directeur du journal, prévue en 1980 afin de rendre la succession effective en 1982, les

24. Le Monde *tel qu'il est*, Plon, 1976.
25. Voir également la brochure « Le Monde et ses méthodes », par l'Asssociation pour une lecture critique de la presse, Paris, octobre 1976.
26. Ligue Communiste révolutionnaire, une des quatre branches du trotskisme français, organisation dirigée par Alain Krivine.
27. Il s'agissait de Charles Michaloux.

camps sont désormais clairement définis : les tiers-mondistes, soutenus par Fauvet, sont emmenés par Claude Julien ; les anticommunistes se retrouvent quasiment tous les soirs, sitôt les papiers bouclés, dans le bureau d'Amalric. Les « durs » des deux camps sont une quinzaine au plus. La bataille revêt une violence inimaginable. Les *amalriciens* sont traités de « fachos » par leurs adversaires, alors que nombre de rédacteurs de gauche figurent dans leurs rangs. Les *juliénistes* sont soupçonnés de travailler pour les ambassades communistes (comme le fut, au début des années 1970, le correspondant à Pékin, Alain Bouc), ou, pire, de faire inconsciemment le jeu des Soviétiques et de leurs satellites. À leurs yeux, le bureau d'Amalric devient, selon l'expression de Bernard Guetta qui s'y rendait souvent, l'« antre de Satan ». Le « clan » était protégé de la vue des autres rédacteurs par des piles de livres et de journaux montant jusqu'à une trentaine de centimètres du plafond. Au faîte des murailles de papier, les partisans d'Amalric trouvaient drôle d'entasser des cadavres de bouteilles qui ajoutaient une couleur de tripot à l'endroit lorsqu'on l'observait de l'extérieur. À noter qu'à cette époque, Edwy Plenel soutient Claude Julien tandis que Jean-Marie Colombani se perd dans des interventions filandreuses qui ne permettent guère de discerner son point de vue.

Entre les deux clans, la lutte est d'autant plus vive qu'au clivage politique réel, on l'a vu, se superposent des inimitiés personnelles. Les deux Jacques, Amalric et Decornoy (« directeur de campagne » de Julien), ont tous deux été des lieutenants de Julien au service Étranger. « *La bataille,* raconte Bernard Guetta, *coupait le service Étranger en deux. Amalric avait été le chouchou de Julien. C'étaient des amitiés rompues, des connivences éclatées.* »

Les critiques de Legris, d'Amalric, auxquels se joint bientôt, à l'extérieur du journal, un Jean-François Revel[28], sont-elles justifiées ? Certains rédacteurs du *Monde* sont-ils devenus les « idiots utiles » du communisme ? En réa-

28. Voir *La Nouvelle Censure, un exemple de mise en place de la mentalité totalitaire*, Laffont, 1977.

lité, les responsables de l'époque ne semblent jamais s'être compromis pour de bon avec le communisme ni même avec la gauche classique. On est tenté de rejoindre Bernard Guetta lorsque ce dernier affirme qu'« *ils n'étaient nullement communistes, mais pensaient que l'existence de l'URSS et de ses alliés était une donnée intangible de la période et qu'au fond, ce camp-là aidait davantage que les États-Unis à l'émancipation des peuples du tiers-monde* ».

Les 23 et 24 février 1980, Jacques Amalric planche donc devant l'assemblée générale des rédacteurs. Jacques Doléans, à l'époque cadre administratif, raconte[29] : « *Assis, seul derrière une table, la tête rentrée dans les épaules, le nez sur le micro, il lit son texte, sans effets oratoires...* »

La guerre entre *juliénistes* et *amalriciens* ne connaîtra pas de vainqueur durable, même si Claude Julien finit par obtenir la majorité, le 1er juin 1980. Mais il doit attendre l'expiration du mandat de Jacques Fauvet pour diriger effectivement le journal. Entre-temps, Amalric et son lieutenant André Fontaine, candidats malheureux, mènent une intense guérilla contre le futur nouveau directeur, lui reprochant de ne pas favoriser l'indispensable réconciliation de la rédaction. Des textes « fuitent » vers la presse, provoquant la nervosité de Fauvet et la colère de Julien qui copilote le journal. Une indiscrétion paraît dans *La Lettre des Échos*, affirmant que la future direction du journal se prépare à scinder le service Info-géné en deux. Cette publication met en fureur Jacques Decornoy, Claude Julien et même le placide Bernard Lauzanne. Pierre Georges, lui-même partie prenante au service Info-géné, est soupçonné d'être à l'origine de la fuite : il est le beau-frère d'Airy Routier, auteur de la « brève » incriminée. Claude Julien le convoque dans son bureau et, en présence de Jacques Fauvet, l'accuse : « *C'est vous qui avez donné cette information à votre beau-frère...* » Pierre Georges remarque le petit clin d'œil de Fauvet et nie farouchement, malgré l'insistance de Julien. En dépit de ses dénégations, une procé-

29. Voir Jacques Doléans, *La Fin d'un monde*, *op. cit.*, p. 112.

dure de licenciement est engagée contre lui. L'affaire agite une rédaction déjà en effervescence. Lors d'un séminaire qui a lieu dans les jours suivants, Julien affirme disposer d'un témoin et de preuves contre Georges. Plusieurs journalistes crient au scandale. Julien dévoile le nom de ses témoins. Il s'agit de Jacques Chièze qui travaille alors à *La Lettre des Échos* et rêve d'entrer au *Monde*. Décision est prise de nommer une commission d'enquête, comprenant notamment Robert Solé et Claude Simon, pour tirer au clair l'« affaire ». La commission décide d'entendre Airy Routier qui accepte un petit-déjeuner au Café de la Paix. Avec la complicité tacite mais évidente des enquêteurs, celui-ci nie avoir obtenu ses informations de son beau-frère ; et, comme Chièze ne témoigne pas, l'accusation de Claude Julien tombe.

Le scandale se retourne contre ce dernier qui a « accusé sans preuve ». Amalric et Fontaine s'engouffrent dans la brèche. La rédaction revient sur sa décision. La crise est à son paroxysme, il faut trouver une issue. Sur la suggestion de Jacques Amalric, la « commission des sages », qui comprend Hubert Beuve-Méry, Jacques Fauvet, Claude Julien et Jacques Sauvageot, désigne un candidat de compromis. Il s'agit du placide André Laurens, chef adjoint du service Politique, sans doute ni destiné ni préparé à cette fonction, et dont l'élection va avoir des conséquences calamiteuses pour le journal. Jean-Marie Colombani et Edwy Plenel soutiennent cette candidature, alors qu'André Laurens défend des positions relativement favorables à la gauche en général et à François Mitterrand en particulier[30].

En 1982, la situation commerciale et financière du journal n'est pas encore catastrophique. Mais elle impose des décisions. Alors que Hubert Beuve-Méry a laissé une trésorerie florissante[31], la gestion de Jacques Sauvageot, man-

30. Le positionnement d'André Laurens, modéré et ouvert, mais tout de même disposé à trouver des circonstances atténuantes au nouveau pouvoir, transparaît notamment dans le bulletin du Comité de rédaction du *Monde* du jeudi 20 octobre 1983.
31. Un milliard et demi de francs, selon la confidence de « Beuve » lui-même à Jacques Thibau, *in* Jacques Thibau, *Le Monde*, Plon, février 1996.

dataire administratif, qui co-dirigeait le journal aux côtés de Fauvet, se révèle dispendieuse. On l'accuse d'un trop grand laxisme à l'égard du Syndicat du Livre, critique récurrente mais plus facile à émettre qu'à éviter, l'histoire du journal montrant qu'une bonne « gouvernance » du *Monde* implique sur ce terrain certains compromis...

Autre urgence : endiguer l'érosion du lectorat qu'au sein de la rédaction on impute généralement à un engagement marqué trop à gauche, sans que nul n'ait pu démontrer formellement la justesse de cette analyse. Quoi qu'il en soit, il est vraisemblable qu'une fois François Mitterrand élu, les lecteurs souhaitent que leur quotidien s'en revienne à une position critique et indépendante. André Laurens, homme de gauche modéré, peut-il incarner un tel virage de façon crédible ou à tout le moins lisible, même s'il choisit la neutralité lors des élections européennes de 1984 ?

Laurens a désigné Thomas Ferenczi comme rédacteur en chef : un tempérament aussi accommodant que le sien. Mais le climat du journal ne se prête guère à l'affabilité. Les deux hommes évoluent au beau milieu d'une guerre de tranchées. Ils prennent vite des coups de tous côtés, avant d'être balayés.

En 1983, puis en 1984, *Le Monde* perd encore 15 000 acheteurs. Au total, les ventes quotidiennes chutent de 96 000 exemplaires entre 1981 et 1985[32]! Cette fois, c'est le banquier René Thomas, de la BNP, qui suit les affaires du *Monde*, qui rejette le plan de redressement du journal. Au terme du mandat de Laurens, celui-ci aura perdu 72 millions de francs rien qu'en 1984.

René Thomas accepte de payer les salaires de décembre tout en refusant l'octroi du treizième mois aux salariés ! Certains candidats putatifs à la succession d'André Laurens exigent même que ce soit la BNP qui signe et garantisse leur contrat de travail !

Pour la première fois dans l'histoire du journal, l'équipe du *Monde* est confrontée aux lois d'airain de l'économie

32. Voir Jacques Doléans, *La Fin d'un* Monde, *op. cit.*, p. 6.

libérale auxquelles l'avaient soustraite jusqu'alors la sagesse et la prudence quelque peu paysannes du fondateur. Désormais, et pour un long moment encore, on peut dire que *Le Monde* est « co-piloté » par son directeur et par son banquier. Plus tard, Jean-Marie Colombani jouera beaucoup de ce traumatisme que fut, pour la rédaction, le fait de voir son directeur quémander à l'extérieur de quoi payer les salaires en fin de mois. Peu attachée à l'équipe Laurens-Ferenczi, qu'au fond elle méprisait un tantinet, la rédaction ne bouge pas pour la défendre face aux financiers. *Exit* donc Laurens.

Son interrègne aura fait avancer d'un pas l'équipe Colombani vers la direction du journal. Selon Danièle Molho, alors journaliste au *Point,* qui le côtoyait puisqu'ils suivaient tous deux la vie du Parti socialiste, le jeune Colombani a affirmé dès 1981 qu'il serait « *un jour* » directeur du *Monde*. En attendant, le voici désigné en septembre 1983 chef du service Politique, puisque Raymond Barrillon est mort et que son adjoint Laurens est devenu entre-temps directeur. Dans les arcanes du microcosme *mondien*, diriger un service est la plate-forme indispensable pour nourrir l'espoir de conquérir le pouvoir suprême. D'une part, le futur candidat peut recruter dans son service ce qui constituera son « socle » électoral ; opportunité d'autant plus grande qu'à l'époque – ce n'est plus le cas depuis que Jean-Marie Colombani est devenu directeur –, le chef de service a toute latitude pour choisir lui-même ses rédacteurs. D'autre part, les réunions de la hiérarchie lui permettent de prendre langue avec d'autres chefs et de s'attirer éventuellement leurs bonnes grâces, ce qui peut se révéler utile pour obtenir leur vote et surtout celui de leurs ouailles. Car *Le Monde* des années 1980 ressemble un peu à l'Algérie en guerre : chaque service est une *wilaya* qui voit son chef de guerre défendre pied à pied ses prérogatives. C'est d'ailleurs cet éparpillement qui contribuera au triomphe de l'équipe Colombani.

Deuxième conséquence de l'épisode Laurens : il confirme un singulier renforcement du pouvoir syndical, notamment de la CGT à laquelle adhèrent des journalistes comme Jean-Yves Lhomeau, Philippe Boggio, Alain Rollat, Edwy Plenel et Jean-Marie Colombani lui-même. La création de la section CGT est expliquée sans ambiguïté : « *Les rédacteurs quittent une logique d'actionnariat et deviennent simples salariés. Il convient donc de privilégier la défense de leurs intérêts professionnels dans un esprit de solidarité avec tous les autres salariés*[33]. » Derrière ces belles phrases se trouve justifiée une logique inédite d'alliance avec le Livre-CGT, qui sera l'un des atouts de l'équipe Colombani-Plenel.

Selon Alain Rollat[34], responsable CGT, il s'agissait alors de se préparer à l'entrée d'investisseurs extérieurs, jugés indispensables à la recapitalisation du quotidien : pour contrer le « pouvoir du capital », pensent alors les stratèges de la nouvelle section syndicale, il faut une alliance de classe entre le Livre-CGT et les rédacteurs. L'adhésion de « figures » de la rédaction à la CGT peut d'autant plus favoriser une telle alliance que la CFDT et le Syndicat national des Journalistes (SNJ), qui avaient dénoncé André Laurens auprès de la BNP, s'étaient, dans l'esprit de Rollat, déconsidérés auprès du personnel.

Cette adhésion des rédacteurs au syndicat CGT solde définitivement l'un des éléments de cohésion et de stabilité du journal qui avait fait ses preuves sous Beuve-Méry, puis sous Jacques Fauvet. Depuis mars 1968, la Société des Rédacteurs (SDR) est l'actionnaire de référence du journal. Le patron de la SDR est alors aussi celui du SNJ, seule organisation syndicale au sein du journal. Les responsables de la SDR ont d'ailleurs pris l'habitude de représenter les journalistes en tous domaines, notamment celui de la négociation salariale. Une « commission des salaires » revoit chaque année la politique de la maison en matière de rémunérations. Mais, à la fin des années 1960 et dès le début des années 1970, voici qu'apparaissent plu-

33. Note du 9 janvier 1985 sur la création d'une section du Syndicat national des Journalistes CGT.
34. Entretien avec l'auteur.

sieurs syndicats : une section CFDT, créée par Daniel Junqua dès 1968, puis c'est le tour de la CGT. Les syndicats se renforcent au fur et à mesure que s'accusent les divisions au sein de la SDR. Les rédacteurs, ne se sentant plus représentés par celle-ci, rejoignent le syndicat de leur choix qui se trouve alors en position de jouer un rôle dans les batailles internes au journal.

Bref, sur le plan de la succession, nous sommes revenus à la case départ. La crise du *Monde* va néanmoins connaître un répit de six ans – de 1985 à 1991 – sous le règne d'André Fontaine, lui aussi issu du service Étranger, qui aurait déjà pu prétendre à la succession de Beuve-Méry, puis de Fauvet. Fontaine constitue son équipe, composée de deux rédacteurs en chef – Daniel Vernet, un *amalricien*, Claude Sales, qui vient du *Point* – et d'un administrateur, Bernard Wouts, qui va engager le journal dans de lourds investissements industriels.

CHAPITRE 2

Comment « Krasny » a fabriqué Plenel, et vice-versa

La vie militante du camarade Krasny[1] – pseudonyme d'Edwy Plenel à la Ligue Communiste – ne commence réellement qu'en 1970, à Paris. En principe, il débarque dans la capitale pour y préparer le diplôme de l'Institut d'Études politiques. Mais, comme des milliers de lycéens ou de jeunes étudiants de l'époque recrutés par l'organisation trotskiste, Krasny s'estime requis à plein temps par la préparation de la Révolution. Dès l'automne 1969, Daniel Bensaïd et Henri Weber ont analysé Mai 68 comme une crise pré-révolutionnaire[2] : des quatre conditions stipulées par Lénine pour définir une crise révolutionnaire, ne manque que celle du Parti révolutionnaire à défaut duquel il ne saurait y avoir, dans la pensée léniniste, d'issue socialiste à la Révolution. Les jeunes trotskistes se lancent donc dans un activisme effréné pour accélérer le processus de construction d'un parti qu'il leur faut constituer dans l'urgence.

Il existe cependant une différence notable entre l'engagement de Krasny et celui de ses camarades de l'époque : ces derniers ont vu ou senti la « classe ouvrière » se mettre en marche et résister dans certains cas aux CRS (Peugeot)

1. Dans *Secrets de jeunesse*, Edwy Plenel donne sur le choix de son pseudonyme les explications suivantes : « *Ce fut* (...) *une identité en deux temps, d'abord le nom, puis le prénom. Krasny est apparu en février 1969 au détour d'un journal lycéen*, Le Tigre en papier, *au lycée Victor-Hugo d'Alger.* "Joseph" *a attendu le début des années 1970, quand j'ai commencé à écrire régulièrement dans* Rouge (...) » (p. 26). « *L'invention de Krasny* (...) : *le mot est russe et veut dire* "rouge". *Deux références* ; *une histoire, une couleur* ; *les bolcheviks, le drapeau* ; *1917, l'éternité* » (p. 38).

2. Voir *Mai 68, une répétition générale*, Maspero, 1968.

comme aux « staliniens » (Renault), alors que Krasny, lui, s'intéresse au premier chef au secteur « international ». Il rejoint très tôt la commission arabe mise en place par Gérard Verbizier de la Treyte, alias Vergeat, l'un des piliers de la IVe Internationale avec Ernest Mandel. Ses premiers articles, publiés par *Rouge* alors qu'il n'y travaille pas encore, concernent la question coloniale, qu'il s'agisse des Antilles ou encore de l'Algérie. Où l'on voit derechef Krasny reprendre l'Histoire là où son père l'a laissée malgré lui[3].

Mais Alain Plenel, devinant que son fils ne fréquente guère les cours avec assiduité, est inquiet. On peut être anticolonialiste et n'en être pas moins un père soucieux de l'avenir professionnel de sa progéniture. Le haut fonctionnaire estime qu'un parcours universitaire marqué par l'excellence est indispensable à la réussite. Il souhaite que son fils entre à l'ENA et se mette ainsi davantage hors de portée des sanctions d'une administration[4] qu'il a toute sa vie exécrée.

À l'époque, il arrivait parfois que des responsables d'âge « mûr » (trente ans au plus...) de la LCR, dont la mise tranchait avec la représentation stéréotypée du gauchisme d'alors, s'employassent à rassurer les parents de jeunes militants. Henri Weber, aujourd'hui sénateur PS, que Krasny emmène avec sa compagne Pascale à Tipaza dans la résidence secondaire de ses parents au début des années 1970, se souvient d'avoir déployé toute sa rhétorique et son charme à convaincre Alain Plenel que le militantisme de son fils ne mettait nullement en danger son avenir. D'abord, expliquait-il, parce que les responsables de la Ligue incitaient leurs ouailles à réussir leurs examens.

3. *Cf.* chapitre 20, « Le palimpseste du nouveau *Monde* », p. 482 et suivantes, où l'on détaille la carrière du père d'Edwy Plenel au sein de l'Éducation nationale en tant qu'inspecteur d'académie, puis recteur (notamment son affectation au rectorat des Antilles et de Guyane, à Fort-de-France, en Martinique à la fin des années 1950) et ses engagements anticolonialistes. En 1968, Alain Plenel est nommé par le ministère des Affaires étrangères conseiller pédagogique au Centre pédagogique de l'Office culturel d'Alger. Il restera quatre années à ce poste.
4. *Cf.* chapitre 20, « Le palimpseste du nouveau *Monde* », pp. 489 et suivantes

Ensuite parce que l'organisation elle-même était la « meilleure des universités ». Refermons la parenthèse sur ce pieux mensonge, car Krasny ne se présentera pas aux examens, et le bac restera son plus haut diplôme.

L'origine anticoloniale de l'engagement d'Edwy est déterminante pour la suite de sa trajectoire politique. Dans son ouvrage autobiographique, *Secrets de jeunesse*[5], le directeur de la rédaction du *Monde* en fait l'explication ultime de son engagement communiste, et, en définitive, de sa réconciliation avec les intellectuels « antitotalitaires » du type Bernard-Henri Lévy[6]. L'engagement communiste n'est-il pas plus excusable lorsqu'il se fonde sur une révolte adolescente contre l'iniquité coloniale ? Le désir de « *gratter là où ça fait mal* » en dénonçant l'« *impérialisme français* » ne procède-t-il pas de la même exigence morale, défendue sur toutes les ondes par Plenel, de « *penser contre soi-même*[7] » ? Plus de trente ans après, le philosophe Daniel Bensaïd, demeuré, lui, militant de la LCR, commente ainsi l'invention du « trotskisme culturel » : « *J'ai vraiment sous-estimé à quel point l'engagement d'Edwy se situait en dehors des références du mouvement ouvrier.* »

Si le jeune militant continue de se passionner pour les luttes anticoloniales, on lui demande avant tout de s'occuper des luttes parisiennes. Krasny devient vite responsable de la cellule Quartier Latin, puis du secteur CET[8] et du secteur jeune. Puis il gravit rapidement les échelons au sein de l'appareil. Un témoin de l'époque, et du même âge, qui s'est rendu comme lui en 1972 au second Congrès de la Ligue Communiste à Rouen, se souvient : « *Moi, j'étais*

5. Stock, 2001.
6. Au départ, il y avait un cadavre de taille entre les deux hommes en la personne de Charles Péguy, adulé par Plenel, mais considéré comme le père du pétainisme et qualifié de « raciste » dans *L'Idéologie française* (Grasset, 1981) par Lévy.
7. Voir les interviews lors des émissions *Tam-tam*, de Pascale Clark (France Inter), octobre 2001, *Répliques*, d'Alain Finkielkraut (France Culture), 26 janvier 2002 ; voir aussi la brochure *Le Style du* Monde, janvier 2002, en particulier l'éditorial de présentation : « *Un journaliste du* Monde *doit apprendre à penser contre lui-même* » (p. 3).
8. Collèges d'enseignement technique, au recrutement très populaire.

un jeune militant lycéen anti-autoritaire, rebelle par rapport au pouvoir, y compris celui qui s'exerçait dans l'"orga", comme on disait. Lui, est déjà dans les arcanes des débats de la direction. »

L'ascension fulgurante de Krasny dans l'appareil ne doit pas surprendre. Ce n'est pas un lycéen ou un étudiant comme les autres. Il vient d'Algérie. Il est intronisé dans l'organisation par ses plus hautes figures, comme Gérard Vergeat, puis Daniel Bensaïd, Alain Krivine et Jeannette Habel, dont il devient en quelque sorte le jeune protégé. « *C'était pour moi un militant en culottes courtes conduit à l'organisation par Verbizier* », note Jean-Pierre Beauvais, autre membre du bureau politique de la Ligue à l'époque.

Un autre élément favorise la promotion de Krasny : celle-ci n'avait rien d'un sport difficile au sein du mouvement trotskiste de l'après-68. D'après un rapport interne, Christophe Nick[9] évalue les trotskistes de la tendance Frank à une petite centaine en 1965. « *En mai 68*, rappelle Gilles Casanova, un ancien, *le PCI* [ancêtre de la LCR, section française de la IVe Internationale] *ne regroupe que quelques dizaines de militants chevronnés.* » Auxquels il faut ajouter les cent cinquante étudiants des JCR (Jeunesses Communistes révolutionnaires, où milite la future compagne de Plenel, Nicole Lapierre), qui fonctionnait comme une sorte de vivier du PCI. Dix-huit mois après la dissolution, en juin 1968, du PCI et de la JCR, l'ensemble Ligue Communiste/Comités rouges, qui leur a succédé, regroupe quelque cinq mille militants, soit vingt fois plus. L'organisation connaît donc une véritable pénurie de cadres. Au milieu des années 1970, la Ligue regroupe déjà, selon Gérard Filoche[10], « *quelque cent vingt cinq permanents (dont la moitié au quotidien* Rouge) *pour lesquels il a fallu élaborer un statut, un principe de rémunération et de conditions de travail* ». Krasny a déjà eu l'occasion de lire un certain nombre d'écrits durant sa période algérienne, ce qui n'est pas le cas des lycéens arrivés à l'orga-

9. *Les Trotskistes*, Fayard, 2002, p. 436.
10. *Cf. 68-98, histoire sans fin*, Flammarion, 1998.

nisation après Mai 68. Il possède une culture anticolonialiste et internationale, ce qui n'est pas superflu pour se faire remarquer à cette époque.

Enfin – ce n'est pas négligeable dans une organisation où l'idéalisme est moins entier qu'on ne le croit –, il se distingue, dès que se dessine en 1971 une tendance minoritaire emmenée par Gérard Filoche, par sa fidélité à la tendance majoritaire, justement représentée par ceux qui le protègent. Nombre de lycéens ou de militants avec lesquels il ferraille au sein de la direction « jeunes », puis de la direction parisienne, le décrivent méchamment comme « *le perroquet de la direction* ». Il s'affiche volontiers « jebraquien » (de « Jebrach », pseudonyme de Daniel Bensaïd), ce qui a le don d'agacer des jeunes au tempérament plutôt anti-autoritaire.

Loin d'en rester à son engagement anticolonialiste ou à ce « trotskisme culturel » qu'il revendique aujourd'hui dans *Secrets de jeunesse*, Krasny s'« acculture » vite au militantisme liguard le plus orthodoxe. Les quelques textes internes de lui (sur la jeunesse scolarisée, le mouvement étudiant, puis sur *Rouge* après 1975) que l'on retrouve dans la collection des bulletins intérieurs de la Ligue communiste, ne sont pas d'une facture (encore moins d'une tonalité) très originale. Bref, Krasny est un « légitimiste » qui vote régulièrement avec la direction.

Nombre de témoignages concordent : Krasny était un « *activiste apparatchik* », selon l'expression de la plupart de ceux qui l'ont alors connu. Cette qualité le prédispose à devenir membre du Comité central. Son « suivisme » en agace beaucoup parmi les jeunes, qui se gaussent de lui. En fait, il se borne à appliquer strictement les consignes de la direction. Pour Bensaïd, Krivine et Weber, « *l'Histoire nous mord la nuque* », selon la formule du premier nommé, devenue dans les rangs trotskistes aussi fameuse qu'elle s'est révélée erronée. Autrement dit, il faut construire, avant la prochaine révolution qui ne saurait tarder, un parti de cadres révolutionnaires capable, le moment venu, d'entraîner les masses. D'où l'objectif de la

Ligue au sein de la jeunesse scolarisée, poursuivi par Krasny : puiser des cadres pour le parti révolutionnaire.

En 1974, comme il l'explique justement dans *Secrets de jeunesse*, Krasny ressent cependant un certain malaise personnel. D'où, sans doute, son désir de revenir en Martinique où il se rend en vacances avec quelques amis durant l'été. Au même moment, raconte-t-il[11], l'un des dirigeants du GRS (Groupe Révolution socialiste, section française de la IVe Internationale), « *Philippe Pierre Charles, (...) demande fort officiellement, et avec mon accord, mon détachement politique dans cet outre-mer colonial* ».

Liberté prise avec les « *petits faits vrais* » : les protagonistes de cet épisode ne s'en souviennent guère, en tout cas pas dans les termes où le relate l'écrivain Edwy Plenel. Pour Philippe Pierre Charles, il était totalement exclu qu'un militant du pays colonisateur vienne diriger la section d'un territoire colonisé. « *De toute façon, nous n'envisagions guère d'avoir des permanents. L'organisation ne comptait qu'une trentaine de militants. Dans un pays où tout le monde connaissait tout le monde, transformer un militant en permanent risquait de l'exposer à une impossibilité ultérieure de réinsertion professionnelle.* » Édouard Delépine, autre fondateur du GRS, ne se souvient pas non plus de l'hypothèse d'une « permanentisation » de Krasny. Seul Gilbert Pago, aujourd'hui directeur de l'IUFM de Fort-de-France, évoque un débat au sein du bureau politique du GRS, où la « permanentisation » de Krasny aurait été envisagée. Encore ne s'agissait-il que d'un poste de permanent technique pour s'occuper du journal *Révolution socialiste*, dans lequel il semble bien que Plenel ait écrit quelques articles. « *Il s'agissait d'un coup de main pour la partie technique du journal* », résume Gilbert Pago. Daniel Maragnes, qui vit en Guadeloupe, et chez lequel Krasny séjourna également durant ce fameux été 1974, expose sa propre vision de cette affaire : « *Edwy a joué à son insu un rôle ambigu dans les relations entre le GRS et*

11. *Secrets de jeunesse*, *op. cit.*, p. 14.

la Ligue. L'envoi du "petit Edwy" *pour les représenter ne nous convenait pas. Nous souhaitions* "être pris au sérieux" *et être suivis par des membres du Bureau politique, comme Bensaïd, Weber ou Filoche. Envoyer le* "petit Edwy", *c'était infantiliser la question coloniale.* » La présence de Gérard Filoche au congrès de fondation du GRS en décembre 1973 paraît corroborer le propos.

Peu après cet épisode, Daniel Maragnes expédie même une protestation au Bureau politique de la Ligue pour s'insurger contre une lettre du « petit Edwy » qui, croyant bien faire, a critiqué la politique de la section antillaise. Au nom de quoi un simple militant de la LCR se permet-il de s'ingérer dans les affaires d'une autre section de la IVe Internationale, d'un « pays colonisé » de surcroît ? Dans un texte interne du Comité central de la Ligue daté de septembre 1975, on retrouve trace de cet incident :

« *Les relations avec le GRS – tant les réunions courantes que l'envoi de matériel ou la correspondance avec l'intérieur – sont confiées à un seul individu, sorte d'entremetteur, d'homme-tampon pour lequel ce n'est aucunement une tâche essentielle, mais, au contraire, venant en dernier lieu après d'autres de nature totalement différente, bref, sorte de hobby concédé à une passion personnelle, ou même, cela fut parfois murmuré, lubie romantique*[12]. »

Voilà notre Martiniquais anticolonialiste Krasny remis à sa place... et habillé pour l'hiver ! Il sera, racontent ses amis antillais, fort marri de cet épisode. Sauf sur un point : c'est au cours de cette escapade estivale que l'idylle entre Krasny et Nicole Lapierre, venue là avec son mari, se noue. Les deux futurs époux séjournent alors chez Daniel Maragnes. Voilà pourquoi le narrateur Edwy Plenel peut remercier Bensaïd d'avoir refusé une « permanentisation » qui lui aura permis de rejoindre à Paris sa future compagne... *Exit* donc le rêve martiniquais.

L'insertion professionnelle de Krasny reste un problème

12. « La section française et le travail anticolonialiste ». Au-dessus du titre figure la mention suivante : « *Document strictement interne au CC et à la Commission internationale* ».

entier. On le devine en fait assez « désinséré », comme pas mal de cadres intermédiaires de la Ligue : entre 1970 et 1978, date de son incorporation dans l'armée, il ne connaît pas d'autre milieu que celui de l'organisation, vivant au rythme des dix à quinze réunions hebdomadaires que la Ligue imposait à ses militants. Rien de plus desséchant, à la longue, que cette enfilade de conciliabules : cellule, bureau de cellule, direction de section, comité Rouge, commission thématique, direction lycéenne, direction de secteur, etc. On peut toujours, durant deux ou trois ans, suspendre tout projet personnel et se fondre littéralement dans l'espoir collectif d'une révolution imminente. Mais, même si la Ligue connaît un certain succès, même si les luttes étudiantes, lycéennes, voire ouvrières (Lip) entretiennent la flamme, les militants finissent par se sentir bien à l'étroit entre les murs des locaux et à se sentir victimes du confinement provoqué par un militantisme professionnel qui, en l'occurrence, n'est pas rémunéré.

C'est en cette même année 1974 que les dirigeants de la Ligue négocient ce qu'on appelle le « tournant ouvrier » : il s'agit de pousser les « militants professionnels de fait », les « éternels étudiants », comme on les désigne en soupirant dans les réunions de direction, à entrer dans la vie active comme ouvriers, employés ou même enseignants. Ses talents d'écriture et peut-être son entregent – « *il est l'homme de confiance de la direction, capable de s'opposer à tous les contestataires* », souligne un ex-cadre de la Ligue – évitent à Krasny cette phase de l'« établissement à la trotskiste[13] » qui marquera durablement la vie professionnelle de beaucoup de militants[14] ; au début de l'année 1976, on retrouve sa signature dans *Rouge*, dont il devient rédacteur permanent. (À l'époque, pourtant, la plupart des articles ne sont pas signés[15].)

13. Par opposition aux « établis » maoïstes, exclusivement envoyés dans des usines.
14. Justement parce qu'il n'était pas ouvriériste : la vie d'infirmier, d'enseignant ou d'éducateur n'a rien de comparable avec celle d'ouvrier mao où l'on se fait repérer à la fois par les patrons et par les bureaucrates de la CGT.
15. Voir *Rouge-hebdo*, 22 mars 1974, 29 mars 1974, 5 avril 1974 et 12 avril 1974.

La plume de Krasny n'a rien d'original. Bon élève de la direction, il s'efforce, comme la plupart de ses pareils, de « mettre en musique » les peu affriolantes résolutions du Comité central de la Ligue. Il s'agit, dans une langue de plomb, de dénoncer tantôt les « garde-chiourmes de l'idéologie bourgeoise », tantôt les « bureaucrates staliniens ». Joseph Krasny semble répondre à son père quand il écrit notamment : « *Pour nous, au contraire, il ne s'agit pas de réformer l'école, de l'améliorer, de la démocratiser, car, tout simplement, c'est un objectif utopique, irréalisable : l'école est par essence, par nature, par origine un appareil de sélection sociale, de diffusion de l'idéologie bourgeoise. Cette école-là, elle n'est pas amendable, il faudra la détruire*[16]... »

Ce serait une grosse erreur rétrospective que de percevoir la personnalisation de la signature de Krasny comme l'amorce de sa carrière journalistique, même s'il obtient alors une carte de presse et adhère ensuite à l'Association de la presse d'information sur la jeunesse (APIJ), et si cette opportunité lui permet d'apprendre sur le tas le métier de rédacteur et de secrétaire de rédaction. Nous ne sommes qu'en 1976 et le « journalisme » n'a guère (ou en tout cas pas encore) droit de cité à la LCR[17]. Nul ne saurait à l'époque considérer les « camarades » de *Rouge* comme des journalistes ; ce serait pour eux une insulte, compte tenu de la très piètre estime dans laquelle est tenue la profession dans les milieux révolutionnaires. Non, les rédacteurs de *Rouge* ne peuvent être que des militants détachés à un journal considéré alors, dans la meilleure tradition léniniste, comme le « fil à plomb » de l'organisation. Ce n'est que plus tard, après la naissance de *Rouge quotidien*, que, fort timidement, quelques « militants-rédacteurs »,

16. *Rouge hebdomadaire*, 29 mars 1974. On n'est pas loin de la thèse althussérienne selon laquelle l'école fait partie des A.I.E. (appareils idéologiques d'État).

17. En 1973, la Ligue Communiste a été dissoute à la suite de manifestations violentes contre un meeting d'Ordre Nouveau au Palais des Sports, à Paris. Elle prend ensuite le nom de Front Communiste révolutionnaire, puis, très vite, de Ligue Communiste révolutionnaire (LCR).

tel « Séraphin[18] », rédigeront des textes revendiquant une certaine distance entre l'« Orga » et *Rouge,* et réclameront davantage de « professionnalisme » chez les « camarades-rédacteurs ». Encore, à ce moment-là, pris dans le jeu des tendances, Krasny n'approuvera-t-il point ces audaces.

Si ceux qui ont travaillé avec lui à *Rouge* reconnaissent à Krasny des talents d'écriture qui le distinguent du commun des militants, il ne grimpe guère dans la hiérarchie du journal et reste confiné dans la question « jeunes ». Et encore, des étoiles montantes lui contestent son leadership sur les questions étudiantes pour le traitement desquelles d'autres signatures apparaissent dès 1976. Dans le même temps, Jean-François Vilar[19] devient un spécialiste de l'armée, et Georges Marion[20] – déjà – un « fouineur » dans les affaires de police et de justice, prenant sur Plenel, en ce domaine de l'« investigation », une avance décisive.

Qu'importe. La vocation de Krasny est née, il veut devenir un journaliste professionnel d'un genre nouveau. Edwy vaut mieux que *Rouge*, dira bientôt Nicole Lapierre devenue, dès le début de leur liaison, porteuse de ses ambitions, un véritable *coach* qui l'aidera bientôt à gravir une à une toutes les marches du podium. C'est d'ailleurs le journalisme qui sert d'alibi professionnel dans les explications fournies par le fiston à Alain Plenel, qui a dû l'entretenir depuis le début des années 1970. Ne dites pas à mon père que je suis un révolutionnaire, il me croit apprenti rédacteur...

L'histoire de *Rouge* ne fait qu'une avec celle de sa crise. Ne parvenant que ponctuellement à dépasser les dix mille exemplaires diffusés, le quotidien mobilise une équipe insuffisante. Sa ligne éditoriale comme ses objectifs ne sont pas clarifiés. S'agit-il d'en faire le journal d'une mouvance large de l'extrême gauche, porteur de la contestation culturelle montante, un concurrent de *Libération* ? Ou

18. Il pourrait s'agir de Denis Pingaud qui côtoie Plenel à *Rouge* en 1976.
19. Futur auteur de romans noirs et policiers de grande qualité.
20. Après *Rouge*, il deviendra journaliste au *Canard enchaîné.* Plenel le fera entrer au *Monde* en 1986, voir chap. 5, « Cabinet blanc contre cabinet noir : le *Rainbow Warrior* » p. 107 et suivantes, et chap. 7, « La conquête », p. 139.

bien doit-il rester l'organe de la LCR, comme *L'Huma* est celui du PCF ? Le choix entre ces deux options n'a rien d'abstrait. La première supposerait de professionnaliser l'équipe des rédacteurs, de s'émanciper du langage militant, d'élargir les thématiques en accordant toute leur place aux faits de société et de culture, afin de faire de *Rouge* un journal fédérant les contestations. La seconde nécessiterait en revanche d'impliquer davantage l'organisation dans le réseau des correspondants et de refléter jour après jour la priorité donnée au travail politique en direction des ouvriers et des employés, le fameux « tournant ouvrier » de la LCR.

La direction de la LCR ne tranche à aucun moment entre ces deux orientations. Du coup, la lutte entre les tendances internes se reproduit au sein de la rédaction. Gérard Filoche se souvient ainsi d'avoir été plusieurs fois « baladé » par Krasny et Séraphin sous des prétextes techniques (longueur des papiers, opportunité de publier en rapport à l'actualité), plusieurs de ses textes étant ainsi enterrés.

Il n'empêche : Krasny est de plus en plus séduit par le métier de journaliste. Selon Bertrand Audusse, l'un des deux seuls rédacteurs de *Rouge* à être du métier, « *à l'époque, la plupart des militants se défiaient des journalistes professionnels. Lui, a tout de suite manifesté une curiosité journalistique évidente. Il était proche des idées de la tendance la plus ouverte. Mais il restait en retrait, par prudence. Il a fini par écrire un texte interne* "centriste", *entre les positions* "léninistes" *et celles de ceux qui prônaient l'ouverture* ». Témoignage sympathique, mais qui tend à enjoliver la réalité : Krasny continue peu ou prou à défendre une conception léniniste du journal, légèrement amendée par souci pédagogique, comme le confirme la lecture du texte dans lequel il défend le « *journal fil à plomb* » de stricte obédience léniniste. Il est déjà passionné par ce qui va devenir son vrai métier, mais pas au point de s'émanciper de la tutelle de ses mentors à la direction de la Ligue.

La révolution promise dès 1969 se faisant attendre, la Ligue stagne, voire même régresse depuis 1976[21] ; la diffusion du quotidien se tasse. Il n'y sera mis fin qu'en 1979, après différents « plans Orsec ».

Krasny, quant à lui, saisit une nouvelle opportunité en 1978 : la direction lui propose de lancer un journal à destination de la jeunesse. Ce sera *Barricades*, qu'il crée avec Bernard Cohen et Jérôme Ourdin[22], maquettiste. Pour la première fois, le nom d'Edwy Plenel apparaît dans un « ours » comme directeur de publication.

Bernard Cohen est un militant rodé à la clandestinité. Il encadre depuis des années le travail anti-militariste de la LCR. Il a sur lui les clefs de trois ou quatre appartements parisiens qui font office de planques et de lieux de réunion pour les Comités de soldats. Cohen et Plenel laissent Jérôme Ourdin libre de se « lâcher » pour la maquette qui tranche sur le style habituel de la presse militante.

En janvier 1978 paraît donc le n° 0 de *Barricades*, premier journal conçu par le futur directeur de la rédaction du *Monde*. Sous le titre du mensuel de format tabloïd, une citation de Maïakovski : « *Camarades, aux barricades, aux barricades des cœurs et des âmes !* » En « une », un grand dessin représentant une montagne de bric-à-brac (une carcasse de voiture, un poste de télévision, un réfrigérateur, un fourgon de police) surmontée par un Gavroche. La manchette est sobre, en petits caractères : « *Un mensuel jeune pour la révolution* ». Servie par son format, la maquette innove par son aération, son utilisation des blancs et une typographie forte. Manifestement, la volonté est de faire un « vrai journal » proche de ce qui se fait de plus « stylé ».

L'éditorial, en revanche, tranche de manière radicale avec le ton généralement retenu – et la langue impeccable – de *Rouge* et des autres publications de la LCR :

21. Point le plus haut des effectifs, selon Christophe Nick (*op. cit.*) : 3 800 militants à la LCR, 10 000 en Comités Rouge.

22. Plus tard, Edwy Plenel lui confiera l'élaboration de la maquette de couverture de la collection de livres d'actualité qu'il créera chez Gallimard avant de la transporter chez Stock.

« *Ça fait une paye que toutes les feuilles de chou que toutes les revues de kiosques que les émissions et tout le tralala, ça nous ennuie, ça nous intéresse pas, mais alors pas du tout ! Ça sert à rien de savoir quel est le dernier amour de Ringo, ça nous écœure les reportages sur les concerts organisés par KCP qui ne parlent pas de l'assassinat de Lucien Melyon, ça nous révolte nous les filles d'être réduites à l'état de mannequins et, dans d'autres cas, d'être absentes, de ne pas exister !* »

Et le reste à l'avenant. Le ton se veut à la fois révolté, populaire et chaleureux. On sent fortement l'inspiration de l'*Antirouille*, journal « jeune », de sensibilité gauchisante, qui connaît alors un certain succès commercial. En réalité, les audaces de *Barricades* paraissent bien fades en regard de celles déployées près de dix ans auparavant par le groupe *Vive la Révolution* qui, dès 1970, avait lancé le Front de Libération de la jeunesse et le journal *Tout*, ancêtre d'*Actuel*, puis de *Novapresse*.

Plus loin, deux pages sur le thème « Maladie du travail, maladie de la jeunesse » clament : « *Les jeunes qui n'ont pas de boulot se font chier à en chercher. Les jeunes qui travaillent se font chier à leur boulot.* » Le choix de mots crus (pisser, chier, etc.) et le style parlé correspondent à une représentation stéréotypée de la façon dont on peut – dont on doit – s'adresser aux jeunes des couches populaires. Supposés aliénés, peu instruits, les jeunes ouvriers sont censés ne pouvoir lire et apprécier qu'une langue appauvrie, grossière, entrecoupée d'injures. Cette pédagogie du pauvre (cette pauvre pédagogie) est donc censée assurer le succès du journal.

À côté de thématiques sociétales, prioritaires dans le mensuel (femmes, soldats, etc.), quelques papiers exposent la stratégie de la LCR et la perspective de la création d'une organisation de jeunesse.

Détail qui compte : alors que Krasny avait imposé sa signature à *Rouge*, il interdit les articles signés dans *Barricades*. Il est donc le seul dont le nom apparaisse dans le journal. Son nom continuera d'ailleurs de figurer dans l'« ours » pendant qu'il effectuera son service militaire. L'organisation saura s'en servir comme outil dans sa défense des libertés démocratiques : incorporé à Colmar, le conscrit Plenel sera en effet bientôt emprisonné pour son militantisme au sein d'un comité de soldats, et la Ligue tentera de mobiliser les syndicats de journalistes en sa faveur.

Avant même l'incorporation de Krasny, la Ligue communiste a évolué grandement. Les groupes d'extrême-gauche ont du mal à se relever de l'échec de l'Union de la gauche qui leur offrait au moins la perspective d'une stratégie de débordement « à la chilienne » d'un gouvernement « réformiste » :

« *En 1979, de retour du service militaire, je retrouvai une LCR tentée de fusionner avec l'OCI au nom de la réunification d'un illusoire* "mouvement trotskiste", *tentation incongrue qui accéléra mon éloignement, tant je ne me reconnaissais pas dans ce vocable et ne me sentais pas de la famille*[23]. »

Ce récit de la suite de l'itinéraire de Krasny que propose l'auteur Edwy Plenel apparaît là encore comme assez peu respectueux de l'exactitude factuelle. L'auteur de *Secrets de jeunesse* explique en effet son éloignement de la LCR par le rapprochement de celle-ci avec l'OCI lambertiste. Or tous les témoins de l'époque sont formels : contrairement à d'autres (notamment les membres de la « T3 », la tendance minoritaire de Michel Lequenne), Krasny n'a jamais opposé la moindre réserve aux orientations de la majorité de la LCR (Krivine, Habel et autres) qui adopte ce changement de ligne *dès 1976*, ni n'a voté contre la perspective de fusion lors du Congrès de janvier 1979 où la « T4 » de Krivine et Bensaïd se range à cette proposition de pourparlers d'unification. Krasny apprend sans doute beaucoup de choses au futur Plenel, mais pas encore, semble-t-il, à « *penser contre soi-même* », ni surtout contre la direction de l'organisation à laquelle il appartient.

23. *Cf. Secrets de jeunesse, op. cit.*, p. 81.

La tentative d'unification du mouvement trotskiste fait long feu. Les lambertistes créent et animent une tendance interne à la LCR, laquelle scissionne en 1979 pour créer une fantomatique LCI (Ligue communiste internationaliste), sorte de « sas » vers l'OCI lambertiste. Outre les quatre cents militants ainsi partis, la Ligue enregistre alors un effritement réel : selon Gérard Filoche, ce sont mille deux cents militants qui s'en vont sur la pointe des pieds au cours de la même année[24].

Krasny est-il parti à ce moment-là, ainsi que l'écrit Edwy Plenel dans son livre ? La chose est loin d'être avérée. Nos interrogations, en tout cas, méritent une explication ; elles ne sont pas inspirées par une sorte de goût outrecuidant pour l'exactitude, mais par le fait que, suivant sa typologie du trotskisme opposant les « bons » frankistes (LCR) aux « méchants » lambertistes, Edwy Plenel oppose du même coup son propre itinéraire, « transparent », à celui, « opaque », de Lionel Jospin. Un « trotskisme de la lumière » qui contraste avec le « trotskisme de l'ombre » de l'ex-Premier ministre. Plenel reproche en effet à ce dernier de n'avoir pas cédé aux pressions du *Monde*[25] et de se refuser « *aux vérités, à tous ces détails, précisions chronologiques et petits faits vrais qui donnent chair et sens à une histoire* ». La sanction est sans appel : « *En l'espèce, Lionel Jospin ne cache rien, sauf lui-même. Ce passé qui ne passe pas*[26] *est une donnée de son équation personnelle. Tant qu'il ne l'aura pas affronté au-delà de sa mise au point parlementaire où il s'est contenté de l'effleurer, ce passé enfoui restera sa faille intime, une faiblesse psychologique que comptent bien exploiter ses adversaires, à droite comme à gauche...* » Avec des accents robespierristes, il continue

24. *Cf. 68-98, histoire sans fin, op. cit.*, p. 238.
25. Voir chap. 15, « Comment *Le Monde* a 'soutenu' Jospin », p. 346 et suivantes.
26. Incroyable expression, d'ordinaire employée pour évoquer la période de Vichy (*Cf.* l'ouvrage d'Éric Conan et Henry Rousso, *Vichy, un passé qui ne passe pas*, Fayard, 1994). Mais Edwy Plenel n'a sans doute jamais entendu parler de la « banalisation du mal ». Si on n'est pas là dans le « révisionnisme », on nage en tout cas en plein « confusionnisme ».

sa harangue inquisitoriale et moralisante sur la « *corruption des idées* » qui aboutira un jour ou l'autre à une « *politique perdue* ». Sur des pages et des pages, Plenel déambule avec sa lampe frontale braquée sur le passé de l'ex-Premier ministre : « *Le passé trotskiste de Lionel Jospin méritait la pleine lumière* », « *de plus, cacher ce qu'on fut, c'est taire ce qu'on fit* », « *les profondeurs humaines offrent bien des nuances dignes de curiosité avant d'atteindre les tréfonds intimement secrets* », etc., etc.

Une telle acrimonie dans la charge suppose chez son auteur un passé simple, en tout cas limpide. Or, la fin de l'engagement trotskiste d'Edwy Plenel, qu'il date lui-même de 1979, pose problème, c'est le moins qu'on puisse dire.

Au fil de notre enquête, certains dirigeants de la LCR, tels que Henri Weber (lui-même parti de la Ligue en 1986) ou Jean-Pierre Beauvais, nous ont déclaré se souvenir d'un départ de Krasny postérieur à 1979. Ces témoignages nous ont été confirmés par un ancien militant de la LCR qui ne peut cependant revendiquer son propos pour des raisons professionnelles. Il semble bien qu'une fois devenu journaliste au *Matin de Paris* (où il est entré en janvier 1980), Krasny ait été muté dans une cellule regroupant certains membres mis dans l'incapacité – eux aussi pour raisons professionnelles – d'apparaître comme tels au grand jour : avocats, hauts fonctionnaires, journalistes, etc. Malheureusement, il n'existe pas de preuves écrites de la participation d'Edwy Plenel aux activités de la LCR à cette époque. L'absence de traces écrites fait en effet partie des principes de base de l'organisation : il n'existe bien sûr pas de cartes d'adhésion, les patronymes ne sont jamais employés (on ne doit utiliser que des pseudonymes) et seuls quelques rares dirigeants s'expriment publiquement au nom de l'organisation. Outre un mode de fonctionnement ordinaire de type léniniste, la cellule à laquelle Plenel est présumé appartenir est clandestine, ainsi que nous l'a confirmé Gérard Filoche[27]. Enfin, Krasny s'implique de moins en

27. Animateur d'une tendance minoritaire, celui-ci a vainement bataillé auprès de la direction de la LCR pour pouvoir y exposer ses thèses, ainsi que

moins dans les activités militantes, ou, s'il le fait, c'est en tout cas de façon différente. Il ne signe aucun texte interne. En revanche, tout indique qu'il continue de fréquenter assidûment, et jusque fort tardivement, certains dirigeants trotskistes, comme Alain Krivine et Daniel Bensaïd.

Six ans après son départ « officiel » (?) de la Ligue Communiste révolutionnaire, Plenel entretient encore des relations de très grande proximité avec les principaux dirigeants trotskistes. En juillet 1985, Plenel descend à Montpellier pour participer – en tant qu'intervenant – à un stage de jeunes trotskistes de la IVe Internationale ; lors d'un voyage en train, il rencontre le patron de la Police de l'Air et des Frontières de Roissy qui lui dit que les RG ont rédigé une note sur le sujet. En décembre 1985, Plenel se rend à un meeting en Savoie ; il précise à l'organisateur que la manifestation ne doit pas apparaître comme un meeting, et qu'il doit être présenté lui même comme invité. Motifs : ne pas heurter l'éthique du journal et ne pas éveiller de soupçons sur son lien maintenu avec l'organisation trotskiste.

Au cours de l'affaire Greenpeace, on relève la même proximité de Plenel avec Alain Krivine.

En janvier 1986, Plenel souhaite accompagner Pierre Joxe, alors ministre de l'Intérieur et de la Décentralisation, en Nouvelle-Calédonie. Il doit obtenir pour cela l'accord de Jean-Marie Colombani, chef du service politique du journal. Le futur patron du *Monde* considère alors son futur second comme un trotskiste, ce qu'il convient de cacher à la direction du journal[28]. Toujours dans le cadre de la préparation de ce même reportage, Plenel souhaite rencontrer Alain Krivine avant de partir : pour transmettre des « commissions » sur place.

En 1991, la relation entre Krivine et Plenel est restée si étroite que le journaliste du *Monde* n'hésite pas à lui

le prévoyaient les statuts. Il ne peut donc témoigner sur la présence de Krasny/Plenel dans cette cellule.

28. Voir au chapitre 1, « La première crise », p. 36 et suivantes, la mésaventure survenue à Dominique Pouchin.

conseiller de rédiger une « libre opinion » dans son journal afin de soutenir le principe de la proportionnelle intégrale, dans le but de contrer la« stratégie de l'Élysée ». Selon Edwy Plenel, en effet, le Président est résolument hostile à la proportionnelle intégrale. Il souhaite « choisir » lui-même ses priorités, comme l'ont dénoncé quelques personnalités et les auteurs du livre *Les Plumes de l'ombre*[29], qui accusent François Mitterrand d'avoir aidé Le Pen et le Front national pour mettre la droite en difficulté. Plenel n'hésite donc pas, le 27 octobre 1991, à recommander à Alain Krivine d'intervenir publiquement pour défendre le droit d'expression démocratique qui n'a pas été jusque là la tasse de thé préférée de la LCR.

À ce moment-là, il est évident qu'il n'existe plus de relation hiérarchique entre les deux hommes, qui se parlent d'égal à égal. On peut même deviner un certain ascendant d'Edwy Plenel sur Krivine. Si bien que la nuance entre « appartenance » et « influence » semble devenir résiduelle.

Plenel aurait-il donc altéré la réalité en écrivant, dans *Secrets de jeunesse*, qu'il a quitté l'organisation trotskiste dès 1979 ? Probable, même s'il est impossible d'en apporter la preuve formelle. Mais est-ce en définitive si important ? Qu'il soit resté un militant trotskiste sous ses dehors de journaliste au *Monde* ne nous choquerait pas. Ou plutôt, cela ne serait choquant que par référence au procès qu'il a lui-même intenté, avec une telle insistance, à Lionel Jospin. Car, qu'a-t-il été reproché au juste à ce dernier ? Pas d'avoir formellement continué à militer au sein d'une organisation – l'OCI – trop attachée à « son » énarque pour l'exposer à mener une activité publique. Non, ce dont il lui est fait grief, c'est d'avoir gardé des liens avec les dirigeants lambertistes. Or, de ce point de vue, Plenel a réitéré cent fois le péché qu'il dénonce chez Jospin.

Comme ce dernier, et comme bien d'autres militants, Plenel est parti de son organisation sur la pointe des pieds, en

29. Emmanuel Faux, Thomas Legrand, Gilles Perez, *Plumes de l'ombre. Les nègres des hommes politiques*, Ramsay, 1991.

assistant de moins en moins aux réunions ou en oubliant de payer sa cotisation. Son appartenance probable à une cellule « clandestine » favorisait un éloignement discret. En outre, le fonctionnement ultra-bolchévique de la Ligue à ses débuts – qui voyait le secrétaire de cellule prélever d'autorité 10% du salaire du militant en guise de cotisation mensuelle, ou le blâmer pour deux absences consécutives à la réunion hebdomadaire de cellule – est, dans les années 1980, à reléguer au musée des curiosités du gauchisme post-soixante-huitard. Quand on a occupé les responsabilités qui furent celles de Plenel et acquis de longue date la confiance de la « famille » (Alain Krivine, Daniel Bensaïd, Jeannette Habel), les dimensions formelles du militantisme tendent à disparaître. Elles ne sont d'ailleurs plus d'époque. Alain Krivine ne tarde pas à comprendre tout l'intérêt, pour son organisation, des relations de proximité avec des journalistes comme Dominique Pouchin, Georges Marion, Denis Pingaud ou Edwy Plenel. Ils lui sont au fond bien plus utiles là où ils sont, dans des journaux qui peuvent être amenés à « relayer » les campagnes de la Ligue, que dans des cellules de l'« Orga ».

Si Krasny a quitté un jour la Ligue, c'est en tout cas sans fournir aucune explication. Aucun de ses proches ni de ses amis de l'époque ne se souvient d'une discussion dans laquelle il aurait expliqué les motifs de son départ. Jean-Pierre Beauvais confirme d'ailleurs qu'il n'est pas le seul dans ce cas : « *Personnellement, je n'avais pas tellement envie que l'on me confonde avec un Weber ou un Dray, partis au PS, ou avec d'autres, récupérés par le système. Lorsque je rencontrais Henri* [Weber], *je lui disais que j'étais encore à la Ligue alors que ce n'était plus vrai. Par ailleurs, lorsque, à la création de* Politis, *on demande à la Ligue de désigner un responsable qui représentera son courant d'idées dans le comité de rédaction, Alain Krivine me demande d'y aller alors que je ne suis déjà plus à la Ligue.* »

On voit ainsi comment a pu subsister une sorte de « porosité » entre la Ligue et un certain nombre de militants devenus des « compagnons de route » d'un nouveau genre. Mais ce flou, cette équivoque, n'est-ce pas justement ce que Plenel reproche à Jospin ? Dans l'un et l'autre cas, il n'y a pas rupture idéologique, avec déclaration ou communiqué expliquant un départ, mais un lent éloignement, tempéré par une relation préservée grâce à des rencontres et des affections maintenues, voire des intérêts communs.

Refermons donc la parenthèse sur la jeunesse de Krasny. Le voici armé pour céder la place à Edwy Plenel. Après l'armée, il devient celui qui signe de son vrai nom. Journaliste professionnel, il pige pour *Le Monde de l'Éducation* – où il fait la connaissance de Frédéric Gaussen, lequel le fera entrer au *Monde* –, mais aussi pour *Le Matin* où il retrouve Denis Pingaud. Surtout, il prend des responsabilités à l'APIJE (Association des journalistes jeunesse et éducation) dont il devient président en 1980. Excellente stratégie pour entrer en contact avec des professionnels et obtenir une embauche. C'est ainsi que Nicolas Domenach, responsable du service Éducation au *Matin*, le remarque et lui propose de l'aider à traiter des problèmes d'enseignement dans son journal. « *Nous avons vécu une période de très grande harmonie. À l'époque, les questions d'éducation étaient très importantes dans la presse. Je prenais le Ministère, et lui s'occupait des syndicats. On travaillait en tandem, moi le "social-dem" un peu "situ" et lui, si organisé et minutieux. J'étais épaté par sa capacité à prendre trois éléments disparates et à en faire une hypothèse qu'il faisait ensuite monter en mayonnaise...* »

Durant l'été 1980, ils partent ensemble avec leurs compagnes. « *On avait*, raconte Domenach, *un fonctionnement en miroir. Moi j'étais avec Michèle Fitoussi, lui avec Nicole Lapierre, deux* goys *avec des femmes juives d'expérience. On portait la* Shoah *sur notre dos. Il disait qu'il était juif par sa femme. Il était fasciné par ses récits sur sa famille polonaise. Et elle le maternait tout en lui permettant – en s'occupant fort bien de son enfant à elle –, de mûrir enfin.* » Mais l'entente entre les deux journalistes ne dure pas. Au cours de ces vacances, le père de Nicole Lapierre disparaît brusquement. Lorsqu'elle revient, Domenach et sa compagne – gêne ou tact ? – n'évoquent pas sa mort. Cette attitude déplaît à Edwy et à Nicole qui y perçoivent comme un déni du deuil... « *La rupture a été brutale et sans explication*, se souvient Domenach. *Quelques semaines plus tard, Plenel m'annonce son départ* : “Le Monde *me propose un poste. Nicole y est très favorable. Je vais y aller.”* »

Ici commence aussi sans doute la plus importante opération d'« entrisme » de l'histoire du trotskisme français, conduite au sein de l'une des institutions françaises les plus influentes. La plus importante, mais aussi la plus ordinaire, puisque, comme ceux qui sont « entrés » au Parti socialiste, l'« infiltré » aura tôt fait d'échapper à tout contrôle du mouvement trotskiste, tout en se sentant, comme il le confesse volontiers à ses intimes, un « résistant » dans l'attente de jours meilleurs.

Ici commence à se dessiner le mystère Plenel. Comme nous allons le voir, celui-ci connaît alors une métamorphose telle qu'il n'a bientôt plus rien de commun avec le jeune Krasny. Autant Krasny était un militant, certes précoce, mais surtout conformiste et suiviste à l'égard de ses mentors, faisant de lui un personnage assez fat, autant Plenel va se révéler être fin stratège, avançant un à un les pions qui le mèneront à la direction de la rédaction du *Monde*, puis à la notoriété médiatique.

CHAPITRE 3

L'appel de Fouché

« Le peuple français ne peut reconnaître d'autre culte que celui de la Morale universelle. »

JOSEPH FOUCHÉ

Edwy Plenel a toujours été fasciné par le monde de la police. Nombre de ses anciens copains trotskistes se souviennent de cette attirance, parfois jugée déplacée ou malsaine. Brillant journaliste dans le secteur de l'éducation, il abandonne brutalement, en juillet 1982, la compagnie des professeurs et des instituteurs pour celle des grands et petits flics. Pourtant, son embauche n'allait pas de soi et il pouvait se douter que son affectation à cette rubrique susciterait des réserves.

On se méfiait encore, au *Monde,* des journalistes trop idéologiquement marqués. Journaliste d'investigation qui émarge alors au *Canard enchaîné,* Georges Marion a déjà été éconduit par deux fois au guichet des embauches ; la première, à la fin des années 1970, quand James Sarazin transmit sa candidature à Jacques Fauvet, il s'attira cette réponse on ne peut plus sèche du directeur du journal : pas question de recruter un trotskiste pour couvrir la Place Beauvau ; quelques années plus tard, Marion, qui ne travaille plus à *Rouge,* mais au *Matin de Paris,* est refoulé une seconde fois. Plenel n'est lui-même engagé au service Éducation que pendant les vacances de Bruno Frappat, chef du service Société, grâce à une entente entre Maurice Mercier, chef des Informations générales, et Bertrand

Le Gendre, adjoint de Frappat. À la fin de l'année 1980, il faut remplacer James Sarazin, épuisé par son job. Le successeur ne fait pas l'affaire. Plenel se propose et obtient le soutien d'Alain Rollat, du service Politique, lequel convainc André Laurens, déjà désigné pour succéder à Jacques Fauvet. Une fois le poste obtenu, à la mi-juillet 1982, Sarazin le présente à ses principaux contacts policiers. La carrière d'Edwy Plenel prend alors un nouveau départ. Pendant plus de dix ans, il devient non seulement le correspondant du *Monde* auprès du ministère de l'Intérieur, mais un élément essentiel dans le « saint des saints » de l'appareil d'État. Cette place « stratégique » va peser à l'évidence sur sa carrière, mais aussi, du fait de l'essor de celle-ci, sur l'évolution éditoriale du quotidien.

Dans *Le Monde* du début des années 1980, les affaires de police relèvent plutôt de la rubrique des faits-divers. Les « rubricards » qui y exercent sont traités avec condescendance par les membres des services Monde et Politique intérieure, la véritable aristocratie de plume. Une dizaine d'années plus tard, après de nombreux scoops qui ont mis le feu à la société politique, ceux qu'on appelle désormais les « journalistes d'investigation » constituent la véritable « noblesse de robe » de l'institution *Le Monde*, dont Plenel est devenu la figure emblématique.

Devenu un « Grand », il n'est pas anormal qu'il devienne lui-même objet d'étude. Mais, comme il le dit lui-même, « les secrets des Grands viennent souvent des arrière-cuisines[1] ». Nous allons donc nous y rendre : comprendre le fonctionnement du nouveau *Monde*, c'est aussi apprendre les méthodes utilisées par son directeur de la rédaction pour s'imposer.

Edwy Plenel est ou semble à tout le moins avoir été hanté par le personnage de Joseph Fouché, « *l'inoubliable ministre de la Police de la remise en ordre post-révolutionnaire, qui avait su donner ses lettres de noblesse à cette vigilance qui vit d'obscurité et de mystère, et lui trou-*

1. In *Les Mots volés*, Stock, 1997.

ver un nom qui en rehausse le prestige : il l'avait baptisée "haute police"[2] ». Le directeur de la rédaction du *Monde* voit dans le personnage une incarnation de la politique moderne, alors qu'il n'a sans doute été que l'inventeur de la police moderne, ce qui n'est pas tout à fait la même chose. Les éditions Arléa lui ont d'ailleurs offert la plaisante occasion de préfacer les mémoires[3] du grand homme : « *Un imposteur ? Non, ce fut un politique, et l'un des plus grands... Il dit la vérité de la politique moderne.* » Le journaliste est manifestement fasciné par celui dont « *le nom est resté synonyme d'amoralisme, évocateur d'intrigues et de mensonges, de complots et de trahisons, d'opportunisme et de compromission, de basse police par-dessus tout*[4] ». Après les obsèques à Nevers de Pierre Bérégovoy, le 4 mai 1993, au cours desquelles François Mitterrand insère, dans son discours, une violente diatribe contre ces « *chiens* » dont il est supposé faire partie, Plenel pense[5] au Fouché conventionnel qu'il admire, celui qui, à Nevers précisément, avait pris, le 9 octobre 1793, un arrêté « relatif à l'exercice des cultes et aux enterrements », lequel se terminait par « *La mort est un sommeil éternel* », mais soulignait en préambule que « *le peuple français ne peut reconnaître d'autre culte que celui de la Morale universelle* ».

Louis Andrieux est la seconde référence d'Edwy Plenel qui reconnaît à ce préfet de police de la Belle Époque le mérite d'avoir contribué de façon décisive à l'affirmation de la jeune IIIe République. À travers les figures de Fouché et d'Andrieux, le directeur de la rédaction du *Monde* dessine en creux les contours de la police qu'il appelle de ses vœux : « *Dans la généalogie de la haute police, Fouché et Andrieux appartiennent à l'espèce schizophrène qui se méfie comme de la peste de la* famille militante. *Leur école*

2. In *La Part d'ombre,* Stock, 1992.
3. Publiés par Arléa, Paris, 1992 : Joseph Fouché, ministre de la Police, *Mémoires.*
4. L'écriture réprobatrice laisse percer la fascination. Une fascination qui est plus perceptible quand Plenel n'est pas en représentation. « *Il n'y a pas de bonne police sans indics* », explique-t-il à Georges Marion le 4 mars 1986.
5. In *Un temps de chien,* Stock, 1994.

est prosaïque et pragmatique, à l'opposé de tout intégrisme ou radicalisme policier. Mécréants passés au service d'une Église, ils ne goûtent pas la bonne conscience des néophytes. Ils sont volontiers critiques et désabusés là où d'autres sont apologétiques et enflammés[6]... »

Quoique admiratif de ces grands ancêtres, Plenel n'en fait pas moins partie, justement, de cette *famille militante* qui a œuvré à la réforme de la police dans les années 1980. Une réforme dont il regrette qu'elle n'ait pas été menée à son terme. Parmi les – très nombreux – reproches qu'il adressera à François Mitterrand, celui de ne pas avoir répondu aux espoirs qu'il avait suscités dans les rangs policiers figure en bonne place.

Avant de devenir un véritable protagoniste des affaires de police, Plenel, jeune rubricard au *Monde,* a tout de suite misé sur Bernard Deleplace, secrétaire général de la FASP (Fédération Autonome des Syndicats de Police), qui, depuis l'accession au pouvoir du Premier secrétaire du Parti socialiste, est devenu le « deuxième flic de France » (le premier restant le ministre de l'Intérieur). Il est épaulé par une de ses relations, naguère journaliste à *Rouge,* Georges Marion, l'un des principaux journalistes à couvrir les affaires policières depuis la fin des années 1970. Ce dernier a lui-même observé avec bienveillance Deleplace gravir les échelons syndicaux, jusqu'à se hisser à la tête de la puissante fédération... Moins de deux mois après son arrivée à la tête de la rubrique « Police » du *Monde*, Plenel publie un grand entretien avec Deleplace. Le chef de la FASP y développe son thème favori : la dénonciation du « *sabotage d'une partie de la haute hiérarchie officielle* ». Le leader syndical apprécie cette promotion que lui accorde le quotidien de référence. D'autant plus que celui qui lui a tendu un micro complaisant ne mène après coup aucune enquête pour corroborer ou infirmer ses accusations. Une confiance, voire un « engagement » dont Deleplace lui restera reconnais-

6. In *La Part d'ombre, op. cit.*

sant ; jusqu'au départ de celui-ci de la FASP, Plenel va régulièrement peaufiner « son » image : « *La gauche aux affaires entendra-t-elle cet ouvrier révolté qui, flic-syndicaliste, a appris à compter avec le temps ?* », écrit-il en conclusion d'un long portrait, en février 1984.

Plenel se voit rapidement récompensé : on l'alimente en « scoops », ce qui conforte sa position à l'intérieur du *Monde*. Il noue ainsi avec Deleplace une relation privilégiée qui, pendant près d'une dizaine d'années, dépassera largement celle qui peut normalement exister entre un journaliste et un informateur. En l'espace de quelques mois, il s'impose en effet comme un super-conseiller officieux du chef syndicaliste. Il devient par là, indirectement, un protagoniste essentiel gravitant autour du ministère de l'Intérieur, tout en se présentant, grâce au *Monde*, comme l'observateur critique le plus important de la place Beauvau.

Certains policiers, et même quelques journalistes, évoquent mezzo voce une « double casquette » de journaliste et de conseiller-communicateur du secrétaire général de la FASP[7]. En fait, on se demande si les portraits élogieux de Bernard Deleplace ne masquaient pas à la fois une très forte connivence et une dialectique à double détente, destinée à renforcer chacun des deux hommes dans sa sphère d'action. Les lecteurs n'ont pas été à même de détecter et de mesurer l'influence du journaliste dans l'adoption de certaines mesures ou nominations qu'il a légitimées en y consacrant ensuite quelques lignes laudatives dans le quotidien.

Dans *La Part d'ombre*, Plenel expose, sans grandes précautions de langage, sa vision de la police ainsi que les réformes auxquelles il a plus ou moins directement participé : « *L'œuvre policière de la gauche gouvernante, impulsée à partir de 1984 par Pierre Joxe, n'est certes pas méprisable. Sous-développée, sous-formée, sous-équipée, l'institution a été professionnalisée, rationalisée, modernisée. Mais, dans l'esprit même de ses promoteurs, ce ne*

7. Si elle n'a jamais été dénoncée, c'est que les deux hommes ont eu l'habileté de ne pas réserver au *Monde* l'exclusivité des faveurs de la FASP.

devait être qu'un préalable : restait à transformer en profondeur, à modifier l'architecture interne, à repenser les structures, les corps et les carrières, à redéfinir l'équilibre des diverses forces (...) concourant à la "sécurité intérieure" *et, enfin, à établir les instruments d'un contrôle des citoyens sur leur police*[8]*...* ».

Fidèle à son trotskisme, Plenel regrette que ce dernier volet, celui qui lui importait le plus, n'ait pu être mené à bien. Il se reconnaît même une part de responsabilité dans cet échec : « *Pour le dire tout net – et ce fut notre faiblesse de ne pas l'avoir dit à temps –, la modernisation de la police est une ambition dangereuse si elle ne s'accompagne pas d'un accroissement parallèle des libertés, en l'occurrence d'un droit de regard et de contrôle étendu sur les activités policières,* [... car] *sous l'aspiration à une totale transparence du corps social s'épanouit la tentation d'un infini contrôle des individus* (...). *Il ne suffit pas de le savoir. Il faut aussi le combattre. Non pas en empêchant la police de travailler, mais en lui faisant admettre qu'en démocratie citoyenne, sa logique fonctionnelle doit se heurter à des obstacles et à des limites, se déployer dans un espace de conflits et de contradictions, s'insérer dans un jeu complexe où pouvoirs et libertés s'affrontent.* » Et de citer longuement le pré-rapport du socialiste Jean-Michel Belorgey sur les réformes de la police. Or, qui a largement inspiré ledit rapport, si ce n'est Deleplace, ses principaux collaborateurs et ses conseillers officieux, dont, justement, le même Plenel ? Ce dernier n'a-t-il pas ainsi joué un rôle clé dans la conception et la mise en œuvre de la modernisation de la police, dans l'élaboration du code de déontologie policière, dans la réforme des polices municipales, dans l'introduction et l'affichage de la Déclaration des Droits de l'Homme dans les commissariats ? Et le journaliste Edwy Plenel n'était-il pas par ailleurs chargé d'évaluer toutes ces mesures dans le cadre de son affectation au sein de la rédaction du quotidien ?

8. *La Part d'ombre*, *op. cit.*, p. 180.

Jamais sans doute une telle dualité n'avait caractérisé la couverture rédactionnelle d'un pan de la vie politique de ce pays par le *Monde*.

Dans une lettre au président de la République, Paul Cousseran, ancien directeur général de la Police nationale sous Gaston Defferre, tout juste limogé après les manifestations de policiers du 3 juin 1983, a décrit ce qu'était la forteresse FASP, appelée « syndicat officiel », à partir de laquelle Plenel a pu développer à l'époque ses réseaux d'influence. Cousseran raconte comment il dut se confronter à la FASP qui se battait pour obtenir de « nouvelles avancées sociales » plutôt que de lutter contre la délinquance, alors même que les fonctionnaires de police disposaient annuellement de 209 jours de congé ou de récupération consacrés souvent, chez certains, au travail au noir ! L'objectif de la FASP n'était pas, selon Cousseran, « *de servir et de défendre les policiers* », mais de « *subvertir la police en cassant la hiérarchie* ». Il poursuivait son réquisitoire en ces termes :

« *Ce que l'encadrement supportait le plus mal, c'étaient les agissements et les accès de triomphalisme des permanents de la FASP devenue, à bien des égards, le* "syndicat officiel". *C'était la mise en cause de leur autorité par un réseau parallèle d'information et d'influence débouchant directement dans les cabinets ministériels à des niveaux pas toujours responsables. C'était l'ambiance de copinage et de clan qui semblait peu à peu se développer pour les promotions et les mutations* (...).

Les deux principaux dirigeants de la FASP, MM. Deleplace et Asencio, issus l'un et l'autre de la CGT, s'inspiraient manifestement de ses méthodes (agressivité, usage permanent de l'anathème et de la mise en cause personnelle, volonté d'intimidation, etc.). J'en étais même à me demander s'ils avaient réellement coupé les liens avec leur ancienne centrale et s'ils n'étaient pas manipulés. Mais je n'ai pu en avoir la preuve... »

Après le départ de Gaston Defferre, Pierre Joxe, qui connaît parfaitement le poids du *Monde* et l'influence de son journaliste auprès de la FASP, fait d'une pierre deux coups en nouant, à l'instar de Deleplace, une relation étroite avec ce dernier. Pour préparer sa première audience, stratégique, avec le nouveau ministre, Bernard Deleplace mobilise son conseiller spécial. C'est en effet Edwy Plenel qui, en présence du secrétaire général de la FASP et de Jean-Pierre Bordier, communicant « maison » et responsable du journal syndical, rédige le mémorandum – la « profession de foi » – que le syndicaliste doit remettre solennellement au ministre. Malgré sa fidélité apparente et avouée à François Mitterrand, Joxe n'a jamais donné suite aux demandes réitérées du Président d'éloigner Plenel du ministère de l'Intérieur. Deleplace use du même calcul : il se sert du journaliste et de son journal pour faire passer ses idées et ses exigences auprès du ministre. C'est grâce à cette extraordinaire position de « médiateur de la médiation » que Plenel devint un homme d'influence au sein du monde policier...

Durant l'année 1985, Plenel s'implique dans la préparation de la nouvelle formule du journal corporatif de la FASP, *Police d'aujourd'hui*. Mais le journaliste du *Monde* ne se contente pas de donner des conseils en communication. Il ne lui suffit point d'aider au rajeunissement du journal. Il intervient dans l'élaboration de la stratégie. Jean-Pierre Bordier, responsable du journal, doit ainsi constater que le Plan de modernisation de la police, axe stratégique du syndicat et dossier central du troisième numéro de la nouvelle formule, est rédigé aux trois-quarts par Edwy Plenel[9].

Le journaliste du *Monde* se montre également très actif dans la préparation de l'université d'été organisée à Poitiers par la FASP, et dans les opérations de communication qui l'accompagnent. Objectif : aider Joxe à séduire les syndicalistes. Dans le numéro 4 de *Police Aujourd'hui*, la photographie du ministre revient 19 fois (sans compter la caricature de Cabu). Un véritable « culte de la personna-

9. Le lecteur trouvera en annexe un fac-similé du dossier, pp. 617-621.

lité ». Comme on n'est jamais aussi bien servi que par soi-même, la revue de presse du journal syndical reproduit... un papier d'Edwy Plenel. Sans précautions ni états d'âme, il remet ensuite sa casquette d'envoyé spécial du *Monde* pour couvrir cet événement[10]. Le lendemain, sous le titre « Le regain du syndicalisme policier », l'article du chef de rubrique ne prend aucune distance vis-à-vis des positions du secrétaire général de la fédération policière. Le 10 septembre, Georges Marion et Edwy Plenel se retrouvent à 16 heures 30 au siège de la FASP pour aider à préparer le numéro suivant du journal syndical... L'osmose est complète !

Comment Plenel accepte-t-il de jouer un pareil rôle ? C'est que le manipulateur n'est peut-être pas le dirigeant de la FASP. En réalité, Plenel aide Deleplace à « vendre » des propositions qui sont... les siennes ! Il semble se comporter en quelque sorte en « cerveau » du syndicat. Le voici en effet qui tantôt rédige les communiqués de la FASP, tantôt conseille à Deleplace de passer à la télé ou de répondre aux questions de tel ou tel journal...

Deleplace veut tellement faire plaisir à son nouveau et si efficace « conseiller » qu'il achète – avec l'argent du syndicat – dix exemplaires[11] du livre que ce dernier a fait paraître récemment pour les offrir à la FEN, « *afin d'obtenir une critique signée Jacques Pomateau* » (secrétaire général du tout-puissant syndicat d'enseignants). Quelques semaines plus tard, Pomateau expédiera effectivement un papier de treize feuillets et demi.

Autre signe de cette position de « maître à penser » acquise par Plenel auprès du leader syndical : le 26 octobre 1985, Deleplace est paniqué à l'idée de quitter Paris, le lundi suivant, alors que Plenel ne lui a pas encore livré un travail promis (la préparation d'un droit de réponse à un journal de Marseille).

Un mois plus tard, Plenel et Deleplace se rencontrent à

10. In *Le Monde* du 6 septembre 1985.
11. Publié aux éditions Payot, en 1985, sous le titre : *La République inachevée. L'État et l'école en France.* Réédité chez Stock en 1997.

la Fédération pour préparer la conférence de presse du jeudi suivant.

En février 1986, Plenel conseille Richard Gerbaudi, jeune flic syndicaliste, pour intervenir lors d'une réunion organisée par Espace 89, association patronnée par Laurent Fabius. En mars 1986, il convient de se préparer au retour de la droite. Edwy Plenel élabore avec Deleplace et un certain Patrice Bergougnoux (dont nous reparlerons plus loin) une opération d'envergure : associer à la FASP le syndicat des policiers en civil, puis les commissaires (traditionnellement de droite). Commentaire bien informé du journaliste Plenel : « *Petite révolution dans le monde syndical policiers. Les frères ennemis d'hier se réconcilient officiellement*[12]. »

Le responsable de rubrique exerce donc une influence occulte mais incontestable auprès de Bernard Deleplace. Qu'est-ce qui le fait alors courir : le désir de circonvenir des informateurs pour bien remplir sa mission de journaliste ? le goût du pouvoir ? la volonté de mettre en œuvre ses propres idées sur la police ? l'envie de favoriser l'action de ses amis de la Ligue ?

Plenel paraît assurer également une sorte de liaison entre Bernard Deleplace et Alain Krivine. À la même époque, un dîner réunit même les deux hommes au domicile du journaliste.

Lors du congrès du Bourget de la FASP (14-18 octobre 1986), Plenel, évidemment présent comme journaliste du *Monde*, se fait interviewer par un policier, Denis Gasset, dans le cadre d'un document vidéo réalisé par la FASP. Il apprécie avec conviction le résultat de son propre travail de communicant : « *J'ai l'impression que ça bouge* », confie-t-il au reporter policier.

En décembre 1986, c'est encore Edwy Plenel qui rédige le communiqué officiel de la FASP en réaction à la mort de Malik Oussékine au cours des manifestations étudiantes.

12. L'opération se révèlera très vite un fiasco, le sécrétaire général du syndicat des policiers en civil étant désavoué par sa base.

Si l'idéologue est satisfait de cette situation qui lui permet de « *monter des coups* », voire de « *comploter* », le journaliste a tôt fait de déployer un système de collecte de renseignements très efficace, véritable *cabinet noir* à l'intérieur d'un ministère traditionnellement jaloux de ses secrets. De fait, Bernard Deleplace rémunère Edwy Plenel : si ce n'est en *cash*[13], du moins en informations inédites. Celles-ci vont l'aider à devenir le journaliste d'investigation le plus connu de France, contribuant à « doper » les ventes de certains numéros, à la grande satisfaction de la direction d'un *Monde* alors en difficulté.

Quels sont les termes de cet échange ? Exemple : en août 1985, Deleplace demande à des membres de la FASP travaillant à la PJ de lui ramener des informations sur le « dossier Protecval » afin de les transmettre à Edwy Plenel.

Autre indice des relations très étroites entre Deleplace et Plenel : ils se rencontrent souvent au siège de la FASP, ou bien dans des cafés s'ils ne doivent pas être vus ensemble, mais aussi au domicile du journaliste. Le syndicaliste est en effet devenu un ami de la famille Plenel. Habitué de ces dîners – avant d'en être exclu –, Pierre-André Taguieff se rappelle avoir vu Deleplace y arriver avec des dossiers, notamment sur l'affaire des Irlandais de Vincennes. L'amitié entre Bernard Deleplace et sa compagne Barbara Boistel, d'une part, Edwy Plenel et Nicole Lapierre, d'autre part, est telle que lorsque le premier se casse quelques côtes à la suite d'un malaise dans un meeting, il fait aussitôt appel au père médecin de Nicole.

13. La police n'ayant diligenté aucune enquête sur les « excès » de la FASP, il n'existe pas de traces comptables de la façon dont la direction du syndicat rémunérait ses « communicants ». Nombre de syndicalistes qui entouraient Bernard Deleplace prétendent que certains communicants étaient payés « en black », un « argent noir » fabriqué par une personne proche du patron de la FASP. Par ailleurs, depuis l'arrivée Place Beauvau de Gaston Defferre, le syndicat recevait une « soulte » en liquide de plusieurs millions de francs ; de quoi payer divers faux frais et prestations sans laisser de traces. Selon un membre du cabinet du ministre, le ministère de l'Intérieur a échappé à la décision du gouvernement Jospin de réglementer les fonds secrets. En 2000, ces fonds, utilisés notamment pour le fonctionnement des Renseignements généraux, mais aussi pour « aider » les syndicats policiers, représentait la coquette somme de 80 millions de francs.

Non seulement le journaliste bénéficie ainsi peu à peu de véritables réseaux qui l'aident dans la conduite de ses enquêtes, mais le point-limite du système est atteint quand Deleplace demande à des policiers de mener des enquêtes parallèles, en dehors de leurs heures de service, pour le compte du journaliste du *Monde* ! Au point qu'un jour, un de ces flics mobilisés par Deleplace au profit de Plenel va cracher le morceau auprès de Jacques Fournet, devenu patron de la DST : oui, reconnaît-il, il menait une enquête en dehors de son temps de travail pour le compte de Deleplace et Plenel ; oui, il était payé en liquide ! Pour marquer le coup, Fournet convoque alors Deleplace. Sans évoquer directement l'affaire, histoire de lui donner un avertissement, il lui exhibe une note « blanche » des RG détaillant le comportement – en tenue pour le moins légère – du leader syndicaliste dans une boîte de la rue Saint-Denis. À bon entendeur, salut !

Mais Deleplace n'entend pas grand-chose : au contraire, quelques jours plus tard, le 1er novembre 1990, l'admonestation – bien sûr, sans référence aucune à la boîte de nuit... – se retrouve mentionnée dans les colonnes du *Monde* sous la signature... de Plenel. Le message est on ne peut plus clair : « Touchez pas à Deleplace ! » Cet épisode initie une méthode qui deviendra banale dans le « traitement de l'information » ultérieur du journal : intimider un acteur pour mieux protéger un informateur.

Comment le journaliste, si chatouilleux sur les questions de déontologie, les principes, la morale, peut-il justifier de telles pratiques ?

À la grande époque des « affaires », le couple journaliste/juge a fini par s'imposer sur le devant de la scène. Face à un milieu politique traditionnellement rétif à la « transparence », l'alliance des deux corporations s'est trouvée malheureusement justifiée pour « sortir » certaines affaires. Plenel, lui, invente d'abord un autre couple, « *récurrent, tandem infernal, complice ou concurrent, le journaliste et le policier. Tout simplement parce que, si leurs missions diffèrent, leur territoire est com-*

mun : le secret[14] ». Même s'il défend de façon quelque peu formelle le principe « *d'une frontière étanche entre le flic et le journaliste qui ne doit pas se faire l'auxiliaire de la loi* », Plenel perçoit dans ce couple l'un des moteurs d'une « *démocratie authentiquement citoyenne* ». La même théorie est développée pour ce qui concerne le rapport entre journalistes et espions : « *Entre l'univers clandestin et le journalisme, le jeu de miroirs fut de toutes les époques et de tous les régimes* (...). *C'est que journalistes et espions travaillent la même matière : l'information* (...). *Reste que, tout concurrents qu'ils sont, ces deux mondes vivent le même rapport au temps, celui de l'immédiateté. D'où leurs relations complexes et ambiguës, de fascination et de répulsion*[15]... »

Mais comment dépasser l'ambiguïté de cette relation ? En opérant le tri entre bons et mauvais flics, ou encore entre bons et mauvais espions ? Les bons ? Ce sont bien entendu ceux qui partagent leurs secrets avec Plenel. Les mauvais ? Tous les autres ! Les premiers ont droit à des portraits élogieux ; les autres, à des notules assassines. Aussi incroyable que cela puisse paraître avec le recul, c'est cette règle élémentaire de l'« intérêt bien compris » que le journaliste du *Monde* introduit dans ses enquêtes. C'est par une combinaison de marchandage et d'intimidation – la collaboration ou la dénonciation – qu'il finit par engranger la plupart de ses « scoops ».

Voici Gilles Kaehlin, inspecteur des Renseignements généraux, qui est nommé à l'Élysée en 1981 aux côtés de François de Grossouvre. On le retrouve encensé après son retour aux Renseignements généraux. En cet ancien des Jeunesses communistes, Plenel voit un homme « *viscéralement de gauche, mais d'une gauche coléreuse et vindicative* ». Sous-entendu : comme lui. « *Sa quête était policière, son engagement celui d'un justicier...* » Comment traduire cette phrase du langage plenélien ? Le lecteur doit-il comprendre qu'il ne gardait pas ses « infos »

14. In *Un temps de chien, op. cit.*, p. 159.
15. *Ibid.*

pour sa seule hiérarchie, mais les aurait volontiers partagées avec le journaliste au nom « *d'une quête commune pour une démocratie plus citoyenne* » ?

On retrouve en tout cas dans les écrits de Plenel, sous forme d'éloges appuyés, d'autres policiers, grands ou petits, les marques d'une gratitude donnant à penser qu'à un moment ou à un autre ils ont accepté ou trouvé opportun de jouer *son* jeu. Exemples : celui de Robert Pandraud[16], proche de Jacques Chirac, qui fut ministre de la Sécurité aux côtés de Charles Pasqua ; son ami Pierre Verbrugghe, directeur général de la Police Nationale (1983-1987), qui est probablement celui que le journaliste protège derrière le nom de code « le Consul[17] », est, à en croire le journaliste, à l'origine de son plus beau « scoop », celui de la troisième équipe de l'affaire Greenpeace. Dans les locaux de la FASP, Plenel est aussi devenu très proche de Patrice Bergougnoux quand celui-ci, au cours de la première cohabitation, était le directeur de cabinet de Deleplace. En 1997, Edwy Plenel ira jusqu'à téléphoner à Claude Allègre[18], qu'il connaît alors à peine, pour lui demander sur un ton assez sec d'intervenir auprès du Premier ministre en faveur de la nomination de Bergougnoux à la direction générale de la Police nationale, sous prétexte que ce dernier est « bien disposé à l'égard du *Monde* ». Lionel Jospin, qui a déjà refusé sa nomination une fois, obtempère d'autant plus volontiers que Jean-Pierre Chevènement, alors Place Beauvau, n'y est pas franchement hostile. Mesure-t-on le poids exorbitant consenti non pas, en l'occurrence, au quotidien *Le Monde*, mais à son directeur de la rédaction ? Un Premier ministre devra-t-il bientôt « consulter » la rue Claude-Bernard avant de parapher ses décrets de nomination ?

Mais le tandem Deleplace/Plenel va trop loin. À force d'être excessivement proches, les deux hommes s'aveuglent l'un l'autre. Devenu puissant grâce au premier, le second, par des « *accroches* » et des articles louangeurs,

16. Voir l'article de Plenel du 20 mai 1988.
17. In *Les Mots volés*, *op. cit.*
18. Entretien avec l'auteur.

modèle un personnage de plus en plus important, tout en augmentant par ricochet sa propre puissance. Il encourage même Deleplace à « écrire » un livre dans la collection *Au vif du sujet* qu'il codirige chez Gallimard avec Bertrand Le Gendre, son compère en investigation du moment. Plenel et Deleplace signent un contrat[19] aux termes duquel le premier est rémunéré discrètement pour l'écriture de ce qui s'intitulera *Une vie de flic*. Le salaire du plaisir, en quelque sorte, puisque Plenel va pouvoir y développer ses thèmes favoris sur une police rimant avec « *démocratie* », « *transparence, prévention, souci des autres, respect de l'intérêt général* » ; « *c'est sans doute un combat, un pari permanent, une lutte continuelle* ». À la publication, le coauteur mobilise son réseau pour faire la promotion de son « bébé ». Josyane Savigneau – plus connue pour exercer dans la police des lettres – s'aventure pour *Le Monde*[20] dans une critique dithyrambique digne de la *Literatournaïa Gazeta* d'autrefois : « *De cette enfance qui le fonde, Bernard Deleplace a gardé le goût du travail, de la fidélité. Dans la police il a retrouvé le sens de la tradition, de l'héritage à perpétuer et préserver. La force de conviction de l'orateur qu'il aime être, il a su la conserver dans ce récit d'un petit garçon frondeur et curieux devenu un homme chaleureux et généreux, une histoire tantôt émouvante, tantôt truculente, un plaidoyer pour réconcilier les Français et leurs policiers...* » Et le reste à l'avenant.

Peu à peu, Bernard Deleplace a été installé et conforté dans un rôle de ministre-bis. Il est choyé par François Mitterrand, Pierre Joxe et les leaders socialistes, puis même, durant la première cohabitation, par Charles Pasqua et son « factotum », Daniel Leandri[21]. Tant d'hon-

19. Alain Denetre, qui devint trésorier de la FASP en août 1990, a vu ce contrat entreposé dans le coffre-fort du syndicat.
20. En date du 13 février 1987.
21. Leandri a été mis en examen dans l'affaire Elf. Il y apparaît comme proche d'Alfred Sirven qui était réputé l'utiliser comme « tête de pont » au ministère de l'Intérieur. C'est Deleplace qui interviendra pour que Leandri reste Place Beauvau après le départ du ministère de Charles Pasqua... Deleplace deviendra à son tour proche de Sirven, ce qui explique probablement sa présence dans le carnet d'adresses de l'ancien directeur d'Elf.

neurs, pour celui qui n'en demandait sans doute pas tant, hyperytrophient l'orgueil de cet autodidacte qui n'imaginait pas fréquenter d'aussi près le monde des puissants. Avant de le conduire au dérapage mégalomaniaque…

Car la puissance et le sentiment d'impunité qui découlent de cette montée à l'Everest de la notoriété vont lui faire oublier le respect des règles élémentaires de bonne gestion financière. Deleplace finit par se sentir au-dessus de ces contingences. Au nom d'une plus grande efficacité syndicale, il crée bientôt un système destiné à pallier la faiblesse des cotisations, mais qui provoquera sa perte, en dépit des efforts déployés par Plenel pour protéger un ami, un informateur et un point d'appui aussi précieux.

Tout commence au printemps 1986. Deleplace s'évertue à « réussir » son prochain Congrès après l'échec électoral des socialistes aux législatives. Au cours d'une réunion fort bien organisée par Paul Quilès, il fait la connaissance de Sydney Lellouche, qui a organisé ce *show* de main de maître. Deleplace lui demande sur le champ de prendre en charge l'organisation du prochain congrès de la FASP, prévu pour le mois d'octobre. Lellouche réussit au-delà de toutes les espérances. Au point que le chef de la FASP lui propose dans la foulée de monter – avec sa propre compagne, Barbara Boistel – une société de communication chargée de la régie publicitaire et de l'édition des journaux syndicaux, *Police d'aujourd'hui* et *Police parisienne.*

Naît ainsi la Sarl DRCS, dont la gérante est Barbara Boistel[22]. Cette société devient vite « gestionnaire de fait[23] » de la FASP. Pour faire tourner cette structure, un contrat l'autorise à percevoir 60% des commissions sur les annonces publicitaires – même quand celles-ci n'ont occasionné de sa part aucune prestation – résultant de

22. Pour éviter de dire la vérité sur leur rencontre – elle était l'épouse de son frère… –, le leader syndicaliste a édifié un véritable roman à la Zola : il l'aurait recueillie en auto-stop sur le bord d'une route, seule et abandonnée…
23. Délit consistant à exercer la gestion d'une entreprise sans occuper la fonction légale prévue pour cela. En l'occurrence, le même délit peut s'appliquer dans le cadre d'une association syndicale.

contrats passés directement par la FASP avec de grandes entreprises nationales comme EDF, la GMF ou Elf, qui veillent à rester en bonne intelligence avec le patron du plus grand syndicat policier de France.

Barbara Boistel dispose bientôt des chéquiers de la FASP et de la DRCS, et la frontière entre les deux structures se révèle vite impossible à discerner. Les comptabilités sont plus qu'approximatives, et le tout-puissant syndicaliste devient le roi de l'enveloppe bourrée de « Pascal ». Ces enveloppes, fournies par Barbara Boistel, permettent sans doute d'« arroser » quelques policiers amis, mais aussi certaines des plumes mercenaires qui acceptent de rédiger les journaux, de préparer les discours, d'écrire ou de réécrire les notes et rapports officiels... Ces mêmes enveloppes assurent enfin le train de vie de plus en plus fastueux de Bernard Deleplace.

Après sa nomination au printemps 1988 comme trésorier du SGP, principal syndicat de la FASP, Alain Denetre tire le premier la sonnette d'alarme pour dénoncer les pratiques de la DRCS. C'est le même Denetre qui va être nommé trésorier de la fédération le 1er septembre 1990. Avant de prendre ses fonctions, il plonge dans les comptes et demande à Auditec, un cabinet d'expertise, un audit sur la comptabilité de la FASP. L'expert-comptable a tôt fait de réaliser que Deleplace se livre à de drôles d'opérations. Son contrôle peine cependant, Barbara Boistel ne lui donnant pas accès à tous les contrats publicitaires. Ceux qu'il obtient ne sont pas des originaux, sont même souvent irréguliers, surchargés ; certains portent le même numéro d'ordre. Beaucoup de factures sont antidatées et masquent à l'évidence des utilisations non conformes à l'intérêt social.

Effrayé, craignant d'être mêlé à ces malversations, Denetre envoie le 8 août 1990 une lettre à Bernard Deleplace, dans laquelle il dénonce les principales irrégularités débusquées par Auditec. Il notifie au leader syndical ses abus : Deleplace se fait rembourser son parking personnel alors que la FASP a déjà mis un parking à sa disposition ; il a revendu une Talbot – appartenant à la FASP et remise en l'état aux frais de celle-ci – à son beau-frère pour la somme de 14 800 francs, sans que cet argent se retrouve dans la comptabilité ; pour éviter d'être mis en cause dans le cadre de l'instruction de l'affaire Urba-Gracco, il a racheté la R25 que Gracco mettait à sa disposition, moyennant trois traites de 40 000 francs dont une seule a été honorée grâce au remboursement – par la FASP – des kilomètres figurant au compteur ! Pour le seul mois de juin 1990, les frais de représentation du secrétaire général s'élèvent à 56 850 francs (sans compter ses déplacements et son whisky). « *Les charges dépassent l'entendement de toutes les règles comptables...* », conclut Denetre dans sa missive. Plus grave : la FASP est quasiment en cessation de paiement par suite d'une désastreuse opération immobilière.

Cette fois, Bernard Deleplace va devoir s'expliquer lors de la réunion du bureau fédéral des 11, 12 et 13 septembre 1990. Il prend aussi conscience qu'un groupe tapi dans l'ombre et conduit par Richard Gerbaudi, son fils spirituel, est prêt à profiter de la crise pour lui rafler sa place. Ce groupe, composé de représentants du Syndicat général de la Police (SGP) et des dirigeants du jeune Syndicat des Commissaires, passe pour être conseillé en sous-main par Crayon noir, une agence de communication pilotée par un responsable du Grand Orient.

Le récit de ces trois journées est celui de la chute de la « maison Deleplace ». Il s'appuie sur le procès-verbal interne du Bureau fédéral, issu des archives du syndicat. Et il est, on va le voir, on ne peut plus instructif, tant sur les pratiques journalistiques d'Edwy Plenel que sur le caractère de l'ami policier qu'il s'était choisi.

Le 10 septembre, Bernard Deleplace tente de calmer le jeu en fournissant quelques réponses aux questions posées par la lettre de Denetre. Le 11, dans un exposé liminaire, le secrétaire général tente de retarder les échéances par « *l'installation d'une commission fédérale présidée par les deux retraités pour étudier les problèmes de trésorerie.*

Cette commission pourrait être assistée par un expert-comptable choisi par les présidents », mais il « *souhaite que ce ne soit pas Monsieur Coiffard* », patron d'Auditec. En outre, il propose de s'adjoindre à l'avenir les services d'un directeur financier. Puis il aborde la question la plus délicate : la banque Sudaméris ne veut plus couvrir le découvert de douze millions de francs de la fédération. Deleplace s'est en effet lancé dans un gros projet immobilier, la Maison de la Police, qui a pour objet de regrouper dans un même immeuble les différents syndicats composant la FASP. Enfin, le secrétaire général de la FASP en vient à l'essentiel :

« *Si tout ce déballage est fait pour engager une guerre de succession, il faut le dire clairement. Qu'il y ait des erreurs, cela est possible ; que l'on fasse courir des bruits sur des comportements malhonnêtes de certains membres du bureau fédéral, alors je m'élève contre de tels agissements qui jettent la suspicion sur le bureau fédéral...* »

Revenant sur le passage du courrier d'Alain Denetre relatif à la voiture et au parking, il s'engage à rembourser en totalité le véhicule et ajoute : « *Je me passerai de parking ! Arrêtons la polémique : si le secrétaire général n'a pas droit à la voiture, je m'en passerai également...* »

Mais ces concessions tardives ne suffisent pas aux membres du Bureau. Alain Denetre prend la balle au bond, expose avec précision l'état de la trésorerie, la progression vertigineuse du découvert : de 10 millions avant le congrès de la FASP, il est passé à 12 millions, puis à 15 après les vacances, l'estimation pour la fin de l'année étant de 17 millions... Denetre développe enfin les éléments exposés dans sa lettre et dénonce certaines pratiques en matière de publicité, qui sont autant de détournements de biens sociaux... Enfin, il porte l'estocade finale : « *Je suis très troublé par les liens qui existent entre la DRCS et la FASP... Le bilan comptable de l'exercice 1989 n'a pas été avalisé par l'expert-comptable.* »

Cette fois, Bernard Deleplace accuse le coup :

« *Les propos de Denetre sont très graves et lourds de*

conséquences ; si ses déclarations sont exactes, la FASP devra se constituer partie civile contre la DRCS. J'estime que c'est un peu facile de porter des accusations, de salir... Les affaires liées à la publicité seront étudiées par la commission fédérale chargée du dossier... »

Richard Gerbaudi, qui se tient en embuscade, réagit sèchement. Pas question de reporter le dénouement de l'affaire aux calendes grecques. Il brandit l'« arme nucléaire » en pleine réunion : « *S'il le faut, on ira au tribunal.* » Il sait bien que cette menace, reprise par d'autres, ne peut que faire mouche. Ses conseillers de la société de communication Crayon noir lui ont confirmé que même si Deleplace ne démissionnait pas, les irrégularités commises suffiraient à le conduire devant la justice.

Deleplace comprend qu'il aura, cette fois, du mal à s'en sortir. Rageur, il dénonce « *une méthode accusatoire* », « *un procès stalinien* ». Mais Gerbaudi poursuit de plus belle :

« *Entre les déclarations du trésorier et les réponses du secrétaire général, il y a un fossé. Le trésorier a bien parlé d'abus de biens sociaux... Si je sais qu'il y a malversation, pour ma part, j'irai au bout de l'action.* »

La discussion dérive sur l'opération immobilière « Maison de la Police », sur le découvert bancaire qui en résulte et sur la démarche faite à ce sujet par Deleplace auprès de Pierre Joxe : le chef syndical a demandé au ministre de l'appuyer en vue d'obtenir un prêt de la Caisse des Dépôts et Consignations, et de revoir le montant des subventions accordées par le ministère. Bonjour, l'indépendance syndicale !

La mise au grand jour des turpitudes du secrétaire général finit par lézarder le clan de ses supporters. Le fidèle Jean-Pierre Bordier déclare ainsi qu'il ne « *pourra pas* [le] *soutenir outre mesure* ». Quant à la démarche auprès de Joxe, « *elle peut poser interrogation, nous devons en discuter entre nous* ».

Denetre en remet une louche en évoquant les irrégularités commises par la FASP, laquelle ne s'est pas acquittée de 850 000 francs de TVA sur un contrat destiné au projet de « Maison de la Police ». Au total, c'est la bagatelle de huit millions de francs – sur un découvert de douze millions – qui est imputable aux structures et au fonctionnement de la FASP. Cerise pourrie sur cet indigeste pudding, le trésorier révèle enfin qu'un faux en écritures a été commis sur l'acte notarié de la vente du siège de la FASP...

Le ton monte : « *On est en droit de dire que la présidente de DRCS et le président de la FASP nous ont volé...* » Mais, quelques minutes plus tard, Deleplace est provisoirement sauvé par le gong : en l'occurrence, la décision de mettre fin à la réunion.

Le lendemain, dès la réouverture de la discussion, la tension s'accroît de plus belle lorsqu'on en vient à la pratique des paiements en espèces. Deleplace reconnaît avoir payé quelques fournisseurs en liquide, pour « *gagner un peu d'argent pour l'organisation* ». Un dénommé Espanol enchaîne en fustigeant le règlement en espèces de certains frais ou contrats sans signature de bons de caisse. D'autres lui font écho sur le même sujet sensible. Jacques Heuze, prédécesseur de Denetre, se plaint de n'avoir jamais pu obtenir un bon signé contre remise d'espèces à la compagne de Deleplace. Quelques minutes plus tard, ce dernier demande à Heuze si, dans le cadre des relations qu'il a eues avec la DRCS, il a l'impression qu'il y a eu malhonnêtetés ou malversations. La réponse de l'ancien trésorier, jusqu'alors fidèle soutien de Deleplace, est consternante :

« *Avant les vacances, j'aurais dit* non *sans hésiter ; aujourd'hui, on me dit que personne n'a touché d'argent liquide, donc c'est moi le bandit... !* »

Deleplace est alors confondu : on apprend que Heuze a remis 120 000 francs en liquide sans obtenir le moindre bon de caisse. Le pauvre Heuze éclate en sanglots, s'estimant « cocufié » par Deleplace. Après explication de Denetre, le patron de la FASP fait une nouvelle fois amende honorable, affirmant être « *le seul responsable de la situation actuelle* » : « *Je déclare tout haut : c'est sur mon ordre et contre l'avis de Barbara Boistel que la FASP a payé des contrats en liquide.* »

Tout va se jouer le lendemain 13 septembre, troisième et dernier jour de réunion du Bureau fédéral. La position de Deleplace est sérieusement ébranlée. Du coup, le ton du fidèle ami de Plenel change. Il se dit « *troublé* » par tant d'interrogations sur sa gestion comptable et déclare derechef « *assumer l'entière responsabilité des anomalies constatées dans la trésorerie* », puis il souligne un peu plus tard « *qu'il n'a pas d'ennemi autour de cette table, et qu'il a conservé la moralité de son école syndicale, le SGP...* »

La discussion reprend. Gerbaudi élève le ton : « *Toute cette affaire doit se régler ici, car s'il n'en était pas ainsi, les administrateurs du SGP seraient dans l'obligation de régler cette affaire boulevard du Palais*[24]. »

La menace est claire : soit Deleplace démissionne et tout peut s'arranger ; soit Gerbaudi et ceux qui sont prêts à lui emboîter le pas traîneront le patron de la FASP en justice, avec tous les risques qu'une telle décision fera peser sur lui. Un peu plus tard, Gerbaudi va jusqu'à décréter que Deleplace est non seulement responsable, mais coupable...

Finalement, Deleplace comprend le message et décide de jeter l'éponge pour s'épargner une comparution en justice. Chacun est soulagé du départ volontaire du « Gros » à qui le Bureau fédéral, bon prince, laisse le temps de se retourner. Pour préserver l'appareil syndical, on convient que le contenu des discussions ne sera pas divulgué à l'extérieur.

Le secret tient un peu plus d'une dizaine de jours. Lorsqu'il est rompu, c'est par l'incontournable Edwy Plenel, l'ami et « conseiller » de Deleplace. La plume du journaliste du *Monde* épouse les états d'âme du « Gros » qui lui a décrit un véritable « *procès de Moscou*[25] » et une crise provoquée par une « *querelle fratricide, impulsée par une coalition hétérogène dont le seul objectif commun semble une*

24. Au Palais de Justice.
25. « *Crise au sommet du principal syndicat policier. M. Deleplace quitte le secrétariat général de la FASP* », *Le Monde*, 28 septembre 1990. Le lecteur trouvera en annexe la reproduction de cet article, pp. 622-625.

prise de pouvoir anticipée, accompagnée d'un discours "musclé" *sur les revendications salariales* ». Selon le journaliste du *Monde*, la coalition en question s'est livrée à des « *attaques personnelles*[26] », et, contre toute vérité, il affirme : « *L'endettement de la FASP pour la construction et l'aménagement de son nouveau siège devient un argument,* bien qu'aucune irrégularité comptable ne soit constatée. Des notes de frais sur les dîners du secrétaire général avec ses interlocuteurs de l'administration sont brandies, alors que tous ceux qui le connaissent de près peuvent témoigner de l'intégrité de M. Deleplace[27], *resté fidèle à ses origines sociales et à sa devise* "ni galons, ni décorations"» !

Mieux : le journaliste d'investigation, non content d'ignorer les éléments à charge brandis par la partie adverse, romance le propre récit de Deleplace en inventant une réplique de bon aloi : « *Qu'est-ce que vous voulez, à la fin ? Le pouvoir ? Eh bien, le voilà ! Vous l'avez. Je m'en vais, je donne ma démission. Car il y a une chose dont je suis incapable : me battre contre ma propre famille* ! »

Plenel non plus, qui souligne : « *C'est par ces mots qu'il y a une dizaine de jours, M. Deleplace a pris de court ses détracteurs.* » Mais les lecteurs du *Monde*, eux, ignorent encore aujourd'hui que Bernard Deleplace a donné sa démission pour éviter d'avoir des comptes à rendre à la Justice[28].

---

26. Notons comme une attaque devient forcément *personnelle* dès qu'elle vise les agissements délictueux d'un ami... personnel de Plenel. La formule vaudra bientôt en général pour toute critique visant la direction du *Monde*.
27. Souligné par nous.
28. Ils ne l'ignorent pas seulement du fait de la désinformation distillée par Edwy Plenel, mais aussi parce que le scandale de la FASP n'a jamais éclaté, les ministres concernés préférant garder le dossier sous le coude plutôt qu'avoir à affronter les équipes syndicales. Bel exemple de transparence.

CHAPITRE 4

Une pige pour la CIA ?

« J'ai fini par penser qu'il
travaillait lui aussi pour les
Américains. »

FRANÇOIS MITTERRAND

Il était une fois un espion soviétique qui aimait la France. Il y avait passé cinq ans à la fin des années 1960. Ce colonel de l'« Empire du Mal » aimait l'argent, les femmes et la vodka. Il détestait son service, le KGB, dont il connaissait les pratiques et la corruption. Il s'appelait Vetrov, mais a été plus connu sous le nom de code de *Farewell,* lequel a fini par désigner l'une des plus belles opérations de contre-espionnage jamais menées par un service occidental contre l'URSS.

C'est par une lettre envoyée en décembre 1980 à un cadre de Thomson qu'il avait connu à Paris que Vetrov propose une première fois ses services à la France. La DST, service français de contre-espionnage, à qui la lettre a été immédiatement transmise, juge le propos trop vague et ne donne pas suite. Le deuxième message de Vetrov, expédié au mois de février suivant, convainc cette fois les hommes de la DST de prendre au sérieux cette offre de services. Ils organisent en avril 1981 une rencontre à Moscou entre Vetrov et le représentant français de Thomson. En l'espace de trois rendez-vous, Vetrov remet une masse considérable de documents volés à l'Ouest et traités par le VPK, un organisme soviétique chargé de collecter et analyser les besoins et transferts de technologies. Le cadre de Thomson les duplique lui-même, rend les originaux à Vetrov, puis s'envole pour Paris avec les précieuses photocopies.

Mais ce type d'opération est beaucoup trop dangereux. La DST cherche une autre solution destinée à éviter à son nouvel agent de sortir les originaux des bureaux du KGB et à sécuriser les rencontres avec son « traitant ». Le service français n'a pas vocation à travailler à l'étranger. Il ne peut davantage demander de l'aide au SDECE (Service de Documentation extérieur et de contre-espionnage), qui ne dispose plus d'agents à Moscou à ce moment-là. Les responsables de la DST entament alors avec la CIA une étroite et intense collaboration dont l'ampleur ne sera jamais révélée au pouvoir politique. Valéry Giscard d'Estaing n'a été informé de cette importante manipulation d'un « gros poisson » du KGB que dans les toutes dernières semaines de son mandat. C'est donc au début du premier septennat de François Mitterrand que l'opération revêt sa véritable ampleur (d'avril 1981 à février 1982).

Après avoir, début juin, instruit sommairement son ministre, Gaston Defferre, et Maurice Grimaud, directeur de cabinet, Marcel Chalet, patron de la DST, explique longuement l'affaire Farewell au nouveau Président, le 14 juillet suivant, après la garden-party de l'Élysée. Gaston Defferre, Maurice Grimaud et Pierre Bérégovoy, alors secrétaire général de l'Élysée, assistent à l'entretien. Mais le patron de la DST se montre peu disert sur l'assistance opérationnelle fournie par la CIA à la DST. Le choix est discutable, les « services » étant censés rendre compte à l'autorité suprême du pays. Cette décision lui pose d'ailleurs un problème de conscience. Mais une longue discussion, à son retour de l'Élysée, avec son adjoint, Raymond Nart, et les quelques responsables qui pilotent l'opération, le convainc de ne rien dire de plus au pouvoir politique. François Mitterrand n'a donc jamais pu mesurer l'importance de l'implication de la CIA dans le « traitement » de Vetrov, notamment de l'appui logistique qu'elle ne cessa d'apporter, à Moscou même, au traitant français de l'agent soviétique. La centrale américaine avait notamment fourni un minuscule appareil photo – caché dans un stylo – permettant à Vetrov de ne plus avoir à sortir les documents des bureaux du KGB.

Le Président en savait néanmoins assez long pour être en mesure de « réchauffer » ses relations avec Ronald Reagan et l'administration américaine. C'était, peu après son élection, l'un de ses soucis : peu sensible aux subtilités de la vie politique française (notamment à la théorie du « baiser qui tue » du PS au PC), Reagan et son entourage avaient en effet peu apprécié la nomination de quatre ministres communistes dans le gouvernement de Pierre Mauroy. Profitant d'un sommet à Ottawa, Mitterrand rencontra en tête-à-tête l'hôte de la Maison Blanche et lui « dévoila » l'affaire Farewell. En réalité, Reagan, parfaitement instruit du dossier, n'apprit rien ce jour-là de François Mitterrand, si ce n'est que le Président français était un allié irréprochable. Il lui envoya d'ailleurs par la suite un chaleureux petit mot manuscrit...

La CIA avait seule la possibilité et les moyens de tirer profit des documents fournis par Farewell. Gus Weiss, à l'époque assistant spécial du Secrétaire à la Défense et directeur au Conseil National de Sécurité (National Security Council), a raconté[1] comment, à partir de janvier 1982, la CIA monta une vaste opération de manipulation à l'encontre de l'URSS. Connaissant la liste des « emplettes » technologiques que les industries soviétiques souhaitaient effectuer aux États-Unis, Weiss eut l'idée de les satisfaire avec des produits modifiés qui tomberaient rapidement en panne. De « grosses pointures » gérèrent cette importante affaire : Bill Casey, patron de la CIA, l'amiral Pointdexter, McFarlane, Bob Gates. La CIA envoya un autre cador des « services », en la personne de Charles Cogan, diplomate cultivé et francophile, pour prendre la tête de son antenne à Paris. Ce dernier veilla à entretenir des relations étroites avec les responsables de la DST qui se rendaient par ailleurs fréquemment à Lan-

1. Dans le numéro 5 (vol 39) de l'année 1996 de *Studies in Intelligence*, revue éditée par la CIA.

gley, siège de la CIA, non loin de Washington, où ils étaient reçus chaleureusement.

Au total, la manipulation de Farewell permit de récupérer la bagatelle de 2 997 documents volés, avec, pour chacun d'eux, une synthèse émanant de l'organisme soviétique chargé de planifier les « emprunts » de technologies occidentales. Ces documents permirent de localiser 222 officiers du KGB et de confondre 70 de ses agents implantés dans seize pays.

Mais la source se tarit brutalement en février 1982. On devait apprendre plus tard que le colonel du KGB avait été surpris par un milicien alors qu'il tentait de tuer sa maîtresse à coups de couteau. Il avait trucidé le policier, mais la maîtresse, quoique grièvement blessée, avait réussi à fuir et à donner l'alerte... Arrêté, Farewell fut condamné pour meurtre à douze ans de réclusion criminelle et envoyé en Sibérie.

Atteint par la limite d'âge, Marcel Chalet quitte la DST en novembre 1982. Conscient de l'importance capitale des renseignements fournis par Farewell, dont l'exploitation commence à peine, François Mitterrand veille à ce que le remplacement de Chalet soit assuré par un homme ayant toute sa confiance. André Rousselet, ancien directeur de cabinet du Président, et Gilles Ménage, en charge à l'Élysée des problèmes de renseignement et de police, sont persuadés d'avoir trouvé l'oiseau rare en la personne d'Yves Bonnet, préfet de Mayotte. Le long entretien en tête-à-tête entre le Président et le préfet, préalable à la nomination de ce dernier, se révèle concluant.

Yves Bonnet assimile vite le dossier. Il développe même la coopération de son service avec la CIA à des niveaux jamais atteints jusque-là. « *La CIA multiplie les égards à toutes nos sollicitations* », écrira-t-il ultérieurement[2]. Le 7 mars 1983, il convainc le Président de la nécessité de frapper un grand coup contre l'Union soviétique. Selon le patron de la DST, l'URSS se livre à une agression perma-

2. In *Mémoires d'un patron de la DST*, Calmann-Lévy, 2000.

nente contre la France en s'appropriant sa technologie militaire et en développant les contre-mesures (exemple : celles qui rendent inopérants les systèmes de guidage des missiles) propres à annihiler l'efficacité de notre force de dissuasion.

Le Président prend par ailleurs connaissance des réserves du général Saulnier, son chef d'état-major, qui redoute les conséquences politiques d'une vague d'expulsions massive d'espions soviétiques. Mais la DST finit par imposer ses vues : 47 espions et faux diplomates seront expulsés en une seule fois.

Le lundi 28 mars 1983, François Scheer, directeur de cabinet de Claude Cheysson, ministre des Relations extérieures, notifie la mesure d'expulsion à Nikolaï Afanassievski, premier conseiller près l'ambassade d'URSS à Paris. Le Soviétique proteste avec véhémence. Mais il reprend son calme quand le diplomate français lui tend la première page du rapport de la VPK pour l'année 1980, décrivant l'ensemble des opérations d'espionnage et de pillage technologiques perpétrées en Occident...

La veille du départ des 47 espions soviétiques, prévu pour le 5 avril et censé se dérouler dans le plus grand secret, un éditorial du *New York Times* indique que « *les milieux occidentaux du renseignement bourdonnent d'informations selon lesquelles le gouvernement de M. Mitterrand serait sur le point de chasser de Paris un grand nombre de diplomates soviétiques, y compris le numéro un du KGB à l'ambassade et ses deux principaux adjoints* ». L'Élysée ordonne au patron de la DST de demander des explications sur cette fuite à la CIA. La réponse de la Centrale américaine n'est pas jugée satisfaisante. Il faut contrebalancer la brutalité de la mesure d'expulsion pour sauvegarder autant que faire se peut les bonnes relations entre Paris et Moscou. Le Président et Claude Cheysson vont dès lors multiplier les signes dans ce sens.

Quant à Vetrov, au fur et à mesure que les Soviétiques progressent dans leur enquête, il va passer du statut de droit-commun à celui de traître. Son procès a lieu en décembre 1984 et il est exécuté le 23 janvier 1985. Une exécution dont les responsables français, sur l'instant, ignorent tout.

Fin janvier, début février 1985, Edwy Plenel demande à Guy Perrimond, conseiller pour la presse et ami de Pierre Joxe, à rencontrer le patron de la DST pour rédiger un grand article de portée générale sur le service de contre-espionnage. Bonnet, qui a déjà rencontré une fois Plenel, accepte de recevoir le journaliste du *Monde* le 12 février. Le patron de la DST sait en effet pertinemment que le fait de recevoir le journaliste est contraire aux instructions du Président transmises en mai 1983 par Gilles Ménage[3] et régulièrement renouvelées depuis lors.

Lorsque Bonnet vient lui annoncer qu'il a l'intention de recevoir Plenel dans les prochains jours, Ménage lui fait part de « *son étonnement et de sa vive réprobation* », et lui rappelle l'interdiction expresse du Président. Mais Gilles Ménage est à cent lieues d'imaginer la suite : non seulement l'entretien aura lieu, mais il portera sur le dossier le plus secret de France ! Car telle est bien l'incroyable intention du patron de la DST, persuadé qu'il est mieux placé que le Président lui-même pour savoir où réside le véritable intérêt du pays !

Bonnet maintient donc son rendez-vous avec le journaliste du *Monde*, fixé en définitive au 4 mars. Dans ses mémoires, le patron de la DST a tenté de retranscrire son état d'esprit d'alors : « *Il faut que les nouveaux dirigeants soviétiques sachent à leur tour que François Mitterrand n'est pas homme à se laisser intimider et qu'il dispose des moyens de se faire entendre, quel que soit le partenaire. Peut-être suis-je le seul à penser ainsi, peut-être suis-je plus mitterrandiste que le Président ; que ses collaborateurs, sans nul doute*[4]. » Une justification du droit à désobéir pour le moins surprenante sous la plume d'un haut fonctionnaire.

3. Pour raconter cette histoire qui aboutit à la mise sur écoutes d'Edwy Plenel, nous avons abondamment puisé dans le premier tome de *L'Œil du pouvoir. Les affaires de l'État, 1981-1986*, de Gilles Ménage, publié en 1999 par Fayard. Un livre très riche, qui a été largement boycotté par la presse.
4. In *Mémoires d'un patron de la DST, op. cit.*

Quoi qu'il en soit, Yves Bonnet décide de célébrer à sa façon le second anniversaire de l'expulsion des espions soviétiques afin de leur « *rafraîchir les idées* ». C'est lors de sa *troisième* (!) rencontre avec Plenel qu'il prétend avoir décidé « *d'utiliser l'exceptionnel vecteur qu'est* Le Monde *pour aborder cette ultime étape de notre travail, la révélation au grand public des dessous de l'expulsion réalisée deux années plus tôt, et, par ce biais, de dénoncer l'entreprise subversive permanente du KGB*[5]. » Pas de faux-semblants entre les deux hommes : Yves Bonnet « *propose le marché à Edwy Plenel qui accepte en toute connaissance de cause, et nous bâtissons notre scénario*[6] ».

Cette « opération de communication » montée contre les instructions expresses du Président, mais, selon Bonnet, pour le bien du pays, se concrétise par la publication d'un « scoop », en deux temps. Un, la fameuse « une » du vendredi 28 mars 1985 : « *Document : Comment les espions soviétiques travaillent à l'Ouest.* » Deux, le 1er avril, la « une » sur « *Les mystères de la VPK* ». Le premier article reproduit la photocopie du document qui avait été montré par François Scheer au conseiller soviétique Nikolaï Afanassievski, le 28 mars 1983, au Quay d'Orsay.

L'ensemble paraît relever de l'exploit journalistique, alors que le premier grand scoop de la carrière d'Edwy Plenel a sans doute été le plus facile à obtenir…

Panique à l'Élysée. Jean-Louis Bianco, secrétaire général, appelle en urgence Gilles Ménage, en vacances sur la plage d'Aqaba, au sud de la Jordanie.

– *As-tu lu* Le Monde ?, demande le secrétaire général de l'Élysée.

Évidemment, là où il est, Ménage ne l'a pas lu. Il rapporte néanmoins les mises en garde qu'il a adressées à Yves Bonnet au cours des dernières semaines. Il comprend que ça chauffe à l'Élysée et que le Président a piqué une très vive colère contre Christian Prouteau, Jean-Louis

5. *Ibid.*
6. In *La Liberté surveillée,* d'Yves Bonnet, publié par Thesaurus, 1993.

Bianco et Pierre Joxe. Bianco charge Ménage d'enquêter sur l'affaire dès son retour à Paris. L'effet du premier article du *Monde* a été amplifié par la diffusion, le soir même, sur Antenne 2, d'un reportage de Jean-Pierre Berthet sur le même sujet, préparé là encore en liaison étroite avec la DST depuis la fin janvier.

À la fin du JT, Jean-Louis Bianco appelle Yves Bonnet pour lui passer un « savon » mémorable. Douze ans après, l'ancien patron de la DST s'en souvient encore : « *Jamais, au long de ma carrière, je ne subirai un tel déchaînement de fureur, à la vérité inquiétant quand on sait ses responsabilités*[7]. » Bonnet est convoqué par Pierre Joxe, ministre de l'Intérieur, après que celui-ci eut reçu un coup de fil du Président, alors à Bruxelles, lui demandant d'élucider toute cette histoire. Joxe raconte : « *J'ai vu Bonnet qui m'a tout de suite dit, la bouche en cœur, que c'était lui qui avait donné les informations, prétendant qu'il était de l'intérêt de la France de faire de la pub pour les services de renseignement* (...). *Bonnet avait commis une faute lourde*[8]. »

Après son entretien avec le directeur de la DST, Joxe appelle le Président, en pleine nuit, car il mesure la gravité de l'affaire. François Mitterrand a rapporté à divers auteurs le récit que lui fit le ministre de l'Intérieur. « *Dans la nuit, Joxe me rappelle et me dit :* "C'est lui, Bonnet, [il] m'a parlé comme un mystique de l'anticommunisme en m'assurant qu'il avait fait son devoir" », explique-t-il à Pierre Favier et Michel Martin-Rolland. Mêmes propos de Joxe cités par le Président à Franz-Olivier Giesbert : « *J'ai convoqué Yves Bonnet et j'ai trouvé en face de moi un illuminé qui m'a parlé de la lutte contre le communisme.* »

Les articles d'Edwy Plenel sortent à une étape fort sensible des relations entre Paris et Moscou. L'après-midi de la première parution, l'ambassade soviétique à Paris proteste officiellement auprès du ministère des Relations

7. In *Mémoires d'un patron de la DST, op. cit.*
8. In *À propos de la France*, Flammarion, 1998.

extérieures. Elle voit dans cet article la volonté « *d'empêcher le bon déroulement des travaux de la Grande Commission franco-soviétique appelée à prendre de nouvelles décisions en vue de développer davantage les relations économiques entre les deux pays* ». La Grande Commission doit en effet se réunir du 1er au 4 avril 1985.

Mais, au-delà de la tenue de cette réunion prévue depuis longtemps, il faut garder en tête le contexte diplomatique. Alors que d'âpres discussions entre Américains et Soviétiques sont entamées sur les grandes questions stratégiques, François Mitterrand tient beaucoup à maintenir une relation originale avec l'URSS, ce qui a le don d'irriter au plus haut point Washington. En outre, le Président qui a fait la connaissance, le 13 mars, à Moscou, de Mikhaïl Gorbatchev, a décelé, chez le nouveau Secrétaire général du PCUS, une personnalité intéressante avec qui il lui semble possible de nouer des rapports d'un type nouveau. François Mitterrand l'a d'ailleurs invité en visite officielle à Paris en octobre.

Bref, au Kremlin comme à Paris, on pense que les articles du *Monde* sont inspirés par les Américains afin de torpiller des liens noués en dehors d'eux. Pour Moscou, il s'agit de l'action de « *forces influentes,* y compris de l'extérieur, *qui essaient toujours de saper la coopération mutuellement avantageuse entre les deux pays...* ». Édith Cresson, ministre du Commerce extérieur, réagit également avec la plus grande vivacité. François Mitterrand estime pour sa part que les articles du *Monde* ont été directement « soufflés » par les services américains avec lesquels Yves Bonnet entretient des rapports étroits. Dans l'esprit du Président, il s'agirait de nuire à la nouvelle relation qu'il est en train de nouer avec Mikhaïl Gorbatchev. Or, à la veille de la réunion de la Grande Commission, les États-Unis ne manquent pas de relais dans l'hexagone...

C'est le jour même de la publication du second article de Plenel sur l'« affaire Farewell » que François Mitterrand décide d'écarter Yves Bonnet de la direction de la DST et de placer le journaliste sur écoutes. Il convoque

Christian Prouteau, patron de la cellule antiterroriste. « *Il a ouvert le journal* Le Monde *et m'a montré un article que je n'ai pas lu. Le Président de la République était très en colère. Il m'a expliqué que l'article du* Monde *faisait état d'éléments qui n'étaient connus que de lui et du ministre de l'Intérieur. Il a pensé que des micros pouvaient être cachés dans son bureau* (...). *Il m'a alors fait part de son souhait que la ligne d'Edwy Plenel soit écoutée* (...). *J'ai informé Charles Hernu de la volonté du Président de la République de faire écouter Plenel* », se souvient Christian Prouteau, le 14 décembre 1998, devant le juge Valat. L'écoute a commencé le 16 avril.

Dans les jours suivant cette grave décision, François Mitterrand est conforté dans son soupçon par les analyses de Claude Cheysson, son ministre des Relations extérieures, et de Gilles Ménage. Le 7 avril, Cheysson a en effet écrit au Président une lettre suggérant une manœuvre américaine : « *Je relève l'effort obstiné de Washington pour limiter la relation directe entre chacun de ses alliés et l'URSS* (...). *Je relève la méthode utilisée à maintes reprises et qui a consisté à communiquer à quelques organes bien choisis de notre presse des informations qui devraient faire scandale...* » Dans une nouvelle lettre envoyée le 4 mai suivant, le ministre des Relations extérieures va encore plus loin : « *Voici donc une présomption supplémentaire de fuite américaine, fuite directe ou connivence avec un service français...* »

Gilles Ménage, rentré d'Aqaba le 9 avril, a remis à son tour une note au Président, le 12, à partir de l'enquête de la « cellule » de l'Élysée et de ses entretiens avec le directeur de la Police nationale. Il y a dénoncé la manipulation de la DST par les services américains, et exposé les risques de représailles soviétiques. La note lui a été retournée rapidement avec un peu usuel : « *Venez me voir.* » Ménage rencontre le Président et constate que sa colère est loin d'être retombée : « *Comme à chaque fois qu'il y a un rapprochement ou simplement une échéance diplomatique importante avec les Soviétiques, la DST, probablement animée par les Américains, fait un mauvais coup. Je l'ai constaté à plusieurs reprises* », explique François Mitterrand.

La scène se déroule en fin d'après-midi du dimanche 15 septembre 1985 dans le salon Napoléon III de l'Élysée. Gérard Colé et Jacques Pilhan, conseillers en communication, préparent l'allocution du Président sur l'affaire du *Rainbow Warrior.* Afin de sortir de ce guêpier, ils ont suggéré au Chef de l'État de se rendre à Mururoa pour assumer et confirmer par sa présence la politique nucléaire de la France. Accompagné d'une quinzaine de personnes, il est parti en Concorde, le jeudi précédent, et est revenu le samedi vers dix-neuf heures. Son intention ? Dire aux Français que « *la France poursuivra autant qu'elle le jugera nécessaire les expérimentations utiles à sa défense.* » Prévenu de la présence des deux « communicants », le Président est descendu de ses appartements. Il sait qu'il a fait ce voyage très fatiguant pour rien. Un grain de sable ou plutôt un gros caillou est en train de gripper le bel ordonnancement de son plan de communication : parmi les dossiers qu'il a consultés dans la journée se trouvaient en effet les « écoutes » du 14 septembre d'Edwy Plenel ; ce dernier et Bertrand Le Gendre sont sur le point de publier dans le numéro du *Monde* daté du 17 septembre un article qui va relancer l'affaire Greenpeace ; le titre prévu est « Enquête sur un mensonge de l'État », et le papier lui-même révèlera la découverte de la fameuse « troisième équipe ». Le transcripteur du GIC[9] a écrit : « Ils veulent la tête d'Hernu ». Colé et Pilhan ne savent évidemment rien de la bombe qui est ainsi amorcée...

Après les salutations d'usage, François Mitterrand se lance dans une critique des journalistes en général, de leur absence de culture, de leur manque de professionnalisme... Le Président n'est manifestement pas de bonne humeur. Colé et Pilhan ne sont pas surpris par cette dia-

9. Le Groupement interministériel de Contrôle (GIC) est l'organisme chargé d'écouter les conversations téléphoniques pour le compte de l'État. Il dépend du Premier ministre. Il dispose d'un grand centre d'écoutes à Paris, installé au 51, boulevard Latour-Maubourg.

tribe dont le chef de l'État est coutumier. Puis, celui-ci laisse éclater sa fureur contre *Le Monde* qui « *se dévoile et travaille ouvertement contre moi* ». Il en vient ensuite au cas d'Edwy Plenel :

– *Tout cela, c'est Plenel ! Il faudra tout de même un jour qu'on sache qui est vraiment ce Monsieur Plenel...*

Le silence qui suit cette charge est long. Pesant, même. Le Président attend probablement que ses interlocuteurs reprennent l'attaque à leur compte, l'amplifient, voire s'engagent à enquêter pour en savoir davantage, ou encore à diffuser l'accusation présidentielle. Gérard Colé, qui vient de passer cinquante-deux heures aux côtés de François Mitterrand pendant son voyage à Mururoa, se tait. Le Chef de l'État reprend en explicitant crûment sa pensée :

–... *Il parlera moins haut quand on saura qu'il travaille pour une puissance étrangère*[10].

Ce n'est pas tout. François Mitterrand fait également état de ses soupçons à son ami Roland Dumas : « *J'ai la preuve qu'il s'agit d'un agent et que* Le Monde *est devenu un organisme de déstabilisation de notre République et de notre société.* » Confidence renouvelée, à plusieurs reprises, à ses fils Jean-Christophe et Gilbert. « *Je me demande si George Bush ne le lui avait pas dit en confidence* », ajoute Roland Dumas[11].

Face à ces imputations, que dit ou écrit l'intéressé ? Le plus étrange, dans l'affaire, doit être lu en effet dans la prose d'Edwy Plenel en personne. « *Le journaliste doit piteusement avouer qu'il se contenta de se faire le relais d'une opération de communication de la DST* », écrit-t-il, mi-figue mi-raisin, dans *Les Mots volés.* Il va encore plus loin en reconnaissant qu'il a prêté la main à une opération de la « *DST sans doute manœuvrée par la CIA*[12] ». Dans un autre passage, il se joue ainsi de lui-même : « *Le voici, un jour âme damnée du ministre de l'Intérieur de*

10. Entretien de l'auteur avec Gérard Colé, le 14 octobre 2002.
11. Entretien avec l'auteur, qui doit publier son propre témoignage en février 2003.
12. In *La Part d'ombre,* déjà cité.

l'époque, Pierre Joxe ; (...) *une semaine plus tard, agent stipendié de la CIA, déstabilisant les amicales relations franco-soviétiques puisque, en ces temps lointains, l'URSS faisait toujours semblant d'exister.* »

Comment comprendre ces « aveux » sarcastiques autrement que comme une forme de « déminage » ? Car, une fois n'est pas coutume, Plenel n'est pas loin de partager l'opinion de son ennemi juré : « *Autrement dit, Benet*[13]*, que l'antistalinisme viscéral de sa jeunesse trotskiste prédisposait certainement à se faire l'instrument de telles basses œuvres, aurait fait le jeu de l'Empire américain et de sa redoutable CIA*[14]. »

La chance insigne de Plenel est qu'aucun « investigateur » ne va aller creuser une telle affaire dans laquelle est impliqué un journaliste en vue d'un quotidien si puissant. Malheureusement, un scoop constitue une vérité absolue, quelle que soit sa véracité, livrant le dernier mot devant lequel chacun doit s'incliner. D'où l'arrogance de celui qui l'affiche. D'où son impunité professionnelle...

Le trouble atteint son comble lorsque le journaliste Pierre Favier publie le compte rendu d'un entretien que lui a accordé François Mitterrand le 25 septembre 1995[15], soit une décennie après les faits. On y lit notamment la phrase suivante : « *Plenel ? Il ne m'a pas lâché pendant dix ans et j'ai fini par penser qu'il travaillait lui aussi pour les Américains* ». Pour la première fois, l'accusation d'intelligence avec une puissance étrangère est rendue publique. Deux journalistes de la première agence française publient une déclaration émanant d'un homme qui était, voici encore quatre mois, président de la République. Cette déclaration stipule que le journaliste le plus en vue du premier quotidien de référence français, lu dans toutes les capitales du monde comme l'une des toutes premières « voix » de la France, est accusé par

13. Nom de code de Plenel dans les écoutes, telles qu'elles ont été rapportées par *Libération*, le 4 mai 1993.
14. In *Les Mots volés, op. cit.*
15. In *La Décennie Mitterrand*, Le Seuil, tome IV, 1999.

l'ancien Président de travailler pour le compte des États-Unis. Elle ne fait l'objet d'*aucun* commentaire ni parmi le personnel politique, ni de la part d'un homme de presse, alors que l'ouvrage des deux journalistes de l'AFP a été abondamment présenté et commenté dans les médias. Cette phrase, qui aurait pu être appréciée comme une diffamation ou une imputation calomnieuse par celui qu'elle désignait, n'a pas non plus entraîné, à notre connaissance, de poursuites judiciaires de la part du journaliste visé ou du quotidien qui l'emploie. Une absence de réflexes qui surprend de la part d'un homme si réactif à l'actualité. Qui déroute, quand on se rappelle que le même homme n'a pas hésité à se lancer dans une longue procédure pour mettre en cause la « cellule de l'Élysée », les écoutes pratiquées à son endroit étant dénoncées comme une insupportable atteinte aux libertés publiques.

Nous cernons mieux, ici, l'incroyable effet d'intimidation que le « faible » (le journaliste) en vient à exercer vis-à-vis du « fort » (l'État). D'un côté, le journaliste peut prendre à témoin le monde entier – et d'abord ses confrères, portés tantôt à une solidarité de principe, tantôt à une complaisance intéressée – de cette insupportable « atteinte aux libertés publiques » ; de l'autre, un appareil d'État doublement contraint au silence : d'abord parce que le Président en place se fait un point d'honneur de ne jamais traîner la presse en justice ; ensuite parce que le secret-défense impose sa loi d'airain aux politiques comme aux techniciens. Tous les responsables qui, dans l'appareil d'État, ont dû travailler sur l'affaire des « écoutes » de l'Élysée, notamment les membres successifs de la Commission nationale de contrôle des interceptions de sécurité, de la Commission consultative du secret de la Défense nationale, des patrons du GIC, tous ceux qui ont eu le dossier en mains savent pertinemment les raisons qui poussèrent le Président à demander qu'Edwy Plenel fût placé sur écoutes. Mais, tous liés par le secret, ils ne peuvent en faire état publiquement.

Si la discrétion de Plenel face à l'accusation de François Mitterrand rapportée par le livre de Favier et Martin-Rolland interpelle, le silence général[16] – pour ne pas utiliser le mot galvaudé d'*omerta* – de tous les médias, désole. Il est en tout cas instructif sur la façon dont *Le Monde* tient en respect à la fois l'*establishment* politique et celui des médias. Car enfin, si d'aventure le propos du Président était fondé (ou simplement « vraisemblable », pour reprendre une terminologie « maison[17] » ?), ne s'en trouverait-il pas totalement justifié d'avoir fait mettre Plenel sur écoutes ? Si telle était sa conviction intime, sa mission de protection des intérêts vitaux du pays ne consistait-elle pas à faire vérifier que l'un des journalistes les plus importants du pays, écrivant dans le quotidien français le plus lu de par le monde, ne travaillait pas directement ou indirectement à favoriser les intérêts ou les desseins d'une puissance étrangère ?

16. Pas de faux procès : l'AFP, comme l'ensemble de la presse, a rendu compte du livre. Mais le passage concernant Plenel et *Le Monde* a été purement et simplement ignoré dans les recensions. Dans *Le Monde* lui-même, Michel Tatu, auteur du compte rendu, signale habilement un passage du livre dans lequel François Mitterrand émet des doutes sur l'affaire Farewell, y percevant une façon, pour les États-Unis, de « *tester la France socialiste et lui-même personnellement* ». Mais le lecteur doit « aller au livre » pour comprendre que *Le Monde* et Edwy Plenel ont pu être en l'occurrence vecteurs de tentatives d'influence américaines.

17. Voir chapitre 6, « Le faux scoop de Panama », pp. 125 et 130.

CHAPITRE 5

Cabinet blanc contre cabinet noir : le *Rainbow Warrior*

« *Nous ne pouvons plus faire comme s'il suffisait de prendre le monde tel qu'il s'offre à nous : pour le rendre intelligible, il nous faut visiter son arrière-cour, ses cuisines et ses coulisses, ses ombres et ses recoins (...). Si le caché et le secret sont, peu ou prou, au principe de la réalité, comment dire le réel sans franchir des frontières taboues, sans violer des territoires interdits, sans outrepasser notre rôle ?*

Le journalisme est face à ce défi. Qu'il y renonce, et il sera emporté, si ce n'est déjà fait, dans le discrédit qui ébranle sournoisement les pouvoirs. S'il l'assume, il entre en conflit avec les règles établies de protection des secrets – des institutions, des individus, des réputations, etc. C'est alors qu'il doit abattre ses cartes, fixer sa règle du jeu, donner le mode d'emploi. Dire comment il entend mener cette bataille du secret[1]. »

Cette profession de foi, publiée dans *Un temps de chien*, peut paraître assez ésotérique au commun des lecteurs. Edwy Plenel l'a écrite après l'oraison funèbre prononcée à Nevers par François Mitterrand aux obsèques de Pierre Bérégovoy, le 4 mai 1993. Encore sous le coup de l'émotion et de la colère, le Président avait montré du doigt les « chiens » qui portaient, selon lui, une part de responsabilité dans la décision de l'ancien Premier ministre de se donner la mort. Le mot *chiens* désignaient un juge et une poignée de journalistes. Se sentant visé – à juste raison –,

1. *Un temps de chien*, Stock, 1994 ; Gallimard, coll. Folio Actuel, 1996, p. 157. Souligné par nous.

Edwy Plenel s'employa à justifier la manière dont il exerçait son métier.

Car le journaliste ne se considère pas comme un citoyen ordinaire. Les nécessités de son magistère – constituer « *un contre-pouvoir efficace* » – peuvent, dans son esprit, l'affranchir du respect des lois, notamment des articles 70 et suivants du Code pénal qui protègent les secrets d'État[2].

Ce second livre sur (ou en riposte à) François Mitterrand nous est présenté comme un ouvrage de révélations : tout ce que Plenel sait, tout ce qu'il a appris et vécu et qu'il n'a jusque là pas encore couché par écrit. Tout ce dont il doute, aussi. Et de convoquer Raymond Chandler, fameux auteur de romans policiers : « *Il faut être honnête à l'égard du lecteur, et ne lui cacher aucune démarche, aucune donnée.* » Car – Plenel y reviendra dans ses ouvrages suivants – vouloir percer les secrets des hommes publics est parfaitement légitime lorsqu'on est journaliste.

Ainsi autorisé par Plenel en personne à décortiquer sa propre règle du jeu, nous avons déjà dévoilé, au chapitre 3, une partie de ce *cabinet noir* dont il s'est bien gardé de révéler l'existence à ses lecteurs. Installé au cœur même du ministère de l'Intérieur, travaillant et agissant à la fois aux côtés de Bernard Deleplace et du cabinet du ministre, il a épousé les causes de ses amis policiers, allant même jusqu'à les aider à réformer la « grande maison ».

En juillet 1982, Plenel est devenu le correspondant du *Monde* dans un ministère qui avait été, jusqu'en 1981, un bastion de la droite et de l'extrême-droite. À cette date, une partie de la hiérarchie policière n'a pas digéré l'arrivée de la gauche au pouvoir. Confronté à cette force de contestation latente, Gaston Defferre, nouveau locataire de la Place Beauvau, a naturellement cherché des points d'appui. C'est ainsi qu'il a souhaité associer la FASP – fédération de syndicats plutôt situés à gauche –, et ses dirigeants à la gestion des affaires policières. Pour faciliter les

2. On comprend mieux, *a posteriori*, l'état d'esprit dans lequel était Plenel lorsqu'il publia les « scoops » sur l'affaire Farewell et l'affaire Greenpeace.

contacts avec son cabinet, il y a installé Gérard Monate, prédécesseur de Bernard Deleplace à la tête de la fédération syndicale. Il prend aussi appui sur des militants fonctionnaires, eux-mêmes « adossés » à des journalistes également militants qui les ont aidés avant 1981. Or – ce point est essentiel pour comprendre la suite de l'histoire –, ces journalistes engagés ont leur propre vision de la police, ils ont leurs idées sur les réformes à entreprendre, les hommes à changer, ceux qui doivent les remplacer. La figure emblématique de ce « compagnonnage » est Georges Marion, ami de Bernard Deleplace et de Maurice Grimaud, directeur de cabinet de Gaston Defferre, qui « suivait » les questions de police pour *Rouge* dans les années 1970. Lorsqu'il passe de la rubrique Éducation à celle de la Police, Edwy Plenel n'arrive pas en *terra incognita* : la présence dans la place de Marion, son aîné, camarade loyal autant que compétent, lui est un atout précieux.

À l'Élysée, François de Grossouvre, auquel François Mitterrand a demandé de gérer les questions de sécurité et de renseignement, a eu le même réflexe que Defferre : puiser dans le « vivier » de la gauche syndicale et militante. Il recrute ainsi comme assistants un inspecteur, ancien de la Jeunesse communiste, et Frédéric Laurent, journaliste, auteur de *L'Orchestre noir,* un ouvrage décrivant les mouvements européens d'extrême-droite dans les années 1970...

Le 17 août 1982, après l'attentat de la rue des Rosiers[3], François Mitterrand convoque tous les responsables de la sécurité et du renseignement. Il dresse le constat d'une carence totale des services de l'État. La sanction s'impose : il faut changer tous les responsables de la police. Dans la foulée, le Président charge le commandant Prouteau de

3. Le 9 août 1982, un peu après treize heures, une grenade est lancée et explose dans le restaurant de Jo Goldenberg, au cœur du vieux quartier juif de Paris. Les tueurs mitraillent ensuite la salle. Le commando de quatre ou cinq personnes réussit à s'enfuir en tirant des coups de feu. L'attentat fait six morts et vingt-deux blessés. Attentat non revendiqué. C'est le groupe palestinien Fatah-Conseil révolutionnaire d'Abou Nidal, groupe palestinien dissident de l'OLP, qui est soupçonné. L'instruction menée par le juge Bruguière est toujours en cours.

coordonner la lutte antiterroriste, et nomme Joseph Franceschi secrétaire d'État à la Sécurité publique. À l'Élysée, Gilles Ménage reçoit mission dès la mi-octobre de remettre de l'ordre dans la police. Le Chef de l'État souhaite voir changer rapidement les titulaires des deux postes les plus importants : le directeur général de la Police nationale et le préfet de police de Paris. Peu importe leur couleur politique ; il souhaite des professionnels à la fois loyaux et discrets. La simple lecture des journaux de l'époque permet de constater que leurs lecteurs ont tout loisir de découvrir jour après jour tout ce qui se passe dans les rangs de la police et au sein du ministère de l'Intérieur ! Il convient donc de faire le ménage… Gilles Ménage, le bien nommé, est chargé de proposer des candidats.

François Mitterrand nourrit un autre grief contre la police : les hommes chargés de le protéger sont non seulement inefficaces, mais par trop bavards. Le Président confie donc au gendarme Prouteau le soin de réorganiser sa propre protection. Les policiers volubiles à l'excès sont mutés et remplacés par des gendarmes. Le premier grand « succès » remporté par le capitaine Barril dans la lutte antiterroriste – l'arrestation de trois présumés « terroristes » irlandais à Vincennes[4] – ainsi que la médiatisation outrancière de l'installation de militaires (les gendarmes) à l'Élysée, suscitent amertume et colère dans les rangs policiers, sentiments bientôt répercutés par la presse, comme l'habitude en est prise depuis que la gauche est au pouvoir.

On en arrive ainsi à une situation cocasse : alors que jamais le système policier n'a été aussi perméable, la

4. Le 28 août 1982, alors que la France est encore frappée de stupeur par l'attentat de la rue des Rosiers, trois Irlandais résidant à Vincennes sont arrêtés : Michael Plunkett, Stephen King et Mary Reid, militants d'une organisation clandestine irlandaise, l'Irish National Liberation Army (INLA). Le coup de filet dans le milieu du terrorisme international a été annoncé par un communiqué de l'Élysée. Dans les mois qui suivent leur arrestation, on apprend que Paul Barril a déposé des armes et de l'explosif dans l'appartement, compromettant ainsi une enquête prometteuse sur le terrorisme international. Vingt ans après les faits, dix ans après l'ouverture de l'instruction pour atteinte à la liberté individuelle, toute la procédure a été annulée en 2002.

commission Belorgey[5], qui a travaillé en étroite collaboration avec la FASP, réclame *plus de transparence* dans son pré-rapport ! S'appuyant sur ce rapport à la rédaction duquel ils ont participé, la FASP et les journalistes-amis (Plenel en tête) appuient fortement cette revendication d'une plus grande transparence et l'abolition du secret afin de rapprocher la police des simples citoyens...

Dans ce contexte délicat pour l'appareil d'État, Gilles Ménage est chargé par le Président de parer à la quasi-disparition de la *zone de discrétion* nécessaire à l'exécution efficace des missions de l'État. Le simple énoncé de la mission confiée à Ménage montre qu'elle s'oppose forcément à l'exigence de plus grande transparence formulée et soutenue par le journaliste du *Monde,* par le plus important syndicat policier et par tout un groupe influent autour du député socialiste Jean-Michel Belorgey. Tel est, au fond, le véritable substrat du conflit qui va opposer Plenel aux nouveaux responsables de la sécurité installés à l'Élysée.

Gilles Ménage doit alors s'initier[6] aux arcanes de ce que l'on commence à appeler le *journalisme d'investigation* par référence à l'affaire du *Watergate*[7]. Il apprend que lesdits journalistes travaillent « en meute » et que celle-ci perce sans trop de difficultés la plupart des secrets du ministère de l'Intérieur et de la Préfecture de Police. Le 19 février 1983, il demande à Philippe Massoni[8], ancien

---

5. Du nom du député socialiste Jean-Michel Belorgey, auteur en 1982 du pré-rapport de la Commission d'étude des réformes de la police nationale. Voir aussi chap. 3, « L'appel de Fouché », p. 72.

6. Les informations qui suivent, relatives au regard porté par Gilles Ménage sur Edwy Plenel, sont tirées du livre de l'ancien directeur de cabinet du Président de la République, *L'Œil du pouvoir. Les affaires de l'État, 1981-1986, op. cit.*

7. Le 17 juin 1972, en pleine campagne électorale américaine, des « plombiers » sont arrêtés dans l'immeuble du Watergate, siège du parti démocrate. Le 10 octobre 1972, les deux journalistes Carl Bernstein et Bob Woodward du *Washington Post* révèlent que le Comité pour la réélection du Président Nixon a financé clandestinement un réseau d'espionnage politique. Le 7 novembre 1972, Nixon est réélu. Les enquêtes des deux journalistes vont mettre au jour un des complots et scandales politiques les plus énormes. L'affaire aboutira à la démission de Nixon le 9 août 1974.

8. Il deviendra lui-même préfet de police de Paris en 1993, et ce jusqu'en 2001, avant de créer et animer le Conseil de Sécurité sous la seconde présidence de Jacques Chirac.

membre du cabinet de Raymond Barre chargé des questions de renseignement, et donc détesté des socialistes, de lui dresser un tableau complet de la situation qui prévaut à la Préfecture. Massoni ne mâche pas ses mots tout en renvoyant droite et gauche dos à dos : « *Les journalistes ne sont pas seulement des acteurs, mais des instruments avec lesquels* “on joue au billard” *pour revenir au centre de la scène politique.* »

Au début de juin 1983 survient une manifestation de policiers. Elle traduit une véritable carence du commandement résultant d'une double crise : celle qui sévit entre les syndicats et Joseph Franceschi, et celle qui oppose le même Franceschi et Gaston Defferre, sur fond de « fuites » continuelles dans la presse. Voilà le prétexte offert à François Mitterrand pour imposer les brusques nominations en Conseil des ministres, le 8 juin, de Pierre Verbrugghe au poste de directeur général de la Police nationale, et de Guy Fougier à celui de préfet de police de Paris.

Ces mesures et toutes celles qui vont suivre – éviction d'une soixantaine de fonctionnaires et nomination de Michel Lacarrière à la tête des RGPP[9], puis de Pierre Chassigneux à celle de la DCRG[10] – ont été préparées par Gilles Ménage. Or, elles font l'effet d'une douche froide aux journalistes brutalement privés de leurs principaux « correspondants ». D'où la violente campagne de presse menée par Plenel et Marion, qui commence fin août et se prolonge jusqu'à la mi-octobre 1983. Les révélations sur les agissements du capitaine Barril – contacts avec Action Directe, avec les nationalistes corses, affaire des Irlandais de Vincennes – sont autant de prétextes à entretenir un tir nourri contre la « cellule de l'Élysée ». Celle-ci devient la cible des « progressistes » qui l'accusent de nourrir le projet de « contrôler la police ». Ainsi s'élaborent des amalgames qui auront désormais force de vérité, en dépit de tous les efforts de l'Élysée : le capitaine Barril est assimilé à un membre de la « cellule », ses actions mises au débit

9. Renseignements généraux de la Préfecture de Police.
10. Direction centrale des Renseignements généraux.

de François Mitterrand en personne. Or, Barril n'a jamais fait partie de l'Élysée, même si, en tant que chef opérationnel du GIGN, il peut être mobilisé par Christian Prouteau qui coordonne à l'Élysée l'action antiterroriste. Quant à Gilles Ménage, il est présenté comme le véritable patron de la « cellule » alors que celle-ci est dirigée par Prouteau.

Un « blanc[11] » des RGPP résume ainsi la portée de l'action entreprise par Marion et Plenel : « ... *L'objectif de Georges Marion et de ses amis est d'obtenir les plus amples renseignements sur le fonctionnement de la cellule élyséenne : qui fait quoi ? quel est le rôle exact de Gilles Ménage ? quelles sont les activités du commandant Prouteau ? quel est le jeu de François de Grossouvre ?* » Sur ces différents points, des indications, souligne le « blanc » des RG, ont été fournies par d'anciens collaborateurs de l'Élysée. « *En s'en prenant à Gilles Ménage, Pierre Verbrugghe, Guy Fougier ; en dénonçant les actions de Christian Prouteau et Paul Barril ; en révélant certaines activités se rapportant à la situation en Corse ; en* "mouillant" *l'Élysée* », on cherche à provoquer une réaction du président de la République, à l'amener à opérer « *une remise en ordre dans la maison* », à se séparer de certains hommes tenus pour des gens de droite, de l'« *ancien régime* ». « *Pour les journalistes en cause, il faut* "tout mettre par terre et reconstruire". *Toute leur action s'inspire de cette idée.* »

La lecture de la presse de l'époque montre que la note des RG n'a rien d'un phantasme policier. Le combat est alimenté par une succession d'articles parmi lesquels ceux du *Monde* font souvent mouche. Parallèlement s'organise une vaste opération de lobbying auprès de l'Élysée. Bernard Deleplace intervient pour convaincre François Mitterrand de recevoir son ami Plenel, affirmant même au Président qu'il est... « *manœuvrable* » ! Jean-Marie Colombani, alors tout nouveau chef du service politique du *Monde*,

11. Un « blanc » est une note de synthèse rédigée par un policier des Renseignements généraux, mais non signé par son auteur. Les « blancs » sont de qualité diverse, allant de l'hypothèse farfelue à l'information la plus pertinente.

demande lui aussi à Jean-Louis Bianco, secrétaire général de l'Élysée, de recevoir Plenel. Ce dernier souhaite en effet l'informer que Gilles Ménage est en réalité « *une taupe de la droite* » à l'Élysée[12]. Si le journaliste du *Monde* est parfois écouté avec circonspection à la Présidence, il trouve davantage d'échos rue de Solférino, au siège du PS, où l'on s'est toujours particulièrement méfié de Ménage...

Une nouvelle campagne de presse, encore plus virulente, est bientôt déclenchée, en mars 1984, à la suite de la mutation du commissaire Genthial. Le patron de la « Crim' » au Quai des Orfèvres était-il ou non reconnu comme un bon informateur par les mêmes journalistes ? Aidés par la FASP, Edwy Plenel et ses amis – l'ensemble commence à ressembler à un réseau, avec, outre Marion au *Canard enchaîné*, de précieux relais au *Point* et à *L'Express* – mobilisent beaucoup de monde, y compris dans les milieux de la Justice. Objectif : soutenir le « soldat » Genthial et, par ricochet, attaquer et isoler Ménage, responsable de la « chasse aux fuites ». Le Premier ministre est même contraint de monter au créneau pour répéter que si les journalistes sont libres de faire leur travail, il n'est en revanche pas possible, pour la bonne marche de l'État, de laisser des fonctionnaires tout étaler sur la place publique.

Après que François Mitterrand, à une question sur la mutation de Genthial, a apporté une réponse aussi ambiguë qu'apaisante sur la situation prévalant au sein de la Police, Edwy Plenel va affirmer, dans *Le Monde* du 6 avril 1984, que le Président a « *réparé moralement ce qui était d'emblée apparu comme une injustice* ». Il en profite ainsi pour mettre en cause le seul Gilles Ménage.

N'importe quel observateur au fait des affaires de police comprend que ces attaques n'obéissent guère à la logique de l'information des lecteurs ou de la recherche de la vérité ; il s'agit plutôt d'un combat. Ses motivations sont d'abord étroitement corporatistes : Gilles Ménage est en

12. Confidence de Jean-Louis Bianco.

train de détruire les filières qui forment la « pompe à scoops » de la presse. Mais elles sont aussi idéologiques et d'ordre amical, puisqu'il s'agit de venir en aide aux amis et correspondants des journalistes, tels Bernard Deleplace, certains membres des cabinets ministériels, ainsi qu'à d'autres policiers qui n'apprécient pas plus que les journalistes la mission de Prouteau, la création de la « cellule élyséenne », la militarisation de la protection du Président, la « reprise en mains » et la « chasse aux fuites » organisées par Gilles Ménage.

L'objectif de Plenel et de ses amis est au fond assez simple : contraindre le Président à se séparer de ce dernier. À l'aide d'un alibi commode : l'homme du Président serait « de droite », en tout cas il entretiendrait toujours nombre de contacts à droite ; il « pousse » des policiers et des fonctionnaires réputés de droite à leurs yeux, comme Verbrugghe et Fougier. Plenel est si persuadé de convaincre le Chef de l'État qu'il a déjà annoncé le 6 octobre 1983 le retour de la « cellule » à des méthodes plus traditionnelles...

Le 12 avril 1984, une note des Renseignements généraux fait état de la création d'un collectif informel de quelques journalistes pour réagir aux dernières mesures :

« *Les moindres renseignements seront collectés – par le canal notamment de la FASP – pour une exploitation* (...). *Les objectifs seront répartis : Georges Marion, du* Canard enchaîné, *s'intéressera à la préfecture de police ainsi qu'à la direction générale de la Police nationale, tandis qu'Edwy Plenel, du* Monde, *se consacrera à la Présidence de la République et plus précisément à Gilles Ménage* (...). *Après la décision qui a été prise au sujet du* "bureau de presse" *de la Police judiciaire de la Préfecture de Police, les journalistes se tournent vers la Justice ; ainsi, certains d'entre eux ont rencontré le procureur général Bouchery, le procureur de la République Michel Jéol, ainsi que le substitut Laurent Davenas...* »

Quelques jours plus tard, plusieurs notes des RG viennent compléter le descriptif du dispositif. Gilles Ménage y apprend que Plenel a mis à profit son stage au Parquet de Paris « *pour prendre connaissance de divers dossiers, dont celui des Irlandais* ». C'est à cette époque que commence à apparaître sur la scène française un tandem qui ne dit pas encore son nom, le couple juge/journaliste. Le premier s'autorise, au nom de la liberté de la presse et des « blocages » imputés au ministère de la Justice, à bafouer le secret de l'instruction et la présomption d'innocence ; le second profite du scoop obtenu pour publier des enquêtes « à charge » sans consultation de la partie adverse.

Une note fait apparaître qu'au travers de l'affaire des Irlandais de Vincennes, Georges Marion et Edwy Plenel entendent « *poursuivre une campagne contre Gilles Ménage et le commandant Prouteau* ». Les deux journalistes projettent de rencontrer le commandant, qui est « *actuellement fragile* ». Ils vont jusqu'à s'informer des « *restaurants où le commandant Prouteau a ses habitudes, et ils ont découvert* La Fermette Marbeuf*, rue Marbeuf.* »

Dans cette véritable traque visant Ménage et Prouteau, catalogués « ennemis à abattre » par tous les moyens parce qu'ils ont osé faire leur métier – assurer la protection de l'appareil d'État, plus précisément de deux de ses principales institutions, le ministère de l'Intérieur et la Présidence de la République –, les deux journalistes utilisent et diffusent des informations obtenues par des moyens sortant des limites du droit commun. Aiguillonné par le(s) journaliste(s), le juge chargé de l'affaire des Irlandais de Vincennes procède à des perquisitions, à des interrogatoires, dont le contenu a tôt fait de se retrouver dans la presse. Plenel et ses émules seront d'ailleurs plus tard parties prenantes à la mise en accusation judiciaire de Gilles Ménage et des membres de la « cellule » en s'évertuant à peser, par leurs articles, sur l'opinion et la Justice !

Aux yeux de tout un chacun, l'État paraît nécessairement disposer de moyens considérables face aux journalistes, même coalisés. Edwy Plenel joue depuis toujours sur ce prétendu déséquilibre des forces : d'un côté, un État décrit comme omnipotent ; de l'autre, un journaliste ne comptant que sur sa plume et misant sur la possibilité – hypothétique – d'imposer un autre rapport de forces par la mobilisation de l'opinion. En l'occurrence, l'image d'Épinal convient mieux aux feuilletons télévisés qu'à la réalité de l'époque. Car nous allons voir que les moyens utilisés par Plenel et son réseau informel se révèlent beaucoup plus puissants que ceux de Ménage.

L'arrivée de Pierre Joxe place Beauvau, en juillet 1984, renforce encore la puissance du journaliste et diminue en proportion celle du directeur-adjoint du cabinet de la présidence de la République. Joxe choisit en effet de se lier à Plenel qui devient le principal défenseur de sa politique. Première conséquence de cette alliance de fait : elle permet à ce dernier de renouer les fils coupés par les décisions de François Mitterrand. L'arrivée de l'ancien président du groupe socialiste à l'Assemblée nationale à la tête du ministère de l'Intérieur autorise Plenel à devenir un interlocuteur de Pierre Verbrugghe, directeur général de la Police nationale, qui sera, de l'aveu du journaliste, l'une de ses principales nouvelles sources. Pour maintenir de bonnes relations avec *Le Monde* et Plenel, non seulement Joxe n'a pas hésité à ignorer les mises en garde de Gilles Ménage concernant ce dernier, mais il n'hésite pas à braver le courroux du Président qui lui en a fait la remarque à plusieurs reprises. Une position que Pierre Joxe[13] a lui-même confirmée plus tard, en 1995, en ces termes sybillins : « *Mitterrand avait, je ne sais pourquoi, une véritable détestation envers Plenel, qui était un très bon journaliste d'investigation.* »

Ménage ne pouvait que constater sa propre défaite dans son combat contre Plenel et les « journalistes d'investigation ». Cet aveu d'échec transparaît notamment dans une note datée du 13 février 1985 et adressée au Président :

« *À la suite des affaires qui avaient éclaté dans le courant de l'année 1983, plusieurs dispositions avaient été prises, conformément à vos directives, pour mettre un*

13. In *À propos de la France, Itinéraires 1*, entretiens avec Michel Sarrazin, éditions Flammarion, 1998.

terme à différents circuits de fuites. Elles avaient donné d'excellents résultats. Depuis quelque temps, les journalistes ont reconstitué des filières d'information en s'appuyant sur les contacts dont ils disposent au niveau du cabinet du ministre de l'Intérieur (...). Edwy Plenel dispose d'informations privilégiées. Il a récemment été orienté vers le directeur de la DST[14]. *Parallèlement, le même Edwy Plenel poursuit ses contacts avec le Palais de Justice et n'a pas désarmé dans la campagne qu'il mène pour tenter d'obtenir l'inculpation du commandant Prouteau dans l'affaire des faux témoignages consécutifs à l'arrestation des Irlandais (...). Les responsables des services de police déplorent la reconstitution de ces filières et les dangers qu'elles représentent dans le cadre de la lutte antiterroriste notamment (publication prématurée d'informations, risques de rétention des échelons subordonnés à titre de précaution). Il serait sans doute souhaitable d'instaurer un cloisonnement plus strict pour tout ce qui a trait à la police opérationnelle et au renseignement.* »

Le Président soutient Ménage dans son analyse et sa démarche, mais c'est peine perdue : un peu plus d'un mois après cette note, Plenel révèle l'affaire Farewell[15], bientôt suivie par celle de Greenpeace[16]. La fuite est devenue l'ordinaire du fonctionnement de la machine étatique.

Il faut bien que l'État réagisse. C'est dans ce contexte exaspérant qu'il est décidé de placer Plenel et son coéquipier Marion sur écoutes[17].

Ménage et la « cellule de l'Élysée » vont ainsi disposer de beaucoup d'informations sur les réseaux Plenel – notamment à la FASP et chez les trotskistes – et sur ses informateurs à l'intérieur de l'appareil d'État. Mais ces

---

14. Une relation qui, on l'a vu, va conduire aux révélations sur l'affaire Farewell. Voir chapitre 4, « Une pige pour la CIA ? », p. 95 et suivantes.
15. Voir chapitre 4, « Une pige pour la CIA ? », p. 96.
16. Le 10 juillet 1985, le *Rainbow Warrior*, bateau de Greenpeace, est coulé par les services secrets français dans le port d'Auckland, en Nouvelle-Zélande. Le photographe de l'organisation écologique, Fernando Pereira, est tué dans l'attentat.
17. Selon Edwy Plenel, ces écoutes étaient illégales puisqu'elles n'étaient encadrées par aucun dispositif législatif.

renseignements ne leur seront d'aucune utilité, puisqu'ils n'auront permis ni de prévenir les « fuites », ni d'éviter et encore moins gagner le combat que le petit groupe de journalistes a poursuivi contre eux.

Pourtant, si elles avaient alors été rendues publiques, certaines informations auraient sans doute été de nature à déstabiliser le « groupe Plenel ». Ainsi des relations de ce dernier avec Nicolas Tandler, un des fondateurs d'Occident, ancien collaborateur d'*Est-Ouest*[18] et militant d'extrême-droite alors au service de Charles Pasqua. Les RGPP apprennent à Ménage que Plenel serait, *via* Tandler, « manipulé par Pasqua » ; en effet, *« Pasqua a incité Tandler à contacter Plenel, l'idée étant de l'utiliser intelligemment dans la campagne lancée contre Barre*[19] ». Toujours selon les RGPP, c'est Tandler qui aurait organisé le premier rendez-vous de Plenel avec Pasqua, futur ministre de l'Intérieur dans le gouvernement de la première « cohabitation » en 1986.

Comme une partie des comptes rendus d'« écoutes » de Plenel sont devenus publics[20], leur consultation nous autorise à poursuivre notre description du véritable *cabinet noir* qu'il sut mettre en place, ainsi que de ses motivations. Nous nous limiterons ici à l'analyse des dessous de l'emblématique affaire Greenpeace, qui joua un rôle si important dans la carrière du journaliste et dans le façonnage de l'identité du nouveau *Monde*.

Nous connaissons les deux principales sources de Plenel dans l'entourage de Laurent Fabius : la première est Jean-Paul Besset, un ami, ancien de la Ligue, chargé de la communication à Matignon (qui rejoindra d'ailleurs ultérieurement la rédaction du *Monde*) ; la seconde est le

18. Du temps de la guerre froide, revue anticommuniste de l'ancien « collabo » Georges Albertini, émanation de l'Institut d'histoire sociale, créé en 1949 avec l'aide financière de la CIA par celui-ci et un communiste dissident dès les années 1920, Boris Souvarine, proche du trotskisme. Voir le livre de Roger Faligot et Rémi Kauffer, *Éminences grises*, Fayard, 2000.

19. Plenel cosigna avec Bertrand Le Gendre, le 27 mai 1985, un article intitulé « *Aux origines de Raymond Barre* », qui irrita profondément l'ancien Premier ministre : il était entièrement construit autour de la figure de son père.

20. Edwy Plenel a lui-même publié des extraits des « écoutes » pratiquées à son endroit pour démontrer qu'elles mettaient en cause sa vie privée et son intimité. Voir *Les Mots volés*, Stock, 1997 ; Gallimard, coll. Folio Actuel, 1999.

magistrat Michel Marcus. Besset remet à Plenel une copie du rapport Tricot – le médiateur chargé par le gouvernement de faire toute la lumière sur l'affaire Greenpeace – qui n'existe qu'en un seul exemplaire, celui destiné au Premier ministre. Le journaliste du *Monde* cale son attitude sur celle de Laurent Fabius, qui va rapidement prendre ses distances avec le rapport, par ailleurs pétri de contradictions, comme l'a analysé Gilles Ménage[21]. Il s'agit d'ores et déjà, comme l'a annoncé un autre journaliste du *Monde*, Jean-Marie Colombani, de faire sauter le « fusible Hernu[22] ». On ne saurait donner image plus réaliste de ce que recouvre le fameux « journalisme d'investigation » : Plenel aide Fabius en poussant à acculer Charles Hernu, le « fusible », à la démission. Franceschi, alors « aide de camp » de Laurent Fabius, nous a confirmé qu'il avait entendu évoquer la « troisième équipe » au sein du cabinet avant la parution du fameux article dans *Le Monde*. Voilà bien ce qui s'appelle « porter le fer dans la plaie ». À condition de savoir pour qui on porte le fer, et dans quelle plaie...

À la mi-septembre 1985, Plenel et Le Gendre concoctent l'article qu'ils vont bientôt faire paraître, dont le titre sera « Enquête sur un mensonge d'État », après la découverte qu'une troisième équipe de nageurs français aurait pu couler le bateau de Greenpeace. Manifestement, une partie du cabinet de Laurent Fabius s'est mise à leur service, n'ignorant rien du souhait d'Edwy Plenel de « se payer » Hernu.

Le matin du 17 septembre, Edwy Plenel prévient Guy Perrimond, conseiller de presse de Pierre Joxe : il va sortir en « une » un papier sur le coulage du *Rainbow Warrior* par une troisième équipe. Il lui explique que tout ce qui a été écrit auparavant était bidon, et lui en énonce les grandes lignes.

« *Une, deux, trois... dix équipes, je n'en sais rien, mais je suis sûr en revanche que tu es en train de faire une construction,* lui objecte Perrimond. *Où est le fait, dans ton papier* ?

21. *Cf. L'Œil du pouvoir*, tome 1, *op. cit.*, chapitre « Les parapluies d'Auckland ».
22. *Cf. Le Monde* des 18-19 août 1985.

– J'ai écrit ce papier après une longue investigation...
– Edwy, je t'en supplie, tu arrêtes ! Ne me raconte pas cela, à moi...
– Si, je t'assure...
– Reconnais que c'est une construction, et qu'on te l'a soufflée[23]*...* »

Le téléphone raccroché, Guy Perrimond se précipite dans le bureau de Pierre Joxe pour lui annoncer le « scoop » de Plenel, qui va relancer l'affaire. Les deux hommes n'ignorent pas que Laurent Fabius est en train d'ouvrir son « parapluie ».

Après avoir lu l'article avec son titre au conditionnel : « *Le* Rainbow Warrior *aurait été coulé par une troisième équipe de militaires français* », Perrimond rappelle Plenel :

« *J'ai relu ton papier. Je maintiens : c'est une construction.*
– Oui, c'est vrai, j'ai créé l'événement », répond le journaliste d'investigation[24].

Plenel a raison : la machine politico-médiatique s'emballe. Journaux, radios, télés ne parlent que de la « troisième équipe », ainsi que de la crise politique qui s'annonce. L'opération est tout bénéfice pour lui. Avant même la démission du ministre de la Défense, le 19 septembre, il peut savourer sa victoire. Oui, il a eu le premier l'intuition d'un conflit latent au sommet de l'État entre les « forces du mal » ou « du passé » (Mitterrand, Hernu) et celles de l'avenir (Fabius). Oui, il tire un immense plaisir d'avoir joué, violé ses sources pour « faire la lumière ». Et, comme on disait en 68, ce n'est qu'un début !

Et lorsque, enfin, Charles Hernu est sacrifié sur l'autel du journalisme d'investigation, Plenel invite des amis dont Georges Marion, avec qui il a travaillé tout au long de l'affaire à sabler le champagne. On imagine la scène : Plenel-Rastignac fête avec son « premier cercle » sa première grande victoire parisienne – la tête d'un ministre qu'il a voulue, qu'il a été chercher et qui est tombée. Au

23. Dialogue reconstitué à partir des confidences de Guy Perrimond à l'auteur.
24. *Idem.*

fond, le champagne est à peine utile, ce soir-là, tant l'ivresse du premier triomphe lui est montée à la tête...

Mais une telle joie doit se partager. Et puis, obtenir la démission du ministre ne suffit pas, il y a aussi la manière... Voilà pourquoi Plenel délivre des informations précises à son confrère Jean-Marie Pontaut pour publication dans *L'Express*. Objectif : relayer dans l'hebdomadaire la campagne déclenchée par *Le Monde* contre Hernu.

Bien entendu, Plenel « arrose » également Georges Marion pour *Le Canard enchaîné*. Pour rendre service ? Ou mieux assurer le « service après-vente » du scoop qu'il a publié dans *Le Monde* ? Quoi qu'il en soit, avec l'affaire du *Rainbow Warrior*, le lecteur du *Monde* a l'impression de retrouver « son » journal par des révélations qui semblent démontrer le retour à une politique indépendante du quotidien de référence. En réalité, elles relèvent d'une grossière manœuvre : la déstabilisation du ministre de la Défense montée par Plenel a été sinon suscitée par Matignon, à tout le moins acceptée et même facilitée de ce côté-là. Un scoop très politique, monté entre le cabinet du Premier ministre et le journal de référence. Entre camarades (le cabinet de Fabius compte trois anciens de la LCR), nul besoin de faire des chichis...

Après l'intervention télévisée du Premier ministre[25], Plenel a un grand motif de satisfaction : il a compris que l'hôte de Matignon s'adressait en réalité à celui de l'Élysée et lui laissait entendre en fait : « Plenel, que vous n'aimez pas, a tout bon ; Plenel est un bon, il sait tout !... »

Moment privilégié. Instants d'ivresse, sans doute. Mais aussi épisode instructif. Voilà un journaliste élevé, par le jeu d'une concurrence mortelle au sein du gouvernement, au rang d'arbitre des ambitions d'une poignée d'hommes d'État. Manipulé, Plenel ? Que lui importe, et rira bien qui manipulera le dernier ! Cinq années seulement après le début de sa carrière, avant même d'avoir grimpé dans la

25. Le 29 septembre, Laurent Fabius s'exprime à la télévision dans l'émission *Parlons France*. Il y affirme que l'ordre de couler le *Rainbow Warrior* est venu du ministre de la Défense.

hiérarchie de son journal, avec, certes, du travail et de la pugnacité, mais sans déployer d'efforts surhumains, voilà qu'un simple responsable de rubrique peut se payer un ministre et en valoriser deux (Joxe et Fabius) tout en interpellant le Président ! Il faudrait beaucoup de vertu pour ne pas se hausser du col et ne pas se croire à son tour béni des dieux, en quelque sorte « fondé de pouvoir » d'une nouvelle gauche morale en gestation ! Le plus étrange est de voir coexister, chez le même homme, d'un côté une capacité farouche à vaincre tous les tabous, à user de toutes les roueries, de toutes les manœuvres pour parvenir à ses fins, et, de l'autre, la conviction profonde et sans doute sincère de placer la morale « au-dessus de la politique » et de contribuer à chasser du pouvoir tous les politiciens qui, succombant au « réalisme », trahissent l'« idéal de la gauche ». Nous laisserons volontiers l'analyse de cette dualité propre au « cas Plenel » à la science idoine et à ses praticiens compétents.

Reste à comprendre la logique d'une affaire qui recèle bien entendu sa rationalité. Depuis 1983 – c'est-à-dire bien avant la révélation de l'existence des « écoutes de l'Élysée » –, Gilles Ménage est la principale bête noire d'Edwy Plenel. Jamais haut fonctionnaire n'a été aussi visé, harcelé, attaqué par lui. Pourquoi un tel acharnement ? Parce que le collaborateur de François Mitterrand a été le premier à percer une partie de ses secrets, et son mode de fonctionnement. Parce qu'il a tenté ensuite de protéger l'appareil d'État de ses incursions constantes. Parce qu'au fond, contrairement à d'autres – Deleplace, Fabius, Joxe –, il n'a à aucun moment cherché à faire alliance avec le journaliste. Or, le système Plenel ne tolère pas l'indifférence : ou on est avec lui, ou on est contre lui. Il le comprend et agit en conséquence.

Pour combattre Ménage, Plenel a repris l'arme utilisée jadis par François Mitterrand[26] contre De Gaulle : la dénonciation d'un *cabinet noir* pour nommer – tout en le

26. In *Le Coup d'État permanent,* Plon, 1964.

noircissant – le lieu où seraient concoctées les « basses œuvres » du Président. Le journaliste du *Monde* a simplement remplacé Jacques Foccart par Gilles Ménage pour échafauder son histoire, imposer l'existence de ce « cabinet noir » fantasmatique dans les colonnes du *Monde*, puis en s'évertuant à lui donner le maximum de consistance et d'écho dans son livre *La Part d'ombre*. Hier, en effet, son propre père fut la victime de Foccart et de De Gaulle ; aujourd'hui, c'est lui, le « petit Edwy », que l'on retrouve pourchassé par Ménage et Mitterrand. Mais, grâce à son talent personnel et à la puissance du *Monde,* le fils a inversé l'issue de l'épreuve de force : il gagne ce combat inégal en noircissant à outrance le Président et son principal rempart, Gilles Ménage. Preuve supplémentaire que le journal dit de référence exerce déjà un pouvoir considérable.

Semblables à *La Lettre volée* d'Edgar Poe, les secrets des grands hommes – politiques ou de presse – seraient le plus souvent à portée de main. Plenel recourt souvent à cette référence littéraire, dans ses articles et ses livres, pour affirmer qu'il ne sert à rien de l'« écouter » ou de le « filocher » pour connaître ses secrets. « *Ce que je savais, ce que je sais est toujours là, partout, dans les livres, dans les archives, dans les dossiers, dans les placards, dans les calepins, dans la mémoire et le souvenir* [27]. »

Il fallait donc « y aller voir »…. Mais, contrairement à ce qu'en écrit Plenel, le fumet qui se dégage de son « arrière-cuisine », on l'a vu, n'est pas forcément plus ragoûtant que celui qu'il a prétendu humer dans celles du pouvoir d'État.

C'est son refus de la raison d'État qui a ainsi conduit le journaliste à juger morale, donc légitime, la traque des secrets du Président et de son entourage, et plus généralement des pouvoirs. Quitte à utiliser, lui, ces méthodes douteuses, « noires », qu'il réprouve lorsque l'État, se sentant menacé, cherche à comprendre qui lui en veut, et

27. In *La Part d'ombre, op. cit.*

pourquoi. Par un subtil jeu de miroirs, il a repeint en blanc son propre cabinet, insoupçonnable *par nature,* puisque destiné à lutter contre la raison d'État. En fin de compte, sa pureté et son courage – puisque s'en prendre à l'État serait par essence intrépide et justifierait tous les coups bas – sont d'autant plus patents que sont accentuées la « salissure » et la « noirceur » prêtées par lui à son ennemi.

Ce renversement, quand on y réfléchit, n'est pas si exceptionnel dans notre pays. Ne voit-on pas çà et là des journalistes s'acharner sur le personnel politique sous prétexte que leurs aînés, à l'ORTF, devaient parfois attendre, pour s'exprimer, les consignes du pouvoir ? Le calendrier politique ne déborde-t-il pas désormais de ces révoltes de salon où l'on voit de faux rebelles – majoritaires, en fait, bien nourris, grassement payés, à l'abri des pressions – s'en prendre aux derniers malheureux qui ne pensent pas comme eux ?

Mais revenons à notre héros. Dans la foulée de son scoop et de la démission de Charles Hernu, Edwy Plenel protège le Premier ministre en parfaite intelligence avec les trotskistes de son cabinet. Dans l'esprit de Plenel, Fabius incarne l'« honneur de la gauche » face à Mitterrand et à sa vieille garde (Claude Estier, Roland Dumas, Charles Hernu). Il caresse le rêve de voir le scoop du *Rainbow Warrior* remonter jusqu'au Président, qui aurait menti pour essayer de couvrir son ministre. Sa haine de Mitterrand est déjà si exacerbée qu'un ancien trotskiste, Gérard de Verbizier, *alias* Vergeat[28], le met en garde contre la manipulation dont il pourrait faire l'objet.

Mais, déjà, Plenel n'écoute plus... Après avoir *dégommé* Hernu, puis sauvé Fabius, le journaliste dépense beaucoup d'énergie en vue de réaliser un grand portrait – fort empathique – du Premier ministre, portrait qu'il aimerait par ailleurs décliner à la télévision. Objectif : détruire quelques supposés clichés, notamment la réputation d'opportuniste de l'hôte de Matignon. Pourquoi se donner tant

28. *Cf.* chap. 2, « Comment "Krasny" a fabriqué Plenel, et vice-versa », pp. 46, 47. Vergeat fit entrer Plenel à la LCR en 1970.

de peine à faire la « com' » de Laurent Fabius ? En guise de remerciement pour son aide dans le traitement de l'affaire du *Rainbow Warrior* ? Pour améliorer sa position de force face à François Mitterrand, contribuer à en faire son successeur, voire son challenger ? Quoi qu'il en soit, le Premier ministre a accepté le principe dudit portrait trois jours seulement après la fin de l'affaire Greenpeace.

Bien des années après ces combats de l'ombre s'impose une évidence : le prétendu *chevalier blanc* n'a été qu'égratigné du fait de la diffusion (restreinte et tronquée) de ses « écoutes », alors que le prétendu tout-puissant *chevalier noir* paie au prix fort le fait d'avoir été le *fidèle serviteur* d'un président de la République qui entendait restaurer l'autorité de l'État. Encore obligé de s'occuper quotidiennement de son combat contre Plenel – pour cause de procès en cours –, Gilles Ménage se souvient avec un humour grinçant de cette époque où il était le collaborateur de François Mitterrand : « *L'État en était réduit à devenir une victime consentante qui n'avait pas à se plaindre de ce qui lui arrivait. Si on interceptait sa correspondance, il fallait d'abord savoir si c'était vraiment important ; si on lui volait son portefeuille, tant pis pour lui, il ne fallait pas le laisse traîner, et puis il n'y avait pas grand-chose dedans ! L'*"investigation" *vit du prosélytisme de la morale asymétrique qu'elle propage.* »

CHAPITRE 6

Le faux scoop de Panama

Le 4 octobre 2002, *Le Monde des Livres* publiait un article occupant la quasi-totalité d'une page, consacré à l'ouvrage d'Edwy Plenel intitulé *La Découverte du monde*[1]. L'auteur préposé cette fois-ci au dithyrambe – on n'a jamais vu paraître dans *Le Monde* un article émettant des réserves sur un seul des ouvrages d'Edwy Plenel ou de Jean-Marie Colombani – le fit porter, comme de juste, sur les « inédits » contenus dans cet ouvrage qui, lors de sa première publication en 1991, n'était déjà que la compilation d'une série de reportages parus dans la presse sous la plume du journaliste[2]. Dans ces inédits, le directeur de la rédaction du *Monde* tente de se hausser « à la hauteur » des réflexions publiées peu auparavant par Jean-Marie Colombani[3] et Alexandre Adler[4]. Par un de ces grands écarts intellectuels dont il semble seul capable, Edwy Plenel ramène l'actualité du « 11 septembre » à ses sempiternelles obsessions : la France étriquée, le regain du nationalisme, du fascisme, du racisme, l'avenir radieux du métissage et du brassage culturel, etc. Mais l'écrivain Michel del Castillo, édité alors comme Plenel chez Stock, s'est bien gardé de commenter le chapitre le plus étonnant de l'ouvrage : celui portant sur le « scandale de Panama »

1. Stock, coll. « Un ordre d'idées », octobre 2002.
2. La nouvelle édition, publiée sous la direction de Nicole Lapierre, ne comporte aucune référence à l'originale, contrairement à tous les usages de l'édition et à ceux, toujours « soucieux » des vérités petites et grandes, de l'auteur.
3. *Cf. Tous Américains*, Fayard, 2002.
4. *J'ai vu mourir l'ancien monde*, Grasset, 2002. Adler est alors directeur éditorialiste de *Courrier international*, publication cédée au *Monde* par Vivendi.

dans lequel l'auteur fournit péniblement quelques explications sur sa grossière bévue de l'époque – un faux scoop sur le financement du Parti socialiste *via* le gouvernement du dictateur panaméen, le général Noriega. Il s'agit de l'une des quelques erreurs monumentales commises par *Le Monde* en près de soixante ans d'existence. Qu'elle ait été due à l'actuel directeur de ses rédactions méritait qu'on y revienne un instant.

Nous sommes en 1991. Pendant l'été, Edwy Plenel, qui n'est pas vraiment un débutant puisqu'il compte à son actif un certain nombre de scoops retentissants[5], décide, un demi-millénaire après la découverte du Nouveau Monde, de partir sur les traces de Christophe Colomb afin d'« *échapper au marais politico-financier hexagonal*[6] ».

À Panama-City, en juin 1991, « *tout est possible, même l'impossible, même l'improbable : la rencontre fortuite d'un scandale français à Panama* », écrit-il deux mois plus tard dans son journal. « *Un hasard taquin a voulu que cette étape engrange un colis bien encombrant qui annonce le retour au pays.* » Mais, c'est bien connu, les grands hommes domestiquent le hasard. Francesca, le guide qui accompagnait le reporter du *Monde* au Costa-Rica[7], est formelle : avant même de mettre un pied sur le sol panaméen, Plenel lui avait confié sa certitude d'y trouver des preuves sur le financement du PS. Indice que, même à des milliers de kilomètres de Paris, Plenel resterait animé par le dévorant désir de s'attaquer au Parti socialiste.

Virgilio Correa, homme d'affaires panaméen, lui remet donc deux lettres dont l'une annonce un scandale. Datée du 18 mai 1987 et signée « Patrick Simon », elle porte l'entête de l'ambassade de France au Panama et s'adresse à Odilio Gonzales, l'un des responsables du Parti Révolutionnaire Démocratique, le parti de Noriega, dictateur en place, « actionné » par la CIA :

5. Le *Rainbow Warrior*, les Irlandais de Vincennes, etc.
6. *Dixit* Edwy Plenel dans *La Part d'ombre, op. cit.*
7. La jeune femme avait accompagné le journaliste chez les Indiens Bribris et l'avait affranchi sur les difficiles conditions de vie des ouvriers agricoles dans les bananeraies.

« Je me permets de m'adresser à vous pour vous rappeler l'accord intervenu entre l'ambassadeur Robert Cantoni et l'ambassadeur Gaspar Wittgreen, selon lequel seraient reconnus au Parti Socialiste français 3 % de la souscription du protocole financier entre le gouvernement panaméen et le gouvernement français. Puisque vous souhaitez que cette somme serve à aider un parti ami du PRD pour subvenir aux dépenses des élections dans notre pays, il faut que le protocole soit ratifié avant le mois de juillet de l'année en cours, ce qui faciliterait le maintien de bonnes relations entre nos deux gouvernements. En ce qui concerne les fonds, je vous ferai savoir très rapidement comment les virer aux comptes indiqués... »

Or il saute aux yeux que cette lettre *ne peut être qu'un faux*. Pour deux raisons : d'abord, n'importe quel enquêteur, même débutant, n'ignore pas que ce type de financement d'un parti ne fait *jamais* l'objet d'un accord formel sur papier à en-tête de la République ; ensuite, la date de la lettre aurait dû susciter la plus vive méfiance. En mai 1987, Jacques Chirac dirige en effet le gouvernement et l'on voit mal un haut fonctionnaire du Quai d'Orsay organiser à cette date le financement du principal parti d'opposition... En effet – on peine à imaginer qu'un journaliste aussi chevronné qu'Edwy Plenel l'ignore –, toute missive d'une ambassade est archivée par l'administration des Affaires étrangères et peut à tout moment remonter jusqu'au ministre, puis, à Matignon, à Jacques Chirac en personne !

Une interprétation généreuse, que nous ne saurions refuser, pourrait permettre d'accorder les circonstances atténuantes au reporter : la chaleur des tropiques, la dictée dans l'urgence d'un papier de « une »... Las ! Le journaliste d'investigation est revenu à Paris avec cette lettre. Il n'a donc publié son article que deux mois plus tard. Bref, il avait amplement le temps de vérifier ce qu'il en était auprès de ses nombreuses sources à l'intérieur du PS. La bévue de Plenel rappelle l'affaire Rougeot, du nom de ce journaliste du *Canard enchaîné* qui publia le fameux livre[8] mettant en cause « Encornet » et « Trottinette » (François Léotard et Jean-Claude Gaudin) à propos de l'assassinat de la députée du Var Yann Piat, à une différence cependant : après le scandale, la rédaction en chef du *Canard enchaîné* demanda à Rougeot de rester chez lui, tandis que *Le Monde* a défendu âprement son journaliste.

Le poids du *Monde* est tel que de nombreux journaux (dont *Le Figaro* et *Le Quotidien de Paris),* des radios et télévisions (notamment TF1) reprennent le scoop sans avoir pris aucune distance critique avec son contenu. Malgré le démenti du PS, *Le Monde* entreprend même, à l'époque, sous les plumes d'Anne Chemin et Erich Inciyan, un plaidoyer destiné à sauver la réputation du journaliste. Seule ligne de défense possible trouvée par ces collègues « solidaires » : si ce n'est pas vrai, c'est *vraisemblable* ! Ce qui, évidemment, ne peut que nuire gravement à l'honneur et à la réputation de Patrick Simon, prétendu signataire de la lettre. Un Simon qui, d'après *Le Monde,* se serait prévalu de « *relations étroites avec la famille de M. François Mitterrand, notamment avec son fils Jean-Christophe* » – autrement dit avec la famille Lucifer au complet ! Par amalgames successifs, les auteurs du plaidoyer accusatoire notent les liens de Simon avec les réseaux africains de Jean-Christophe Mitterrand, puis évoquent les turpitudes de Noriega. Avant de conclure : « *Ces accusations au sujet des ramifications internationales du financement du PS ne sont pas les premières.* » Et de reprendre un réquisitoire déjà formulé à l'occasion de l'affaire Urba-Gracco. Bref, aussi inouï que cela puisse paraître, les « avocats » de Plenel ne semblent pas encore convaincus que la lettre incriminée soit un faux ! Ils concluent : « *Le dictateur Noriega, aujourd'hui en prison aux États-Unis pour trafic de stupéfiants, pourrait sans doute apporter quelques précisions sur ces affaires lors de son procès, qui devrait s'ouvrir le 3 septembre à Miami*[9]. »

8. André Rougeot et Jean-Michel Verne, *L'Affaire Yann Piat, des assassins au cœur du pouvoir*, Flammarion, 1998.
9. In *Le Monde* daté du vendredi 30 août 1991.

Ce chef-d'œuvre de présentation biaisée, paru trois jours après l'article de Plenel, ne parvient pas à masquer la lamentable vérité : l'enquête préliminaire faite à la demande du Garde des Sceaux conclut rapidement que Patrick Simon n'était pas en fonction à Panama en mai 1987 ; que le papier employé ne correspond pas à celui dont il avait l'usage ; que la signature n'est pas la sienne ; que la lettre, écrite en espagnol, comporte des fautes de style et des tournures particulières qui lui sont étrangères, puisqu'il maîtrise parfaitement l'espagnol écrit et parlé[10]. L'ambassadeur Cantoni confirme lui-même que la lettre était un faux. Il fournit par ailleurs des précisions sur le « matricule » de Virgilio Correa, l'homme qui a remis le document au journaliste : il était connu à l'ambassade comme un affairiste peu sérieux, avec lequel aucune relation de travail n'avait été établie.

En réalité, ledit Correa avait été, l'espace de quelques années, l'homme-lige de l'ambassadeur du Panama en France. Grâce à cette protection, il était devenu *persona grata* auprès du service commercial de l'ambassade de France à Panama. Après la mutation à Londres de son protecteur panaméen, il était devenu *persona non grata* à l'ambassade de France et en concevait une vive amertume.

Le Procureur de la République publie le 3 septembre 1991 un communiqué qui officialise les conclusions de l'enquête préliminaire : le document présenté par *Le Monde* est un faux. Gilles Ménage rédige le même jour une longue note à François Mitterrand pour rendre compte de ces conclusions et suggérer une riposte judiciaire et politique aux graves accusations proférées par Plenel et largement reprises par d'autres médias. Si le Président est d'accord avec les actions en justice envisagées par le PS, par le Quai d'Orsay et par le ministre des Finances, il ne veut à aucun prix d'action en référé visant à demander la saisie du numéro hors série du *Monde* (à paraître le 5 sep-

10. Patrick Simon va payer les conséquences de cette mise en cause par la presse. Il sera longtemps considéré comme quelqu'un de « pas net » et aura beaucoup de mal à retrouver un emploi.

tembre), puis du livre annoncé pour le 17 octobre, censé réunir l'ensemble des articles d'Edwy Plenel sous le titre *Voyage avec Colomb* : « *NON* [souligné deux fois], *pas de saisie. La saisie ferait mauvais effet. Mieux vaut les laisser s'enfoncer* », décide le Chef de l'État.

François Mitterrand reçoit Henri Nallet, le Garde des Sceaux. Pour le Président, c'est au PS de porter plainte dans la mesure où il est gravement soupçonné : « Le Monde *aura des comptes à rendre* », dit-il. Mais Nallet doit bientôt constater que la consigne du « Vieux » a été « mangée » : « *Je n'ai plus de nouvelles pendant une quinzaine de jours et je m'informe auprès du Parquet. On me répond que la plainte a été retirée et que, désormais, il est trop tard pour en déposer une nouvelle. Je vais rendre compte à François Mitterrand en présence de Michel Charasse. Le Président a piqué une colère froide. Je ne l'ai jamais vu comme cela. Il était blême.* "Ils ne sont pas courageux", *a-t-il dit. La direction du PS ne voulait pas s'aliéner* Le Monde *avant les élections. Oui, le Président a eu une fureur glacée et a évoqué* "ces journalistes qui ne pensent qu'à une chose : nous attaquer"[11]. » Pour l'ancien Garde des Sceaux, d'une sévérité extrême, Plenel a « *été convaincu de faux et usage de faux... C'est un faussaire qui est – aujourd'hui – à la tête du* Monde[12]... »

Lorsque *Le Monde* de Hubert Beuve-Méry se trompait, surtout dans un article de « une », il mettait un point d'honneur à s'excuser au plus tôt, au même emplacement, auprès de ses lecteurs. La publication de ce type d'autocritique était d'ailleurs vécue comme un véritable drame par l'auteur de la bévue, qui remettait souvent sa démission au patron. C'étaient l'honneur du journal, sa raison d'être qui étaient en cause. En revanche, quand Plenel réalise l'énormité de sa bourde, il fait pression de tout son poids – notamment syndical : il est à l'époque délégué CGT – sur Bruno Frappat, rédacteur en chef, pour s'épargner la moindre « repentance ». Frappat tient bon, mais jusqu'à un

---

11. Entretien de l'auteur avec Henri Nallet.
12. *Idem.*

certain point : les lecteurs du *Monde* du 6 septembre découvrent un modeste et jésuitique *mea culpa,* signé non du fautif, mais de Bruno Frappat lui-même : « *Au stade actuel de l'enquête officielle* (...), *la lettre* (...) *était un faux.* (...) *Sous réserve de développements nouveaux et, à ce stade, imprévisibles,* Le Monde *ne peut que se borner à constater que ses informations sur ce* "scandale " *ne sont pas vérifiées. Il est donc naturel que nous exprimions à nos lecteurs et aux divers intéressés notre regret de les avoir publiées.* »

Pour Plenel, l'affaire de Panama n'est pas pour autant soldée par ces « regrets ». Si *Le Monde* publie, comme si de rien était, le numéro hors-série, puis le livre[13] prévus, Plenel continue de s'interroger sur ce qu'il appelle son « *premier dérapage* ». Il l'interprète comme un signe : « *Plus je m'interrogeais sur son mécanisme, plus il me semblait évident que cet accident avait un sens. Si j'avais franchi la ligne jaune, c'était donc qu'il fallait faire une pause, s'arrêter et réfléchir*[14]. »

Loin d'accepter la leçon d'humilité inhérente à une telle affaire, Plenel décide de reprendre à la racine le procès qu'il a entamé contre le mitterrandisme et le Parti socialiste. C'est dans la période d'étouffement de ce nouveau « scandale de Panama » qu'est née l'idée de *La Part d'ombre*, dont le propos est présenté comme la « *colère d'un citoyen... explorant les coulisses d'un règne présidentiel, ses secrets et ses mensonges* ». En réalité, *La Part d'ombre* est un livre fondamental – voire fondamentaliste – en ce qu'il combine et exacerbe deux des passions essentielles de Plenel : un violent et « motivé » réquisitoire contre François Mitterrand ; un plaidoyer *pro domo* pour sa conception du journalisme, plus particulièrement du journalisme d'investigation. *« Si j'ai écrit ce livre, c'est pour rappeler à Balzac et à ses épigones mitterrandiens qu'hélas, l'improbable, sinon l'invraisemblable, est parfois vrai.* »

Autrement dit, dans son « affaire de Panama », Plenel ne se serait trompé qu'en apparence : le contenu de la fausse

13. Publié par Le Monde Éditions.
14. In *La Part d'ombre, op. cit.*

lettre était vraisemblable, sinon ponctuellement vrai. La preuve ? Le nombre d'affaires de financement occulte qu'il a lui-même dévoilées, manifestations d'un système frelaté et pervers... C'est notamment dans ce livre que le journaliste peaufine le concept de *cabinet noir* de François Mitterrand dont il use, on l'a vu, aujourd'hui encore.

Quoi qu'il en soit, cet épisode panaméen démontre à quel point le futur directeur de la rédaction du *Monde* a de l'estomac ! Tout autre que lui se serait éclipsé de la scène médiatique, ou aurait cherché à se faire oublier quelque temps après une erreur aussi grossière, surtout symptomatique d'une pratique délétère : l'« investigation exclusivement à charge ». Mais l'animal a la peau dure et l'échine souple. Il rebondit aussitôt. Objectif : prouver que sa faute est vénielle et même légitime. Il en appelle à Albert Londres qui, un jour de 1922, s'était égaré entre seigneurs de la guerre, marchands et trafiquants, pirates et margoulins : « *Que faisait-il là, dans ce pays en folie, ouvrant la fenêtre de sa chambre pour découvrir que* "dehors, tout était dégoûtant" ? *Quel intérêt ses lecteurs trouveraient-ils à sa scrupuleuse narration de cette lointaine guerre civile alors qu'* "un beau crime à Ménilmontant l'emportera toujours sur une guerre dans la province du Tchély " ? *Réponse de Londres :* "Bah ! Un reportage est un reportage. Là-dessus, je me coiffai et je partis à la recherche du truculent bandit qui a nom Tsang-To-lin." »

Voilà donc ce qu'Edwy Plenel, par le biais d'une habile et flatteuse filiation avec Albert Londres, s'est raconté quand Virgilio Correa lui a remis la fausse lettre. « *J'aurais pu passer outre, m'en tenir à Colomb et à ses malheurs. Mais je m'étais promis de ne rien cacher à mes lecteurs des aléas et surprises du voyage. Et puis,* "un reportage est un reportage"... » Pour honorer son contrat de confiance avec ses lecteurs, Plenel a donc publié un faux.

Il revendique ensuite le droit à l'erreur en attaquant de face... Honoré de Balzac ! En effet, l'« ennemi héréditaire » des journalistes avait eu la prescience d'écrire une phrase qui semble avoir été destinée par avance au cas Plenel :

« *Pour le journaliste, tout ce qui est probable est vrai*[15]. » Par une curieuse mécanique intellectuelle, Plenel en vient à défendre un journalisme d'investigation qui serait celui de l'engagement civique, dans lequel le journaliste serait « *acteur, à ses risques et périls* ». Se plaçant d'autorité sous le confortable parapluie de Charles Péguy, après avoir quitté l'ombrelle d'Albert Londres, il écrit après lui que le devoir du journaliste d'investigation est « *de penser là où ça fait mal, dans l'espoir qu'il y ait moins de mal, moins de malheur et de souffrance, d'injustice et de misère, un jour* ».

Derrière ce galimatias, une drôle de profession de foi : l'engagement envers et contre tout, y compris contre la vérité ! Pour le directeur de la rédaction du *Monde*, le premier devoir du journaliste ne consiste pas à sacrifier à l'exigence de vérité, mais de « *porter la plume dans la plaie* ». Le faux scoop de Panama répondait à cette exigence impérieuse. Comme le « *risque pris* » ne fut pas « *récompensé* », comme Plenel fut démasqué, il lui revenait donc, avec *La Part d'ombre,* de fouailler un peu plus profond dans la plaie... Voilà comment, au nom de la morale, il s'auto-absout de son imposture en y substituant ce qu'il estime être une imposture plus grande encore : celle de François Mitterrand. Le « petit » imposteur se lance ainsi dans la chasse au « grand » imposteur. Edwy Plenel n'a jamais oublié la parole de celui qui fut son maître à penser – Daniel Bensaïd –, prononcée en 1973 : « *Nous avons raison d'avoir tort*[16]. »

Le faux scoop de Panama, qui tourne au vrai « Scud » contre Mitterrand, n'est donc pas un simple accident de parcours, mais une illustration quasi fondatrice de la conception « engagée » du métier de journaliste selon Plenel. Une conception destinée à faire école : lui-même apparaissant comme un modèle à toute une génération de

15. In *Monographie de la presse parisienne,* J. E. Hallier/Albin Michel, 1981.
16. Il est vrai que cette logique, hélas longtemps répandue, a beaucoup nui à la gauche toute entière. *Cf.* le fameux « *il valait mieux avoir tort avec Sartre que raison avec Aron* ».

jeunes journalistes – « *un mythe* », avoue-t-il lui-même en faisant un sort à toute modestie mal placée[17]. Surtout – c'est ce qui nous intéresse –, devenu directeur de sa rédaction, Edwy Plenel a installé ce journalisme dit d'investigation aux commandes du journal de Hubert Beuve-Méry.

17. Le directeur de la rédaction du *Monde*, nous avons pu le vérifier *de visu* à France Culture, ne déteste pas briller devant les jeunes journalistes en formation...

CHAPITRE 7

La conquête

La gestion d'André Fontaine, qui perdure jusqu'en 1991, dégage l'horizon du journal. La vente de l'immeuble de la rue des Italiens s'effectue à un prix inespéré qui permet de reconstituer les fonds propres de l'entreprise. Les ventes au numéro remontent à partir de 1986, passant de 342 000 exemplaires de diffusion quotidienne moyenne en 1985 à 387 000 en 1988. L'augmentation de la publicité, assise sur plusieurs années de bonne croissance de l'économie française et du secteur, est de 61 %, assurant au journal 535 millions de francs de recettes en 1989.

Le magistère Fontaine, c'est d'abord le gestionnaire Bernard Wouts, l'irruption du monde de l'entreprise et du management dans un journal qui s'en était jusqu'alors préservé. Bertrand Audusse a vécu cette révolution comme délégué syndical (CFDT) : « *C'était le manager du* XXI*e siècle ; un type chaleureux, avec un physique de rugbyman dans un club de joueurs de tennis. Il m'impressionnait.* » Alors que Jacques Sauvageot, le précédent gestionnaire, donnait l'impression d'être un administratif besogneux, toujours disposé aux « arrangements » avec les syndicats qu'il craignait, Wouts parlait du *Monde* comme d'une cathédrale à construire. Un vrai visionnaire, qui faisait claquer des mots encore inconnus au sein de la rédaction : architecture informatique ; projet industriel ; cahiers à l'américaine, avec la couleur ; suppléments ciblés ; flexibilité éditoriale, etc., etc. « *Avec Wouts*, se souvient Audusse, *Fontaine découvre le bonheur d'être chef d'entreprise.* » Il réorganise le journal autour de filiales :

Le Monde Imprimerie, Le Monde Publicité. En deux ans, Wouts parvient à redresser les comptes en profitant, il est vrai, du retour général de la croissance qui augmente les recettes publicitaires[1]. Enfin, André Fontaine initie Le Monde Entreprises, structure d'actionnaires qui permet de collecter 11 millions de francs auprès de grands patrons, à titre de personnes physiques ou morales, ainsi que la Société des Lecteurs, confiée sur son idée, dès l'origine, à un certain Alain Minc : « *Alain, je l'ai appelé. Il a dit oui dans la seconde* », raconte l'ancien Pdg du *Monde*[2].

À l'époque, Minc est directeur financier de Saint-Gobain. Il a l'image d'un jeune surdoué, sorti major de l'ENA avant d'intégrer l'Inspection des Finances où est venu le chercher Simon Nora pour élaborer avec lui un *Rapport sur l'informatisation de la société*[3] qui fit grand bruit en 1978. L'ayant repéré comme un des jeunes les plus brillants de sa génération, Roger Fauroux, le patron de Saint-Gobain, le débauche de l'administration. L'idée d'une Société des Lecteurs n'est pas nouvelle, rappelle aujourd'hui Manuel Lucbert[4], lui-même élu président de la Société des Rédacteurs en 1984. « *En 1956, Guy Mollet, au gouvernement, avait refusé au* Monde *le droit d'augmenter son prix. Spontanément, des milliers de lecteurs s'étaient regroupés dans des comités – qui n'avaient d'ailleurs pas bénéficié de l'aval de Beuve-Méry – pour soutenir le journal.* » C'est Jean-Marie Dupont qui a alors proposé à André Laurens de créer cette fameuse Société des Lecteurs (SDL). Mais c'est Maurice Lévy, patron de Publicis, qui l'impose après la formidable réussite d'une journée « portes ouvertes » où des milliers de gens ont fait la queue rue des Italiens. Au conseil d'administration de la SDL siègent, outre Minc, des personnalités comme Dominique Wolton, l'avocat Jean Martin, Jacques Lesourne, Georges Kiejman, Françoise Chandernagor...

1. Au prix, on le découvrira par la suite, d'un endettement important, accru par les difficultés de mise en place de la nouvelle imprimerie.
2. In *L'Expansion,* du 5 au 18 décembre 1994.
3. La Documentation française/Le Seuil.
4. Entretien avec l'auteur.

André Fontaine trouve donc en Alain Minc un allié, malgré les réticences manifestées à l'époque par Hubert Beuve-Méry et dont Claude Sales, alors rédacteur en chef, s'est fait l'écho[5] – réticences partagées au sein de la rédaction. Ainsi, Jean-Marie Dupont réagit d'emblée très négativement lorsque circule le nom de Minc pour présider la SDL. Il fait part de ses réserves à André Fontaine : « *Ça ne correspond pas à l'image du journal* ! » Mais Fontaine s'emporte : « *Vous n'imaginez pas dans quel état est* Le Monde. *Minc est connu dans les milieux d'affaires. Sa présence constitue un élément d'affichage.* » À l'époque, certains rédacteurs, qui gardent en mémoire l'épisode Philippe Boucher, s'inquiètent de voir si souvent le directeur financier de Saint-Gobain approuver doctement les paroles du directeur dans le bureau de ce dernier. Mais Fontaine, plus familier des ambassades que des conseils d'administration de grandes entreprises, n'est pas fâché d'utiliser les services de Minc pour aider à la recapitalisation du journal. Déjà...

Le directeur ne tarde pas non plus à tirer parti des « scoops » d'un journaliste en vue nommé Edwy Plenel. Les enquêtes de ce dernier permettent de montrer à l'*establishment* et aux lecteurs que le positionnement du journal à l'égard du pouvoir a changé : affaire des Irlandais de Vincennes, affaire Pelat, affaire du *Rainbow Warrior,* – désormais, *Le Monde*, qu'on se le dise, cogne aussi à gauche, quitte à faire trembler puis tomber des ministres !

En revanche, Fontaine est plutôt hostile à Colombani, chef du service politique, qui soutient lui-même pourtant Plenel et ses scoops. Dès son élection, le très urbain nouveau patron l'a convoqué dans son bureau et lui a proposé un départ « indemnisé », usant de ce ton doucereux qui était alors en vigueur au journal, du genre : « Cher ami, votre place n'est plus ici ». La réponse de Colombani a été nette, sans l'ombre d'une hésitation. L'histoire officielle du journal[6] l'a même retenue : « *Contrairement aux appa-*

5. Entretien avec l'auteur.
6. Voir Patrick Eveno, *Le Journal* Le Monde, Odile Jacob, 2001, p. 51.

rences, je pense au contraire que mon avenir est au Monde. » L'impétrant, qui saura dès ce moment faire campagne avec discrétion et pugnacité, a eu raison. À l'époque, sans le savoir, André Fontaine a réuni nombre d'ingrédients qui vont se révéler fort utiles à ses successeurs : il a fait accepter la filialisation, l'arrivée d'actionnaires extérieurs, la création d'une société des lecteurs en 1985 et sa direction par un président unique depuis lors ; enfin, il a permis aux trois futurs dirigeants du *Monde* – Jean-Marie Colombani, Edwy Plenel et Alain Minc – de se rencontrer.

Le parcours d'André Fontaine n'est pourtant pas sans fautes. La plus importante est sans doute, comme Jacques Fauvet, de s'être montré incapable de régler correctement la question de sa propre succession. Élu par les *amalriciens*, Fontaine – se sent-il redevable à leur clan ? – intronise Daniel Vernet, également soutenu par Jacques Amalric, comme futur directeur. Ce dernier fait acte de candidature au séminaire de Dourdan, en 1988.

Dans le « VVF » où les journalistes s'enferment deux jours durant pour une assemblée générale fiévreuse, enfumée et permanente, Vernet apparaît comme le probable futur patron du *Monde*. Il siège à une tribune qui surplombe d'un bon mètre cinquante le parterre des journalistes, contraignant ces derniers, lorsqu'ils interviennent, à renverser la tête en arrière comme des orants dans un office à l'ancienne. Il ne fait monter à la tribune que Jean-Pierre Langellier, le Robert Redford de la rédaction, qu'il intronise comme futur directeur de la rédaction. Chacun, même parmi les opposants, tels Bertrand Audusse, Alain Rollat ou Edwy Plenel, doit ainsi lever les yeux au ciel pour poser ses multiples questions au candidat : depuis l'avenir de l'imprimerie jusqu'à « l'indispensable réforme... de la météo » ! Vernet est jusqu'alors le seul à s'être déclaré. « *Le séminaire allait sur sa fin,* se souvient Audusse, *Colombani était resté silencieux. Je me disais en mon for intérieur que c'était foutu, qu'il n'avait pas la trempe d'un directeur.* » L'inquiétude du syndicaliste est fondée : alors que Plenel apparaît comme un bateleur d'estrade, Colombani est un timide, avare d'interventions, si prudent que ses propos paraissent lénifiants. Peu avant la fin du séminaire se produit cependant un véritable coup de théâtre. Colombani demande la parole et réceptionne le micro-baladeur. Mais, au lieu de rester parmi les journalistes, il monte à la tribune, s'assied à côté de Vernet et se lance dans un speech de vingt minutes. « *En vingt secondes*, poursuit Audusse, *il devient un vrai candidat. La salle le* "voit" *directeur du* Monde. » Il démontre ainsi son sens tactique : il a laissé Vernet ronronner pendant deux jours avant de se déclarer avec maestria. La campagne est lancée. Un second challenger va bientôt se présenter : ce sera le « troisième homme » de la campagne ; il se nomme Bernard Guetta.

L'association Plenel-Colombani date déjà de quelques années. Edwy Plenel devient assez vite le directeur de campagne – officieux dans un premier temps – du candidat. Son « comité de soutien » est assez large. On trouve dans son « noyau dur » Laurent Greilsamer, Josyane Savigneau, Anne Chaussebourg (aimablement surnommée par certains « Anne Chausse-pied » tant son attachement au candidat va se révéler sans failles), et surtout Alain Rollat et Bertrand Audusse, les « grands électeurs » de la CGT et de la CFDT, qui se chargent de porter la bonne parole dans leurs syndicats respectifs. Un peu plus loin, Danièle Heymann (des pages Culture), Erik Izraelewicz, Éric Le Boucher et Jean-Pierre Péroncel-Hugoz soutiennent également Colombani. Certains autres rédacteurs décèlent derrière le candidat l'action secrète d'une véritable cellule trotskiste qui, outre Edwy Plenel, regrouperait Bertrand Audusse, Georges Marion et Jean-Paul Besset, qui tous travaillèrent ensemble à *Rouge*. Ces quatre mousquetaires sont des agitateurs rompus aux finesses des débats en « AG ». Fait plus inquiétant : ils soutiennent Colombani, pourtant aussi étranger au trotskisme qu'un jésuite à la franc-maçonnerie, et leurs interventions convergent presque toujours. Comment ne pas imaginer l'existence d'une fraction préparant les assemblées générales comme la Ligue l'enseignait à ses militants ? Comment ne pas croire au complot quand les comploteurs ne se cachent même pas de professer les mêmes opinions ? Mais, en réalité, on peine à trouver une trace quelconque de concertation entre les quatre hommes. C'est sans doute la meilleure preuve de la magie de la formation trotskiste « façon LCR » : éduqués au même moule de pensée et d'action, développant les mêmes réflexes, ses anciens se « trouvent » spontanément.

Tout ceci fait du chef du service politique le représentant de la gauche, tandis que Daniel Vernet peut compter sur les suffrages de tous les anticommunistes. Tous sauf un : Bernard Guetta, qui va jouer alors un rôle plus important que prévu. Guetta est devenu une vedette du journal, symbole de son redressement. Aujourd'hui encore, nombre de lecteurs du *Monde* se souviennent avec une certaine émotion de ses papiers envoyés de Varsovie au moment de la percée de Solidarnosć et du triomphe de Lech Walesa. Après la Pologne, Guetta, jugé indésirable à Moscou par la bureaucratie soviétique, est envoyé à Washington. Et là, stupeur ! Ce journaliste de gauche, lui aussi ancien trotskiste[7], comprend que Reagan ne correspond pas forcément à l'image du cow-boy brutal et ignare qui est partout répandue. Le Président a une administration compétente, et le correspondant du *Monde* trouve des interlocuteurs qui lui paraissent intelligents. À Washington, l'un des hauts responsables du Département d'État s'exclame que c'est la première fois que le correspondant du *Monde* n'est pas anti-américain. À Paris, cependant, Guetta est moqué par une partie de la rédaction qui voit dans son comportement un décalque de celui d'Yves Montand, ex-crypto-communiste rallié lui aussi à Reagan après un passage par l'« anticommunisme de gauche ». En réalité, la conversion de Guetta ne fait qu'annoncer celle de la gauche française à l'économie de marché.

L'incompréhension du staff du journal devient totale lorsque Guetta passe de Washington à Moscou où il

7. Son passage à la LCR est cependant beaucoup plus fugace que celui d'Audusse ou de Plenel.

devient correspondant dès que la *perestroïka* gorbatchévienne lui en fournit l'occasion. Sa couverture de l'actualité russe n'est guère prisée au sein de son service. Explication : on ne croit pas, selon lui, à la *perestroïka* à Paris. « *Je vivais ça très douloureusement*, se souvient-il. *C'étaient mes amis. On avait mené une bataille commune contre le soviétisme. Et, maintenant que le régime évoluait, que le communisme s'écroulait, ils ne voulaient pas croire à la fin d'un système qu'ils considéraient comme démoniaque par essence et donc immortel. Je voyais, moi, à Moscou, l'écroulement de ce système. C'était la réalité contre l'idéologie anticommuniste. Le conflit est donc devenu très dur. Ils me tournaient en dérision, il faisaient de moi un "Gorby-maniaque". Cela me blessait d'autant plus que j'avais raison et qu'ils avaient tort : les faits l'ont prouvé.* »

À l'époque, Edwy Plenel téléphone de temps en temps à Moscou pour assurer Bernard Guetta de sa « solidarité ». En réalité, il s'agit de lui proposer la « botte » : son ralliement à Colombani en échange d'une place de hiérarque. De façon plus explicite, la même botte a été proposée à Jacques Amalric au même moment, directement par Colombani. Guetta, lui, ne comprend pas sur l'instant la proposition implicite d'un Plenel déjà florentin.

De ce long et douloureux divorce, Bernard Guetta tire une conviction : quelque chose ne tourne pas rond au *Monde*. Il annonce par un télex de Moscou sa candidature à la direction du journal, puis débarque à Paris durant l'été 1990 pour mener campagne. Il s'y emploie avec une ardeur nécessaire, compte tenu de ses handicaps : il est bien jeune dans la rédaction pour espérer s'emparer du sceptre directorial, même s'il est sans doute à l'époque le journaliste du *Monde* le plus connu ; surtout, il est tout seul, sans conseillers ni partisans déclarés, quand les *colombanistes* et les *vernétistes* sont déjà organisés en factions. Guetta voit les rédacteurs un à un. À Paris tout d'abord, où il les emmène marcher dans la ville tout en exposant ses vues. On l'écoute poliment. Amalric pense à ce moment-là que son protégé est devenu fou. Guetta s'emploie ensuite à accomplir un tour de France au cours duquel il rend visite dans leur villégiature à plusieurs « rédacteurs-électeurs » qu'il n'a encore pu rencontrer dans la capitale. Ses efforts ne sont pas vains. Alain Minc jugera même nécessaire de descendre dans l'arène pour lui demander « *très vigoureusement* » de retirer sa candidature[8]. Guetta n'en fait rien, et, le 29 septembre 1990, il crée la surprise du scrutin en recueillant 21,5 % des suffrages. Lui-même ignore quels rédacteurs lui ont apporté leurs voix. Selon Alain Rollat, Bernard Guetta a séduit quelques-uns des journalistes du service économique, plutôt méfiants envers Raymond Soubie, le gestionnaire choisi par Colombani.

Jugeant ce dernier plus « moderne » que son adversaire Vernet, Guetta appelle à voter pour lui au second tour. Mais Colombani est furieux d'un ralliement qu'il juge trop timoré pour se révéler efficace. Quant à Vernet, il est persuadé que la candidature de Guetta lui a volé la victoire. Avant le second tour, il se lance dans une violente diatribe contre lui, en pleine assemblée générale, mettant en cause ses compétences professionnelles et son travail de correspondant à Moscou. Le silence est total, le ton de Vernet sentencieux : c'est sans doute la première fois que, dans l'histoire de la rédaction, on s'en prend ainsi publiquement à un journaliste. Pour Bernard Guetta, qui a une assez haute opinion de lui-même, c'est l'humiliation suprême qui le poussera à quitter *Le Monde* trois semaines plus tard.

Au troisième tour de scrutin, Jean-Marie Colombani, considérant qu'il est assez jeune pour patienter encore, appelle à voter en faveur de Daniel Vernet pour « sauver l'unité de la rédaction » – ce dont on saura, espère-t-il, se souvenir un jour… Vernet atteint de justesse la barre des 60 % des voix nécessaires à son élection au poste de directeur par la rédaction. Mais être désigné par la rédaction ne

8. Le président de la Société des Lecteurs aurait même menacé le reporter de le casser s'il persistait.

suffit pas. Or Daniel Vernet ne parvient pas à convaincre les représentants des autres collèges d'actionnaires[9] qui refusent, le 3 décembre 1990, de lui accorder leur confiance. En fait, le ralliement de Colombani n'est que factice : il s'agit pour lui de jouer publiquement « les hommes responsables » tandis que dans l'ombre se démènent les « activistes » *colombanistes*. Car, entre-temps, ces derniers ont sciemment savonné la planche à Vernet.

Alain Rollat, proche de Colombani, a écrit une lettre aux sociétés d'actionnaires pour les convaincre de contester l'élection de Daniel Vernet par la rédaction. Certes, Rollat s'est exprimé là à titre personnel. Mais nul n'est dupe : c'est bien le leader du premier syndicat du journal, sans lequel vouloir gouverner est difficile, et le membre du conseil d'administration de la Société des Rédacteurs qui a pris position. Son désaveu constitue la promesse de nouvelles crises si les autres actionnaires viennent à confirmer le vote péniblement acquis au sein de la rédaction en faveur de Vernet. Quant à Alain Minc, il intrigue lui aussi, de son côté, pour battre en brèche le résultat du scrutin. Bref, c'est à nouveau l'impasse.

Cette fois, c'est Alain Minc qui monte au créneau en convaincant tous les actionnaires que *Le Monde* ne peut plus être dirigé par un journaliste. D'abord parce que les divisions de la Société des Rédacteurs semblent à présent insurmontables. Ensuite parce que le journal étant devenu une entreprise d'une taille importante, sa direction requiert désormais avant tout des compétences de gestionnaire. Son administration et son organisation doivent donc être confiées à une personnalité indépendante de la rédaction. Alain Minc lui-même se sent-il l'étoffe d'un directeur du *Monde* ? Sans doute en a-t-il le désir. Mais il sait aussi la chose impossible, tant la rédaction se méfie de lui. Après sa nomination à la tête de la Société des Lecteurs en 1985, Manuel Lucbert, président de la Société des

9. Société des Lecteurs (11,3 %), Association Beuve-Méry (32,9 %, mais les 14 membres votent individuellement), Le Monde Entreprises (8,1 %), Société des Cadres (5,1 %), Société des Employés (4,1 %), gérant (6,9 %).

Rédacteurs, a même exigé d'André Fontaine que Minc s'exprime dans *Le Figaro* plutôt que dans les colonnes du *Monde* ! Il mettra quelque temps avant de ré-intervenir dans le quotidien.

Il faut donc songer à d'autres personnalités extérieures au journal. Jean Boissonnat, de *L'Expansion,* et Claude Durand, patron des éditions Fayard, sont approchés – sans succès. Colombani, candidat malheureux face à Vernet, revient à la charge en proposant un tandem formé de lui-même et de Raymond Soubie, énarque, ex-conseiller de Raymond Barre et dirigeant du groupe « Liaisons sociales ». C'est Alain Rollat, correspondant du *Monde* à Matignon, qui lui a permis de rencontrer Soubie. Las, la rédaction refuse de voir resurgir par la fenêtre celui qu'elle n'a pas laissé entrer par la porte. Une humiliation que Jean-Marie Colombani sait ravaler avec sang-froid. Pour « prendre date[10] », il envoie une adresse officielle à la rédaction, le 24 décembre 1990.

Entre-temps, Maïté Mathieu, de l'Association des porteurs de parts A[11], a proposé la candidature de Jacques Lesourne, membre de son conseil d'administration, suggestion reprise au bond par Minc. Ce polytechnicien est assez ignorant des problèmes de la presse quotidienne, mais c'est un économiste, métier que l'on confond trop facilement avec celui de gestionnaire dans les milieux d'une « seconde gauche » encore assez naïve en ce domaine. André Fontaine a lui aussi en tête le nom de Lesourne auquel il a confié un audit rapide de l'entreprise en novembre. Bref, cinq ans après être entré dans la maison, Alain Minc y est déjà un faiseur de roi. Mais, pour un homme aussi impatient, cinq ans, c'est long.

L'épisode Lesourne se révèle quant à lui de courte durée. L'homme s'entoure de Brunot Frappat (directeur de la rédaction) et de Manuel Lucbert (secrétaire général), ainsi

10. Expression de Patrick Eveno, *op. cit.*
11. Elle regroupait des personnalités censées incarner l'esprit du fondateur du *Monde*. Cette association a été rebaptisée Association Hubert-Beuve-Méry. Elle possède 11,77 % des parts de la Société Éditrice du Monde (SAS).

que de Jacques Guiu pour la gestion. La rédaction est peu motivée par son nouveau directeur. *Colombanistes* et *vernétistes* se préparent à de nouveaux affrontements. À l'époque, Colombani comme Plenel livrent une véritable guérilla à la direction en place. Le premier a sans doute compris, lors de l'élection de Lesourne, qu'on ne pouvait plus gagner la direction du *Monde* sans le concours d'Alain Minc. D'autant que le rôle de ce dernier sort grandi de la privatisation de la BNP : désormais, ce ne sont plus les grands argentiers de l'État qu'il faudra convaincre, mais les réseaux du capitalisme privé parmi lesquels justement Alain Minc excelle à évoluer.

Dorénavant, Colombani consacre la majeure partie de son temps à sa pré-campagne électorale. On se souvient encore, à la rédaction du *Monde*, des interventions-fleuves de Plenel pour apostropher aussi fréquemment que possible la direction. Notamment – ce qui fait bien rire, quand on constate l'évolution récente du *Monde* sous le règne conjoint de Colombani et Plenel – à propos des suppléments « pièges à publicité » que s'efforce de lancer Jacques Lesourne pour améliorer la situation financière du quotidien[12].

En réalité, tout est bon pour affaiblir la direction *lesournienne*. Y compris s'engager à baisser le prix du journal ce que ne fera jamais Jean-Marie Colombani, cette promesse-là n'engageant que ceux qui y auront cru. Y compris soutenir les revendications salariales de la rédaction, comme le fait Colombani en 1994 lors d'une grève déclenchée par les syndicats – notamment les deux syndicats *colombanistes* que sont la CGT et la CFDT –, la première dans l'histoire du journal. Comportement étrange de la part d'un rédacteur en chef[13] et qui, s'agissant d'un candidat au poste de patron, devrait alerter les actionnaires...

Mais, pour l'heure, Colombani est le « candidat de la gauche » ; il entend bien profiter de l'affaiblissement de l'autre camp qui ne se remet pas du départ de Jacques

12. Voir chapitre 14, « Intégrité à vendre », p. 325.
13. Jean-Marie Colombani a obtenu cette promotion en 1990.

Amalric en 1993[14]. Être le candidat de la gauche, en 1994, c'est d'abord être celui de la CFDT, animée par Bertrand Audusse. Au point – du moins si l'on en croit le témoignage d'un ancien cédétiste resté au *Monde* – qu'aucune réunion du syndicat ne se déroule alors sans un appel indirect à soutenir la campagne de Colombani. Bertrand Audusse, lui, s'en défend aujourd'hui encore : « *Je prenais toujours soin de distinguer, quand j'intervenais en AG, qui parlait, du délégué CFDT ou du citoyen du* Monde. *J'étais traumatisé par les précédentes campagnes qui avaient profondément divisé la section syndicale.* » Certes, mais qui, au *Monde*, était dupe de cette schizophrénie, avouée mais bien réelle ?

À côté de Bertrand Audusse et de la CFDT, on trouve Alain Rollat, leader de la CGT, allié par ailleurs à Edwy Plenel avec lequel il a publié un livre[15] en 1984. Son rôle va se révéler doublement décisif. Rollat a su préparer un compromis avec la CGT (le Syndicat du Livre), dont la neutralité bienveillante est importante si ce n'est pour accéder au pouvoir, du moins pour l'exercer dans de bonnes conditions. « *Pour conquérir le pouvoir*, raconte Alain Rollat, *Colombani n'a même pas eu à faire de promesses aux ouvriers. Il allait alors de soi, dans l'attente de tous ses amis, dans toutes les catégories professionnelles, qu'il serait le plus social des patrons. Dans son premier éditorial, il affichait d'ailleurs son ambition de faire du* Monde "un lieu d'exception sociale[16]". »

En second lieu, Alain Rollat réussit à fournir « clefs en mains » à son candidat préféré un gestionnaire bien plus séduisant que Raymond Soubie, « recalé » par le service économique quelques années plus tôt, lorsque Colombani avait cherché à faire un « ticket » avec lui. Il s'agit de Dominique Alduy, surnommée « la Dame de fer » à *France 3*, qui est alors sur le point de prendre la direction

14. À noter que ce dernier met quelques mois avant d'aller diriger la rédaction de *Libération*, qu'il quittera à la fin de l'année 2002.
15. *L'Effet Le Pen*, La Découverte, 1984.
16. Entretien avec l'auteur.

du Centre Beaubourg... Réputée bonne gestionnaire, Dominique Alduy est présentée par Rollat à Alain Minc et à Jean-Marie Colombani avant même l'élection de ce dernier, de façon à lui permettre de proposer un organigramme – un gouvernement – à côté de son « programme ». Dominique Alduy a aussi pour fonction d'éliminer du jeu Jacques Guiu, second de Lesourne, qui espérait imposer sa propre présence auprès de Colombani.

Impossible de rapporter de manière exhaustive toutes les manœuvres qui auront permis la victoire de Jean-Marie Colombani. « *On a longtemps cru qu'il serait* beuvemérien. *Il s'est révélé une sorte de Chirac du journalisme* », raconte un déçu du *colombanisme*. Pendant qu'Edwy Plenel, rompu aux assemblées générales par la meilleure des écoles, séduit les rédacteurs, le candidat à la direction rencontre les uns et les autres en tête-à-tête. Pour leur signifier, souvent dans l'arrière-salle d'un restaurant, qu'il les « apprécie », et s'enquérir de leurs souhaits de carrière.

Il bénéficie aussi de ralliements plus chanceux dus aux circonstances. Ainsi de Franck Nouchi, auparavant soutien d'Amalric, qui finit par se ranger derrière lui par détestation de Bruno Frappat qui ne l'a pas suffisamment épargné, juge-t-il, au moment de l'affaire du sang contaminé[17]. Représentatif des générations montantes au sein du *Monde*, Franck Nouchi proclamera que c'est le tour de Colombani d'accéder à la direction. Il est aujourd'hui rédacteur en chef des pages Culture, après avoir dirigé *Les Cahiers du Cinéma*[18]. C'est « Ajaccio-sur-Seine », se moque aujourd'hui l'un des invités des dîners de l'époque, retiré des affaires du *Monde*, mais pas au point, cependant, de ne plus craindre les foudres de son ancienne direction. Le fait est que les *mondologues* incitent à relire les nominations auxquelles Colombani procéda au lende-

17. À l'époque, Jean-Yves Nau, chef de la rubrique Santé, avait été épinglé pour sa mansuétude à l'égard de Garetta, dirigeant du Centre national de transfusion sanguine, pour lequel il était réputé avoir effectué diverses piges... Le couple Plenel/Deleplace aurait-il fait école ?
18. Une fois la revue rachetée par *Le Monde*.

main de sa victoire comme une série de remerciements adressés à ceux qui avaient su le soutenir.

Comprenons l'actuel directeur : il n'était pas si populaire au sein d'une rédaction qui venait de rejeter sa candidature. Il heurtait les anciens par son faible pour l'audiovisuel, inclination encore peu courante au sein du journal. À l'époque, en effet, il anime *Questions à domicile* avec Anne Sinclair, et intervient fréquemment à *L'Heure de vérité* de François-Henri de Virieu. À la différence de Plenel, qui bénéficiait de l'« effet *Rainbow Warrior* », il n'impressionnait guère les rédacteurs par la profondeur ou la pertinence de ses analyses. « *Colombani,* conclut Alain Rollat, *incarne vraiment un changement d'époque, une rupture culturelle dans l'histoire du journal. Il a eu plus d'impact comme homme de télévision que comme rédacteur…* »

Il ne reste plus qu'à porter l'estocade à Lesourne. Là encore, la basse besogne échoit à Alain Minc. À l'issue de plusieurs réunions avec le directeur en place, il l'informe qu'il n'a plus la confiance de la Société des Lecteurs. Lesourne, qui n'est monté dans cette galère qu'à la demande de celle-ci, n'a nulle envie de résister. Il convoque dès le lendemain son équipe – Jacques Guiu, Bruno Frappat et Manuel Lucbert – et leur annonce sa décision de démissionner.

Anne Chaussebourg, présidente de la Société des Rédacteurs, auditionne alors trois candidats possibles : Jean-Marie Colombani, Bruno Frappat et Manuel Lucbert. Seul le premier annonce son intention de se porter candidat. Bruno Frappat s'est trop engagé aux côtés de Lesourne pour espérer l'emporter. Il ne bénéficie guère de soutiens. Il a déjà pris langue avec *La Croix* dont il deviendra le directeur de la rédaction. Quant à Manuel Lucbert, il ne se sent pas d'être dans la course.

Le mardi 1er mars 1994, la Société des Rédacteurs du *Monde* vote par 180 voix contre 47 et 42 suffrages blancs ou nuls en faveur de « JMC », ainsi élu sans concurrent, mais avec seulement 65,1% des suffrages (612 parts), le seuil requis étant toujours de 60 %. Seuls quelques rares rédacteurs manifestent leurs réserves. Comme Jean-Pierre Langellier, Luc Rosenzweig s'abstient à cause de la présence d'Alain Minc dont il a pu, en tant que correspondant à Bruxelles, apprécier les « qualités » à l'occasion de l'affaire du rachat de la Société Générale de Belgique. Jacques de Barrin et Thierry Bréhier votent contre, et le font savoir. Qu'importe... Jean-Marie Colombani gardera de ce jour un si bon souvenir qu'il proposera bientôt que ce mode d'élection, non contradictoire, qui était jusqu'alors l'exception, devienne la règle.

Le « plébiscite *colombanien* », on l'a vu, n'a rien de spontané. On peut sans trop de difficultés recenser les principaux ingrédients de cette laborieuse victoire.

Le peuple du *Monde* était d'abord épuisé par une crise à répétition qui durait depuis douze ans, seulement interrompue par l'intermède Fontaine entre 1985 et 1991. La démocratie d'entreprise, vieille idée à mi-chemin entre la participation gaulliste et l'autogestion socialiste, s'était révélée une catastrophe pour le journal dès lors qu'aucune personnalité n'avait l'autorité suffisante pour s'imposer à la rédaction. Au fond, les journalistes du *Monde* connaissent alors un grand désarroi. Ils ne savent plus trop à quel saint se vouer, ni même s'il faut encore un saint à la tête du journal.

Autre atout de Jean-Marie Colombani : son programme, incroyablement généreux eu égard à la situation financière du journal. Lesourne gérait « petit bras » ; il considérait les pertes du quotidien comme structurelles, l'équilibre économique ne pouvant être obtenu que grâce à des filiales juteuses. Or, ni *Le Monde de l'Éducation*, ni *Dossiers et documents*, ni *Le Monde des Débats*, ni *Le Monde des philatélistes,* toutes publications en difficulté, ni même *Le Monde Diplomatique,* pourtant bénéficiaire, ne donnaient l'impression de pouvoir renflouer assez le quotidien. La stratégie *lesournienne* paraissait donc illusoire. Mais elle avait avalisé l'idée, qui avait déjà cours du temps d'André Fontaine, que le quotidien ne pouvait accéder à l'équilibre. Or non seulement Colombani affirme le contraire, mais il proclame haut et fort la nécessité d'être à nouveau ambitieux, comme si le journal en avait les moyens. Le candidat déclare que *Le Monde* doit jouer dans la cour des grands quotidiens, qu'il faut regarder du côté du *New York Times* et *d'El País,* non de celui de *Libération* ou du *Figaro*. Il ponctue même ses exposés par la promesse d'embaucher une centaine de journalistes ! Bref, Colombani a su tenir un discours que les rédacteurs du *Monde*, épuisés par les dissensions, démoralisés par l'érosion des ventes et la progression de *Libération*, n'espéraient plus entendre. Pour gagner des suffrages, le même Colombani qui proposait, voici encore moins de trois ans, de réduire la pagination et d'en revenir à un journal « maigre », se lance dans une profession de foi on ne peut plus « patriotique » : pour redresser *Le Monde,* il suffit de redresser la tête !

Facteur évident de victoire : tous ses concurrents potentiels ont été éliminés ! Amalric est passé à *Libération* ; Lucbert s'est trop engagé aux côtés de Lesourne ; Vernet n'a pas la pugnacité voulue pour se présenter une seconde fois ; Jean-Marie Dupont, qui caressait lui aussi l'idée d'être candidat, n'est plus là ; les « pointures » du service économique, comme Philippe Labarde ou Jean-Michel Quatrepoint, non plus. Colombani se prépare à être élu par défaut.

Par ailleurs, la rédaction pressent que la nouvelle équipe est un collectif rodé par des années de campagne. Certes, Colombani n'a jamais annoncé qu'il confierait la direction de la rédaction à Edwy Plenel. Mais ce dernier, devenu chef de la rubrique Police-Justice, et surtout vice-président de la Société des Rédacteurs, n'est jamais loin de lui. Bertrand Audusse, pour sa part, mène ouvertement campagne pour la nomination de Plenel à la tête de la rédaction, ce qui permet de faire rêver les uns – soixante-huitards – sans décourager les autres. Plenel dispose d'une aura certaine auprès des rédacteurs les plus jeunes. Il porte haut le verbe journalistique et sort grandi de plusieurs années d'affrontement avec le président Mitterrand. On lui prête un rôle majeur dans le rétablissement de la crédibilité du *Monde*. Les plus attentifs supporters de Colombani savent également que ce dernier a su parfaitement tirer les leçons des précédentes campagnes électorales à l'intérieur du *Monde* : un candidat ne doit pas griller ses cartouches en annonçant l'identité de celui qu'il désignera à la tête de la rédaction. C'est en n'agissant pas de cette façon que Daniel Vernet a perdu son élection, par exemple, en désignant comme dauphin un autre membre du service international. D'où la savante manœuvre de Colombani qui rameute dans son camp deux « anciens » : Philippe Labarde, resté dix-huit ans au quotidien avant son départ vers la presse économique, et qui a plutôt laissé de bons souvenirs à la rédaction ; et Nöel-Jean Bergeroux, trop âgé pour inquiéter les ambitieux. Sans jamais dévoiler ce que sera son organigramme, le candidat rassure les uns sans désespérer les autres.

Enfin, le duo peut s'appuyer sur l'action discrète d'un troisième homme qu'il n'est pas question de mettre en avant, tant sa présence nuirait à la campagne électorale du fait de la vive réprobation qu'il suscite au sein de la rédaction[19] : Alain Minc.

Ouvrons une parenthèse pour évoquer cet acteur, entré discrètement sur la scène du *Monde* en 1985 et qui a su prendre, au fil des ans, de l'assurance et de l'importance tant à l'intérieur du journal que dans le Tout-Paris médiatico-économique. Minc enchaîne les best-sellers. Il est devenu l'ami de Bernard-Henri Lévy et de François Pinault. Son carnet d'adresses regroupe tout ce qui compte en France. Il est choyé par tous les médias qui lui pardonnent ses échecs pourtant nombreux et ses prévisions souvent erronées. Qui d'autre que lui aurait survécu en 1988 à l'opération manquée contre la Société Générale de Belgique à l'époque où il était administrateur général de Cerus, la compagnie française de Carlo de Benedetti ?

19. La réputation exécrable d'Alain Minc au sein de la rédaction, qui ne s'est pas démentie, émane notamment du service économique, qui avait suivi de près son offensive ratée pour la prise de contrôle de la Société Générale de Belgique par le groupe De Benedetti.

Après cet échec, Cerus croulait sous 4 milliards de dettes et la valeur de son action avait chuté de 70 %. Voilà ce qui s'appelle « créer de la valeur »... et qui a laissé, quoi qu'il en soit, un impérissable souvenir au vicomte Étienne Davignon, patron de la Générale de Belgique au moment de l'OPA lancée par De Benedetti.

Les traits de sa personnalité et son physique l'opposent presque terme pour terme à Alain Minc : grand, calme, consensuel, Davignon n'élève pas la voix pour parler du vibrion français, et ne cultive manifestement pas d'amertume à son endroit. Ancien ministre des Affaires étrangères, ex-commissaire européen, il évoque le président du Conseil de surveillance du *Monde* à l'instar d'un ethnologue décrivant un chef papou :

« *Les analyses d'Alain Minc étaient parfaites. Il avait parfaitement compris le système. Il est exact que la respectable Générale de Belgique était prenable. Personne ne connaissait Alain Minc, alors que le préjugé à l'égard de Carlo de Benedetti était favorable : tout le monde riait du coup de pied qu'il allait donner à la respectable vieille dame. Chacun tombait sous le charme de son irrésistible accent italien. Mais Alain Minc a fort bien réussi à gaspiller ce capital de sympathie. D'abord, par son arrogance. En Belgique, on n'aime guère les gens péremptoires. C'est pourquoi les* raiders *sont ici en milieu hostile. Nous avons une culture du compromis. Or, Alain Minc veut la guerre. Ce n'est pas un pragmatique, mais un homme de système. Quand la réalité ne correspond pas à son modèle, il est incapable d'en sortir pour se rapprocher d'elle. Minc avait conçu son opération comme une guerre-éclair. Il a été décontenancé par la résistance qu'il a rencontrée. Rendez-vous compte, ces ignares de Belges ont mis en cause la limpidité de son projet ! Bref, Alain Minc voulait prendre le pouvoir dans un pays où il se partage, en politique comme dans les affaires. Il est incapable d'intégrer le facteur temps. Avec 35 % des actions, Benedetti avait toutes les chances de réussir son opération. Minc l'a fait échouer en occasionnant à son patron plusieurs milliards de pertes...* »

Le vicomte Davignon parachève son portrait en contant une histoire... congolo-belge :

« *Minc a convaincu Benedetti de rencontrer Mobutu parce qu'il était persuadé que le Président zaïrois possédait un bon paquet d'actions (entre 3 et 5 %) de la Générale de Belgique. Les deux hommes assurent Mobutu Sese Seko que, s'ils prennent le contrôle de la Générale, la vieille dame investira beaucoup dans son pays. Le chef africain accueille ces promesses avec bienveillance. Il confirme qu'il possède bien des actions de la Générale, qu'il s'engage à leur apporter lors de la prochaine assemblée générale...* » Mais Mobutu ne possédait aucune action et s'empressa de raconter l'histoire à Étienne Davignon sur l'air d'« On les a bien eus... » Telle est la naïveté des gens intelligents – *too clever by oath*, disent les Anglais.

Nous ne sommes pas à Bruxelles, mais à Paris où l'aura de Minc reste alors intacte, et son apport essentiel à l'équipe qui est en train de prendre le pouvoir au sein du *Monde*. Colombani et lui se rencontrent depuis plusieurs années. Le premier a compris que le soutien du président d'A. M. Conseil est non seulement décisif pour bénéficier des voix de la Société des Lecteurs lors de son élection, mais aussi nécessaire pour bénéficier de son entregent auprès des investisseurs susceptibles de contribuer au redressement du journal.

Le 1er mars 1994, les rédacteurs-électeurs du *Monde* ont désigné un « ticket à trois » regroupant un redoutable trio. Ils ne le savent pas encore. Démocratie et transparence font certes bon ménage dans les éditoriaux. Mais dans les éditoriaux seulement...

CHAPITRE 8

La prise en mains du *Monde*

« *Je ne suis pas bonapartiste, je ne crois pas aux hommes providentiels* », affirme Jean-Marie Colombani devant les caméras, lors de son intronisation. Le nouveau directeur du *Monde* ne ment pas : il ne sera pas seul à diriger le quotidien. Pour la nouvelle équipe, il s'agit d'abord de mener de front deux réformes : la recapitalisation du journal, la mise au point de sa nouvelle formule. Mais, avant tout, il convient pour elle de pérenniser son pouvoir, car elle sait à quel point celui-ci est fragile, compte tenu de la versatilité des rédacteurs et des modalités de désignation des dirigeants.

Quelle est au juste la nature du nouveau pouvoir au sein du *Monde* ? Qu'est-ce qui va faire la force de la nouvelle équipe désignée en 1994 et qui, neuf ans plus tard, tient encore les rênes de l'entreprise sans paraître contestée par personne ? D'abord, sans doute, sa relative opacité : le trio Colombani-Minc-Plenel n'existe pas en tant que co-direction. Ce sont trois hommes qui « se tiennent » davantage qu'ils ne s'aiment, comme on le verra plus loin. Officiellement, l'entreprise – et aujourd'hui le groupe Le Monde – est dirigée par un seul, Jean-Marie Colombani. Le lien entre les « trois » n'est évoqué que dans les couloirs et avec la plus grande prudence. En 2002, Jean-Marie Colombani refuse d'ailleurs encore au directeur « des » rédactions du *Monde*[1], Edwy Plenel, le titre de directeur général qui lui vaudrait d'office un siège au sein du Directoire. Le

1. Selon Alain Rollat, ce refus serait motivé par le veto de certains actionnaires.

matois Plenel doit donc rester à sa place, qui n'est pas tout à fait celle d'un « numéro 2 ». Pourtant, dans le triple coup d'État légal qu'ils vont perpétrer à la tête de l'entreprise, Alain Minc comme Edwy Plenel jouent un rôle tout aussi important que le responsable officiel du groupe.

La condition de tout, chacun le comprend, est d'abord de retrouver des marges de manœuvre financière. La gestion de Lesourne n'a pas permis de désendetter le journal. Frappé de plein fouet par la seule année de récession que la France ait connue depuis la Libération (1993), *Le Monde* voit ses recettes publicitaires passer de 527 en 1992 à 238 millions de francs cette années-là. Les ventes diminuent dans une moindre proportion, passant de 386 000 exemplaires en moyenne en 1990 à 362 000 en 1993. En 1994, le résultat d'exploitation de l'entreprise est de - 77 millions de francs.

Pour Minc et Colombani, retrouver une marge de manœuvre financière implique d'abord de recapitaliser l'entreprise. Deux obstacles se dressent en travers de leur route. Primo, il faut attirer des capitaux extérieurs sans que les investisseurs soient motivés ni par la perspective de diriger l'entreprise, puisque les actionnaires internes (Société des Rédacteurs, Société des Cadres, Société des Employés) détiennent la minorité de blocage, ni par la perspective de plus-values financières, la situation de l'entreprise ne pouvant porter un tel espoir. Secundo, il faut faire accepter les réformes par le personnel du *Monde*[2] et surtout par les anciens de l'Association Hubert-Beuve-Méry qui détiennent encore en 1994, 32,3 % des parts de la Sarl Le Monde.

Pour ce qui est de la Société des Rédacteurs, pas de problème : Edwy Plenel, qui a pris le relais d'Alain Rollat, *colombaniste* de la première heure, siège à son bureau aux côtés d'Anne Chaussebourg (présidente), Gérard Courtois (vice-président), Josyane Savigneau (secrétaire) et Olivier

2. À l'époque, la Société des Rédacteurs possède 400 parts, soit 32,3 % ; la Société des Cadres, 63 parts, soit 5,1 % ; la Société des Employés, 51 parts, soit 4,1 %.

Biffaud (trésorier). Il saura faire de ses quatre comparses des alliés... au moins le temps qu'il faudra ! Quant à la Société des Lecteurs (11,29 % du capital de la Sarl Le Monde), elle est, depuis sa création en 1985, entre les mains d'Alain Minc, régulièrement réélu par toutes les assemblées générales de l'Association, malgré les contestations de plusieurs de ses membres.

Le pouvoir syndical, si crucial dans les années 1970 et 1980, sort bien affaibli du contexte créé par l'élection de Jean-Marie Colombani. Car ses deux « grands électeurs », Alain Rollat et Bertrand Audusse, ont la même difficulté à conserver l'esprit syndicaliste face à un patron qu'ils ont contribué, des années durant, à porter à son poste. Pour ces esprits clairs, le syndicalisme ne peut être que d'opposition. Ne se voyant ni l'un ni l'autre dans le rôle d'une courroie de transmission, ils ont préféré passer le relais. Et leurs troupes, elles-mêmes engagées dans la longue campagne en faveur de Colombani, n'ont certes pas l'humeur combative.

Reste l'Association Hubert-Beuve-Méry. C'est une autre affaire. Dans l'esprit de l'entreprise, ses membres sont censés faire vivre, transmettre et garantir la philosophie du fondateur dont on sait qu'il préféra toujours un *Monde* frugal et indépendant à un *Monde* prospère et servile. Dans ses éditoriaux consacrés au développement du journal, Jean-Marie Colombani ne manque jamais de citer la phrase de Beuve louant la « bienfaisante » publicité. Cette citation est un contre-sens complet. Certes, Hubert Beuve-Méry ne crachait pas sur les recettes publicitaires ; mais il s'opposa toujours à ce qu'elles représentent une part trop importante des recettes du journal. Son magistère fut marqué par une prudence de loup, et par la priorité accordée à la qualité sur la quantité. N'est-ce pas lui qui, en pleine pénurie de papier, à la Libération, préféra diviser par deux le tirage du journal plutôt que de réduire sa pagination ? Jamais Beuve-Méry n'aurait pu dire, comme Jean-Marie Colombani lors d'un Comité de direction[3] : « *La publicité*

3. Témoignage – anonyme – d'un de ses membres.

est garante de l'indépendance du journal », formule paradoxale dans la bouche d'un journaliste, en principe plus porté par son métier à se demander dans quelle mesure elle n'y porte pas atteinte… Au contraire, le fondateur a déclaré : « *Il me semble dangereux que la vie du journal soit assurée dans une proportion trop large par la publicité, car ceci le met à la merci d'un chantage*[4]. »

Autre souci pour l'équipe dirigeante : les nouveaux responsables n'ont rien à offrir aux membres de l'Association. Ils doivent les convaincre de céder ou prêter sans contrepartie des parts de l'entreprise à la Société des Rédacteurs afin de proposer des parts achetables aux investisseurs sans aliéner pour autant le pouvoir de cette dernière, qui incarne l'indépendance du journal. Un exercice acrobatique, tant la nouvelle direction dispose d'une trop mince autorité professionnelle ou morale. Geneviève Beuve-Méry et son fils Jean-Jacques ont voté contre l'élection de Jean-Marie Colombani à la tête de l'entreprise. Jacques Fauvet, successeur d'Hubert Beuve-Méry, s'est abstenu[5], mais il y est profondément hostile et le fait bruyamment savoir en démissionnant dès le 21 octobre 1994, soit une semaine avant que l'assemblée générale de l'Association Hubert-Beuve-Méry n'accepte la transformation de la Sarl Le Monde en SA, condition nécessaire à la conduite de l'opération de remodelage du capital. Dans une tribune que le journal s'est trouvé contraint de publier le 18 février 1995, le fils du fondateur, Jean-Jacques Beuve-Méry, dénonce la trahison des idéaux de son père : « *En faisant appel massivement à des investisseurs, le nouveau* Monde *prend des risques que l'ancien ne courait pas* » ; il se permet même d'attaquer directement Colombani : « [Ce cinquantième anniversaire du journal] *se place entre deux* Monde *différents : l'ancien, qui portait la marque de son fondateur*

4. Beuve-Méry, *Paroles écrites, Mémoires*, édition établie par Pierre-Henry Beuve-Méry, d'après les entretiens réalisés par Jean-Claude Barreau et Pierre-André Boutang, Grasset, 1991, p. 258.
5. Nous n'avons malheureusement pas pu recueillir à temps le témoignage de Jacques Fauvet, son épouse nous ayant informé à l'époque de la dégradation de son état de santé. Il est décédé le 1er juin 2002.

jusque dans ses statuts, et le nouveau, qui l'a effacée ; et on peut se demander s'il est encore moralement justifié de laisser en première page du nouveau Monde *l'inscription* : "Fondateur : Hubert Beuve-Méry"[6]. »

Pour convaincre les « anciens », Colombani et Minc vont donc devoir ruser et recourir à la pression « morale » des rédacteurs. Ce sont Olivier Biffaud et Gérard Courtois, bons diplomates, qui vont « mettre en musique » le dilemme – ou le subtil chantage ? – auquel soumettre les « anciens » : soit ceux-ci transmettent une fraction significative de leurs parts aux rédacteurs, et l'indépendance du journal sera sauvegardée ; soit ils les gardent, mais le journal filera entre Dieu sait quelles mains, puisque l'entreprise est, disent-ils, au bord du dépôt de bilan. En d'autres termes, les représentants de la Société des Rédacteurs leur déclarent en substance : « Vous êtes les seuls à pouvoir nous sauver. » Gageons cependant que les nouveaux responsables n'auraient pas hésité à « charger » les anciens en cas de refus.

Dans son ouvrage hagiographique[7], Patrick Eveno se croit obligé d'instruire un procès en légitimité contre les « anciens », plutôt que d'évoquer leurs arguments : « ... *Les membres de l'Association Hubert-Beuve-Méry ne connaissent la presse que sous l'angle de la lecture quotidienne qu'ils en font. Lecteurs de longue date du journal, recrutés sur des critères moraux au sein de réseaux amicaux ou professionnels, ils représentent une frange du lectorat qui n'évolue pas au même rythme que la rédaction du journal. Isolée face à la direction, aux investisseurs et aux rédacteurs, l'Association Hubert-Beuve-Méry, qui ne dispose pas de capitaux pour défendre sa cause et qui n'arrive pas à poursuivre un dialogue constructif avec la Société des Rédacteurs du* Monde, *doit reculer devant la volonté de Jean-Marie Colombani de recapitaliser l'entre-*

6. La courte réponse lénifiante de Jean-Marie Colombani ne répond à aucun des arguments de fond avancés par le fils Beuve-Méry : elle se contente de légitimer la perte de pouvoir actionnarial de la rédaction par les nécessités économiques.
7. *Le Journal* Le Monde, Odile Jacob, *op. cit.*

prise ; toutefois, elle accepte d'aider la rédaction à préserver sa minorité de blocage. » Relisez cette citation : c'est un véritable morceau d'anthologie de la rhétorique néo-stalinienne. Passons sur la formule « *l'Association doit reculer... devant la volonté de Jean-Marie Colombani* ». Que nous chante donc l'« historien » Eveno ? Un, les anciens « ne sont pas du métier ». Deux, ils n'ont pas d'argent. Trois, ils refusent le dialogue avec les rédacteurs, « force vive » du journal. Quatre, ils finissent néanmoins par leur céder, « impressionnés » par la « volonté » du sauveur Colombani ! C'est digne de la blague de Staline que l'on racontait pendant les intermèdes dans les écoles de formation trotskiste : « Un, je n'ai pas déplacé l'échelle ; deux, je ne suis pas monté dessus ; trois, il n'y a pas d'échelle ! » Voilà comment sont traités ceux qui, de l'aveu même des uns et des autres, ont permis de préserver l'indépendance du *Monde* ! Gérard Courtois, directement impliqué dans ces négociations, sera plus reconnaissant envers les membres de l'Association qui ont entendu et accepté ses arguments[8].

Toute l'habileté de Jean-Marie Colombani et d'Alain Minc consiste à s'auto-légitimer devant chaque actionnaire à la fois comme les représentants des autres partenaires et comme les garants de l'avenir et de l'indépendance du journal. Ils incarnent successivement l'« autorité morale de la rédaction » devant l'Association Hubert-Beuve-Méry, celle de l'Association devant les investisseurs, avant de représenter demain (là, il s'agit surtout de Minc) les actionnaires devant les rédacteurs. Il y a de l'art du bonneteau dans l'habileté manipulatrice de cette direction !

Mais le vrai tour de passe-passe de la recapitalisation du *Monde* est surtout l'œuvre du « marieur » Alain Minc. Sitôt après l'élection de Jean-Marie Colombani, ce dernier devient président du Conseil de surveillance. Ce qui fait certes jaser dans la rédaction. Tout bas, mais aussi parfois tout haut : Philippe Labarde affirme ainsi avoir protesté

8. Entretien avec l'auteur.

auprès de Colombani : « *Désigner l'un des principaux conseillers d'Édouard Balladur à la tête du journal est une erreur.* » Souvenons-nous qu'au même moment, Alain Minc apparaît en effet comme un acteur de premier plan engagé auprès du Premier ministre qui lui a confié un rapport sur la modernisation de la société française, censé devenir le socle de son programme électoral en vue des présidentielles. Jamais, dans toute l'histoire du journal, un de ses hauts responsables n'est allé aussi loin dans l'engagement partisan. Pourtant, cette décision ne suscite pas de vraie levée de boucliers dans une rédaction qui s'en remet littéralement à Colombani. Imaginons pourtant une seconde ce qu'aurait donné la nomination, à l'un des plus hauts postes de responsabilité du *Monde*, d'un proche conseiller de Jacques Chirac ou même de François Mitterrand ! C'eût été la révolution, la Société des Rédacteurs aurait été convoquée dans l'urgence, et l'auteur du forfait démis de ses responsabilités. En 1994, le nouveau *Monde* se construit sur la domestication d'une Société des Rédacteurs à la tête de laquelle la nouvelle équipe a placé ses hommes. Jouant de la menace de crise, Colombani explique aux inquiets que la présence de Minc est indispensable à la conquête de nouveaux actionnaires venus du monde de l'entreprise, eux-mêmes incontournables pour recapitaliser le journal. Quant aux lecteurs du *Monde*, soucieux de son indépendance, il durent se contenter d'une réflexion[9] du médiateur, André Laurens, les invitant à dormir sur leurs deux oreilles : c'était justement pour garantir l'indépendance du quotidien qu'Alain Minc était là.

Pour les besoins de la cause, Edwy Plenel, incarnation du « journalisme d'investigation » et de « l'indépendance de la rédaction », met en scène de façon spectaculaire l'« adoption » nécessaire d'Alain Minc : réunis au siège de la rue Falguière, les deux hommes se sont enfermés deux heures durant au vu et au su de toute la rédaction, la cloison transparente laissant bien entendu voir l'ex-journaliste de *Rouge*

9. *Le Monde* du 18 février 1995.

se passant à maintes reprises la main dans les cheveux au cours d'une discussion âpre et que l'on devine tendue.... Ce jour-là, au théâtre du *Monde*, on jouait une pièce montrant la confrontation « *difficile, passionnée mais loyale* » entre le trotskisme devenu « *culturel* » et le capital devenu « *citoyen* ». Deux heures plus tard, le bon peuple du *Monde* pouvait se rassurer : le Commandante Plenel lâcha à la sortie de la réunion un « *Ça ira* ». « *Nous avions eu peur* », ironise un rédacteur qui se souvient de la scène...

Va donc pour Minc. Ce dernier propose aux investisseurs potentiels une véritable martingale que d'aucuns – notamment le journaliste économique Erik Izraelewicz – appelleront avec humour « *un pari pascalien* ». L'ex-prédateur de la Société Générale de Belgique leur tient en substance le langage suivant : « En investissant dans *Le Monde*, vous faites de toute façon une bonne affaire. Soit le journal s'en sort, et vos actions prendront une valeur bien supérieure à celle d'aujourd'hui ; soit le plan de redressement échoue, et vous êtes dans ce cas aux premières loges – et pour pas cher ! – pour une prise de contrôle capitalistique du premier quotidien français en termes d'influence. » En effet, conformément à l'accord proposé aux nouveaux investisseurs du *Monde*, ces derniers placent la bagatelle de 77 millions de francs en « compte courant[10] ». Au bout de cinq ans, soit le journal les rembourse, soit ces 77 millions sont transformés en 237 actions qui feront basculer la majorité de l'entreprise entre les mains des actionnaires extérieurs. Autrement dit, *Le Monde* pourrait se retrouver, dans ce cas, contrôlé par un consortium de Pdg de grandes sociétés !

Certes, les dirigeants du *Monde* défendent leur montage en expliquant – ce qui est vrai – que chaque société actionnaire ne détient qu'une part du journal inférieure à 2 % (sauf la Sagem qui en détient à l'époque 5 %). Mais qu'est-

10. Le *compte courant* est un prêt effectué par l'actionnaire à l'entreprise au taux du marché. Au cas où, passé un certain délai, celle-ci se révèle incapable de rembourser le capital et les intérêts, le compte courant de l'actionnaire peut être transformé en actions.

ce qui empêcherait des hommes qui ne cessent de se fréquenter dans les déjeuners d'affaires, les dîners mondains, les clubs huppés et surtout les conseils d'administration, de voter ensemble si l'enjeu, à la veille de telle ou telle échéance politique, est de « neutraliser » le quotidien autrefois le plus indépendant de France ?

On comprend mieux le « *désintéressement évident*[11] », salué dans son ouvrage par Patrick Eveno, d'Étienne Pflimlin (Crédit Mutuel), de Pierre Richard (Crédit local de France), de François Pinault (Artémis), d'Albert Frère (CLT), de Marc Ladret de Lacharrière (Fimalac) et de Pierre Lescure (Canal +), tous nouveaux actionnaires de l'entreprise *Le Monde* : en abondant le capital du journal, ils sont assurés soit de gagner de l'argent, soit, comme au poker, de s'offrir un second tour de table dont l'enjeu sera une position dominante au sein du journal le plus influent du pays. Quant à Alain Minc, c'est lui qui va draguer les « grandes pointures » du CAC 40, notamment ceux des investisseurs qui sont aussi « ses » clients, ceux du cabinet A. M. Conseil : Pinault, Ladret de Lacharrière, Frère, etc.

À noter que Jean-Luc Lagardère, à qui l'on proposait de prendre ces quelques millièmes de parts de l'entreprise, s'est montré fort peu sensible, dans un premier temps, aux charmes du « pari pascalien » : « *Bon, il vous faut 200 millions pour éponger les pertes, et 300 pour la relance ? Moi, ça m'intéresse à 51 %, et je laisse 34 % à la Société des Rédacteurs : ça vous va* ? » Pour cru qu'il ait pu paraître, ce langage avait au moins le mérite de la clarté : que viennent faire en effet au capital du *Monde* des entreprises qui produisent des voitures ou du ciment ? Quel rapport avec leur raison sociale ? *Le Monde* n'est pas le dernier, d'ordinaire, à dispenser des leçons aux « managers » sur la « gouvernance d'entreprise ». Le journal pousserait-il à la « faute » pour mieux fustiger ensuite dans ses colonnes ? Nous y reviendrons...

Au total, la recapitalisation du *Monde* permet aux nou-

11. *Cf. Le Journal* Le Monde, *op. cit.*, p. 107.

veaux dirigeants de mobiliser la bagatelle de 219 millions de francs en capital et 77 millions en compte courant. En contrepartie de cet apport d'argent frais, le capital cédé paraît modeste : vingt-huit actionnaires, pour la plupart des personnes morales, regroupées au sein de cinq sociétés (Iéna Presse-Sagem à hauteur de 5,05 %, Le Monde Presse à hauteur de 6,45 %, Le Monde Investisseurs à hauteur de 8,12 %, Le Monde Prévoyance à hauteur de 3,64 %, et Claude-Bernard Participations à hauteur de 2,71 %), détiennent à peine plus de 25 % du capital de l'entreprise. Avertissement – prémonitoire ? – d'Alain Minc : « *Cette opération d'émiettement du capital est la dernière du genre. C'est une solution atypique qui satisfait trop peu les exigences capitalistiques classiques pour qu'elle puisse se reproduire*[12]. »

Comment garantir que tout cet argent ne sera pas dilapidé ? Comment convaincre les investisseurs qu'une coalition « gauchisante » de rédacteurs n'en viendra pas, un jour, à renvoyer Jean-Marie Colombani à ses chères études, comme l'autorisent les statuts du *Monde* ? Ici se situe le coup d'État institutionnel de la nouvelle équipe qui va passer largement inaperçu au sein même du journal. Jusqu'alors, en effet, les statuts du *Monde* stipulaient que la Société des Rédacteurs pouvait valider plusieurs candidatures à la gérance du journal en fonction de critères qu'elle définissait elle-même. Ainsi, lors de chaque crise du journal, c'est le bureau de la Société des Rédacteurs qui auditionnait les candidats et validait leur candidature. En 1979, Edwy Plenel et Dominique Pouchin avaient eux-même défendu « *le droit de chacun à être candidat* ». La réforme des statuts qui intervient abolit la démocratie contradictoire : désormais, c'est le Conseil de surveillance de la SA (présidé par Alain Minc) qui valide et ne peut valider qu'un seul candidat à la fois. Bien entendu, les rédacteurs réunis en assemblée générale peuvent récuser ce candidat, et le Conseil de surveillance doit alors lui en proposer un

12. *L'Esprit libre*, juillet 1995, cité par Patrick Eveno, *op. cit.*, p. 117.

autre. Mais la nouvelle disposition supprime les campagnes électorales contradictoires ; elle instaure un régime pré-démocratique, voisin de celui qui est en vigueur dans nombre de semi-dictatures. Elle perpétue l'exception – l'élection de Colombani sans opposant en 1994 – afin d'en faire la nouvelle règle : c'est ainsi qu'en 2000, Jean-Marie Colombani sera réélu à la tête du *Monde* sans challenger.

Comment pareille disposition, qui rogne notablement le pouvoir des sociétés de personnel, a-t-elle pu être adoptée ? C'est à la faveur du passage de statut de Sarl à celui de SA que l'opération est menée. Conformément à la législation, la SA implique de mettre en place un Directoire et un Conseil de surveillance. C'est en adaptant les anciens statuts à la nouvelle structure de société anonyme que le putsch peut être perpétré tout en douceur.

Les « putschistes » ont joué à coup sûr sur la mémoire de la crise et la lassitude qu'elle a engendrée. « *La médiocrité des équipes précédentes est la principale cause de la victoire de Jean-Marie Colombani. André Laurens était terne, et Jacques Lesourne incompétent* », reconnaît l'un de ses anciens partisans, aujourd'hui déçu. Les douze années de tangage du *Monde* ont peu à peu instillé l'idée que la démocratie dans l'entreprise conduisait à son autodestruction. Les journalistes, pense-t-on à la lumière des affrontements fratricides des années 1980, n'ont pas l'esprit assez responsable pour diriger leur maison de façon raisonnable. L'exercice de leur responsabilité ne reposant pas sur un intérêt matériel, ils se laissent gangrener par les passions de l'idéologie et les zizanies du pouvoir. C'est à partir de ce constat que, de guerre lasse, le peuple du *Monde* accepta de confier d'abord son destin à un non-journaliste, Jacques Lesourne, avant de s'en remettre à la nouvelle équipe. Quitte à s'engager dans un voyage sans retour avec Jean-Marie Colombani.

Pourtant, le mandat donné à ce dernier n'est pas si triomphal. En 1994, on l'a vu, sans opposant à sa candidature, il ne franchit que de justesse la barre des 60 %, statutairement nécessaire à son élection.

Mais le coup d'État juridique ne suffit pas. Il faut aussi éliminer ou neutraliser les opposants virtuels. C'est exactement ce à quoi va s'employer avec méthode l'équipe nouvelle. Côté éliminations, il importe d'abord de régler les cas de Bruno Frappat, de Manuel Lucbert et de Daniel Vernet, candidats potentiels encore crédibles à la direction du journal. Le dernier nommé avait été élu par la Société des Rédacteurs, mais refusé par les autres actionnaires ; il conserve une certaine aura au sein de la rédaction. Les deux premiers, auditionnés en tant que candidats virtuels par la Société des Rédacteurs, avaient certes refusé de se porter candidats, mais il convient de rester vigilant : on ne sait jamais. Colombani ne va pas réitérer l'erreur d'André Fontaine qui ne l'a pas « tué », une fois parvenu à la direction du *Monde,* en 1985. Pour l'avoir lui-même expérimenté, il sait mieux que personne comment un opposant libre de ses mouvements est à même de délégitimer une direction. Du côté de Bruno Frappat, aucun problème : l'impétrant est rapidement embauché comme directeur de la rédaction de *La Croix.* Patrick Jarreau, autre opposant potentiel, est un légitimiste ; le moment voulu (en 2001), on lui proposera un poste à Washington pour l'écarter de Paris. Restent à régler les cas de Lucbert et de Vernet.

Jean-Marie Colombani décide de faire la paix avec ce dernier. Il lui propose une « planque » en or : directeur des relations internationales, sinécure qui permet de voyager tout en réfléchissant au volet international de la stratégie du journal. Cette marque de confiance permet à Colombani de pacifier ses relations avec les *vernétistes.* Sur les conseils de Plenel, il récupère aussi certains hommes de confiance de Bruno Frappat, partis à *Libération,* comme Jean-Yves Lhomeau et Pierre Georges. Colombani sait jouer de l'« union nationale » après sa victoire. Il a surtout de quoi « acheter » la paix interne. Les mauvaises langues notent ainsi qu'il y a davantage de ses ex-ennemis que de ses amis à la direction de la rédaction installée en 1994 par le directeur du *Monde.* Ainsi Franck

Nouchi, ancien « frappiste », est-il intégré à la rédaction en chef, tout comme Pierre Georges.

Quant à Manuel Lucbert, le directeur, faussement magnanime, lui confie *Le Monde des Débats*, publication mensuelle jusqu'alors dirigée par Jacques-François Simon. Mais, très vite, Edwy Plenel décrétera que l'existence de ce mensuel est incompatible avec la nouvelle rubrique « Horizons » du quotidien, qui accueille des tribunes d'intellectuels et d'hommes politiques. Jean-Marie Colombani refuse alors à Lucbert le poste de correspondant en Allemagne, qu'il briguait. Ce refus s'explique : contrairement à Daniel Vernet, Lucbert n'a pas de troupes. Il finit par quitter *Le Monde,* non sans une certaine amertume, en 1997.

La neutralisation des opposants impose aussi de verrouiller leurs lieux d'émergence potentielle. La nouvelle direction souhaite donc neutraliser le service international et crever l'abcès du service économique, devenu pléthorique et soupçonné d'avoir apporté ses suffrages à Guetta. Les syndicats, dont deux sur trois sont aux mains d'alliés, ne posent point trop de problèmes. Reste à « convaincre » la Société des Rédacteurs, qui a jusqu'alors si bien servi les intérêts de Jean-Marie Colombani sous la férule d'Alain Rollat, puis d'Edwy Plenel. « *Devenu directeur au terme d'une candidature unique*, note Alain Rollat[13], *Jean-Marie Colombani s'est donc employé à disposer, au sein du Conseil d'administration de la Société des Rédacteurs, d'une majorité* "amie" *afin que cette instance fonctionne comme une simple courroie de transmission. Il sait susciter, chez les rédacteurs, les candidatures à sa convenance ; et à chaque fois que des candidatures contestataires se manifestent, il entreprend d'y faire obstacle en donnant des consignes de vote. Celles-ci sont relayées d'autant plus facilement que, sous l'autorité d'Edwy Plenel, la hiérarchie de la rédaction, très recomposée, a désormais – à de trop rares exceptions près – abdiqué sa liberté d'expression. Aux élections*

13. Entretien avec l'auteur.

internes, lorsque Plantu, qui n'est pas du genre soumis, a fait acte de candidature, Colombani et Plenel l'ont fait battre... »

Mais il ne suffit pas de « jouer en défense », ni de faire de la direction du quotidien un sanctuaire. Il convient aussi de transformer l'objet du pouvoir, c'est-à-dire le journal lui-même. Nous abordons là les « grands travaux » du président Colombani : les chantiers du « Nouveau *Monde* », la formule et la maquette qui vont l'incarner.

L'exercice n'est pas simple. Les lecteurs du quotidien sont réputés profondément conservateurs, alors que le nouveau patron souhaite d'emblée marquer de son empreinte la forme du journal et, en même temps, mieux contrôler sa rédaction. *Le Monde* doit devenir un journal « moderne », il doit rejoindre les « standards » européens (*El País*, la *Repubblica*, le *Herald Tribune,* etc.). Pour être plus souple à piloter, il doit être davantage centralisé, estiment nos faux girondins. Ici, le souci de casser les « wilayas », ces grands services par trop puissants, rejoint l'exigence de recentralisation, ce qui implique la création d'une véritable rédaction en chef centrale, dotée de pouvoirs conséquents. Mais comment justifier cette nouvelle centralisation sans donner l'impression d'arbitrer d'emblée en faveur de l'un de ses lieutenants ? Qui pourrait se prévaloir d'une légitimité suffisante pour porter un tel projet ? Nöel-Jean Bergeroux ? Il n'en a pas l'étoffe. Edwy Plenel ? Une promotion trop rapide susciterait des jalousies et risquerait de jeter les bases d'une opposition au nouveau pouvoir.

C'est ici que Colombani a l'idée de faire appel à Philippe Labarde. Ce dernier est parti du *Monde* en 1984. En 1994, il dirige *La Tribune de l'Expansion*, mais rêve, en grand sentimental qu'il est, de revenir au journal dans lequel il a commencé sa carrière comme... garçon de course, à une époque où le quotidien, installé rue des Italiens, n'avait pas encore la détestable habitude de privilégier le recrutement de jeunes gens passés par le double moule de l'Institut d'Études politiques de Paris et du Centre de Formation des Journalistes. Colombani lui propose de revenir au journal et d'y piloter l'élaboration d'une nouvelle formule. Le nouveau patron du *Monde* sait flatter son interlocuteur : il (Labarde) est le seul, dit-il, à disposer de la légitimité pour repenser le concept et la maquette du journal ; il y est resté dix-huit ans ; il a fait et réussi *La Tribune* qui est maintenant installée dans le paysage ; en outre, il est parti du *Monde* sans indemnités, et ce détail fera taire les mauvaises langues… Labarde en vient à s'imaginer en directeur de la rédaction. Il sait son interlocuteur plus habile aux batailles internes au *Monde* qu'à mener celles qui seront nécessaires à la reconquête de son lectorat. Pour finir, Colombani lui propose sans barguigner les mêmes émoluments que ceux qu'il perçoit à la *Tribune,* assortis du titre, créé pour l'occasion, de « directeur de l'information ». Restait, pour Labarde, à régler le problème Plenel, avec qui il s'était violemment engueulé au moment de l'affaire Pelat-Bérégovoy. Usant de son charme, Colombani convainc les deux hommes de se réconcilier. Pour « sauver la patrie » !

Labarde revient donc au *Monde*. Ou plutôt on lui « confie » – en réalité, on fait mine de lui confier – une petite équipe constituée de Laurent Greilsamer, de Jean-François Fogel (imposé, dit-on, par Edwy Plenel), d'un consultant qui a participé à la rénovation du quotidien espagnol *El País*, du graphiste Jérôme Oudin[14] (qui s'appuiera sur le travail de Nathalie Baylock, directeur de création extérieur au journal) et du chef du secrétariat de rédaction, Michel Lefèvre. Les cinq s'installent à Ivry, au siège de l'imprimerie du quotidien, à l'écart de la rédaction. On laisse au transfuge de la *Tribune* une apparente liberté : « *Plenel ne devait pas mettre les pieds à Ivry,* raconte Labarde. *Mais j'aurais dû me méfier : un soir, ayant oublié quelque chose au bureau, j'y reviens. Et je retrouve Fogel, Plenel et Colombani penchés sur la maquette. Sur le moment, je n'y ai pas prêté attention…* »

14. Vieille connaissance trotskiste de Plenel avec lequel il avait monté *Barricades,* puis la collection *Au vif du sujet,* chez Gallimard.

Labarde ne sera jamais informé que, parallèlement, Jean-Marie Colombani a fait appel à Jacques Pilhan, déjà conseiller de Mitterrand et de Chirac. Le « grand communicant » avait mis à sa disposition une équipe, composée notamment de Jean-Luc Aubert, chargée de réfléchir et travailler secrètement à la nouvelle maquette...

Labarde emmène *Le Monde* là où son nouveau patron souhaite le conduire : une « révolution » inspirée, semble-t-il, du *Herald Tribune*. Elle porte sur trois changements majeurs : la réorganisation du quotidien en sept séquences, l'ouverture sur six colonnes des différentes séquences du quotidien, et le déplacement de la rubrique « Débats » de la page deux au centre du journal. Labarde instaure également ce qui n'existait pas au *Monde*, à la différence de tous les autres quotidiens : l'élaboration d'un véritable « chemin de fer », c'est-à-dire d'un plan détaillé de tout le journal, page après page, chaque article ou rubrique de « brèves » étant mentionné sur le document.

Labarde bénéficie d'emblée du soutien total de Colombani pour sa réforme qui présente à ses yeux de nombreux avantages :

• l'instauration d'un « chemin de fer » autorise la recentralisation du pouvoir de décision entre les mains de la direction de la rédaction. Jusqu'alors, chaque chef de service disposait d'un nombre déterminé de colonnes. Libre à lui d'y mettre ce qu'il souhaitait. Désormais, le journal est organisé par pages, chacune des sept « séquences » devant prendre en charge journellement un nombre donné de pages. Cette organisation implique un état-major de sept responsables de séquences, alors qu'en 1994 le quotidien comporte encore dix-sept rédacteurs en chef ;

• cette nouvelle organisation donne la possibilité de réaliser les neuf-dixièmes du journal la veille de sa parution, ce qui permet d'avancer de quatorze heures à midi son heure de sortie : devenu un quasi-journal du matin, disponible pour le déjeuner des cadres, *Le Monde* peut « mécaniquement » accroître ses ventes parisiennes ;

• l'éclatement du service économique (le budget et le

social rejoignent la section France ; la conjoncture, le service International ; la finance s'autonomise) affaiblit son chef de service : on verra plus loin l'intérêt de la chose ;

• la création d'une grande séquence Horizons, en lieu et place de la page Débats, renforce également la centralisation ;

• enfin, la nouvelle maquette favorise les papiers « nerveux », courts, ce qui va faciliter la substitution d'une nouvelle génération de journalistes aux plus anciens.

On laisse donc à Labarde le plaisir de présenter « sa » réforme à la rédaction. Pas moins de vingt-trois réunions sont organisées, durant lesquelles l'ex-grognard de la rubrique Économie donne libre cours à sa gouaille. Mais certains fidèles le préviennent de ce qui se trame en coulisse : c'est Edwy Plenel qui tire les ficelles. On prédit à Labarde que c'est cet homme peu « partageux » qui va devenir le vrai patron de la rédaction.

En attendant, Colombani propose logiquement à Labarde de revenir en septembre mettre en place la nouvelle formule qu'il a créée. Mais c'est alors que se produisent divers accrochages. Lors de la parution du livre de Pierre Péan, *Une jeunesse française*[15], Labarde s'insurge contre la couverture qu'en fait le journal, accusant Mitterrand de pétainisme de façon trop simpliste et sensationnaliste. Il rappelle que Hubert Beuve-Méry lui-même enseignait à Uriage et que le journal n'est pas forcément le mieux placé pour donner des leçons au Président. En octobre, Alain Rollat, à l'époque proche de la direction – on lui a confié les Ressources humaines et les délicates relations avec le Syndicat du Livre – tente de le dessiller : « *Tu n'as pas compris : ils veulent que tu partes* ! » En réalité, Bergeroux, directeur de la rédaction, opposé à Labarde durant le processus d'élaboration de la nouvelle formule, se sent dépassé. Il a demandé à Colombani de trancher. Labarde l'ignore encore, mais son départ est programmé. Lors des réunions de la hiérarchie, toutes ses pro-

15. *Une jeunesse française. François Mitterrand 1934-1947*, Fayard, septembre 1994.

positions sont repoussées. Il a la désagréable impression qu'une fois utilisée sa créativité pour mettre au point la nouvelle formule, sa présence est jugée inutile, encombrante.

Nouvel accrochage – décisif, celui-ci – lorsque, après que Plenel eut purement et simplement relayé le directeur de la communication du Crédit Lyonnais, Nicolas Chaine[16], à propos du différend qui l'opposait à Bernard Tapie dans l'affaire de la cession d'Adidas[17], le journal en vient à publier en « une » un point de vue du ministre de la Ville… sur les exclus ! Cette incohérence, et la nouvelle dimension *people* donnée à l'orientation rédactionnelle, indignent Philippe Labarde qui démissionne le 20 décembre.

Quelques jours après le premier numéro de la nouvelle formule – il a choisi jusque-là de garder le silence pour ne pas gêner le relancement du *Monde* –, Labarde explique son départ dans *Libération*[18]. Il dénonce la nomination d'Alain Minc à la tête du Conseil de surveillance. « Le Monde, explique-t-il aujourd'hui, *n'était pas à l'aise dans les années 1980, ces années* "fric et paillettes". *Les années 1990 pouvaient lui redonner la main. En réalité, l'équipe du* Monde *a raté une formidable occasion de prendre la tête du grand mouvement contre le libéralisme qui se dessine à l'échelle internationale. Au lieu de quoi, le quotidien a préféré sombrer dans la révérence à l'égard des puissants. Dommage* ! »

Exit Labarde. Son expérience s'était révélée utile pour redynamiser le journal. Mais son indépendance d'esprit n'était pas colombano-compatible. L'hypothèque Labarde levée, rien ne s'opposait plus à la nomination officielle de Plenel comme adjoint au directeur de la rédaction

16. « J'ai une *gorge profonde* », explique alors, selon Philippe Labarde, Edwy Plenel pour justifier la ligne du journal. Ce qui stupéfie Labarde : appeler « gorge profonde » un directeur de la communication, aucun journaliste ne lui avait encore fait le coup en trente ans de carrière !

17. Dossier dans lequel Bernard Tapie était dans son bon droit, quelles qu'aient été ses turpitudes par ailleurs…

18. Interview par Martine Esquirou, publiée le 19 janvier 1995.

(avant d'en devenir lui-même le directeur en janvier 1996).

La promotion de Plenel permet aux putschistes de réaliser le troisième volet de leur coup de force : celui qui porte sur l'organisation même de la rédaction. Désormais, il s'agit de « verrouiller » le journal afin d'en faire un instrument flexible au service de ceux qui le dirigent et qui veulent influencer dans leur sens la société française.

La mutation sémantique des « services » en « séquences » traduit à la fois un désir de rupture avec le passé et l'emprise de l'idéologie de l'image. Comme dans la *novlangue* de *1984*, de George Orwell, le contrôle des mots, qui passe ici par des renominations, est essentiel à l'exercice du pouvoir. Renommer, c'est aussi s'approprier.

La nouvelle organisation de la rédaction va être la grande affaire de Plenel et se dérouler sous le regard intéressé et vigilant de Colombani. Dès le 19 avril 1995, jour de la première recapitalisation du quotidien, l'éditorial du patron annonce que la réforme de la rédaction sera dirigée par Nöel-Jean Bergeroux et pilotée par Edwy Plenel. Colombani et Plenel sont fort loin, dans leur propre exercice du pouvoir, d'appliquer les préceptes de décentralisation qu'ils prônent et défendent pour le pays. Il est vrai que le nouveau Pdg du *Monde* n'a pas, sur ce point, pris les rédacteurs en traître : durant sa campagne électorale, il a fait sans cesse référence à la hiérarchie rédactionnelle et au fait qu'il entendait exercer la plénitude du pouvoir qui lui serait confié. Quant à Plenel, son comportement, sa formation (bolchevique) et son modèle (Fouché) ne laissaient guère planer de doutes sur sa propension à la délégation.

Tout est donc désormais en place pour la mise sur orbite du nouveau *Monde* : la démission de Philippe Labarde coïncide à un jour près avec la transformation de la Sarl en SA, adoptée le 19 décembre[19], dont on a vu qu'elle supprimait la démocratie contradictoire au sein de la Société des Rédacteurs, premier actionnaire du journal. Désor-

19. La lettre de démission de Philippe Labarde est datée du 20 décembre 1994.

mais, c'est le Conseil de surveillance qui contrôle la rédaction, *via* la nomination du président du Directoire. Et qui contrôle le Conseil de surveillance ? Alain Minc.

La boucle est bouclée. L'opération « Nouveau *Monde* » peut commencer. Nouveaux maîtres du *Monde,* Minc, Plenel et Colombani, en cette fin d'année 1994, peuvent avancer à visage découvert. Ils amènent avec eux une « *pluie d'or* » qui va permettre la recapitalisation de l'entreprise, quelques mois plus tard, et plonger dans un impressionnant silence – dont elle n'est pas sortie aujourd'hui encore – une rédaction médusée mais soulagée d'avoir trouvé une issue à une crise vieille de quinze ans...

CHAPITRE 9

Journal de campagne

Nous sommes en mars 1994, quelques jours seulement après la prise de pouvoir de Jean-Marie Colombani. Alain Minc se tient dans le fumoir de Matignon, entre la salle à manger et le bureau du Premier ministre. La réunion est intime. En dehors de l'épouse et des enfants du président de la Société des Lecteurs du *Monde*, il ne se trouve qu'une seule invitée, Valérie Bernis, l'attachée de presse du Premier ministre, qui est à l'origine de la rencontre entre ses deux patrons : l'ancien, lorsqu'il dirigeait Cerus, et le nouveau, installé à Matignon. Édouard Balladur épingle la Légion d'Honneur sur le revers de la veste de son jeune ami et conseiller à qui il a par ailleurs commandé un *Rapport sur la France de l'an 2000*.

La scène ne doit pas surprendre. Durant cette délicate période où Jean-Marie Colombani installe et consolide son pouvoir, tandis qu'Édouard Balladur met tout en œuvre pour passer directement de la rue de Varenne à l'Élysée, les liens entre les dirigeants du *Monde* et Matignon se resserrent. Il s'agit, au fond, de se faire mutuellement la courte échelle. Alain Minc, le « faiseur de rois », assure la même fonction auprès des deux hommes. Son rôle consiste en l'occurrence à mettre chacun des deux au service de l'autre. Tel est le secret de polichinelle qui a tôt fait de se répandre dans le tout-Paris médiatique : le nouveau *Monde* va devenir pour quelques mois le journal de campagne d'Édouard Balladur. Le quotidien a même été partie prenante à la « conjuration[1] » visant à imposer aux

1. Le terme a été employé par les analystes politiques, notamment par

Français un choix aussi évident que Noël en décembre. À longueur de « unes » et de grands papiers, le quotidien a asséné « *cette idée selon laquelle Balladur est le meilleur puisqu'il est gagnant*[2] ». Dans son *Rapport de la France de l'an 2000*, Alain Minc n'écrit-il pas qu'« *il n'y a pas d'autre politique possible* » ? Tous les jours, de même, *Le Monde* affirme plus ou moins explicitement qu'il n'est qu'un seul homme pour la mener.

Mais Alain Minc n'est pas le seul à assurer la liaison entre les deux hommes de pouvoir. Les deux experts en études et sondages travaillant à Matignon, Jérôme Jaffré, directeur des études politiques de la SOFRES, et Hugues Portelli, professeur de sciences politiques, ont joué aussi un rôle non négligeable. Tous deux sont très proches de Colombani. Hugues Portelli, qui se présente comme un « universitaire », nous a dit facturer régulièrement ses prestations à Matignon. Il a écrit avec Colombani un livre sur les deux septennats de François Mitterrand[3]. Il lui souffle périodiquement quelques idées sur la situation politique, idées que le directeur du *Monde* se réserve le droit de reprendre à son compte, ce qui a le don d'agacer parfois ledit universitaire. À charge, pour le directeur du *Monde,* de négocier aux meilleures conditions le contrat d'édition pour leur commun ouvrage, domaine dans lequel son excellence laisse pantois. Tout au long de la campagne qui précède l'élection présidentielle, Jean-Marie Colombani lui fera part, sans réserve aucune, de son engagement total aux côtés du Premier ministre candidat, épousant chaque jour espoirs et déceptions au gré des sondages, suggérant des interventions, etc. Comme dans ce dialogue téléphonique que nous avons reconstitué :

COLOMBANI : « *Alors, tu as vu, il a été bon, cette fois-ci ! Je suis sûr qu'il va prendre deux points !*

PORTELLI : *Oui, on va voir.*

Ghislaine Ottenheimer, auteur d'un remarquable livre intitulé *L'Impossible Victoire* (Robert Laffont, 1995).

2. *Idem.*

3. Publié chez Grasset, sous le titre *Le Double Septennat de François Mitterrand, Double inventaire,* en avril 1995.

COLOMBANI : *Non, je suis sûr qu'il peut remonter en continuant comme ça. En tout cas, maintenant, j'ai compris, il faut qu'il recommence : télé, télé, télé !*

PORTELLI : *Peut-être, mais ce n'est pas évident, les médias sont devenus indépendants.*

COLOMBANI : *Taratata... !* »

Tant de franchise déconcerte...

Les relations de Colombani sont encore plus étroites avec Jérôme Jaffré. Les deux hommes font partie, avec Alain Duhamel, du « groupe de Torcello[4] », parfois également appelé « déjeuneurs de Torcello » en souvenir d'un repas pris ensemble, dans une petite île proche de Venise, par les trois « faiseurs de rois ». Ils ont décidé par la suite de se retrouver régulièrement afin de deviser sur la situation du pays. Souvent se dégage entre eux un consensus pour « aider » tel ou tel homme politique. C'est ainsi que, dans les années 1980, le groupe envisageait de faire de Michel Delebarre... le successeur de François Mitterrand, ce qui, il faut bien l'avouer, ne manquait pas d'audace, tant le brave député socialiste du Nord semblait peu fait pour occuper la magistrature suprême... Mais, cette fois, le « cheval » est plus sérieux et les jockeys se réjouissent de l'enfourcher. Nos « importants » le tiennent, « leur » président : ils vont pouvoir entrer avec lui dans l'Histoire...

Tout ce petit monde, auquel il convient d'ajouter Nicolas Sarkozy, ministre du Budget, et Nicolas Bazire, directeur de cabinet à Matignon, est fort excité à la perspective de participer à cette aventure dont chacun espère tirer des avantages. *Le Monde* ne prend même plus de précautions pour masquer son engagement. Bernard Brigouleix, journaliste promu membre du cabinet de Balladur, chargé de la communication, a observé le manège[5] :

« *Nicolas Sarkozy a vite compris que le directeur de la SOFRES serait un formidable vecteur de la popularité d'Édouard Balladur. Jaffré est reçu partout. Il est très ami*

4. On trouvera une description détaillée de ce groupe dans l'ouvrage de Daniel Carton, *Bien entendu, c'est off* (Albin Michel, 2003).
5. In *L'Histoire indiscrète des années Balladur*, Albin Michel, 1995.

avec deux commentateurs particulièrement influents : Alain Duhamel, qui cumule les commentaires sur France 2, Europe 1, Libération, Le Point *et quelques journaux de province ; et Jean-Marie Colombani, directeur du* Monde, *intervieweur avec Duhamel dans l'émission télévisée* L'Heure de vérité. *Jaffré, Colombani et Duhamel ont formé un groupe de* "déjeuneurs" *et s'assoient régulièrement à la table des ministres. Ils côtoient par ailleurs Alain Minc, administrateur du* Monde *et inspirateur d'Édouard Balladur (...). Nicolas Sarkozy et Jérôme Jaffré s'entendent bien : à Sciences-Po, le jeune Sarkozy était l'élève du jeune Jaffré. Quoi de plus étonnant qu'au fil des conversations, l'un et l'autre soient passés de l'analyse de sondages à la stratégie électorale ? Ces deux-là sont convaincus que l'élection d'Édouard Balladur à l'Élysée se fera sans coup férir, en dérogeant à toutes les règles vérifiées sous la Ve République*[6]. *Jaffré l'a écrit dans* Le Monde, *dans un long commentaire qui a fait hurler les chiraquiens. Le quotidien a titré :* "Les Français considèrent l'élection d'Édouard Balladur à la Présidence de la République comme déjà jouée." *La logique de l'élection balladurienne paraît tracée dans les sondages*[7]. »

Cette manchette du *Monde* daté du 12 janvier 1995 ne choque pas que les chiraquiens. Comment oser disqualifier la première des élections de la République en la ravalant au rang de formalité sans importance par un pronostic d'une aussi incroyable arrogance ? Comment un professionnel des sondages, déjà forcément suspecté de fausser les cartes du jeu électoral, peut-il se laisser aller à une phrase comme « *Si M. Balladur est élu, le 8 mai prochain, on pourra direque l'élection présidentielle était jouée avant même que d'être écrite* » ? Et comment le quotidien français de référence peut-il laisser s'exprimer une telle opinion à sa « une »,

6. Voulant qu'un Premier ministre en poste échoue immanquablement à la présidentielle.
7. Notons qu'en 2002, le prophète Jaffré a récidivé en écrivant, quelques jours avant le second tour de l'élections présidentielle : « *Pour le second tour de scrutin, une lecture simpliste pourrait conduire à pronostiquer un succès 80/20 pour Jacques Chirac* (...), *ce qui est bien sûr invraisemblable.* » *Le Monde* du 28 avril 2002, cité par *PLPL*, n° 12.

sans aucun commentaire ni critique, sans même l'assortir du moindre doute ? Pour bien des lecteurs éclairés qui découvrent un mode d'engagement inédit dans l'histoire du quotidien, *Le Monde* de Beuve est mort ce jour-là.

Mais cet enrôlement du *Monde* dans la campagne balladurienne, pour choquant qu'il soit, était au moins visible. Le quotidien de Colombani et Plenel va commettre durant la même campagne plusieurs forfaits moins apparents, notamment autour des « écoutes » d'Edwy Plenel et de l'affaire Schuller-Maréchal.

Le grand public a appris l'existence des « écoutes » de Plenel par la « une » de *Libération* du 4 mars 1993, soit sept ans après la fin de son « branchement ». La manchette – « *Comment l'Élysée a écouté un journaliste* » – du journal de Serge July se détache sur un cliché du Palais de l'Élysée. Qualifiées aussitôt d'« illégales » – alors même qu'aucune loi ne fixait à l'époque les règles d'une pratique généralisée, mobilisant une centaine de fonctionnaires dans les sous-sols des Invalides –, les « écoutes » de Plenel sont présentées comme liées à l'affaire des Irlandais de Vincennes. On comprend pourquoi : les seize « écoutes » révélées par *Libération* ont été pratiquées entre le 30 décembre 1985 et le 26 février 1986, soit « *au moment où l'affaire des Irlandais de Vincennes rebondissait – grâce aux révélations du commandant Beau – ; les plombiers de l'Élysée se sont donc intéressés de très près à celui qui, dans leur code courtelinesque, apparaît sous le nom de* Benet ».

Parce qu'elles visaient son journaliste d'investigation vedette, qui deviendra quelque temps plus tard son directeur de la rédaction, *Le Monde* va faire des « écoutes de l'Élysée » une des plus sensationnelles « affaires » du mitterrandisme, en même temps qu'elles vont être utilisées pour glorifier à la fois le héros Plenel et son journal[8]. Ce

8. « *Edwy Plenel a eu l'"honneur" d'être écouté sur ordre personnel d'un président de la République ! Notre "ego" collectif et le sien en particulier auraient pu y trouver une forme de satisfaction. Mais on ne peut considérer les écoutes autrement que comme la forme moderne des lettres de cachet* », écrira plus tard Jean-Marie Colombani dans un éditorial intitulé « *Les misérables* », publié le 28 avril 1997.

faisant, le quotidien mélange les genres en rendant compte d'un procès dont il est lui même, ainsi que son directeur de la rédaction, partie civile. Il sélectionne pour ses lecteurs les informations qui accréditent sa version, ignorant ou décrédibilisant les arguments de la partie adverse, traitant par exemple Gilles Ménage de « *préfet perdu* », de « *misérable* », évoquant son « *pauvre et dérisoire système de défense* », etc.

Entre mars 1993 et la mi-1997, alors que l'affaire Elf est venue supplanter celle des « écoutes », le journal de référence leur consacre encore de nombreuses « unes ». Paradoxalement, c'est Paul Barril, principal protagoniste de l'affaire des Irlandais de Vincennes[9], qui a favorisé la liaison opportune entre les « écoutes de l'Élysée » et l'affaire des Irlandais de Vincennes, alors que, comme on l'a vu précédemment[10], François Mitterrand a donné l'ordre de « brancher » le journaliste après ses révélations *sur l'affaire Farewell.*

Un autre retour en arrière est ici nécessaire pour comprendre les enchaînements de ce film compliqué.

Le 25 février 1993, au Palais de Justice de Paris, doit se tenir, devant la 11e Chambre de la Cour d'appel, l'audience consacrée à une affaire de diffamation relative à l'affaire des Irlandais de Vincennes, opposant le capitaine Barril au journal *Le Monde* et à Edwy Plenel. Ce dernier avait écrit – à juste raison – que c'était Barril qui avait lui-même déposé les armes et autres preuves dans l'appartement de Mikael Plunkett, un des « terroristes » irlandais de l'INLA inculpés dans cette affaire.

À 11 heures 43, soit quelque deux heures avant le début du procès, Barril téléphone à Corinne, sa secrétaire, lui demande en substance : « *Corinne, dites à Franck* [un collaborateur du capitaine] *qu'il me remette le dossier sur Plenel à l'entrée du Palais, vers 13 heures 15.* » Comme

---

9. Paul Barril a lui-même placé les explosifs et les armes de l'Irlandais Plunkett – fournis par le gendarme Bernard Jégat – dans son appartement de Vincennes, pour l'arrêter. *Cf.* chap. 5, « Cabinet blanc contre cabinet noir : le *Rainbow Warrior* », p. 108 et *suivantes.*
10. Voir *supra*, chap. 4, « Une pige pour la CIA ? », pp. 98-99.

convenu, Franck remet ledit dossier à Barril qui le transmettra peu après à Alain Léauthier, journaliste de *Libération*. Ce dernier publiera le 4 mars suivant le dossier révélant les « écoutes » de Plenel.

Cette manipulation de Barril a été par la suite révélée par Paul Bouchet, président de la Commission nationale de Contrôle des interceptions de sécurité (CNCIS). Le 25 mars 1994, c'est le même Paul Bouchet qui oriente le juge Valat, chargé d'instruire l'affaire des « écoutes », sur le lien entre la mise sur écoutes de Plenel et l'intérêt porté par le journaliste à l'affaire des Irlandais de Vincennes : « *De telles écoutes, par leur contenu et par leur durée, me paraissent devoir être imputées aux personnes qui pouvaient y avoir intérêt (...), impliquées dans l'affaire dite des* "Irlandais de Vincennes" *révélée par M. Plenel. Les révélations de M. Plenel* (...) *mettaient directement en cause des membres de la cellule de l'Élysée*[11]. » En réalité, Paul Bouchet ne dispose d'aucun élément concret lui permettant d'affirmer qu'il existe un tel lien entre le « branchement » de Plenel et l'affaire des Irlandais. Pourquoi, dans ce cas, en établir un ? Le président de la CNCIS a probablement été influencé par les dates des écoutes publiées sélectivement dans *Libération* et sans doute aussi par la propre thèse de la « victime », Edwy Plenel, qu'il a reçu.

Jusqu'en janvier 1995, *Le Monde* et, derrière lui, l'ensemble de la presse n'auront à se « mettre sous la dent » que les documents et confidences émanant de Paul Barril. La deuxième grande livraison de comptes-rendus d'écoutes témoigne, on va le voir, d'une manipulation beaucoup plus complexe qui nous ramène à la campagne présidentielle d'Édouard Balladur et au rôle qu'y tient la direction du *Monde*.

11. Procès-verbal d'audition de Paul Bouchet-Cabinet n°32/93. Cette liaison avec l'affaire des Irlandais s'explique par les manipulations de documents effectuées par Paul Barril. Celui-ci a supprimé le nom de Plenel dans la liste des personnes écoutées publiée par *Libération* pour occulter la date de début des écoutes (16 avril 1985) – il ne se passait alors rien dans l'affaire des Irlandais –, et fait passer à la trappe huit mois d'écoutes pendant lesquelles s'est notamment déroulée l'affaire Greenpeace.

Le 12 janvier 1995, une mystérieuse dame en noir d'assez grande taille, brune, les cheveux coupés en carré, se présente à l'entrée de la galerie d'instruction du Palais de Justice de Paris où se trouve le cabinet du juge Valat, chargé d'instruire l'affaire des « écoutes de l'Élysée » à la suite des plaintes déposées par Plenel et *Le Monde*. Elle y laisse une grosse enveloppe sur laquelle est inscrit un nom – « M. Berger » – et qui renferme cinq disquettes d'ordinateur. La messagère s'en va ensuite en courant. Le juge Valat a beau tenter de la rattraper, la dame en noir est déjà loin... Force est de constater qu'elle a pris des risques insensés pour satisfaire des commanditaires manifestement pressés.

Un informaticien extrait des disquettes quelque cinq mille pages : il y a là des centaines de retranscriptions concernant des dizaines de personnalités parisiennes. Le juge Valat finit de « coter » ces milliers de pages dans l'après-midi du jeudi 16 février et en donne simultanément une copie à l'avocat du *Monde*[12]. Moins de deux jours plus tard, *Le Monde* réussit l'incroyable performance d'en faire sa « une » (« *La Justice détient de nouvelles preuves dans l'affaire des écoutes de l'Élysée* », avec comme sous-titre : « *Cinq disquettes informatiques dévoilent un espionnage illégal* »), suivi d'un très long article consacré à la teneur des disquettes. Ce qui laisserait supposer qu'en moins de quarante-huit heures, le journaliste ait pu lire, analyser cinq mille pages, rédiger puis faire contrôler par un avocat la douzaine de feuillets de l'article, enfin « éditer » l'ensemble ! Performance si extraordinaire qu'elle ne s'est en réalité jamais déroulée ainsi...

Avant même de connaître le rapport de l'expert sur le contenu des disquettes et la date de leur disponibilité, l'avocate du *Monde* a, comme elle en a le droit, passé commande d'un jeu de photocopies contre un chèque de banque de 15 000 francs. Mais – selon une source fiable, dont nous devons taire le nom – *Le Monde* disposait déjà d'un tirage papier du contenu des disquettes le jour même

12. Les personnes mises en examen ne disposeront de ces documents qu'un mois plus tard.

ou le lendemain de la remise des disquettes au Palais de Justice par la « dame en noir ». L'obtention du jeu de photocopies « judiciaires » ne devait en fait servir que de « couverture » et de « feu vert » à la publication de leur contenu.

Pourquoi de telles manigances ? La direction du *Monde* semble s'être prêtée en l'occurrence à une superbe manipulation orchestrée par l'entourage de Charles Pasqua, ministre balladurien de l'Intérieur, pour dérouler un écran de fumée devant l'affaire Schuller-Maréchal qui risquait alors de réduire à néant l'avance prise dans les sondages par le candidat Édouard Balladur sur le candidat Jacques Chirac. Pour servir les intérêts de candidat du Premier ministre, *Le Monde* choisit, le 18 février, de consacrer sa « une » à des « écoutes » *datant de près de dix ans*, qui mettant en cause un François Mitterrand en train d'achever son dernier mandat, alors qu'il traite de façon mineure le fait que d'autres « écoutes » viennent d'être autorisées, le mois précédent, par le Premier ministre en place aux seules fins de dessaisir le juge Halphen qui enquête sur le financement du RPR, plus particulièrement dans le département des Hauts-de-Seine, celui de Charles Pasqua ! L'article sur les « écoutes de l'Élysée » remontant à dix ans bénéficie d'un traitement en « une » sur trois colonnes, alors que le second est relégué en page 22 dans une « mise en scène » minimale et très factuelle, sous le titre anodin : « *M. Balladur a autorisé des écoutes dans l'affaire Maréchal* ». Les deux articles sont publiés le jour même où Matignon rend publique la demande d'interception de sécurité formulée deux mois plus tôt par la direction centrale de la Police judiciaire sur la ligne du docteur Maréchal, beau-père du juge Halphen...

Paul Bouchet, président de la Commission nationale des Interceptions de Sécurité, avait déclenché une enquête dès le 22 décembre 1994 sur ces écoutes administratives demandées en urgence[13]. Le 12 janvier suivant – jour où,

13. Précédemment à cette action, François Mitterrand, qui ignorait tout des écoutes administratives mais avait appris l'existence d'écoutes judiciaires, avait saisi le Conseil supérieur de la Magistrature.

heureuse coïncidence, la dame en noir a apporté les disquettes au juge –, il a réuni la CNIS pour faire état des premiers éléments de l'enquête. L'entourage de Balladur sait désormais qu'il y a le feu à la « maison Pasqua ». Les écoutes du Dr Maréchal vont être déclarées illégales dans les prochains jours et provoquer un énorme scandale. C'est précisément à ce moment-là que Charles Pasqua prend la décision d'allumer un contre-feu, que les responsables du *Monde* vont alimenter sans aucun scrupule...

En effet, selon Gérard Dubois, journaliste du *Quotidien de Paris*[14], « *c'est un proche du ministre* [Pasqua], *ancien des services secrets et chargé des dossiers* "sensibles", *qui va proposer d'attaquer sur les écoutes réalisées par l'Élysée. Il sait que les noms de journalistes et de vedettes, déjà sortis dans la presse, ne représentent qu'une infime partie des victimes de l'espionnage élyséen. Pour tuer l'impact de la* "connerie" *Maréchal-Schuller, on va balancer les cinq mille pages d'écoutes très politiques de l'Élysée...* » Jean-Charles Marchiani – c'est lui, à l'évidence, qui paraît désigné par le journaliste – n'a nul besoin de partir à la chasse aux disquettes : le « trésor » est depuis longtemps entre les mains de la DST, même s'il est longtemps resté inexploitable publiquement.

À ce stade, nous ne pouvons faire l'économie d'une longue et tortueuse histoire.

Les disquettes des fameuses « écoutes » étaient donc à la DST. Pierre-Yves Guézou, l'homme qui les a confiées au service de contre-espionnage, se serait cependant opposé de toutes ses forces à leur divulgation. Mais cet ancien gendarme de la « cellule » élyséenne s'est suicidé le lundi 12 décembre 1994. L'homme n'a pas supporté d'abord d'être traqué par les journalistes, puis d'être mis en examen en même temps que Gilles Ménage et d'autres membres de la « cellule ». Il aurait été de surcroît très affecté par le compte rendu de cette mise en examen paru dans *Le Monde* le samedi précédant son suicide.

14. In *Le Quotidien de Paris* du 23 février 1995.

Six mois auparavant, le 25 mai 1994, convoqué encore à titre de témoin, il a remis au juge un texte qui révèle déjà son désarroi devant la façon dont la presse le traite :

« *... Le 11 mars 1993, à 21 heures 30, Edwy Plenel, accompagné d'une autre personne, sonne à mon domicile. Plenel se présente. Il désire me voir. Je lui réponds par la fenêtre que je n'ai rien à lui dire et referme la fenêtre. Ils repartent à pied. Mon épouse prend notre voiture afin de relever le numéro d'immatriculation de leur véhicule. À 21 heures 40, le portail étant resté ouvert, je sors de chez moi pour le refermer. Au même moment, les deux personnes passent en voiture et s'arrêtent. Edwy Plenel, en place passager, reste dans le véhicule, et le conducteur descend. Il se présente. Je lui demande sa carte de visite, il s'agit de monsieur Alain Giraudo. Je lui demande son numéro de véhicule. Je lui dis que je commence à en avoir assez et que leurs conneries font que ma femme est partie déposer plainte au commissariat, ayant eu peur. Giraudo me dit qu'il ne fait que son métier, qu'il vérifie une enquête* (*est-ce aux journalistes de faire les enquêtes* ?). *Je lui réponds qu'il est 21 heures 40, que je n'ai rien à dire, que je n'ai ni tué ni volé ni rien fait d'illégal, que j'étais gendarme, que j'avais des chefs. Plenel dit alors* : "Vous avez obéi aux ordres ?" *Je lui réponds que je n'ai jamais dit cela, que je n'ai rien à dire.* »

Qu'est-ce que publie *Le Monde*, deux jours avant la mort de Guézou ?

« *Au sein de la cellule de l'Élysée,* écrit Hervé Gattegno, *chacun avait en fait son rôle dans la réalisation et l'exploitation de ces écoutes. Sur la base des enregistrements téléphoniques du GIC (Groupement interministériel de contrôle), le centre officiel des écoutes gouvernementales, le capitaine Guézou – dit* "Gaël" *–, qui y avait libre accès, rédigeait avec assiduité les comptes-rendus de surveillance, installé dans les sous-sols des Invalides. Les documents étaient ensuite transmis à Christian Prouteau, puis* "traités" *dans les locaux de la cellule, rue de l'Élysée, par Pierre-Yves Gilleron et Jean-Louis Esquivié, dont les initiales*

– “Pyves” *et* “JL” – *figurent sur les relevés d’écoutes publiés par la presse et versés au dossier d’instruction (...). Face à cette succession d’éléments à charge, Gilles Ménage et les anciens membres de la cellule antiterroriste ont tour à tour invoqué le* “secret-défense” *pour ne pas répondre aux questions du juge Valat, à l’exception notable du capitaine Guézou qui a préféré, quant à lui, plaider jusqu’à l’absurde la perte de mémoire, affirmant qu’il rédigeait pour la cellule des* “synthèses sur la situation de différents pays du monde” *que* “personne n’a jamais lues”... »

Le suicide de Guézou provoque aussitôt un long communiqué de Gilles Ménage, peu repris par les médias : « *Le capitaine Guézou a été très profondément affecté par les articles le mettant en cause depuis plusieurs mois. L’article du* Monde *publié samedi 10 décembre ajoutait inutilement la dérision à l’opprobre alors qu’il* [Guézou] *n’avait pas pu prendre connaissance du dossier de l’instruction le concernant et qu’il ne pouvait y répondre.* »

Guézou avait une autre raison d’être pris de panique. Dans les deux jours précédant son suicide, il avait cherché frénétiquement à joindre Jean Orluc, un ancien de la « cellule », pour récupérer les disquettes qu’il lui avait confiées.

Dix-huit mois auparavant, au printemps 1992, Jacques Fournet, alors patron de la DST, avait en effet suggéré à Orluc, dont il avait été le patron lorsqu’il dirigeait la Direction centrale des Renseignements généraux, de demander à son ami Pierre-Yves Guézou « *les productions de la cellule en matière anti-terroriste* ». Fournet était alors « en campagne » pour succéder à Gilles Ménage. « *Cette production,* avait-il dit à Orluc[15], *me serait de la plus grande utilité si je remplace, comme il est probable, Gilles Ménage comme directeur de cabinet à l’Élysée... Si je suis nommé, je pourrais avoir besoin de vous, ainsi que de Michel Tissier... – Ça va, j’ai déjà donné...* », lui avait rétorqué Orluc. Mais celui-ci avait tout de même pris contact avec

15. Cette scène, comme les suivantes, est inspirée de l’audition de Jean Orluc devant le juge Valat, le 6 juillet 1998. D 1782.

son ami Guézou pour lui faire part de la requête de Fournet. Guézou n'avait pas dit non, mais avait demandé à réfléchir… Orluc avait rendu compte à Fournet qui l'avait prié de revenir à la charge en promettant à Guézou un poste d'adjoint au sein de l'équipe qui serait constituée au cas où lui, Fournet, serait nommé directeur de cabinet de François Mitterrand. Paris bruissait alors des rumeurs du remplacement de Gilles Ménage par Fournet, appuyé par le tout-puissant Michel Charasse.

Finalement, Orluc avait amené Guézou dans le bureau de Jacques Fournet, rue Nélaton. Le directeur de la DST lui avait renouvelé sa demande. Encore sans succès.

Fournet ayant néanmoins continué à harceler Orluc en vue d'obtenir de Guézou la « production » de la cellule, ce dernier avait fini par céder au début de l'été. Il avait donné rendez-vous à Orluc dans un café, rue de Tolbiac, près de la Très Grande Bibliothèque. Avant le déjeuner, Guézou avait remis à Orluc un sac de plastique vert dans lequel il avait placé les disquettes. Quelques jours plus tard, à une heure tardive, rue Nélaton, Orluc avait à son tour remis les disquettes convoitées à Jacques Fournet.

Mais les chances de ce dernier de succéder à Gilles Ménage avaient bientôt paru s'évanouir. Guézou avait alors souhaité récupérer ses disquettes. Orluc, comme à l'accoutumée, avait répercuté la demande.

« *Guézou n'a rien à craindre, elles sont dans mon coffre…* », avait répondu le patron de la DST.

Orluc s'était inquiété : « *Il ne faut pas faire joujou avec ça, sinon il y aura mort d'homme.* »

Notre homme avait en effet un mauvais pressentiment, car il connaissait la grande vulnérabilité psychologique de Guézou.

Il revint donc à la charge auprès de Fournet.

« *Je les ai détruites. Je vous en donne ma parole* », affirma alors Fournet[16].

Pieux mensonge, on ne saurait en douter : les fameuses

16. Interrogé par le juge Valat, le 21 juillet 1998, Jacques Fournet affirma ne plus se rappeler ce qu'il avait fait des disquettes.

disquettes sont alors bel et bien conservées dans un coffre de la DST. Elles y restent jusqu'au départ de Jacques Fournet, en décembre 1993. Charles Pasqua est donc ainsi informé de leur existence dès son retour place Beauvau.

Tel est l'extraordinaire circuit qu'empruntent les fameuses disquettes pour aboutir à la fois sur le bureau du juge Valat... et sur celui d'Edwy Plenel à la rédaction du *Monde* : de Guézou à Orluc, d'Orluc à Fournet, de Fournet à Pasqua, et de Pasqua à l'étrange « dame en noir »...

La mort de Guézou lève toutes les restrictions apportées à la diffusion des disquettes. Empêtrés dans l'affaire Schuller-Maréchal qui vient d'être rendue publique à la fin décembre 1994, Pasqua et Marchiani ont tout de suite pensé à l'usage qui pourrait être fait des écoutes de la « cellule » élyséenne. Les deux hommes n'ignorent pas que Plenel fait de ces écoutes une affaire personnelle. Charles Pasqua donne (ou plus vraisemblablement fait remettre) à Plenel, vers la fin janvier, un tirage papier des disquettes, laissant au *Monde* le temps de travailler posément cependant que l'expert judiciaire transforme aussi, de son côté, les disquettes en tirage papier et que le juge Valat les cote. Pasqua et Plenel vont dès lors constituer ce qu'on peut considérer comme une « alliance discrète » où chacun est persuadé de trouver son intérêt. Cette « alliance » va durer plus de six ans.

Le hasard a voulu que nous soyons tenu au courant, pratiquement en temps réel, du *deal* passé entre Pasqua et Plenel. Fin 1994, Éric Fottorino, ami de l'un des auteurs, écrivain et journaliste au *Monde,* a décidé de consacrer un grand papier à Charles Pasqua l'Africain. Il demande à Pierre Péan de l'aider. Celui-ci s'empresse d'accepter car, quoique informé du détail de l'aide apportée par les hommes de Pasqua au trucage de l'élection présidentielle gabonaise de 1993, il s'était alors interdit d'écrire sur le sujet, ses informations provenant de son statut de conseiller du chef de l'opposition gabonaise, et non d'une enquête journalistique à proprement parler.

Éric Fottorino mena donc une enquête fouillée, notamment au Gabon. À son retour, surprise : Hervé Gattegno paraît être au courant dans les moindres détails de ses pérégrinations africaines ! Autre bizarrerie : Fottorino découvre que l'adjoint de Plenel entretient des rapports chaleureux avec Jean-Charles Marchiani et Daniel Leandri. Pour couronner le tout, après lecture de son article, Edwy Plenel lui demande d'aller voir Leandri, fidèle d'entre les fidèles de Pasqua, flic, secrétaire, garde du corps, homme des missions sensibles. Une fois place Beauvau, Fottorino éprouve le sentiment fort désagréable que Leandri a déjà lu son papier... Le voici bientôt contraint d'édulcorer sérieusement son article qu'il rend à la rédaction en chef autour du 1er février 1995. Un mois plus tard, l'article repose encore dans le tiroir d'Edwy Plenel. Amer face à cette censure qui n'ose dire son nom, Fottorino s'en ouvre à nous le 1er mars : « *Mon papier sur les réseaux Pasqua est sous le coude de Plenel depuis un mois*[17]... » Enfin, Éric Fottorino explique pourquoi Plenel a censuré, puis retardé sa publication : « *Plenel m'a dit être l'ami de Pasqua* : "J'ai voulu sa peau, il a voulu la mienne. Nous sommes maintenant amis." »

Une amitié qui ne peut mieux tomber : non loin de là, en effet, deux hommes, Jean-Marie Colombani et Alain Minc, sont à la manœuvre pré-électorale. Plenel accomplit à leur profit la même « œuvre » que celle de Pasqua en faveur de Balladur. Pendant que ce dernier plastronne à la télévision, ses supporters mettent les mains dans le cambouis. Plus que jamais, Plenel a loisir de s'imaginer en Fouché du XXIe siècle...

C'est dans le cadre de ce *deal* entre Pasqua et Plenel que le premier a procuré au second le contenu des disquettes remises parallèlement à la Justice par la « dame en noir ». L'objectif, qui ne pouvait être ignoré du directeur de la rédaction du *Monde*, est parfaitement clair : il s'agit d'atténuer l'impact de la révélation des écoutes illégales du beau-

17. L'article est finalement paru en deux volets, les 3 et 4 mars 1995. Il fait référence au trucage de l'élection gabonaise en 1993 par les hommes de Pasqua.

père du juge Halphen. En somme, pour paraphraser la fameuse formule ferroviaire, des écoutes (celles, anciennes, de la « cellule » de l'Élysée) peuvent en cacher d'autres (ordonnées tout récemment par Matignon). Pendant que l'on s'efforce, dans le clan Balladur, de retirer au juge Halphen son enquête sur le financement du RPR, le naïf lecteur du *Monde* est invité à s'indigner sur les méthodes policières utilisées dix ans auparavant sur ordre de François Mitterrand. Autrement dit, le journal cache la forêt balladurienne (Pasqua) derrière l'arbre mitterrandien.

Mais ce n'est pas tout. Pour « conforter » son nouvel ami, Charles Pasqua lui fait un autre « cadeau[18] » qui est en réalité un second contre-feu pour occulter l'affaire Schuller-Maréchal. Un cadeau, on va le voir, très « intéressé ». Le ministre de l'Intérieur lui montre en effet la lettre qu'il vient d'envoyer au président de la République, dans laquelle il l'informe d'un incident survenu avec les États-Unis.

L'article correspondant de Plenel est publié le 22 février 1995, soit quatre jours après le « scoop » sur les écoutes de l'Élysée :

« *Dans une lettre adressée le 18 février au président de la République, le ministre de l'Intérieur a informé François Mitterrand d'actes d'ingérence commis par la CIA en France. Convoqué à deux reprises par Charles Pasqua, les 26 janvier et 3 février, l'ambassadeur des États-Unis à Paris a été fermement invité à rapatrier cinq ressortissants américains considérés par la DST comme des agents de la CIA, dont quatre ont le statut diplomatique. Selon le Contre-espionnage français, les Américains ont cherché à recruter, depuis deux ans, des membres de cabinets ministériels et ont pratiqué non seulement l'espionnage économique, mais aussi le renseignement politique. À l'ambassade des États-Unis, on se refuse à tout commentaire, en qualifiant cette information de "spéculation"*[19]. »

---

18. Éric Fottorino confirmera quelques jours plus tard à Pierre Péan qu'un nouveau « scoop » a été transmis à Plenel par Pasqua : « *L'affaire des espions s'est réglée directement entre Pasqua et Plenel.* »
19. In *Le Monde*, daté du 23 février 1995.

Ainsi, dix ans après avoir prêté la main à une opération de communication, montée par la DST mais initiée par la CIA, visant les relations de Paris avec l'Union soviétique, Edwy Plenel se prête au même type d'opération, mais, cette fois-ci, contre la CIA. En fait, il s'agit là de faire plaisir à Charles Pasqua dont l'objectif reste le même : détourner l'attention de l'opinion du dossier concernant le financement du RPR. Le journaliste du *Monde* n'est d'ailleurs pas dupe : il s'autorise un bref commentaire dans lequel il qualifie la « *remontrance française* » d'« *inhabituelle dans son ampleur et dans la publicité qui lui est donnée* » (sic !), affirmant que, « *selon le Contre-espionnage français, l'offensive des services américains aurait pris le pas sur celle du défunt empire soviétique puisqu'il y aurait 80 agents des États-Unis, dont 30* "clandestins" *en France, contre seulement 40, désormais, pour les services russes.* » Ce qui montre une fois encore que Plenel sait pertinemment qu'il se prête alors à une manipulation. Il va d'ailleurs jusqu'à écrire lui-même que le gouvernement Balladur, ce faisant, « *tente probablement de détourner l'attention de l'affaire des écoutes dans laquelle il est empêtré.* »

Cette précaution ne suffit pas à désamorcer toutes les questions qui se posent non seulement à Washington – où les autorités américaines parlent d'« *allégations* » et de « *manipulations* » de la France –, mais aussi à Paris au sein de l'*establishment* politico-médiatique.

Il faut donc donner un coup d'arrêt à ces méchantes rumeurs. D'où l'article laborieux du 2 mars suivant, intitulé « *L'espion, le diplomate et le journaliste* ». Il s'agit de justifier la place accordée dans le journal à des « révélations » à travers lesquelles maints observateurs perçoivent l'ombre de Pasqua. Comme souvent, Plenel explicite l'accusation que personne n'a encore osé porter en clair, mais qui tourne dans beaucoup de têtes :

« *Les secrets de l'affaire des espions américains en France auraient donc caché un secret de Polichinelle : les révélations obtenues par* Le Monde *n'auraient été qu'une diversion gouvernementale face à l'embarrassant feuille-*

ton des écoutes téléphoniques. Partagée par de nombreux analystes, reprise par le magazine américain Time *dans son édition datée du 6 mars, l'hypothèse n'est en rien choquante : l'ampleur, la qualité et la précision d'une information, qui justifient qu'on la publie, n'interdisent pas de s'interroger sur son cheminement, du secret à la révélation, de l'ombre à la lumière. Ce fut d'ailleurs fait, dans ces colonnes, le jour même du dévoilement des mauvaises manières américaines et de la mauvaise humeur française* », commence-t-il. Puis, avec un art consommé du contre-pied, le journaliste poursuit : « *La désignation insistante de Charles Pasqua comme l'organisateur d'une fuite maladroite n'a-t-elle pas servi de diversion afin de relativiser une affaire d'espionnage sans précédent qui dévoile certains aspects jusqu'alors cachés du nouveau paysage géopolitique de l'après-guerre froide ? Livrée à ses disputes pichocrolines, l'opinion publique française en est restée à l'apparence : la recherche de l'origine des fuites plutôt que l'analyse de leur pertinence.* »

Pour appuyer son raisonnement, Plenel mobilise l'hebdomadaire américain *Newsweek*, qui vient de consacrer sa *cover-story* à la *nouvelle diplomatie* des États-Unis. Tout l'article tente de prouver que « *les trois dossiers mis en exergue par le Contre-espionnage français ne sont pas mineurs* ». Une affirmation erronée, parce que dépassée : l'affaire révélée par Charles Pasqua et Edwy Plenel était depuis longtemps réglée entre la CIA et la DST. Tout s'était passé dans la plus complète discrétion, comme il est d'usage entre alliés : « *La DST s'est retrouvée avec un crédit sur la CIA...* », a raconté Jacques Fournet[20], patron de la DST, quand cette délicate négociation eut été menée entre les deux services. Peu après la révélation tonitruante du *Monde,* Pamela Harriman, ambassadeur des États-Unis en France, outrée par les méthodes de Charles Pasqua, déclara au même Fournet : « *Vous n'auriez même pas fait cela aux Russes* !... »

20. Entretien avec l'auteur.

Ce qui n'empêche pas Edwy Plenel de conclure son long article de justification par un nouveau cours sur le métier de journaliste, dont il est coutumier : « *Au petit jeu très parisien où l'on n'en finit pas de chercher l'origine de telle ou telle révélation, on opposera donc l'essence du métier de journaliste : des informations éclairantes, pertinentes par ce qu'elles révèlent des jeux secrets des pouvoirs. Il n'était pas inutile, en effet, que les citoyens que nous sommes soient informés de la* "guerre douce" *que se livrent désormais des nations alliées dans un monde réunifié par la loi du marché.* »

Pourquoi Plenel a-t-il passé un tel *deal* avec Charles Pasqua ? Pourquoi a-t-il censuré le papier de Fottorino ? Pourquoi, dans les deux affaires d'« écoutes », l'une d'actualité, l'autre pas, a-t-il accepté de se livrer à une « mise en scène » qui – abstraction faite de ses sentiments personnels envers Mitterrand et de son intérêt de justiciable – n'était nullement indispensable sur un strict plan journalistique ?

En réalité, on peine à croire que le même Edwy Plenel qui affirmait, quelque temps auparavant, vouloir « *la peau de Pasqua* », soit devenu plus indulgent à son endroit pour le seul plaisir de décrocher un scoop, fût-il anti-mitterrandien, ou encore de donner un coup de main à la campagne d'Édouard Balladur. Faut-il rapprocher ce choix d'une confidence faite alors par Pasqua à quelques-uns de ses amis corses : « *Je* "tiens" *Plenel* : *il ne peut plus rien me refuser* » ? Mais attention : l'ancien représentant en pastis est toujours capable de raconter des blagues...

Quoi qu'il en soit, la simple analyse du traitement de l'affaire Elf et de l'« Angolagate », où apparaissent Charles Pasqua (blanchi par un non-lieu) et son entourage, montre qu'ils ont bénéficié d'un relatif traitement de faveur de la part du *Monde,* environ six ans après le *deal* évoqué par Éric Fottorino.

Outre l'utilisation des « écoutes » d'Edwy Plenel pour masquer celles de l'affaire Schuller-Maréchal, le quotidien de Colombani et Plenel va commettre durant la campagne plusieurs forfaits moins apparents : le traitement de l'affaire GSI qui met directement en cause le Premier ministre, et un ultime coup bas contre Jacques Chirac, avec l'affaire de la vente de terrains au Port autonome de Paris. Questionné par *L'Express* sur les bienveillances du *Monde* à l'égard d'Édouard Balladur durant la campagne pour l'élection présidentielle d'avril 1995, Jean-Marie Colombani répondra : « *C'est un autre faux procès...* »

C'est en enquêtant sur les pompes à finances helvétiques de Jean-Marie Le Pen que la Télévision Suisse Romande (TSR) a sorti – par hasard – l'affaire GSI : le même gérant de fortune, homme honorable bien connu dans la cité de Calvin, défend les intérêts financiers du chef du Front national et effectue par ailleurs plusieurs missions pour la succursale genevoise de GSI (Générale des services informatiques), dont la maison-mère n'est autre que la Compagnie générale d'Électricité (aujourd'hui devenue Alcatel)... Le 27 janvier à 19 h 30, dans l'édition de son journal du soir, la TSR affirme qu'Édouard Balladur « *est toujours administrateur-président d'une société financière inscrite au Registre du commerce de Genève. Une fonction qui, selon la législation française, est tout à fait incompatible avec ses responsabilités actuelles* ». Le lendemain – pièces à l'appui – deux quotidiens suisses, *24 Heures* et *La Tribune de Genève*, titrent : « *Balladur malmène la loi* ». Les documents officiels du Registre du commerce de Genève indiquent qu'une certaine « succursale » locale de la société belge « GSI-International, Saint-Gilles » y est enregistrée depuis 1976, et que le nom inscrit du président de cette société n'est autre que celui d'Édouard Balladur...

Interrogé par la télévision suisse, Nicolas Bazire, directeur de cabinet de celui-ci, affirme dans un premier temps que « *cette information ne présente strictement aucun intérêt* », et qu'il ne « *comprend pas pourquoi la presse de province* (sic) *perd son temps avec ce genre de détail* »... Devant l'insistance des journalistes helvètes, le directeur de cabinet doit néanmoins se raviser en expliquant que son patron s'est « *démis de tous ses mandats dès son entrée au ministère des Finances en mars 1986* ». Vérifications effectuées, il se trouve qu'en juillet 1986 – quatre mois après les élections –, la succursale genevoise de la GSI a fait modifier au Registre du commerce la composition de son conseil d'administration. Mais, à la différence d'autres administrateurs, le nom d'Édouard Balladur figure toujours comme président de la société. Et l'Annuaire suisse des sociétés, comme le Répertoire des administrateurs, confirme bien que Balladur est toujours considéré en Suisse comme le patron de la filiale helvétique de la société française.

L'agence d'information Associated Press relaie aussitôt la nouvelle, tandis que l'Agence France Presse attend le 30 janvier pour indiquer que le Premier ministre français figure toujours au Registre du commerce de Genève comme « administrateur-président » d'une succursale de la GSI, mais que « *les dirigeants de celle-ci ont assuré qu'il s'agissait d'une* "négligence" *et que des formalités allaient être rapidement engagées* » pour corriger l'erreur. À Paris, un membre de la direction de la GSI explique que le maintien de Balladur comme Pdg de la succursale suisse « *est le résultat d'une bêtise. Cette société n'a plus d'activité depuis des années, et nous avons tardé à le faire modifier par le Registre du commerce genevois* ». « *Monsieur Balladur*, ajoute-t-il, *a démissionné de toutes ses fonctions dans le groupe le jour même de son entrée au gouvernement en 1986.* »

La réalité est sensiblement différente. Ancien Pdg de la GSI, Édouard Balladur, redevenu simple député en 1988, a exercé une fonction de direction, de juin 1988 à avril 1993, auprès de l'un de ses vieux amis, Jacques Raiman, président de la GSI. *Le Nouvel Économiste* du 3 février 1995 révèle qu'Édouard Balladur a ainsi perçu un salaire mensuel d'environ 190 000 francs et que le contrat de travail a été dûment déposé à l'Assemblée nationale. Seulement, les liens conservés par le Premier ministre avec la GSl rendent l'affaire beaucoup plus étrange. Pdg de cette filiale de la Compagnie générale d'électricité (Alcatel) entre 1977 et

1986, il en est également actionnaire. Jacques Chirac, revenu à Matignon, lui offre alors le maroquin des Finances. Balladur a l'obligation de quitter ses fonctions, mais pas celle de vendre ses parts. C'est pourtant ce qu'il fait à l'occasion d'une RES (reprise de l'entreprise par les salariés) en 1987, qui évalue GSl à 240 millions de francs alors que sa valeur comptable est estimée à seulement 60 millions.

Après la défaite de la droite à l'élection présidentielle de 1988, Édouard Balladur rachète des actions GSI, qui ont entre-temps doublé de valeur – l'entreprise vaut, à cette époque quelque 500 millions –, pour les revendre en 1993, dès son arrivée à Matignon. Pour la deuxième fois, il réalise une confortable plus-value : la société a encore progressé, elle est estimée maintenant à 1,2 milliards de francs.

Si personne ne peut reprocher à Balladur son sens des affaires, le candidat à l'Élysée doit néanmoins s'expliquer sur son emploi de conseiller de GSI entre 1988 et 1993. L'ami intime de Jacques Raiman aurait été consulté sur toutes les décisions importantes et aurait effectué de nombreuses missions à l'étranger pour le compte de la société. La loi n'interdit pas à un député ou à un sénateur d'exercer une autre activité professionnelle, mais, rétrospectivement, on comprend mieux pourquoi, en plein débat sur le projet de loi de moralisation de la vie publique, à l'automne 1994, le Premier ministre Édouard Balladur s'est fermement opposé à la commission Séguin qui proposait « *l'interdiction pour un parlementaire d'exercer des fonctions de conseil ou de percevoir une rémunération directe ou indirecte au titre d'un contrat d'études* ».

Le Canard enchaîné, qui prête une très grande attention à la révélation de la télévision suisse, reprend l'information et titre dans son édition du mercredi 1er février 1995: « *Balladur est président d'une société fantôme* »... Datée du même jour, la livraison du *Monde* opte pour une approche nettement plus « modérée ». Le titre de l'article, relégué en page huit est : « *M. Balladur victime de la lenteur administrative suisse* » ! Il est vrai qu'au pays du cou-

cou, les fonctionnaires ne brillent pas par leur célérité, c'est bien connu...

À l'instar de l'AFP, le grand quotidien du soir s'en tient scrupuleusement à reproduire les communiqués officiels de Matignon et de la direction de la GSI. Par conséquent, il convient de se montrer tout aussi scrupuleux en citant très précisément cet article non signé du *Monde* :

« *Les dirigeants actuels de GSI assurent que la persistance de cette inscription n'a aucune signification. GSI-International est une société de droit belge dont M. Balladur était le Pdg, mais il s'est démis de cette fonction, comme de toutes les autres, en mars 1986. Avant son départ, cette société belge avait ouvert une succursale à Genève et le droit suisse oblige à ce que figure sur le Registre du commerce les dirigeants de la société mère. C'est donc cette inscription qui perdure. À GSI, on assure avoir fait le nécessaire pour la corriger, en en donnant comme preuve une lettre envoyée le 14 septembre 1987 par l'administration gérant le registre genevois. Si on reconnaît une certaine négligence dans la suite de la procédure, c'est, explique-t-on, que cette succursale n'a plus aucune activité. L'entourage du Premier ministre ajoute que celui-ci ne possède plus aucune action de GSI. On dément aussi que Jacques Raiman, actuel Pdg de GSI, dispose d'un bureau à Matignon, même s'il est resté un intime de M. Balladur.* »

Peut-être lents, les fonctionnaires genevois n'en sont pas moins opiniâtres et méticuleux, aussi adressent-ils au quotidien parisien quelques précisions qui ne seront jamais publiées... En réalité, les dirigeants de la GSI n'ont jamais rempli – malgré quatre lettres de relance, de septembre 1987 à février 1989 – le formulaire de radiation de la succursale dont Édouard Balladur était resté président. Seule explication obtenue par les fonctionnaires genevois de l'étrange « négligence » de la GSI : pour que ledit formulaire de demande de radiation fût valable, il aurait fallu que Balladur lui-même y apposât sa signature. Et *Le Canard enchaîné* du 8 février 1995 d'ironiser : « *Il aurait pu juger indigne de sa personne de se plier à une telle formalité bureaucratique. Les Suisses ont apprécié.* »

Ému par la conscience professionnelle des fonctionnaires helvétiques, *Le Canard enchaîné* poursuit le traitement de l'affaire avec la plus grande rigueur. « *Balladur et les dirigeants de GSI ont la mémoire qui flanche* », titre le *Canard* la semaine suivante. Claude Roire écrit: « *Pour mieux comprendre ce qui s'est passé en novembre 1987, au moment du "rachat de l'entreprise par les salariés" (c'est l'expression consacrée), il faut remonter quelques mois en arrière, lorsque le groupe Générale d'Électricité (CGE) a été privatisé. Ce fut la plus grosse vente des bijoux de famille (20,6 milliards) de la première cohabitation. Et surtout celle à laquelle Balladur et son conseiller spécial pour les privatisations, Jean-Marie Messier, avaient attaché la plus grande attention. Selon* Le Canard *de l'époque, ce fut même* "la privatisation préférée de Balladur". *Il en avait personnellement réglé tous les détails (calendrier, prix de vente, etc.) en connaisseur. Et pour cause : il avait présidé pendant près de dix ans deux filiales de la CGE* (....). *Juste avant la privatisation (mai-juin 1987), la Générale d'Électricité allait en effet recevoir un formidable cadeau. Pour que le groupe soit encore plus attrayant pour les petits épargnants (et pour les plus gros), l'État, ou plus exactement le Trésor, et donc le ministère des Finances, allait le gaver d'argent frais. Et il faut reconnaître que Balladur n'a pas lésiné : la CGE a reçu plus de 6 milliards, entièrement versés par l'État sous forme d'une augmentation de capital. Après ça, il n'aurait plus manqué que la Bourse boude...* »

Neuf ans après, « *Balladur* [est] *enfin radié du Registre du commerce. La société dont il était le Pdg avoue aujourd'hui qu'elle s'était trompée. Les Genevois – eux – ont fait leur travail* », annonce triomphalement le *Journal de Genève* du 4 mars 1995. Jean-François Cottin, directeur général de GSl, avait lui-même annoncé la bonne nouvelle au *Canard enchaîné* : « *Nous avons retrouvé*, dit-il, *photocopie à l'appui, l'avis publié le 12 juillet 1986 dans le journal d'annonces légales de Bruxelles, le* Moniteur belge. *Il s'agissait alors de la démission de M. Balladur de son poste d'administrateur de la filiale belge, GSI-international. Nous avons pensé que cela suffisait et entraînait* ipso facto *sa démission de ses fonctions dans la succursale genevoise de cette société de droit belge. Nous nous sommes trompés. Mais maintenant tout est réparé, la succursale va bientôt être radiée.* »

Cette affaire obligera le candidat Édouard Balladur à rendre public son patrimoine, formalité à laquelle il s'était farouchement opposé depuis le début de la campagne électorale. Il devra non seulement reconnaître qu'il a bien touché un salaire mensuel de la GSI entre 1988 et 1993, mais également expliquer aux Français la composition de ses revenus et surtout de son patrimoine.

Alors que l'affaire suscite tous les jours questions et commentaires en conférence de rédaction, la direction du *Monde* s'en tient à la défense de son candidat préféré à la présidentielle. Très en décalage avec le reste de la presse écrite nationale, la « dérive balladurienne » du journal suscite sarcasmes et interrogations. Il reviendra à Thierry Bréhier et Caroline Monnot de justifier la position du journal dans un article apologétique pourtant intitulé : « *Une ombre sur l'"image" de M. Balladur* » :

« *Les rapports d'Édouard Balladur avec l'entreprise dont il fut le président-directeur général durant sa* "traversée du désert", *entre 1977 et 1986, sont au centre d'une polémique naissante contre le Premier ministre et candidat à l'élection présidentielle* », écrivent les deux journalistes en préambule d'un long papier qui fait la « une » et qui s'attache à justifier de bout en bout l'attitude d'Édouard Balladur et de son directeur de cabinet Nicolas Bazire (à cette époque, celui-ci s'entretient quotidiennement avec Jean-Marie Colombani). La conclusion de ce morceau de bravoure hagiographique est particulièrement savoureuse : « *Haut-fonctionnaire de formation, M. Balladur a travaillé dans le privé à partir de 1974, après son départ de l'Élysée au lendemain du décès de Georges Pompidou, le nouveau président de la Répu-*

blique, Valéry Giscard d'Estaing, ne lui ayant pas proposé un poste lui convenant. Cela lui a permis de gagner beaucoup plus d'argent que s'il était retourné à son administration d'origine, le Conseil d'État. C'est peut-être simplement ce que veulent démontrer ceux qui – s'appuyant sur des informations longtemps cachées – font courir des rumeurs. » Tout est dit.

Le 22 mars 1995, soit juste un mois avant le premier tour des élections présidentielles, *Le Monde* se livre à une ultime et basse manœuvre contre Jacques Chirac, concoctée en secret avec Nicolas Sarkozy, alors principal bateleur d'Édouard Balladur. En « une » du journal, un titre conçu pour tuer : « *M. et Mme Chirac ont tiré profit d'une vente de terrains au Port de Paris.* » La maison Falguière ne fait pas dans la dentelle ! Le lecteur comprend à l'évidence que le candidat Chirac a profité de sa situation de maire de Paris pour s'enrichir personnellement, même si les trois phrases qui résument l'article, annoncé en page 7, le conduisent à nuancer quelque peu son premier jugement :

« *Propriétaire de 247 hectares de terrains situés en bord de Seine à Vigneux, dans l'Essonne, la belle-famille de Jacques Chirac a vendu une parcelle de 103 hectares à un promoteur immobilier, qui les a revendus le même jour, 20 janvier 1993, au Port autonome de Paris, établissement public placé sous la tutelle de l'État. Cette transaction a rapporté à Mme Chirac, détentrice d'1/27e de l'héritage, une plus-value de 1,4 million de francs, figurant dans la déclaration de revenus de M. et Mme Chirac pour 1993 (*Le Monde *du 21 mars). Achetés 63 millions de francs par le promoteur, ces terrains ont été revendus au Port autonome pour 83 millions de francs.* »

Le soir de cette publication, Alain Juppé qualifie avec raison de « grossière manipulation » l'article du *Monde* : « *Comme on n'a rien à reprocher à Jacques Chirac, on a trouvé la combine : on va s'attaquer à la famille de sa femme.* » Évoquant les explications de « *l'entourage de Jacques Chirac* », publiées le même jour par le journal, le président du RPR par intérim affirme : « *On dit d'ailleurs, noir sur blanc, que les explications fournies sont limpides, mais le titre entretient la confusion.* » De fait, le titre assassin a été conçu et retenu alors que les journalistes du *Monde* savaient pertinemment que c'était une bien piètre « affaire »...

La veille de la parution de l'article, vers 22 heures, dans le bureau de Bernadette Chirac, situé au premier étage de l'Hôtel de Ville de Paris, quelques personnes de confiance sont réunies autour de la femme du maire de Paris pour plancher sur le questionnaire envoyé par Laurent Mauduit et Olivier Biffaud, les deux journalistes qui ont mené l'« enquête ». Il y a là deux Chodron de Courcel, frères de Bernadette Chirac, Dominique de Villepin, Me Francis Szpiner et Roger Romani. Nul ne connaît les tenants et aboutissants de ce qui ressemble à une machine infernale. Le temps presse. Qui pourrait les aider ? Romani pense à Jean-François Legarret, RPR, qui est vice-président du Port autonome de Paris. Peu avant minuit, Legarret rejoint la « cellule de crise ». Il apparaît non seulement que madame Chirac n'est pas intervenue dans cette affaire, non plus que son mari, mais que ses frères n'ont pas tiré le meilleur parti des terrains et ont probablement vendu au-dessous du prix du marché. À cinq heures du matin, la réunion se termine. Dominique de Villepin téléphone à Jean-Marie Colombani pour lui annoncer l'envoi d'un communiqué qui se retrouvera, dans le journal, sourcé de l'« entourage de Jacques Chirac ». La manœuvre fait long feu.

Trois jours après avoir fait exploser cette bombe à fragmentation dont la cible était Jacques Chirac, *Le Monde* publie les lettres des deux présidents du Port autonome de Paris qui ont eu à connaître de l' affaire. Daniel Maquart précise d'emblée : « *Ayant été limogé par l'actuel gouvernement, je n'en suis que plus à l'aise pour m'exprimer. À aucun moment je n'ai subi une quelconque pression de Jacques Trorial, président du conseil d'administration, ou de membres de celui-ci pour influer sur ma décision de proposer cette acquisition* (...). *J'ajoute que, ni de près ni de loin, Jacques Chirac, sa famille ou ses proches, les repré-*

sentants de la Ville au conseil ou l'administration de celle-ci ne sont intervenus en faveur de cette opération auprès de moi. Cette acquisition n'était nullement improvisée. Elle s'inscrivait dans le cadre du schéma directeur d'aménagement et d'urbanisme de la région Ile-de-France (...). *Contrairement aux assertions de votre journal, l'opération menée par le* [Port] *a été parfaitement régulière. Elle a été approuvée par le conseil d'administration du 28 octobre 1992 avant toute conclusion d'actes ; elle était conforme à l'estimation financière du service des Domaines.* »

Le Monde avait ainsi prêté la main, une fois de plus, à une opération conçue et montée par Nicolas Sarkozy, ministre du Budget, pour aider Édouard Balladur dont la cote s'était effondrée dans les sondages. La source du *Monde* ne faisait aucun mystère, pour la bonne et simple raison qu'il n'existait aucune plainte ni aucune instruction à l'origine de l'« affaire ». La seule source possible, nul ne l'ignore, restait le fisc, placé sous les ordres du ministre du Budget. On comprend la colère de Bernadette Chirac lorsque, quelque temps plus tard, elle évoqua cette affaire avec Legarret[21] : « *C'est un épisode dramatique. On sait qui en est à l'origine. Je ne lui pardonnerai jamais. Ma mère a failli en mourir...* »

Mais son mari, lui, a survécu à l'infamie. C'est d'ailleurs ce qui fait toute la saveur de cette histoire. Un candidat devient, à force d'intrigues et de roueries, le champion incontesté des élites françaises, le choix du bon sens et de la France « rétrécie ». Il met dans sa poche à la fois le média du peuple – *TF1* – et, grâce à son conseiller Alain Minc, celui des élites, *Le Monde*. Il bénéficie du soutien utile du duo Pasqua-Sarkozy qui sait utiliser d'autres arguments que les ceux de la raison. Et tout ce dispositif va mordre la poussière devant un peuple souverain ravi de « jouer à Guignol » à l'occasion du scrutin présidentiel !

21. Entretien avec l'auteur.

CHAPITRE 10

La machinerie d'Edwy Plenel

La voie est toute tracée. Pour Edwy Plenel, il s'agit à présent de « verrouiller » la rédaction. Et qui dit verrouiller, dit centraliser. Car *Le Monde* de Hubert Beuve-Meury, qu'il ne s'agit pas ici d'idéaliser, était un curieux mélange de monarchie éclairée et de république girondine. D'un côté, l'autorité du directeur était sans partage, même s'il savait écouter ses lieutenants. Aucune de ses consignes ne souffrait contestation. Mais elles ne s'imposaient pas comme des diktats. L'autorité du directeur était fondée sur une reconnaissance professionnelle incontestée : la hiérarchie, les rédacteurs du journal savaient qu'ils devaient à leur directeur l'indépendance du quotidien et le respect dont celui-ci jouissait en France et de par le monde. Dans le même temps, les chefs de service bénéficiaient d'une très large autonomie dans la gestion d'un espace pourtant rare, puisque, on l'a vu, le fondateur sut toujours choisir la qualité contre la quantité.

Lorsque, en 1969, Jacques Fauvet succède à Beuve-Méry, les structures du quotidien demeurent inchangées. Sauf que le nouveau directeur, quoique respecté par une fraction notable de la rédaction, n'exerce pas le même charisme ni ne bénéficie de la même aura. Du coup, la décentralisation prend le pas sur le pouvoir centralisé. Surtout vers la fin du règne de Fauvet, *Le Monde* devient une monarchie affaiblie dans laquelle les chefs de service – notamment ceux des rubriques Monde et Politique intérieure – exercent un ascendant et une autonomie de plus en plus accentués. À la conférence du matin, le patron arbitre et répartit l'espace alloué aux différents services. Mais chaque « baron » en fixe lui-même le menu. Certes, l'existence de ces baronnies pouvait se révéler néfaste en favorisant de longues et cruelles batailles pour la direction de chacune. Mais ce défaut avait une contrepartie positive : l'organisation du journal en services puissants mettait la compétence à la barre. *Le Monde* ne recrutait d'ailleurs pas de débutants, et fort peu de jeunes journalistes. L'embauche d'un rédacteur sanctionnait plutôt une réputation d'expertise conquise dans un secteur. Le règne du « rubricard » était aussi celui de la spécialisation. C'était l'époque où un ministre nouvellement nommé pouvait aisément être mis à la page des affaires courantes par le journaliste du *Monde* en charge de son domaine. À partir de là, il y avait de grandes chances que chaque chef de service fût l'un des meilleurs et des plus expérimentés dans sa sphère de compétence.

L'organisation interne dont Colombani et Plenel héritent en 1994 est donc assez éclatée. Le premier connaît bien la puissance du chef de service : il a su, en son temps, profiter de son magistère à la tête des pages de politique intérieure pour recruter de ces jeunes journalistes qui allaient constituer le « noyau dur » de son électorat. Mais, à présent que son clan se retrouve à la tête du journal, cette décentralisation des pouvoirs, cette autonomie dans la gestion des espaces rédactionnels lui deviennent fâcheux, voire insupportables. Le nouveau directeur revendique d'ailleurs ouvertement sa volonté de « *casser les deux baronnies féodales, l'Étranger et le Politique, qui, en quinze ans de luttes d'influence et de rivalités, ont divisé la rédaction en factions irréductibles* », ainsi que le rapporte Patrick Eveno[1]. En outre, l'intégration des journalistes économiques aux différents services est considérée comme un moyen de contribuer à la « réunification » de la rédaction.

En affaiblissant les services, puis en introduisant, à l'instigation d'Edwy Plenel, le principe de la « rotation des

1. *Cf. Le Journal* le Monde, *op. cit.*, p. 131.

cadres », le journal brise l'un des piliers sur lesquels il avait pu édifier sa réputation : l'expertise, la spécialisation.

Première décision importante : le renforcement de la rédaction en chef. Plenel dispose ainsi de « super-consultants », spécialisés dans leur domaine, qui l'empêcheront de commettre des bévues et feront bénéficier la direction de la rédaction de leur réputation de compétence. Ainsi Thomas Ferenczi, Pierre Georges, Jean-Yves Lhomeau, puis Alain Frachon et Laurent Greilsamer sont-ils intégrés au staff qui l'entoure. En revanche, ceux qui les remplacent à la tête des services ne disposent pas de la même expérience. Le maintien, de 1994 à 2001, fût-ce de façon informelle, de la clause de départ permettant à un salarié de quitter *Le Monde* avec une coquette somme calculée au prorata de son ancienneté, a facilité l'exode des réfractaires, dissidents et autres soldats blessés des guerres de conquête. « *En fait*, explique un délégué syndical, *la clause se révèle être un bon moyen de se séparer de tout ce qui constituait la mémoire sociale et politique du journal.* »

Le dessinateur Jean Plantu va le premier éprouver la réalité de cette recentralisation du pouvoir rédactionnel. Jusqu'alors, le dessinateur fonctionnait comme un éditorialiste touche à tout, c'est-à-dire qu'il s'exprimait chaque jour sur le sujet de son choix en fonction de sa perception de l'actualité. Jour après jour, on lui fait comprendre que, si on lui fait l'honneur de lui accorder systématiquement la « une », sa prestation devient strictement encadrée. Le format et le thème lui sont imposés et il dispose d'une heure de moins pour dessiner. Pour couronner le tout, il a droit, durant la vague de grèves de novembre-décembre 1995, à des réflexions sur ses dessins qui ne sont pas toujours jugés dans la « ligne » du journal. Un incident l'oppose à la direction de la rédaction à propos d'un dessin sur le trafic de drogue dans les quartiers. Il s'agit, lui explique-t-on en substance, de ne pas « *désespérer la banlieue* ». Plantu refuse de modifier son dessin, qui est publié tel quel. Mais il aura ensuite droit à un véritable « tribunal révolutionnaire », en présence d'une quinzaine de membres de la rédaction en chef. Plantu est choqué par ces méthodes inédites au *Monde*. Il s'en ouvre à ses camarades. La Société des Rédacteurs convoque une réunion à laquelle assistent plus de soixante journalistes assistent. Olivier Biffaud, son président, le fait asseoir à ses côtés. Mais l'affrontement avec Jean-Marie Colombani est tel que la réunion se clôt sans qu'ait été lue la motion de soutien qui avait été préparée. Plantu, lui, continuera par la suite à manifester son indépendance d'esprit par des dessins dont certains – sur la Corse, notamment – sont en opposition évidente avec la ligne de la direction de la rédaction. Mais ce sera l'une des dernières manifestations d'indépendance de la part de la Société des Rédacteurs...

La véritable autorité au sein de la rédaction se trouve ainsi déplacée vers la direction par trois biais : l'afflux de compétences au staff central ; l'accroissement du pouvoir d'allouer l'espace rédactionnel qui lui est conféré ; enfin, le déficit de compétences à la tête des services. Pour faire bonne mesure, on confie de nombreuses tâches administratives aux responsables de service, et on encombre leur journée de travail de trois réunions fastidieuses. Edwy Plenel est un gros consommateur de réunions au sein desquelles – là-dessus, les témoignages concordent – il y a peu de discussions. La fonction de chef de service est ainsi littéralement asséchée, « dépolitisée », vidée de son contenu. Ce qui permet à Plenel de constituer un réseau de hiérarques ne dépendant que de lui.

En deux ans, l'ensemble de la hiérarchie en place avant l'élection de Jean-Marie Colombani va se trouver limogée. Cette « réorganisation » aux allures de purge mérite d'être détaillée. Rappelons qu'avant celle-ci, Patrick Jarreau était à la tête du service France ; Franck Nouchi dirigeait le service Société ; Jacques Buob, Sport/Aujourd'hui, et Alain Frachon, l'International ; enfin, les livres étaient le royaume de Josyane Savigneau, et l'Économie celui d'Éric Le Boucher.

Alain Frachon « descend » à la rédaction en chef au nom de la centralisation des compétences. Il est remplacé par un *colombaniste*, Éric Le Boucher. Mais ce dernier n'a aucune autorité sur ses ouailles et connaît mal l'International. Lors de sa nomination, les journalistes du service lui ont offert... une mappemonde ! On imagine l'ambiance... Face à des difficultés prévisibles, Plenel reprend la main en faisant venir un de ses amis, Sylvain Cypel, ancien de *Courrier International* et surtout ex-trotskiste (branche lambertiste). Mais ce dernier ne parvient pas davantage à se faire accepter. Le duo Le Boucher/Cypel échoue et éclate en moins de deux ans. Le Boucher est donc recasé à la rédaction en chef, laquelle commence à être surnommé « le cimetière du 2e étage » tant les rédacteurs ne sont pas dupes du type de promotion qu'elle sanctionne. Quant à Sylvain Cypel, il est bombardé grand reporter.

C'est donc Alain Debove qui est nommé à la tête du service International. Il est censé y assurer l'intérim jusqu'à sa retraite. Mais il est vite remplacé par François Bonnet. Ce dernier, ancien de la LCR, a été chef du service politique de *Libération*. Il avait également été chef du service Société avant de partir pour Moscou comme correspondant pendant deux ans. C'est donc un ancien trotskiste qui finit par remplacer un autre ancien trotskiste, Cypel. Plenel y reconnaîtra les siens.

Deuxième à être réorganisé, le service Société : Franck Nouchi, qui fut l'un des lieutenants de Bruno Frappat lorsque ce dernier briguait la direction du *Monde*, s'exile aux *Cahiers du cinéma* pour fuir les réserves émises par Colombani sur sa promotion. Dans un premier temps, il est remplacé par François Bonnet. Quand ce dernier part pour Moscou, Edwy Plenel fait désigner une petite équipe appartenant à son « fan club » : Anne Chemin comme chef du service, Jérôme Fenoglio, Nathaniel Herzberg (neveu d'Edwy), Philippe Bernard et Hervé Gattegno au titre d'adjoints. Les cinq journalistes sont trop jeunes pour avoir milité à l'extrême gauche dans les années 1960 ou 1970, mais ils font partie de cette génération des « petits frères » fascinés par Mai 68 (Gattegno devant, quant à lui, se faire « pardonner » une jeunesse marquée plutôt très à droite, et un début de carrière au *Méridional-La France*). Bref, les membres de ce « club des cinq » vont vite se révéler intellectuellement dépendants d'Edwy Plenel.

Côté service Entreprises, c'est Claire Blandin qui a succédé à Éric Le Boucher. Cette *colombaniste* ne tient pas très longtemps. Elle demande – et obtient – son rattachement au Pdg du *Monde* comme conseillère de la direction. C'est donc Laurent Mauduit qui la remplace. Ce très bon professionnel allie une nostalgie certaine pour le socialisme à un hyper-réalisme confinant à la fascination pour la puissance du système néolibéral[2]. Son mot d'ordre : « Il faut être craint. » Comme Cypel, Mauduit est un « ancien Lambert ». Il a été permanent de l'OCI[3].

Restait à Edwy Plenel à planter son petit drapeau à la tête du service Politique sur lequel, on le devine, veillait jalousement Jean-Marie Colombani. Nous avons recueilli le récit qui suit (confirmé par plusieurs journalistes) auprès d'un rédacteur du *Monde*[4] particulièrement bien placé pour analyser la façon dont le premier réussit à mettre aussi la main sur ce service :

« *Plenel a d'abord fait un intense lobbying en faveur de François Bonnet. Mais Colombani en avait manifestement peur. Il cherchait quelqu'un d'autre. Sans succès, car il n'y avait pas beaucoup de candidats. Edwy a soufflé à l'oreille de Jean-Marie le nom d'Anne-Line Roccatti, ancienne de* L'Humanité, *ex-adjointe des pages Vie pratique du* Parisien. *Plus récemment, Christine Ockrent l'avait embauchée à* L'Européen, *éphémère hebdomadaire auquel participait* Le Monde. *Après le dépôt de bilan, l'Inspection du Travail avait imposé sa réembauche au* Monde. *En attendant, on avait recasé Anne-Line Roccati au* Monde de l'Éducation, *mensuel du groupe en passe de péricliter... Manifestement, Colombani voulait bien de Roccatti – qu'il avait déjà*

2. Son dernier livre, écrit avec Gérard Desportes (*L'Adieu au socialisme*, Grasset, 2002), est un modèle du genre : violente dénonciation de la « trahison » jospinienne et, en même temps, proclamation de la mort « définitive » du socialisme. En somme, il ne resterait plus qu'à choisir entre le revolver et le libéralisme.
3. Organisation Communiste Internationaliste.
4. On comprend qu'il tienne à garder l'anonymat.

tenté de placer sans succès à la Culture – à la tête du service Politique. Mais, en réalité, Plenel avait, sur ce dossier, un coup d'avance. Le directeur de la rédaction savait pertinemment que cette femme d'une cinquantaine d'années n'avait jamais fait de journalisme politique, n'avait jamais dirigé un service, ni même connu l'expérience d'un service d'actualité dans un quotidien. Edwy Plenel a conduit son affaire de main de maître. Il a d'abord écarté tous les anciens adjoints de Patrick Jarreau : Gérard Courtois, Pascale Robert-Diard et Cécile Chambraud. Ignorante du fonctionnement et même du système d'informatique éditoriale, Anne-Line Roccatti s'est donc retrouvée avec pour seul adjoint Jean-Michel Bezat pour gérer ses pages. Ce fut la catastrophe : bouclages en retard, ratages en série, équipe démobilisée. Lorsque tout le monde a crié au secours, Edwy Plenel n'a eu aucune difficulté à proposer la nomination d'Hervé Gattegno comme adjoint. Ce dernier a joué les timides pendant deux semaines, répandant son miel avec application : "Je ne veux pas prendre la place d'Anne-Line, vraiment non ! Je l'aime beaucoup..." *Au bout d'un mois et demi, le miel a tourné au fiel. Il se foutait d'elle en réunion, et surtout il a pris l'habitude de descendre directement dans le bureau d'Edwy, d'élaborer avec lui l'ouverture des pages, puis de remonter en lui annonçant le menu décidé en son nom. L'humiliation est devenue quotidienne...* »

Au cours de la campagne présidentielle du printemps 2002, l'épisode du stage du jeune Alliès témoigne de la mauvaise ambiance qui règne au sein du service politique. Les rédacteurs dudit service voient donc rappliquer un sympathique stagiaire inscrit en maîtrise de Sciences politiques à l'université de Montpellier. On le présente comme « Stéphane », sans faire mention de son nom de famille, ce qui n'étonne personne. À tort. Quelques semaines plus tard, les journalistes apprennent qu'il s'agit de Stéphane Alliès, le fils de Paul Alliès, maire de Pezenas, animateur de l'Association pour la VIe République d'Arnaud Montebourg, de surcroît grand ami et voisin d'Edwy Plenel (qui a acheté maison et vigne dans le coin[5]). Ils apprennent aussi à leurs dépens que le jeune Stéphane a scrupuleusement noté et reproduit leurs propos dans son mémoire, sans les en prévenir ni leur faire relire leurs déclarations. À la lecture de ce mémoire, on ne sait trop s'il s'agit d'un mémoire de fac ou d'un rapport, tant les « fiches » portant sur les journalistes se veulent complètes. Certains d'entre eux se sont ainsi fait « piéger » en reconnaissant partager les positions de Jean-Pierre Chevènement sur la Corse, ce qui ne manqua pas d'améliorer leur cote auprès du patron ! On imagine comment les futurs stagiaires du service politique seront accueillis...

Le service « Horizons » est stratégique pour le rayonnement du *Monde*. On peut en lire une éclairante définition sur le site Internet du quotidien : il s'agit ni plus ni moins de rendre « *le* Monde *indispensable même à ceux qui le contestent* ». Promue lieu exclusif du débat intellectuel et politique, la rubrique est lorgnée par tout homme politique – ou tout homme de pouvoir – qui souhaite « se faire voir ». L'impétrant ne se console que difficilement, en cas de refus de Maître Plenel – signifié en général par le responsable officiel de la rubrique, Michel Kajman –, de devoir aller publier ailleurs[6].

La perspective d'être boycotté ou ignoré par les pages « Horizons » est ainsi devenue une épée de Damoclès pour la plupart des hommes et des femmes qui se veulent d'influence. Elle leur interdit évidemment d'émettre la moindre réserve[7] sur l'excellente table d'hôte qui leur passe ainsi les plats une ou deux fois l'an. Mieux : elle motive bien des personnalités à « rendre service » au quotidien, si elles le peuvent de par leur position.

Instrument de pouvoir, la rubrique « Horizons » l'est

5. Paul Alliès est aussi un ancien dirigeant de la LCR. Il a marié Edwy Plenel Plenel et Nicole Lapierre à la fin des années 1990.
6. Saluons au passage la liberté dont fait preuve la rubrique Débats, animée par Joseph Macé-Scarron, au *Figaro*, dont la qualité supplante depuis des années les pages « Horizons » bien mal nommées tant leur gestion sectaire et intéressée les rend étriquées.
7. Sauf lorsqu'une diatribe isolée permettra d'orchestrer des réponses plurielles... toutes favorables au journal ou à ses positions.

également par l'escouade d'« éditorialistes associés » qui y officient : Bernard-Henri Lévy et Philippe Sollers ; Jean-Paul Fitoussi et Daniel Cohen pour l'économie ; Alexandre Adler[8] et Thierry de Montbrial pour la diplomatie ; Jean-Claude Casanova pour la politique. En échange d'une pige mensualisée, tous ces intellectuels ont accepté de confier au *Monde* l'exclusivité – ou une semi-exclusivité – de leurs articles de presse[9]. Un bon moyen de « geler » le débat et surtout de tenir en respect les « rubricards » : désormais, ces derniers peuvent se passer de penser, puisque d'autres sont payés pour le faire...

Enfin, deux îlots résistent encore à la toute-puissance d'Edwy Plenel. Au service Aujourd'hui/Sport, le tandem constitué par Jacques Buob et Serge Bolloch (pourtant ancien LCR) subit périodiquement les agressions plénéliennes, mais tient bon. À la Culture, la mise au pas de Josyane Savigneau se révèle complexe. Sensible aux rapports de forces, elle a su faire allégeance à la direction de la rédaction tout en veillant à appuyer son pouvoir sur des éléments extérieurs au *Monde*. Sa présence à l'émission de Guillaume Durand, *Campus*, ainsi que son amitié légendaire avec (certains disent son « instrumentalisation » par) Philippe Sollers rendraient son éviction délicate. En 2002, grâce à l'appui de Plenel, Franck Nouchi a néanmoins réussi à quitter sa « tourelle » des *Cahiers du cinéma* pour revenir au quotidien où il a été nommé à la tête du service Culture. Pour l'heure, le projet de supplément dominical « *Le Monde* des Livres et des Idées », qui permettrait de réduire, voire ruiner l'autorité de Josyane Savigneau, est encore reporté, faute de moyens financiers. Mais la dame de pique du *Monde* n'ignore pas la sourde et condescendante hostilité qu'on lui voue au saint des saints. Gageons qu'en cas de conflit, elle n'aurait pas de mal à se recaser chez un de ses éditeurs préfé-

8. Passé fin 2002 au *Figaro*.
9. À notre connaissance, un seul, Nicolas Baverez, a refusé ce « fromage » à cause de la clause d'exclusivité qu'il comporte. Au demeurant, celle-ci ne semble que très moyennement respectée par les uns et les autres.

rés, à moins qu'aux yeux de cette profession oublieuse, sa disgrâce tempère soudain la pertinence de ses jugements littéraires...

Récapitulons : à l'exception du supplément *Le Monde de l'Économie* (dirigé par Serge Marti), *du Sport* et *des Livres*, Edwy Plenel a installé ses « vassaux » à la tête de tous les services du *Monde*. Cette ultra-centralisation paraîtra paradoxale aux lecteurs de Colombani et de Plenel qui ne manquent jamais une occasion, dans leurs éditoriaux comme dans leurs ouvrages, de revendiquer leur filiation girondine. Elle ne surprendra guère ceux qui, les connaissant mieux, ont deviné (ou pris conscience de) leur parfaite schizophrénie sur le plan des principes. « *Penser contre soi-même* », l'expression forgée par Edwy Plenel à partir de sa lecture fort singulière de Charles Péguy, est un hommage à l'humilité que le nouveau directeur de la rédaction applique d'abord... aux autres, tant on peine à trouver dans ses écrits la moindre trace d'autocritique ou d'exemple de cet exercice intellectuel vertueux. Bien au contraire : recevant Pascale Sauvage après que Patrick Jarreau lui eut signifié, sans justification, son départ du service France, Edwy Plenel commence par lui expliquer que personne n'est propriétaire de sa rubrique, puis, après quelques échanges entre le chef tout-puissant et la jeune journaliste en pleurs, il change de registre :

« *Ça te paraît injuste ? Il y a comme cela des causes qui impliquent des injustices... Tu comprends, à mon époque, j'avais un mythe : le Che. Pour servir sa cause, il fallait qu'il soit dur avec ses hommes... Moi, tu comprends, je n'y suis pour rien, je suis un mythe pour toute une génération de journalistes...* »

Pascale Sauvage était trop blessée pour prendre sur l'instant toute la mesure de cette confidence.

L'humilité, en revanche, est bien utile aux hiérarques du *Monde* dont les projets sont assez systématiquement pilonnés lors de la réunion de midi, la plus importante de la journée, celle où l'on fait le menu du journal du lendemain. Pourquoi le directeur de la rédaction, qui a peu ou prou choisi chacun et chacune de ceux et celles qui participent à cette réunion, semble-t-il si satisfait de pourfendre leurs projets ? Parce qu'Edwy Plenel s'est constitué là un royaume où son autorité ne souffre plus aucune contestation. Sans doute parce qu'il ressent que son vrai pouvoir est là, dans cette rédaction qu'il tient, dans ces hommes et ces femmes qu'il se plaît manifestement à brider ou à humilier et qui lui doivent leur place... et leur salaire.

Oui, vous avez bien lu : *leur salaire* ! Avant le règne du clan Colombani-Plenel, les émoluments des rédacteurs du *Monde* étaient discutés et, après détermination d'une enveloppe globale par la direction de l'entreprise, fixés par une commission des salaires désignée par la Société des Rédacteurs. Cette prérogative a été « transférée » au Pdg de l'entreprise et au directeur de la rédaction, la commission des salaires ne s'occupant plus que des « sans grade ». Ce faisant, les deux hommes ont mis fin à la « transparence » qui était de règle au sommet de la pyramide, tout en s'octroyant un pouvoir supplémentaire sur les hiérarques.

Ce refus de la transparence – que, par ailleurs, le journal s'empresse d'exiger du monde entier – provoque, au début de l'année 2000, une violence polémique interne. Les délégués syndicaux du quotidien apprennent par la bande qu'un certain nombre de hiérarques du *Monde* – une vingtaine – ont reçu des primes allant de 5 000 à 100 000 francs. Cet agréable avantage leur a été signifié par un courrier adressé à leur domicile, alors que la tradition au *Monde* veut que les rémunérations soient connues de tous. Un tract SNJ-CFDT est distribué avec un dessin de Plantu qui a figuré une épée (de Damoclès, évidemment) au-dessus de la tête des rédacteurs. Le tract évoque l'existence d'une « cagnote » et même d'une « caisse noire ». Jean-Marie Colombani s'énerve : le 16 mars, le Pdg du *Monde* demande que « *soient suspendues toutes les instances de discussion où siègent les auteurs de ce tract, et ce, jusqu'à ce que m'aient été présentées des excuses. Après tout, cette direction mérite un minimum de respect* ».

C'est justement un minimum de respect qu'exigent les journalistes de la commission des salaires. Dans une lettre à Edwy Plenel datée du 20 mars, ses responsables comparent la somme mobilisée en faveur de la hiérarchie (430 000 francs) à celle que doivent se partager les quelque 262 journalistes de base, soit 52 700 francs. L'image « sociale » du directeur du *Monde* en prend un coup, et c'est sans doute ce qui l'énerve le plus. L'épisode se traduira par une bouderie envers la déléguée CFDT, Sylvia Zappi, pourtant elle aussi ancienne de la LCR, dont on pouvait penser qu'elle serait protégée par son passé trotskiste.

« *Lorsqu'un projet est présenté dans une réunion,* note un dissident, *personne ne s'exprime plus avant Edwy Plenel. Les gens ont peur. Il y a au* Monde *toutes les caractéristiques de fonctionnement d'une institution totalitaire...* »

Nous n'ignorons pas que cette remarque surprendra. Mais combien de fois, en quelque deux ans d'enquête, n'avons-nous pas été abasourdis par les réactions de nos interlocuteurs ? Certains craignaient manifestement de s'exprimer par téléphone, imaginant des « écoutes » internes. D'autres exigeaient des lieux de rendez-vous excentrés pour éviter toute rencontre avec d'autres salariés du journal. D'autres, enfin, se sentaient menacés. Alors qu'aucun licenciement n'a été déploré depuis 1994, le moindre signe de disgrâce, le moindre silence dans l'ascenseur s'interprètent, au *Monde,* comme un danger potentiel.

Le système mis en place par la nouvelle direction ne fonctionnerait pas, cependant, sans une certaine générosité financière. « *Certes, l'ancien hiérarque ou le simple rédacteur du nouveau* Monde *a perdu sa liberté. Mais il peut emmener sa femme aux Seychelles pour les vacances* », se moque un « planqué ». Il faut ajouter qu'il peut aussi se constituer une confortable cagnotte en vue de sa retraite, le système d'abondement du FCP (Fonds commun de placement) étant fort généreux, l'entreprise remettant jusqu'à 130% de la mise consentie par le salarié. Cette générosité, qui a contribué à amadouer syndicalistes et corporations, a même suscité la réprobation de Pierre Richard[10] au sein du Conseil de surveillance. Au total, plus de quarante millions de francs ont ainsi été distribués aux salariés sous forme d'actions réalisables dans un large éventail de cas (accession à la propriété, par exemple) et surtout garanties. Si *Le Monde* est aujourd'hui « rattrapé » par une sévère crise financière[11], si les couloirs, à la fin de l'année 2002, bruissaient de rumeurs sur un « plan social » de grande ampleur, la crise de la publicité n'est pas seule en cause. C'est aussi parce que Jean-Marie Colombani, après 1996, a ouvert en grand toutes les vannes – elles-mêmes approvisionnées par l'arrivée de nouveaux actionnaires –, que la rigueur sera aussi draconnienne : à la fin de l'année 2002, on dénombrerait 370 cartes de presse au *Monde*, soit une augmentation de 50% depuis l'arrivée de la nouvelle direction à la tête du journal.

L'observateur extérieur ou intérieur s'étonnera de constater que l'intransigeance de Plenel, sa façon de bousculer publiquement les rédacteurs en chef et chefs de séquence, ne lui font perdre en rien de son prestige. Il est indéniable que les réunions de rédaction auxquelles il participe sont bien plus animées que celles dont il est absent. Non que le débat y soit plus vif : on a vu que le magistère du directeur de la rédaction ne souffre plus guère de contestation depuis l'exil de Patrick Jarreau à Washington. Mais les humains ont toujours un faible pour ces jeux de cirque dans lesquels un « puissant » – ou supposé tel : un chef de séquence, par exemple – est contraint par plus puissant que lui à ravaler sa morgue. Au surplus, si la soumission des hiérarques les fait souffrir, elle leur permet en même temps de prendre leur revanche sur les journalistes de base au sein des services : le chef répercute l'engueulade de Plenel, leur montrant que, s'ils ont échappé au sermon *in vivo,* ils le méritent tout autant, sinon plus que celui qui les dirige...

---

10. Président de Dexia, il est président du Monde Investisseurs, actionnaire du *Monde,* et, à ce titre, membre du Conseil de surveillance.
11. *Cf.* chap. 25, « Des comptes à la Enron », p. 582.

À la mise sous le boisseau des services correspond la fin de l'idéal journalistique de l'ancien *Monde* : le rubricard. Désormais, la *rotation* est un principe qui s'oppose à la *spécialisation*. Parallèlement, la nouvelle direction du *Monde* a satisfait la promesse électorale de Jean-Marie Colombani : l'embauche de dizaines de jeunes journalistes. L'ex-trotskiste Plenel connaît bien le principe qui lui fut enseigné dans les écoles de formation de la Ligue communiste révolutionnaire : celui dit de la « promotion Lénine », par référence à la façon dont Staline noya l'« opposition de gauche » du parti bolchévique par l'intégration massive de millions de nouveaux adhérents politiquement incultes et constituant, de ce fait, une masse de manœuvre facilement mobilisable contre les opposants. Plenel, lui, fabrique une « promotion Beuve-Méry » qui ne dit pas son nom, avec de jeunes rédacteurs qui, selon plusieurs témoignages internes, ne connaissent parfois même pas celui du fondateur du journal. Lors d'une conférence publique donnée à l'Institut d'Études politiques[12], le directeur de la rédaction souligna, comme s'il fallait se flatter d'un tel contraste, que le comité de rédaction du journal[13] consacré au Proche-Orient n'avait réuni qu'une quinzaine de rédacteurs, alors que celui convoqué un mois plus tard, en juin 2001, sur le sujet du « Loft », en avait rassemblé une centaine. Ce « jeunisme » revendiqué facilite les manipulations : ce n'est pas, en effet, faire injure aux jeunes journalistes du *Monde* que de constater que, choisis par la nouvelle direction sur des critères radicalement différents de ceux du passé – la plupart sortent de l'Institut d'Études politiques et du CFJ –, ils constituent, bien malgré eux, une « masse de manœuvre » pour celle-ci, même si, sur certains sujets, ils peuvent se révéler bien plus critiques que les anciens.

12. Conférence-débat, organisée par la Société des lecteurs de Renaud Camus, avec Alain Finkielkraut, sur l'« affaire Camus », qui se déroula le 29 mai 2002 devant quelque cinq cents personnes.
13. Survivance du *Monde* de Beuve-Méry : à la demande d'un chef de service ou de la Société des Rédacteurs, une réunion sur tel ou tel sujet peut être convoquée pour discuter après coup de la couverture éditoriale ou de la ligne du journal.

La Société des Rédacteurs a perdu, on l'a vu[14], son indépendance. La meilleure preuve en est l'impossibilité absolue dans laquelle sont placés les réels ou potentiels « opposants » à la direction de se faire élire. Dans la plus pure tradition des partis communistes de l'Europe de l'Est, des émissaires du duo Colombani-Plenel ont ainsi soufflé aux rédacteurs-électeurs, lors d'élections internes, de biffer les noms de Sylvia Zappi ou de Plantu. Ce dernier, l'un des seuls au quotidien à s'opposer ouvertement aux dirigeants du nouveau *Monde*, a raté de huit voix son élection. Autre signe qui ne trompe pas : l'option choisie par la Société des Rédacteurs à propos du vote sur l'introduction en Bourse de l'entreprise, question sur laquelle elle a eu à se prononcer. Ce problème n'était pas – et pour cause ! – mentionné dans les statuts ; mais un enfant de cinq ans devinerait que l'entrée en Bourse d'un journal indépendant ne peut que figurer parmi les questions méritant un vote à la majorité qualifiée (60 %), celle notamment requise pour l'élection du directeur. Inféodée à la direction, la Société des Rédacteurs a décidé qu'il suffirait de la majorité simple. Même ainsi, le principe de l'entrée en Bourse a été acquis de justesse, nombre de jeunes journalistes – singulièrement ceux du service Entreprises, qui connaissent sans doute mieux la Bourse que certains membres de la direction – ayant contesté ouvertement le projet.

La décrépitude de la Société des Rédacteurs se manifeste dans son rapport d'activité pour l'année 2001-2002 ; le bureau y constate que les conseils « *ouverts* » ont été « *peu fréquentés* » ; le rapporteur juge utile de préciser que « *le conseil de la SRM n'est ni le relais ni la courroie de transmission de la direction* », et que « Le Monde *n'est pas sous un régime de cogestion* ». Quelques mois plus tard, Michel Noblecourt, son président, déplorera encore l'absence des rédacteurs aux réunions. Mais ce boycott de fait traduit-il un manque de civisme, un individualisme croissant ou simplement le sentiment général que cette institu-

14. *Cf.* chapitre 8, « La prise en mains du *Monde* », pp. **156, 159-163**.

tion, qui devrait être le saint des saints puisqu'elle représente le premier actionnaire du quotidien, a perdu ce qui faisait sa raison d'être : son indépendance ?

Les services affaiblis et domestiqués, la Société des Rédacteurs tenue en laisse, il restait à mettre au pas les corporations. À l'arrivée des nouveaux maîtres du *Monde*, secrétaires de rédaction et correcteurs pouvaient encore tenir la dragée haute à la direction. Les secrétaires de rédaction, autrefois regroupés, ont été dispersés à la faveur de la révolution technologique. Avant celle-ci, le mode de fabrication du *Monde* était classique, structuré en quatre phases : rédaction, secrétariat de rédaction, atelier de prépresse (maquette et photocomposition), impression. Dans le nouveau système Hermes-Unisis, importé du quotidien espagnol *El País*, le circuit se trouve raccourci : rédaction, édition, impression. Là où cent cinquante personnes étaient nécessaires, une quinzaine suffisent désormais. Le compromis avec la CGT du Livre, élaboré par Colombani, modère la baisse des effectifs : en gros, soixante-dix des cent cinquante personnes concernées conservent leur emploi, moyennant une réorganisation qui implique la mutation de professionnels vers les suppléments, l'infographie et l'iconographie. En contrepartie, Colombani a exigé que tous les salariés de ces services travaillent sous l'autorité de la direction de la rédaction. D'où le transfert des secrétaires de rédaction au sein des services. Le nouveau système informatique permet au même homme d'avoir à tout moment une vision panoptique de la fabrication en cours du journal, page par page. La technologie installe ainsi le patron de la rédaction dans la position d'un Big Brother. Edwy Plenel est devenu pour de bon le maître du *Monde*, nul ne pouvant disposer en permanence d'une vision du journal aussi complète que la sienne.

Désormais, seuls les correcteurs conservent encore leurs prérogatives. Ils restent regroupés dans un même lieu et organisent eux-mêmes leurs horaires, ce qui déplaît souverainement à la direction. Une situation qui ne durera pas. Mais le trotskiste Plenel devra alors attaquer de front la seule profession à s'être dotée d'un syndicat entre les mains de... la LCR ! Et les derniers Mohicans du Syndicat du Livre apprendront à ce moment l'écart existant entre le « trotskisme culturel » et le trotskisme de pouvoir...

Désormais, le trio de direction peut gouverner sans partage. Tous les contre-pouvoirs mis en place depuis la création du *Monde* ont été détruits ou neutralisés ; tous les candidats virtuels à la direction de la Société des Rédacteurs ont été éliminés ou neutralisés. Pour la première fois dans l'histoire du journal, celle-ci n'est plus dans l'opposition. "*J'ai plaidé en vain,* raconte Alain Rollat, *pour que le conseil d'administration de la Société des Rédacteurs devienne un vrai contre-pouvoir. Ce n'était pas, à mes yeux, un* a priori *idéologique, mais une nécessité imposée par la fragilité congénitale du* Monde. *Aucun journaliste du* Monde, *devenu directeur, n'est réellement parvenu à maîtriser notre usine à gaz. Il y a ainsi une sorte de fatalité : plus* Le Monde *se porte bien, plus sa gestion a tendance à dériver. Il fallait donc que le conseil d'administration de la SRM, en tant qu'actionnaire principal, soit plus vigilant que jamais. Sous prétexte que la rédaction du* Monde, *devenue la partenaire d'intérêts financiers et industriels éminents, ne pouvait plus se payer le luxe de donner en spectacle ses débats internes, Jean-Marie Colombani l'a au contraire anesthésiée. Traumatisée par les effets déplorables de l'ancienne* "guerre des chefs", *la rédaction du* Monde, *si critique dans son regard sur les autres, s'est docilement laissée endormir. J'ai moi-même laissé faire pour ne pas porter préjudice à l'entreprise.* » Toute ressemblance avec les comportements et les sentiments secrétés par le communisme de la grande époque ne serait ici que pure coïncidence...

Enfin, les syndicats sont eux aussi du bon côté du manche (la CGT du Livre) ou si affaiblis que leur influence est devenue marginale. « *À quoi bon un syndicat ? Nous sommes au pouvoir* », a plaidé en substance Plenel auprès de ses anciens camarades, en 1995.

À présent que les crocodiles se retrouvent seuls dans le

même marigot, vont-ils s'entre-dévorer ? C'est la question que se posent les rédacteurs. La longévité de l'entente entre Colombani, Minc et Plenel fascine tout Paris. Chacun cherche et croit deviner les escarmouches entre les trois puissants[15]. On les dit multiples, notamment entre les deux premiers. Chaque nouvelle nomination au sein de la rédaction du quotidien est commentée : s'agit-il d'un « bébé Plenel » ou d'un *colombanien* ? La demande de Plenel, non satisfaite par Colombani, de se voir octroyer le titre de directeur général, a interpellé tout un chacun dans les étages du journal. En réalité, les trois sommités ne dédaignent pas de susciter çà et là quelques bruits de cour grâce auxquels mettre en valeur leur propre pouvoir. Ce jeu monarchique s'appuie sur leurs dissemblances. Jean-Marie Colombani est un homme tout à la fois modéré et très « politiquement correct ». Spontanément, ses choix le portent volontiers vers un Balladur ou un François Bayrou, et il rejoint en cela les inclinations d'Alain Minc. Tandis que Plenel, lui, cherche du côté de la radicalité. Ne pouvant plus l'exercer dans la sphère sociale, le directeur de la rédaction du *Monde* s'affiche comme un « démocrate radical » d'un type nouveau. Lors des rencontres de Pétrarque, à Montpellier, en juillet 2001, organisées par France Culture en partenariat avec *Le Monde,* il appela les mille personnes présentes dans le public à adhérer à la Convention pour la VIe République d'Arnaud Montebourg et de Paul Alliès, son voisin et ami.

Sur le plan des relations humaines, Colombani est aussi un chef on ne peut plus classique : protection et paternalisme sous-tendent son fonctionnement mental. Très courtois dans les ascenseurs, il demande toujours des nouvelles des enfants. Le matin, lors de la conférence des chefs de service qui a lieu dans son bureau, il émet deux ou trois remarques et se contente de donner la couleur de l'éditorial. Rien de bien inquiétant, en somme. Edwy Plenel est aux antipodes. C'est un bosseur, présent dès les

15. L'une d'elles a concerné le traitement de Jean-Marie Messier par le journal. Voir chap. 18, « JMC contre J2M », pp. 429-432.

aurores au journal (même s'il doit se faire réveiller par téléphone pour y être). Cet homme flamboyant sème l'inquiétude et la peur. Portant sa passion en écharpe, il offre à tous le spectacle impressionnant de ses engouements et de ses haines. S'il déteste quelqu'un, l'existence de la personne qu'il a prise pour cible risque fort de devenir un enfer. Plenel n'hésite pas à humilier publiquement, à monter des coups dans le dos de ses ennemis qu'il peut même, le cas échéant, agresser ouvertement. La guerre qu'il a menée contre Patrick Jarreau, chef du service France – l'attaquant quasi systématiquement en conférence –, lui a permis d'intimider d'emblée l'ensemble de la rédaction. Nul n'ignore que celui-ci est aujourd'hui en exil – doré – à Washington.

Le pouvoir, pour quoi faire ? Les oppositions détruites ou isolées, la nouvelle équipe peut à présent faire du *Monde* ce que bon lui semble. Nous voici donc dans l'univers des « coups », cette cuisine dans laquelle le chef Plenel mijote les plats qu'il va servir aux élites françaises, accessoirement aussi aux lecteurs, puisque ces derniers constituent en définitive le meilleur alibi du système. « *Nous faisions du Fauchon, il va falloir faire du Leclerc* », ont en substance expliqué en 1994 les membres de la nouvelle équipe à des rédacteurs quelque peu interloqués. Lesquels ont mis un certain temps à découvrir qu'en fait de Leclerc, on les conviait plutôt à faire du Vidocq ou du Fouché. Mais, comme dit le proverbe chinois que l'on ignore trop souvent sous nos cieux, « c'est sous la lampe qu'on y voit le moins clair ».

Essayons pourtant de démêler quelques-uns des fils de cet écheveau qu'on appelle le « nouveau *Monde* ». La « une » est ce qui le distingue le plus de son ancêtre. Laissons de côté les « unes marketing » ; réservons pour plus tard les campagnes politico-idéologiques[16], et concentrons-nous sur les « unes » de type « *Wanted* ».

16. Voir chapitre 19, « Ils n'aiment pas la France... », p. 439 et suivantes.

Passé vichyssois de Mitterrand, prêt gratuit à Bérégovoy, abus divers de Chirac, dossier Dumas, scandale de la Mnef..., *Le Monde* fait l'évènement en instruisant chaque dossier. La vie politique, économique et sociale du pays est ainsi rythmée par un enchaînement de « unes » consacrées aux « affaires ». Dans la profession de foi « *Le Monde* et ses principes », publiée en 2002[17], la nouvelle équipe reconnaît que le journalisme d'investigation est au cœur de son dispositif éditorial :

« *La fonction première du* Monde *est d'informer. Son information doit être originale : cette originalité, qui se traduit par la volonté d'exclusivité dans la recherche des nouvelles et le souci de la pertinence dans le traitement, n'est pas seulement, pour* Le Monde, *une manière de se distinguer de ses concurrents, elle est aussi le seul moyen de les devancer pour ne pas être handicapé le lendemain, en province, face à des quotidiens plus frais. La nécessité de l'investigation procède de ce principe ; elle ne doit pas se limiter aux affaires de police et de justice, comme on tente parfois de le croire, mais s'étendre* à tous les domaines[18] *afin de dévoiler les réalités cachées dès lors que celles-ci permettront de rendre les événements intelligibles.* »

Le journalisme d'investigation au poste de commande, donc. À Edwy Plenel d'en contrôler la production, d'en assurer la « mise en scène » et le service après-vente. À lui de décider ce qui doit ou non devenir un événement. À lui, en dernière analyse, de choisir de lâcher ou de retenir les « chiens ». Selon quels critères ? En respectant quels principes ? Suivant quelles méthodes ? Là encore, nul besoin d'une très longue enquête ; les réponses sont à la disposition de ceux qui veulent bien les chercher : dans les livres écrits par le directeur de la rédaction du *Monde* contre François Mitterrand et, plus récemment, contre Lionel Jospin.

Comment définir ce journalisme d'investigation dont Plenel s'est fait à la fois le héraut et... le héros ? Dans *Un temps de chien,* il admet que, contrairement à ce que le

17. *Le Style du* Monde, *op. cit.*, p. 6.
18. Souligné par nous.

mot *investigation* suggère, « *aucun des journalistes que l'on classe aujourd'hui dans cette catégorie ne peut prétendre avoir pu, ne serait-ce qu'une fois, mener une enquête au long cours, sans impératif de rentabilité ni contrainte de temps* (…). *En fait, nous travaillons dans l'urgence, nous saisissant de ce qui survient et surgit, le plus souvent au gré de l'actualité judiciaire ou policière. Nous tirons les fils qui se présentent et qui s'offrent, selon notre inspiration ou notre détermination, selon la nécessité aussi…* »

Voilà, fort bien définie par son créateur, la grande imposture du « journalisme d'investigation ». À l'ombre confortable de la morale dont il n'est pas comptable – par définition, le journaliste d'investigation, contraint de se « mouiller », ne saurait être professeur d'éthique[19] – et qu'il néglige, de toute façon, de définir (« *facts, only facts* ! »), il ne cherche pas, mais « *tire les fils* » des enquêtes judiciaires et policières, selon son « *inspiration* » ou sa « *détermination* ». C'est un « *trouve-scoop* » qui n'a pas le loisir de chercher. Un « *procureur des lâchetés politiques* » (!) qui « *porte la plume dans la plaie* ».

Soit. Mais, pour cet « *acteur impliqué, engagé* », tel qu'il se définit lui-même, quelle est la différence entre « *aiguillonner, animer, stimuler* » et « *blesser, abattre, tuer et déterrer les cadavres* » ? Tout se passe comme si Plenel, animé par un grand désir de violence, s'était lui-même imposé d'enrober son secret penchant d'un discours moral et politique. Se voulant « *comptable du monde qu'il laissera à ses enfants* » et inquiet « *d'être complice de l'irréparable* », le journaliste plénélien est un combattant qui, au nom de l'urgence et de la nécessité, abandonne ses scrupules sur les moyens à utiliser pour fouailler les plaies… Ivre de mots, il en oublie les actes qu'il se voit contraint de commettre pour les justifier. Intrigué par l'une de ses expressions favorites « *en cuisine* » : « *l'imposture*

19. L'un des deux auteurs, Pierre Péan, est bien placé pour le dire : il considère que le journaliste d'investigation est au mieux un aventurier, le plus souvent un voyou…

fonctionne », les journalistes qui l'approchent trouveront peut-être dans cette analyse une contribution à l'explication du mystère Plenel. Ici, la prudence et la perplexité nous conduisent à céder la place à d'autres – anthropologues, psychanalystes ? –, plus à même de restituer quelque cohérence au grand fracas intérieur qui agite le bonhomme. Notre propos, plus modeste, nous commande plutôt de poursuivre la description d'une mécanique dont, sans doute, les ressorts intérieurs nous échappent.

Revenons donc à l'épure du journalisme d'investigation. C'est bien cette conception du journalisme, qui se situe quelque part entre celle du procureur soviétique Vichinsky et du conventionnel Marat, entre justice procédurale et tribunal populaire, entre filature policière et dénonciation publique, que Plenel, une fois parvenu à la tête de la rédaction du *Monde*, a imposée. Écoutons ses chevau-légers. Dans la simplicité et la naïveté de leurs exposés, les « bébés Plenel » trahissent la matrice intellectuelle quelque peu monstrueuse qui les a engendrés : « *Nous avons pour règle de nous caler sur les instructions, nous ne faisons pas d'enquête d'initiative* », explique Anne Chemin[20] qui affirme par ailleurs « *se foutre du secret de l'instruction* ». Hubert Beuve-Méry, lui, affirmait : « *Je suis de ceux qui ne pensent pas qu'on ait le droit de dire n'importe quoi à n'importe qui, n'importe où, n'importe comment, parce qu'il peut y avoir des conséquences*[21]. » Hervé Gattegno exprime encore mieux la pensée de son maître. On ne pouvait attendre moins de celui qui est défini comme « *un nouveau Plenel*[22] ». Car c'est Gattegno qui a sorti toutes les grandes « affaires » depuis que ce dernier est aux « *cuisines et ne sert plus en salle*[23] » : le feuilleton de l'affaire Elf, les HLM de Paris, l'affaire Schuller... « *L'investigation, c'est surtout une tension très importante, parce qu'on fait du mal aux gens... La fonction sociale de*

20. In *Un secret si bien violé. La loi, le juge et le journaliste,* de Jean-Marie Charon et Claude Furet, Le Seuil, 2000.
21. Beuve-Méry, *Paroles écrites, op. cit.*.
22. L'expression est reprise dans son mémoire par le jeune Stéphane Alliès.
23. Plenel, dans l'émission *Tam-Tam,* sur France Inter, en septembre 2001.

ce travail, c'est l'insolence dans le débat public[24] », explique-t-il. Il admet travailler *grosso modo* comme un juge d'instruction. Il lui arrive de laisser sa carte de visite dans la boîte aux lettres de quelqu'un qu'il n'a pu joindre au téléphone avec cette simple mention : « *Hervé Gattegno souhaite vous entendre* ». Plusieurs personnes mises en examen dans de grandes « affaires » se plaignent – en privé, car leur témoignage serait immédiatement estimé « *sujet à caution* » – des méthodes de Gattegno. D'aucuns prétendent que le journaliste leur a laissé entendre qu'il travaillait « main dans la main » avec le (la) juge. En somme, qu'accepter de lui parler pourrait être porté au crédit du mis en examen. Vrai ou faux ? On comprend mieux, en tout cas, pourquoi Hervé Gattegno a pu proposer ce type d'accord au juge Halphen. Ce dernier a écrit :

« *L'affaire des HLM a permis de découvrir une catégorie particulière de la corporation des gens de presse : les journalistes d'investigation. Du temps où j'étais encore naïf, je pensais que leur métier était... d'investiguer. Erreur ! (...) À de rares exceptions, et je pense notamment ici au* Canard enchaîné *(...), les journalistes d'investigation ne font pas donc pas d'enquête*[25]*...* » Et, pour éclairer le propos, le juge Halphen raconte avoir reçu une proposition d'Edwy Plenel et d'Hervé Gattegno de « marcher ensemble », qu'il refusa[26].

En fonctionnant *en duo* avec un juge (pas Halphen, bien entendu, mais l'un de ceux qui ont « marché »), Gattegno ne fait que se couler dans le moule plénélien, quitte à commettre le même type de bévue que son maître avec l'affaire de Panama[27]. Dans *Le Monde* des 8-9 décembre 2002, Hervé Gattegno publie une enquête étalée sur deux pleines pages, intitulée « *Le mystère de la chambre du Président* ». L'hypothèse du journaliste : la villa pharaonique du promoteur immobilier Christian Pellerin, bâtie à Cap d'An-

24. In *Un secret si bien violé, op. cit.*
25. *Sept ans de solitude*, Denoël, 2002, p. 188 ; voir aussi Gilbert Thiel et Daniel Carton, *On ne réveille pas un juge qui dort*, Fayard, 2002.
26. Entretien avec l'auteur.
27. Cf. chap. 6, « Le faux scoop de Panama », p. 125.

tibes en 1989 avec un énorme dépassement de permis de construire, était destinée à héberger François Mitterrand pour ses vieux jours. À l'appui de cette thèse, deux preuves. La première – le Président avait visité les lieux le 29 novembre 1989 – ne tient pas : elle est contredite par les archives officielles de l'Élysée. La parution du démenti d'André Rousselet a d'ailleurs provoqué un affrontement entre Colombani et Plenel qui, protégeant son « clone », s'est d'abord opposé à la publication de la lettre de l'exécuteur testamentaire de François Mitterrand[28]. Quant à la seconde, elle est constituée par une déclaration de Paul Barril dont on sait qu'il n'a jamais appartenu à la cellule anti-terroriste de l'Élysée, mais au GIGN sous les ordres du commandant Prouteau, en 1983, soit six ans avant la supposée visite de Mitterrand à Cap d'Antibes ! Bref, l'enquête de Gattegno ne répond manifestement qu'à un seul impératif : poursuivre encore de la vindicte du *Monde*, six ans après sa mort, François Mitterrand, au mépris de ses proches et de sa mémoire. Attaquer un homme enterré est un sport d'autant moins risqué que le journaliste du *Monde* choisit de publier son enquête au moment précis où la villa de Cap d'Antibes, conformément à la décision de justice, est détruite, et que l'« affaire » n'aura pas de suites. Fort heureusement, l'article de Gattegno a été ignoré par tous ses confrères qui se méfient désormais du journalisme d'investigation façon *Le Monde*...

Le « nouveau Plenel » aurait dû se méfier du capitaine Barril. Déjà, pour sa première « une » publiée le 28 juin 1994, le même Barril l'avait « enfumé ». Titre de l'affaire : « L'énigme à la boîte noire ». Un autre titre à la Tintin ! Une enquête longue et tortueuse. Rappelons les faits : le

28. Voir la lettre publiée le 13 décembre 2002 dans *Le Monde*, en réponse à l'enquête de Gattegno : « *Ce 29 novembre 1989 que révèlent sans appel les archives de la construction, date à laquelle se situe une visite sur les lieux du premier personnage de la République. Une date aussi précise ne s'invente pas... Bravo pour cet argument inattaquable, à cette nuance près que ce 29 novembre 1989, François Mitterrand était à Athènes en visite officielle, dont il ne devait revenir que le lendemain en fin de matinée.* » Soulignons que *Le Monde* se contente de publier cette rectification sans émettre la moindre excuse à l'intention de ses lecteurs, ni même reconnaître explicitement l'erreur commise.

6 avril 1994, l'avion transportant le président rwandais Juvénal Habyarimana et une dizaine de passagers s'écrase au sol. Il n'y a aucun survivant. Le scoop de Gattegno ne repose que sur un seul témoignage, celui du capitaine Barril, qui prétend détenir la boîte noire de l'avion ; celle-ci contiendrait des informations qui permettraient de remonter jusqu'aux auteurs de l'attentat. Dès le lendemain, la version de Barril se révèle être sans fondement : Dassault Falcone Service a déclaré que l'appareil à bord duquel se trouvait le président rwandais ne comportait pas de boîte noire. Pis pour Gattegno : les représentants de la société ont affirmé que la boîte noire brandie par Barril à la télévision ne correspondait pas au type de boîte équipant le Falcone. Le lendemain de son prétendu scoop, le « petit reporter » Gattegno doit donc se fendre d'une explication embarrassée, dont l'idée qui en est ressort est la suivante : si ce n'est pas Barril, il y a forcément quelqu'un, quelque part, qui détient la fameuse boîte noire. Toujours la vraisemblance lorsque le fait vrai fait défaut...

L'installation d'un Gattegno à la tête de la séquence France[29] explique mieux que de longs discours le projet éditorial du « nouveau *Monde* ». C'est par le prisme des « affaires », installé par le journaliste d'investigation n° 1, que le journal de référence appréhende désormais la politique française.

Selon Jean-Marie Colombani[30], « *en écrivant dans* Le Monde, *un journaliste dispose d'une formidable influence, tant en France qu'à l'étranger ; mais il va de soi que ce privilège doit s'accompagner d'un sens aigu de sa responsabilité particulière* ». Le problème est que ce « sens aigu » ne transpire guère des propos – ni parfois des actes – des journalistes travaillant sous la direction d'Edwy Plenel.

Le lecteur a pu, au fil des pages, avoir un aperçu des méthodes utilisées par ce dernier pour fabriquer ses

29. Même si, officiellement, on l'a vu, il n'est que l'adjoint d'Anne-Line Roccati.
30. In *Le style du Monde*, 2002.

scoops : alliance avec des assoiffés de pouvoir, instrumentalisation – consentie ou non – d'un juge, échanges de bons procédés avec des policiers... Derrière ces scoops apparaît la mise en œuvre de méthodes conspiratives et coercitives, la protection des « sources » se doublant d'une mise en valeur, par des portraits outrés, des meilleurs informateurs du journal. Pierre Joxe, Bernard Deleplace, François de Grossouvre, entre autres prolixes interlocuteurs de Plenel, ont ainsi été remerciés et gratifiés par nombre de papiers élogieux. Plus récemment, le 3 juin 2000, *Le Monde* a accordé deux pages pour assurer la promotion du livre d'Eva Joly. *Le Monde* a ses « H. C. » (honorables correspondants) à l'intérieur des pouvoirs qui l'intéressent. Hubert Beuve-Méry – encore lui – a eu le temps, peu avant sa mort, de se prononcer, avec le sens de la formule diplomatique propre à son temps, sur ce qui apparaîtrait plus tard comme le « scoop fondateur » d'Edwy Plenel :

« *Alors, il est du rôle du journaliste, sur des événements brûlants, prenons par exemple l'histoire Greenpeace, on pourrait en prendre trente-six autres, d'essayer d'accoucher les responsables ou les gens qui savent ou devraient savoir. C'est leur rôle de pousser à l'indiscrétion aussi loin que possible, en pensant tout de même aux limites dues à l'intérêt général, mais l'information du public courant n'a pas une telle valeur qu'on doive lui donner la priorité sur tout. C'est toujours un jeu de frontière assez délicat. Le risque, c'est que les confidences ou les indiscrétions recueillies ne soient pas vraiment gratuites. Dans ce jeu, le risque est de n'obtenir que des confidences dont l'auteur attend un certain résultat politique. Alors, à mon sens, il faut être très prudent dans ce genre de sport*[31]. »

On ne saurait être plus clair...

Une fois devenu directeur de la rédaction, Edwy Plenel a en quelque sorte appris ses « ficelles » à ses affidés afin

31. *Paroles écrites*, *op. cit.*, p. 271.

que le « tour de main » du « métier » puisse se perpétuer. Il en ressort que la « *bonne information* » d'une source est toujours « *trahison* » d'une autre. Quant à la technique des « H. C. », elle a été réactualisée dernièrement et étendue à la sphère économique à l'occasion de la déroute de Vivendi : pour décrire les soubresauts internes à la tête de l'entreprise, il semble bien que Martine Orange ait ainsi disposé d'une informatrice nichée au sein même de la direction financière de VU[32].

Les journalistes qui font à présent les belles heures du *Monde* sont en réalité des gestionnaires de « fuites » en provenance de la Justice et de la Police, ou émanant d'individus qui souhaitent se faire bien voir du quotidien, ou d'informateurs qui ont peur. Nul ne s'étonnera que cette dernière catégorie soit en nette progression : tout système d'intimidation produit des effets cumulatifs. Les premières salves étonnent les naïfs qui se croyaient entre gens du monde. Les deuxièmes interpellent. Il faut attendre un peu pour que les victimes suivantes décident de « se rendre » spontanément parce qu'elles ont percé les secrets du pouvoir qui leur est opposé (ou opposable).

Dans l'*establishment* parisien, les enquêtes du *Monde* ne dupent plus personne. Le grand jeu en vogue consiste à deviner pourquoi telle ou telle personnalité est, à un moment donné, « ciblée », et telle autre épargnée. Quant au lecteur de base du quotidien, il doit cesser d'ignorer que les plus grands « scoops » ne sont le plus souvent que des réécritures de procès-verbaux fournis par des juges ou des avocats qui se servent du journal pour mener à bien leur propre stratégie. Ces professionnels de la Justice jouent ainsi avec le feu en amplifiant le déséquilibre de l'instruction qui, en France, est « inquisitoriale », au risque de léser les droits du citoyen. Pourquoi s'indigner des dénonciations publiques de pédophilie qui ont acculé certains enseignants au suicide, et ignorer que plu-

32. Vivendi Universal, voir chapitre 18, « JMC contre J2M », pp. 434-435.

sieurs personnalités ont vu leur existence, leur carrière ou leur réputation brisées par la « machine à scoops » du *Monde*, laquelle a en outre tendance à faire des émules dans le reste de la presse ? La flèche du *Monde* est d'autant plus meurtrière que le quotidien affectionne d'utiliser la technique du feuilleton dans les « affaires » importantes, un peu sur le modèle du « scoop originel » consacré aux rebondissements de l'enquête sur le sabotage du *Rainbow Warrior*. Chaque nouveau procès-verbal fait ainsi l'objet d'une « manchette » ; l'accumulation finit par provoquer l'écœurement du lecteur à l'endroit des cibles désignées. Alain Finkielkraut a bien cerné la méthode dans *L'Imparfait du présent*[33] :

« *Le verbe choisi par Zola* [accuser] (...) *a fait, ces six dernières semaines, quatre fois la une du journal* Le Monde :

Jeudi 2 avril 2001[34] *: Un nouveau témoin accuse M. Chirac.*

Vendredi 27 avril 2001 : Le juge Halphen accuse Jacques Chirac.

Vendredi 18 mai 2001 : Vache folle : le rapport qui accuse les ministres.

Mardi 22 mai 2001 : Trente députés accusent Jacques Chirac.

Ceux qui se réclament de lui [Zola] (...) *ont instauré un Tribunal de Salut public. Ils n'en appellent pas au forum d'une décision inique rendue dans un prétoire, ils emplissent le forum du seul vacarme de l'accusation. Ils pratiquent la pénalisation du politique et non la politisation d'une affaire pénale. Quand ils croient se référer à l'épopée du dreyfusisme, ils renouent avec la logique de la Terreur, et quand ils disent "Zola", c'est "Robespierre" qu'il faut entendre.* »

Foin de la présomption d'innocence ! Le feuilletonniste « oublie » de contextualiser et d'historiciser le dossier. Si prompt à dénoncer les atteintes à sa vie privée par voie

33. Gallimard, mai 2002.
34. En fait, il s'agit du 5 avril 2001.

d'écoutes téléphoniques, Edwy Plenel n'a aucun état d'âme à faire divulguer les détails les plus intimes sur des personnes mises en examen. Des détails soutirés à des juges ou à des policiers et obtenus par ceux-ci en recourant à des moyens qui sont ceux de la force publique : « écoutes », perquisitions, interrogatoires. C'est comme si les journalistes « écoutaient », perquisitionnaient ou interrogeaient directement leurs cibles. Nous disons bien *cibles,* car tous les hommes et les femmes de pouvoir ne se trouvent pas à égalité devant le regard inquisiteur d'Edwy Plenel. *Le Monde* a ses chouchous, ses protégés, et, d'un autre côté, des gens qu'il hait de manière quasi épidermique. On a vu (ou l'on verra) que Charles Pasqua, Édouard Balladur, Laurent Fabius, Nicolas Sarkozy, François Bayrou, Jack Lang, Michel Delebarre, Louis Schweitzer, Michel Pébereau, Dominique de Villepin, Olivier Schrameck font plus ou moins partie de la première catégorie. Nous verrons que nombre d'autres, parmi lesquels François Mitterrand, Jacques Chirac, Roland Dumas, Gilles Ménage, Loïk Le Floch-Prigent, Jean-Pierre Chevènement, Jean-Michel Baylet, Émile Zuccarelli font ou ont fait partie de la seconde[35].

Après ce détour instructif par les « archives » du journalisme d'investigation, la philosophie du métier développée dans sa *Part d'ombre* par Edwy Plenel n'en revêt que plus de saveur : « *Nous savons tous que nous* produisons *cette réalité, que nous l'organisons et la construisons au travers de nos choix et de nos tris, de nos hiérarchies et de nos curiosités. Nous sommes aussi* acteurs, *impliqués par nos commentaires, nos reportages, nos enquêtes qui minimisent tel fait, en grossissent un autre, en oublient un troisième* (...). *C'est tromper notre monde, lecteurs, auditeurs, téléspectateurs, que de nous représenter avantageusement comme des êtres asexués culturellement ou politiquement, au-dessus de la mêlée, de ses drames et de ses espoirs* (...). *Les journalistes sont*

35. Voir les chapitres 12 et 22, intitulés « *Le Monde* tel qu'il hait », pp. 262 et 513.

eux aussi dedans et dehors, dans le tout et dans la partie, aux marges et au centre. Il est temps qu'ils en rendent compte. (...) *Nous apportons simplement* des *vérités, partielles ou partiales, éphémères ou durables, discutables et aléatoires...* »

Ce relativisme commode ne s'apprécie que par ce qu'il autorise, au sens de « couvrir ». Car si le journalisme est une construction, et le journaliste un acteur, tous les partis pris deviennent justifiés. Ici, Plenel n'est pas si loin de la dénonciation par Karl Kraus des médias comme « bâtisseurs » de l'événement et du réel.

Professeur de philosophie au Collège de France, Jacques Bouveresse a repris les analyses du pamphlétaire viennois[36] sur la presse, et notamment sa dénonciation de « Schmock », personnage qui incarne un journalisme arrogant et malhonnête sur le plan intellectuel. Si le philosophe évite de descendre directement dans l'arène politico-médiatique, il suggère que la critique de la presse effectuée par Kraus voici un siècle peut parfaitement s'appliquer à celle d'aujourd'hui. « *La presse*, écrit Bouveresse, *a fini par acquérir une position telle que le métier même de journaliste est devenu synonyme d'impunité et d'irresponsabilité. Ce qui inquiète Kraus (...),* [c'] *est que la presse est en train de devenir le seul pouvoir réellement absolu (...) et, en même temps, celui qui dispose des moyens les plus puissants pour persuader l'opinion publique du contraire...* » Reprenant la pensée de Kraus, il précise : « *Même si elles sont contradictoires ou matériellement fausses, les choses qui ont été dites finiront par s'arranger globalement entre elles et la réalité. (...) Pour ce qui est de la vérité, ça ira toujours.* »

En effet. Du faux scoop de l'« affaire Panama » au « mystère de la chambre du Président », en passant par les « unes » contre Roland Dumas – dont les avanies judi-

36. Karl Kraus (1874-1936) publia une revue satirique intitulée *Die Fackel* (Le Flambeau), qui visa principalement la presse libérale viennoise. Voir l'ouvrage de Jacques Bouveresse, *Schmock ou le triomphe du journalisme. La grande bataille de Karl Kraus*, Seuil, coll. Liber, 2001.

ciaires pourraient déboucher sur une relaxe –, la longue suite de dérapages déontologiques ne remet jamais en question la logique du « journalisme d'investigation » pour lequel « on ne fait pas d'omelette sans casser des œufs ».

Retour à « Schmock » : « *On commence par annoncer bruyamment une chose fausse et, lorsqu'on est pris en flagrant délit de mensonge, on répond simplement* : "*Quelle importance ?*" *ou* "*Pourquoi tout ce vacarme ?*", *et l'on parvient ainsi à mettre à nouveau de son côté le public, qui a oublié le mensonge initial et peut très bien se dire que c'est uniquement à cause d'une loi mesquine et malveillante, ou parce qu'il s'agit d'un prince, que le journal est obligé, à son corps défendant, de revenir (...) sur une question aussi insignifiante. Voilà comment, selon une autre expression de Karl Kraus, la presse ne rapporte pas,* "elle est l'événement". »

Ainsi, à l'abri d'une morale-paravent, Edwy Plenel fixe l'agenda de la plupart des autres pouvoirs et en maintient une partie sous l'empire de la peur. Il y a évidemment des raisons économiques à la multiplication des « scoops » qui, aux yeux de la direction financière du journal, s'analyse purement et simplement en termes d'apport d'argent frais[37]. Le journalisme d'investigation – nous sommes d'accord sur ce point avec son inventeur[38] – n'a que faire de l'idéologie. Le « nouveau *Monde* », telle est la triste réalité, n'est pas *désintéressé,* comme le furent en un sens *Le Figaro* ou *L'Humanité,* journaux d'opinion dans les années 1960. Il prétend s'être affranchi de tout engagement partisan, de tout principe pour se mettre tout entier au service de la vérité. C'est bien là tout le problème : quelle nécessité pourrait justifier un exercice du métier de journaliste qui renoncerait à tout idéal et piétinerait les valeurs dont il se réclame ? L'imposture du « nouveau *Monde* » n'est-elle

37. Robert Solé a pu ainsi se féliciter que le numéro daté du 17 novembre 1999, avec une « une » intitulée « *La faute de DSK* », avait connu une vente supérieure de 24 % à la moyenne.
38. Voir chapitre 5, « Cabinet blanc contre cabinet noir : le *Rainbow Warrior* », p. 105.

pas justement d'abriter, derrière sa distance affichée à l'égard du pouvoir politique, un nihilisme d'époque, un cynisme refondateur dont le seul moteur serait l'accroissement de l'influence de ses dirigeants ?

« *Le Monde* fait peur », a écrit non sans fierté Jean-Marie Colombani après le refus de Jean-Marie Messier de lui vendre *L'Express*[39]. La peur est en effet une arme essentielle dans la façon dont s'exerce le pouvoir du quotidien de référence.

Elle est sans doute aussi l'une des principales clefs de son fonctionnement. Inspiré au départ par le désir légitime de « faire carrière », puis par la volonté de nuire à un puissant, François Mitterrand, démonisé pour des raisons sans doute largement psychologiques, le journalisme d'investigation, hier arme d'exception, est devenu en soi un mode de fonctionnement au service de ce pouvoir d'un type nouveau. Autrefois cantonné au seul univers de la Mitterrandie, les « techniques d'investigation » du journaliste Plenel ont peu à peu diffusé dans la rédaction du *Monde* et se sont étendues à d'autres domaines. Désormais, ce modèle du journalisme moralisateur, justicier, voire délateur, impose sa loi depuis l'International jusqu'à la Culture. *Le Monde* est devenu un univers de « neveux flingueurs » bien moins sympathiques que leurs lointains oncles montalbanais. Il accuse pour assouvir les passions de ceux qui le dirigent, mais il dénonce aussi pour permettre aux « sujets » de Plenel et Colombani de gagner leurs propres galons et de marcher sur les traces de leurs maîtres. *Le Monde* fustige enfin pour frayer son propre chemin parmi les puissances du monde néolibéral.

Aux chapitres suivants, nous analyserons par l'exemple ces différentes « fonctionnalités » du nouveau *Monde*. Un *Monde*, en somme, qui « tue » pour servir *Le Monde*. Que ceux que la circularité du raisonnement dérange cherchent une autre cohérence à la série d'enquêtes assassines qui

39. Voir chapitre 11, « Le dogme de l'indépendance », p. 236 et suivantes., en particulier, p. 250.

ont fait la réputation du journal. Chacune séparément constitue une erreur foncière ou un regrettable dérapage. Regardées en surplomb, toutes contribuent à forger un système dont on est réduit à retracer la cohérence a posteriori.

CHAPITRE 11

Le dogme de l'indépendance

Alain Minc et Jean-Marie Colombani ont vite compris que la nouvelle formule et quelques changements éditoriaux ne suffiraient pas à assurer l'équilibre économique du *Monde*, beaucoup trop dépendant de la conjoncture et des fluctuations des recettes publicitaires. L'idée s'est progressivement imposée à eux qu'il fallait adosser le quotidien à des activités moins cycliques, des sortes de « tiroirs-caisses » qui assureraient son indépendance financière. Voilà comment est né ce que Jean-Marie Colombani appelle *le dogme de l'indépendance.* Il consiste en fait à assurer l'indépendance du quotidien dit de référence par... la mise sous dépendance d'autres journaux, naturellement prospères. Rue Claude-Bernard[1], comme jadis à Rome, l'indépendance passe par la colonisation...

« Et si on prenait *L'Express* ? »

Depuis les années 1990, l'hebdomadaire vivait au rythme d'incessantes crises provoquées par les changements de propriétaire : Jimmy Goldsmith, puis Alcatel, enfin Havas-Générale des Eaux, chaque modification de l'actionnariat se traduisant par l'apparition de nouvelles têtes à la direction de la rédaction. « *L'idée de partir à l'assaut de* L'Express *est née autour d'une table, entre Pierre Dauzier* [le président de Havas], *Alain Minc et moi. Au début, il s'agis-*

1. Siège du *Monde* depuis 1996.

sait d'une simple participation... », raconte le patron du *Monde*. La scène se situe en février 1997. L'arrivée de Jean-Marie Messier à la tête de la Générale des Eaux risque une nouvelle fois de créer des remous au sein de l'ancien journal de « J.-J. S.-S.[2] ». En effet, aux termes d'un accord scellé le 6 février 1997 entre Jean-Marie Messier et Pierre Dauzier, la Générale des Eaux devient l'actionnaire principal de Havas, et donc l'actionnaire principal de *L'Express*... Dès lors, Dauzier n'a plus la haute main sur le devenir de l'hebdomadaire. Mais que faire de *L'Express* et du *Point* lorsqu'on dirige une grande entreprise vivant pour beaucoup des commandes publiques ? Comment éviter de se fâcher avec l'Élysée ou avec Matignon au gré des « unes » des deux journaux mettant en cause l'une ou l'autre des deux têtes de l'exécutif ? D'autant plus que, pour l'heure, la « cohabitation » accentue les risques de dérapage. Pour s'en sortir, Jean-Marie Messier imagine de faire tomber *Le Point* « à droite » et *L'Express* « à gauche ». On songe pour le premier à Pinault. Symétriquement, suggère Dauzier, *L'Express* pourrait tomber dans l'escarcelle du *Monde*.

Le projet s'ébruite : le 5 mars, le *Canard enchaîné* annonce que Messier serait prêt à vendre les deux hebdomadaires généralistes de Havas, *Le Point* et *L'Express*. L'information est démentie. Mais, en coulisses, Messier a bel et bien confié à Pierre Dauzier, président de Havas et ami de Jacques Chirac, le montage de cette délicate opération.

Le vendredi 30 mai 1997, soit deux jours avant le deuxième tour des élections législatives, Pierre Dauzier déjeune avec Denis Jeambar, directeur de la rédaction de *L'Express*, en compagnie du journaliste Roland Mihaïl, spécialisé dans les médias. Il teste Jeambar sur son projet de vendre *L'Express* au *Monde* (projet déjà esquissé à cette date, on l'a vu, avec Jean-Marie Colombani et Alain Minc). Jeambar réagit bien : non seulement il apprécie le quotidien, mais il entretient de surcroît d'excellentes relations avec Colombani. Même l'idée d'une holding financière cha-

2. Jean-Jacques Servan-Schreiber fonda le journal dans les années 1950 pour soutenir la ligne politique et l'action de Pierre Mendès France.

peautant l'hebdomadaire et le quotidien lui sied tout à fait.

Après lui avoir proposé un contact direct avec Colombani, Dauzier lui recommande bizarrement de ne point évoquer le projet avec Christian Brégou. Jeambar est fort surpris par cette recommandation : président de CEP Communication, la branche Presse et Édition de Havas qui contrôle notamment *L'Express,* Christian Brégou est le manager dont lui, Jeambar, dépend directement. S'il l'a souvent et durement affronté, le dirigeant de *L'Express* le respecte. Mais comment faire autrement qu'accepter de tenir secret le projet de Dauzier ?

Messier et ce dernier avancent leurs pions à vive allure. Le 10 juin, la CGE annonce la nomination d'Éric Licoys, directeur général de la CGE, conseiller et ami de Jean-Marie Messier, comme directeur général de Havas. Le 11, lors de l'assemblée générale de la Générale des Eaux, « J2M » officialise le projet de vente des hebdomadaires *L'Express* et *Le Point.* Le 12, Christian Brégou est réélu président de CEP Communication pour une durée de six ans. La décision laisse Jeambar pantois : pourquoi écarter Brégou des grandes manœuvres avec *Le Monde* s'il est par ailleurs reconduit à la tête de CEP ?

En outre, le dossier lui paraît piétiner. Voilà une quinzaine de jours qu'il attend le coup de fil de Colombani annoncé par Dauzier. Le soir du mardi 17 juin, Murielle Beyer, directrice de collection chez Plon, proche à la fois de Colombani et de Jeambar, téléphone à ce dernier pour lui demander d'appeler le Pdg du *Monde.* Attitude puérile ! Pétri d'orgueil, ce dernier entend sans doute ainsi montrer son ascendant : c'est au vendeur d'appeler, pas au client ! Jeambar prend sur lui. Rendez-vous est pris, le lendemain matin, pour un petit-déjeuner à La Coupole.

Colombani expose succinctement son projet de « *grand groupe de presse* ». Mais quand Jeambar lui demande la place qu'y occupera *L'Express*, la réponse est évasive : « *On verra cela à la fin, quand le groupe sera constitué...* » C'est après cet entretien que Denis Jeambar commence à se méfier.

Quelque temps plus tard, le 9 juillet, c'est un homme brisé, Christian Brégou, qui reçoit Jeambar dans son bureau. D'habitude tiré à quatre épingles, le patron de CEP est négligé ; un pan de sa chemise sort de son pantalon. Il vient d'être averti que son temps à la tête de CEP Communication est révolu.

Le lendemain, Jean-Marie Colombani appelle Jeambar pour lui suggérer de se prononcer publiquement en faveur du rachat de *l'Express* par *Le Monde.*

– *Impossible*, répond Jeambar, *je n'ai pas la légitimité pour me prononcer sur le destin capitalistique de* L'Express. *Je ne suis que le patron de la rédaction. L'homme qui doit se prononcer, c'est Brégou...*

– *Il ne compte plus, celui-là...*

– *Pour toi, pas pour moi, c'est un homme que je respecte, je ne peux pas faire cela...*

– *Il faut maintenant que tu choisisses ton camp...*

– *On ne me parle pas comme cela. Je n'ai qu'un seul camp* : L'Express ! »

Denis Jeambar raccroche avec le sentiment d'avoir signé son arrêt de mort professionnel[3].

Au début du mois de septembre de cette même année 1997, Éric Licoys est nommé à la présidence de *L'Express.* Jeambar l'emmène en Belgique rendre visite au journal *Le Vif-L'Express*[4], la « pépite » du groupe. À leur retour de Bruxelles, Licoys, en confiance avec Jeambar, lui avoue ne plus être personnellement très « chaud » pour la vente de *L'Express* ; mais son patron, Jean-Marie Messier, ne lui laisse guère le choix : « *Je vais donc vendre* L'Express, *ce qui signifie que votre sort est scellé, mais j'ai un service à vous demander avant votre départ. J'ai besoin de vous pour faire tourner la baraque jusqu'à la fin de l'année...* » Jeambar s'y engage formellement.

Messier veut donc vendre. Mais, à l'Élysée, on est très

3. Dialogue reconstitué à partir de témoignages recueillis dans l'entourage des deux acteurs.
4. C'est le seul news-magazine belge, dont le contenu est pour partie une reprise de *L'Express* et, pour l'autre, la production de la rédaction belge

hostile à l'opération. Jacques Chirac perçoit l'association éventuelle composée de Plenel, Colombani et Jeambar comme une machine de guerre dirigée contre lui. Les deux patrons de presse lui sont déjà séparément hostiles. Regroupées, leurs forces seraient démultipliées. Pour vaincre la prévention du Président de la République, Alain Minc juge utile de s'engager auprès de Dominique de Villepin, secrétaire général de l'Élysée : dès que *Le Monde* aura acheté *L'Express*, Jeambar sera débarqué et remplacé par Franz-Olivier Giesbert (à ce moment-là au *Figaro*) que Chirac connaît bien et apprécie.

La proposition ne séduit pas plus que ça le Président. Dominique de Villepin le dit d'ailleurs avec ses mots de hussard, au même moment, à Jean-Marie Messier, convoqué dans son bureau qui jouxte celui du Président :

– *Si vous cédez* L'Express *au* Monde, *il y aura du sang sur les murs* ! Décidément, *L'Express* est ce qu'on appelle un « bâton merdeux » pour « J2M » !

C'est à ce moment que l'offre du *Monde* est mise sur la place publique. Alexandre Adler s'entremet entre Colombani et Jeambar en organisant un petit-déjeuner, le 10 septembre, à l'hôtel Lutétia. Mais lorsque Adler se retire pour laisser les deux hommes en tête-à-tête, ni l'un ni l'autre ne se dévoile. Car Colombani, persuadé de tenir toutes les cartes en mains pour mettre le grappin sur le magazine, n'a aucune envie de parler à celui qu'il perçoit de plus en plus comme un obstacle à son dessein.

Le patron du *Monde* a d'ailleurs déjà commencé à manœuvrer pour convaincre la rédaction de *L'Express* de se retourner contre Denis Jeambar et de prendre position en sa faveur. Avec Plenel, il a pris des contacts indirects avec certains collaborateurs et avec la Société des Journalistes, multipliant les promesses de promotion – parfois fort précises – au sein du futur groupe.

Le 3 octobre, après de nombreuses discussions sur les conditions financières de la cession de l'hebdomadaire, dans lesquelles interviennent notamment Jean-Clément Texier, de la Banexi, pour Havas, et Rothschild, pour *Le*

Monde, le conseil d'administration de Havas juge les « estimations du *Monde* trop faibles ». La réaction ne se fait pas attendre. Elle est maladroite, brutale, et inaugure surtout un style nouveau dans l'univers feutré des médias : un mélange des genres qui va devenir, on le constatera à plusieurs reprises, un véritable mode de « gouvernance ».

Jean-Marie Colombani abandonne en effet sa casquette de négociateur pour celle du journaliste : quelques heures à peine après le communiqué de Havas, il utilise la puissance de son journal pour peser sur les propriétaires de *L'Express* à travers un éditorial solennel intitulé « *À nos lecteurs*[5] ». Représentant du « journal de référence », il estime que son prix est le bon, et appelle directement les personnels de *L'Express* à tenter d'influencer leurs propriétaires en sa faveur ! D'autant plus que, plaide le patron du *Monde*, cette opération serait, pour *L'Express*, « *une formidable occasion de se relancer. Ce serait aussi, sinon surtout, pour les personnels et les journalistes de* L'Express, *la garantie qu'ils seraient désormais partie prenante d'un groupe obéissant à une logique de presse et, à terme, bénéficiant du corps de valeurs qui a fait notre force, en faisant toute sa place à une société des rédacteurs* ». Et il termine : « *Trop de temps a déjà été perdu. Il appartient donc désormais aux propriétaires actuels de* L'Express *de choisir entre l'unique offre de reprise du titre – la nôtre – et des concessions aux vieilles habitudes de l'*establishment *français, où politique et affaires font trop bon ménage* ».

Colombani se trompe : *L'Express* n'est pas en danger ! Personne non plus ne s'est plaint, dans la rédaction, d'un actionnaire qui a su rester à sa place, quand lui-même, Colombani, entame des manœuvres avant même que l'hebdomadaire n'ait basculé dans l'escarcelle du *Monde*.

À la direction de la Générale des Eaux, ce texte passe encore plus mal. Depuis quand le repreneur d'une entre-

5. In *Le Monde* du 4 octobre 1997.

prise en bonne santé se permet-il d'en appeler aux salariés, par-dessus la tête de leurs patrons chargés de négocier la cession ? L'éditorial du *Monde* est interprété comme un chantage inadmissible qui envenime les relations entre Colombani et Messier.

Mais, dans les rédactions, les grandes manœuvres n'en continuent pas moins. Début octobre, Gérard Courtois, qui coiffe la Société des Rédacteurs du *Monde*, invite les membres de la Société des Journalistes de *L'Express* à une rencontre. Comme s'il se sentait en terrain conquis, son patron, Jean-Marie Colombani, y assiste et y fait le procès de Denis Jeambar. Ce jour-là, Colombani a sans doute définitivement ruiné ses ambitions vis-à-vis de *L'Express*. Ses propos sont immédiatement rapportés à Jeambar qui, terriblement affecté par ce coup bas, décide d'y répondre devant l'assemblée générale qui se tient le jour même, en dépit du conseil de Jean-Michel Apathie de ne pas revenir sur le sujet devant les rédacteurs.

Une nouvelle chasse l'autre : le directeur de la rédaction de *L'Express* reçoit un coup de fil de Franz-Olivier Giesbert qui lui rapporte la rumeur « *insupportable* » circulant Paris, selon laquelle lui, FOG, irait le remplacer à la tête de *L'Express*. Pour couper court à cette rumeur, les deux hommes déjeunent Chez Lipp à une table bien en vue.

Sur la foi d'une indiscrétion portant sur une rencontre entre Minc et FOG, Jeambar est cependant persuadé que ce dernier va bien prendre la tête de *L'Express* après le rachat de l'hebdomadaire par *Le Monde*. Avant de partir pour les États-Unis avec Jean-Marie Messier, Éric Licoys confie d'ailleurs à Denis Jeambar que l'opération va se faire, tout en le rassurant sur son sort personnel : il lui propose en effet de le récupérer à la CGE. Jeambar en conclut que le rachat de *L'Express* par *Le Monde* est *déjà* fait.

Or, pendant ce temps-là, Colombani et Minc peinent à réunir les fonds nécessaires à l'opération[6]. Non seulement

---

6. Selon Jean-Marie Colombani, c'est Éric Licoys qui a fait courir la rumeur selon laquelle *Le Monde* n'avait pas les moyens de racheter le titre. Voir *Le Figaro* du 6 novembre 1997.

l'offre du *Monde* est très largement inférieure à ce qu'en attend Messier (470 millions de francs au lieu de 600), mais le montage imaginé par Minc prévoit que *Le Monde* ne paiera comptant que 10% du prix ! Quant aux 90 % restants, Minc entend tout simplement les faire supporter par… *L'Express,* moyennant un dernier versement, le plus important, réglé six ans après la vente. En un mot comme en cent, le « montage financier » du « petit génie » consiste tout simplement à racheter *L'Express* avec l'argent que gagnera… *L'Express*[7] ! Mais un tel montage n'en requiert pas moins l'obtention d'une caution bancaire pour garantir le paiement à terme. D'où les tentatives désespérées d'Alain Minc pour convaincre les grands banquiers parisiens de la lui accorder.

Pendant que les tractations continuent autour de *L'Express*, d'autres s'amorcent autour du *Point*. Un nouvel acteur entre alors en scène. Mardi soir 21 octobre, Serge Dassault tente de convaincre Claude Imbert, directeur du *Point*, de ne pas s'opposer à sa candidature au rachat du magazine. La réponse d'Imbert est nette :

– *Vous ne croyez tout de même pas que je vais confier mon journal à un marchand d'armes !*

Du coup, le constructeur du Rafale se tourne vers *L'Express.* Jeudi matin 23 octobre 1997, Rudi Roussillon, directeur de la communication et conseiller personnel de Serge Dassault, annonce à Denis Jeambar que son patron est sur le coup :

– *Serge veut un journal,* L'Express *l'intéresse et il voudrait que tu restes à sa tête.*

– *Je demanderais tellement de garanties que vous n'accepteriez jamais,* lui répond le patron de la rédaction de *L'Express* avant de noter, néanmoins, le rendez-vous pour un déjeuner, le samedi suivant, 25 octobre, à l'hôtel particulier de Serge Dassault.

Le vendredi soir, Jean Peyrelevade, patron du Crédit

7. C'est la même technique qui sera utilisée, avec succès cette fois, pour l'achat de 30 % du groupe VPC et de *Télérama*. Voir chapitre 24, « Un nouveau prédateur dans la presse », p. 574 et suivantes.

Lyonnais, prévient le directeur de *L'Express* des manœuvres inamicales de ses « amis » Colombani et Minc pour monter leur opération. Il lui confirme également que Minc se démène comme un beau diable pour obtenir une garantie bancaire sur un crédit de 350 millions de francs. Et le patron du Crédit Lyonnais d'enchaîner :

– *Que puis-je faire pour vous ? Je ne partage pas, c'est le moins que l'on puisse dire, la vision qu'a Serge Dassault de la société. Mais j'ai fait plusieurs* deals *avec lui, c'est un homme de parole... Dites-lui que je suis prêt à entrer au conseil d'administration comme garant de l'indépendance du journal.*

Le samedi matin, Jeambar peaufine avec Guy Carcassonne[8] les exigences qu'il va présenter à Serge Dassault : un statut avec Conseil de surveillance et Directoire, qui donnerait toutes les garanties d'indépendance éditoriale et accorderait à la rédaction des marges de manœuvre en cas de crise avec l'actionnaire.

À 13 heures, Jeambar se retrouve face à Serge Dassault, Roussillon, deux hommes de la Compagnie Financière Edmont de Rothschild, le directeur financier de Dassault et l'un de ses proches conseillers. Il énumère toutes les conditions qu'il met à l'acceptation de la solution Dassault.

– *Si j'ai bien compris, il faut que je paie et c'est tout !* s'exclame l'industriel.

– *Oui*, répond Jeambar.

– *Qui voyez-vous pour présider le Conseil de surveillance* ?

Jeambar n'a pas réfléchi à cette question. Il lâche à tout hasard le nom de Jacques Duquesne.

– *Très bonne idée*, lance le conseiller de Dassault.

Pendant le repas, les deux hommes de Rothschild appellent Jean-Clément Texier, de la Banexi. Sur le perron, en partant, le conseiller de chez Dassault demande :

– *Combien propose* Le Monde ?

– *470 millions de francs.*

8. Constitutionaliste, membre du PS.

– *Nous proposons 520* cash. *Est-ce que c'est suffisant* ?
– *Si j'étais vous...*
– *Allez, 550* cash ! »

Pendant que Jeambar déjeunait avec Serge Dassault, Éric Licoys a rencontré Jean-Marie Colombani. Comme à son habitude, ce dernier, qui supporte mal qu'on se mette en travers de ses projets, a tenu des propos très durs sur Messier. Il a rappelé les « *engagements fermes* » de Dauzier, que le patron de la Générale des Eaux doit tenir. Sinon ? Sinon, « *il le paiera* » ! Le patron du *Monde* enchaîne imprudemment les menaces. En trente ans de carrière, Licoys n'a jamais rencontré pareille fureur. Il est vrai que les relations entre « J2M » et « JMC » n'ont jamais été bonnes. Le premier soupçonne le second d'avoir fait alliance avec son principal ennemi au sein de la Générale des Eaux, Bernard Forterre, qui en fut le directeur général[9] et faillit faire capoter sa propre ascension.

Le même jour, Jean-Clément Texier reçoit la proposition détaillée de Dassault, supérieure de 80 millions de francs à celle du *Monde*. Cette fois-ci, l'affaire devient sérieuse, car Jean-Marie Messier ne pourra plus vendre au *Monde* sans léser ses actionnaires. Texier en prévient Jeambar dans la soirée.

Le lendemain dimanche soir, Jeambar obtient l'accord de Jacques Duquesne pour présider le Conseil de surveillance. Le lundi 17 octobre, Duquesne et Roland Mihaïl déjeunent avec Serge Dassault. À 15 heures, Éric Licoys téléphone à Jeambar pour lui proposer de le rejoindre à son bureau.

Messier donne finalement son « feu vert » au rachat par Dassault, et Jeambar en informe la Société des Journalistes de *L'Express*. Le lendemain mardi 28 octobre, le directeur

9. Des proches de Forterre seraient allés jusqu'à recruter des « barbouzes » qui auraient fabriqué un dossier et l'auraient transmis à la brigade financière. Messier y a été par la suite entendu sur des soupçons de malversation. *Le Monde* a rendu publique cette affaire, dans son numéro du 12 juillet 1995. Messier a obtenu un non-lieu, mais en a gardé une certaine amertume envers le quotidien de référence. *Cf.* Jean-Marie Messier, *J6m.com*, Hachette-Littératures, 2000.

de *L'Express* prend son petit-déjeuner avec Roussillon au Fouquet's pour mettre au point les différentes étapes de l'opération. À 9 heures 50, le téléphone portable de Roussillon sonne. Son visage se décompose au fur et à mesure que la conversation se prolonge. En fait, Serge Dassault vient de l'informer de l'appel qu'il vient de recevoir de Dominique Strauss-Kahn. Le ministre de l'Économie et des Finances n'aurait pas fait dans le détail : « *Si vous achetez* L'Express, *on arrête les commandes d'État du Rafale*[10]*....* »

Aujourd'hui, DSK présente une version atténuée de cette affaire : « *À la fin d'un entretien à Bercy, Serge Dassault m'a demandé un point de vue sur le possible rachat de* L'Express *par Dassault. Il ne me demandait pas le point de vue officiel du gouvernement, mais il est clair que je ne parlais pas non plus à titre strictement personnel. Je lui ai répondu que ce n'était pas une très bonne idée ; le groupe Dassault vendait des armes ; il ne me semblait pas opportun qu'il possède l'un des plus grands journaux d'opinion du pays. J'ai eu tort de me mêler d'une affaire qui ne regardait en rien le gouvernement*[11]. » Bref, qu'elle ait été impérative ou simplement suscitée, la consigne du *Monde* a bien été donnée.

Voilà comment Dassault se trouve éliminé du dossier. Non loin de DSK, qui trouve-t-on ? Alain Minc, furieux de voir l'offre du *Monde* repoussée, aurait pesé de tout son poids pour faire capoter le rachat de *L'Express* par Dassault. Par la suite, Stéphane Marchand[12] a demandé au président du Conseil de surveillance du *Monde* si ses interventions ne relevaient pas du trafic d'influence :

« *Absolument pas. D'abord, je n'ai jamais touché un centime pour mes activités au* Monde, *et puis mon intervention était normale. Nous avons changé de monde. On ne pouvait pas laisser un homme vivant de commandes*

10. Un de ses amis affirme que DSK n'aurait pas fait cette intervention de gaieté de cœur, mais que Colombani lui aurait « mis le pistolet sur la tempe » !
11. Entretien avec l'auteur.
12. In *Le Commerce des illusions,* JC Lattès, 1999.

publiques utiliser l'argent du contribuable pour acheter un outil d'influence et le braquer comme un pistolet sur le gouvernement. C'est le monde d'autrefois, c'est fini, ça ! »

Curieuse rhétorique ! Minc, agissant au nom d'intérêts privés, persuade un ministre d'intervenir pour s'opposer à la meilleure offre de reprise d'une entreprise privée : voilà bien ce qui relève le plus du « *monde d'autrefois* » ! En outre, s'il ne reçoit pas un centime du *Monde*, sa casquette de président du Conseil de surveillance du quotidien, et l'influence qu'on lui prête sur sa direction, jouent un rôle de premier ordre dans son rayonnement auprès de ses clients, une vingtaine de grands patrons. Enfin, Minc oublie que *Le Monde* dépend lui aussi très largement de l'argent du contribuable, qui lui octroie des avantages fiscaux, postaux, ainsi que diverses autres contributions moins avouables[13].

Le même Alain Minc s'est également démené auprès de l'Élysée pour contrer la proposition de Dassault. Le rachat de *L'Express* par l'industriel serait une humiliation insupportable pour Jean-Marie Colombani, a-t-il gémi dans le giron de Dominique de Villepin.

Bref, ce mardi matin 18 octobre, Denis Jeambar est encore convaincu que son journal va finalement être vendu au *Monde* du fait de la peur qu'inspire le quotidien à la classe politique. La rédaction et les personnels de *L'Express* vivent depuis plusieurs semaines un véritable psychodrame. Licoys annonce en fin de matinée le retrait officiel de Dassault. Au même moment, Jeambar expose la situation devant l'assemblée générale des personnels de *L'Express*. Il n'y va pas par quatre chemins, prévenant même les salariés qu'ils vont « *passer sous la coupe de mafieux impécunieux...* » Et de révéler les pressions exercées sur Dassault et le rôle peu reluisant joué en l'occurrence par *Le Monde*. Le directeur de la rédaction de *L'Express* fait un tabac. Quant à Éric Conan, journaliste de l'hebdomadaire, son intervention, sur le thème « *Entre*

---

13. Voir chap. 17, « une facture assez peu confraternelle », p. 392 et suivantes.

deux maux, il faut choisir le moindre », fait mouche. À l'issue de ces réunions, la Société des Journalistes estime, dans un communiqué, que « *la fragilité du montage financier et la brutalité de l'approche humaine ont déçu un grand nombre de journalistes* ». Bref, l'offre du *Monde,* comme celle d'Excelsior Publications, autre groupe de presse candidat au rachat, risquent fort d'être rejetées. « *La rédaction,* poursuit le communiqué, *a pris acte des garanties écrites d'indépendance avancées* [par Dassault], *de l'ampleur de l'effort financier promis pour l'essor du titre et de l'engagement au maintien de l'emploi de la totalité des effectifs salariés. Néanmoins, l'activité principale de la société et les engagements politiques de ses dirigeants suscitent des interrogations déontologiques.* » Ainsi, l'incroyable est advenu : les journalistes de *L'Express* préfèrent encore être mangés par Dassault – qui pâtit d'une effroyable réputation dans les médias – plutôt que par *Le Monde* ! Or, un mois auparavant, personne n'aurait misé le moindre kopek sur l'avionneur...

Le soir du 18 octobre, Éric Licoys et Denis Jeambar se retrouvent dans un bistrot du 9e arrondissement. Le premier annonce au second que *L'Express* n'est plus à vendre, suite au retrait de Dassault qui a été officiellement confirmé à Pierre Dauzier. Puisque les socialistes ne veulent pas de Dassault et que l'Élysée ne veut pas du *Monde,* il est devenu urgent, aux yeux de Messier, de prendre son temps. Mais, pour pouvoir faire machine arrière vis-à-vis de Colombani, le patron de la Générale des Eaux a besoin d'un message de défiance envers *Le Monde* émanant de la rédaction de *L'Express.* Licoys demande donc à Jeambar si l'hostilité de la rédaction ne pourrait pas prendre une forme officielle et publique.

Décision est ainsi prise de faire voter, lors d'une ultime assemblée générale, les journalistes de *L'Express* sur les trois hypothèses de rachat : *Le Monde,* Dassault et Excelsior. Si le rejet est confirmé dans les urnes, il sera plus aisé, pour le patron de la Générale des Eaux, de légitimer sa décision de ne plus vendre *L'Express.*

Et le lendemain mercredi 29 octobre, malgré un coup de fil de Gérard Courtois au président de la Société des Journalistes de *L'Express* pour le prévenir du retrait officiel de Dassault et donc de l'inutilité du vote, la rédaction de l'hebdomadaire passe outre. Elle inflige une claque humiliante au *Monde* et à Jean-Marie Colombani : Dassault obtient 53 voix contre 19 au *Monde* ! La Société des Journalistes rédige un communiqué pour annoncer le résultat et invite le groupe Havas à « surseoir à la vente ».

En fin d'après-midi, Jean Peyrelevade joint Jeambar :

– *C'est terminé pour* Le Monde. *Alain Minc sort de mon bureau. J'étais la dernière banque consultée. J'ai refusé la caution. Mais c'est fou ce qu'ils disent sur vous* !

Enfin, Jean-Marie Messier rassure Jeambar : « *Si nous ne sommes pas trahis par Dauzier, demain, au Conseil d'administration de Havas, vous resterez dans le groupe.* »

Mais Colombani n'a pas jeté l'éponge. Puisque le vote des journalistes de *L'Express* lui a été défavorable, il mise sur la décision du Conseil d'administration de Havas du lendemain, qui peut encore donner un avis favorable à la cession de *L'Express* au *Monde*. Il appelle à son tour le patron de la Générale des Eaux. Ce dernier se rend, en voiture, dîner chez son ami Philippe Camus, numéro 2 de Matra-Hachette, qui habite en banlieue. Le patron du *Monde* l'appelle en chemin et le prévient « *cordialement* » : il considère que la décision qui sera prise le lendemain dépend exclusivement de lui. Aux dénégations du patron de la Générale des Eaux, Colombani rétorque en substance par la menace :

– *Je ne vous crois pas. C'est vous qui ferez la décision et vous ne me convaincrez pas du contraire. Je vous préviens, si vous nous refusez* L'Express, *vous apprendrez ce que c'est d'avoir* Le Monde *contre soi pendant vingt ans. Si vous ne nous cédez pas* L'Express, *vous nous aurez pendant vingt ans. Et nous finirons par vous abattre...*

Pour être sûr d'être bien entendu, le patron du *Monde* réitère la promesse de « *sanctions journalistiques* ». Messier, choqué, repose le combiné. Il raconte immédiatement ce qui vient de se passer à Antoinette, sa femme, et à son chauffeur[14]. Il est si abasourdi par les menaces de Colombani qu'il rapportera une seconde fois la conversation à Philippe Camus.

Mais la tentative d'intimidation du patron du *Monde* est sans effet : le 30 octobre au matin, le rachat de *L'Express* ne figure même pas à l'ordre du jour du Conseil d'administration de Havas. Motif : l'offre du *Monde* ne se situe pas « *à l'intérieur de l'évaluation faite par la Banexi* ». À la sortie du Conseil, Éric Licoys appelle Jeambar : « *C'est maintenant officiel : on ne vend pas et c'est toi qui vas devenir le patron d'un* Express *indépendant, puisqu'on va "cloner" la solution Dassault...* »

Mauvais perdant, le patron du *Monde* se sert une fois de plus des colonnes de son journal pour tirer la leçon de sa prédation manquée, dans un éditorial arrogant intitulé « *La peur du* Monde » :

« *De cette peur, pourtant, nous tirons un motif de fierté. Car, à mes yeux, c'est en fait notre identité que redoutent les divers intérêts coalisés – politiques et médiatiques notamment – qui n'ont cessé de faire pression sur M. Messier afin d'éviter* Le Monde. *Notre triple identité : financière, avec un actionnariat diversifié, d'entreprise, où tout repose sur un consensus social reconstruit, et rédactionnelle, autour du dogme de l'indépendance.* »

Le dogme de l'indépendance ! L'expression mérite d'être disséquée. Prompt à attaquer ou contrer tous les pouvoirs, *Le Monde* ne supporte pas qu'on porte le moindre ombrage à son rayonnement et à son développement. Ce que Colombani appelle l'*indépendance* n'est en réalité que le pouvoir de sa direction, qui se pare d'une noble et belle cause afin de le rendre incontestable et de frapper d'illégitimité tout acte visant à le contenir. Ce n'est pas l'indépendance qui est un dogme, mais bien le pouvoir : celui du *Monde*, ou plus exactement celui de ses dirigeants.

Quelques jours après l'épisode du rachat loupé de *L'Ex-*

14. Anecdote rapportée dans l'entourage de Jean-Marie Messier.

press, *Le Figaro* publiait une grande interview de Colombani sous le titre : « *C'est l'idée de l'indépendance qui a été rejetée.* » Ni l'interviewé ni l'intervieweur ne savaient encore que *L'Express* et *Le Figaro* se trouveraient plus tard réunis dans la Socpresse, dont Serge Dassault[15] est l'actionnaire minoritaire. Quoi qu'il en ait été, ce dernier doit une fière chandelle à Jean-Marie Colombani : sans lui, jamais sans doute il n'aurait pu mettre la main sur ces deux journaux !

Sus à *La Dépêche* !

L'échec cuisant de l'abordage du groupe Express ne décourage pas Minc et Colombani de chercher des « flotteurs » permettant de renflouer la trésorerie du quotidien. Si le milieu parisien se révèle rétif aux appétits du *Monde*, pourquoi ne pas lorgner vers la province ? Nos deux héros prennent langue avec *La Voix du Nord*, puis *La Dépêche du Midi* dont ils connaissent bien la fragilité du capital, puisque près de 40 % des actions sont entre des mains hostiles à son actuelle direction. Philippe Douste-Blazy a d'ailleurs présenté Dany Malet, sœur de Jean-Michel Baylet, président de *La Dépêche*, à Alain Minc. L'exploitation des failles intra-familiales ne pose aucun problème moral aux deux « raiders » du *Monde*. Mais ils se doutent qu'ils trouveront en travers de leur chemin le patron du journal toulousain, qui n'a guère apprécié le traitement que lui réserve *Le Monde* depuis longtemps[16].

Pas plus que l'ancien, le nouveau *Monde* n'aime Jean-Michel Baylet ni *La Dépêche du Midi*, ni, plus généralement, les Radicaux de gauche. Pourquoi ? Selon le patron de la *Dépêche*, les dirigeants du quotidien verraient encore en lui « un notable radical de la IIIᵉ République ». Et d'évoquer, à l'appui de sa thèse, une réserve certaine à parler du petit parti des radicaux de gauche et de leur prési-

15. À hauteur de 30 %, les héritiers Hersant étant propriétaires à 70 %.
16. Les premiers signes d'animosité remontent à 1974 !

dent, ainsi que quelques articles. Deux d'entre eux, notamment, publiés à quarante-huit heures d'intervalle, lui sont restés en travers de la gorge. Dans le premier, daté du 8 mars 1997, sous le titre « *Péril en* La Dépêche », on pouvait lire : « *Bastion du radicalisme et institution de la région Midi-Pyrénées grâce notamment au quotidien toulousain, l'"empire Baylet" est ébranlé. Aux multiples mises en examen prononcées pour abus de biens sociaux s'ajoute une querelle d'héritage...* » Le corps de l'article, qui occupait une page entière, comportait une description aussi détaillée que malveillante dudit « empire ». Dany Malet, sœur du président de *La Dépêche*, en opposition frontale avec sa mère et son frère, était la source principale de cet article. *Le Monde* montra ce jour-là un esprit si peu conforme au souci d'équilibre dont il se prévaut que plusieurs patrons de grands régionaux exprimèrent peu après[17] « *leur vive désapprobation devant l'exploitation qui a été faite d'un différend familial douloureux survenu dans l'équipe dirigeante, la légèreté avec laquelle on a évoqué les prétendues difficultés économiques et l'ampleur donnée à une instruction de justice, commune dans son fait, mais détournée dans son développement* ».

Pour sa part, Jean-Michel Baylet reste convaincu que la publication de ce papier contre *La Dépêche*, la veille de la tenue à Paris des Assises nationales du PRG, n'était pas fortuite. En revanche, souligne-t-il pour justifier son indignation, le quotidien n'a même pas daigné rendre compte de ces Assises où se rencontrèrent pourtant tous les leaders de ce qui allait devenir la « gauche plurielle », sauf au détour d'un article intitulé « *Le clivage de Maastricht continue à diviser l'opposition*[18] ». Tel est le second article à être resté en travers de la gorge de Jean-Michel Baylet, alors que c'est lui qui, à un moment de fortes tensions à gauche, était parvenu à réunir Lionel Jospin, Robert Hue, Jean-Pierre Chevènement et Dominique Voynet, avant de conclure les débats... En réalité – Jean-Michel Baylet ne

17. *Le Monde* du 21 mars 1997.
18. In *Le Monde* du 10 mars 1997.

l'ignore pas, même s'il se refuse à en parler –, il paie aujourd'hui encore l'animosité des dirigeants du *Monde* envers sa famille. Celle-ci tient notamment, on le devine, au fait que le patronyme Baylet évoque à leurs oreilles deux fantômes maudits qui ont noms René Bousquet et François Mitterrand[19].

Malgré les attaques émanant de son journal et faisant comme si la rédaction de celui-ci ne relevait pas de sa responsabilité, Jean-Marie Colombani invite néanmoins par deux fois le patron de *La Dépêche* à partager un petit-déjeuner. Ces deux fois, le patron du *Monde* joue les Maître Renard. Il exprime son vœu le plus cher : rapprocher les deux journaux. Il rappelle les valeurs radicales, celles d'une gauche modérée, qu'il partage avec son interlocuteur. Mais ce dernier n'a pas vraiment le profil du Maître Corbeau de la fable. Il faut donc changer de registre. Au début de l'automne 1998, certains journalistes de *La Dépêche* instruisent Jean-Michel Baylet de rumeurs selon lesquelles Colombani négocierait avec sa sœur, Dany Malet, et Lucien Caujolle[20] le rachat de leurs actions, soit 39,7 % du capital. Mais les statuts du quotidien n'autorisent pas un tel passage en force : toute cession d'actions est soumise à l'agrément des autres actionnaires. Baylet n'est donc pas étonné de voir Colombani revenir vers lui peu de temps après. Le patron du *Monde* lui propose un rendez-vous ; il a, dit-il, « *des choses importantes à lui dire* ».

Peu avant ce rendez-vous, fixé à la fin octobre 1998, Jean-Michel Baylet apprend qu'une promesse de vente des actions de *La Dépêche* a été passée chez Maître Toussaint, notaire à Castelnau-d'Estrefonds, d'une part par un GIE[21] constitué entre Danielle Baylet, épouse Malet, et Lucien Caujolle, aux fins de regrouper leurs actions, et, d'autre part, par Jean-Marie Colombani. Une somme d'environ

19. Voir le livre de Pierre Péan, *Une jeunesse française*, *op. cit.*
20. Ancien co-directeur de *La Dépêche*, licencié, et qui a nourri un profond ressentiment envers Mme Baylet et son fils. Il s'est allié avec Dany Malet pour mener un combat violent contre Évelyne et Jean-Michel Baylet.
21. Groupement d'intérêt économique : association imposant un certain nombre de contraintes aux co-contractants.

200 millions de francs a été consignée à la BNP-Paribas qui a ouvert au *Monde* une ligne de crédit correspondante. Dans les quelques minutes précédant l'arrivée de Colombani à son bureau du Sénat, le patron de *La Dépêche* reçoit un coup de fil de Pierre-Yves Revol, bras droit de Pierre Fabre, Pdg du groupe pharmaceutique éponyme :

– *Je voulais que vous sachiez*, lui dit Revol, *que Colombani a téléphoné à Pierre Fabre pour lui proposer de lui revendre une partie de ses futures actions de* La Dépêche[21].

Le raid colombanien se dessine en pleine lumière : il s'agit de pactiser avec les ennemis de Baylet et de le couper de ses amis. Fabre, qui a investi dans les médias du Sud, entretient en effet de fort bonnes relations avec Baylet ; c'est parce qu'ils supposent que l'appât des actions et une association avec le prestigieux quotidien de référence l'emporteront sur ses rapports d'amitié que les fins tacticiens du *Monde* lui ont proposé un rôle à la Ganelon dans la pièce dont l'enjeu est *La Dépêche*.

Installé dans le bureau de Baylet, le patron du *Monde* lui annonce ce que celui-ci sait déjà : il a signé un acte sous seing privé pour acquérir les actions de sa sœur et celles de Caujolle. On en revient à la fable de La Fontaine... Comme le grand groupe européen qu'il est en train de construire sera beau ! Comme la place que *La Dépêche* y occupera sera éminente ! Quelles formidables synergies – industrielles, rédactionnelles et commerciales – cette alliance pourra faire naître !

« Maître » Baylet comprend assez vite qu'il lui est consenti l'insigne honneur d'intégrer, lui, petit provincial, dans le cadre de projets conquérants, une société actionnaire du *Monde,* constituée de grands noms européens de la presse et baptisée Le Monde Europe. Le patron du *Monde* semble manifestement convaincu que son hôte va bondir d'enthousiasme à l'idée de fréquenter d'aussi beau linge...

La péroraison de « Maître » Colombani n'en finit plus. On imagine son débit régulier et doucereux, la gestuelle

21. Dialogue reconstitué à partir de témoignages de la direction de *La Dépêche du Midi.*

qui l'accompagne. La main sur le cœur, il évoque la « loyauté des Corses », la valeur sacrée de la « parole donnée », la « confiance » qui n'est pas un vain mot... Mais, même s'il n'est pas dupe, il s'agit d'abord, pour Baylet, de gagner du temps :

– *Très bien. Je regrette que vous ne m'ayez pas prévenu de vos intentions et que vous me mettiez devant le fait accompli. Vous me dites que vous êtes loyal et que je peux avoir confiance en vous, mais, avant de parler de l'avenir, parlons du passé.* Le Monde *ne cesse de me maltraiter*[22]...

Après qu'ont été exposées les raisons de l'amertume et de la rancœur vis-à-vis du journal, Jean-Marie Colombani peut lui promettre que, s'ils font affaire, la rédaction le traitera désormais au mieux. Un ange passe en levant les yeux au ciel : celui de la Société des Rédacteurs du *Monde*, gardienne de l'indépendance du journal... Mais « Maître » Colombani a quitté le monde du journalisme pour celui des affaires. Quant à Baylet, il réémet des doutes sur la loyauté de la démarche et sur la confiance à accorder à son interlocuteur, avant de conclure :

– *Vous savez que vous ne pouvez pas passer en force, puisqu'il y a une clause dans les statuts qui oblige les vendeurs à obtenir l'accord du Conseil d'administration... Voilà : je ne vous dis pas oui, mais je ne vous dis pas non. Je vous donnerai ma réponse d'ici un mois. Puisque vous me parlez confiance et loyauté, nous aurons, pendant le mois qui vient, la possibilité de nous faire une meilleure idée du comportement de l'autre...*

– *Je suis corse. Quand je vous parle de ma loyauté, c'est une parole de Corse* !

En raccompagnant son hôte, Jean-Michel Baylet sait qu'il y a péril en la demeure. Il réfléchit immédiatement à un tour de table destiné à l'aider, si nécessaire, à racheter les actions Malet-Caujolle. Son idée ? S'associer à des hommes du Sud intéressés par la presse. Il pense surtout à Jean-Luc Lagardère – Gascon d'origine, professionnel des

22. Cette réponse et les dialogues qui suivent sont reconstitués à partir du témoignage de Jean-Michel Baylet.

médias et ami de la famille – ainsi qu'à Pierre Fabre. Mais le temps presse : il dispose de peu de temps pour faire une offre de substitution, c'est-à-dire pour trouver quelque 200 millions de francs après le refus de l'agrément, plus que probable, opposé à la cession des actions de Malet et Caujolle au *Monde*.

Fabre le reçoit à bras ouverts :

– *Vous pouvez compter sur moi. Colombani est venu me voir pour me proposer une alliance contre vous. Je lui ai expliqué que je ne fonctionnais pas comme ça. Comment pouvait-il imaginer que je tienne sa proposition secrète ? Je l'ai d'ailleurs averti de mon intention de vous prévenir.*

Mais Baylet n'est pas au bout de ses peines. Lorsqu'il le rencontre à son tour, Jean-Luc Lagardère l'informe que Minc et Colombani lui ont déjà proposé de rentrer dans le capital de *La Dépêche !* Décidément, les dirigeants du *Monde* investissent dans l'industrie de la traîtrise ! Mais, là encore, en pure perte....

Ce qui fait que, lorsqu'il reçoit à nouveau Jean-Marie Colombani dans son bureau sénatorial, Jean-Michel Baylet n'aspire qu'à abréger la discussion :

– *J'ai observé que la loyauté et la confiance n'étaient pas au rendez-vous,* annonce-t-il d'entrée de jeu. *Vous avez démarché systématiquement mes partenaires potentiels...*

Le patron du *Monde* ne se démonte pas pour autant. Il revêt une troisième fois la tunique fourrée de Maître Renard. Et de faire à nouveau miroiter tous les avantages que *La Dépêche* aurait à s'allier au quotidien national. En vain.

Chacun va néanmoins continuer à pousser ses pions jusqu'au milieu de l'été où l'opération va se dénouer en faveur de Jean-Michel Baylet. C'est ainsi que Jean-Marie Colombani et Alain Minc mettent toute la puissance du *Monde* au service de leur tentative d'abordage en s'évertuant à empêcher, pour l'heure, le patron de *La Dépêche* de constituer un nouveau tour de table aux fins de contrer leur attaque :

– *Le patron de Matra-Hachette,* raconte Baylet, *a été l'objet de fortes pressions de Minc et Colombani pour l'empêcher d'entrer dans le tour de table que j'essayais de monter en vue de contrer leur offensive. Mais Lagardère est un Gascon, il a du courage* !

Les deux « raiders » du *Monde* savent aussi « motiver » les notables locaux pour qu'ils soutiennent leurs louables desseins. Martin Malvy, président socialiste de la Région, en sait quelque chose, qui s'est plaint auprès de Baylet des menaces de représailles émises par le quotidien de référence au cas où il donnerait son « feu vert » à l'IRDI, une société de capital-risque destinée à racheter des actions de *La Dépêche*. Enfin, Jean-Michel Baylet raconte que le patron du *Monde* aurait également fait capoter l'accord que sa femme Marie-France avait obtenu de la BDPME[23] pour le financement de 6 % du capital.

Décidément, la décence ne semble pas faire partie de l'univers mental des prédateurs parisiens. Colombani écrit à Baylet, le 16 mars 1999, pour lui annoncer qu'il a levé l'option d'achat portant sur 39,7 % du capital. Il lui réitère sa proposition d'un « pacte de développement » qui constituerait un « *élément original de la recomposition de la presse en France, pour en préserver la qualité et le pluralisme* ». Bref, le patron du *Monde* espère encore que le Conseil d'administration lui accordera son agrément pour racheter les actions de Dany Malet et Lucien Caujolle.

La lettre de Colombani est lue au Conseil d'administration du 23 mars à la rubrique des « Questions diverses ». Mais ce n'est que le 25 mai que le projet de cession des actions au *Monde* est traité en CA. Les administrateurs refusent à l'unanimité l'agrément après que Jean-Michel Baylet leur eut décrit le comportement d'Alain Minc et de Jean-Marie Colombani. Il reste ensuite trois mois à Jean-Michel Baylet pour faire une offre de substitution.

À défaut d'association, Colombani et Minc cherchent encore à saboter le tour de table de Baylet. Principal argument utilisé : la peur. Baylet se souvient ainsi de l'ultime tentative faite par Colombani *via* un ami, célèbre avocat, qui lui explique :

23. Banque du Développement des Petites et Moyennes Entreprises.

– Jean-Marie Colombani, qui connaît nos relations, m'a chargé d'une mission : "Dis à Jean-Michel Baylet que, s'il accepte notre entrée dans son journal, *Le Monde* sera désormais au service de son action politique." »

Cette fois-ci, l'ange de la Société des Rédacteurs ne s'est même pas dérangé...

Après l'échec final du raid de Colombani et Minc, le patron de *La Dépêche* a signé un éditorial significatif[24]:

« ...On ne peut pas se poser de manière permanente en parangon de vertu et "traiter en douce" les rachats d'actions dans le dos des principaux intéressés, proclamer une éthique infaillible et se livrer aux jeux des pressions et interventions les plus diverses, invoquer la parole donnée, l'honneur, la confiance, et les renier en permanence... »

L'affront de lèse-*Monde* commis par Jean-Michel Baylet ne devait cependant pas rester impuni. Non seulement le quotidien de référence va à la fois se venger et se consoler par l'acquisition du groupe *Midi Libre*, supérieur en taille[25], mais il convient également de chatouiller le dinosaure en implantant un hebdomadaire au cœur de ses terres. C'est le projet *Tout Toulouse*, lancé en pleine euphorie à l'été 2000.

Sur le papier, *Le Monde*, coalisé avec le *Midi Libre*, a pour premier objectif de concurrencer *La Gazette de Montpellier* et un autre hebdo implanté à Nîmes, appartenant tous deux au groupe Baylet, avant d'aller éventuellement affronter sur place *La Dépêche*. Jean-Paul Besset, vieux complice de Plenel et correspondant du *Monde*, est nommé à la tête de l'hebdomadaire toulousain. La direction du journal projette un investissement de 10 millions de francs. On aligne – du moins est-ce ce qui est annoncé – dix journalistes et douze commerciaux ! L'analyse qui préside au lancement est délibérément optimiste : *La Dépêche* ne vend que 20 000 exemplaires dans l'agglomération tou-

24. In *La Dépêche* du 3 août 1999.
25. Il chapeaute non seulement *Midi Libre,* mais aussi *L'Indépendant de Perpignan* et *Centre Presse* à Rodez ainsi qu'une pléiade d'hebdomadaires et de publications diverses. Voir chapitre 24, « Un nouveau prédateur dans la presse », p. 565.

lousaine ; son lectorat est vieillissant, il existe une clientèle de jeunes et de femmes pour un nouvel hebdomadaire. D'ailleurs, le filon des hebdos urbains à fort potentiel publicitaire existe. La *Gazette de Montpellier* ne vend-elle pas déjà 20 000 exemplaires ? *Le Monde*, insistent ses représentants, souhaite s'implanter en région, et l'opération *Midi Libre* n'est que la première du genre, etc., etc.

Lorsqu'Alain Rollat, envoyé par Colombani à Montpellier pour coordonner le partenariat entre les deux groupes, émet des doutes (« *Quand on va sur les terres de* La Dépêche, *il faut s'attendre à des morts* »), ses objections sont balayées par les trois représentants du *Monde* (rédaction, diffusion, publicité). Manifestement, ces trois-là ont l'appui du grand patron.

La campagne de lancement est rude. *Tout Toulouse* se veut « *le journal qui ne parlera pas des chiens écrasés* », « *le journal qui libérera Toulouse* » (sous-entendu : de *La Dépêche).* Mais, comme dans les contes moraux, la vengeance est mauvaise conseillère. Lorsque *Tout Toulouse* cherche des emplacements publicitaires pour annoncer son lancement, ses responsables se rendent compte que tout a été préempté par *La Dépêche*, qui lance une campagne de 2,3 millions de francs pour célébrer son 130e anniversaire et sa nouvelle formule. Afin de faire bonne mesure, Jean-Michel Baylet a créé de surcroît un hebdo – *Ô Toulouse* – un mois avant la parution de *Tout Toulouse...*

Bref, le lancement de ce dernier n'est qu'à demi réussi. La diffusion atteint 8 000 exemplaires alors que la direction en attendait 12 000. La publicité plafonne à 86 500 francs par numéro, contre 135 000 escomptés. Ces performances, jugées insuffisantes, s'aggravent du fait du retournement de la conjoncture publicitaire. Brusquement, la direction du *Monde* voit le verre à moitié vide ; elle réajuste le projet par le bas en lançant, au troisième trimestre 2001, une nouvelle formule avec passage au demi-format et réduction des effectifs. Les objectifs sont limités à 5 000 exemplaires et 83 000 francs de recettes publicitaires par numéro. Mais cette relance accélère la chute : la diffusion recule à 3 000 exemplaires en mai 2002. À ce moment, la direction a déjà tranché : il faut fermer *Tout Toulouse*, expérience dans laquelle le groupe a déjà englouti la bagatelle de 15 millions de francs.

Au Comité d'entreprise extraordinaire du *Monde* de juin 2002, les critiques qui pleuvent sur la direction sont à la mesure de la déception éprouvée, et dénoncent surtout des méthodes de management « autistiques ». Invités par les délégués à s'exprimer, les « régionaux de l'étape » sont amers. Mme Baudios, de *Tout Toulouse*, note que la nouvelle formule « *a été mise dans les kiosques sans aucune promotion et sans un minimum d'affichage* (...). *Une seule personne inspecte les kiosques d'une agglomération de 900 000 habitants* (...). *L'effectif du service commercial n'a jamais été au complet : pendant six mois, une seule personne était régulièrement présente* ». Conclusion : « *Nous pensions que nous ne pesions pas tant que cela dans les résultats d'un grand groupe comme* Le Monde. » Elle met en cause la direction qui n'a pas dit la vérité aux salariés sur la baisse de diffusion de l'hebdomadaire au cours de la dernière période, laissant la filiale s'effondrer. Le délégué de la CFDT, Michel Delberghe, critique l'inconséquence de la stratégie du *Monde* : « Le Monde *a globalement tenu cinq ou six ans à Lyon*[26]*. En revanche, à Toulouse, nous nous sommes donnés à peine deux ans pour en tirer les conséquences. (...) Y a-t-il eu véritablement,* poursuit-il, *recherche de cession, de rachat ou d'association ?* » Et de mettre en question la gestion de l'hebdomadaire, les tarifs trop onéreux de prestations facturées par le *Midi Libre*, etc. Le contraste entre les rodomontades de 2000 et la frilosité de 2002 finit par « interpeller » les salariés :

« *Il aurait fallu nous donner du temps (...). Elle* [la *Gazette de Montpellier*] *a mis des années avant de commencer à atteindre un certain équilibre, et tout a été fait pour installer le titre (...). Nous nous interrogeons légiti-*

26. Dans les années 1980, sous la présidence d'André Fontaine, *Le Monde* publia une édition lyonnaise quotidienne comportant deux pages locales.

mement : la stratégie du Monde, *qui était d'aller se développer en province, ne revient-elle pas vers la presse nationale ? Je parle également au nom des gens de Montpellier. Tout le monde s'interroge...* »

Ces critiques, toutefois, ne remontent pas jusqu'aux sources de l'échec. La volonté de Jean-Paul Besset, appuyé par Plenel et Colombani, de « tuer » Jean-Michel Baylet et *La Dépêche,* l'a entraîné dans certaines dérives qui laissent perplexes. Il s'est ainsi beaucoup engagé dans la promotion du livre de Claude Llabres[27] – ex-communiste, devenu conseiller de Dominique Baudis, alors maire de Toulouse – qui revient sur les « heures noires » de *La Dépêche* pendant la guerre, puis sur les relations étroites de Bousquet avec le journal... On l'a vu surtout se lier à Baudis puis à son successeur à l'hôtel de ville, Philippe Douste-Blazy, au point de brosser dans *Le Monde*[28] un portrait élogieux du nouveau maire de Toulouse, censé vouloir faire de sa ville un « *laboratoire de la démocratie de proximité* ». Le dithyrambe a dû faire tomber de sa chaise Salah Amokrane, candidat local des « Motivé-es », qui se souvient sans doute des harangues assez peu « politiquement correctes » de Douste après le premier tour des municipales : « *Je répète : voulez-vous d'un Salah Amokrane à la Mairie* ? »

Le « meurtre politique » de Baylet était l'une des principales motivations du *Monde. Tout Toulouse* en est mort. *Le Monde* n'est sans doute pas près de chasser à nouveau le Baylet en terres toulousaines.

27. Intitulé *La Dépêche du Midi et René Bousquet,* Fayard, 2001.
28. Le 11 mai 2002.

CHAPITRE 12

Le Monde tel qu'il hait

> *« Nous ferons de la France un cimetière plutôt que de ne pas la régénérer à notre manière. »*
>
> MAXIMILIEN ROBESPIERRE

> *« Hommes vils qui ne connaissez d'autre passion dans la vie que l'or, ne me demandez pas quel intérêt me pressait ; j'ai vengé l'humanité, je laisserai un nom, et le vôtre est fait pour périr. »*
>
> JEAN-PAUL MARAT

Dépositaire de la violence symbolique, l'État marque son autorité par sa capacité de faire respecter la loi par la force. Dans un certain ordre, le pouvoir est d'abord celui de réprimer. Qui souhaite devenir une puissance et traiter d'égal à égal avec d'autres pouvoirs, y compris l'État, doit donc démontrer sa capacité de nuire, et même de punir. C'est exactement ce que fait *Le Monde* dans un certain nombre de cas qui vont être exposés dans ce chapitre.

Qu'est-ce qui distingue, dans l'univers de l'information, la critique du lynchage ? Comment exiger d'un organe de presse qu'il exerce une vigilance de tous les instants pour décrypter l'action de tous les pouvoirs, sans pour autant clouer au pilori les personnes mises en cause parmi celles qui incarnent ces mêmes pouvoirs ? Pourquoi reprocher au *Monde* d'appeler « chat » un chat et de dénoncer publiquement un certain nombre de personnalités au nom des valeurs qui sont les siennes, ou simplement au nom de la recherche de la vérité ? Comment soupçonner un quotidien qui fut longtemps impartial, et qui prétend l'être resté, de juger et de condamner un homme ou une femme sans lui laisser un minimum de moyens pour organiser sa défense dans les colonnes mêmes du journal ? Non, ne craignons rien pour les dirigeants du *Monde* : les apparences sont toujours (ou presque) sauves. Les personnalités mises en cause ont théoriquement le loisir d'utiliser leur droit de réponse prévu par la loi, le plus souvent promptement transformé en « droit de tribune ».

Ouvrons ici une brève parenthèse. Comme le dissident soviétique des années 1970, le lecteur du *Monde* des années 2000 doit réapprendre à lire, c'est-à-dire à traduire le journal : l'expression « Une lettre de M. Untel » signifie que ledit Monsieur Untel a *exigé* un droit de réponse ; une tribune de quatre à cinq feuillets, du même, traduit en fait une menace juridique extrêmement bien motivée : car la rédaction en chef du *Monde* ne connaît que le rapport de forces. Mais, quoi qu'il se passe dans les cuisines, la « salle à débattre » du *Monde* se présente sous les dehors d'un espace public où règne l'équité.

Bien sûr, cette mise en scène ne résiste pas à un examen honnête : ce qui distingue le règlement de comptes de l'information critique, c'est la pratique de l'instruction à charge. *Le Monde* conduit dans chacun des cas recensés une instruction exclusivement à charge. La parole de la défense, lorsqu'elle existe, est strictement encadrée, de sorte qu'elle ne vient en fin de compte que valider la justesse de la sentence. Dans l'univers mental que traduit la couverture éditoriale du *Monde*, il n'y a nulle place pour le doute, l'hésitation, la réserve ; le condamné est exécuté sur le champ, sans véritable procès. On retrouve là, fondamentalement, le point de vue des Conventionnels de 1793, en particulier d'un personnage comme Marat : il s'agissait alors d'éliminer dans l'urgence les « ennemis du peuple » ; il s'agit désormais, pour Plenel, d'éradiquer les contempteurs de la « vraie » démocratie et de la « vraie » liberté de la presse. Quitte, si nécessaire, à faire camper des armées imaginaires à ses frontières.

Au premier abord, on est tenté de chercher une certaine cohérence idéologique à ces chasses à l'homme. Mais la prose[1] publiée par le directeur de la rédaction du *Monde* évoque plutôt les contes pour enfants. Edwy Plenel se met chaque fois en scène comme le grand combattant de la Vérité et de la Justice, reprenant inlassablement le décompte de ses ennemis et de ses amis avec la même candeur, du premier au dernier de ses livres.

Exemple : dans *La Part d'ombre*, essai consacré par Plenel à la cellule de l'Élysée, l'auteur se donne pour objectif la recherche de la vérité. Le héros, Plenel, cherche en effet à démontrer l'innocence des Irlandais de Vincennes ou la culpabilité des services secrets dans l'affaire du *Rainbow Warrior*, ce qui suffit à déclencher une machine de guerre policière contre lui sous forme d'« écoutes » et de manœuvres d'intimidation. Heureusement, aidé par quelques personnages intègres et surtout courageux, le héros va faire éclater la vérité et triompher la justice. Telle est l'histoire édifiante, ou plutôt tel est le conte sulpicien que nous sert Plenel. Quelques-unes de ses têtes de turc ressortissent, en effet, à la logique du Bien et du Mal telle que l'a définie une fois pour toutes le directeur de la rédaction du *Monde*.

Un Régis Debray, réputé coupable d'avoir trahi la mémoire du Che pour celle de De Gaulle, et d'avoir jugé l'internationalisme compatible avec un certain patriotisme, devra répondre de ses crimes de pensée devant un tribunal kosovar hâtivement constitué pour le condamner à chaud, sans doute au nom des exigences du « temps de la presse », celui de l'immédiateté.

Un Jean-Pierre Chevènement est tout aussi logiquement combattu comme jacobin rétrograde au nom du girondisme dont se revendiquent aussi bien Jean-Marie Colombani

1. Nous parlons ici de ses livres.

qu'Edwy Plenel. Mais pourquoi un Dominique de Villepin ou un Olivier Schrameck, respectivement l'un secrétaire général de l'Élysée puis titulaire du Quai d'Orsay sous Jacques Chirac, l'autre directeur de cabinet de Lionel Jospin, ont-ils été si bien traités dans les colonnes du journal qui éreinte si volontiers leurs patrons respectifs ?

Là naît le trouble de l'analyste : la liste des « damnés » du *Monde* est telle qu'on n'y décèle aucune cohérence. Dans cet enfer pavé lui aussi de fort bonnes intentions, on croise des hommes politiques aussi différents que Jean-Marie Le Pen et Philippe de Villiers, Roland Dumas et Dominique Strauss-Kahn, sans parler bien entendu de Jacques Chirac et François Mitterrand. La détestation du camp « national-républicain[2] » désigne à la vindicte Chevènement... mais épargne Pasqua ou Abitbol. Le ressentiment – le mot est faible – à l'endroit de la Mitterrandie éclabousse Charasse, Cresson, Dumas, mais épargne Glavany, Védrine et Badinter.

La liste des réprouvés n'est guère plus cohérente dans la sphère intellectuelle. Le républicain Pierre-André Taguieff, hier encore apprécié pour ses analyses sur l'extrême-droite, voisine désormais avec le sociologue Paul Yonnet, plutôt étiqueté « réac[3] ». Le démographe Hervé Le Bras, « ultra-vigilant » envers l'extrême-droite dans laquelle il percevait le mauvais génie de sa discipline, croise à présent l'écrivain quelque peu traditionaliste Renaud Camus, alors que Paul Morand, antisémite avéré, est encensé. On y trouve encore des critiques comme Angelo Rinaldi, Jean-Philippe Domecq et Benoît Duteurtre, les journalistes Élisabeth Lévy ou Guy Benhamou qui

2. Un label à caractère infamant – la proximité avec le national-socialisme est évidente –, insupportable pour ceux qui se trouvent ainsi stigmatisés.
3. Le 22 novembre 2002, *Le Monde* fait sa « une » sur les « nouveaux réactionnaires », reprenant le sous-titre du livre de Daniel Lindenberg, *Le Rappel à l'ordre* (Le Seuil/La République des Idées, 2002). L'auteur dénonce dans son pamphlet mou une vingtaine d'intellectuels (dont Pierre Manent, Alain Badiou, Alain Finkielkraut, Marcel Gauchet, Pierre-André Taguieff, Philippe Raynaud, etc.) ainsi que trois écrivains, Michel Houellebecq, Philippe Muray et Maurice Dantec, qui, venus de la gauche, avanceraient par leurs critiques actuelles (de la culture de masse, de Mai 68, de l'islam, des droits de l'homme) des idées qui seraient une menace pour la démocratie.

n'ont guère en commun, hormis le fait d'avoir été « enchristés » par *Le Monde*. Le nouveau *Monde* développe ses acrimonies sur le front culturel. Le journaliste Alain Lompech, par exemple, stigmatise le public de l'Opéra de Paris en le qualifiant d'« *assez peu progressiste dans l'ensemble*[4] ». Le formule laisse pantois : imagine-t-on *Le Figaro* dénoncer un public « assez peu réactionnaire dans l'ensemble » ? Auparavant, Renaud Machart s'en était pris violemment au directeur de l'Opéra national de Paris, Hughes Gall : sous le titre « *L'Opéra de Paris en terrain de ringardise* », il écrivait crûment : « *Depuis qu'il* [Hughes Gall] *est en poste, les échecs artistiques ne cessent de s'accumuler. La raison profonde de ces échecs est fâcheusement évidente et se résume à une seule question : l'Opéra de Paris est-il dirigé artistiquement*[5] *?* » C'est oublier les nombreux articles écrits par eux pour saluer les créations qui virent le jour sous la direction de Hughes Gall, de Verdi (« *Hughes Gall et Verdi triomphent à l'Opéra Bastille* », 12 septembre 1995) à Rameau (« *Platée fait merveille* », 2 mai 1999) en passant par une « *L'académisme magnifié par une "Manon" historique* » (27 juin 1997). À l'évidence, la mauvaise foi le dispute à une certaine condescendance, puisque Alain Lompech salue, dans un article du 30 mars 2001, la création mondiale de *K...*, commandée par Hughes Gall à Philippe Manoury, avec l'argument étonnant : « *Le directeur de l'Opéra ne le sait peut-être pas, mais il vient de créer un chef-d'œuvre* » !

Dans le monde des affaires, les bannis d'hier peuvent vite devenir les adulés d'aujourd'hui. Jean-Luc Lagardère, dont une mise en examen – imaginaire – fut annoncée en « une », en sait quelque chose. Et, inversement, Jean-Marie Messier a lui aussi appris à ses dépens, on le verra, à connaître les sautes d'humeur du *Monde*. Le même type de revirement peut d'ailleurs s'opérer en d'autres domaines : ainsi le préfet Bonnet, plutôt apprécié jusqu'à

4. *Le Monde* du 8 décembre 2002.
5. Article de Renaud Machart, *Le Monde* du 1er avril 2002.

l'« affaire des paillotes », a ensuite été cloué au pilori sans aucune possibilité de réplique.

On imagine toutes ces personnalités rassemblées pour une « croisière des oubliés » dont le thème serait : pourquoi tant de haine ? pourquoi nous ? Certes, la sanction idéologique joue ici un rôle : l'une des dimensions de la Terreur ne consiste-t-elle pas justement à frapper ceux des « ennemis du peuple » qui sont le plus proches de la Révolution, pour mieux démontrer la « pureté » du justicier ? Mais nos croisiéristes, même promenés des mois durant aux quatre coins du monde, auraient le plus grand mal à trouver une logique commune à la punition qu'on leur a infligée, car l'idéologie reste impuissante à expliquer maints règlements de comptes dont le quotidien a été le grand ordonnateur. Plusieurs années après les faits, certaines des victimes se demandent encore ce qu'elles ont bien pu faire ou ne pas faire pour mériter pareille vindicte de la part du journal. Bien souvent amis, en tout cas fidèles lecteurs, elles n'ont rien fait pour lui nuire, bien au contraire. En réalité, ces hommes ou ces femmes ont eu la malchance d'évoluer à un carrefour où se jouaient certains intérêts de l'« organisation *Le Monde* ». Autrement dit, ils ont pu se retrouver aux côtés de certains « ennemis » du journal au mauvais moment. Ou bien ils ont été sacrifiés au nom des intérêts supérieurs de l'« organisation ». Au reste, le pouvoir d'intimidation du *Monde* suppose qu'il démontre de temps à autre sa capacité de ruiner « gratuitement » une carrière ou une réputation. Il suffira ensuite de brandir la menace pour que l'impétrant fasse le bon choix : silence bienveillant, obole publicitaire, traitement de faveur des journalistes du *Monde*. Tant et si bien que les véritables victimes du *Monde* ne sont pas seulement, loin de là, celles qui ont dû essuyer son venin, mais aussi tous ceux et toutes celles qui, comme dans une « république mafieuse », se taisent en espérant que leur « cotisation » – quelle qu'en soit la nature – les mettra à l'abri.

François Mitterrand

Edwy Plenel restera le journaliste emblématique des « années Mitterrand ». Il est en quelque sorte à Mitterrand, mais par antiphrase, ce que Joinville fut à Saint-Louis. Ses centaines d'articles sur le sujet, qu'il a complétés par trois livres, pourraient, réunis, former l'équivalent – en négatif, bien sûr – du *Livre des saintes paroles et des bons faits de notre roi Louis.* Avec talent, Edwy Plenel a recréé un personnage dont *La Part d'ombre* a éliminé les dernières taches de lumière.

Début septembre 1994, après la publication d'*Une jeunesse française, Le Monde* se lance dans une brutale campagne contre François Mitterrand. L'homme est pourtant gravement malade. Après son opération du 19 juillet précédent, ses médecins ne lui donnent que quelques mois à vivre. Enfin, chacun sait que, de toute façon, François Mitterrand quittera définitivement l'Élysée d'ici huit mois.

Le 10 septembre, les lecteurs du *Monde* découvrent un drôle d'article. Son titre affecte la neutralité de ton traditionnelle du quotidien : « *L'évolution du cancer du Chef de l'État est devenue "imprévisible"* ». Jamais article n'a été titré aussi loin de son contenu. À partir d'une source située « *dans l'entourage médical du chef de l'État* », Jean-Yves Nau et Franck Nouchi se livrent à une description probable de l'évolution de la maladie dans les termes les plus crus. Sous prétexte qu'il s'agit d'un personnage de premier plan dont l'état de santé doit être rendu public, les deux journalistes déshabillent le presque mort pour l'exposer, nu, à la foule :

« *Avant ce stade terminal, tous les spécialistes d'urologie que nous avons interrogés s'accordent à dire que l'essentiel consiste, par voie chirurgicale, à tout mettre en œuvre pour aider à l'écoulement des urines. Après la résection endoscopique urétrale, qui peut être mise en œuvre à plusieurs reprises – M. Mitterrand en a déjà subi deux, mais on peut dans ce domaine, notamment grâce à l'usage des lasers, aller jusqu'à quatre ou cinq interventions consécutives –, l'évolution du processus pathologique impose d'agir plus en amont de l'arbre urinaire. On peut alors soit poser, sous une légère anesthésie, des sondes au sein des deux uretères (sondes "Double J") afin de lutter contre la réduction du diamètre de ces conduits naturels, soit dériver les uretères et les aboucher à la peau (avec pose de poches externes de réception des urines), soit pratiquer une néphrostomie (établissement d'une fistule rénale chirurgicale) définitive.*

« Il est difficile de définir avec précision l'impact de l'évolution d'un tel processus cancéreux sur les capacités du président de la République à assumer les charges et les devoirs qu'impose cette fonction. On connaît notamment les marges d'incertitude et d'erreur dans l'établissement d'une corrélation absolue entre un stade d'évolution cancérologique et les répercussions physiques et intellectuelles observées chez le malade (...). Il n'en reste pas moins que la question peut se poser aujourd'hui de l'adéquation entre l'état de santé de François Mitterrand et l'exercice des plus hautes charges de l'État... »

Voilà enfin avouée la motivation officielle de cette « investigation » d'un genre nouveau dans les viscères du vieil homme : soucieux de vérifier si les chèvres-citoyens sont bien gardées par le berger de l'Élysée, *Le Monde* évalue les éventuelles « répercussions physiques et intellectuelles » du mal dont il est atteint. Dans quel but ? Saisir la représentation nationale et l'opinion du risque de voir le Président, pris de folie douce, appuyer sur le bouton nucléaire ou bien encore engager le pays dans quelque guerre aventureuse ? Aucun homme ni aucun parti politiques – même et surtout pas Jacques Chirac, qui avait vécu de près l'agonie de Georges Pompidou en 1974 – n'ont bien entendu suivi *Le Monde* sur ce sentier aussi sinueux que nauséabond. Au contraire, l'article provoque une avalanche de lettres indignées. Ce courrier contraint le médiateur, André Laurens, à un exercice périlleux : justifier la débauche de détails publiés sur le corps malade du

Président. Et d'invoquer – *Tu quoque, mi fili...* – les sacro-saints « *devoir d'informer* » et « *droit de savoir* » pour tenter de faire passer l'infâme potion journalistique : « *À l'évidence, on se trouvait là aux limites du devoir d'informer, qui est le nôtre, et du droit de savoir, qui est celui de nos lecteurs, et, au-delà, des citoyens en général...* » Il s'agit bien de limites, en effet.

Une fois Mitterrand enterré, on aurait pu penser que la haine des dirigeants du *Monde* s'essoufflerait. Vaine espérance. Dans la même veine que la description de ses viscères, *Le Monde* prend prétexte de la publication du livre de Georges-Marc Benamou - *Le Dernier Mitterrand*[6] – pour se payer une nouvelle séance de « la Haine contre "Goldstein-Mitterrand[7]" ». Le 2 janvier 1997, Edwy Plenel met à la « une » un simple compte rendu de l'ouvrage. L'article de Gérard Courtois, intitulé « *Les derniers ortolans de François Mitterrand* », est conçu, il est vrai, pour frapper l'imagination. Voici, à quelques touches, près, le tableau dessiné par le portraitiste, qui ne fait que s'inspirer du texte original de Benamou. Tel Dracula, François Mitterrand, vieillard agonisant, se pourlèche une dernière fois d'ortolans sanguinolents, à Latché, dans la nuit du 1er janvier 1996, huit jours avant son trépas : « *Porté par ses fidèles gendarmes et par le docteur Jean-Pierre Tarot, installé, ou plutôt allongé, à l'écart de la table de réveillon, l'ancien Président ne vit plus que par son regard, fiévreux au milieu d'un masque funèbre. C'est l'heure de l'ultime rituel, celui des ortolans.* "Le gendarme qui fait le service exhibe avec une solennité gaillarde le plat tant attendu. On vous sert la bête entière, brûlante, avec ses os et ses viscères." *François Mitterrand en dévore un, puis un second, avalés tout rond à l'abri de grandes serviettes blanches. Les uns après les autres, les membres du clan vont s'asseoir à ses côtés pour une dernière audience chuchotée.* "Ça y est, je suis dévoré de l'intérieur", *glisse-t-il à l'oreille de Benamou.* »

6. Publié chez Plon en 1999.
7. Dans le roman d'Orwell, *1984*, Goldstein est l'ennemi public numéro un offert en pâture aux citoyens.

Cette scène est… fausse[8] !

Après la « *pénible lecture du livre impudique* » de Benamou qui a tant inspiré *Le Monde,* Alain Finkielkraut a laissé sa plume vagabonder pour évoquer « *le meurtre du mort* » dans son livre *L'Imparfait du présent*[9] *:*

« *L'humanité était clairement de son côté, non dans le camp des bons qui s'applaudissent à ses dépens de leur supériorité morale. N'empêche : ils ont quelque chose de lui, ces ingrats; ils le prolongent en le trahissant ; leur rupture porte sa marque ; le quitter de cette manière, c'est l'actualiser.* »

Comme dans une tribu qui aurait fait sien ce rituel de haine, le crachat sur la tombe de François Mitterrand devient un exercice prisé par les rédacteurs. Après Plenel, Colombani, Nau, Nouchi, c'est Daniel Schneidermann qui a jugé utile de tirer sur le fantôme en faisant porter à François Mitterrand la responsabilité… de l'aventure de *Loft Story* ! Dans un article intitulé « *L'anomie* », publié dans *Le Monde-Télévision* des 3 et 4 juin 2001, il relève la coïncidence de la diffusion télévisée du premier volet de *Conversations avec François Mitterrand*[10] et de *Loft Story,* et écrit : « *Zappant, le 10 mai dernier, entre Mitterrand et Castaldi, entre les lambris de l'Élysée et les tôles de l'édifice de La Plaine-Saint-Denis, entre deux ères et deux siècles, on ne pouvait que méditer sur l'étrange signification du télescopage. Non seulement c'est l'ancien président qui, en créant Canal + et en important Berlusconi, a ouvert la voie à la privatisation de la télévision hertzienne dont découle aujourd'hui l'aventure du* Loft, *mais c'est aussi lui, par cette appropriation personnelle de sa fonction, qui a offert l'exemple de l'indifférence souveraine à l'intérêt général. En faisant de ses descendants les dépositaires de sa mémoire et*

8. Voir Pierre Péan, *Dernières volontés, derniers combats, dernières souffrances,* Plon, 2002.
9. Gallimard, 2002.
10. *Conversations avec un président*, travail collectif réalisé par Marie-Ève Chamard, Anne-Marie Moreau, Philippe Kieffer et Fabrice Ferrari, à partir d'entretiens confidentiels menés par Jean-Pierre Elkabbach entre mars 1993 et juin 1994, alors qu'il était président de France Télévision.

les bénéficiaires des avantages afférents, il rétablit un modèle du bon plaisir dont chacun s'inspire aujourd'hui. »

Il fallait le faire : Mitterrand, cet homme politique *à l'ancienne,* habité par les livres, pétri de traditions et amoureux des vieilles pierres, devient le père spirituel d'un *show* impudique et imbécile... Tout cela parce que l'ex-Président a libéralisé les ondes radiophoniques et herztiennes (ce dont *Le Monde* ne fut pas le dernier à se réjouir).... Quant au dégagement sur l'« *indifférence à l'intérêt général* » par lequel Schneidermann fait référence au contrat dont fit l'objet la diffusion des fameuses *Conversations,* il prête à sourire. On n'a jamais lu dans *Le Monde* une ligne d'indignation contre la façon dont certaines hautes personnalités américaines ou même françaises monnaient à prix d'or le témoignage de leur expérience publique par des livres, des conférences, des articles ou même des interviews. On peut ainsi supposer que certaines prestations de Bill Clinton en « une » du *Monde* n'ont pas été gracieuses. Sera-t-il accusé pour autant d' «indifférence à l'intérêt général » ?

Enfin, nous l'avons vu[11], Hervé Gattegno, à l'occasion de la destruction de ladite villa, a estimé indispensable d'accuser le Président, six ans après sa mort, de s'être fait construire une incroyable villa de luxe pour sa retraite par le promoteur immobilier Christian Pellerin. Le journaliste escomptait jouir de la même impunité que son mentor Edwy Plenel. Vivant, tout le temps de ses mandats, François Mitterrand s'était fait une règle de ne pas attaquer les journalistes en justice. Mort, il n'est plus à même de la rompre.

Jean de Boishue

Nous sommes le 21 juillet 1995. Jean de Boishue était jusqu'alors un secrétaire d'État séguiniste, membre du gouvernement Juppé, en charge des universités, sous l'autorité

11. Voir chapitre 10, « La machinerie d'Edwy Plenel », pp. 225-226.

de François Bayrou. Il était sans doute considéré à l'époque comme l'un des plus à gauche – ou des moins à droite – de l'équipe. Vers midi, à la sortie du nouveau numéro du *Monde*, le destin de Jean de Boishue bascule. Le voici soupçonné de racisme, et en sursis au gouvernement. En dernière page du quotidien, un méchant article sur quatre colonnes annonce sa comparution prochaine devant un tribunal pour « injures raciales ». Sur le ton le plus neutre possible, le journaliste Erich Inciyan rapporte l'accusation de « SOS Racisme » et celle du rapeur Steevy Gustave qui estime, par la voix de l'avocat Francis Terquem, que le livre de Jean de Boishue, *Banlieue mon amour*[12], écrit et publié avant sa nomination au gouvernement, est « *truffé d'idées parfaitement racistes, exprimées sans réserve* ». Suit une série de citations du livre, sorties de leur contexte. Et, parfois, on le verra, carrément tronquées.

Maire de Brétigny-sur-Orge, d'origine russe, Jean de Boishue est ce qu'on appelle un « affectif ». Sa plume divague volontiers pour explorer les recoins des âmes des gens de banlieue, qu'ils soient des « beaufs », des Noirs ou des Arabes, avec une grande empathie, sans prudence ni retenue. Elle ose donc, sa plume, tracer sur le papier ces mots qui fâchent : *bicot, nègre, polygame, grand inséminateur, juif errant.*

Publié en mai, avant sa nomination au gouvernement, le récit de Jean de Boishue n'a suscité aucune réaction. Mais, une fois l'auteur devenu secrétaire d'État en charge des étudiants, *Le Monde* tient le bon bout. Un ministre imprudent au bout de la plume : on ne va pas le rater !

L'auteur de l'article du *Monde*, Erich Inciyan, formé à la « meilleure école », le journalisme d'investigation à la Plenel, aurait-il ne serait-ce que parcouru quelques pages du livre, ou bien mené ce que la police appelle une « enquête de voisinage », il aurait pu d'emblée se rendre compte de la bêtise de l'accusation. De toute façon, il n'a pas le temps – ni peut-être le cœur ? – de se consacrer à la lecture de ce

12. La Table ronde, 1995.

livre – au « joli titre » concède-t-il en ouvrant son papier. C'est que nous voici au cœur de la politique et du pouvoir !

« *Nous avons tenté*, écrit Inciyan, *sans succès, vendredi matin 21 juillet, de joindre le secrétaire d'État à l'Enseignement supérieur pour obtenir sa réaction aux plaintes déposées contre lui.* »

Bel alibi : nous avons cherché *in extremis* à donner la parole à la défense, qui n'en a pas voulu. La voie est donc libre pour l'accusation. Si le secrétaire d'État garde le silence, ou se veut injoignable, c'est bien qu'il y a « anguille sous roche » !

Tout ce raffut pour quoi ? Un rapeur antillais, Steevy Gustave, s'est senti concerné par un passage du livre, que cite *Le Monde* : « *Son père* [à Tom, mais Steevy Gustave y a reconnu le sien] *est mort pour la France, quelque part loin sur une frontière africaine. Une balle a percé l'os de son nez épaté, le lui a brisé et s'est enfoncé sous la peau noire* (...). *Si son père n'avait pas eu envie d'enfiler une paire de chaussures, il ne se serait jamais habillé en soldat.* » De fait, la dernière phrase peut engendrer un malaise, comme si l'auteur avait voulu mettre l'accent sur la condition de « primitif » du père de Tom-Steevy. Sauf qu'un passage a été « squeezé » par le journaliste, qui donne tout son sens à la fin de la citation. Restituons-le (les mots supprimés y figurent en romain) : « *Son père est mort pour la France, quelque part loin sur une frontière africaine. Une balle a percé l'os de son nez épaté, le lui a brisé et s'est enfoncé sous la peau noire.* Tom l'a toujours imaginé comme ça, un père avec un trou. "On m'a appris ça et je meurs pour ça", lit-on dans *Antigone.* Et Tom aussi pensait que cette vie-là avait été pipée d'avance ; que *si son père n'avait pas eu envie d'enfiler une paire de chaussures, il ne se serait jamais habillé en soldat.* » On voit bien l'intention de l'auteur : traduire ce qu'il perçoit de la révolte du personnage de Tom, un fils antillais d'aujourd'hui, contre la mort de son père. Si de la France on n'a rien offert à Tom que cette banlieue abandonnée, comment pourrait-il apprécier le sacrifice de son père autrement que comme une absurdité ?

Nous sommes là aux antipodes des termes de la plainte et de l'accusation de racisme. Un maire de banlieue tente de s'expliquer la marginalisation d'une partie des enfants de sa ville par le procédé, on ne peut plus classique chez les écrivains, de l'identification. Dans une lettre qui sera produite au procès, Emmanuel Le Roy Ladurie note justement : « *Faut-il saisir* Le Bûcher des vanités, *le talentueux best-seller américain sur les banlieues de New York*[13], *best-seller qui a été unanimement salué en France comme un chef-d'œuvre mais où une analyse ultra-partiale, je n'ose pas dire paranoïaque, pourrait facilement trouver les éléments d'un procès en sorcellerie comme celui que l'on cherche à intenter contre vous* ? »

L'accusation des organisations antiracistes (MRAP, SOS-Racisme) porte également sur l'antisémitisme présumé de l'auteur. *Le Monde* : « *Le chapitre sur* "les nouveaux naufragés" *évoque d'abord les pérégrinations d'un couple de Juifs,* "Vital et Louise", *qui ne cessent de* "déménager". *Vital,* "le juif errant", *explique M. de Boishue,* "perpétuait le destin de ses aïeux" : "Ses six frères et sœurs colonisaient déjà les quatre coins de la planète." *S'il a choisi Paris, c'est au motif que* "dans une vraie cité, il y a toujours de la place pour un vrai commerçant ; pour un Juif, il y aura toujours une rue à l'enseigne des Juifs". *Aussi Vital s'est-il installé à Montmartre où* "il colonisait les terrasses des cafés". *Toujours prêt à repartir* – "comme un escargot, il portait sa culture sur son dos" –, *il a finalement échoué à Garges-lès-Gonesse* : "Même un juif errant n'est pas incorruptible : un quatre-pièces en toute propriété ; un appartement clair, spacieux, avec en prime un vide-ordures, comment dire non ?" »

Qu'y a-t-il de nauséabond à dire de Juifs (ou de qui que ce soit d'origine différente, au demeurant) qu'ils déménagent ? Et comment, sans mauvaise foi, ne pas comprendre l'ironie à propos de l'épithète « incorruptible » au moment où le couple quitte l'un des quartiers les plus touristiques

12. Écrit par Tom Wolfe et dont la traduction rencontrait un très grand succès à ce moment-là.

de Paris (Montmartre) pour une commune de banlieue aussi morne que Garges-les-Gonesse ?

Là encore, Erich Inciyan manie bien les ciseaux. À propos de la « culture portée sur son dos » par Vital (comme un escargot), il écarte de la citation le propos de l'auteur, résumé quelques lignes plus loin : « *Mais à Sarcelles ou à Garges, quand les marins meurent, il ne reste rien de leurs voyages. Les maisons, les murs, la terre, les jardins savent témoigner ; le béton, lui, n'est pas conducteur de cultures. En banlieue, la culture, ce sont les miettes qui restent quand tout le monde a déjà tout mangé. Les vrais fins gourmets, ceux qui s'abreuvent de nectars esthétiques et intellectuels, ne vont pas les chercher à Bagneux ou aux Mureaux ; ils vont à Paris, à Barbizon, à Venise ou à Ramatuelle...* » Évidemment, citer la totalité du paragraphe, pour en restituer le sel et le sens, eût été bien trop gênant pour la démonstration. La tendresse de l'auteur à l'égard des immigrants eût été trop apparente.

Quoi qu'il en soit, de par ces quatre colonnes en DH (Dernière heure) du *Monde*, le compte de Jean de Boishue est bon. Dès 18 heures 15, le journal de RTL évoque le procès en interviewant pour sa part l'éditeur du livre (Erich Inciyan n'avait pas eu l'idée de le contacter...). France 2 reprend l'affaire dans son « 20 heures », et conclut par une déclaration d'Henri Emmanuelli[14] réclamant la démission du secrétaire d'État. L'affaire fait l'objet d'un reportage en boucle sur France Info le lendemain. La presse quotidienne prend le relais du *Monde* : ainsi *Libération* (titre : « Boishue poursuivi pour injures raciales ») et *Infomatin* (« Un ministre raciste ? Boishue en accusation », avec un commentaire décrétant que le livre de De Boishue « pue » et constitue « de la pacotille raciste »). *Le Parisien* et *Le Figaro* sont plus neutres. Seuls quelques esprits libres osent défendre le secrétaire d'État : Jean-François Kahn[15] et, avant lui, Philippe Reynaert[16] et Alain-Gérard Slama[17].

14. D'ordinaire mieux inspiré...
15. *L'Événement du jeudi* du 17 août 1995 et Europe n°1 du 18 août 1995.
16. RMC, le 27 juillet 1995
17. *Le Point*, 29 juillet 1995.

Passé le moment d'abattement et de stupeur, Jean de Boishue réagit. Marek Halter joue les intercesseurs avec SOS-Racisme. *Libération* publie[18] une interview du secrétaire d'État (auquel *Le Monde* n'a toujours pas donné la parole) dans laquelle celui-ci s'excuse sans toutefois renier son livre : « *Si j'ai blessé quelqu'un ou si j'ai pu apparaître comme inattentif ou injuste, je prie vraiment ceux-là de m'excuser.* »

S'appuyant sur quelques personnalités[19] prêtes à défendre De Boishue, Marek Halter esquisse un compromis. Connaissant bien le député socialiste de l'Essonne, Jean de Boishue avait consulté Julien Dray lorsque l'affaire venait d'éclater. Ce dernier lui avait expliqué qu'étant donné la nasse dans laquelle il s'était fourré, il n'y avait pas d'autre solution que de payer. De Boishue, sans fortune personnelle, propose donc d'abandonner à « SOS » ses droits d'auteur. « SOS » accepte la proposition et retire sa plainte trois jours avant l'audience du 25 septembre. Du coup, celle du MRAP devient sans objet et il ne subsiste plus que la plainte de Steevy Gustave et de sa sœur.

C'est là que *Le Monde*, cette fois-ci sous la plume à deux becs de Philippe Bernard et Nathaniel Herzberg[20], intervient de nouveau pour dénoncer l'accord intervenu entre SOS-Racisme et Jean de Boishue « *dans les coulisses de la Justice*[21] ». Commentaire sans appel de Philippe Bernard : « *Le fait que cette association ait accepté de voir l'indemnité versée par M. de Boishue indexée sur les ventes d'un livre qu'elle qualifiait de* "raciste" *il y a deux mois, accroît encore la confusion à un moment où la clarté et la rigueur sont plus que jamais nécessaires.* »

Le lendemain de la parution de cet article dans *Le Monde*, c'est au tour de l'UEJF (Union des Étudiants juifs

18. *Libération* du 2 août 1995.
19. Outre Emmanuel Le Roy Ladurie, citons Marguerite Duras, Georges Vedel, Pascale Amaudric, Pierre Weil, Mohamed Lakbdar Hamina, Pierre Georges, Pierre Brunel, Françoise Hostalier, etc.
20. Un neveu de Plenel, comme on l'a vu *supra*, chap.10, «La machinerie d'Edwy Plenel », pp. 203-204.
21. *Le Monde* du 27 septembre 1995.

de France) de porter plainte. Quelques jours plus tard, on apprend que SOS-Racisme refuse en définitive de percevoir les droits d'auteur de Jean de Boishue. La dépêche AFP[22] précise que – sans doute apeuré par le papier de Philippe Bernard – « *le Conseil national de l'association des 7 et 8 a décidé à l'unanimité* "de n'accepter aucune somme d'argent de la part de M. de Boishue". »

En coulisse, cependant, et pour « arranger le coup », Denis Tillinac, patron des éditions de La Table Ronde et proche de Jacques Chirac, a fini par « intervenir » : 300 000 francs pour panser les plaies de « SOS », mais l'arrangement ne sera jamais rendu public. En revanche, Philippe Bernard dénonce la reconduction par le FAS (Fonds d'action sociale) d'une subvention d'un million de francs à l'association, dans laquelle il croit percevoir le résultat d'un accord occulte[23] entre le secrétaire d'État et « SOS ».

Pour autant, le chemin de croix de l'infortuné De Boishue n'est pas terminé. Entre-temps, le front des plaignants s'est en effet élargi. Le Gisti (Groupe de soutien aux travailleurs immigrés) et la Fasti (Fédération de soutien aux associations de travailleurs immigrés) ont rejoint la famille Gustave et le Mrap. Après l'audience du 7 novembre, Philippe Bernard en remet une louche, dans son compte rendu, par un nouvel amalgame : « *Ainsi ne saura-t-on sans doute jamais pourquoi Jean de Boishue, éphémère* [grâce au *Monde* ?] *secrétaire d'État chargé de l'enseignement supérieur, décrit des juifs* "colonisant les quatre coins de la planète"[24]. »

Le 5 décembre, Jean de Boishue est condamné pour « diffamation raciale » et « diffamation à l'égard d'un mort ». Il doit acquitter une amende de 10 000 francs, et 30 000 francs de dommages et intérêts. Dans l'intervalle,

22. Datée du 12 octobre, 15 h 51.
23. *Cf. Le Monde* des 27 septembre et 13 octobre 1995.
24. Il est intéressant de constater comment, de citation en citation, le texte original se trouve dénaturé au point de lui faire proférer une dénonciation des Juifs colonisateurs ! Rappelons qu'il ne s'agit, au départ, que de « *coloniser des terrasses de cafés* »...

Alain Juppé a profité d'un remaniement ministériel pour écarter le secrétaire d'État stigmatisé par « la presse » et les « mouvements antiracistes ».

Le Monde a prouvé derechef sa capacité de nuire et de « casser du ministre ». Une fois démis de ses fonctions, Jean de Boishue n'a aucun mal à trouver un accord avec Steevy Gustave, qui ne l'a d'ailleurs jamais accusé, lui, de racisme.

Roland Dumas

Déchiqueter le cadavre du « Vieux » ne suffisait pas. Il fallait aussi donner la chasse à ceux qui l'avaient servi. Roland Dumas est sans conteste le mieux loti. Sans prendre ici partie sur l'ampleur des fautes commises par l'ami du Président, il n'est pas inutile de relever que le jugement de première instance intervenu en 2001 ne retient grosso modo que 10 % des charges étalées jusque là contre lui dans le quotidien[25]. Entre novembre 1997 et ce jugement du tribunal correctionnel rendu le 30 mai 2001, l'ancien ministre des Affaires étrangères a fait l'objet de 52 « unes » ou appels de « une ». Vous avez bien lu : *cinquante deux* ! Qui, depuis la naissance du quotidien, a pu se targuer d'une telle assiduité en première page du journal ? Surtout, comment sauvegarder sa réputation ou même sa santé mentale face à un tel acharnement ? Dumas a-t-il donc violé ou tué à l'ombre de la République ?

Non. Simplement, la cible Dumas une fois désignée, Hervé Gattegno a « co-produit », en parallèle avec les deux juges Eva Joly et Laurence Vichnievsky, un véritable feuilleton en recourant à tous les trucs et astuces du métier (lequel, d'ailleurs : journaliste ou feuilletonniste ?) pour maintenir en haleine le lecteur.

Le 8 mars 1998, le quotidien annonce en « une » que « *Roland Dumas va être mis en examen* ». Oui, mais voilà,

25. Le jugement en appel n'a pas encore été prononcé au moment de mettre sous presse.

vingt-trois jours plus tard, il ne l'est toujours pas ! Un autre journal s'excuserait auprès de ses lecteurs, ou s'expliquerait, ou à tout le moins se tairait dans l'attente que les faits lui donnent raison. Ce n'est pas le genre de la maison. Car *Le Monde* titre alors : « *Comment les juges Joly et Vichnievsky cherchent à confondre Roland Dumas.* » Incidemment, on apprend à la lecture de cet article que « *la date de mise en examen n'est toujours pas connue* ». Un mois plus tard, enfin, une énorme manchette fait la « une » : « *La mise en examen de Roland Dumas*[26] ». Ainsi, le même fait, qui ne dit rien de la culpabilité ou de l'innocence de la personne visée, a été annoncé à trois reprises et à trois dates différentes.

Roland Dumas apparaît encore six fois en « une » entre le 29 avril et le 18 juin. La défense de l'accusé donne prétexte au journal à faire un autre petit appel de « une » dans son édition du 19 juin sous le titre : « *Roland Dumas contre-attaque* ». Le 9 septembre, nouvel appel de « une » sous le même titre : « *Roland Dumas contre-attaque.* » Plenel a dû être à court d'imagination. « *Roland Dumas invité à démissionner* » sera également utilisé deux fois en « une[27] ». Une autre fois, toujours en « une », l'invitation a fait place à la requête : « *Le RPR demande la démission de Roland Dumas*[28] ».

Mais ce n'est pas fini. L'ami du défunt Président ne va pas tarder à comprendre ce que le journalisme d'investigation veut dire : à deux reprises (les 3 et 4 août 2000), toujours en « une », Hervé Gattegno annonce tout de go détenir trois documents qui « *contredisent la version de M. Dumas* » dans l'affaire des frégates de Taïwan. Or, le Tribunal invalidera ces trois « preuves » dans son jugement du 30 mai 2001. Bien entendu, pas question alors pour Hervé Gattegno de s'excuser ni même de s'expliquer. Au contraire : le lendemain du jugement, dans son édition

26. *Le Monde* daté du 29 avril 1998 : « Les deux juges d'instructions de l'affaire Elf devaient se rendre, mercredi, au domicile du président du Conseil constitutionnel », article d'Hervé Gattegno.
27. Les 10 novembre 1998 et 23 mars 1999.
28. Le 30 avril 1998.

datée du 1er juin 2001, *Le Monde* clôt – provisoirement – son feuilleton par une dernière « une » : « *Le jugement qui accable Roland Dumas.* » La force du titre impose au lecteur quelque peu fatigué l'idée – l'évidence – que la Justice a suivi ou en tout cas donné raison à son quotidien habituel, alors qu'en réalité le jugement rendu élimine la plus grande partie des soupçons et accusations formulés par les deux juges d'instruction.

Le même lecteur doit même attendre une dizaine de jours pour lire « *Une lettre de Jean-René Farthouat* » – en réalité, il s'agit, sous la plume de l'avocat de Roland Dumas, d'un droit de réponse à l'article du 1er juin : « *Accabler, c'est faire succomber sous le poids, c'est écraser* », commence l'avocat qui poursuit par un rappel de l'affaire avant de conclure : « ... *Le tribunal a estimé que Roland Dumas ne pouvait être tenu pour responsable ni des salaires et avantages perçus par Christine Deviers-Joncour, ni des 14 278 000 francs qu'elle a reçus. Et si le tribunal a cru devoir dire Roland Dumas coupable de recel, ce n'est plus à concurrence de 8 millions de francs, mais de 800 000 francs. Ce jugement a été frappé d'appel, et ce n'est pas le lieu pour dire les critiques qu'il encourt. Mais écrire d'une décision qui écarte la quasi-totalité des accusations initialement portées et qui, pour la seule qui subsiste, en réduit le montant de très exactement 90 %, d'une décision qui, en un mot, allège dans des proportions considérables les griefs faits à l'ancien président du Conseil constitutionnel, qu'elle serait* accablante, *relève de la désinformation. À trop vouloir accabler, on risque son honneur.* »

On ne sait vraiment pas à quoi fait référence ici l'avocat de Roland Dumas.

Dans *Le Monde* du 25 décembre 2002[29], Hervé Gattegno reconnaissait, la plume meurtrie, que Roland Dumas était sorti de la tourmente Elf. En somme, l'ex-ministre a payé sa paire de Berlutti – son seul manquement avéré à la loi – au prix fort d'une opprobre aussi pugnace qu'injustifée.

---

29. « *L'affaire Elf s'achèvera par un procès-fleuve sans politiques.* »

Jean-Pierre Chevènement

Ce serait faire injure au lecteur, même occasionnel, du *Monde* que de prétendre lui démontrer l'hostilité, voire la hargne que porte assidûment le quotidien à l'ancien ministre. Chevènement est l'un des rares hommes politiques vis-à-vis desquels *Le Monde* déroge à la feinte neutralité qu'il affiche généralement. Même si le journal n'a pas trop maltraité le candidat au printemps 2002[30], on peut dire sans outrance que, depuis une dizaine d'années, il ne rate que rarement une occasion de nuire à l'ex-animateur du CERES, du Mouvement des Citoyens, puis du Pôle Républicain. Nous dispenserons donc ici le lecteur de « preuves » formelles – citations, articles – utilisées pour les autres personnalités évoquées dans ce chapitre, pour nous interroger sur le fond, c'est-à-dire sur les causes de cet ostracisme.

Si cette hostilité date déjà de quelque temps, si elle est particulièrement accentuée dans certains éditoriaux et livres d'Edwy Plenel et de Jean-Marie Colombani, elle n'a pas toujours existé. Le jeune chef du service politique que fut ce dernier dans la France mitterrandienne des années 1980 fut forcément conduit à respecter ou ménager la pièce maîtresse du dispositif présidentiel que Chevènement représentait à l'époque. Et lorsque le jeune « rubricard » chargé de l'Éducation au *Monde,* Edwy Plenel, publie sur l'école un livre, d'inspiration fort républicaine, justement[31], c'est au même Chevènement, ministre de l'Éducation nationale en poste, qu'échoit l'« honneur » de critiquer ledit livre à la « une » du quotidien encore logé

30. Les rédacteurs du service politique, qui n'osaient pas trop, durant l'été 2001, faire écho aux débuts de campagne de Chevènement, se sont vus convier explicitement à le faire par Edwy Plenel, qui ne voulait sans doute pas tomber dans le piège d'un boycott du seul candidat à émerger à ce moment, durant la pré-campagne présidentielle.

31. Même si son titre, *La République inachevée*, a tout du pléonasme, la notion d'« achèvement » étant à l'évidence inconnue en République et même incompatible avec son concept...

rue des Italiens. À tel point que ceux qui s'intéressent à ce genre de détail imaginent alors volontiers Plenel en chevènementiste discret. Après tout, ce ne serait pas le seul ancien trotskiste à être tombé dans la mouvance du Franc-comtois...

Que ce temps doit paraître lointain aux uns comme aux autres ! Mais qui a changé : l'ancien ministre ou les actuels dirigeants du *Monde* ? La question est cruciale, tant ce divorce renvoie à la fracture qui travaille la gauche française depuis dix ans.

C'est au début des années 1990 que s'amorce la divergence. Elle est avant tout idéologique. En 1991, même si sa fonction – journaliste au service Informations générales du *Monde* – le dispense de le proclamer, Edwy Plenel a manifesté, semble-t-il, son opposition à la guerre du Golfe, et donc son accord avec Chevènement. Ce sera la dernière fois. L'invasion de l'Irak et, l'année suivante, le référendum sur le traité de Maastricht inaugurent un nouveau cycle politique : un clivage inédit apparaît, au sein de la droite comme de la gauche, qui porte au départ sur la politique étrangère et la politique monétaire, mais qui ne va cesser de s'élargir, embrassant des sujets de plus en plus divers[32]. Dans la vision politique sur laquelle convergent de manière plutôt inattendue Colombani et Plenel, Chevènement fait figure d'ennemi public numéro un, surtout à compter de 1997 et de son retour au pouvoir comme ministre. Il devient vite l'incarnation d'une grave régression politique qui menace la France, symbolisée par l'apparition des « Rouges-Bruns[33] » ce nouveau parti surgi tout droit de l'imaginaire enfiévré d'Edwy Plenel. Il est enfin la preuve que le pire est toujours possible : la conversion de la gauche au nationalisme, qui faciliterait l'accession au pouvoir de Le Pen, les électeurs finissant toujours par préférer l'original à la copie.

Ce raisonnement politique assez fruste va devenir, durant les années 1990, le fond de sauce à partir duquel

32. Voir à ce sujet Philippe Cohen *Protéger ou disparaître*, Gallimard, 1999.
33. Voir aussi le chapitre 22, « *Le Monde* tel qu'il hait (suite) », p. 532.

les journalistes politiques du *Monde* vont être invités à exercer leurs talents culinaires. Il reprend, en l'améliorant à peine, une vieille antienne qui marqua jadis le jeune Plenel : la « chaîne des aveugles ».

Nous sommes alors en 1969. Un courant minoritaire de la Ligue Communiste révolutionnaire défend l'idée de pourparlers avec le PSU. Voici en substance ce que leur répondent les responsables de la majorité de la LCR :

« Les camarades ont les intentions les plus pures qui soient. Il est vrai, à première vue, que l'unification avec un autre parti pourrait nous faire gagner du temps. Mais réfléchissons un instant. Qui sont ces camarades du PSU avec lesquels on nous propose de fusionner ? Des gens qui comptent dans leurs rangs des hommes politiques fort proches des responsables de la SFIO. Et qui ignore que, parmi ces derniers, certains technocrates, comme Jacques Delors, travaillent avec Jacques Chaban-Delmas ? Or, à quel parti appartient Jacques Chaban-Delmas ? À l'UDR gaulliste. Laquelle compte dans ses rangs plusieurs membres des SAC et des CDR[34], qui, chacun le sait, fricotent avec l'extrême droite. La voici, camarades, la chaîne des aveugles : on nous propose une alliance avec le PSU, et à l'arrivée, on se retrouve à faire le jeu de tout ce que ce pays compte de fascistes et de contre-révolutionnaires ! »

Ce morceau de bravoure, où la mauvaise foi le dispute à la paranoïa, est sans doute à la base du discours plénélien contre Chevènement : liane après liane, le camp dit « national-républicain » tresse la passerelle entre « trosko-chevènementistes » et lepénistes ! La campagne contre les « nouveaux réactionnaires », en « une » du *Monde* le 22 novembre 2002, et qui fait l'enthousiasme d'Edwy Plenel, tant dans son journal que sur LCI, ne procède-t-elle pas de la même rhétorique ?

Rencontrant Jean-Pierre Chevènement au cours de l'été 2002, nous avons eu en tout cas l'occasion de mieux mesu-

34. Service d'action civique et Comités de défense de la République, deux organisations « musclées » créées par l'UDR en plein Mai 68 pour lutter contre le gauchisme.

rer la profondeur de l'hostilité qu'il inspire au *Monde*. L'évoquant à notre demande, le leader du Pôle Républicain extrait de son portefeuille deux bouts de papier pliés en quatre : il s'agit de deux éditoriaux du *Monde*, le premier du 14 janvier 1999, le second du 5 septembre 2000. Un peu jaunis, ils sont encore là, contre son cœur....

Toute l'histoire du divorce avec Jospin tient en ces quelques lignes. Vingt mois avant la démission de Jean-Pierre Chevènement du gouvernement, *Le Monde* dresse la *feuille de route* du Premier ministre. Jospin développe, selon l'éditorialiste du *Monde*, un nouveau discours qui ne plaît guère au journal : « *Priorité à la sécurité, éloge de la patrie. Défense d'un* "État fort" *et d'une* "nation fière de son histoire, qui refuse de se dissoudre". *En ce début d'année 1999, Lionel Jospin change de refrain. Ce qui n'était, hier, qu'une dimension parmi d'autres de son discours, perceptible dès la campagne présidentielle de 1995, en devient la référence dominante. Ce qui n'était qu'un des aspects de la réflexion qu'il mène depuis le début des années 90 tend à l'emporter sur les autres. Il y a là un infléchissement qui fait sens et problème.* » La conclusion de l'éditorial constitue une menace à peine voilée : « *Si cette orientation se confirme, notamment lors de la campagne européenne, elle ne sera pas sans conséquences pour la majorité dont M. Jospin est le chef* [à noter que « Lionel Jospin » redevient « M. Jospin », ce qui n'est bien sûr pas innocent]. *La gauche qu'a dessinée Jean-Pierre Chevènement sans être pour autant contredit par le Premier ministre n'est clairement pas l'actuelle* "gauche plurielle" : *les Verts y sont des adversaires, alliés des* "élites mondialisées" *au point* "d'aller chercher en Allemagne" *un* "anarchiste mercantiliste". *Si M. Jospin* [encore !] *ne se dissocie pas de ce discours d'un autre âge, il faudra en conclure que son repli national et sécuritaire augure, pour demain ou après-demain, d'une majorité différente.* »

Passons sur les citations tronquées de Chevènement au moment de la polémique déclenchée par l'intervention à

La Hague de Daniel Cohn-Bendit[35]. Passons aussi sur la calomnie qu'elles constituent : comme BHL (« *Chassons le Chevènement de nos têtes*[36] ! ») et Sollers (« *La France moisie*[37] »), mis à contribution dans le quotidien, l'éditorialiste du *Monde* reprend à son compte – de façon bien sûr allusive, pour éviter tout risque judiciaire – les accusations de xénophobie et d'antisémitisme.

Septembre 2000 : entre-temps, Chevènement a quitté le gouvernement sur la question corse. Jospin a donc choisi non pas Cohn-Bendit, mais Colombani contre le « Che[38] ». Mais cet honneur – celui de faire endosser à Jospin une réforme dont il ne voulait pas à l'origine – ne suffit pas au *Monde*. Ses responsables souhaitent une reddition totale et irréversible. L'éditorial du 5 septembre exige donc de Jospin qu'il chasse à présent le Mouvement des Citoyens (MDC) de la coalition gouvernementale :

« *Il y a beaucoup d'irréalité dans l'affirmation, aussi bien par le PS et par le MDC, que le parti de M. Chevènement appartient encore à la gauche* "plurielle". *On avait cru comprendre que celle-ci était le laboratoire d'une rénovation commune où héritiers de la social-démocratie, du communisme et d'une partie de Mai 68 s'efforçaient de confronter, pour les faire évoluer, leurs différents héritages. Or, M. Chevènement se pose explicitement en conservateur d'un héritage menacé. Un jour ou l'autre, M. Jospin sera donc forcément contraint de l'affronter plus explicitement qu'il ne l'a fait dimanche à La Rochelle.* »

Voilà bien encore une manifestation du penchant éradicateur du *Monde* ! Que pèse en effet la présence résiduelle de quatre députés, d'un sénateur et d'un député européen du MDC au sein de la majorité plurielle ? Pas grand chose, assurément ! D'autant moins que, sur un strict plan parle-

35. En campagne à La Hague, commune sur laquelle est installé un centre de retraitement des déchets nucléaires, le chef de file des Verts avait été fraîchement accueilli par ses employés alors qu'il réclamait, avec les Verts, sa fermeture. Selon Daniel Cohn-Bendit, certaines insultes proférées alors étaient xénophobes, voire antisémites.
36. Voir *Le Monde* du 8 avril 1999.
37. Voir *Le Monde* du 28 janvier 1999.
38. Voir chapitre 15, « Comment *Le Monde* a "soutenu" Jospin », s

mentaire, leur vote n'est pas utile à la majorité de gauche. Mais le comportement du *Monde* n'est plus, en l'espèce, celui d'un observateur averti, ni même d'un « spectateur engagé[39] », mais bien celui d'un acteur de premier ordre qui ne court de surcroît aucun risque, puisqu'il occupe la confortable position consistant à faire de la politique « hors les urnes ». Et cet acteur cherche à toutes forces à affaiblir le petit parti de Chevènement, dont il sait qu'il ne disposera plus, désormais, du poids de l'action ministérielle pour asseoir son action. En exigeant de Jospin qu'il bannisse toute « trace » de chevènementisme de son épure gouvernementale, *Le Monde* ne fait pas qu'aider l'aile droite du PS ; il montre à tous les acteurs du champ politique qu'il est capable, par sa seule puissance de feu, de mettre en charpie un ennemi qu'il s'est lui-même choisi.

Ami lecteur, comme *Le Monde* hait beaucoup, nous avons dû couper en deux le traitement de cette rubrique. Patience, donc : la haine du quotidien se rallumera au chapitre 22...

39. L'expression est de Raymond Aron et concernait une définition de l'engagement possible des intellectuels dans la vie politique.

Chapitre 13

Un « Monsieur Corse » nommé *Le Monde*

Le Monde s'est engagé en faveur du « processus de Matignon » sur la Corse. Qui pourrait le lui reprocher ? L'histoire du quotidien n'est-elle pas constituée d'engagements de ce type, depuis celui de Beuve-Méry en faveur du neutralisme, puis contre la guerre d'Algérie, jusqu'à la prise de position de Jacques Fauvet en faveur de l'Union de la gauche ? Il ne s'agit donc pas ici de critiquer *Le Monde* sur une de ses prises de position, mais de montrer comment Jean-Marie Colombani a instrumentalisé le gouvernement sur le dossier corse dans le but de lui imposer des concessions vis-à-vis des mouvements nationalistes ; comment le quotidien s'est érigé en une sorte de « Monsieur Corse » officieux, distribuant bons et mauvais points aux différents protagonistes de cette pièce compliquée ; comment, enfin, la position de médiateur qu'il s'est arrogée a progressivement glissé vers celle de porte-parole des nationalistes, allant jusqu'à « expliquer » les crimes et délits auxquels a partie liée cette mouvance politique.

Nous avons choisi de situer le début de ce récit à la Mutualité, à Paris, le 26 janvier 1995. Le lendemain, à Bercy, doit se dérouler une manifestation culturelle intitulée « Parler, chanter, fêter la Corse ». Le journaliste du *Monde* Philippe-Jean Catinchi ne mégote pas sur les louanges pour annoncer la manifestation : « *C'est un pari fou que celui tenté vendredi 26 et samedi 27 janvier par le groupe corse I Muvrini : rassembler à Paris compatriotes et amis de l'île pour partager un message* "de fraternité, de tolérance et de justice, d'espoir et de paix" *dont l'ac-*

tualité dément avec obstination l'écho (...). *De quoi s'agit-il* ? (...) *De proposer une autre image de l'île, de traiter* "sans complaisance et aussi sans a priori" *la question corse, de redéfinir l'identité insulaire en forum public* [vendredi 26 à la Mutualité] *et de prêcher* l'exemple [le lendemain au Palais omnisports de Paris-Bercy] *par le chant, tradition toujours vivante, avec Petru Guelfucci, A Filetta et I Muvrini.* »

Pourquoi tant d'emphase ? Pourquoi un tel enthousiasme à l'annonce d'une manifestation culturelle traitée par la presse quotidienne régionale avec davantage de neutralité ? C'est que le débat à la Mutualité du 26 janvier est animé par Jean-Marie Colombani et Christine Ockrent.

Le lecteur du *Monde* ignore toutefois la composition de la tribune présidée par ces deux personnalités. Le journaliste a omis de préciser qu'il y a là Jo Peraldi, Charles Pieri, François Santoni, tous responsables de « vitrines légales » elles-mêmes proches d'organisations clandestines, davantage occupées d'ordinaire à faire parler la poudre qu'à favoriser l'expression des sensibilités artistiques de l'île de Beauté. Tous ces responsables se sont d'ailleurs déplacés avec leurs gardes du corps, ce qui indique leur confiance toute relative dans le caractère pacifique de la manifestation culturelle. Dans le compte rendu du *Monde*, le lecteur n'apprendra pas non plus que le débat « *chaleureux* » de la Mutualité a débuté par une longue intervention, scandée avec un fort accent corse, venue du fond de la salle et saluant « *madame Christine Ockrent, que nous connaissons bien car elle a sa maison chez nous, à Bonifacio*[1] », sans doute manière d'insinuer ironiquement que la star de la télévision s'est acquittée, par sa présence à la tribune, d'un acompte – symbolique ! – sur l'impôt révolutionnaire.

Cinq ans plus tard, dans son livre-plaidoyer pour la Corse, *Les Infortunes de la République*[2], le directeur du

1. Ou plus précisément à Sperone, villégiature pour estivants fortunés constituée de maisons en bois, de type californien, sans rapport avec la tradition de la construction corse.
2. Grasset, 2000.

Monde expliquera les raisons philosophiques qui motivent son indulgence envers le racket perpétré par certains nationalistes : « *En Corse, c'est toujours la citoyenneté qui donne droit à la propriété, comme à Rome ; et non l'inverse, comme dans la France du Code civil, ou dans celle, censitaire, de la monarchie de Juillet où il suffisait d'être propriétaire pour avoir le droit de concourir à la magistrature. Dans ce droit insulaire, il faut être* "adopté" *par une tribu corse pour pouvoir construire... Ou, le cas échéant, verser le tribut au FLNC, comme le faisaient aux citoyens romains les étrangers de statut* "latin" (*le plus favorable*) *ou* "pérégrin" (*le moins commode*). *Dire qu'il faut* "rétablir l'état de droit" *en Corse est donc impropre. Car c'est méconnaître l'île et ses habitants. La Corse n'a jamais été un pays de non-droit. Elle est même un pays de droit plus ancien, archaïque au sens exact et rigoureux du terme : elle est tout à fait républicaine, au sens où l'était Rome, et son anomie apparente ne provient pas d'une absence de droit, mais du conflit enraciné de plusieurs droits immémoriaux.* »

Voilà un raccourci saisissant de la logique du directeur du *Monde*. Elle nous aide à mieux comprendre la ligne aberrante qu'il va imprimer à son journal. Il faut en effet garder en tête cette rhétorique qui fait fi de la loi et excuse un « droit » fondé sur la seule force armée – au nom duquel des citoyens ont vu leur maison brûler ou ont même trouvé la mort[3]. Indéniablement, elle montre la détermination du directeur du *Monde*, qui se révèle disposé à légitimer des pratiques criminelles par un archaïsme de bon ton, prêt à voir bafouer ou distordre tous les principes de l'état de droit pour sauvegarder ce qu'il croit être son lien sacré avec la terre corse.

Mais revenons à la Mutualité. Toute la complexité du dossier corse est synthétisée par la présence à la tribune

3. Dans l'article « *Clandestins, où en sont-ils ?* », publié en mai 2002 par le journal *Corsica*, Gabriel-Xavier Culioli cite deux personnes, André Schoch et Marc Garguy, qui ont payé de leur vie leur refus de « *cotiser au mouvement nationaliste* ».

de « nationalistes démocrates » côtoyant les nationalistes tout court et les démocrates « compréhensifs » à l'égard des nationalistes clandestins : sont rassemblées ce jour-là, une fois n'est pas coutume, les vitrines légales et clandestines du nationalisme, ainsi que leurs protecteurs médiatiques...

Des actes, des paroles, des silences, mais surtout des hommes. Tels sont les différents aspects que revêt, à partir de l'accession de Jean-Marie Colombani à la direction du *Monde*, la couverture éditoriale de la Corse.

Les hommes sont bien entendu essentiels. Pour contrebalancer le travail de correspondants locaux, forcément plus exposés aux pressions de leurs sources, *Le Monde* utilisait jusque là les services d'envoyés spéciaux. Dans les années 1980, Danièle Rouard et Philippe Boggio effectuèrent de nombreux reportages sur l'île de Beauté. En 1995, *Le Monde* dépêche sur place Éric Fottorino. L'hebdomadaire *U Ribombu*, organe officiel de la Conculta (et à peine officieux du FLNC-Canal historique), la principale tendance du mouvement nationaliste, critique son travail. C'est la dernière fois que l'hebdomadaire nationaliste aura à se plaindre du *Monde*. Désormais, la couverture éditoriale du quotidien va être « corsisée ». Il ne s'agit pas tant d'« ethniciser » le travail journalistique que d'adopter, pour chaque article, ce qui est supposé être « le point de vue corse ».

Cette « corsisation » passe d'abord par un homme, Michel Codaccioni. Ce journaliste d'une cinquantaine d'années devient une sorte de *tour operator*, monopolisant la couverture journalistique corse : il est à la fois correspondant du *Monde*, correspondant de France Inter et de France Info ; et il dirige la rédaction de Radio Corse Frequenza Mora, la radio locale corse du groupe Radio France. Ainsi, s'il le souhaite, il peut faire circuler la même information sur quatre médias différents ! À l'inverse d'Éric Fottorino, Michel Codacccioni a la cote auprès de l'hebdomadaire *U Ribombu* qui lui rend hommage à l'occasion de sa promotion à la tête de la station Radio Corse Frequenza Mora (RCFM)[4].

En 1998, Michel Codaccioni publie un livre sur l'assassinat du préfet Érignac[5]. Un livre abscons, à la limite de l'incompréhensible. Un livre qui déclenche pourtant une polémique avec Guy Benhamou, journaliste à *Libération* et spécialiste de la Corse. Il convient de rappeler qu'à ce moment-là, Benhamou est la victime désignée des nationalistes corses, plus précisément de la Conculta, du FLNC-Canal historique et de l'hebdomadaire *U Ribombu*. En mars 1996, son domicile familial a été mitraillé. Quelque temps plus tard, alors qu'il a été placé sous protection policière, on peut lire dans l'hebdomadaire *U Ribumbu*[6] :

« *Qui l'eût cru ? Une rafale qui transperce opportunément son bungalow, et voici Guy Benhamou promu martyr de la liberté d'expression ! Au pays de Descartes, il n'en faut pas plus, apparemment, pour transformer un médiocre pisse-copie spécialiste de la désinformation en champion des Droits de l'Homme prétendument menacés. C'est Zola qui doit se retourner dans sa tombe* ! »

Le même hebdomadaire publie quelques mois plus tard un nouvel article sur Benhamou, qui laisse poindre un antisémitisme évident :

« *Qui est, au juste, Guy Benhamou, officiellement pisse-copie au torchon* Libération ? *A priori, rien ne semblait prédestiner ce Juif pied-noir, présenté par ses confrères comme un spécialiste des volcans, à jeter son dévolu sur l'affaire corse au point de devenir le principal désinformateur de la presse hexagonale* (...). *Tout s'éclaire lorsque l'on apprend que l'infect Benhamou, ancien militant trotskiste, entretient présentement une relation avec la propre cousine d'Alain Orsoni, lequel, dit-on, l'approvisionne en rumeurs et autres fausses informations, mais également en espèces sonnantes et trébuchantes* (...). *En toute hypothèse, une chose est certaine : en dépit des informations*

4. N° 286 du 13 juillet 1996.
5. *L'Assassinat d'un préfet*, éditions Albana, 1998.
6. N° 274 du 21 mars 1996.

du plus infâme des plumitifs de Libé, *les rues d'Ajacciu sont infiniment plus sûres pour François Santoni que pour lui-même.* »

Voilà comment les nationalistes peuvent se substituer à la loi pour prononcer un véritable arrêté d'expulsion. Benhamou est définitivement *persona non grata* sur l'île. Le correspondant du *Monde*, Michel Codaccioni, trouve sans doute cette mesure justifiée ; en tout cas, toute la thèse de son livre repose sur une idée fixe : Guy Benhamou et *Libération*, à la différence du reste de la presse, ont fait de la publicité au groupe Sampieru[7] en publiant ses communiqués relatifs à l'attaque de la gendarmerie de Pietrosella, le 9 octobre 1997 ; or on sait que les armes qui y furent subtilisées ont servi à l'assassinat du préfet Érignac, le 6 février 1998. Dans son ouvrage, Codaccioni note que *Libération* a publié à nouveau un communiqué de Sampieru le 21 janvier 1998. À partir de ces informations totalement imaginaires (*Libération* n'a jamais reproduit de communiqué du groupe Sampieru *avant* l'assassinat du préfet Érignac), Codaccioni construit un roman policier dans lequel Benhamou et *Libération* deviennent les complices « objectifs » du meurtre du préfet ! En réalité, le correspondant du *Monde* ne fait là que populariser la thèse du FLNC-Canal historique selon laquelle, comme on l'a vu, Guy Benhamou serait au service d'Alain Orsoni, chef du MPA[8]. On mesure la gravité de cette accusation qui fait de Benhamou, étiqueté MPA, une cible évidente pour le FLNC-Canal historique, en pleine guerre entre groupes armés clandestins.

La réaction de Guy Benhamou ne se fait pas attendre. Malgré la tentative de Jean-Marie Colombani de « négocier » avec Serge July une réaction plus discrète[9], *Libération* publie le 29 juin 1998 un article terrible pour la

7. Le sigle est apparu dans la foulée de l'assassinat du préfet Érignac.
8. Mouvement pour l'Autodétermination, issu du FLNC en 1990 et auto-dissous en 1997, surnommé « Mouvement pour les affaires » par ses détracteurs, après la dérive qui a conduit plusieurs de ses dirigeants à se lancer dans le « business ».
9. L'anecdote nous a été rapporée par Guy Benhamou.

déontologie de Codaccioni. Une plainte est déposée en référé. Michel Codaccioni est condamné à un mois de prison avec sursis. Son livre sera réimprimé sans le passage incriminé. Il doit s'excuser piteusement de sa bévue dans une lettre à Serge July, directeur de *Libération* : « *Je veux, donc, vous dire mes regrets et excuses ; excuses à toute la rédaction de* Libération ; *excuses à vous Serge July ; et excuses, bien sûr, à Guy Benhamou dont je sais qu'il a fait l'objet de menaces, et pour lequel j'ai une pensée toute particulière.* » Le 3 juillet 1998, *Le Monde* publie un entrefilet sans commentaire sur cette affaire. Mieux vaut, en effet, ne pas trop insister. Mais la signature de Codaccioni continuera d'apparaître dans le quotidien : après tout, ses journalistes ne sont-ils pas libres de publier ce qu'ils veulent ?

Il convient néanmoins de distinguer les torchons des serviettes. Désormais, la couverture éditoriale de la Corse ressemble à un mille-feuilles. La couche noble, « éditoriale», revient à Jean-Louis Andreani et, pour les jours de grand gala, à Jean-Marie Colombani en personne. Ariane Chemin gère la couche « politique » depuis Matignon[10]. Enfin, l'étage « investigations » est confié à Jacques Follorou ; ce dernier, comme Ariane Chemin, travaille sous l'étroit contrôle du chef pâtissier Edwy Plenel.

Quoi qu'il en soit, *Le Monde* est le seul journal à trouver grâce auprès des nationalistes. *U Ribombu* n'en finit pas de tresser des louanges au « travail » de Jean-Louis Andreani qui s'est, de fait, rapproché de Colombani alors que ses positions sur la Corse étaient réputées plutôt modérées dans les années 1980 : « *Exception notable au sein d'une presse tout entière occupée à tirer à boulets rouges sur les Corses en général et le mouvement national en particulier, le quotidien* Le Monde *se livre – notamment sous la plume de J. L. Andreani – à une analyse fine et remarquablement objective de la situation. Enfin une information digne de ce nom*[11] ! » De la part d'un journal

10. En 2002, Ariane Chemin s'est vu confier le dossier corse dans son ensemble.
11. *U Ribombu*, n° 304 du 17 octobre 1996.

qui succombe si facilement à l'antisémitisme, mais aussi au racisme anti-maghrébin et aux insultes sexistes (lors des manifestations de femmes contre le terrorisme), l'éloge devrait donner à réfléchir…

On retrouvera le même Andreani lors d'un regroupement maçonnique, réunion tenue dans un hôtel parisien, le 21 février 2000, sous l'égide du groupe inter-obédiences « Moro Giafferi ». Il s'agit alors d'accompagner les négociations entamées dans le cadre du « processus de Matignon ». Une centaine de personnalités corses, du barreau, de la politique et des médias, répondent à l'invitation de Me Marchi. La liste des invités est intéressante. Outre Jean-Louis Andreani se sont déplacés les députés Démocratie libérale José Rossi et Jacques Dominati, le député RPR Roland Francisci, le leader indépendantiste Jean-Guy Talamoni, le prince Napoléon, le sénateur Caillavet, ainsi que le très à droite doyen de la faculté de Droit d'Aix-Marseille, Charles Debbasch. La dimension œcuménique de la réunion n'échappe à personne. Un document issu du ministère de l'Intérieur fait état de l'ambiance très « consensuelle » qui y règne. Il y a là, à côté de personnalités modérées, des membres connus de l'extrême-droite et de l'extrême-gauche. Ainsi Roger Holeindre, membre de la direction du Front national, ancien de l'OAS et d'Ordre Nouveau, se fait-il remarquer en affirmant « *la similitude de vues entre partisans de la préférence nationale* [sic !] *et indépentantistes corses soucieux de réduire aux seuls insulaires le droit de se prononcer sur l'avenir de leur territoire* ». Cette assemblée, menée cinq heures durant de main de maître par José Rossi, débouche sur « *une synthèse qui devrait être proposée aux pouvoirs publics à l'occasion d'une réunion prévue à Matignon avant la présentation d'un avant-projet de loi* ».

Si *Le Monde* rend compte des travaux de cette assemblée, notamment de la proposition de José Rossi d'un transfert de compétences à l'Assemblée corse, l'article d'Ariane Chemin omet d'évoquer la « *convergence* » soulignée par Roger Holeindre… Préférence locale ou nationale : il y a pourtant là toutes les preuves manifestes d'un complot « *rose-brun*[12] » !

Ainsi, pendant que le quotidien *Le Monde* – comme on va le voir – diffuse la thèse de la « trêve des attentats », son responsable en charge des régions donne, par sa présence, la caution du journal à une réunion « transcourants » d'un genre nouveau, rassemblant des personnalités issues de tout l'échiquier politique, de l'extrême-droite lepéniste à l'extrême-gauche favorable à la lutte armée.

Un troisième Corse s'exprime dans les colonnes du *Monde*. Son nom n'apparaît pas dans l'organigramme du journal. Il n'est d'ailleurs pas formellement journaliste. Il signe ses papiers dans la rubrique « Horizons ». Son rôle est toutefois notable. Gabriel-Xavier Culioli est un ancien militant de la Ligue Communiste Révolutionnaire (LCR) qui, dans les années 1970, a envisagé, avec d'autres, de fonder une section corse de la IVe Internationale. Il a ensuite émargé à l'Accolta Naziunale Corsa[13] (ANC). Il connaît depuis longtemps Edwy Plenel avec lequel il a été en contact, en novembre 1985, à propos d'un d'attentat meurtrier contre un membre du FLNC dans le parking du *George V*. Ses liens avec Jean-Marie Colombani paraissent évidents à l'universitaire Emmanuel Bernaeu Casanova[14] : « *Jean-Marie Colombani entretient avec Gabriel-Xavier Culioli, un ancien dirigeant nationaliste de l'Accolta Naziunalista Corsa, des relations privilégiées. Ce n'est un mystère pour personne, ce que Jean-Marie Colombani ne peut décemment exprimer dans* Le Monde, *Gabriel-Xavier Culioli a toute licence pour l'écrire dans les pages* "Horizons-Débats" *en qualité d*'"écrivain corse". » Dès le 23 novembre 1990, alors qu'il n'est pas encore à la tête du journal, Jean-Marie Colombani se fend lui-même d'une longue chronique sur le livre que vient de publier Culioli[15].

12. L'expression a été forgée par Vanessa Ikonomov dans *Bastille-République-Nation*, citée dans le numéro de la revue *Panoramiques*, « Bye-bye la Corse ? », juillet 2001.
13. Ancêtre des mouvements nationalistes.
14. Texte publié sur Internet.
15. *La Terre des seigneurs,* Lieu commun, 1990.

Entre 1996 et 2001, Culioli aura publié dans *Le Monde* une bonne dizaine de papiers, dont certains d'une importance « stratégique ».

Jusqu'au processus de Matignon, Gabriel-Xavier Culioli est officiellement employé en tant qu'administratif par une université parisienne ; à partir de 2000, il est recruté à l'université de Corte par son président, connu comme nationaliste. Il semble passer le plus clair de son temps à rédiger des articles dans la presse locale et nationale. Un dossier sur les clandestins, publié par le magazine *Corsica*[16], démontre la connaissance pointue qu'il a des mouvements armés... et l'indulgence qu'il manifeste à leur endroit : « *La lutte corse est l'un des combats identitaires qui, en Europe, a coûté le moins cher en vies humaines. Le conflit irlandais a en effet tué 3 400 personnes, tandis que celui du pays Basque avoisine les 900 tués. En Corse, chiffre accablant, ce sont les nationalistes qui ont tué le plus de nationalistes. Le dernier gendarme abattu pour des raisons politiques l'a été en 1987. À l'inverse, le nombre d'années de prison infligées aux militants est impressionnant : plus de deux mille à ce jour.* » La référence au dernier gendarme « assassiné en 1987 » est scandaleuse : outre que d'autres crimes ont été perpétrés depuis lors (mais Culioli les considère sans doute comme « apolitiques »), il fait l'impasse sur les assassinats du préfet Érignac et d'autres responsables (pompiers, président de tribunal) imputables aux violences terroristes[17].

Culioli ne fait là que reprendre les éléments d'un autre article publié dans *Le Monde* le 25 mai 2001. Il y défend l'action des clandestins « *qui payèrent souvent de leur liberté des actions désignées comme illégales, même lorsqu'elles visaient à faire appliquer des décisions de justice restées lettre morte* ». Le 16 août 2000, il s'en est pris aux « *plumitifs et dessinateurs* [qui] *brocardent notre petit*

16. Mai 2002.
17. Les journalistes Laurent Chabrun et Jean-Marie Pontaut ont établi une liste de 247 personnes abattues en Corse entre 1990 et 2000. *Cf. Panoramiques*, « Bye bye la Corse », *op. cit.*

peuple tour à tour humilié ou révolté par ce traitement inique qui se perpétue depuis des siècles au gré des crises cycliques. Qu'ils sachent seulement, ces massacreurs en chambre, que chacun de leurs articles est photocopié et lu dans toute l'île et que chaque lecture apporte chaque jour plus de voix aux indépendantistes ». On ne saura jamais si cette saillie au style si particulier, qui rappelle celui des années trente, désigne le dessinateur du *Monde,* Plantu, que Jean-Marie Colombani épingle par ailleurs dans son livre[18], ou Pétillon, auteur d'une bande dessinée à succès[19], ou bien les deux...

Culioli atteint, si l'on peut dire, le sommet de son art au cours de l'été 2002. Le 8 août, *Le Monde* reprend l'essentiel d'une longue interview de « Jean-Jé » Colonna, accordée au mensuel *Corsica.* Jean-Jé Colonna est considéré par beaucoup comme un parrain corse du Milieu. Dans son rapport remis en 2000 à Élisabeth Guigou, ministre de la Justice, le procureur Bernard Legras écrivait sur lui : « *Tous mes interlocuteurs m'ont présenté Jean-Baptiste Jérôme Colonna comme l'élément majeur, incontournable de la criminalité organisée en Corse-du-Sud. Mais, pour citer le responsable d'un service local* : "Tout le monde a planché sur lui, le fisc a beaucoup travaillé, en vain." *Vérifications faites, aucune procédure n'est actuellement diligentée à l'encontre de M. Colonna ; aucune condamnation ne figure à son casier judiciaire* (...). *L'intéressé est habituellement présenté comme le véritable propriétaire de plusieurs établissements de nuit du sud de l'île, dirigés par des prête-noms. Il aurait des intérêts importants en Afrique et en Amérique.* » Bref, un honnête commerçant qu'il importait de réhabiliter d'urgence auprès des lecteurs du *Monde* ! L'interview de Culioli se conclut par ce passage savoureux : « *J'ai mené ma vie comme doit le faire un*

---

18. « *Plantu, qui n'hésita pas à suggérer, dans un de ses dessins, que le processus de Matignon revenait à assassiner une seconde fois Claude Érignac* », in *Les Infortunes de la République*, p. 16.
19. *L'Enquête corse*, Albin Michel, dont 10 000 exemplaires ont été vendus en Corse. Du coup, *U Ribombu* a jugé la BD « politiquement correcte ». Quelques jours plus tard, *Le Monde* saluait à son tour le dessinateur.

Corse d'honneur. Rien de plus, rien de moins. J'ai apporté mon soutien à de pauvres gens contre des personnes plus puissantes. Et j'ai l'intention de continuer sur cette voie. » Apparemment, le plaidoyer de Jean-Jé a eu raison de la légendaire méfiance des journalistes du quotidien de référence ; sous l'interview de Colonna, un articulet conclut : « *Jean-Jé Colonna nie naturellement être* "le dernier parrain corse" *et admet tout au plus un aimable rôle de juge de paix qui* "rend des services dans la mesure de ses moyens". *L'homme est sans doute trop modeste, mais le costume qui lui a été taillé dans la légende de la French Connection est sans doute un peu grand pour lui.* » Amen ! Et merci, *Le Monde,* pour cette contribution à la paisible et heureuse retraite des « entrepreneurs » corses... Toutefois, la Justice ne semble pas vouloir l'entendre de cette oreille : en octobre 2002, un mandat d'arrêt a été lancé contre le « juge de paix » dans le cadre d'une information portant sur les conditions de revente d'un hôtel haut de gamme à Propiano.

Enfin, il convient d'en venir au cas de Jacques Follorou, le plus délicat sans doute puisqu'il permet de déterminer le moment où le quotidien change de registre, quittant le ministère de la parole pour le statut de véritable acteur du dossier corse. C'est Follorou qui suit en effet l'évolution de l'enquête sur les assassins du préfet Érignac. Le 3 février 1999, *Le Monde* publie des révélations importantes sur le commando qui a organisé l'assassinat du préfet. Le scoop est signé de Follorou. N'y figurent pas de noms, mais l'article comporte un tel luxe de détails que les membres du commando peuvent aisément se reconnaître et s'inquiéter de la surveillance dont ils font l'objet. Ainsi le papier précise que « *le commando compterait dans ses rangs d'anciens activistes du FLNC localisés dans la vallée de la Gravone ou au col Saint-Georges. Déjà condamnés dans plusieurs affaires, ses membres seraient rompus aux techniques militaires et à la vie en clandestinité* (...). *Ils auraient agi avec des personnes condamnées pour des affaires de droit commun et réinsérées professionnelle-*

ment dans l'automobile ». Plus loin, on lit qu'« *un ancien légionnaire, soupçonné d'exercer des fonctions d'instructeur au sein de la mouvance nationaliste, pourrait avoir joué un rôle dans la préparation de cette opération* ».

Mettons-nous trente secondes à la place de cet « *ancien légionnaire* », ou bien de cet ancien du FLNC de la vallée de la Gravone ou du col Saint-Georges, ou bien encore dans la peau d'un ancien droit commun recyclé dans l'automobile : si l'on ne comprend pas sur le champ qu'il convient de filer à l'anglaise, c'est qu'on ne mérite pas de figurer dans une armée de libération clandestine !

Plusieurs responsables liés à l'enquête dénonceront plus tard cet article du *Monde*. En premier lieu le ministre de l'Intérieur, par un communiqué. Puis le juge Bruguière, chargé de l'enquête sur l'assassinat du préfet Érignac, a violemment mis en cause le quotidien dans sa déclaration devant la Commission parlementaire : « ... *Cela étant, ce qui a eu un effet encore plus négatif, c'est l'article du journal* Le Monde *sur ce qu'il est convenu d'appeler les* notes Bonnet, *d'autant plus qu'il a été publié à une époque où nous n'étions pas près de conclure* (...). *Ma conviction profonde est que* Le Monde, *son rédacteur ou certains lobbies, ont cherché délibérément – je dis bien* délibérément –, *sachant que l'enquête progressait, à tout faire pour qu'elle ne sorte jamais* ! *Ce journal a joué contre l'État* ! *C'est mon sentiment profond et c'est ma responsabilité de le dire : je répète que* Le Monde *a joué contre les intérêts supérieurs de l'État par une manœuvre délibérée et perverse tendant à faire en sorte que cette enquête n'aboutisse jamais*[20]. »

Le juge Gilbert Thiel, chargé de son côté de l'enquête sur l'attaque de la gendarmerie de Pietrosella et par ailleurs très opposé au juge Bruguière, ainsi que le révèlent les travaux de la Commission parlementaire, le rejoint pourtant sur ce point : « *Cet article* [du 3 février 1999] *mettait le doigt là où ça fait mal, puisqu'il relatait la*

20. *La Sécurité, un droit pour les Corses, un devoir pour l'État*, tome 1, Assemblée nationale, Documents d'information, p. 232.

démarche quelque peu chaotique de l'enquête. C'est normal : il s'agit là de la liberté de la presse. Et du droit de ses lecteurs à connaître l'existence d'un certain nombre de dysfonctionnements. Sauf... sauf que cet article ne se contentait pas de relater ceux-ci, puisqu'il précisait aussi que les services de police avaient identifié les auteurs de l'assassinat du préfet Érignac. Mais que, précisément, les dysfonctionnements de l'appareil répressif ne permettaient pas de les confondre. Suivaient de longs développements aux termes desquels l'assassinat avait été perpétré par "des déçus du nationalisme" *qui s'étaient radicalisés et structurés en deux groupes, l'un, celui des commanditaires, basé en Haute-Corse, l'autre, celui des exécutants (le terme est approprié), en Corse-du-Sud. Ce dernier groupe, précisait le journal du soir, était composé de cinq ou six personnes connues pour leur passé d'activistes. Cet article contenait de telles précisions qu'il était loisible à tout observateur avisé de la mouvance clandestine d'identifier au moins certains membres du commando* (...). *Les membres du commando ont donc ainsi été informés de ce qu'ils étaient identifiés. Quant aux lecteurs du* Monde, *je doute fortement – c'est un euphémisme – qu'ils aient eu besoin, pour leur information, de ce luxe de détails*[21]. »

Admettons. Admettons que Jacques Follorou se soit pris – de façon inconsidérée, mais enfin... – à son propre jeu : voulant démontrer la valeur de son investigation, il fournit par inadvertance des informations utilisables par les membres du commando. Plusieurs éléments nous autorisent cependant à douter de cette interprétation généreuse. Le premier concerne le contexte de l'enquête. La source de l'article de Jacques Follourou est clairement identifiable : le 9 décembre 1998, le juge Gilbert Thiel a dessaisi la gendarmerie de l'enquête sur l'attaque de la caserne de Pietrosella, dont le lien, on l'a vu, est direct avec celle sur l'assassinat du préfet. Or, les gendarmes sont proches du

21. *On ne réveille pas un juge qui dort*, Fayard, 2002, p. 262.

préfet Bonnet qui bénéficie lui-même d'informations émanant d'une source interne – nom de code : Corte – à la mouvance nationaliste. Ces informations, qui nourrissent l'essentiel du papier de Follorou, ont permis de réorienter l'enquête jusqu'à l'arrestation de la plupart des membres du commando en mai 1999. Mais, au moment où Follorou en fait état – le 3 février 1999 –, la police ne les a pas encore exploitées : pour cela, il fallait filer les suspects, observer leurs comportements, mettre en place des écoutes téléphoniques, ainsi qu'on nous l'a confirmé de source policière et judiciaire. Voilà pourquoi le juge Bruguière précise dans sa déclaration que l'article « *a été publié à une époque où nous n'étions pas près de conclure* ».

En réalité, il semble bien que Jacques Follorou savait parfaitement ce qu'il faisait. Un document du ministère de l'Intérieur daté du 11 mai 1999 note que « *le journaliste avait été mis en garde, personnellement, des risques qu'il faisait porter à l'efficacité de l'enquête en publiant des détails opérationnels qui, dans la période début décembre à début février, avaient été exploités sur un plan opérationnel et procédural. Durant cette même période, d'autres journalistes nationaux s'intéressaient également à ces fuites, mais par souci déontologique, avaient préféré mettre un embargo sur leur publication. De plus, les éléments contenus dans la fuite du* Monde *portant sur la tentative d'assassinat du préfet Érignac envisagée au cours du match de volley-ball, courant janvier, et la préparation d'un attentat contre la gendarmerie de Belgodere, n'étaient connus que du seul préfet de région qui manipulait une source humaine et donnait les éléments recueillis pour exploitation au colonnel Mazières et au GPS.* »

Plus loin, la même note précise : « *Plusieurs semaines après cette exploitation médiatique qui devait faire grand bruit sur l'île, et rendre très méfiants les objectifs surveillés, Jacques Follorou devait confier* "off" *qu'il avait commis là une profonde erreur et regrettait d'avoir publié, malgré plusieurs mises en garde, des éléments d'enquête qualifiés de stratégiques pour la conduite des opérations judiciaires futures (notamment l'adresse de la résidence A Mandarina*[22]). »

Mais ce dernier oublie vite ses regrets. Le 23 mai 1999, *Le Monde* publie en effet un nouveau scoop relatif à l'enquête sur l'assassinat du préfet Érignac. « Tombé » le 22 mai à midi, il est aussitôt faxé sur l'île. Dès le début de l'après-midi, des photocopies y circulent dans différents débits de boisson... L'article relate l'arrestation de quatre membres du commando, le 21 mai au matin : Alain Ferrandi, Jean Castella, Pierre Alessandri et Didier Maranelli. Il précise ensuite que « *le groupe compte également d'autres figures qui n'ont pas été inquiétées, comme Joseph Caviglioli, gérant d'un motel à l'entrée de Cargèse, qui fut un temps au MPA et qui a rejoint depuis les rangs de Corsica Viva. Dans son entourage, on note la présence de ses deux beaux-frères, Yvan et Stéphane Colonna* (...). *Yvan Colonna, berger, a élevé ses enfants dans la seule langue corse, avant qu'ils n'intègrent le système scolaire. Représentant la Cuncolta à Cargèse, il milite pour un nationalisme intransigeant. Stéphane Colonna, qui tient une paillote sur une plage voisine, paraît beaucoup plus modéré.* »

On ne peut être plus clair : le soir même, Yvan Colonna prend le maquis, et il n'a pas été rattrapé depuis lors. Avant de disparaître, il s'est cependant autorisé un dernier pied de nez aux autorités sous la forme d'une interview diffusée au Journal télévisé de TF1, le soir même...

Intervenant devant la Commission parlementaire de l'Assemblée nationale, le directeur général de la Police nationale, Didier Cultaux, met lui aussi en cause le même article du *Monde* :

« *Lorsque, à la Pentecôte, nous sommes passés à l'action et alors que nous ne savions pas qu'Yvan Colonna était dans le coup, un article très détaillé est paru dans* Le Monde. *Sorti à 13 h 30, ameutant certains, il a été faxé en*

22. Adresse de la sœur d'Alain Ferrandi, « cerveau » du commando.

Corse et a été utilisé dans une prise d'interview ! *On ne nous a pas facilité la tâche*[23]. »

Yves Bertrand, directeur central des Renseignements généraux, est encore plus précis :

« *S'il nous a échappé* [il s'agit toujours d'Yvan Colonna], *c'est à cause d'un article paru dans* Le Monde, *ce qui lui a laissé le temps de faire une conférence de presse et de disparaître*[24]. »

Pourquoi donc *Le Monde* a-t-il évoqué Yvan Colonna ? Le journaliste le savait-il coupable avant même les policiers[25] ? Est-il concevable qu'on ait cité son nom pour faciliter sa fuite ? Nous reviendrons sur ce point...

Trois ans plus tard, le 2 octobre 2002, *Le Monde* commet le même type de « bévue » sous la plume, cette fois, d'Ariane Chemin. L'article porte sur l'enquête menée sur l'assassinat de François Santoni. Commentaire du juge Gilbert Thiel : « *Dans ce papier figurait notamment l'identité complète de deux individus, l'un étant décédé depuis une année, présentés comme deux des principaux suspects du crime de Monacia-d'Aullène* (...). *De deux choses l'une : soit ces personnes ne sont pas impliquées dans la commission de ce crime et bonjour la présomption d'innocence si chère, dans le discours, au grand quotidien du soir ; soit elles le sont, et merci pour l'enquête, dont certains éléments sont ainsi publiquement dévoilés grâce aux criminelles indiscrétions de saboteurs patentés ou d'irresponsables confirmés* [26]. »

L'article d'Ariane Chemin suscite une véhémente protestation... sur le site Internet de l'hebdomadaire luxembourgeois *L'Investigateur*. Selon Jean Nicolas, son rédacteur en chef, la journaliste du *Monde*, contrairement à ses confrères, a puisé, sans citer ses sources, dans un

23. *La Sécurité, un droit pour les Corses..., op. cit.*, p. 232.
24. *Ibid.*
25. Un document interne du ministère de l'Intérieur estime que ce ne serait qu'après les aveux de Didier Maranelli, dans la nuit du 22 au 23 mai 1999, que la police a considéré Yvan Colonna comme le tireur du commando de l'assassinat Érignac.
26. *On ne réveille pas un juge qui dort*, Fayard, 2002, pp. 264-265..

article que son périodique a publié sur son site le 9 septembre. Or, ledit article formulait deux hypothèses concernant l'assassinat de François Santoni : la première conduisait à la piste du grand banditisme, et c'est celle-ci qu'a reprise la journaliste ; mais la seconde menait, elle, directement à Charles Pieri, figure historique du FLNC, que François Santoni accusait d'avoir été à l'origine de l'assassinat de Jean-Michel Rossi et de plusieurs membres d'Armata Corsa. Le jour même de la parution de l'article d'Ariane Chemin, le 1er octobre 2002, l'avocate Christel Baldocchi, dernière compagne de François Santoni, déclarait à l'AFP : « *Je pense qu'il faut accueillir ces informations avec beaucoup, beaucoup de prudence. Le mobile annoncé* [la vengeance], *qui remonte à six ans, n'a rien de crédible. Il ne m'apparaît pas sérieux. Je privilégie toujours la piste politique.* » Bien entendu, *Le Monde* n'a pas rendu compte des réserves de l'avocate... Et pour cause ! L'attentat meurtrier contre François Santoni, ainsi que les assassinats en série des membres d'Armata Corsa, ont été dépolitisés et traités par *Le Monde* comme autant de faits divers, comme si le journal cherchait à en occulter la dimension politique. Comme si, en fin de compte, le groupe Armata Corsa, seul groupe nationaliste hostile au « processus de Matignon », devait être décimé dans le plus profond silence.

Ainsi, à trois reprises entre 1999 et 2002, les « scoops » du *Monde* ont pu être utilement mis à profit par des criminels pour se soustraire à la traque des enquêteurs.

Mais la politique corse du *Monde* ne relève pas seulement de la page des faits divers ou de la rubrique policière. Ce quotidien, qu'on se le dise, défend des idées. Sur ce dossier précis, il a même cherché à prôner et mettre en œuvre la politique qui va devenir celle de l'État. Un bref retour en arrière s'impose pour mieux le comprendre.

Nous sommes en 1997. Lorsque Lionel Jospin emménage à Matignon, la doctrine gouvernementale sur la Corse se situe dans le prolongement de la politique de retour à l'état de droit décidée par Alain Juppé après la conférence de Tralonca, en janvier 1996, et l'attentat contre la mairie de Bordeaux, le 1er juillet 1996. Cette politique est d'autant plus poursuivie qu'elle sied parfaitement à Jean-Pierre Chevènement. Néanmoins, il n'y a pas de « Monsieur Corse » à Matignon. Le Premier ministre ne souhaite d'ailleurs pas aborder ce dossier dans la première phase de la cohabitation avec Jacques Chirac.

Ce *statu quo* perdure jusqu'à l'assassinat du préfet Claude Érignac, le 6 février 1998. Jospin est alors rattrapé par la crise corse. Il lui faut réagir. D'abord par la nomination d'un préfet déterminé ; ensuite, par l'adoption d'une nouvelle politique : celle du retour à l'état de droit. Jamais, en effet, l'État républicain n'a été dans une position aussi favorable en Corse. Quarante mille personnes ont manifesté contre l'assassinat du préfet. Témoins et analystes affirment que, cette fois, la population corse, épuisée par vingt années de violences, soutiendra une politique de fermeté. Pour l'heure, les partisans du dialogue avec les nationalistes font le dos rond. Mais cette discrétion ne va pas durer.

Pour de simples observateurs, le changement de cap par lequel le gouvernement Jospin est passé de la politique dite « de l'état de droit » au « processus de Matignon » a été provoqué par l'affaire des paillotes, survenue en avril 1999. En réalité, le « dérapage » de la paillote, auquel les médias ont accordé une importance disproportionnée[27], n'a fait que précipiter une évolution déjà sensible.

Même si son magistère a comporté d'indéniables aspects positifs[28], le préfet Bonnet ainsi que ses hommes ont parfois appliqué les lois et règlements avec un zèle aveugle.

---

27. Il est ahurissant, lorsqu'on y songe avec un peu de recul, qu'un incendie de paillote illégale, même allumé par des gendarmes, fasse la « une » de tous les journaux français pendant plusieurs jours, davantage même que la couverture suscitée par l'assassinat du préfet Érignac ! Même si, bien entendu, les gendarmes incriminés ne devaient pas être exonérés de leur faute.
28. Durant son court mandat, les emplois créés et les impôts recouvrés en Corse ont effectué un bond considérable, preuve que l'état de droit était davantage qu'une formule. Dominique Strauss-Kahn a d'ailleurs reconnu, devant l'un des auteurs, l'efficacité de l'action conduite sur ce plan par le préfet.

Les tracasseries touchent ainsi des centaines de Corses modestes, petits entrepreneurs ou artisans, qui éprouvent des difficultés à contracter le moindre crédit ou découvert du fait des conséquences de l'enquête en cours sur le Crédit Agricole (coupable d'avoir consenti de nombreux prêts dont il était prévisible qu'ils ne seraient jamais remboursés).

Après une garde à vue ordonnée par le juge Bruguière dans le cadre de son enquête sur l'assassinat du préfet Érignac[29], Gabriel-Xavier Culioli donne le signal de la campagne contre Bernard Bonnet, dès le 16 décembre 1998, par une tribune publiée dans *Le Monde* :

« *La DNAT* [Direction nationale de l'action anti-terroriste] *a procédé à plus de cinq mille auditions, plus de mille trois cent gardes à vue visant des franges de plus en plus larges de la population corse.* (...) *Être corse devient un facteur aggravant en tous domaines, y compris intellectuel* (...). *Après la piste agricole et la piste informatique, voilà donc la piste intellectuelle, où un style d'écriture peut vous mener en prison*[30]. »

Malgré les outrances de l'auteur qui compare la Corse à un « *petit Kurdistan* », son intervention est le signe d'un retournement de l'opinion corse dont les nationalistes pourraient tirer bénéfice[31].

Au début de l'année 1999, après être revenu à la tête du ministère de l'Intérieur, Jean-Pierre Chevènement est, affirme-t-il aujourd'hui, lui-même convaincu qu'il ne faudrait point trop attendre pour mettre fin à la mission du préfet. Mais il souhaite, pour ce faire, attendre l'arrestation du « commando Érignac », dont il sait qu'elle pourrait survenir rapidement. Or Bernard Bonnet, alimenté, on l'a vu, par sa fameuse source dénommée « Corte », est une

29. La police cherchait à établir la responsabilité de journalistes et d'hommes de plume dans la rédaction de certains communiqués émanant de groupes clandestins. L'un des juges anti-terroristes nous a confirmé la réalité de cette suspicion, fondée, entre autres, sur la baisse constatable du niveau scolaire et culturel des partisans armés nationalistes...

30. La dénonciation de la « piste intellectuelle » est particulièrement intéressante puisque, cinq mois plus tard, c'est bien elle qui va permettre, en mai 1999, d'arrêter la quasi-totalité des membres du commando Érignac.

31. C'est d'ailleurs ce qui va se passer aux élections locales de mars 1999.

pièce importante de l'enquête. Une fois les assassins sous les verrous, pense le ministre, son départ s'effectuera sous le signe d'une victoire pour lui-même et pour le gouvernement. Il convient donc d'assumer jusque-là – en accord total avec Matignon – son maintien à son poste.

C'est à l'automne 1999 que le travail d'influence du *Monde* sur le dossier corse prend un tour plus direct. Dans l'esprit de Lionel Jospin, la déplorable bévue qu'a été l'affaire des paillotes se trouve à présent gommée par l'arrestation de tous les membres – excepté Yvan Colonna – du commando d'assassins du préfet Érignac. Le nouveau préfet, Jean-Pierre Lacroix, est un rocardien favorable aux compromis. La croissance donne à l'État les moyens de se montrer généreux. Pourquoi ne pas conclure en beauté, sur l'île du même nom, la législature ? Pourquoi, à la politique des négociations clandestines menées par la droite entre 1993 et 1997, ne pas opposer, sur ce terrain-là aussi, celle d'une négociation transparente menée par la gauche et débouchant enfin sur l'apaisement ?

Oui, mais voilà : cette orientation se heurte, dans l'esprit du Premier ministre, à un préalable qu'il convient d'imposer aux mouvements indépendantistes et autonomistes corses : la renonciation à la violence, ou, à tout le moins, la condamnation de la violence par les élus corses. Le 25 mai 1999, il déclare à la tribune de l'Assemblée nationale : « *Je tiens à être clair. Le premier problème de la Corse, aujourd'hui, ce n'est pas son statut. Le premier problème, c'est celui de la violence qui déchire l'île – les menaces, les plasticages, le racket, les braquages, les assassinats* (...). *Aucune discussion institutionnelle ne peut avoir lieu sous la menace de la violence* (...). *La question posée aujourd'hui à tous en Corse – mais d'abord à ceux qui la pratiquent ou l'excusent – est bien celle de la renonciation définitive à la violence. Cette renonciation est un préalable.* »

On soulignera au passage que le Premier ministre est bel et bien l'inventeur de cette formule que l'on retrouvera ensuite dans la bouche de son ministre de l'Intérieur.

Quelques jours plus tard, Lionel Jospin, en petit comité[32], défend la même ligne qu'à l'Assemblée Nationale, face au directeur adjoint des Renseignements généraux, Bernard Squarcini, qui lui propose d'« ouvrir le dialogue » en Corse : « *Jamais je n'entamerai de dialogue tant qu'il y aura un seul attentat.* » Le 6 septembre 1999, Lionel Jospin déclare devant l'Assemblée des élus corses : « *La condamnation de la violence est la condition préalable à toute évolution.* »

Qui a donc convaincu Jospin de faire exactement l'inverse de ce qu'il a déclaré ce jour-là, c'est-à-dire d'engager le dialogue avec les nationalistes *avant* toute renonciation à la violence, ou même toute prise de position des élus dans ce sens ? Lui-même ne s'est jamais exprimé sur ce point. Toutefois, une chose est sûre : au sein du gouvernement et du Parti socialiste, on ne trouve alors nul partisan du dialogue sans conditions. Ni Jean Glavany, auteur d'un rapport très dur sur les dérives mafieuses en Corse. Ni Dominique Strauss-Kahn, qui a déjà disparu du circuit et qui est de toute façon attaché à l'état de droit. Ni, bien entendu, Jean-Pierre Chevènement. Certes, François Hollande approuvera ce tournant ; mais il n'en a pas fait un cheval de bataille. Quant à Manuel Valls, chargé de la communication au cabinet de Lionel Jospin, et à Christophe Caresche, député de Paris, s'ils comptent parmi les partisans du dialogue, leur influence est limitée.

Qui sont donc les vrais auteurs de la conversion du Premier ministre ? Olivier Schrameck, d'une part ; Jean-Marie Colombani et Edwy Plenel, d'autre part.

Dès le 6 mai 1999, le directeur du *Monde* montre la voie à l'hôte de Matignon : « *Initier une vaste consultation, sur le modèle de ce qui a prévalu en Nouvelle-Calédonie, qui permette de jeter les bases d'une plate-forme minimale, politique, économique, sociale et culturelle, qui donne le sentiment d'un nouveau départ. Pourquoi ne pas se saisir*

32. La scène est racontée dans le livre des journalistes Jean-Vitus Albertini et Paul-François Torre : *Jospin : le pari corse*, Albiana, février 2002, p. 36.

de ce second traumatisme [l'affaire des paillotes] *pour en faire l'occasion d'une nouvelle chance* ? »

Dans son édition des 8-9 août 1999, *Le Monde* fait sa « une » sur les journées de Corte, avec la manchette suivante : « *Corse : le nouveau cours des nationalistes. Réconciliation, ouverture, Europe sont devenus les mots-clés du discours nationaliste. À l'occasion des journées de Corte, Jean-Guy Talamoni invite l'État à un* "changement de fond" *de sa politique. Il appelle les élus de gauche et de droite à rejoindre* "le camp de la Corse". » Le grand blanchiment des nationalistes a commencé. Et voici annoncé, avec quatre mois d'avance, en quelques lignes, le fameux « processus de Matignon » dont Lionel Jospin lui-même n'a pas encore idée !

À l'automne, *Le Monde* rapporte et explique régulièrement tous les attentats commis sur l'île. Dès le 20 septembre, il en relate une douzaine et établit une corrélation directe entre ces crimes et la déception causée par la visite du Premier ministre en Corse, qui a réaffirmé le préalable de la cessation des violences. L'article cite un communiqué du FLNC : « *Tant que l'État français n'aura pas donné de garanties suffisantes pour un règlement politique au problème corse, nous ne baisserons pas la garde* (...). *Pour notre part, nous sommes prêts à respecter nos engagements initiaux et à nous désengager définitivement si,* au préalable[33], *l'État s'oriente définitivement et concrètement vers un processus de règlement politique de la question nationale corse.* »

Le 8 octobre, *Le Monde* revient à la charge avec un nouveau communiqué du FLNC-Canal historique qui dénonce lui aussi le « préalable » de Lionel Jospin. Les 11, 18 et 22 septembre, les 2, 14 et 19 octobre, puis les 2 et 5 novembre, le quotidien signale de nouveaux attentats. Qu'attend donc le Premier ministre pour changer de ligne ? Ne voit-il pas que toutes ces explosions traduisent la bonne volonté des nationalistes ? !

33. C'est nous qui soulignons.

Selon Manuel Valls, responsable de la communication à Matignon, la conversion de Lionel Jospin a été préparée par plusieurs rencontres. D'abord, lors de déjeuners réguliers organisés avec Jean-Pierre Elkabbach, Alain Duhamel et Jean-Marie Colombani. Au cours de l'un d'eux, peu avant son changement de ligne, le 13 décembre, le Premier ministre s'affronte très violemment au patron du *Monde*. Didier Hassoux a donné un récit de ce déjeuner dans *Libération*[34] :

« *Jospin essaie de convaincre ses interlocuteurs du bien fondé de sa politique. Notamment de son refus de dialoguer* "avec les poseurs de bombes et ceux qui les soutiennent". *Colombani réplique* : "Si vous ne faites rien, la violence ne s'arrêtera pas." *Réponse de Jospin* : "Il faut préserver l'ordre républicain." *Ultime envolée du patron du* Monde : "Il y a dix exemples de par le monde qui montrent que le dialogue doit se nouer malgré la violence. Si on veut vraiment la paix." »

On remarquera que le directeur a déjà fait sien, à cette époque, le langage des nationalistes. Le terme de « paix » que le quotidien, seul de toute la presse, va adopter sans guillemets, accrédite l'idée que la Corse est en guerre, comme l'Irlande du Nord. Mais, surtout, la phrase « *Si vous ne faites rien, la violence continuera* » est on ne peut plus ambiguë. Elle peut être le pronostic d'un commentateur qui tente de convaincre des vertus du dialogue ; elle peut aussi être comprise comme une prédiction volontaire et menaçante : « *Si vous ne faites rien, on continuera à poser des bombes.* » Nous allons voir que, malheureusement, tout incite à donner consistance à cette seconde interprétation.

Poussé par ses « communicants », Lionel Jospin ne veut pas rester sur ce déjeuner conflictuel au cours duquel Duhamel et Elkabbach ont dû jouer les modérateurs. Une nouvelle rencontre est organisée avec les seuls représentants du *Monde*, qui sont trois : outre Jean-Marie Colom-

34. Didier Hassoux, « *Au 57 de la rue de Varenne, Jospin reçoit Le Monde* », in *Libération*, 10 juillet 2001. Manuel Valls n'a pas démenti ce compte rendu.

bani, Edwy Plenel et Jean-Louis Andreani sont également présents. Ce jour-là, c'est surtout Plenel qui intervient et défend l'idée d'une « *solution politique* », reprenant à son tour le langage de guerre cher aux nationalistes. Certes, d'autres contacts sont alors établis dans la perspective d'un changement de cap politique, comme cette rencontre avec Jean-Claude Casanova, le directeur – corse – de la revue *Commentaire*, qui défend lui aussi une certaine mansuétude à l'égard des nationalistes, ou bien encore ceux établis avec la franc-maçonnerie[35] par Pierre Chaubon, maire de Nonza et co-organisateur de la manifestation culturelle « Parler, chanter, fêter la Corse » en 1995. Mais, en l'absence d'intervention de tout ténor politique sur le sujet, nul doute que les rencontres avec *Le Monde* ont lourdement pesé dans la « conversion » du Premier ministre.

Tant que Lionel Jospin fait dépendre le dialogue de la renonciation à la violence par les nationalistes et de sa condamnation par les élus, *Le Monde* continue à rendre compte fidèlement des attentats perpétrés sur l'île. Le 27 novembre 1999, il met en « une » les deux attentats contre l'Urssaf et la direction départementale de l'Équipement (DDE). Au total, soixante-dix kilos d'explosif ont été disposés par les clandestins. Seule l'évacuation des locaux a pu éviter de justesse la mort de personnes travaillant sur place. Plusieurs salariés ont été blessés. Jacques Chirac déclare que « *ces actions étaient destinées à tuer* ». L'émotion est forte sur l'île où des manifestations contre la violence sont organisées. *Le Monde* semble remplir consciencieusement sa mission d'information. Un encadré récapitule la montée de la violence depuis 1996.

Mais, sitôt l'émotion retombée, le 2 décembre, un grand article d'analyse, signé Jacques Follorou, indique au Premier ministre comment cette nouvelle flambée doit être interprétée : « *Par ailleurs, contrairement à l'analyse du mouvement nationaliste développée par le ministre de*

35. Voir *Jospin : le pari corse, op. cit.*, p. 56.

l'Intérieur, mardi, sur LCI, la multiplication des groupes clandestins ne signifierait pas la fuite en avant de "soldats perdus". *À en croire certains responsables nationalistes, si des dizaines de militants ont quitté les organisations traditionnelles et créé leurs propres structures, ces clandestins seraient davantage enclins à suivre les mouvements publics qu'une voie brigadiste. Si un dialogue était engagé avec l'État, les organisations nationalistes publiques seraient en mesure de contrôler l'activité armée. La mouvance nationaliste paraît en effet, même si les attentats semblent démontrer le contraire, désireuse de trouver une sortie pacifique au conflit qui l'oppose à l'État depuis plus de vingt ans.* »

Telle est, pour *Le Monde,* la traduction du langage explosif des nationalistes : il faut lire les bombes d'Ajaccio comme un message pacifique. Le pire est que ce paradoxe – plus d'attentats pour mieux faire la paix ! – séduit Jospin : c'est à l'occasion de la double déflagration du 27 novembre que le Premier ministre convoque son équipe et décide de lever le préalable de la cessation de la violence. Sans doute l'article du *Monde* a-t-il réactivé dans son esprit le souvenir de ses conversations récentes avec Jean-Marie Colombani et Edwy Plenel. Sans doute certains « messages » transmis au gouvernement font-ils état de menaces d'attentat sur le continent si les lignes ne bougeaient pas. Une perspective qui effraie Lionel Jospin.

Le Premier ministre a-t-il échangé sa « conversion » sur le problème corse contre un soutien du *Monde* à sa candidature aux présidentielles de 2002 ? Selon son entourage, le *deal* n'a jamais été formulé comme tel. Mais ce n'est pas ainsi que les choses se passent en général dans cet univers. Les responsables du quotidien n'auraient d'ailleurs eu aucun intérêt à se lier les mains, comme le reconnaît à demi-mot Jean-Marie Colombani lui-même : « *Nous, nous sommes dans une situation confortable. Ce sont eux qui décident. Nous, on commente*[36]. » Mais il suffit d'espérer

36. Didier Hassoux, *ibid.*, 10 juillet 2001.

pour entreprendre. A contrario, Lionel Jospin pouvait déjà être sûr d'une chose : en adoptant la position de son ministre de l'Intérieur, c'est-à-dire en ne cédant pas aux exigences des nationalistes, il était sûr de retrouver *Le Monde* contre lui en 2002, comme il l'avait déjà été en 1995, du moins au premier tour. En revanche, en adoptant une position dite « girondine », il avait de bonnes chances d'obtenir la bienveillance du quotidien des élites françaises. Nul doute aussi que, dès ce moment-là, Olivier Schrameck, qui a déjà noué une relation assez étroite avec Edwy Plenel, a poussé la charrue du bon côté et qu'il a été entendu. Au même moment, en effet, le Premier ministre recommandait à Jean-Pierre Chevènement de ne pas envenimer les relations avec *Le Monde*, qui leur serait bientôt utile[37].

Quoi qu'il en soit, le 30 novembre 2000, de la tribune de l'Assemblée nationale, le Premier ministre invite les élus nationalistes à venir à Matignon. La première rencontre avec tous les élus régionaux corses a lieu le 13 décembre. Dès lors, *Le Monde* va s'ériger en médiateur et avocat du « processus de Matignon ».

Première mission du quotidien : accréditer l'idée que ce processus fait reculer la violence, les nationalistes choisissant la trêve pour montrer leur bonne volonté. La défense de cette thèse a pris successivement plusieurs formes :

La première, et sans doute la moins remarquée – sauf par les Corses eux-mêmes –, consiste à *faire silence sur les attentats* qui se poursuivent... Entre janvier et juillet 2000, nous avons recensé la bagatelle de *32 attentats* dont l'AFP et quelques journaux ont rendu compte, tandis que *Le Monde* les ignorait. En voici la liste : le 6 janvier, attentat contre un atelier de mécanique à Calvi ; le 16 février, trois attentats contre un magasin de vêtements à Bonifacio, contre l'entrepôt d'un agriculteur allemand en Haute-Corse et contre une supérette à San Giuliano ; le 17 février,

37. Nous verrons plus loin (chap. 25, « Des comptes à la Enron », p. 596) que la direction du *Monde* sera récompensée de son soutien au processus de Matignon. Il vaudra au journal un cadeau de la société Air France.

attentat contre un restaurant à Bonifacio ; le 21 février, attentat contre un appartement ; le 3 mars, une camionnette à pizzas appartenant à un Maghrébin détruite par un attentat ; le 6 mars, deux commerces cibles d'attentats à Porto-Vecchio ; le 13 mars, mitraillage de la villa d'un entrepreneur de travaux publics en Haute-Corse ; le 19 mars, deuxième attentat contre une villa près de Porto-Vecchio (il s'agit d'un témoin du procès dit du golf de Sperone) ; le 27 mars, attentat contre un restaurant de plage en Haute-Corse ; le 4 avril, attentat contre l'épicerie-restaurant d'un camping en Haute-Corse ; le 8 avril, mitraillage contre un magasin de vêtements à l'Ile-Rousse ; le 19 avril, attentat contre un bar de Santa-Severa ; le 30 avril, attentat contre une résidence secondaire en Haute-Corse ; le 5 mai, un restaurant détruit par un attentat à l'explosif en Haute-Corse, et un autre attentat contre un magasin de vêtements à Bonifacio ; le 10 mai, un local de station de ski détruit dans un attentat ; le 12 mai, attentat dans une rue de Corte contre une voiture en stationnement ; le 15 mai, deux attentats en Corse-du-Sud, visant une même famille ; le 21 mai, tentative d'attentat contre la Société nationale maritime Corse Méditerranée (SNCM) à Marseille ; le 23 mai, un attentat à l'explosif endommage un salon de coiffure à Borgo ; le 3 juin, attentat contre une villa en construction à Bonifacio ; le 4 juin, attentat contre la voiture personnelle d'un gendarme ; le 5 juin, attentats à l'explosif contre deux entreprises à Porto-Vecchio ; le 9 juin, attentat à l'explosif contre la villa d'un retraité parisien au sud de Bastia ; le 13 juin, attentat manqué contre un restaurant d'Ajaccio ; le 17 juin, une résidence secondaire entièrement détruite par un attentat, deux kilos de dynamite non explosés découverts dans un restaurant ; le 26 juin, attentat contre une exploitation agricole en Haute-Corse ; attentats contre des rapatriés...

Durant ces six mois, cruciaux pour le processus de Matignon, *Le Monde* ne rend compte que de trois attentats : contre une agence du Crédit Agricole de Haute-Corse, contre la plus grosse discothèque de Corse, et enfin contre le Centre international de conférences de l'avenue Kléber (à Paris).

Pourquoi ce silence ? En fait, *Le Monde* est le seul organe de presse à évoquer et même à faire la promotion de la « trêve armée ». Le 8 février 2000, deux représentants du FLNC-Canal historique et du « FLNC du 5 mai 1996 » proposent, dans un long entretien avec Jacques Follorou[38] annoncé en « une », la « *paix des braves* ». L'entretien commence par l'évocation de la fusion en cours entre FLNC-Canal historique, FLNC-5 mai 1996, Fronte ribellu et Clandestinu, censée prouver la représentativité des forces qui acceptent la trêve. Les porte-parole expriment leur satisfaction de voir Jospin renoncer au préalable de la cessation des violences. À la question : « *Avez-vous des contacts avec le gouvernement ou avec des représentants des formations politiques qui le composent* ? », ils répondent : « *Nous avons dit que nous ne comptions pas participer à des négociations politiques ; il n'en demeure pas moins que nous savons comment et à qui faire passer des messages quand le besoin s'en fait sentir.* »

Comment et à qui faire passer des messages...

Les deux interlocuteurs de Jacques Follorou, qui ne sont autres que Joseph Péraldi, du FLNC-5 mai 1996, et Jean-François Ramoin-Luciani (bientôt arrêtés et mis en examen pour le double attentat perpétré contre l'Ursaff et la DDE le 27 novembre 1999) le savent bien, qui viennent de participer, le 22 janvier, à une réunion, rue Cadet, au siège du Grand Orient, à laquelle assistaient deux autres militants nationalistes[39] ainsi que deux représentants du PS, Serge Jacobowitz et François Rebsamen, Raymond Ceccaldi, président de la Chambre de commerce et d'industrie de Corse-du-Sud, Alain Piazza, des Renseignements généraux, et Simon Giovannaï, Grand Maître.

Le 9 février 2000, *Le Monde* enfonce le clou sur le thème de la « trêve armée » en relatant – de façon quelque peu prématurée, on va le voir – le ralliement du mouvement

38. Réalisé au bar *Le Napoléon,* à Ajaccio.
39. Il s'agit de Batti Canonici et de Patrice Murati.

Armata Corsa à la « paix des braves », ainsi que la décision du Front armé révolutionnaire corse (FARC) de repousser de deux mois supplémentaires la reprise de ses actions militaires. Le 14 février, Ariane Chemin s'ébaudit : « *La société corse s'implique dans le processus ouvert par Matignon.* » La journaliste fait état d'un projet global de développement de l'île auquel souscriraient Jacques Séguéla, Nicolas Hulot, le président de l'Université de Corte, Jacques-Henri Balbi, Charles Napoléon, descendant de l'Empereur (!), ainsi que des responsables du Medef. Nul n'entendra plus jamais reparler de ce « *pôle de référence écologique* »...

Pendant que *Le Monde* fait la promotion de la « paix nouvelle », Culioli défend, lui, l'intérêt de la « trêve armée » d'une autre façon. Une note circulant au ministère de l'Intérieur précise son rôle : « *Enfin, divers observateurs engagés, comme Gabriel-Xavier Culioli, ou non, relèvent que la création d'une structure de coordination militaire, annoncée avec le cessez-le-feu du 23 décembre, peut fort bien constituer un moyen de pression conséquent et un facteur de surenchère, notamment en cas d'échec du processus.* »

Si l'on en croit cette note, voilà donc comment l'écrivain – mais il n'est sans doute pas le seul – aurait pu convaincre un certain nombre de clandestins à décider d'une trêve : celle-ci serait conçue comme l'occasion d'unifier militairement le mouvement afin de peser davantage lors des phases ultérieures du combat.

Simple coïncidence ? Quelque temps plus tard, Gabriel-Xavier Culioli obtient un poste à l'université de Corte où son intervention est jugée précieuse pour le respect de la « trêve armée ». Mais, le 10 mars 2000, alerte à Ajaccio ! Le processus est « en panne » ! L'Assemblée des élus corses réunie à l'initiative de Matignon met les nationalistes en minorité : la motion des « républicains » Zuccarelli et Alfonsi devance celle de José Rossi, soutenue par les élus nationalistes Talamoni et Quastana[40] !

40. Le 11 mars 2000, *Le Monde* annonce une majorité autour de José Rossi et

Soixante-douze heures plus tard, *Le Monde* s'inquiète d'une possible reprise des attentats. Mais non : ouf ! Le quotidien s'émerveille de la magnanimité des combattants armés dans un article au titre éloquent : « *Les nationalistes corses entendent riposter sans rompre.* » Tony Fieschi, dirigeant de Corsica Viva, cité dans cet article, soulage les lecteurs : « *Le vote du 10 mars*, ajoute-il, *était un premier pas vers la paix. Il a été refusé par une partie de la classe politique insulaire, mais nous ne sommes pas encore parvenus au point de blocage.* »

La patience des nationalistes a cependant des limites. Le 15 mars, côté « vitrine légale », Gabriel-Xavier Culioli donne, toujours dans *Le Monde*, un contenu plus politique au « risque » de reprise des attentats : « *Une fois constatée cette contradiction fondamentale entre la représentation élective et les aspirations des citoyens si longtemps étouffées, il faut bien trancher entre le peuple et ses élus si on ne veut pas créer les conditions d'une violence de masse. Il revient donc au Premier ministre de renvoyer la balle dans le camp d'une Corse qui n'aurait jamais dû la lui envoyer. Le seul moyen constitutionnel est un référendum local à valeur uniquement consultative posant la question de l'autonomie et de la reconnaissance du peuple corse* (...). *Sans un tel geste, le doute subsistera quant à la légitimité de cette assemblée, et la violence clandestine reprendra sans que personne ne puisse l'empêcher. Mais elle bénéficiera cette fois-ci d'un assentiment plus massif qu'hier, car le vote du 10 mars aura détruit toute possibilité d'issue politique au problème corse.* »

Cette fois, *Le Monde* se fait clairement le porte-parole des nationalistes qui exercent leur chantage sur l'Assemblée des élus corses. Tout comme Jean-Marie Colombani l'avait fait sentir à Lionel Jospin à l'automne 1999, Gabriel-Xavier Culioli laisse planer la menace d'une reprise des attentats en légitimant par avance l'exaspération des nationalistes.

---

de sa proposition de dévolution du pouvoir législatif, alors qu'une majorité d'élus a, en fait, rejoint Émile Zuccarelli pour rejeter ce type de concession aux nationalistes !

Trois mois et demi plus tard, le 29 juin, si *Le Monde* évoque l'attentat avorté (la charge n'a pas explosé) contre le centre de conférences internationales de l'avenue Kléber, ainsi qu'une autre tentative contre un bâtiment niçois de la Marine nationale et que deux autres attentats – réussis, ceux-là – contre des fermes appartenant à des rapatriés d'Algérie, tous revendiqués par le FLNC-Canal historique, c'est pour invoquer d'emblée une circonstance atténuante : ces violences témoigneraient d'une solidarité avec Charles Pieri, incarcéré mais dont la condamnation, jugée trop clémente, vient de faire l'objet d'un pourvoi en appel par le Parquet. L'indépendance de la Justice est sans doute une notion inaccessible aux indépendantistes clandestins...

En outre, ces attentats viseraient également à exercer une pression sur les négociations, le FLNC dénonçant « *les atermoiements de l'État français* ».

Le même jour, un autre article de Jacques Follorou fait état de fortes pressions de Corsica Viva et d'A Cuncolta sur Jean-Guy Talamoni et Paul Quastana à propos du cas Pieri et des « prisonniers politiques ». Vite, cédons à toutes les exigences des poseurs de bombes pour bénéficier enfin de la « paix des braves » !

Mais tout vient à point... Lorsque, peu avant les vacances d'été, l'Assemblée des élus corses se range cette fois derrière Jean-Guy Talamoni, *Le Monde* donne à nouveau la parole aux clandestins qui « *confirment leur soutien au processus de paix* ». Deux « unes » offertes aux mouvements nationalistes clandestins en moins d'un an !

Jusqu'au 28 juillet, jour où les élus corses paraphent le texte sur l'avenir de la Corse, *Le Monde* ne cesse d'écarter toutes personnes susceptibles de se mettre en travers du « processus de Matignon ». Le patron du quotidien entend ainsi faire de ce processus un véritable « sanctuaire ». Il salue avec enthousiasme le remaniement ministériel qui voit Lionel Jospin sacrifier son ministre radical Émile Zuccarelli pour ne pas déplaire à Alain Christnacht, le conseiller en charge des négociations avec les élus corses.

Paradoxalement, avec ce remaniement disparaît la seule présence corse au sein du gouvernement ! *Le Monde* n'hésite pas non plus à se fâcher avec le conseiller territorial corse Nicolas Alfonsi, lui aussi sceptique sur le « processus ». Et, bien entendu, il ne manque pas, au moment crucial[41], de tout mettre en œuvre pour hâter le divorce entre Lionel Jospin et Jean-Pierre Chevènement.

Qu'importe si la trêve armée n'a aucune réalité sur le terrain ! Ainsi la police a-t-elle enregistré *vingt assassinats* entre janvier et août 2000, contre seize pour toute l'année 1999, pourtant déjà meurtrière ! Et si le nombre d'attentats baisse en 2000, on en dénombre tout de même une bonne centaine au cours des six premiers mois. Mais « *à bas bruit* », comme l'expliquera Jean-Pierre Chevènement peu après sa démission. Car la réalité doit rester celle que relate *Le Monde*. Le 27 octobre 2001, Jacques Follorou écrit ainsi : « *La violence dite politique, sous forme d'attentats revendiqués, est résiduelle depuis que le cessez-le-feu a été décrété, fin 1999, par les organisations clandestines regroupées au sein du FLNC.* »

On relèvera que, là encore, l'expression « cessez-le-feu », qui confère un parfum de guerre d'Algérie au dossier corse, est employé sans guillemets. Mieux, Jacques Follorou déclare que « *depuis la disparition des leaders du groupe Armata Corsa, François Santoni et Jean-Michel Rossi* [à noter que les deux hommes n'ont jamais reconnu appartenir à cette fraction], *le mouvement nationaliste n'a jamais été aussi intégré dans le système démocratique.* » Si la violence persite, explique le journaliste, il faut la chercher du côté du banditisme : « *Considérées comme secondaires par l'État, en Corse, les activités des voyous ont prospéré à l'ombre des attentats et des assassinats qui ont ponctué l'histoire du nationalisme corse.* » Suivez mon regard : dès lors que la direction du FLNC unifié adhère au processus de Matignon, toutes les violences sont résiduelles et n'ont plus rien à voir avec la politique ;

41. Voir, *infra*, chap. 15, « Comment *Le Monde* a "soutenu" Jospin », p. 335.

elles doivent donc être traitées dans la rubrique des faits divers.

Quelques jours plus tard, le 1er novembre, c'est Jean-Louis Andreani qui martèle : « *Les attentats politiques contre les bâtiments publics ont, eux, diminué de façon spectaculaire depuis le début du processus de Matignon.* » La preuve ? *Le Monde* n'en a pas parlé. Ils n'ont donc pas existé !

Il faut se rendre aussi à l'évidence : non seulement *Le Monde* soutient la cause des nationalistes, mais il prend position en faveur de l'une de ses branches, et ferraille contre la partie du mouvement qui ne soutient pas le « processus » : voilà pourquoi le quotidien s'est montré si discret sur le livre de François Santoni et Jean-Michel Rossi[42]. Voilà pourquoi les assassinats de militants d'Armata Corsa ont été si peu commentés, ou bien ravalés au rang de simples faits divers.

Voilà pourquoi *Le Monde* est seul, au sein de la presse française, à faire ouvertement de la publicité à l'initiative de la Cuncolta qui organise à l'automne 2002 une vaste consultation « des Corses du monde entier » sur la base d'une citoyenneté fondée, pour l'essentiel, sur le droit du sang[43]. Voilà pourquoi, enfin, Ariane Chemin, dans *Le Monde* du 10 décembre, fait habilement la promotion de Charles Pieri, salué comme « *un acteur incontournable de la vie politique corse* ». Or, Charles Pieri, emprisonné durant quatre ans, a été l'un des dirigeants les plus violents de la mouvance nationaliste. Son pouvoir d'intimidation est tel que, lors du procès intenté à son fils Christophe et au camarade de celui-ci, Stéphane Sbaggia, en décembre 2002, la plupart des experts (cinq sur six) et des témoins (vingt-six sur trente-neuf) ne se produisirent pas à la barre sous des prétextes divers, ce qui aboutit à la scandaleuse relaxe des deux individus, pourtant accusés

42. Avec Guy Benhamou, *Pour solde de tout compte : les nationalistes corses parlent*, Denoël, juin 2000.
43. *Cf.* l'article d'Ariane Chemin du 28 novembre 2002, qui délivre dans son titre le nom du site Internet sur lequel doivent s'inscrire les « citoyens » corses.

d'avoir assassiné un homme de dix balles dans le dos. Jacques Julliard[44] a parfaitement résumé l'événement : « *La justice, qui est rendue au nom du peuple français, a été humiliée, ridiculisée par Charles Pieri.* »

L'Express du 19 décembre 2002 publie de son côté une enquête de quatre pages (« Silence, on tue ») démontrant que la justice est bafouée en Corse et que, au-delà de ce procès, les criminels évitent toute sanction. *Le Monde*, lui, se contente d'un compte rendu d'audience très « objectif », dans lequel la parole de la défense des accusés occupe une large place. Pour ne pas « dézinguer » le père de l'un des accusés, un « bon informateur », si « incontournable » en Corse ?

Comment, finalement, faire le lien entre tous ces éléments qui dessinent la politique corse du *Monde* ? Quelle relation logique établir entre le « blanchiment » des groupes nationalistes armés, l'adoption de leur langage (la « paix », le « cessez-le-feu », les « prisonniers politiques »...), voire de certains de leurs principes (l'« impôt révolutionnaire » hérité du droit romain), la subite bienveillance à l'égard d'un parrain du Milieu, enfin l'indulgence pour le groupe qui a tué François Santoni, et l'aide malencontreuse, si ce n'est délibérée, du moins effective, apportée dans sa fuite au commando des assassins d'Érignac ?

Nous ne saurions avancer d'autres éléments de preuve que l'ensemble impressionnant des faits rapportés dans ce chapitre. Ils ne prennent une vraie cohérence que si l'on formule l'hypothèse suivante : aux yeux du *Monde* et avant tout de Jean-Marie Colombani, la violence en Corse a été un facteur décisif qui a permis de convaincre la France de renoncer à ses « *attributs coloniaux* » et à son jacobinisme obsessionnel. Ce sont les centaines d'attentats qui ont acculé les gouvernements successifs à infléchir leur politique, puis à en changer. C'est le double attentat contre l'Urssaf et la DDE, en novembre 1999, qui a

44. Dans le *Nouvel Observateur* du 19 décembre 2002.

convaincu Lionel Jospin de lever le préalable de la cessation de la violence et d'enclencher le « processus de Matignon ». En l'espèce, la violence n'est donc pas condamnable, estime sans doute Jean-Marie Colombani. Elle est accoucheuse d'Histoire. Elle permet de faire éclater le carcan de l'oppression. Jospin lui-même ne l'a-t-il pas compris en établissant un parallèle osé entre la libération des « prisonniers politiques » exigée par le FLNC et le paiement des jours de grève revendiqué par les syndicalistes ? Mais, en ce cas, faut-il sacrifier Yvan Colonna sur l'autel d'une paix enfin retrouvée entre la France et la Corse ? Cet enfant du pays, pour lequel *Le Monde* emploie les mêmes épithètes que *U Ribombu* – « pur et sincère » –, ne mérite-t-il pas de garder sa liberté quelque temps encore, jusqu'à ce que la lutte des « *patriutu* » soit pleinement légitimée ? C'est bien en poussant à son terme ce raisonnement que la ligne corse du quotidien trouve sa pleine cohérence.

Car telle est la dévorante passion corse du directeur du *Monde* que tout, absolument tout doit être sacrifié à la « paix ». Les principes d'une République française une et indivisible, auxquels il n'a jamais souscrit, bien sûr. Mais aussi bien la déontologie professionnelle et le goût de la vérité. Voilà pourquoi, comme l'avouait récemment un collaborateur du journal, lorsque le sujet de la Corse vient sur le tapis en conférence de rédaction, chacun regarde la pointe de ses chaussures.

CHAPITRE 14

Intégrité à vendre

Cotonou, mai 2002. Des policiers béninois débarquent à l'hôtel Sheraton et, quelque temps plus tard, embarquent dans leur fourgon deux faux monnayeurs et une jolie femme qui n'a pas encore réussi à les convaincre qu'elle n'a connu les deux malfrats que depuis quelques jours, au bord de la piscine. Pour preuve de sa bonne foi, la dame a pourtant brandi une carte de visite de journaliste du *Monde*. Vingt-quatre heures plus tard, elle est libérée et autorisée à partir en France après s'être engagée à revenir à Cotonou pour son procès.

L'élégante dame était venue au Bénin pour chercher à convaincre certains responsables du pays d'acheter un supplément étranger inséré dans *Le Monde* et signé en titre « InterFrance Média ». Nombre de dirigeants d'Afrique, du Moyen-Orient et d'Amérique latine, mais aussi bien des ambassadeurs de France dans ces pays, sont ainsi persuadés d'avoir rencontré des *journalistes* du prestigieux quotidien français. Des *journalistes* qu'ils trouvent spécialement arrangeants, puisqu'ils reproduisent fidèlement leurs propos et louent leurs compétences dans les suppléments encartés dans le journal français de référence. Lesdits *journalistes* ne leur réclament que des contributions relativement modestes, puisque l'essentiel du coût desdits suppléments est financé par la publicité récoltée sur place, dans leur pays. Petit problème : parfois, ces prétendus *journalistes* en rencontrent de vrais. Ainsi, en 1999, un envoyé spécial du *Monde* a découvert qu'un drôle de collègue l'avait précédé auprès de l'ambassadeur de France à

Addis-Abeba, puis auprès de ministres éthiopiens. Étonné, ce vrai journaliste a fini par retrouver le faux dans un palace de la capitale ; accompagné de deux « commerciaux », il préparait un publi-reportage sur l'Éthiopie depuis plusieurs semaines. Hors de lui, l'envoyé spécial a laissé s'exprimer sa colère dans un courrier acheminé par la messagerie du *Monde.* Au vif courroux de la direction, la missive a beaucoup circulé…

On pourrait aussi raconter l'histoire de cet ambassadeur de France à Mexico qu'un *journaliste* du *Monde* est venu solliciter pour qu'il sponsorise une partie d'un supplément consacré au Mexique, à paraître prochainement dans « *son* » journal. Le (faux) journaliste n'hésita pas à lui laisser sa (vraie) carte de visite professionnelle…

Comme (presque) tous les journaux, *Le Monde* a besoin de la publicité pour vivre et pour bénéficier d'une (certaine) indépendance. Mais cette publicité doit obéir à des règles strictes. L'espace rédactionnel doit être bien distinct de l'espace publicitaire, en sorte que les lecteurs puissent à tout moment identifier clairement ce qu'ils sont en train de lire. *Le Monde* se veut au-dessus de tout soupçon en la matière. Sa « Charte publicitaire[1] » précise ainsi : « *Les pages du* Monde, *tant dans le quotidien que dans ses suppléments* [sic], *différencient sans ambiguïté le contenu rédactionnel et le contenu publicitaire…* » Après avoir exposé et codifié de façon rigoureuse les conditions d'insertion des publicités, le document spécifie : « *Toute formule de type* "publi-reportages" *ou* "pages spéciales offertes" *destinées à mêler contenu rédactionnel et contenu publicitaire est proscrite, tant dans le quotidien que dans les suppléments* [re-sic] *du* Monde. » Or, pour qui sait lire, les suppléments dont il a été question plus haut semblent bel et bien tomber sous le coup de cette interdiction.

S'il ne respecte pas ses propres règles, le quotidien de référence n'hésite pas, en revanche, à donner des leçons à ses confrères. Ainsi, le 9 décembre 1999, le journal fran-

1 *Le Style du* Monde, *op. cit.*, p. 16.

çais de référence s'en prend brutalement aux « *dérapages déontologiques* » du *Los Angeles Times*. L'article, sentencieux, stipule : « *Le quotidien californien vient de commettre un grave faux pas avec un supplément magazine entièrement consacré au Staples Center, la nouvelle arène sportive du centre-ville. À l'insu des rédacteurs comme de la rédaction, la direction de la publication avait décidé de partager les revenus publicitaires de cette édition, soit la coquette somme de 2 millions de dollars (12,4 millions de francs), avec le Staples Center, dont le quotidien est un des partenaires financiers...* »

Au-delà de l'infraction aux « règles » relatives à la publicité, les suppléments évoqués posent à l'évidence un grave problème déontologique, puisqu'ils font la promotion de pays et de gouvernements régulièrement attaqués ou critiqués dans les colonnes mêmes du *Monde*. Or, si le journal de référence est devenu très pointilleux sur les questions de droits de l'homme – au point d'ailleurs de les envisager souvent hors de tout contexte géographique, historique et culturel –, s'il dénonce régulièrement tous les régimes corrompus et/ou dictatoriaux, il n'hésite pas non plus à vendre ses pages à ces mêmes pays quand leurs dirigeants souhaitent corriger les effets désastreux suscités par les papiers rédigés contre eux !

À l'instar de ce que pratiquait l'Église au Moyen Âge par la vente d'« indulgences » aux puissants, *Le Monde* peut ainsi gagner sur les deux tableaux : en vendant la dénonciation du « Mal » à ses lecteurs, et le rachat de leurs péchés aux annonceurs.

Le dernier exemple en date de cette « duplicité alimentaire » concerne l'Algérie, pays qui reste dans la ligne de mire d'Edwy Plenel. L'ancien admirateur de Frantz Fanon a fait feu de tout bois pour célébrer les quarante ans de l'indépendance algérienne. Le premier numéro de juillet 2002 comporte un supplément intitulé « Le Grand Dossier, Algérie 1962-2002 ». Ce dossier rédactionnel rappelle les souffrances et les injustices sans nombre subies par le peuple algérien depuis l'arrivée du maréchal de Bourmont à Sidi Ferruch, en juin 1830. « *L'Algérie a sombré économiquement et politiquement,* écrit notamment *Le Monde... Quarante ans après l'indépendance, il est le pays de la* hogra, *de l'injustice. Une nation, dit Nadia, 23 ans,* "où nous ne sommes toujours pas des citoyens" *et* "où les militaires tiennent le pays"*.* » Dix jours plus tard, *Le Monde* diffuse un supplément de huit pages d'un tout autre ton sur l'Algérie. Il n'y est question que d'« *ouverture* », de « *transformations positives* » et de « *dynamisme* » afin d'inciter les investisseurs à miser sur ce pays, car « *la plupart des secteurs économiques s'ouvrent à l'initiative privée et (...) la situation politique se normalise progressivement depuis l'élection de Bouteflika* ».

Depuis 1999, *Le Monde* a ainsi publié[2] des suppléments dithyrambiques sur le Ghana, la Bulgarie, l'Éthiopie, le Kenya, l'Argentine, la Malaisie, la Croatie, le Maroc, la Roumanie, la Tunisie, le Mali, la Côte-d'Ivoire, Madagascar, l'Arabie Saoudite, la Mauritanie, le Cameroun, le Venezuela... Une cinquantaine de suppléments ont été confectionnés et encartés dans le quotidien sous la signature d'InterFrance Média.

Le même procédé est utilisé plus rarement pour la France. En 1997, *Le Monde* a publié, à l'occasion des vingt ans du Conseil régional de l'Ile-de-France, un supplément dans lequel, contrairement aux règles de sa « Charte publicitaire », le logo du journal était notablement plus gros et plus voyant que la mention « Publicité », discrètement disposée en haut et à gauche de ce cahier de seize pages. Toutes les réalisations économiques, sociales et culturelles de la région Ile-de-France y étaient vantées. Le supplément comportait en outre une interview en bonne et due forme de Michel Giraud, président en exercice du Conseil régional.

Coïncidence ? Quelques mois avant cette publication, l'assemblée régionale avait rendu un fieffé service au *Monde* en reprenant ses locaux de la rue Falguière pour

2. La liste n'est pas exhaustive.

l'une de ses antennes[3]. Les bureaux de la rue Falguière se révélaient en effet trop étroits pour le journal. Mais, signé en pleine « bulle immobilière » à la fin des années 1980, le bail prévoyait, en cas de rupture, des conditions de départ draconiennes pour le locataire. En reprenant le bail du *Monde*, la Région permit à la nouvelle direction de réaliser des économies représentant sans doute plus de dix millions de francs[4]...

À chaque fois, ces suppléments nationaux ou internationaux choquent journalistes et lecteurs. D'autant plus qu'en campagne électorale, Jean-Marie Colombani avait promis de ne plus recourir à ce genre de subterfuge pour améliorer les revenus du *Monde*. À ceux qui, dans la rédaction, osent l'interpeller à ce sujet, il répond qu'il accepte désormais ces suppléments par « pragmatisme ».

Parfois, le malaise suscité par ce « pragmatisme » devient perceptible jusque dans les colonnes du *Monde*. Le médiateur Robert Solé a manifesté à plusieurs reprises son désaccord avec les pratiques de son journal en ce domaine. Dans le numéro daté du 10 mai 1999, il a profité d'une réponse globale aux critiques des lecteurs sur l'« envahissement » des colonnes par la publicité pour écrire : « *Mais les réactions les plus virulentes portent sur les cahiers publicitaires consacrés à certains pays.* » Sa fonction l'y contraignant, Robert Solé défend son journal en rappelant que cette sorte de « *communication a été rédigée et éditée par InterFrance Média qui est seule responsable de son contenu. L'équipe du* Monde *n'a pas participé à sa production* ». Mais il s'agit là, de sa part, d'un « service minimum » ; Solé donne en effet un large écho aux critiques des lecteurs : « *Il est parfaitement hypocrite de ne pas endosser la responsabilité de la rédaction d'un tel matraquage imposé à vos lecteurs et abonnés* », écrit un lecteur du Danemark. À propos d'un supplément sur

3. Il s'agit de l'IAURIF, un organisme rattaché à la Région Ile-de-France.
4. Michel Giraud, que nous avons contacté, n'a pas souhaité s'exprimer sur ce dossier, mais plusieurs de ses collaborateurs ont confirmé les informations que nous publions.

le Mali, un lecteur de Blois dénonce : « *Ce cahier publicitaire a, bien entendu, coûté une fortune à un pays qui n'a pas besoin de cela pour être d'une immense pauvreté. Il me paraît immoral que* Le Monde *participe à cette escroquerie et en tire profit.* » Et Robert Solé de conclure : « *Faut-il se résigner à cette forme de* communication, *distincte de l'information et qui ne trompe personne ? La question est de savoir si elle ne porte pas atteinte à l'image d'un journal attentif au tiers-monde et soucieux de vérité.* »

Question rhétorique s'il en est ! Pour ceux qui en douteraient, Solé doit revenir encore plusieurs fois sur ce sujet délicat. En octobre 2000, il écrit derechef : « *Ces* "communications" *financières, et dont* Le Monde *souligne en grosses lettres qu'il n'a pas participé à leur élaboration, réussissent la performance de traiter d'une économie en développement sans jamais parler de pauvreté ou de conflits sociaux. J'ai déjà dit à deux reprises ce que j'en pensais, mais cela n'a pas l'air d'émouvoir la rédaction.* » En effet !

La direction du *Monde* se lave les mains de son évidente duplicité par la seule mention que ses journalistes sont étrangers à une communication relevant exclusivement de l'agence InterFrance Média. Une navigation sur l'un des sites Internet de cette agence balaie cette argumentation jésuitique. Car comment les vendeurs de cette agence s'y prennent-ils pour proposer leurs prestations aux dirigeants du Tiers-Monde ? En se faisant passer pour une agence de presse composée d'« *une équipe de journalistes expérimentés et de spécialistes en communication* », « *présente sur les cinq continents* », menant des « *enquêtes sur le terrain au contact des réalités et de ceux qui les vivent et en sont responsables* ». InterFrance Média est « *animée par l'ambition de proposer une vision différente de l'actualité mondiale* ». La « *nouvelle donne* » « *engendre la nécessité impérieuse, pour les pays qui aspirent à un développement durable, de communiquer à l'échelle planétaire* ». Autrement dit, de communiquer dans les colonnes du

Monde, ouvertes par InterFrance Media ! La communication de l'agence est bel et bien de type journalistique.

En substance, voici ce que les *journalistes* d'InterFrance Média peuvent déclarer aux ministres et dirigeants des pays en développement : « *Nous vous offrons la possibilité de commenter, avec vos propres termes, vos différents projets et activités... Nous vous offrons une tribune libre pour améliorer votre visibilité internationale dans ce journal prestigieux qu'est* Le Monde... *Le supplément sera ainsi le complément naturel des articles critiques qui permettront aux lecteurs-décideurs d'avoir une vision d'ensemble de votre nation et de ses réalités. Nos suppléments, présentés en deuxième cahier du journal* Le Monde, *sont disponibles dans tous les kiosques, hôtels, gares et aéroports...* » Et le VRP du *Monde* de présenter au président malgache ou africain les avantages de communiquer dans ce quotidien de « *portée internationale* », « *le plus lu et le plus influent des journaux hexagonaux à l'étranger* », « *l'un des six meilleurs journaux mondiaux* »... « *d'après une enquête réalisée auprès de 1 000 décideurs dans 50 pays* »... « *58,5 % des leaders d'opinion français le lisent régulièrement, 41 % de ces mêmes leaders d'opinion le choisissent comme tribune pour s'exprimer, un décideur sur trois est influencé par ses articles*[5]... »

– Mais comment et pourquoi payer un journal qui a traîné dans la boue mon gouvernement ? pourrait rétorquer le dirigeant prospecté.

C'est justement parce que *Le Monde* vous a critiqué que vanter vos mérites dans ses colonnes aura de l'impact. Ce que je vous propose, c'est l'équivalent d'un super-droit de réponse, puisque vous disposez de huit, douze ou seize pages, alors que les critiques dont vous avez fait l'objet ont été publiées sur une surface beaucoup plus réduite. L'image du *Monde* – intègre et moral – va ainsi rejaillir sur vous...

Nous exagérons ? Reportons-nous à cette phrase tirée de l'argumentaire d'InterFrance Média : « *Le journal* Le

5. Arguments développés sur le site Internet d'InterFrance Média et dans les courriers que l'agence envoie à ses clients potentiels.

Monde, *fleuron de la presse française respecté de tous et qui, à l'instar de la quatrième puissance économique mondiale, véhicule partout des valeurs humanistes...* » En somme, *Le Monde* accepte qu'une agence de communication comme InterFrance Média vende son image d'intégrité pour « blanchir » des dirigeants et des régimes. *Le Monde* lave plus blanc ! À condition de payer le prix.

La direction du *Monde* préfère d'ailleurs garder un voile pudique sur ses relations avec InterFrance Média et sur les sommes que ses suppléments rapportent au journal. Impossible de savoir, à partir des documents publicitaires, de quelle société ou groupe français ou étranger InterFrance Média dépend, *a fortiori* qui en est propriétaire. Nous avons donc cherché à en savoir plus long sur cette agence qui pose tant de problèmes déontologiques aux journalistes et aux lecteurs du *Monde,* mais qui lui rapporte entre un et deux millions d'euros nets par an.

InterFrance Média n'est pas le sigle d'une société inscrite au Registre du Commerce. Sa correspondance commerciale ne mentionne jamais un tel numéro d'inscription. Nous avons donc téléphoné à plusieurs reprises à l'agence de communication, installée selon son papier à en-tête avenue Kleber, à Paris, afin de connaître sa véritable identité. Une dame a fini par lâcher quelques bribes d'information alambiquées. InterFrance Média dépendrait d'une société française, Mediaser, et d'un groupe hollandais. Mediaser existe bien sur le site Internet du greffe du Tribunal de Commerce de Paris. Chez Mediaser, jointe par téléphone, une secrétaire déclare qu'InterFrance Média ne dépend pas de Mediaser, mais que l'agence de communication est en revanche leur principal client : « *Mediaser assure les mailings, les contacts et les courriers de l'agence.* » Mediaser ferait partie d'un groupe hollandais, Acumen. Nous voici guère plus avancés !

C'est finalement un article du *Radar de la Liberté*, un magazine kabyle, qui a apporté la réponse à nos questions. Publié en 2002, il expose que le président de la Sonatrach, la société nationale pétrolière d'Algérie, a dépensé plus d'un million de dollars en promotion institutionnelle en s'adressant, croyait-il, à plusieurs agences. « *Ses services n'ont même pas pris la peine de vérifier qu'une grande partie des agences qui se présentaient à lui sous des dénominations différentes n'étaient, en réalité, qu'une seule agence, à savoir NOA.* » Parmi ces agences figurait une française, InterFrance Communication – en réalité InterFrance Média. Après enquête, il appert que cette dernière est bien un « faux-nez » de l'agence NOA, basée à Madrid et dirigée par un Argentin, Alberto Llaroyora ; qu'InterFrance Média n'est pas installée avenue Kleber, mais rue Duphot, près de la Madeleine, dans les locaux de Mediaser ; que le personnel de Mediaser et celui d'InterFrance Média ne sont qu'un ; que le ministre africain qui croit appeler l'avenue Kleber tombe sur une standardiste rue Duphot ; et que Mediaser est dirigée par une amie d'Alberto Llaroyora.

NOA est spécialisée dans la conception et la réalisation de pages de publicité rédactionnelle destinées à des médias prestigieux comme *EuroNews*, *Paris-Match*, *USA Today*, *US News*, *Time Sunday Telegraph* et... *Le Monde*. NOA dispose d'équipes de jeunes et (très) dynamiques cadres qui sont à la fois capables d'interviewer des leaders politiques et des grands chefs d'entreprise et de mettre en place des stratégies commerciales pour collecter de la publicité. Ils ont généralement moins de trente ans, parlent couramment plusieurs langues, acceptent d'être loin de chez eux pendant onze mois de l'année[6]. Au sein de ces équipes, on trouve des jeunes femmes « *présentant bien* » pour faciliter les relations avec les décideurs[7]. Tous ces jeunes, hommes ou femmes, sont payés au rendement, par un pourcentage sur les affaires ramenées. Ils ne se présentent généralement pas sous l'étiquette NOA, mais sous celle du prestigieux support qui sera le destinataire final de la publicité. Évidemment, pour faciliter leur approche

6 Définition de poste donnée pour une campagne de recrutement d'« *International-Sales executives* », faite au mois de juin 2002 par NOA, et trouvée sur Internet.

7. Elles présentent tellement bien que l'une d'elles a convolé en justes noces avec le gouverneur d'une capitale latino-américaine.

commerciale, nombre de ces jeunes déclarent être des journalistes travaillant pour ledit support.

Pourquoi InterFrance Média est-elle si discrète, comme l'est aussi NOA qui n'a pas davantage accepté de répondre à nos questions ? D'abord, ce système d'agences, apparemment indépendantes, assure une meilleure rentabilité à NOA. Voici comment. Une fois le premier contrat signé avec un pays ou une institution *via* une agence comme InterFrance Média pour publication dans *Le Monde,* d'autres agences, pour le compte d'autres médias, peuvent s'inspirer des informations de base recueillies pour le publi-reportage destiné au *Monde*. Ces nouveaux contrats bénéficieront ainsi d'un coût rédactionnel et commercial beaucoup moins élevé. Mais la discrétion des agences est motivée par un autre souci : chaque support préfère traiter avec une agence qui ne travaille que pour lui. Ainsi, NOA dispose au moins de deux agences en France : InterFrance Média, pour *Le Monde,* et Publex pour *Paris-Match*[8]. Autre motif de discrétion : *Le Monde* préfère que soit jeté et maintenu un voile pudique sur une activité qu'il assume mal auprès de ses lecteurs comme de ses rédacteurs.

NOA achète, tel un « grossiste », un certain volume de pages du *Monde* au début de chaque année. Ce qui laisse au journal environ 1 million de francs (150 000 euros) par supplément. Quant au pays qui souhaite acheter son « droit de réponse » ou sa promotion dans le journal de référence, il lui en coûtera entre 20 et 50 000 euros pour huit pages. Cela ne semble pas hors de prix. Mais le dirigeant ou le ministre font en sorte que l'agence engrange, grâce à ses appuis, quelque 400 000 euros de publicité supplémentaires versés par les grandes entreprises du pays. Cet ingénieux système permet au *Monde* de percevoir une dîme tout en gardant les mains propres. Le respect de la déontologie auquel il appelle et les leçons de morale qu'il prodigue ont pour contrepartie, on le voit, une certaine complexité dans ses modes de financement...

8. L'hebdomadaire a rompu depuis tout lien commercial avec Publex.

CHAPITRE 15

Comment *Le Monde* a « soutenu » Jospin

Quelques jours avant le premier tour de l'élection présidentielle du printemps 2002, un dîner réunit quelques anciens trotskistes autour d'Edwy Plenel. Depuis la parution de son livre *Secrets de jeunesse*, le directeur de la rédaction du *Monde* s'est pris d'une affection immodérée pour les repentis lambertistes. Cette nouvelle composante de la cosmogonie trotskiste réunit les ex-lambertistes[1] qui, frappés ou non par la grâce du « trotskisme culturel[2] », revisitent par l'autocritique et la contrition leurs engagements passés dans « la Secte[3] ». Ce jour-là, une discussion enflammée anime la rencontre entre Plenel et Benjamin Stora, Michel Broué[4] et quelques autres. Les convives mesurent la très grande difficulté dans laquelle menace de se retrouver Jospin, et les risques de voir Jean-Marie Le Pen talonner, voire dépasser le candidat du PS. Un plan d'action est décidé, qui sera conclu par une tribune alarmiste et prémonitoire de Michel Broué (et de Bernard

1. Le trotskisme français est divisé depuis plusieurs décennies en trois branches principales : les frankistes, du nom de Pierre Frank, aujourd'hui regroupés au sein de la LCR d'Olivier Besancenot et Alain Krivine ; Lutte ouvrière, derrière Arlette Laguillier ; et les lambertistes, du nom de Pierre Lambert, regroupés au sein de l'OCI à laquelle a appartenu Lionel Jospin.
2. Le « trotskisme culturel » est un concept forgé par Edwy Plenel dans *Secrets de jeunesse* (*op. cit.*) pour expliquer a posteriori sa fidélité à certains de ses idéaux de jeunesse. Pour le résumer en quelques mots : on oublie l'Armée Rouge, et on célèbre les saillies culturelles et sexuelles du « Vieux » (Léon Trotsky).
3. C'est de cette façon que les membres de la branche trotskistes dite frankiste, dont est issu Plenel, caractérisaient l'organisation lambertiste.
4. Mathématicien, fils de Pierre Broué, l'historien, qui fut l'une des figures du mouvement lambertiste et auteur notamment d'une monumentale biographie de Trotsky (Fayard).

Murat) dans *Le Monde* du 19 avril n'écartant plus l'hypothèse de voir Le Pen figurer au second tour, et par un dîner auquel le trio « convoque » François Hollande, accompagné de Ségolène Royal, chez Broué. Ils livrent durant toute la soirée leurs « *conseils éclairés sur la meilleure façon de conclure la campagne* ». Un : gauchir le discours, évoquer les ouvriers, le peuple, thème qui sera effectivement repris par François Hollande (mais il est bien entendu trop tard). Deux : cogner sur Le Pen, ce qu'a soigneusement évité de faire jusque-là le candidat socialiste.

Cette anecdote mondaine[5] nous offre le stéréotype du rôle idéal que *Le Monde* entend jouer : celui d'une « *sentinelle de la démocratie* », comme aime à le soutenir Plenel, qui, face au « *danger fasciste* », tente de peser de tout son poids pour venir en aide au candidat « *progressiste* ». Cette thèse d'un entier soutien du *Monde* à Lionel Jospin est fort répandue dans Paris. Elle s'appuie d'ailleurs sur un certain nombre d'éléments concrets : l'acharnement du quotidien à nuire à Chirac sous tous les angles possibles (« affaires », vie privée, santé) ; son soutien non équivoque apporté à l'action gouvernementale concernant le Pacs, la parité, le Kosovo, les « 35 heures » et bien entendu la Corse ; même la fameuse révélation du passé trotskiste de Jospin, en juin 2001, paraît plutôt « servir » le candidat puisque, sans l'intervention du *Monde*, le « secret » n'aurait été révélé qu'en septembre 2001, risquant alors de gêner bien davantage le candidat socialiste.

Pourtant, un examen plus minutieux de la période de trois ans qui précède l'élection présidentielle éclaire d'un jour plus trouble le comportement effectif du *Monde*.

Pour en rendre compte, il convient cependant de prendre quelque distance. Quels étaient, en dehors de son bilan, trois des principaux atouts du candidat Jospin ?

Sans conteste, le premier est son image de probité, qu'il a consciencieusement fait reluire sous les spots médiatiques depuis sa fameuse formule sur le « droit d'inventaire ». De

5. Dont le lecteur a cependant la primeur…

l'avis général, Jospin a « *raccourci* » l'après-mitterrandisme par son profil intègre, tranchant avec celui, calamiteux, de François Mitterrand, du moins tel qu'il a été dessiné et diffusé à la société par la majorité des médias.

Le deuxième atout de Jospin est un homme qui s'appelle Dominique Strauss-Kahn. C'est lui qui a su mettre le mieux à profit l'exceptionnelle croissance de la fin des années 1990, donnant au gouvernement un « *brevet de compétence économique* » perdu par la gauche depuis Pierre Bérégovoy. C'est lui encore qui inspire confiance dans les milieux du patronat et même d'une fraction de la droite, sans être pour autant aussi déconsidéré qu'un Fabius parmi les militants socialistes.

Enfin, le troisième atout de Jospin est la gauche plurielle qui, rompant avec la réputation dominatrice du PS, donne, à tort ou à raison, une image équilibrée de la gestion des affaires publiques. Rappelons-nous comment, entre 1997 et 1999, le Premier ministre parvient à « mettre en scène » sur chaque dossier la mécanique de la gauche plurielle par la technique du « 3-0 » chère à la lame Gillette et à notre équipe championne du monde de football : un, proposition du PS ; deux, concertation avec les partenaires ; trois, synthèse, tous les députés de la gauche ou presque adoptant le projet. Cette procédure à toute épreuve donne à penser que Lionel Jospin a su inventer un nouveau mode de gouverner dans lequel controverse et cohérence se trouvent enfin conciliées.

Revenons au comportement du *Monde*. Un bilan de sa ligne éditoriale oblige à constater qu'il a joué *contre* chacun de ces trois atouts, laissant le candidat socialiste très isolé au moment de la confrontation finale avec les électeurs. Voici pourquoi :

Nous avons vu comment[6], à plusieurs reprises, les éditoriaux du *Monde* ont pu peser en faveur d'une rupture entre le Premier ministre et son ministre de l'Intérieur.

6. Voir *supra*, chapitre 12 « *Le Monde* tel qu'il hait », pp. 282-287.

Lionel Jospin a parfois confié à ses amis qu'« *on ne pouvait pas gouverner contre* Le Monde[7] ». Manuel Valls, son directeur de la communication jusqu'en 1999, considère qu'il faut plutôt lire ce propos rapporté « *à l'envers* » : Jospin considère en effet qu'à Matignon, il faut gouverner *avec Le Monde*. L'éditorial du 14 janvier 1999, rédigé comme un sermon, en constitue une bonne démonstration. Que dit *Le Monde* à Jospin, si l'on élimine les précautions oratoires ? Que, s'il a pu tolérer un moment que le Premier ministre se tienne au centre d'une gauche plurielle allant de Dominique Voynet à Jean-Pierre Chevènement, il ne supportera pas que son action et son discours épousent les inflexions du ministre de l'Intérieur. Qu'un jour ou l'autre – et le plus tôt sera le mieux –, Jospin devra choisir Cohn-Bendit contre Chevènement. Qu'enfin, si d'aventure il ne se sent pas conduit à ce choix, il lui faudra non seulement se passer du soutien du *Monde*, mais le compter parmi ses opposants les plus résolus.

Jean-Pierre Chevènement n'est évidemment pas surpris par la hargne de l'éditorialiste du *Monde*. Un an auparavant, en février 1998, il a reçu Edwy Plenel et Jean-Marie Colombani place Beauvau. L'entretien a été organisé à la demande des deux responsables du *Monde*. Ce jour-là, Plenel a joué cartes sur table. Il a expliqué au ministre de l'Intérieur, flanqué en la circonstance de son directeur de cabinet, Charles Barbeau, qu'il incarnait à leurs yeux le dévoiement de la gauche, le nationalisme, l'anti-européisme et l'archaïsme que *Le Monde* combattait jour après jour. Les deux hommes ont donc avisé « cordialement » leur hôte qu'ils feraient tout pour le séparer de Lionel Jospin.

Pour une fois, ils vont tenir leur promesse, et au-delà : *Le Monde* ne cesse de contrer Chevènement, de 1997, quand le journal soutient le mouvement des « sans-papiers », jusqu'à son départ, à l'automne 2000, sur le dossier corse, en passant par l'affaire Cohn-Bendit et la question du Kosovo. À chaque fois, le message du quoti-

7. Propos rapporté, entre autres, par Marie-Nöelle Lienemann dans son livre *Ma part d'inventaire*, Ramsay, 2002.

dien est le même : Chevènement « plombe » la gauche plurielle. Il l'empêche de s'ancrer dans la modernité. Il entache d'un soupçon légitime son engagement européen. Il la handicape par rapport aux jeunes, attachés aux valeurs internationalistes et aux droits de l'homme.

Peu importe que cette critique de la stratégie de la gauche plurielle risque de se révéler fatale au candidat qui perdra les suffrages de la fraction de l'électorat de gauche la plus attachée aux valeurs de la République (les profs, les fonctionnaires, etc.) sans pour autant gagner ceux des électeurs d'extrême-gauche ni des jeunes. Jean-Christophe Cambadélis, inventeur de la « gauche plurielle », utilisait volontiers l'image du rateau pour évoquer la raison d'être de cette stratégie. Sous l'influence du *Monde,* le rateau va se transformer en peigne fin, qui amenuisera d'autant son électorat.

Pratiquement, l'objectif du *Monde* – détacher Jospin de Chevènement – se réalise grâce au dossier corse[8]. Ici *Le Monde* devient, on l'a vu, le conseiller spécial du Premier ministre, en amont même du « processus de Matignon » que Jean-Marie Colombani a concocté avant de le lui imposer au terme de longues discussions. Dès lors que le processus est enclenché, la direction du *Monde* assure, on l'a vu également, le « service après-vente » du projet. Mais elle n'a de cesse d'écarter tous ceux qui émettent des réserves sur la politique menée. Émile Zuccarelli, ministre radical de gauche de la Fonction publique, plutôt rétif au dialogue avec les nationalistes et surtout opposé à toute dévolution du pouvoir législatif, en fera les frais. Lorsque, au cours de la réunion des élus corses du 11 mars 2000, Zuccarelli réussit à emmener une majorité d'élus contre la motion soutenue par les nationalistes, *Le Monde* prescrit aussitôt un remaniement ministériel afin d'éjecter du gouvernement le maire de Bastia. Lionel Jospin obtempère, montrant par là sa préférence pour la compromission avec les nationalistes qui – il le sait ou, en tout cas, le devine –

8. Pour l'historique et le détail de ce dossier, voir *supra* chapitre 15, « Un "Monsieur Corse" nommé *Le Monde* », p. 289.

constitue un gage utile à l'obtention du soutien du *Monde* dans la campagne présidentielle qui s'annonce.

Lorsque, au matin du 10 juillet 2000, le conseiller de Matignon Alain Christnacht relit devant les élus corses le texte final de l'accord passé entre le gouvernement et eux, rien ne laisse encore augurer que la rupture avec Jean-Pierre Chevènement et avec Émile Zuccarelli est au bout du chemin. Au cours d'une pause avec les journalistes présents, le ministre de la Fonction publique annonce que l'accord ne comporte aucune dévolution du pouvoir législatif. Il se croit d'autant plus autorisé à le faire que, la veille, Lionel Jospin l'a rassuré par téléphone, lui recommandant de bien lire l'accord avant de s'exprimer et l'assurant qu'il ne s'y trouvait rien qui puisse l'offusquer. Mais, à 13 heures, quand *Le Monde* du jour parvient aux participants à la conférence, le titre de « une » annonce bel et bien une telle dévolution. Le quotidien, ce faisant, ne laisse aucune voie de repli aux républicains qui craignaient les concessions faites aux nationalistes.

De même, quelques jours plus tard, coupe-t-il sans hésitation toute retraite à Jean-Pierre Chevènement. Nous avons tendance à penser, avec le recul, que la rupture entre ce dernier et le Premier ministre était inéluctable. À l'époque, il n'en est rien. Certes, le conflit entre les deux hommes a été initié par l'abandon par Jospin en décembre 1999 du préalable de la condamnation des violences. Mais le ministre de l'Intérieur accepte le processus en pensant le « canaliser » vers un accord raisonnable, moyennant la rénovation du statut de la Corse et surtout une aide économique conséquente. Dans une lettre à Lionel Jospin datée du 8 juin 2000, il se prononce pour la fusion des deux départements, la création d'une assemblée unique et une décentralisation du pouvoir réglementaire. Compte tenu de l'attachement des élus corses à la République et de substantiels moyens financiers que le gouvernement est prêt à mettre sur la table (douze milliards de francs pour les programmes), il n'est nul besoin de concessions supplémentaires. Le 6 juillet 2000, au cours d'une réunion du gouvernement consacrée à ce sujet, la plupart des ministres soutiennent la position de Chevènement. Y compris Martine Aubry, Laurent Fabius et, bien sûr, Jean Glavany, auteur d'un rapport sévère sur la Corse et fort méfiant à l'endroit des nationalistes. Y compris Dominique Voynet, à juste titre inquiète des risques de pression de lobbies locaux pour remettre en question la Loi littoral en vue de favoriser tel ou tel projet immobilier. Y compris Jack Lang qui, se souvenant de ses connaissances en droit constitutionnel, explique qu'une dévolution du pouvoir législatif impliquerait une révision de la Constitution. À la fin de la réunion, Chevènement est encore rassuré par l'intervention dépourvue d'ambiguïté de Lionel Jospin expliquant qu'il se range à la position du ministre de l'Intérieur. Il est aussi rassuré par un déjeuner pris avec Claude Allègre, lequel en retient qu'il suffirait à Jospin de se séparer d'Alain Christnacht, auquel Chevènement reproche d'avoir été plus loin que la volonté du gouvernement et que Jospin lui-même en faisant miroiter une dévolution du pouvoir législatif à l'horizon 2004.

À ce moment-là, Lionel Jospin n'a donc nulle intention de se séparer de son ministre de l'Intérieur, et ce dernier n'est pas encore déterminé à partir.

Le 29 juin, *Le Monde* donne le maximum d'écho à l'exigence des nationalistes portant sur la libération des prisonniers « politiques », dont on sait bien qu'elle constitue un point de rupture pour Chevènement (mais aussi pour Mme Érignac, d'autant plus qu'Yvan Colonna court toujours). Pour peser dans le rapport de forces, le ministre de l'Intérieur accepte, le 19 juillet 2000, de publier une interview dans *Le Monde,* où il précise le point au-delà duquel il ne saurait aller. Cette interview est tout sauf agressive. D'ailleurs, Chevènement titre lui-même l'entretien : « *Le recadrage nécessaire* ». Comme les usages le permettent, le quotidien choisit un autre titre en forme de déclaration de guerre : « *Monsieur Chevènement lance un ultimatum au Premier ministre* ». Une peau de banane destinée à rendre le compromis impossible.

Jusqu'au départ effectif du ministre, *Le Monde* fait désormais tout son possible pour attiser le conflit entre les deux hommes et leurs cabinets respectifs. Au lendemain de l'accord final entre le gouvernement et les élus corses, le quotidien met en valeur l'appel à démissionner lancé à Chevènement par MM. Goasguen et Pasqua[9]. Enfin, le 24 août, *Le Monde* annonce une rupture qui n'est pas encore effective, mais à laquelle il a contribué de toutes ses forces.

À l'époque, de nombreux proches de Lionel Jospin ont certes poussé ce dernier à adopter le « processus de Matignon » et à procéder à un rééquilibrage de la gauche plurielle au profit des Verts, crédités de bons scores aux élections européennes comme aux municipales : pour tous ces « modernes », la victoire de Bertrand Delanoë à Paris, le rôle actif joué par les Verts dans cette bataille, préfigurent une gauche plurielle rénovée et modernisée. On trouve parmi eux des hommes comme Manuel Valls ou François Hollande, chez qui une vieille amitié avec Jean-Marie Colombani a peut-être joué un rôle, ou encore le directeur de cabinet Olivier Schrameck, qui attaquera fort durement Chevènement dans son livre[10], et bénéficie par ailleurs d'excellentes relations avec Edwy Plenel. Mais, aujourd'hui, il n'est pratiquement pas un jospinien, d'Allègre à Valls, de Cambadélis à DSK en passant par Mélenchon ou Lienemann, qui ne juge cette rupture comme une grave erreur qu'a lourdement payée le candidat Jospin.

Au carrefour stratégique débouchant sur cette rupture et sur le changement d'orientation de Jospin : *Le Monde*.

Avant même la rupture entre Matignon et Chevènement, le quotidien a également pesé en faveur d'un autre abandon qui va se révéler tout aussi catastrophique pour la candidature de Lionel Jospin : celui de Dominique Strauss-Kahn. Ce dernier se considère encore, à l'automne 2000, comme un « ami du journal ». N'est-ce pas lui qui, à la demande de Jean-Marie Colombani, au

9. *Le Monde* du 25 juillet 2000.
10. *Matignon rive gauche*, Le Seuil, 2001.

moment où la rédaction de *L'Express* s'est prononcée contre la vente de l'hebdomadaire au groupe Le Monde, a menacé Serge Dassault de suspendre les achats de Mirage par l'État si ce dernier insistait trop ? Mais l'ex-ministre apprend vite de quelle ingratitude est fait le « pragmatisme » du directeur du *Monde*[11].

Il nous faut cependant revenir sur l'affaire qui a précipité la démission du ministre de l'Économie et des Finances. À l'origine des révélations qui vont la provoquer : la Cour des Comptes. Dans un premier temps, les Cours des Comptes régionales du Sud-Est et de l'Ouest de la France diligentent des enquêtes qui seront suivies par la saisine de la Cour nationale des Comptes. A priori, DSK n'est pas vraiment concerné par ce dossier qui, de toute façon, se révèlera un « tuyau crevé » en regard de ce qu'annonçaient les manchettes des journaux. Il a certes facturé 603 000 francs une prestation pour faire venir la Compagnie générale des Eaux (CGE) dans le capital de la Raspail Participation et Développement, filiale de la Mnef, mais il n'a eu aucun mal à convaincre les responsables de la CGE, déjà liés à la faillite du groupe d'enseignement privé Educinvest, d'apporter les capitaux nécessaires à la remise à flot de cette filiale. Le doyen Vatier a remis au début de l'année 1999 un rapport établissant la nature réelle de cette prestation.

En réalité, c'est l'arrestation de Philippe Plantagenet, ancien manager d'une filiale de la Mnef, qui fait tomber Strauss-Kahn. À ce moment-là, la police scientifique a déjà établi que la facture de DSK a été antidatée. Mais, jusque-là, la faute est vénielle, la modification des dates de facturation étant courante dans le monde des affaires. Le juge Riberolles, qui a connaissance de l'antidatage de la facturation, confond Plantagenet en l'accusant d'avoir commis un faux. L'homme panique et choisit de parler en échange de sa remise à liberté et de sa simple audition comme témoin.

Là se joue la mise en examen de DSK. Sur la suggestion de ses conseillers, le ministre envoie aux juges une lettre

11. Voir *supra*, chapitre 11 « Le dogme de l'indépendance », p. 246 et *infra*, chapitre 22 « *Le Monde* tel qu'il hait (suite) », p. 513 et suivantes.

d'explication qu'il a signée au Vietnam, où il est en déplacement. Or, ni le ministère de l'Intérieur ni celui de la Justice ne l'avaient informé de l'antidatage de la facture. C'est la contradiction entre la lettre d'explication de DSK, le rapport de la police scientifique, ainsi que le témoignage de Plantagenet, qui engendrent la menace de mise en examen du ministre. C'est là, enfin, qu'intervient, comme on l'a vu[12], *Le Monde*.

Edwy Plenel est en effet furieux que *Libération* et *Le Parisien* soient « en pointe » sur ce dossier. D'abord parce que sa « ligne », inaugurée sous François Mitterrand, fait du *Monde* l'implacable justicier de la démocratie, le « deuxième pilier » de la lutte anti-corruption. Ensuite parce que ses liens, fort étroits depuis l'affaire du *Rainbow Warrior,* avec Pierre Joxe, devenu premier président à la Cour des Comptes, auraient dû permettre au *Monde* d'être le premier sur le « coup ». Enfin parce que le directeur de la rédaction du *Monde* subodore un lien entre le dossier de la Mnef et le dossier « explosif » du passé trotskiste du Premier ministre, ne serait-ce que du fait que la mutuelle étudiante baigne dans le milieu trotskiste depuis des lustres. Plenel décide donc de confier le dossier de la Mnef, jusque-là entre les mains du placide responsable de la rubrique Éducation[13], à l'un de ses plus dévoués « limiers » en la personne de Jacques Follorou, jusque-là en charge du dossier Dumas.

Mais ce n'est pas tout : le directeur de la rédaction du *Monde* « parvient à reprendre la main », sans disposer d'informations inédites par rapport à celles de ses confrères, grâce à un stratagème qui va se révéler ruineux pour DSK. Au moment où ce dernier rentre d'Asie, la situation est en effet la suivante : le ministre n'est pas mis en examen, Matignon n'a pas annoncé son limogeage. C'est à ce moment que *Le Monde* va rechercher et ressortir une vieille et ambiguë déclaration de Jospin sur la fameuse jurisprudence dite « Balladur-Bérégovoy » exigeant qu'un ministre mis en examen démissionne du gouvernement.

12. *Ibid.*
13. Michel Delberghe, qui n'a pas souhaité confirmer cette information.

Puisque la mise en examen de DSK ne fait plus de doute, Jospin doit donc le limoger de façon « préventive ». Comme *Le Monde* est alors considéré parmi la presse comme le « *J. O.* » de Matignon, l'article d'Ariane Chemin et Michel Noblecourt fait mouche : tous les médias reprennent le raisonnement. Jospin ne résiste pas plus de quarante-huit heures à leur déchaînement : DSK est sacrifié avant même sa mise en examen ! Jospin perd brusquement l'un de ses meilleurs atouts pour la période restant à courir jusqu'à l'élection présidentielle.

C'est un peu plus d'un an après l'éviction de Dominique Strauss-Kahn du gouvernement que fait surface le fameux dossier du passé trotskiste de Lionel Jospin. Le soupçon plane dans le milieu journalistique depuis déjà un long moment. Ayant eu vent de l'affaire, Gérard Courtois, du service politique du *Monde*, a posé, le premier, la question à l'intéressé en 1995, en plein campagne présidentielle. C'est à cette occasion que Jospin a répondu qu'il devait s'agir de son frère[14]. La vérité est que beaucoup de journalistes, s'ils ont entendu parler de l'histoire, ont choisi de ne pas aller jusqu'au bout de l'enquête. Soit par peur de nuire, soit parce qu'ils considéraient qu'il ne s'agissait pas d'un « scoop » à tout casser. Jospin ancien trotskiste ? La belle affaire ! Serait-il le seul dans ce cas ? Et, même s'il a menti pour protéger son passé, on hausse les épaules : nous ne sommes pas aux États-unis où un Président risque de sauter pour un simple mensonge. La thèse du passé trotskiste de Jospin est d'ailleurs évoquée, pour être démentie, dans la biographie écrite par Gérard Leclerc et Florence Muracciole[15] publiée en juin 1997. En fait, jusqu'à la fin des années 1980, les journalistes politiques ignoraient pour la plupart l'hypothèse d'un entrisme prolongé de Lionel Jospin au PS.

14. En réalité, c'est une proche de Lionel Jospin, Marie-France Lavarini, qui évoqua la première, en 1982, la confusion possible entre les deux frères, cette version devenant ensuite officielle au sein du Parti socialiste.
15. *Lionel Jospin, l'héritier rebelle*, JC Lattès, 1996 ; nouvelle édition en 1997.

Dès 1995, Gérard Courtois, qui a publié à l'époque un portrait de Jospin, a reçu une lettre de Boris Fraenkel, qui se révèlera avoir été l'un des « professeurs de trotskisme » de ce dernier. Le témoignage, précis, a perturbé le journaliste. Mais il ne portait que sur la période 1962-66, soit avant l'adhésion de Lionel Jospin au PS. Pas question d'entrisme, donc. Incité par Edwy Plenel et Patrick Jarreau à poursuivre l'investigation, Courtois a collecté d'autres témoignages. En 1997, en vue de brosser un nouveau portrait du Premier ministre, concocté à l'occasion de la victoire de la gauche plurielle aux élections législatives, Courtois, accompagné de Patrick Jarreau, repose la question à l'hôte de Matignon, lequel s'emporte : « *Comment* ! *Vous n'êtes venu que pour ça* ! *Voulez-vous que je vous répète ce que je vous ai déjà dit il y a deux ans* ? »

Les deux journalistes renoncent. Edwy Plenel, nullement, même s'il doit provisoirement s'incliner, Patrick Jarreau étant encore chef du service politique.

Au printemps 2001, on annonce pour la rentrée de septembre deux livres-enquêtes sur Lionel Jospin, l'un de Claude Askolovitch[16], qui vient d'être embauché au *Nouvel Observateur*, l'autre de Serge Raffy[17]. Plenel invite Askolovitch à déjeuner le 17 avril à la brasserie Marty. Il entre vite dans le vif du sujet. S'ensuit un dialogue dont nous avons tenté de retranscrire la substance :

EDWY PLENEL : *Tu as ce qui m'intéresse. Je veux les bonnes feuilles de ton livre.*

ASKOLOVITCH : Po*urquoi pas ? Mais il faudra voir avec Nora et Enthoven*[18]*. Et puis, tu sais que je travaille à* L'Obs. *Si mon journal est intéressé, il sera prioritaire. De toute façon, il y a le temps : le livre ne sort qu'à la rentrée.*

EDWY PLENEL *: Ah bon ! On m'avait dit qu'il était programmé pour juin.*

---

16. *Lionel*, Grasset, 2001.
17. *Jospin, secrets de familles*, Fayard, 2001.
18. Il s'agit d'Olivier Nora et de Jean-Paul Enthoven, respectivement Président du Directoire et directeur éditorial de Grasset.

CLAUDE ASKOLOVITCH : *C'est exact, mais je veux travailler encore.*

EDWY PLENEL : *Non, il faut sortir en mai ou en juin, le 28 juin même, si tu veux ! Tu ne te rends pas compte des risques que tu prends. En plus, si tu as la « une » du* Monde, *tu vendras bien !*

Askolovitch s'amuse de l'excitation d'Edwy Plenel. Lui, l'ancien journaliste sportif, le reporter de *l'Evénement du Jeudi* et de *Marianne*, voilà que le directeur de la rédaction du *Monde* semble prêt à lui dérouler le tapis rouge... Au point de s'enflammer contre ses propres journalistes :

EDWY PLENEL : *J'en étais sûr. Mon service politique a merdé ! Les journalistes sont en miroir avec les politiques. J'aurais dû m'en occuper moi-même !* » Puis il ajoute : « *Pourquoi ne viendrais-tu pas travailler au* Monde ? *La presse bourgeoise de gauche, tu en auras vite marre. Moi, j'ai claqué la porte au nez de Perdriel*[19], *quand j'ai quitté* Le Matin[20] ! »

Plenel lui confie son numéro de portable et lui demande de réfléchir avant de donner sa réponse. Voilà Askolovitch à la fois ébranlé et effrayé. Il est sommé de choisir : soit gagner une place au *Monde* et une formidable promotion pour son livre, soit rester fidèle à *L'Obs*, qu'il vient de rejoindre, au risque d'une guerre avec le journaliste le plus puissant de Paris.

Puis le directeur de la rédaction du *Monde* se répand à Matignon auprès des conseillers de Jospin. Il susurre qu'il est moins grave d'avoir été trotskiste que d'avoir un Bousquet dans ses bagages ; que l'affaire sortira un jour ou l'autre ; que le mieux serait que Jospin s'en explique dans *Le Monde* puisque, de toute façon, c'est dans le quotidien que la révélation sera faite... grâce aux fameuses bonnes feuilles du livre d'Askolovitch – qui n'a pourtant pas encore donné sa réponse[21] !

---

19. Claude Perdriel, ancien propriétaire du *Matin*, toujours propriétaire du *Nouvel Observateur*.
20. Voir chap. 2, « Comment "Krasny" a fabriqué Plenel, et vice-versa », p. 60, 64.
21. Le directeur du *Monde* avait, en revanche, exigé de Claude Askolovitch qu'il garde un secret absolu sur leur rencontre...

Plenel se vante aussi à l'Élysée, auprès de Dominique de Villepin, d'avoir les bonnes feuilles dudit livre.

Bref, Plenel fait du « *buzz* ». Il crée de la rumeur pour favoriser un aveu immédiat et précipiter la grande explication de Jospin. Dans *Le Monde,* bien sûr !

Le 25 avril, Claude Askolovitch reçoit un coup de fil d'Ariane Chemin. Les deux journalistes, qui ont été voisins, sont des amis de longue date. Ariane Chemin s'enquiert de ses nouvelles, puis lui demande où il en est de son enquête sur le trotskisme de Jospin. Question on ne peut plus déplacée : dans la vie professionnelle, le reporter de *L'Obs* et la rédactrice du *Monde* sont concurrents, puisque Ariane Chemin travaille elle aussi sur Matignon et le Premier ministre. Agacé par ce jeu du chat et de la souris, Askolovitch finit par demander à sa consoeur si c'est l'amie ou la journaliste qui parle, et s'il y a un papier à la clef de leur dialogue. Devant la réponse gênée d'Ariane, Askolovitch, flairant le mauvais coup, lui précise : « *Je ne t'ai rien dit, tu ne me cites pas.* »

Le lendemain, nouveau coup de fil d'Ariane Chemin : « *On va faire un papier sur ton livre et celui de Raffy.* » Elle lui passe Plenel qui lui dit : « *Je découvre le papier d'Ariane. Elle a eu vent de mes propres démarches et a voulu faire un papier.* » En réalité, Ariane Chemin a coincé, la veille, François Hollande dans la salle des pas perdus de l'Assemblée nationale ; au bluff, elle l'a interpellé : « *Dites donc, vous savez qu'à l'Élysée, ils disent qu'ils ont tout sur le passé trotskiste de Jospin ? Il va falloir qu'il s'explique, non* ? » Hollande est tombé dans le piège : « *Oui, je vais lui en parler.* »

Voilà comment, le 27 avril 2001, *Le Monde* peut faire état, dans un article apparemment anodin, du passé trotskiste de Jospin sans même disposer du début de la moindre information sur le sujet...

Bien entendu, le « ventre[22] » d'Ariane Chemin ne fait qu'amorcer un traitement complet du dossier du passé

22. On appelle « ventre » l'espace central de la page « une » du journal.

trotskiste de Jospin. Une fois publié le papier de la journaliste, Plenel avance simultanément sur deux fronts. Sur le terrain de l'enquête, il mobilise un commando de trois journalistes constitué d'Ariane Chemin et de deux anciens trotskistes (lambertistes) de la rédaction : Sylvain Cypel et Laurent Mauduit. Objectif : extorquer en une semaine les aveux d'anciens lambertistes sur le passé trotskiste du Premier ministre. Lui-même en convoque plusieurs au *Monde*. Parallèlement, Plenel tente de convaincre Jospin, *via* Hollande et surtout Schrameck, de s'exprimer dans *Le Monde* sur son passé. Mais le directeur de la rédaction fait chou-blanc sur les deux plans. D'abord, Jospin, furieux, refuse de « *répondre à la convocation du* Monde ». Ensuite, malgré la débauche de moyens, les quatre enquêteurs du quotidien réunissent certes assez de ragots pour faire une page, parvenant même à démontrer plus formellement l'appartenance de Lionel Jospin aux réseaux lambertistes dans les années 1960, mais ils ne réussissent pas à décrocher l'information essentielle qui restera la « propriété » de Claude Askolovitch : l'existence de Michel Lautrec, l'ami trotskiste de Lionel, et les preuves de son appartenance à l'OCI jusque dans les années 1980, alors qu'il exerce déjà des responsabilités au sein du Parti socialiste. Enfin, Askolovitch, flairant le « vol de scoop » en cours, anticipe l'enquête du *Monde* en publiant, le lundi 4 juin 2001, sur le site Internet du *Nouvel Observateur*, quelques éléments de son enquête sur le passé trotskiste de Jospin concernant notamment sa liaison avec Boris Fraenkel. De son côté, *L'Express* publie d'autres informations exclusives. Mais, dès lors que le mot « *révélations* » est publié à sa « une », l'affaire du passé trotskiste de Jospin devient un scoop du *Monde* : le 7 juin, l'enquête des quatre « *Katangais* » de Plenel fait la « une », sous le titre « *Révélations sur le passé trotskiste de Jospin* ».

Cependant, une fois encore, le diable va se nicher dans les détails, dans ces « petits faits vrais » qui importent tant au directeur de la rédaction du *Monde*. Un tout petit rien, une peccadille va révéler les mœurs bien peu scrupuleuses du quotidien et la façon, pour parler clair, dont il a *piraté* une information acquise et détenue par d'autres : le texte d'une carte postale de Jospin à Boris Fraenkel que ce dernier a donné à Serge Raffy.

Explication : lorsqu'Ariane Chemin (accompagnée, selon Askolovitch, de Plenel) interroge Boris Fraenkel, ce dernier évoque la fameuse carte postale remontant à 1965, date à laquelle Jospin était « cornaqué[23] ». Quand la journaliste lui réclame ce document, il lui avoue qu'il l'a remis à Serge Raffy. Edwy Plenel ne téléphone pourtant à ce dernier que le matin de la publication de l'article de Chemin dans le quotidien. Il l'appelle « *à titre confraternel* » pour vérifier le contenu de la fameuse carte postale que Lionel Jospin a envoyée à Boris Fraenkel et à sa femme Denise le 18 avril 1965.

Trois semaines auparavant, Fraenkel avait prévenu par téléphone Raffy qu'Ariane Chemin et Edwy Plenel l'avaient longuement rencontré et qu'ils désiraient avoir une photocopie du document original qu'il lui avait fourni. Raffy lui avait répondu qu'il était prêt à faire une copie de la carte postale si Edwy Plenel voulait bien lui téléphoner.

Oui, mais voilà : Plenel a attendu le dernier jour, à neuf heures du matin, pour l'appeler. Sur un ton comminatoire[24] :

PLENEL : « *Je sais que tu as volé cette carte postale à Boris Fraenkel.*

RAFFY : – *Excuse-moi, je n'ai pas bien entendu. Veux-tu répéter ça ?*

PLENEL : – *Oui, tu as chourré le doc, je le redis. Tu dois le restituer, sinon…*

RAFFY (furieux) : – *Là, mon vieux, je te demande de t'excuser tout de suite.*

PLENEL (d'une voix soudain doucereuse) : – *Monsieur Raffy, ne vous énervez pas, restez calme. Je ne m'excuserai pas.*

23. Introduit, formé, en langage trotskiste.
24. Dialogue reconstitué.

Raffy (persuadé d'être enregistré) : – *Okay Plenel, tu ne veux pas t'excuser. Alors, je vais te dire ce que je pense de toi. Pour moi, tu es un flic, un sale flic. Tu es le chef de la Guépéou, un petit* "Béria[25]". » Et il raccroche.

Selon Raffy, la vindicte du directeur de la rédaction du *Monde* a une origine ancienne : « *En mars 1988, j'avais publié dans* Le Nouvel Observateur *des révélations sur la poursuite de ventes d'armes à l'Iran. Le scoop avait été repris par tous les médias, y compris les deux "20 heures".* Le Monde *a boycotté l'info. Plenel m'avait expliqué que le silence du* Monde *était une forme de représailles au fait que je n'avais pas fait d'article sur un livre qu'il venait de publier chez Stock.* »

À défaut de carte postale, Ariane Chemin tente donc d'obtenir le texte de la carte postale auprès d'Askolovitch, ce matin du 5 juin. Excédé par le comportement du *Monde*, ce dernier commet une erreur dans sa retranscription. Nous retrouvons cette erreur dans le papier du *Monde*, alors que le vrai texte figure dans le livre de Serge Raffy et dans celui de Claude Askolovitch[26].

Peu scrupuleux vis-à-vis du travail des journalistes extérieurs au *Monde*, Plenel l'est aussi peu au regard des principes de fonctionnement interne de son journal. Lorsque *Le Monde* publie les deux pages intitulées « *Révélations sur le passé trotskiste de Jospin* », il fait figurer la signature suivante : « *Enquête réalisée par la rédaction du* Monde ». Ce qui lui vaut une lettre très officielle et cinglante de Michel Noblecourt[27], président de la Société des

25. Ex-chef de la Guépéou sous Staline.
26. Version originale : « Cher B. et chère Denise, ne trouvez-vous pas que ce masque évoque un peu les coqs portugais ? Il est vrai qu'à poursuivre l'analogie sur un plan plus vaste – l'exotisme a beau être une invention européenne sans contenu réel, il n'est pas sans charme de se livrer à son illusion (avec un œil en coin, bien sûr). *Je me charge en sensations comme introduction à un certain topo.* Amitiés. Lionel. »
Version *Le Monde* : Cher B. et chère Denise, ne trouvez-vous pas que ce masque évoque un peu les coqs portugais ? (...) L'exotisme a beau être une invention européenne sans contenu réel, il n'est pas sans charme de se livrer à son illusion. *Je me charge en sensations en attendant nos prochaines discussions.* Amitiés. Lionel. »
27. Lettre datée du 5 juin 2001, le jour même de la publication de l'article contenant les révélations sur le passé trotskiste de Lionel Jospin.

Rédacteurs, exprimant le désaccord de tout le conseil d'administration de la SRM sur « *la façon dont a été présentée cette enquête sur le passé politique du Premier ministre* ». Car « *comment peut-on aujourd'hui, sur un sujet où on accuse le Premier ministre au mieux d'opacité, au pire de mensonge, ne pas pratiquer la transparence et se réfugier dans l'anonymat collectif ? Comment peut-on être crédible d'abord aux yeux de nos lecteurs, en ne révélant pas le nom de ceux qui écrivent justement sur ces révélations et qui prennent soin de dissimuler leur identité* ? » Michel Noblecourt accuse de surcroît le directeur de la rédaction d'avoir « *tenu à l'écart* [le service politique], *avec d'expresses consignes de ne pas le mettre dans le coup* ». Bref, « *le choix de faire signer la rédaction du* Monde *aurait pour le moins mérité un débat qui, à ma connaissance, n'a pas eu lieu* ». Invité par Sylvain Bourmeau à France Culture, le 21 septembre 2001, à s'expliquer sur le fait que l'enquête du *Monde* sur le trotskisme de Jospin n'était pas signée, pratique pour le moins inhabituelle au sein du journal, Plenel déclare : « *Toute la rédaction sait que c'est moi l'auteur de cet article. Simplement, je ne signe pas en tant que chef d'orchestre, de chef cuisinier. Je suis aux cuisines, comme on pourrait dire que je ne suis pas en salle. Je ne suis pas en salle, je mitonne les plats en cuisine. Donc, on a eu un débat. Si je signais exceptionnellement ce papier, ça engageait la collectivité* Le Monde *derrière la signature d'un ancien trotskiste qui révélait le passé trotskiste du Premier ministre. Donc ça brouillait. Cela a été l'avis de Jean-Marie Colombani et d'autres confrères du journal. Donc, bon... d'où cette signature collective au nom de la rédaction du* Monde. »

Finalement, pour obtenir que *Le Monde* fasse état le premier du passé trotskiste de Lionel Jospin, Edwy Plenel a mis le feu au service politique de son propre journal et piraté le travail d'un journaliste qui s'échinait depuis des mois sur le sujet, après avoir fait mine d'acheter son scoop en échange d'une embauche. Voilà des mœurs pour le moins inédites dans la presse parisienne !

Deux journalistes du *Monde,* Patrick Jarreau et Gérard Courtois – même si ce dernier s'est rallié à son actuelle direction – doivent avoir amèrement médité cet épisode. Car lorsque, en 1997, le Premier ministre leur répond, à la fameuse question sur son passé, par une citation de Malraux – « *Un homme n'est pas ce qu'il cache, il est ce qu'il fait* » –, l'hôte de Matignon leur a en réalité lâché le morceau sur son passé : il a implicitement reconnu cacher quelque chose de son histoire ; mais, dans le même temps, l'homme Lionel Jospin a invité les deux journalistes à partager son secret, dont le dévoilement, à ce moment-là de l'Histoire, n'aurait pu que servir ses ennemis politiques. À la différence de Plenel qui aurait sans doute bondi sur cet aveu, les deux journalistes l'ont gardé pour eux, sans doute par réflexe, mûs par un inconscient qui perpétue la meilleure tradition du *Monde*, celle de la responsabilité politique. En montant en épingle l'affaire du passé trotskiste de Jospin, le nouveau *Monde* ne poursuit qu'en apparence la recherche de la vérité. Il refuse de s'interroger sur le sens de cette révélation et sur les intérêts qu'elle risque de servir dans un contexte pré-présidentiel. Il évite de se demander si ce « secret de jeunesse » ne mérite pas de le rester, comme un moment de l'histoire d'un individu. Il succombe, enfin, à l'une des impostures de l'époque, au nom de laquelle s'impose et s'accentue la dérive orwellienne de nos médias : la *transparence*. Pour l'avoir senti intuitivement, pour avoir résisté, même inconsciemment, aux exigences de l'« investigation » à la Plenel, les deux journalistes ont dû accepter un éloignement durable du service politique. En effet, c'est peu après cet incident que Patrick Jarreau, chef du service, se voit « muter » à Washington. Un exil doré, mais un exil quand même pour l'un des rares prétendants possibles à la succession de Jean-Marie Colombani. Quant à Gérard Courtois, adjoint de Jarreau, qui aurait dû lui succéder à la tête du même service, il se voit proposer une « *promotion* » au « *cimetière du second* », la rédaction en chef, qui a le mérite de l'éloigner de ce service. Pour le consoler et l'occuper,

Colombani ira jusqu'à lui concéder un éditorial dans le *Midi Libre*.

Pourquoi Edwy Plenel tient-il tant à s'approprier le « scoop » sur Jospin ? La suite des événements permet de répondre à cette question. Dès l'été 2001, aux rencontres de Pétrarque[28], le directeur de la rédaction du *Monde* fait de ce pseudo-scoop une illustration par excellence de la philosophie dont il tente d'imprégner le journal : « *penser contre soi-même* », en l'occurrence contre la gauche dont il se réclame, le « *passé trotskiste de Jospin* » devenant en quelque sorte l'actualisation de l'affaire du *Rainbow Warrior* dans la mythologie mondienne.

Pour son malheur, Jospin n'a pas souhaité faire son *outing* dans la « *Pravda* moderne » qu'est devenu *Le Monde*. Il résiste encore. Il prétend gouverner malgré ou contre *Le Monde*. Lorsque, au cours de l'été suivant, le Premier ministre s'exprime sur la Corse, c'est dans *Le Nouvel Observateur* qu'il le fait. Il persiste et signe : il refuse de se « rendre » au *Monde*. Il doit donc payer pour ce forfait.

Tel est l'arrière-plan *ombreux* du nouveau livre de Plenel, en librairie en octobre 2001, qui obéit bien entendu à d'autres nécessités, notamment d'ordre narcissique. La télévision, et notamment son émission hebdomadaire sur LCI, l'a affranchi des complexes des gens de l'écrit à l'égard de l'image. Désormais, il ne déteste plus le « *people* ». Il l'a d'ailleurs montré en mettant aussi bien Diana que « *Loft Story* » à la « une » de son journal, choquant des dizaines de milliers de lecteurs fidèles. Il ne lui déplaît point alors d'apparaître à la rubrique mondaine de *Paris-Match* avec son motard-chauffeur. De cette conversion narcissique, le directeur de la rédaction du *Monde* fait vertu. Avec *Secrets de jeunesse*, il tient son sujet : lui-même incarne le « trotskisme de lumière » qu'il oppose au « trotskisme de l'ombre » de Lionel Jospin. L'intérêt du parallèle[29] rend

28. Journées de débat organisées à Montpellier par France Culture, en partenariat avec *Le Monde* (intégralement retransmises sur France Culture, août 2001).
29. … qui lui saute davantage aux yeux qu'à ceux de ses lecteurs : quelle relation entre les deux hommes ?

absolument nécessaire l'exposé de son itinéraire personnel, dont ce « grand pudique » préservait jusque-là ses lecteurs. Voilà la grande nouvelle de cette rentrée 2001, malheureusement occultée par les attentats du 11 septembre : Edwy Plenel, le grand journaliste, est aussi un grand écrivain ! Une cohorte de dévoués plumitifs, de BHL à Philippe Sollers en passant par Josyane Savigneau, se charge de colporter la nouvelle que sanctifiera bientôt le prix Médicis-essai.

Quittons le « monde de l'anecdote » pour celui, plus aride, des faits. En trois occasions décisives, le quotidien a contribué à affaiblir le futur candidat à la présidence de la République. En poussant DSK et Chevènement à la démission, *Le Monde* a œuvré à l'isolement politique de Jospin. Le prisme du candidat cesse dès lors d'être celui de la gauche plurielle, large arc-en-ciel réunissant toute la gauche, des « modernes » aux « républicains ». Il a, au passage, troqué un ministre de l'Économie rieur et chanceux, « *copain de Lionel* », contre un Fabius renfrogné et peu imaginatif, présenté de surcroît comme « *un concurrent de Lionel* ». Et pour prix de son ralliement au *Monde* sur le dossier corse, Lionel Jospin gagne, grâce au directeur de la rédaction du *Monde*, une image de fourberie et de duplicité qui contredit la formule placée en exergue de son séjour à Matignon : « *Je fais ce que je dis et je dis ce que je fais* ». Ainsi, après avoir accrédité la thèse « Chirac est un escroc », les dirigeants du *Monde* se sont acharnés à convaincre leurs influents lecteurs que Jospin était un menteur. En somme, le quotidien des élites a ennobli la thèse populiste que va défendre Le Pen lors de la campagne présidentielle.

En somme, *Le Monde* a soutenu Lionel Jospin... « comme la corde soutient le pendu ». La formule n'est pas de Plenel, mais de Lénine, et était souvent citée dans les débats de la Ligue Communiste révolutionnaire, haut lieu du « trotskisme lumineux ». Par ces mots, la plume de Lénine conseillait les révolutionnaires en matière d'action unitaire avec les réformistes : il s'agissait de prôner une alliance de surface avec la social-démocratie afin de mieux préparer le détachement des masses de l'appareil réformiste qui les influençait encore. Appliquée à l'épisode électoral de 2002, la formule fonctionne. Mais si le comportement du *Monde* a sans doute servi la fortune du révolutionnaire Besancenot[30], il a d'abord fait le miel d'un autre « révolutionnaire » – de l'autre bord, celui-ci : Jean-Marie Le Pen.

30. Un vote à bulletins secrets organisé au sein du service politique du *Monde* donnait d'ailleurs la première place au postier. Preuve, dérisoire, que certains des rédacteurs, notamment au service politique, sont parfaitement en phase avec leur directeur de la rédaction.

Chapitre 16

La police littéraire ou *Le Monde des Livres*

Nous sommes sur le plateau de *Campus*, l'émission de Guillaume Durand, le 14 octobre 2001. Cette émission rassemble plusieurs chroniqueurs de la presse écrite : François Reynaert du *Nouvel Observateur*, Laurent Neumann de *Marianne*, Pierre-Louis Rozynès de *Livres-Hebdo*, et Josyane Savigneau, la responsable du *Monde des Livres.* Depuis la création, récente, de l'émission, une sorte de convention tacite s'est établie entre les chroniqueurs : lorsqu'un journaliste de l'un des trois organes de presse est invité, le chroniqueur du même organe de presse n'intervient pas. On imagine mal, d'ailleurs, Neumann interrogeant Jean-François Kahn, son patron, ou François Reynaert passant les plats à Jean Daniel. Peu avant l'émission, la consigne a d'ailleurs été rappelée à Josyane Savigneau. Mais que pèse la déontologie, même minimale, face à une caméra ? La collègue d'Edwy Plenel s'extasie donc devant *Secrets de jeunesse*, le dernier livre de son patron :

« *Moi, ce qui m'a touchée, ce qui m'a séduite, ce que j'ai trouvé courageux, je n'aurais jamais osé le faire, c'est parler comme ça de ses enfances. Comment on a le courage de faire ça ?* »

Et le patron, bien sûr, ne pouvait rester insensible à cet hommage *in vivo* :

« *J'ai été très ému par ce qu'a dit Josyane* », répond un Plenel qui a du mal à maîtriser ses larmes. Il chuchote encore quelques mots... Arrive le gros sanglot. Il trouve encore la force de se retourner vers une des caméras pour faire le clap de fin en tapant dans ses mains, comme pour signifier que la prise est terminée (demain, Plenel cinéaste ?).

« ... *On ne verra plus Plenel de la même façon. Ce n'est plus le grand patron de presse, le donneur de leçons qui poursuit Mitterrand, qui poursuit Chirac, qui poursuit Jospin...* », dit Guillaume Durand, un peu interloqué.

« *Cette fois-ci, il poursuit Plenel* », répond l'interviewé qui a eu le temps de se ressaisir.

Pour le directeur de la rédaction du *Monde*, il fallait en effet que la séquence se referme. Parce qu'elle venait de confirmer que sa faille et, sans doute, l'« explication » de son parcours, se situaient dans son (et non pas « ses ») enfance et dans sa relation avec son père. Parce qu'elle montrait aussi jusqu'où il était prêt à aller pour faire connaître et donc vendre ses livres. Parce qu'enfin l'Incorruptible du *Monde*, le procureur moralisateur, le pourfendeur des compromis et des relâchements, venait d'accepter, devant quelques centaines de milliers de téléspectateurs, une évidente manifestation de complaisance et de connivence de la part d'une de ses subordonnées...

La prestation d'Edwy Plenel à *Campus* ne constitue nullement un dérapage. Elle illustre au contraire les pratiques exécrables du nouveau *Monde* dans le domaine de l'édition. Sous cape, les éditeurs chuchotent des commentaires sans appel à propos du *Monde des Livres* : renvois d'ascenseur, copinages, trafics d'influence, corruption rampante reviennent le plus souvent, ces accusations justifiées ou outrées s'accompagnant par ailleurs de qualifications plus professionnelles : incompétence, ennui, indigence, imposture.

Jean-Marie Colombani, Edwy Plenel et Alain Minc sont des auteurs prolifiques – déjà quarante-cinq livres à eux trois – qui n'y regardent pas à deux fois pour user et abuser de leur position dominante. Les trois patrons du *Monde* ne sont pas des auteurs comme les autres. Chaque parution d'un de leurs ouvrages bénéficie d'un plan-médias exceptionnel et croule sous les éloges d'affidés, d'autant plus dithyrambiques qu'eux-mêmes sont assurés de ce que *Le*

Monde ne se montrera pas ingrat et qu'on leur ouvrira bientôt à leur tour colonnes ou micros. La troïka du *Monde* a ainsi réussi à se constituer un réseau huppé de flagorneurs. Alain Duhamel, BHL, Philippe Sollers, Christine Ockrent, Jean Daniel, Jorge Semprun, etc., répondent presque toujours présents. Le « système Roux-Combaluzier » est bien huilé. Plus il s'étend dans le paysage médiatique, touchant d'autres éditorialistes ou patrons de presse, moins il a de chances d'être attaqué. Par hypothèse, on pourrait imaginer une propriété particulière à l'«*establishment* éditorial » qui pourrait se définir comme suit : plus la file des connivents s'allonge, plus le risque qu'un petit caillou vienne gripper le système diminue. Que pèsent en effet les pamphlets motivés mais esseulés d'un Pierre Jourde[1] ou d'un Jean-Philippe Domecq[2], pauvres hères face à une camarilla qui règnera sous peu sur l'ensemble de la critique au *Monde,* à *Télérama,* aux *Inrocks* ; sur France Culture, France Inter, LCI, France 2, voire demain au *Point,* au *Nouvel Observateur* et sur France 3 ? Du coup, cette association de « bienfaiteurs autocongratulés » oublie ses propres turpitudes jusqu'à en perdre toute notion de décence, comme s'ils rejoignaient l'état d'esprit des hommes politiques s'auto-amnistiant à tours de bras au tournant des années 1980 et 1990.

Lisons les *Carnets* de Jean Daniel à la date du 13 octobre 1999 : « *Jean-Marie Colombani me demande* "comme un service" *de rendre compte, dans* Le Monde, *du livre d'Alain Minc...* » Colombani revient une seconde fois à la charge. Daniel ne se force point trop pour accepter. C'est Plenel qui rend la politesse au directeur du *Nouvel Obs* sur LCI, le 10 décembre suivant, et, au passage, cite le dernier livre de Colombani. Puis le même Edwy Plenel récidive, cette fois dans *Le Monde* du 22 décembre, en trempant sa plume dans le miel. C'est enfin au tour de Colombani d'interviewer Alain Minc, aux côtés d'Alexandre Adler, sur

1. *La Littérature sans estomac,* L'Esprit des Péninsules, 2002 ; *Petit Déjeuner chez Tyrannie,* La Fosse aux ours, 2003.
2. *Qui a peur de la littérature* ?, Mille et une nuits, 2002.

France Culture, dans l'émission *La Rumeur du monde*, sur un ton digne de feu *Jours de France* :

JEAN-MARIE COLOMBANI : « *Nous sommes aujourd'hui avec Alain Minc, avec qui nous allons parler du nouvel âge du capitalisme. Il vient d'écrire un livre qui est un succès de librairie et qui, justement, pénètre un peu au cœur de la machine, de ses mécanismes et de... au fond, de ce qui nous attend probablement, parce que nous vivons dans l'idée que... au fond, l'Europe est toujours avec un temps de retard par rapport aux États-Unis. Il y a deux choses fortes, au fond, dans le livre d'Alain Minc... Et je vais inciter tout de suite Alexandre Adler, évidemment, à engager le fer avec Alain Minc. Alexandre ?*

ALEXANDRE ADLER : *Oh, engager le fer, non ! Parce qu'en fait, moi, ce que j'ai beaucoup admiré dans l'analyse d'Alain Minc, ce que j'ai trouvé remarquable, dès le départ... il montre, au fond, qu'il s'agit de la combinaison d'éléments aléatoires ou un peu indépendants les uns des autres...* »

Colombani n'hésite pas à offrir la « une » de son journal aux critiques des livres... de Colombani. C'est Jean-Pierre Chevènement qui y appose sa signature, le 24 novembre 2000, au bas d'une critique consacrée aux *Infortunes de la République*. Cet effort ne suffisant pas à doper les ventes, *Le Monde* offre « une nouvelle chance au produit » dans *Le Monde des Livres*. Cette fois, c'est Jorge Semprun qui s'y colle. Le ton est d'une insupportable complaisance : « *Ce que j'ai lu de plus pertinent, de plus percutant sur le sujet... les idées les plus novatrices, les plus justes et ajustées à la réalité... Jean-Marie Colombani nous donne des pistes, ouvre des perspectives... livre tonique et courageux... appréciable, par sa passion démocratique, si fidèle aux racines corses et aux exigences de l'universalisme citoyen...* » (Signalons en passant que le livre loué louait lui-même, page 22, Jorge Semprun !)

Dernier exemple : la « une » offerte à Mario Vargas Llosa, le 6 avril 2002, pour dresser un vibrant éloge de

Tous américains ?, le dernier essai de Colombani[3], éloge d'autant plus démesuré qu'il s'appliquait à un ouvrage à peine huit fois plus long que l'article qui lui était consacré. Mais c'est promis-juré, le dernier roman de l'écrivain péruvien, libéral pro-américain, aura droit au même espace à la « une » du *Monde des Livres* !

Plenel s'offre un traitement similaire. Devenu sur le tard admiratif de BHL – proche, comme Alain Minc, de François Pinault –, à qui il ouvre régulièrement ses colonnes, il lui demande désormais d'assurer la promotion de ses propres livres. Ainsi, pour *Secrets de jeunesse,* BHL a fourni à la fois la brosse et le cirage dans *Le Figaro*[4] : « *Ce qu'il a de parfaitement singulier, c'est, en un mot, cette écoute flottante d'un écrivain, car Plenel, dans ce livre, est, on l'aura compris, beaucoup plus écrivain que journaliste...* » Il fallait surtout comprendre la nécessité de préparer le terrain à l'« écrivain » en vue de l'obtention du prix Médicis-essai !

Ce système n'est pas exempt, reconnaissons-le, de quelques cafouillages. Comme lorsque le Tribunal de Grande Instance de Paris eut, le 28 novembre 2001, jugé l'ouvrage d'Alain Minc, *Spinoza, un roman juif,* comme la « *contrefaçon partielle de l'ouvrage* Spinoza, le masque de la sagesse, *de Patrick Rödel* ». Alors que beaucoup d'autres journaux, pétrifiés, n'osèrent même pas consacrer une ligne au procès, *Le Monde* lui accorda tout de même une colonne. En l'occurrence, le tribunal avait condamné Alain Minc et les éditions Gallimard à payer à Patrick Rödel la somme de 100 000 francs à titre de dommages et intérêts en guise de réparation du préjudice moral qu'il avait subi. Me Gérard Boulanger, avocat de Patrick Rödel, avait tonné contre le « brigandage littéraire » et contre l'« escroquerie médiatique » que constituait le livre d'Alain Minc. Patrick Rödel avait identifié pas moins de 36 emprunts, compris entre 2 mots et 27 lignes.

3. Fayard, 2002.
4. Le 9 septembre 2001.

Si le nouveau *Monde* n'a pas encore réussi à faire ni à défaire un président de la République, il a en revanche grandement contribué à transformer en best-sellers les livres des conseillers de deux « princes », Olivier Schrameck et Dominique de Villepin.

Le premier a bénéficié de deux « unes » successives pour *Matignon rive gauche.* Ne reculant devant aucun sacrifice, la maison Plenel est allée jusqu'à assurer un notable service après-vente au livre de celui qui, à l'évidence, était l'un de ses grands informateurs à Matignon : Plenel participa en effet à ses côtés à une manifestation très parisienne, animée par Robert Badinter, à la Maison de l'Amérique latine. L'homme de pouvoir et l'homme de presse manifestèrent pendant toute la réunion leur accord presque parfait et leur très grande complicité. Ils se retrouvèrent ensuite pour dédicacer leurs livres respectifs en fin de réunion. Deux journalistes du *Monde*, chargés de couvrir l'événement, se firent réprimander pour l'avoir traité *a minima*.

Priorité aux informateurs de premier rang ! *Le Monde* a rendu les honneurs à l'ex-secrétaire général de l'Élysée, Dominique de Villepin, pour ses deux ouvrages successifs[5]. La parution du second a été l'occasion de deux pleines pages de promotion. Le grand chef de la rédaction a sans doute inspiré l'éditorial louangeur signé d'Anne-Line Roccati, chef de la séquence France.

Pour assurer la promotion d'auteurs qu'il souhaite bichonner, pour entretenir une vieille amitié, obliger une relation importante, ou encore se créer de nouveaux amis ou correspondants dans certaines places fortes du pouvoir, Edwy Plenel dispose de deux leviers. Il peut accorder de la place à l'auteur dans son journal et/ou l'inviter sur LCI, au « Monde des Idées », une émission que le groupe TF1 a eu l'excellente idée de lui confier[6].

5. *Les Cent-Jours ou l'esprit de sacrifice*, Perrin, 2001 et *Le Cri de la gargouille*, Albin Michel, 2002.

6. *Le Canard Enchaîné* a noté que « *la lune de miel entre TF1 et* Le Monde *persiste depuis que ces deux considérables médias ont décidé de s'associer pour lancer une chaîne de débats sur le satellite TPS* [projet qui n'a pas encore vu le jour] ». De son côté, *PLPL* (n°1, 1999) a recensé que TF1 repré-

La direction du *Monde* n'hésite pas davantage à flatter l'ego de ceux qui peuvent lui être utiles dans ses négociations. Ainsi, les 22 et 23 mai 2002, le lecteur attentif du quotidien s'est-il sans doute demandé pourquoi il avait eu droit, deux jours d'affilée, à une page entière sur Jean Daniel, patriarche du *Nouvel Observateur*, soit plus de lignes en deux jours que tout ce qui s'était écrit sur le même en cinquante-huit ans d'existence du journal ! La réponse est on ne peut plus simple : *Le Monde* était à ce moment-là en pleines tractations avec le *Nouvel Observateur*. Le portrait daté du 23 mai adopte le ton emphatique des actualités d'avant-guerre :

« *Assis à son bureau, en chemise blanche et blazer marine, Jean Daniel contemple sa vie. Elle est là, tout entière, posée devant lui. Non pas un* "petit tas de feuilles sèches"*, comme aurait dit Chateaubriand. Mais un objet dodu : 1 728 pages ! Plus de quatre-vingts ans d'existence sur papier bible ! Comme étonné lui-même, le directeur du* Nouvel Observateur *fixe ce gros ouvrage qui l'observe en retour...* »

Le même Jean Daniel ne fut d'ailleurs pas dupe. Après le deuxième dithyrambe, il lâcha en pleine conférence de rédaction du *Nouvel Observateur* : « *Ah, je vois que* Le Monde *cherche à flatter mon ego. Je n'y suis pas insensible...* »

La simple lecture du quotidien laisse deviner nombre de connivences dans le traitement des livres. Ainsi, qui connaît par exemple Paul Alliès ? C'est un professeur de sciences politiques à l'université de Montpellier, conseiller régional PS du Languedoc-Roussillon. Il bénéficie de toutes les attentions de Plenel. Le patron de la rédaction du *Monde* lui ouvre ses colonnes, à la veille du second tour des présidentielles, dans un important dossier intitulé « Refonder la République ». Puis, quelques

sentait la quasi-totalité des recettes publicitaires du supplément télévision du *Monde* entre 1997 et 1999. Notons pour notre part que le quotidien de référence n'a plus couvert les démêlés du groupe Bouygues avec la Justice depuis 1997. Mais il ne s'agit sans doute là que d'une coïncidence...

jours plus tard, Paul Alliès se voit gratifier d'un grand papier sur son livre *Pourquoi et comment une VIe République* (aux éditions Climats). Paul Alliès est aussi le vice-président de la Convention pour la VIe République, fondée par un autre chouchou du *Monde*, le député socialiste Arnaud Montebourg, l'homme qui voulait traduire Jacques Chirac en Haute Cour de Justice. Les lecteurs du *Monde* ne connaissent évidemment pas les liens affectifs qui unissent Edwy Plenel et Hervé Gattegno à Paul Alliès[7] et Arnaud Montebourg. Alliès, un ancien de la Ligue Communiste révolutionnaire, a marié récemment son ami à Pézenas, ville dont il est maire et où le directeur de la rédaction du *Monde* vient d'acheter une propriété. Quant à Montebourg et Gattegno, ils sont si proches que le premier a été témoin du mariage du second.

La liste des chouchous de Plenel comporte nombre d'autres anciens trotskistes. Daniel Bensaïd, qui fut longtemps son maître à penser, bénéficie d'un traitement privilégié, tout comme Christophe Aguiton, Philippe Corcuff et plusieurs autres anciens – anciens ou actuels – amis de la LCR.

L'« affaire Renaud Camus » a jeté une lumière crue sur la fonction qu'entend remplir le nouveau *Monde* : instaurer le fait du prince dans le domaine de l'art et de la littérature. Qu'est-ce que le fait du prince au printemps 2000 ? Soit trois auteurs, Marc-Édouard Nabe, Paul Morand et Renaud Camus. Le premier clame à la cantonade son acrimonie envers les Juifs, le second a autorisé par disposition testamentaire la publication à titre posthume de son journal qui dégouline d'homophobie et de haine antijuive, le troisième entend publier régulièrement ses journaux et réfute toute accusation d'antisémitisme. Le fait du prince (et de la princesse Savigneau ?) réside dans la faculté de lever le pouce pour les deux premiers, que l'on estampillera « grands écrivains », et de le baisser en revanche

---

7. Plenel s'est également fait un plaisir d'accueillir Stéphane Alliès, le fils de son ami, en stage à la séquence France. *Cf. supra* chap. 10, « La machinerie d'Edwy Plenel », pp. 209-210.

pour le troisième en apposant en bandeau subliminal sur ses livres l'infamante étiquette d'« antisémite ». Interrogé par Claude Durand, Pdg de Fayard, sur l'antisémitisme revendiqué de Nabe, Alain Salles aura eu cette réponse désarmante : « *Nabe, c'est tellement excessif que ça a moins d'importance*[8]. » Quant au journal de Paul Morand, publié en février 2001, il a fait l'objet d'un long article élogieux de Sollers dans *Le Monde des Livres*, intitulé « *Morand quand même* ». Josyane Savigneau s'extasia pour sa part sur l'écrivain « *enseignant la liberté en gants de chevreau* ». Seul Pierre Lepape prit ses distances ; mais ses jours au *Monde des Livres* étaient déjà comptés...

Dans le silence assourdissant de la plupart de ses confrères, Renaud Camus a subi la plus insistante et la plus virulente des fatwas médiatiques qu'ait connues un écrivain en France depuis des décennies. Une fatwa dans laquelle *Le Monde* a occupé la position de grand ayatollah. Rappelons les faits : en avril 2000, Renaud Camus s'apprête à publier son journal de 1994, *La Campagne de France*. Affectionnant un genre réputé dépassé, le journal, dans lequel il expose ses peurs, ses hésitations et ses espoirs les plus contradictoires, il a déjà édité une quarantaine d'ouvrages. Ses livres sont lus par un gros millier de personnes et, en général, largement ignorés par la critique et les médias. Oui, mais cette fois-ci, Renaud Camus a regretté, dans un passage d'une dizaine de lignes, que les participants à l'émission *Panorama*, sur France Culture, aient eu tendance, à une certaine époque, à se polariser sur des thèmes de discussion d'ordre communautaire, concluant que cette insistance n'avait peut-être pas toute sa place dans une émission généraliste d'une radio de service public. Bref, Renaud Camus a écrit dans son coin ce que pensaient nombre de fidèles auditeurs de cette émission – notamment juifs, souvent gênés par la façon systématique qu'avaient les journalistes présents de revendiquer leur propre judéité à tout propos –, et peut-

8. Avant-propos à *La Campagne de France, Journal 1994*, Fayard, 2000, p. XXXI.

être même Laure Adler elle-même qui l'arrêta d'ailleurs en 1999, peu avant l'« affaire ». Pendant trois semaines, la parution du livre de Camus suscite des comptes-rendus tout à fait normaux, notamment l'ouverture des pages Livres dans *Libération* sous la signature de Mathieu Lindon. La machine s'emballe lorsque Marc Weitzman[9], des *Inrocks*, croit avoir pêché le « gros poisson » avec le passage incriminé. Il fallait convoquer d'urgence le Tribunal de Salut public du nouveau *Monde*, puisque cette rouspétance d'écrivain claquemuré dans sa solitude gersoise ne pouvait être le simple reflet d'un accès d'humeur[10] : elle était un symptôme. Forcément ! Elle trahissait le silence pâteux entourant Vichy et la guerre d'Algérie dans notre pays. Bref, elle suggérait la présence toute proche de la « bête immonde » qui – une armée de journalistes[11] allaient se faire un devoir de nous le rappeler jusqu'à la nausée – rôdait encore dans les campagnes de France...

Ce tribunal, que l'éditeur de Renaud Camus appela justement la *troïka*, se réunit dans les salons de l'émission d'Edwy Plenel sur LCI, « Le Monde des idées ». Outre la puissance invitante, il comprenait Philippe Sollers, favorable à l'interdiction[12] du livre, et Bernard-Henri Lévy, qui y était hostile pour bien montrer son ignominie et ne pas « *victimiser la saloperie* ». Le débat, qui ressemblait à celui qui réunirait trois partisans de la peine de mort, l'un par la potence, l'autre par la chaise électrique, le troisième par injection médicamenteuse, ne fut point trop virulent, les trois juges se trouvant condamnés à distiller leur

9. Publié chez Stock. Il est devenu ensuite chroniqueur à « Campus », l'émission littéraire de France 2 où officie Josyane Savigneau.

10. Dans une réponse à un article d'Alain Salles, que ne publiera jamais *Le Monde*, Renaud Camus a expliqué que « *les passages incriminés représentent quelques lignes parmi les cinq cents pages d'un volume, le neuvième, de mon journal. Elles reflètent mon humeur des deux ou trois jours où je les ai écrits. Je ne les renie en aucune façon, mais enfin elles ne peuvent pas être lues comme si elles faisaient partie d'un grand traité ou d'un pamphlet sur le journalisme en France* ».

11. Au premier rang desquels Josyane Savigneau, Alain Salles, Patrick Kéchichian.

12. On l'aura oublié – on oublie si vite à Paris –, les mêmes feront campagne pour la non-interdiction du roman sur la pédophilie *Rose bonbon*, dont la menace d'interdiction dopa les ventes.

vinaigre médiatique jusqu'à épuisement de l'objet de la polémique. La sentence fut immédiatement exécutée dans tous les médias, presque sans exception[13]. La *Campagne de France* s'était retournée contre son auteur. Elle devint ainsi une campagne contre Renaud Camus. De *Elle* aux *Inrockuptibles*, de *Libération* au *Nouvel Observateur*, de *L'Événement du Jeudi* à *Charlie Hebdo*, Renaud Camus devint en quelques jours le Goldstein[14] de toute la presse et de tous les « amis des Juifs » qu'elle s'était subitement trouvés. Avec de tels « amis », ainsi que l'a expliqué Alain Finkielkraut, qui adorent chasser en meute les innocents, les Juifs ne se sentiront guère en sécurité en cas de retour effectif d'un antisémitisme de masse ! Des pétitionnaires alertèrent la France entière comme si le port de l'étoile jaune allait être à nouveau imposé. Des hordes de plumitifs, dont la plupart n'avaient pas lu un traître mot de l'auteur stigmatisé, se bousculèrent pour cracher sur une cible d'autant plus facile que l'homme Camus était aussitôt parti aux États-Unis, répondant à l'invitation de plusieurs universités américaines, et que son livre n'était pas disponible, l'éditeur, Fayard, ayant décidé de surseoir à sa diffusion[15], compte tenu des menaces de procès annoncées notamment par Jean-Marie Cavada, Catherine Tasca, la Licra, la Ligue des droits de l'homme...

Jamais comme en ce printemps-là *Le Monde* n'a pu jouir avec autant de boursouflure de son magistère. Plus encore que pour le Kosovo en 1999, Edwy Plenel devint, l'espace de quelques semaines, le chef d'une police de la pensée qui se levait dans toutes les rédactions, même les plus rétives à un ostracisme moutonnier. Derrière les juges, quelques rédacteurs du *Monde*, tels les clercs d'un notaire marron, s'étaient armés de ciseaux et de colle. On ne pou-

13 *Marianne* commit l'un des papiers au titre les plus virulents sous le titre « *L'homme qui n'aimait pas les Juifs* », avant que Jean-François Kahn, qui avait compris l'existence d'un véritable lynchage médiatique, ne réagisse contre ce procès ignominieux.

14 Orwell, toujours (in *1984*).

15 Sur les raisons de cette décision, ainsi que sur toute l'affaire, le lecteur pourra se reporter à l'avant-propos de Claude Durand publié dans *La Campagne de France*, *op. cit.*

vait en effet s'appesantir trop longtemps sur quelques lignes. On tritura donc le texte de Camus jusqu'à lui faire subir les pires outrages, afin de le relever d'un parfum antisémite indispensable au brouet dont on souhaitait abreuver les lecteurs... Patrick Kéchichian, Alain Salles, Philippe Sollers et Josyane Savigneau se relayèrent à la tâche, plusieurs semaines durant, pour rendre compte des prolongements de l'« affaire » : menaces de plainte, retrait du livre, pétition, contre-pétition, tribunes, nouvelle parution du livre, critiques du livre. Au total, des centaines de feuillets plus ou moins indigents dont il est inutile de reprendre ici la critique tant celles qui lui ont été faites ont scellé le sort intellectuel[16] de l'armée de Vichinsky en culottes courtes qui se mobilisa à ce moment-là. Notons simplement – le procédé est proprement fascinant – qu'Alain Salles, l'aide-bourreau, se permit le luxe, deux ans après l'« affaire », d'écrire : « *Les attaques contre Renaud Camus ont été parfois excessives. Il a clairement dénoncé la Shoah...* », cette très modeste autocritique s'accompagnant aussitôt d'un déplacement de l'accusation : « *Mais ses propos racistes, dans son* Journal *et dans sa surabondante production, ont profondément choqué, même s'ils ne représentent que quelques pages.* » En somme, si l'on comprend bien le « *bilan de l'affaire* » tiré par Alain Salles, on ne s'est pas trompé d'auteur, on s'est trompé de chef d'accusation : Camus serait seulement « *raciste* », et non pas antisémite. *Excuse me, partner...* La légèreté des confrères est parfois confondante !

Mais le plus inquiétant dans cette affaire est que *Le Monde* y ait joué les chefs d'orchestre : chaque morceau de bravoure anti-Camus paru dans *Le Monde* s'est vu dupliquer une fois, deux fois, dix fois dans les autres médias, qu'ils soient « voisins de palier » ou idéologiquement plus éloignés. Combien d'années seront nécessaires pour que les participants à cette curée se repentent – à tout

16. Voir le site de la société des amis de Renaud Camus (www.renaud-camus.org) ainsi que son journal de l'« affaire », *Corbeaux*, Les Impressions Nouvelles, 2001.

le moins ceux qui furent abusés et n'osent encore le reconnaître publiquement ?

L'« affaire Renaud Camus » nous intéresse encore ici à un autre titre. Elle a en effet fourni à Edwy Plenel l'occasion d'un véritable rebond idéologique, à un moment où son impuissance à rayer Chirac de la scène politique, et surtout sa forte implication dans l'ancrage capitalistique du *Monde* – n'a-t-il pas été contraint, lui, de défendre le projet d'entrée en Bourse du *Monde* devant tous ses journalistes ? – risquaient d'affaiblir notablement sa position.

Plenel a enfin trouvé dans Camus matière à forger sa dernière croisade : celle en faveur du métissage comme politique[17]. Il lui a suffi pour cela de retourner ce qu'il a cru comprendre des écrits camusiens. Le jugeant « *obsédé par l'origine*[18] », le directeur de la rédaction du *Monde* s'est fabriqué une théorie strictement opposée à celle de l'écrivain, spéculant justement sur la fin des origines inscrite dans le « *grand métissage* » que nous apporterait une mondialisation « à la *Benetton* », cette firme italienne qui, pour promouvoir ses tricots bariolés, exposa une pseudo-philosophie multiculturaliste sur tous les murs du monde.

Pour mener campagne, Edwy Plenel accepte même un débat contradictoire avec Alain Finkielkraut, défenseur d'envergure de Renaud Camus. Non sans un certain courage, il affronte le 29 mai 2002 une salle bondée, à Sciences Po Paris, dont une partie notable, constituée d'amis et lecteurs de Renaud Camus, ne lui est pas toute acquise. Comment, mieux que dans cet amphi à demi hostile, faire revivre l'hydre fasciste dans sa version « sournoise », mais dont il explique qu'elle est l'autre phase du vote Le Pen ? Autrement dit, ce seraient des glissements sémantiques du type de ceux auxquels se livre Renaud Camus qui prépareraient les esprits à la grande révision, qui forgeraient petit à

17. *Cf.* chapitre 19, « Ils n'aiment pas la France... ni le monde, d'ailleurs », p. 460 et suivantes.
18. La formule reprend le titre du livre *L'Obsession des origines* (Verticales/Le Seuil, 2000), d'Antoine Spire, chroniqué par Nicole Lapierre, épouse de Plenel, dans un article publié par *Le Monde,* : « *De l'indignation à l'inquiétude* », 24 novembre 2000.

petit les futures victoires de l'extrême droite. Traqueur des pensées et des mots qui lepénisent les esprits : voilà la nouvelle mission de Plenel, qu'il poursuivra, après le débat, par l'édition d'un nouveau livre[19].

Les exemples déjà évoqués, qui crèvent les yeux, ne sont que la partie émergée d'un iceberg, celui des relations incestueuses entre le nouveau *Monde* et le milieu de l'édition. Mais enquêter sur ce sujet-là n'est pas facile.

L'actualité éditoriale de ces derniers mois nous a fourni plusieurs exemples de la capacité du *Monde* à sanctuariser son pouvoir. Les tribulations de Daniel Carton, ex-journaliste du *Monde*, sont, à ce sujet, exemplaires. Les éditions Albin Michel, l'une des premières maisons d'édition familiales, avaient signé un contrat avec le journaliste. Mais, peu avant la parution, le même Daniel Carton publie un livre d'entretiens avec le juge Gilbert Thiel chez Fayard[20], dans lequel le juge anti-terroriste critique durement la couverture corse du quotidien de référence[21]. Constatant le succès éditorial du livre, *Le Monde* y consacre une notule assassine[22]. Le rédacteur se contente d'indiquer que le juge Thiel a deux ennemis, *Le Monde* et la Ligue des Droits de l'Homme, sans jamais répondre aux accusations précises du magistrat. Mais cette parution fournit une raison supplémentaire au directeur du *Monde* pour allumer des contre-feux au livre de Daniel Carton. Ce dernier, apprenant les réticences de son éditeur, consulte d'autres maisons. Peu sont prêtes à risquer les foudres du *Monde* pour un livre. La mort dans l'âme, Daniel Carton retourne « négocier » chez Albin Michel. Son livre paraît finalement[23] – avec grand succès ! –, mais l'auteur a dû rengainer un certain nombre de paragraphes...

Jean-Marie Messier aussi voulait se « payer » *Le Monde*.

19. En revanche, Edwy Plenel a refusé que soit publié, même réécrit, son débat avec Alain Finkielkraut.
20. *On ne réveille pas un juge qui dort, op. cit.*
21. *Cf.* chapitre 13, « Un "Monsieur Corse" nommé *Le Monde* », pp. 301-302.
22. « *Les règlements de comptes du juge Thiel* », in *Le Monde* du 27 novembre 2002.
23. *Bien entendu, c'est off*, Albin Michel, 2003.

Son « vrai journal[24] » comporte d'ailleurs un chapitre contre le quotidien de référence. Hachette Littératures a renoncé à sa publication[25], en invoquant le risque de poursuites judiciaires. Le lancement du livre était assuré, grâce à un accord intervenu entre l'éditeur de chez Balland, Denis Bourgeois, et *L'Express*, portant sur la publication de bonnes feuilles dans l'hebdomadaire. Las ! Un aventurier vole un exemplaire à l'imprimerie au profit des dirigeants du *Monde*, qui parviennent ainsi à devancer *L'Express* en publiant un extrait du livre... Dérisoire manœuvre !

Enfin, le 7 novembre 2002, Pierre Jourde, l'auteur d'un ouvrage de critique littéraire très mal reçu par *Le Monde des Livres*, reçoit une lettre recommandée de l'avocat de Josyane Savigneau et Jean-Luc Douin, Emmanuel Pierrat, récapitulant toutes ses attaques contre la responsable du *Monde des Livres*. Il prépare un livre, intitulé *Petit Déjeuner chez Tyrannie*[26], reprenant l'article « *Le crétinisme alpin* » qu'il avait donné au magazine *Chronic'art* en septembre 2002. Bien que la date de parution n'ait pas annoncée, l'avocat des deux journalistes menace Pierre Jourde d'un référé – visant à interdire la diffusion publique du livre auprès du public – si celui-ci vient à paraître.

Le pouvoir prêté au quotidien de référence fait peur, et cette peur témoigne de son emprise particulière sur ce secteur d'activité. Un cadre supérieur d'édition qui a « décroché » voici quelque temps, mais qui garde encore un œil aiguisé sur son ancien métier, a néanmoins accepté de tenir pour nous le rôle de *Gorge profonde*. Ses propos complètent et concluent ce chapitre qui reste cependant loin d'être clos...

24. Avec Yves Messarovitch, *Mon vrai journal*, Balland, 2002.
25. Non sans indiquer à l'auteur, via son éditeur Isabelle Seguin, où il pourrait trouver une autre maison désireuse de le publier.
26. Éditions La Fosse aux ours, janvier 2003.

– Comment définiriez-vous le pouvoir du *Monde* dans l'édition ? Est-ce à cause du pouvoir de prescription du *Monde des Livres* ? Ou/et à cause de son dispositif éditorial en réseau avec le couple Sollers-Savigneau, les *Inrockuptibles, le Journal du Dimanche,* l'émission Campus, Le Monde des Idées sur LCI, etc. Pouvez-vous décrire ce réseau, ses méthodes, son influence réelle ?

– *Votre question est révélatrice : on n'en finirait pas d'énumérer les ramifications de ce réseau, car il trouve bien évidemment des relais chez les éditeurs eux-mêmes et parmi leurs équipes, trop heureux d'être utilisés comme informateurs ou colporteurs de rumeurs en échange de quelques services. Il est de notoriété publique que les liens privilégiés entre* Le Monde *et les éditions Gallimard*[27] *ne suscitent pas que des approbations enthousiastes parmi les éditeurs de la rue Sébastien-Bottin. À l'inverse, si Claude Durand, Pdg de Fayard, a osé critiquer ouvertement* Le Monde *à l'occasion de l'affaire Renaud Camus*[28]*, certains de ses proches collaborateurs sont restés en excellents termes avec l'équipe du* Monde des Livres. *Le comble est atteint lorsque l'organe de la profession,* Livres-Hebdo, *publié par le Cercle de la Librairie, donc par les éditeurs eux-mêmes, se raccorde à ce réseau par le biais de son rédacteur en chef, Pierre-Louis Rozynès, membre de l'équipe de* Campus *aux côtés de Josyane Savigneau, familier de Christine Angot (et héros de son dernier livre), de son éditeur, Jean-Marc Roberts, et de l'équipe des* Inrockuptibles. *Lorsque la responsable du* Monde des Livres *se fait épingler en quelques lignes par Stéphane Denis dans* Le Figaro, *au printemps 2002, cela nous vaut un éditorial complet en réponse, non pas dans* Le Monde, *mais dans l'organe semi-officiel de l'édition ! Que ne dirait-on pas si l'inverse se produisait, et qu'attendent les professionnels pour*

27. Qui sont marqués par la double influence de Philippe Sollers, au comité de lecture de Gallimard et au sein du *Monde des Livres,* et par plusieurs partenariats : coédition (collection Folio Actualité), publication estivale de nouvelles dans *Le Monde*...

28. *Cf.* l'avant-propos à la seconde édition de *La Campagne de France, op. cit.*

mettre un terme à cette « instrumentalisation » de leur journal au profit d'un petit clan ?

Josyane Savigneau a le droit d'assassiner un livre d'Angelo Rinaldi [romancier, académicien, critique littéraire au *Nouvel Obs*] *en des termes à la limite de la critique poissardière, mais, sitôt attaquée, elle quitte sa tenue d'amazone et hurle ou fait hurler à l'attaque machiste et à la persécution des faibles femmes... Ce terrorisme trouve à se condenser en une « liste noire » regroupant tous les auteurs interdits de comptes-rendus dans le* Monde des Livres, *et comprenant entre autres : les ennemis permanents ou saisonniers de Sollers, les anciens amis de Jean-Edern Hallier (sauf, bien sûr, Sollers lui-même), celles et ceux qui ont exprimé leur détestation d'un ouvrage particulier mis en vedette par Josyane Savigneau, la plupart des académiciens français, la plupart des romanciers à succès de langue française (sauf Mazarine et Françoise Dorin), les essaysistes considérés comme « nationaux-républicains », ceux qui témoignent de la vivacité de la « France moisie » toutes les romancières à succès de langue française, les romancières jolies non découvertes ni publiées par Sollers, les romanciers et essayistes qui pensent de travers, les auteurs publiés naguère par Sollers mais qui ont quitté la collection L'Infini de Sollers et qui n'ont donc plus du tout la même valeur, les livres d'une valeur telle que Sollers aurait pu les publier mais qui lui ont échappé et aux auteurs desquels il ne pardonne pas d'être bons et d'avoir offusqué son discernement, etc, etc.*

Derniers disgrâciés en date, bannis par l'éditorial de rentrée 2002 de Josyane Savigneau en forme d'apologie du « texte » (façon de classer Angot et Sollers parmi les auteurs d'incontournables chefs-d'œuvre), seul genre littéraire méritant à ceux qui s'y livrent le label d'écrivains – par opposition, donc, les « conteurs d'histoires », cette littérature de gare dont nous ont abreuvé les Balzac, Stendhal, Flaubert, Proust, ou, plus près de nous, les Garcia Marquez, les Kadaré, les Umberto Eco, etc. Il est vrai que discerner le bon grain de l'ivraie parmi le champ des

« textes » permet aux bécassins et bécassines de la critique de se juger aussi infaillibles que certains de leurs homologues en matière d'art contemporain…

– Pour autant, peut-on dire que *Le Monde des Livres* en tant que tel exerce une influence décisive sur les ventes ou les réputations (par pudeur, on ne parlera pas d'influence intellectuelle à son propos) ?

– Posons-nous d'abord cette question : si ledit supplément était vendu indépendamment du quotidien, donc pour sa valeur intrinsèque sur le plan de l'information et du jugement littéraires, quelle serait sa diffusion ? supérieure ou inférieure à 20 000 exemplaires ? À 5 000 exemplaires ? Serait-il même assuré d'une longévité semblable à celle de l'excellente Quinzaine littéraire *de Maurice Nadeau, avec sa poignée de lecteurs fidèles ?*

Regardons maintenant son influence directe, son pouvoir de « prescription » : on peut les mesurer, par exemple, à travers les chiffres de réassortiments quotidiens d'un ouvrage dont la critique favorable aura fait la « une » du supplément et dont l'auteur est assez méconnu pour devoir sa reconnaissance soudaine à l'article en question. Le constat a été fait à maintes reprises : cet effet se mesure en dizaines d'exemplaires. Dérisoire !

Qu'est-ce donc qui fait convoiter si fort une critique élogieuse et surtout spacieuse dans Le Monde des Livres *? Essentiellement, les attachées de presse le savent, le pouvoir prescripteur des journalistes du* Monde *sur… les autres journalistes, le fait que cet article engendrera des « reprises », tout comme les manchettes du quotidien sont conçues pour être répercutées par les radios et les journaux télévisés du soir. Ce phénomène est si patent que lorsqu'un ouvrage est incontournable mais n'a pas l'heur de plaire (lui, son auteur ou son éditeur) à l'équipe du* Monde des Livres, *son compte rendu paraîtra le plus tard possible, afin de stériliser les chances de « reprises ». Ce jeu de représailles mesquines paraît être l'un des passe-temps favoris de l'état-major du Supplément qui doit y* *voir de la très haute stratégie. À terme, sans doute ne faut-il cependant pas négliger ce type d'orchestration, surtout si aux « effets de réseau » vient s'ajouter la prise de contrôle par* Le Monde *d'un certain nombre de supports de province, ou celle de* Télérama, *hebdomadaire qui, à l'inverse du* Monde des Livres, *sait faire preuve d'indépendance et possède un réel pouvoir de prescription sur ses lecteurs.*

En fait, comme il en va pour tout pouvoir, il faut se demander si la croissance de celui-ci est plus ou moins rapide que le développement des mécontentements et frustrations qu'il inspire. Je suis enclin à penser que la dégradation de l'image du quotidien, et de son supplément littéraire en particulier, est telle que son influence ne peut plus que se déliter, à moins d'un changement radical d'équipe et de formule. C'est l'avis de nombreux cadres au sein même du journal et il n'est pas exclu que ce soit aussi celui de certains parmi ses principaux dirigeants. Mais la vérité crue et cruelle est que Le Monde des Livres *a cessé, à leurs yeux, d'être un enjeu stratégique, et que, dans le jeu des conquêtes extérieures et l'angoisse des courbes d'endettement, la refonte de ce supplément risque d'être longtemps partie remise : sa médiocrité ne gêne pas grand monde, elle arrange même certains, et il peut paraître préférable de n'y rien toucher, pas plus qu'aux mots croisés et aux infos météo.*

– Comment les éditeurs traitent-ils les patrons du *Monde* ? Quelle est la politique des à-valoir à leur égard ?

– Pour en avoir parfois parlé avec les éditeurs concernés ou certains de leurs collaborateurs, je distinguerai entre le cas de Jean-Marie Colombani et celui d'Edwy Plenel.

Le premier ne marque aucun attachement particulier à son éditeur : il a successivement publié chez Flammarion, Plon, Grasset, Fayard... Peut-être aussi ses éditeurs ne s'attachent-ils pas volontiers à lui dans la mesure où ses ventes sont loin d'amortir les à-valoir qu'il réclame pour des ouvrages qui ne sont parfois que de gros articles pro-

longés ou délayés. Publier, pour Colombani, paraît moins une façon de laisser une œuvre susceptible de lui ouvrir un jour les portes de l'Académie des Sciences morales et politiques qu'un moyen d'arrondir des revenus déjà plus que confortables. Par ailleurs, son épouse a travaillé comme lectrice pour Monique Nemer du temps où celle-ci assistait Françoise Verny chez Flammarion, puis Claude Durand chez Stock. Ce dernier l'a reprise et gardée dans l'orbite de Fayard après que Jean-Marc Roberts, nouveau responsable de Stock, eut décidé de se passer de ses services. Le même Roberts, en revanche, non seulement a gardé dans son portefeuille d'auteurs Edwy Plenel, que Durand avait fait migrer de Gallimard chez Stock à la fois comme essayiste et comme directeur de collection, mais il a confié à la compagne de Plenel, Nicole Lapierre, chercheur au CNRS, une collection de sciences humaines dont on peut jurer qu'il n'aurait pas publié un seul titre[29] *si la responsable de collection n'avait été celle-là. Si l'on ajoute à ces liens le dévouement qu'ils inspirent à Jean-Luc Douin, on ne sera pas étonné que plus des trois quarts des ouvrages publiés par Stock fassent l'objet d'un compte rendu dans* Le Monde des Livres *alors que cette proportion n'atteint pas un cinquième pour des maisons comme Laffont ou Albin Michel, ni même un petit tiers pour Grasset, Fayard ou Plon.*

Un détail piquant : assez nombreux sont les journaux qui offrent à leurs collaborateurs de la publicité gratuite pour les ouvrages qu'ils publient. En fait, ce cadeau est consenti à leurs éditeurs, mais cette publicité est censée augmenter les ventes, donc les droits d'auteur, car qui ira proclamer que la publicité ne fait pas vendre ? Mais un dirigeant d'entreprise peut-il s'accorder une telle libéralité à lui-même ? Les multiples campagnes gratuites dont ont bénéficié dans Le Monde *les ouvrages de Colombani et Plenel vont-ils susciter une « affaire » ?*

29. Si, bien sûr : le dernier livre d'Edwy Plenel, *La Découverte du monde*, publié en 2002 sous la direction de Nicole Lapierre !

– Y a-t-il une politique des éditeurs à l'égard des journalistes du *Monde* ? Les éditeurs ont-ils des « correspondants » au *Monde* ? Y a-t-il des éditeurs privilégiés ? Des éditeurs bannis ? Plus généralement, quels sont les rapports entre *Le Monde* et cette profession ?

– *Je commencerai par dire qu'il y a diverses politiques des éditeurs vis-à-vis des journalistes en général. Un certain nombre, qui n'est pas le plus élevé, se comporte vis-à-vis d'eux dans le plein respect de leur indépendance et sans pour autant les traiter comme un pouvoir réclamant révérences et ronds de jambe. Une notable majorité cultive la confusion des genres en transformant les journalistes en auteurs, en sorte de les avoir mieux « à leur main », ou en plaçant certains de leurs auteurs dans des rédactions influentes afin d'y avoir leurs propres relais ou correspondants. À l'évidence, ce mélange des activités n'a rien de répréhensible lorsqu'un journaliste enquêteur, par exemple, développe son travail sous forme de livre. La confusion risque en revanche d'engendrer la corruption lorsque l'écrivain, devenu critique, parle préférentiellement des ouvrages publiés par son éditeur, ou lorsque le critique devenu auteur agit de même vis-à-vis de l'éditeur qui le publie. Pour être complet, ajoutons qu'il est assez vain, pour un éditeur de quelque importance, de s'attacher des pigistes occasionnels, mais qu'outre le « contrôle » de certaines plumes, il lui est bien plus précieux de s'attacher des chefs de rubrique, voire des rédacteurs adjoints ou en chef qui ont le pouvoir de faire passer (ou non) les articles des plumes vedettes ou subalternes.*

Notons qu'au Monde *où, derrière une façade de collégialité, règne du haut vers le bas un certain « centralisme démocratique », la rigueur paraît de loin mieux respectée au bas de la hiérarchie qu'à son sommet. Peut-être aussi l'effort demandé à la « base » ménage-t-il assez de loisirs à telle ou telle figure des sommets pour lui permettre de se consacrer à ses propres livres, voire de diriger une collection ou de s'adonner à des travaux lucratifs de nègre (des transfuges de l'éditeur concerné prétendent que cer-*

tains des derniers Sulitzer auraient bénéficié de la plume véloce d'un journaliste du quotidien). En revanche, il n'est sans doute pas indifférent à Gallimard, au Seuil ou à Stock de commander à des collaborateurs en vue des biographies sur certains écrivains plutôt que d'inciter les spécialistes reconnus de ces mêmes écrivains à s'atteler à la tâche. Au moins ces livres-là verront–ils sans doute le jour, alors qu'on ne saurait exclure que des contrats soient conclus et des avances versées sans qu'aucune des parties contractantes soit pressée de voir livrer l'objet de la commande...

Force est en outre de constater que le supplément n'a plus rien à voir avec ce qu'il était naguère sous la douce tutelle de François Bott, ou, encore mieux, de la très compétente et regrettée Jacqueline Piattier. Après la disparition des chroniqueurs spécialisés, il n'y est pratiquement plus question de littérature étrangère, hors l'anglo-saxonne. Rien n'a remplacé les chroniques de Nicole Zand sur le monde culturel slave, et mieux vaut ne pas parler des carences en littératures extrême-orientales, balkaniques ou arabes. Quant à la poésie, on ne s'étonnera pas que ce soit un genre mort aux yeux d'une équipe pour qui la notion même de « style » ou d'« écriture » sent le rance, pour ne pas dire le moisi. Le Monde des Livres *célèbre un pseudo avant-gardisme (suivant en cela par exemple la mode du « livre-cul » ou « trash »), tout en écartant de ses pages les genres littéraires réputés difficiles.*

À défaut des spécialistes ou des chroniqueurs attitrés d'antan, on a donc vu apparaître un système de « correspondants particuliers », tel journaliste recevant mission – ou se trouvant mis en situation, peu à peu et de facto – de traiter de préférence les ouvrages de telle ou telle maison d'édition : Jean-Luc Douin, on l'a dit, s'étant fait une spécialité de la promotion des ouvrages Stock, Josyane Savigneau se partageant entre Gallimard et occasionnellement Le Seuil et Stock, Philippe-Jean Cattinchi traitant de l'Histoire publiée par Fayard, mais aussi bien des romans, Hugo Marsan échéant en lot de consolation à Grasset... et

Pierre Lepape ayant été mis en retraite anticipée alors qu'il rendait ponctuellement compte des ouvrages du Seuil, éditeur de sa compagne qui faisait quasiment de même dans Télérama. *Bien entendu, afin de faire oublier des emballements discutables (Mazarine, Françoise Dorin...), Savigneau aura à cœur de purifier sa ligne en traitant, ou faisant traiter, de temps à autre d'un livre des éditions de Minuit ou de POL, de Verdier ou de Verticales, un peu comme le Goncourt se lave plus blanc tous les sept à huit ans en consacrant l'ouvrage d'une petite maison.*

– En définitive, y-a-t-il des éditeurs privilégiés par *Le Monde* et d'autres qui seraient « tricards », bannis de ses colonnes ?

– Pour répondre équitablement, il faudrait pondérer la fréquence, l'importance et la tonalité des articles de chacun par le nombre de nouveautés produites prêtant potentiellement à comptes-rendus. On s'apercevrait que Gallimard, le Seuil, Stock, POL, Minuit l'emporteraient sur Grasset, Albin Michel, Laffont, Plon, que Fayard a perdu sa place parmi les favoris depuis l'affaire Camus, mais que Flammarion, Denoël, le Rocher et Perrin ont gagné un peu de terrain.

– Y a-t-il un rapport entre cette répartition et l'investissement publicitaire effectué par chacun de ces éditeurs ?

– Non, ou bien c'est moins visible dans la mesure où les éditeurs ont en général concentré leur publicité sur des titres de bonne vente (romans populaires, documents de lecture aisée...) pour lesquels Le Monde *ne constitue pas forcément le support idéal (la radio, les news et la presse féminine lui damant le pion). De ce fait, les disponibilités se sont tassées et la décision d'utiliser* Le Monde *comme support pour certains titres devient de moins en moins liée à la qualité des relations entre* Le Monde des Livres *et le service de presse de telle ou telle maison...*

Pour conclure sur cet ensemble de questions, on remarquera que le seul domaine où la direction du Monde *n'est pas du tout américanophile, c'est la déontologie en matière de critique littéraire. Le* Times Literary Supplement, *mais aussi* Libération *interdisent aux journalistes et aux critiques d'effectuer le moindre compte rendu de livres provenant de la maison qui les édite. Aux États-Unis, la plupart des comptes-rendus de livres sont anonymes et il ne viendrait à l'idée d'aucun rédacteur en chef de publier la critique d'un livre rédigé par un auteur de la même maison d'édition, voire par un généraliste ou un spécialiste ayant déjà rencontré l'auteur de l'ouvrage critiqué. Il est vrai que si ce principe était communément appliqué, les dirigeants du* Monde *se verraient obligés de refuser pour leurs propres ouvrages les éloges « spontanément » tressés par leurs plus proches amis, ce qui risquerait de les froisser et ne serait décidément pas digne de gens... du* Monde !

– Y-a-t-il des auteurs ou des éditeurs censurés et ostracisés ?

– *Un boycott franc et massif non seulement susciterait des remous au sein d'une rédaction qui n'a rien de monolithique, malgré les « purges » déguisées en mises à la retraite anticipée ou « placardisations » dans les suppléments, filiales ou autres acquisitions provinciales, mais comporterait un risque majeur : celui de faire la preuve qu'une absence de comptes-rendus dans* Le Monde *ne change strictement rien à la carrière d'un livre, de même qu'inversement, on l'a dit, un article avantageux à la « une » des pages « Livres » ne suscite en général que peu de réassortiments. Au demeurant, le phénomène est si bien perçu par l'état-major du journal qu'il a fondé sa double stratégie : ses « signatures » doivent investir d'autres médias pour assurer directement ces « reprises »* (cf. *Plenel sur LCI, Savigneau à* Campus, *Colombani à France Culture...*) *pendant que le journal, en dépit de ses convictions affichées, girondines et antimonopolistiques, doit acquérir ou contrôler tous azimuts d'autres supports.*

Donc, pas de boycott visible et complet : trop dange-

reux[30]*. Si l'on constatait que l'effet sur les ventes d'une absence d'articles est nul, ce serait évidemment mauvais pour les recettes publicitaires. Et si l'on constatait, à l'inverse, que des articles amples et favorables ne font pas vendre (cas, par exemple, des propres livres de Colombani, bien que le journal ne lésine pas sur l'espace qui leur est consacré), ce serait la preuve que* Le Monde *n'est pas ou plus prescripteur. Or, qu'est-ce qu'une critique favorable qui ne donne pas envie de lire ?*

La meilleure preuve de cette perte de crédibilité est fournie par la disparition quasi complète des « extraits de presse » signés dans les placards publicitaires des éditeurs. Plus une signature qui fasse autorité ! C'est la rançon des complaisances et autres renvois d'ascenseur : à cause des pratiques de quelques-uns, l'ombre du soupçon finit par recouvrir l'ensemble du travail des collaborateurs des journaux.

À défaut d'un boycott manifeste dont les inconvénients l'emporteraient sur les avantages, on peut néanmoins retirer des joies perverses d'un traitement plus efficace : par exemple, en promettant des articles qui ne paraissent pas, ou qui paraissent alors que le livre n'est déjà plus en librairie, ou lorsqu'il est en phase de « retours ». Ou de noyer un livre exceptionnel dans un compte rendu global de quatre ou cinq parutions médiocres autour du même sujet. Ou, dans le cas de biographies, de parler du personnage sans un mot pour l'ouvrage qui en traite. Enfin, dans le cadre d'une rentrée littéraire, de faire mention des romans de l'éditeur visé après tous les autres, considérés comme « favoris » – ou plutôt décrétés comme tels – pour les prix, voire après la distribution de ceux-ci. Cette gamme étendue de mesquineries est élevée au rang d'un des beaux-arts par l'équipe du Monde des Livres, *même s'il n'en a pas l'exclusivité.*

30. Ainsi le boycott de Pierre-André Taguieff, depuis près de dix ans, alors que ses ouvrages traitaient de l'extrême droite qui obsède *Le Monde*, a-t-il cessé en 2002.

CHAPITRE 17

Une facture assez peu confraternelle

C'est la « une » du *Monde* daté des 3 et 4 novembre 1996 : « *La mise en examen de M. Lagardère embarrasse le gouvernement* ». Le sous-titre va encore plus loin : « *Le patron de Matra serait notamment poursuivi pour escroquerie* ». Pour faire bonne mesure, on a encastré en bonne place un dessin de Pancho : on y voit Jean-Luc Lagardère assis entre Alain Juppé et Jacques Chirac qui téléphone ; la bulle émanant de l'interlocuteur du Président énonce :

« *Bonjour, c'est le juge d'instruction. M. Lagardère est là* ?

– *Arrête, Toubon, je t'ai reconnu !* » lit-on dans la bulle présidentielle.

Le gibier est de taille. Plenel n'a pas hésité à utiliser d'entrée de jeu la grosse cartouche, celle qui doit mettre la bête à genoux dès le premier tir. Car le mot « *escroquerie* » fait partie de ces armes qui tuent. La scène de chasse est parfaitement scénarisée : l'homme visé est entouré de personnages importants, eux aussi des cibles du quotidien. Le dessin de « une » permet de faire l'amalgame entre le marchand d'armes – la « partie Hachette » des activités de Lagardère étant soigneusement occultée – et les trois poids-lourds de l'exécutif : Jacques Chirac, Alain Juppé et Jacques Toubon. Un seul bémol à cette belle mise en scène : le texte de la pièce est faux. Autrement dit, Jean-Luc Lagardère n'est pas poursuivi pour escroquerie.

Pour le patron de Matra-Hachette, le grand groupe français de communication et de technologies de pointe civiles et militaires qui subit depuis des mois les attaques du

Monde sur le dossier de privatisation de Thomson[1], la « une » du quotidien est la mauvaise plaisanterie de trop. Jean-Luc Lagardère estime que cet article s'inscrit « *dans une campagne savamment orchestrée* ». Il ne nourrit aucun doute sur le « *caractère prémédité* » des attaques du *Monde,* tant le quotidien fait preuve à son endroit d'une « *animosité constante*[2] ». À ce moment-là, en effet, le quotidien juge la structure du groupe Lagardère trop fragile pour absorber, digérer et développer Thomson. Le quotidien manifeste sa préférence pour Alcatel. Mais le gouvernement, impudent, n'a pas suivi les conseils du *Monde* : Thomson, du moins ses parties aéronautique et militaire, a été confié à Matra. Voilà qui méritait un châtiment public !

Il faut dire que la bataille feutrée entre *Le Monde* et Lagardère ne date pas d'hier. En guise de représailles contre les positions du quotidien de référence sur le dossier Thomson, le groupe Lagardère a engagé une « *partie de bras de fer* [3] » avec la direction du *Monde.* C'est ainsi que les négociations en vue de faire imprimer le *Journal du Dimanche,* propriété d'Hachette-Filipacchi, à Ivry, sur les presses du *Monde,* indispensable apport pour réduire le déficit de l'imprimerie depuis la disparition d'*Infomatin* en janvier 1996, ont été « *suspendues* ». Selon Jean-Marie Colombani, le groupe Lagardère est également responsable de pressions visant à détériorer les relations sociales[4] au sein du journal, et a effectué des « tentatives répétées pour mettre la main[5] » sur celui-ci.

Mettant à profit l'erreur du *Monde* sur sa prétendue mise en examen, Jean-Luc Lagardère estime le moment venu de

1. Le groupe Thomson comportait à l'époque Thomson–CSF, Thomson SGF et Thomson Multimédia. Les deux premières composantes (aéronautique et militaire) ont été cédées à Matra avant d'être portées par le groupe Lagardère au sein du groupe EADS. Quant à Thomson Multimédia, elle a été cédée, puis reprise à Daewoo, avant privatisation.
2. Selon Me Paul Lombard, avocat de Jean-Luc Lagardère.
3. Selon les termes de Me Christine Courrégé, une des avocats du *Monde*, devant la cour d'appel, le 5 février 1997.
4. *Cf.* l'éditorial du 31 janvier 1997, soupçonnant le groupe Lagardère de se servir de ses relations étroites avec le Syndicat du Livre, *via* les NMPP, pour semer la zizanie à l'imprimerie du *Monde.*
5. Selon Me Courrégé.

moucher Jean-Marie Colombani. Ce dernier ne respecte pas les règles du jeu capitaliste, du moins tel que les conçoit l'industriel : à partir du moment où Hachette est co-actionnaire du Monde Imprimerie, la direction du *Monde* doit veiller à ce que ses intérêts ne soient pas bafoués à longueur de colonnes par son partenaire... Il estime – il n'est pas le seul dans ce cas – que Colombani mélange les genres en passant, au gré des intérêts de son journal, du statut de chef d'entreprise à celui de journaliste. Bref, il convient de faire ravaler sa morgue au jeune patron corse.

Le Monde doit donc, dans son édition du 5 novembre 1996, reconnaître sa bévue et présenter ses excuses. Des excuses « marron » : en effet, dans le même numéro, un article imposant, disposé sur six colonnes, indique que « *Jean-Luc Lagardère est accusé de s'être enrichi aux dépens de son groupe* » !

C'est alors la guerre ouverte : Jean-Luc Lagardère expédie aussitôt un droit de réponse, publié le 10 novembre. Il y affirme que « *l'information donnée ainsi par* Le Monde, *en tête de première page, est diffamatoire et lui cause un grave préjudice* ». Le droit de réponse n'évite pas au *Monde* un délicat procès pour diffamation publique devant la première Chambre civile du Tribunal de Grande Instance de Paris. Le patron de Matra-Hachette réclame 1,5 million de francs. *Le Monde* est condamné à payer 200 000 francs de dommages et intérêts. Lourde défaite. Qui vaut au vainqueur, Jean-Luc Lagardère, une riposte plus « littéraire » sous la forme d'un éditorial au bazooka intitulé « *Le Prix de l'indépendance*[6] ».

Le lecteur attentif y saisit la philosophie nouvelle du directeur du quotidien et la véritable ligne Maginot derrière laquelle il tente de protéger le magistère du *Monde*. La *liberté de la presse*, la *liberté d'informer*, l'*indépendance du "Monde"* et son *prix*, ainsi que le *dogme de l'indépendance*[7], sont mobilisés pour terrasser l'ennemi. Mais

---

6. *Le Monde* daté du 31 janvier 1997.
7. Déjà invoqué au moment du conflit avec *L'Express*, *cf.* chapitre 11, « Le dogme de l'indépendance », p. 250.

attention : il convient de redéfinir ces concepts à l'ombre desquels le nouveau *Monde* entend prospérer, c'est-à-dire intimider ses adversaires : « *Loin d'être un privilège des journalistes,* écrit Jean-Marie Colombani, *celle-ci* [la liberté de la presse] *est le prolongement d'un droit fondamental des citoyens.* "Tout individu a droit à la liberté d'opinion et d'expression", *énonce la Déclaration universelle des Droits de l'homme de 1948, reprenant l'héritage de la Déclaration de 1789 qui solennisait la* "libre communication des pensées et des opinions"*. La presse n'est libre que parce que la démocratie appelle un espace public pluraliste et conflictuel où les idées, les informations et les opinions s'échangent et se confrontent librement.* »

Il est vrai que la marge de manœuvre des journalistes est plus grande à l'ombre de textes si monumentaux. Elle l'est davantage encore si l'on oublie de citer les articles qui protègent les personnes contre les abus de la presse !

Le patron du *Monde* se livre ensuite à une attaque en règle contre les juges en général et contre le jugement de la première Chambre en particulier : « *Excessif et exceptionnel, il crée un précédent dangereux pour la liberté d'informer (...) ; en nous condamnant, deux mois et demi après les faits, à des dommages et intérêts faramineux, il frappe à la caisse un quotidien (...) indépendant.* »

Le pouvoir des juges, accepté et applaudi quand il s'en prend aux hommes publics, est frappé d'illégitimité quand il s'attaque au pouvoir... du *Monde.*

Enfin, Jean-Marie Colombani s'en prend à Jean-Luc Lagardère et à son groupe. Il explique benoîtement aux lecteurs du *Monde* que, s'il ne les a pas informés plus tôt sur les « *manœuvres graves* » de Lagardère, c'est au nom d'un beau principe : « *Ne voulant pas faire pression sur la justice, nous nous sommes refusés à les informer tant que le jugement de première instance n'était pas rendu.* » Ainsi *Le Monde* était-il prêt, cette fois, à respecter une présomption d'innocence qu'il bafoue en général[8] sans vergogne.

8. Rappelons pour mémoire que dans l'affaire des « écoutes » de l'Élysée, *Le*

Mais pourquoi ne pas profiter du contexte pour redémontrer à quel point *Le Monde*, même possédé en partie par de grands groupes actionnaires, est sourcilleux sur son indépendance ? Roulez tambours, passez musettes : « *Parce que* Le Monde *n'a pas épousé ses intérêts privés à l'occasion de la procédure de privatisation de Thomson, le groupe Lagardère a décidé de le sanctionner. Actionnaire minoritaire de notre imprimerie par l'intermédiaire d'Hachette, il estimait sans doute qu'à ce titre, nous devions être l'un de ses groupes de pression.* Si tel avait été le cas, *Le Monde* ne serait évidemment plus *Le Monde*[9]. *L'indépendance a un prix que nous payons donc au prix fort.* »

C'est beau comme l'antique, mais les relations futures entre le quotidien et le groupe Matra-Hachette montreront la vanité de la profession de foi du patron du *Monde*. En réalité, les lecteurs du journal sont pris à témoin d'une bataille de pouvoir dont ils ignorent et ignoreront toujours les tenants et les aboutissants.

Parallèlement à cet éditorial, *Le Monde* va bien sûr contester l'arrêt le condamnant devant la Cour d'appel. Mais ce n'est pas tout. Parvenu de fraîche date à la tête du *Monde* après une carrière de journaliste politique honnête mais sans hauts faits d'armes, Jean-Marie Colombani met à profit son empoignade avec Lagardère pour conforter son aura à l'intérieur du quotidien. Dans une lettre aux salariés datée du 9 décembre 1996 et intitulée comme l'éditorial (« *Le prix de l'indépendance* »), il prend une posture avantageuse pour établir une filiation directe entre l'attaque de Lagardère, patron de groupe multimédias, et les tentatives passées de la bourgeoisie française de lancer un quotidien de qualité concurrent du *Monde*, comme *J'informe* dans les années 1970. « *Encore*, précise-t-il, *s'agissait-il d'une lutte à armes égales, à charge pour le journal*

Monde, partie civile et qui, à ce titre, a communication du dossier, a informé ou plutôt désinformé ses lecteurs en attaquant brutalement Gilles Ménage, ancien directeur de cabinet de l'Élysée, alors que l'affaire n'était pas jugée... Cf. chapitre 5, « Cabinet blanc contre cabinet noir : le *Rainbow Warrior* », pp. 115-116.

9. Souligné par nous.

de se montrer meilleur que son nouveau concurrent. (...) Aujourd'hui, il s'agit de sanctions économiques lourdes, décidées pour nous faire payer d'un prix élevé le prix du journal, plus précisément notre suivi de la privatisation de Thomson, considéré par Jean-Luc Lagardère comme hostile à ses intérêts. Actionnaire d'une de nos fililales, Jean-Luc Lagardère s'en prend directement à l'indépendance du Monde. *En la circonstance, il est important de souligner que nos actionnaires, liés par une charte adoptée début 1995 par le Conseil de surveillance, n'ont jamais cherché à faire prévaloir leurs intérêts privés dans nos colonnes en prétextant de leur présence parmi nous. À l'évidence, M. Lagardère n'est pas de cette école.* »

Et de rappeler, quelques lignes plus loin, que lui-même, Jean-Marie Colombani, avait naguère décliné l'offre de Jean-Luc Lagardère qui se proposait, magnanime, de « *devenir l'actionnaire du journal*[10] ».

En réalité, le *dogme de l'indépendance* que Jean-Marie Colombani invoque constamment pour justifier sa stratégie n'est rien d'autre que l'ensemble des moyens – financiers, économiques, juridiques, moraux et éditoriaux – à mettre en œuvre pour que le *quotidien de référence* puisse dénoncer ou louer sans aucune entrave – ce qu'il appelle la *liberté de la presse* –, et surtout développer comme il l'entend sa propre stratégie d'entreprise. Le patron du *Monde* aspire à empêcher tout pouvoir, mais aussi *tout contre-pouvoir* de l'attaquer ou simplement de le contester. Le journalisme d'investigation, qui génère la peur, est devenu l'un des instruments importants de ce système. Un système qui n'exclut évidemment pas des alliances – momentanées ou durables – avec d'autres pouvoirs, ainsi qu'on le verra avec Jean-Marie Messier et même... Jean-Luc Lagardère !

10. Lors d'un déjeuner, en 1995, au cours duquel il lui fut proposé de prendre une minuscule participation dans *Le Monde*, Jean-Luc Lagardère avait en effet proposé de payer le passif du journal et de mettre 300 millions de francs sur la table pour son développement, en échange de 51% des parts de l'entreprise, la Société des Rédacteurs restant à 34%. Cf. *supra*, chapitre 8, « La prise en mains du *Monde* », p. 162.

Car, malgré la violence des diatribes du *Monde*, le conflit avec ce dernier connaît assez vite son *happy end.* Après l'éditorial flamboyant du patron du *Monde,* un communiqué du groupe Lagardère qualifie les propos de Jean-Marie Colombani de « *ridicules et sans fondement* », et lui recommande de recouvrer son « *sang-froid* ». Quelques jours plus tard, un avocat de Lagardère évoque même un « *article délirant* », « *un défi à l'institution judiciaire* ». Pourtant, à l'audience de la Cour, le 5 février 1997, les avocats du *Monde* ne donnent pas l'impression de vouloir plier le genou. Mais voici qu'à l'audience, Guy Canivet, le premier président de la Cour, appelle Jean-Marie Colombani et Jean-Luc Lagardère et leur propose une conciliation. Qu'est-ce qui a motivé la démarche du magistrat ? Pourquoi et comment les deux adversaires ont-ils été conduits à l'accepter ? Jean-Marie Colombani fournit une partie de la réponse dans un éditorial intitulé « *À nos lecteurs* » (des lecteurs qui doivent effectivement avoir le tournis !) : « *S'instituant juge de paix d'un conflit qui, au-delà d'un classique procès en diffamation, mettait en péril les relations économiques de deux entreprises de presse,* Le Monde *et Hachette,* [le président de la Cour] *a amené les deux parties à sortir d'une impasse dommageable à leurs intérêts communs.* Le Monde *et Hachette retrouvent désormais le chemin d'un dialogue qu'ils n'auraient jamais dû abandonner.* »

Qu'en termes choisis cet armistice est évoqué ! Oublié, le prédateur qui en voulait à l'indépendance du *Monde* ? Évanoui, le magnat qui ne respecte pas la charte des actionnaires du *Monde* ? En réalité, malgré les fanfaronnades du Pdg du *Monde,* le fameux *dogme de l'indépendance* doit s'incliner devant les réalités économiques. Les Pdg ont enterré la hache de guerre, le patron du *Monde* a réitéré ses excuses, et surtout Jean-Marie Colombani et Jean-Luc Lagardère ont manifesté leur volonté de normaliser leurs relations et de faire en sorte qu'elles redeviennent « *confiantes et sereines* ».

Elles feront mieux que cela. Aujourd'hui, le groupe

Lagardère est devenu l'un des partenaires majeurs du *Monde*. Un accord a d'abord été trouvé pour éditer le *Journal du Dimanche* à l'imprimerie d'Ivry. Puis, Hachette-Multimédia est devenu actionnaire du Monde Interactif[11] à hauteur de 34% et participe au développement de son implication dans la net-économie en partageant avec lui sa clientèle de Club-Internet, qu'il finance par ailleurs. Hachette est partenaire du *Monde* dans le projet de télévision numérique terrestre « Ile de France ». Plus près de nous dans le temps, Jean-Luc Lagardère a rendu possible l'achat par *Le Monde* du groupe *Midi Libre* grâce au « feu vert » donné par Hachette à l'opération[12]. En 1998, Hachette a vendu au *Monde* une grande partie de sa participation dans Le Monde Imprimerie pour 19 millions de francs[13]. *Last but not least*, Jean-Marie Colombani aura aidé Lagardère dans son opération de restructuration des NMPP – les Nouvelles Messageries de la Presse parisienne, entreprise-clé de distribution des journaux dont l'opérateur n'est autre que Hachette – en usant de son influence pour convaincre le gouvernement Jospin de mettre une fois de plus la main au portefeuille... ou plutôt à celui des contribuables !

À tort ou à raison, les éditeurs de la presse quotidienne comme ceux des magazines se plaignent tous du poids excessif pris par Colombani au sein des NMPP, et de la relation privilégiée que le patron du *Monde* a veillé désormais à entretenir avec l'état-major de Lagardère, d'où découlerait, disent-ils, un traitement préférentiel pour le journal de la rue Claude-Bernard.

Avant la Seconde Guerre mondiale, Hachette avait la haute main sur la distribution de la presse. La « pieuvre verte », comme la surnommaient ses détracteurs, ne se pri-

11. En pure perte : après avoir songé à introduire en Bourse cette filiale, avant la maison-mère, en pleine « webmania », au début de l'année 2000, les dirigeants du *Monde* ont dû revoir leur stratégie et réduire la voilure de ladite filiale, qui assure l'édition en ligne du journal.
12. Voir chap. 24, « Un nouveau prédateur dans la presse », p. 568 et suivantes.
13. En juin 2001, la participation de Hachette dans Le Monde Imprimerie a été ramenée à 4,92 %.

vait pas d'abuser de son pouvoir à l'égard des titres qui ne lui plaisaient pas. À la Libération, les hommes politiques ont voulu réorganiser le système sur le principe du libre accès des éditeurs au circuit de distribution. D'où la création des Nouvelles Messageries de la Presse parisienne, première société de messagerie en France créée par la loi Bichet du 2 avril 1947. Les NMPP regroupent plusieurs coopératives d'éditeurs qui fonctionnent sur un principe d'égalité entre les différents titres. Hachette en est l'opérateur et les syndicats y disposent d'un poids considérable.

Ce système est néanmoins devenu lourd et coûteux. En effet, la péréquation prévue par la loi Bichet[14] a abouti au financement de l'énorme déficit annuel de la distribution des quotidiens nationaux, soit environ 240 millions de francs (36,6 millions d'euros), par les magazines. Or, ces derniers acceptent de moins en moins les surcoûts inhérents à la solidarité. D'autant que, de l'avis général, le système est « plombé » par la toute-puissance du Syndicat du Livre. Ce dernier obère lourdement les coûts salariaux des NMPP. Il n'hésite pas non plus – et ceci n'est pas sans rapport – à appuyer sur le bouton rouge de l'« arme atomique » dont il dispose : la grève et l'interruption de la distribution des journaux et magazines.

En 2000, le système est au bord de l'éclatement. Après le départ de *Marianne* vers les Messageries lyonnaises – seule solution alternative aux NMPP – avec lesquelles *Le Point* est à son tour en négociations avancées, les autres magazines s'interrogent. *Point de Vue* vient également de quitter le vieux navire des NMPP. Faute d'une réduction importante des barèmes, d'autres magazines songent à partir , voire menacent de le faire.

Côté quotidiens, ça bouge aussi : le groupe Amaury envisage de quitter les NMPP et d'organiser son propre système de distribution[15]. Bref, la perspective d'un éclate-

14. Conçue à l'origine pour mutualiser les coûts de la distribution entre tous les éditeurs, la péréquation a surtout permis de rendre accessible le prix de vente d'un quotidien.
15. Ce qu'il a fait depuis lors...

ment des NMPP devient une hypothèse d'autant plus sérieuse que ceux des journaux qui s'estiment lésés pourraient plaider leur cause devant les instances européennes. Or, la principale victime de l'éclatement des NMPP serait *Le Monde*. Pourquoi ? Parce que le quotidien, seul à être distribué l'après-midi, est dans l'incapacité de monter pour lui-même une solution alternative. Dans le système en l'état, le surcoût entraîné par sa distribution vespérale (estimé à 50 millions de francs environ, soit 7,6 millions d'euros) est pris en charge par les autres éditeurs.

Afin de sortir de cette situation malsaine, le Conseil de gérance des Messageries approuve, le 25 février 2000, un plan de restructuration drastique. Les NMPP envisagent notamment de diviser par deux les effectifs de la distribution, soit 800 postes. Une réduction du nombre des dépositaires est également étudiée. Mais, pour la mise en œuvre de ce plan, Jean-Luc Lagardère fait savoir à qui de droit la nécessité d'une aide de l'État : le ministère de l'Emploi serait mis à contribution pour l'aspect social ; celui de l'Économie et des Finances pourrait « cotiser » à hauteur de 250 millions de francs par an[16] (36 millions d'euros).

Comment Lagardère Groupe justifie-t-il une demande apparemment aussi exorbitante ? Cette somme, plaide-t-il, équivaut au surcoût de la distribution des quotidiens. En les diffusant, poursuit-il, nous assurons une mission de service public, un service d'intérêt général. Les deux ministres successifs en charge du dossier, Catherine Trautmann d'abord, puis Catherine Tasca, ont toutes deux fait preuve d'une écoute attentive à propos de ce dossier. Mais l'une comme l'autre ont logiquement exigé en contrepartie une évaluation précise des coûts de distribution des quotidiens. Attitude partagée par le cabinet du Premier ministre : quoique régulièrement en contact avec Yves Sabouret, lieutenant de Lagardère en charge des NMPP, les

16. Par l'exonération totale de la taxe professionnelle (représentant environ 45 millions de francs), par la réallocation de l'aide SNCF pour le transport (100 millions de francs) et par la création d'une aide d'environ 100 millions de francs.

conseillers de Matignon ne sont pas davantage parvenus à obtenir des chiffres précis et crédibles. « *Les NMPP sont l'enclave la plus obscure d'une presse parisienne déjà fort sombre* », ironise un ancien conseiller de Lionel Jospin. Au début de l'été 2000, chacune des « Catherine T. » n'a toujours rien vu venir...

Du côté de Lagardère Groupe, tout en faisant la sourde oreille aux demandes réitérées de chiffrage, on augmente la pression sur le gouvernement en mobilisant les éditeurs des quotidiens parisiens – en premier lieu Jean-Marie Colombani et Yves Chaisemartin, patron de la Socpresse, l'un des plus puissants groupes de pression de la place. Dans une lettre, Jean-Luc Lagardère explique que le plan de restructuration n'est pas négociable et qu'une « *aide publique (...) est une condition indispensable à l'équilibre financier du Plan* ». Chaisemartin, dont les relations avec Olivier Schrameck, directeur de cabinet du Premier ministre, sont détestables, ne peut guère « pousser » le dossier. Celui-ci étant vital pour *Le Monde*, Jean-Marie Colombani devient alors le principal défenseur de Lagardère et de son plan face aux pouvoirs publics.

Le 14 septembre 2000, à l'occasion d'une réunion avec l'ensemble des éditeurs, Catherine Tasca refuse d'impliquer l'État dans la négociation qui doit, selon elle, se mener entre la direction des NMPP, les éditeurs qu'elle représente et l'opérateur (Lagardère) afin de pérenniser le système. Colombani, jugeant à tort que la position de Catherine Tasca n'est pas en phase avec Matignon, s'emploie, aux côtés de Lagardère, à mobiliser ses moyens et relations contre la ministre. En réalité – mais le directeur du *Monde* l'ignore –, elle avait pris la précaution de se faire « couvrir » : les thèmes qu'elle a développés avaient été mis au point avec David Kessler, conseiller de Lionel Jospin pour la Culture et la Communication.

Colombani ordonne néanmoins « Feu sur Tasca ! ». Après l'intervention de la ministre, le Pdg du quotidien vespéral demande à Dominique Alduy, directrice générale de son groupe, une note alarmiste décrivant les conséquences de l'éclatement des NMPP pour *Le Monde* et insistant sur les « risques politiques majeurs » encourus par le gouvernement sur ce dossier. La note est intitulée : « *NMPP. Suites et fin ?* », mais ne mentionne pas le nom de son auteur : un type de note qu'on appelle au ministère de l'Intérieur un « blanc ». Un procédé inédit dans les relations entre entreprises et pouvoirs publics !

Colombani demande à Jack Lang, un « ami de la maison », de transmettre le fameux « blanc » à Lionel Jospin. Le ministre de l'Éducation se réjouit de faire d'une pierre deux coups : rendre service au patron du *Monde* et faire un croche-pied à Tasca, le ministère de la Culture restant dans son esprit son domaine réservé. Le télégraphiste Lang se fend même, au passage, d'un préambule à la note pour « *attirer l'attention* » du Premier ministre et invoquer la « *nécessité d'intervenir* ». Le « blanc » n'y va pas par quatre chemins : « *...Le coup d'arrêt formulé en termes sévères et totalement décalés par rapport à la réalité de la situation économique de la distribution, par Catherine Tasca, cette semaine, à toute négociation et concertation avec l'État, a été ressenti par tous les acteurs comme une fin de non-recevoir de la part de ce gouvernement aux problèmes de la presse d'information.* »

Dans le « blanc », Dominique Alduy se demande à voix haute si l'attitude de Catherine Tasca doit s'expliquer par une aversion « idéologique » envers l'opérateur Hachette ; par une hostilité historique à certains titres indépendants et influents ; ou bien encore par une opposition personnelle. La note décrit le retrait probable de l'opérateur Hachette, et l'éclatement qui en résulterait, comme la conséquence directe de l'attitude de la ministre. Son objectif est limpide : convaincre Jospin de se désolidariser de celle-ci en acceptant, comme le demande Lagardère Groupe, de lier la réussite du plan à l'aide de l'État. En fait, Jean-Marie Colombani espère bien écarter la rue de Valois du traitement du dossier. En somme, tout le « blanc » vise à crédibiliser la menace d'un retrait de Lagardère des NMPP si les pouvoirs publics ne satisfont pas ses exigences.

Toutefois, Jean-Marie Colombani n'a pas prévu un petit détail : au lieu de la remettre directement au Premier ministre, Olivier Schrameck remet la note... à Catherine Tasca ! Laquelle identifie ainsi son auteur et le facteur qui l'a transmise avec commentaires...

Tasca persiste et signe. Elle continue à exiger des chiffres sérieux sur les coûts de la distribution des quotidiens nationaux. En réalité, et contrairement à ce que croit Colombani, elle n'est pas hostile à une subvention de l'État, mais elle a le sentiment que les NMPP sont une « pompe à fric public », un véritable « tonneau des Danaïdes ». D'où sa volonté de disposer d'éléments fiables pour justifier l'aide et surtout limiter, autant que faire se peut, son montant.

Parallèlement, une commission officieuse, dite Soubie[17], se réunit régulièrement à l'hôtel de Clermont, où est installée la Direction du Développement des Médias, pour étudier les modalités et les montants de l'aide envisagée.

Sur ces entrefaites, au début de l'année 2001, Jean-Marie Colombani obtient un rendez-vous avec Olivier Schrameck dans l'intention de lui exposer les difficultés de la presse quotidienne nationale et l'impérieuse nécessité d'une intervention de l'État en faveur des NMPP. Le patron du *Monde* en repart convaincu que l'affaire est dans le sac. Il n'a pas tort : Olivier Schrameck demande rapidement à Catherine Tasca de recevoir Colombani. Le petit déjeuner se déroule rue de Valois. L'amabilité mielleuse du patron du *Monde* agace la ministre. Mais que faire ? Catherine Tasca sait bien que l'État s'est déjà incliné : une subvention annuelle de 80 millions de francs pendant trois ans est pratiquement acquise. Ce qui signifie que le système de distribution et le privilège qu'en retire *Le Monde* seront préservés.

Pressé d'exploiter au mieux ce succès annoncé, Jean-

17. Colombani et Lagardère ont engagé Raymond Soubie, une vieille connaissance pour le directeur du *Monde*, comme conseiller dans ce dossier. Il assistera à deux réunions aux côtés de Dominique Alduy, Yves Chaisemartin et Christian Phéline, directeur à la Direction du Développement des Médias.

Marie Colombani souhaite un « renvoi d'ascenseur » – d'ordre financier, bien entendu – de la part de Lagardère Groupe. Suite à sa décision d'entrer en Bourse, le quotidien doit présenter des comptes satisfaisants pour l'exercice 2001, alors que la conjoncture publicitaire montre les premiers signes d'essoufflement. Formulée implicitement ou explicitement, l'attente de Colombani représente une contribution financière se montant à 10 % de la subvention annuelle de l'État à partir de 2002, soit environ 10 % de 80 millions de francs (12,2 millions d'euros). Du côté de Lagardère, on se montre d'autant plus compréhensif que cette demande, importante pour *Le Monde,* ne représente pas grand chose à l'échelle des affaires du groupe. Dans son entourage, d'aucuns laissent même entendre que le patron de Matra-Hachette n'est pas mécontent de prendre ainsi ce qu'il croit être une « police d'assurance » vis-à-vis des « risques » éditoriaux du *Monde*... Bref, demande est faite à Yves Sabouret, directeur général des NMPP, de régler les modalités de cette aide...

Fort de cet accord de principe, *Le Monde* envoie aux NMPP, le 1er mars 2001, une facture s'élevant à un million de francs hors taxes. Son intitulé est tout à fait « transparent » : « *Participation des NMPP aux dépenses et frais engagés par nos soins dans le cadre de nos actions auprès des pouvoirs publics pour la mise en œuvre du plan de sauvegarde et de restructuration des Sociétés de Messageries de Presse (participation aux réunions, tables rondes, assistance en communication)* ». La direction générale des Nouvelles Messageries s'exécute et fait régler sur le champ la facture, clairement identifiable comme rémunérant une action de lobbying auprès des pouvoirs publics...

Encore faut-il trouver un « montage » comptable pour acheminer quelque 6,3 millions de francs[18] supplémentaires au quotidien. Un « montage » suffisamment opaque pour soustraire l'opération de lobbying au regard des autres éditeurs. Car, réunis dans une coopérative de

18. Voir dans les deux paragraphes suivants (p. 388) comment la commission se décompose.

presse, ces derniers ne manqueraient pas de faire un scandale s'ils apprenaient que non content d'intriguer pour pérenniser un système dont il tire avantage, *Le Monde* en profite de surcroît pour facturer son influence aux autres éditeurs ! Pour parler net, ceux-ci auraient tôt fait de protester que *Le Monde* se débrouille pour « détrousser » ses confrères avant de leur facturer le produit du « larcin » !

Finalement, le 26 mars, les instructions sont données : les 7,3 millions de francs (1,1 million d'euros) sont « habillés » en une baisse temporaire du coût de distribution. Outre la facture d'un million de francs hors taxes déjà réglée, les NMPP verseront par anticipation la « bonification exceptionnelle de 2002 », soit environ 0,38 million d'euros (2, 5 millions de francs), et accorderont des remises sur factures (hors barêmes, c'est-à-dire spécifiques au *Monde*) échelonnées en dix fois, dont le total représentera quelque 0,58 million d'euros (soit 3,8 millions de francs).

Il est enfin précisé que *Le Monde* devra rembourser ces 7,3 millions de francs – auxquels s'ajouteront 700 000 francs d'intérêts – en acquittant des « factures » émises par les NMPP pour un montant total de 8 millions de francs. Apparemment au moins, il ne s'agit donc que d'un prêt occulte, permis par des jeux d'écriture et des simili-factures (celle du *Monde,* celles des NMPP). Le montage vise à rendre l'opération indécelable par les commissaires aux comptes, puisqu'aucune créance sur le quotidien ne figure au bilan des NMPP.

Le 18 septembre 2001, champagne ! On n'a pas travaillé pour rien ! Catherine Tasca officialise la création d'une nouvelle aide à la distribution des quotidiens nationaux d'information politique et générale, pour un montant de 12,2 millions d'euros (80 millions de francs). Quel en est le principal bénéficiaire ? *Le Monde,* bien sûr, qui va s'arroger environ le quart de la subvention !

Tout aurait donc dû aller pour le mieux dans le meilleur des mondes de la prestidigitation comptable, si un petit grain de sable n'était venu dérégler la machine. Avant de clôturer les comptes de l'exercice 2001, le directeur financier des NMPP prend peur. Il refuse de cautionner les jeux d'écriture et en avise sa hiérarchie. Les sorties de caisse sont « recomptabilisées » pour apparaître dans la rubrique où elles auraient dû figurer dès le début : celle des prêts. Les comptes 2001 ne présentent plus d'irrégularités.

Tout aurait pu s'arrêter après ce coup de torchon interne si, pour se « couvrir », la direction financière n'avait prévenu Yves Canac, l'un des commissaires aux comptes[19], afin qu'il donne son *nihil obstat* à la régularisation opérée par les comptables. Or Canac refuse de valider le dossier, estimant qu'il ne s'agit pas d'un véritable prêt octroyé au *Monde.* Sa décision provoque immédiatement une réunion de crise au niveau de la direction générale. Canac menace celle-ci d'envoyer le dossier-facture du *Monde* et la note interne du 26 mars[20], signée par elle, au procureur de la République !

Le commissaire aux comptes téléphone également à Jean de Montmort, président du Conseil de gérance des NMPP, organisme chargé de définir la stratégie des Messageries et de contrôler son fonctionnement. Celui-ci appelle à son tour Yves Sabouret et l'interroge sur la fameuse « facture » du *Monde.*

– *Non, ce n'est pas une fausse facture, c'est une prestation que j'ai demandée à Colombani*, répond en substance l'homme de Lagardère Groupe.

– *Vous ne pouvez pas garder cela pour vous, car il y a un problème de responsabilité pénale*, réplique De Montmort, visiblement inquiet des conséquences de cette affaire.

La veille du Conseil de gérance, lequel s'annonce houleux, Jean de Montmort réunit les gérants indépendants d'Hachette pour les informer de la situation. La scène se déroule à 9 heures du matin au siège de Prisma Presse, rue

19. Les NMPP ont deux commissaires aux comptes : Conseil Audit & Synthèse, dirigé par Yves Canac, et le cabinet Deloitte Touche Tohmatsu-Audit, représenté par Frédéric Moulin et Stephan Buzinkay.
20. Cette note interne décrit les mécanismes de baisse temporaire des coûts de distribution du *Monde*.

Daru. Autour de Jean de Montmort, administrateur général du groupe Marie-Claire, il y a notamment Alain Ayache[21], Jean-Pierre Caffin[22], Bernard Porte[23] et Bernard Villeneuve[24]. À l'exception de ce dernier, tous les présents sont remontés contre les pratiques du *Monde* et ce qu'ils estiment être de la complaisance de la part de la direction des NMPP à son endroit. On évoque la « facture » avec un emportement d'autant moins dissimulé que quelques fuites internes aux NMPP ont instruit les patrons de presse de ce que la ladite « facture » n'était qu'un des éléments d'une opération visant à récompenser discrètement le quotidien pour son action de lobbying, à hauteur d'environ 10% d'une subvention qui n'est pas encore reçue. En clair, ils pressentent, sans en avoir la preuve, que l'« avance » faite au quotidien aurait risqué d'être « oubliée » si elle n'avait été décelée !

Du côté des commissaires aux comptes, on s'agite tout autant. Car, estiment-ils, la « facture » du *Monde* devient vraie dès lors que les NMPP l'ont payée. Du coup, la justification de cette facture leur apparaît bien floue. Cela signifie que la direction des Nouvelles Messageries doit obtenir du *Monde* des justificatifs *a posteriori* qui soient plus crédibles. Yves Canac et Frédéric Moulin exigent également que le Conseil de gérance soit appelé à statuer sur la nouvelle présentation comptable du prêt (ex-occulte) et de la facture (ex-douteuse) de lobbying du *Monde*. À charge pour le directeur général de convaincre les gérants que *Le Monde* est bien intervenu à sa demande auprès des pouvoirs publics pour aider les NMPP. À charge aussi pour lui de les convaincre du bien-fondé de sa décision d'accorder au quotidien une avance de 6,3 millions de francs (0,96 million d'euros) sans les en avoir prévenus.

21. Patron du groupe du même nom, éditeur de *Le Meilleur, Spéciale Dernière, La Bourse pour tous, Réponses Santé, DS Magazine, Questions de femme, Réponse à tout, Numéro.*
22. Directeur général du groupe Prisma Presse (*Femme Actuelle, VSD, Capital, Géo*, etc.), et président de la Coopérative de distribution de la presse.
23. Retraité, ex-dirigeant du groupe Bayard Presse (*La Croix, Notre Temps*, etc.).
24. Directeur délégué du groupe Défossés International, président de la Coopérative des quotidiens de Paris.

Au *Monde,* on s'active fièvreusement pour satisfaire les exigences des commissaires aux comptes avant la réunion du Conseil de gérance du 28 mars 2002 qui doit approuver les comptes. Le 27, soit la veille, Dominique Alduy envoie une note intitulée « *Contribution du* Monde *au dispositif d'aide de l'État à la distribution des quotidiens nationaux* ». Le document explique que le quotidien a été sollicité par les NMPP pour participer à l'élaboration et à la présentation de ce dossier. Après une description de la mission du *Monde,* Dominique Alduy fournit les dates des réunions au siège des NMPP, à la Direction du Développement des Médias et avec les éditeurs, énumère les notes élaborées par le quotidien et évoque son analyse des simulations faites par les NMPP, ainsi que le « *suivi des impacts des changements de référentiels au fil de l'eau* » [sic]...

La réunion du Conseil de gérance est pour le moins très agitée. Alain Ayache, éditeur de nombreux journaux populaires, connu pour son franc-parler, en sait assez long pour pousser un coup de gueule contre Jean-Marie Colombani, qu'il estime d'autant moins que *Le Monde* l'a maltraité dans ses colonnes [25] :

« *C'est de l'ABS*[26] *!... C'est un détournement de fonds publics !... C'est scandaleux !... Il ne faut pas payer cette facture !* »

Les membres du Conseil de gérance des NMPP sont certes habitués aux éclats de voix d'Alain Ayache, mais, cette fois-ci, l'affaire paraît vraiment grave[27].

Ayache n'est d'ailleurs pas le seul à élever la voix. Ses confrères jugent l'opération « intolérable », affirmant même qu'elle pourrait relever d'une « responsabilité pénale ». Seul Bernard Villeneuve se fait l'avocat du

25. Il a été longuement mis en cause dans l'affaire de la Mnef et a eu ensuite le plus grand mal à faire passer un droit de réponse, une fois le non-lieu établi.
26. Abus de bien social.
27. La séance est présidée par Jean de Montmort. Participent à la réunion MM. Ayache, Caffin, Nachury, Porte, De Roquemaurel, Villeneuve, gérants. Jean-Luc Lagardère est absent, excusé. Assistent également à la réunion Yves Sabouret, Abonnenc, directeur des coopératives associées, secrétaire du conseil, Canac et Moulin, commissaires aux comptes.

Monde. Yves Sabouret est alors obligé de monter au créneau :

– *C'est moi qui ai commandé cette prestation au* Monde*...*

– *Il fallait nous prévenir. Montre-nous ta lettre de commande !* lance l'un des gérants, appuyé par plusieurs autres.

Jean de Montmort, président du Conseil de gérance, n'aime pas les éclats et attend que l'orage passe. Le directeur général des NMPP, se demande comment se dépêtrer de cette affaire. Autour de la table, plusieurs membres sont écartelés entre le désir de ne pas déplaire à Jean-Marie Colombani, redouté patron du *Monde,* et la nécessité d'éviter des ennuis judiciaires si, d'aventure, l'affaire venait à mal tourner. Le Conseil se termine sans rien régler, et il va falloir de toute façon faire état de l'affaire dans le procès-verbal qui sera soumis à approbation lors de la prochaine réunion. De nombreux conciliabules, maints échanges épistolaires et encore davantage de coups de téléphone seront nécessaires pour arriver à un accord entre toutes les parties.

« *Sabouret et Alduy ont reconstitué un échange de lettres,* explique un gérant, *et Jean-Marie Colombani a fait des pieds et des mains auprès de Sabouret pour que le nom du* Monde *ne figure pas dans le PV du Conseil du 28 mars, pas plus que dans les annexes. L'objectif était d'éviter que l'affaire ne s'ébruite jusqu'au gouvernement...* »

La rédaction du PV de la réunion houleuse du 28 mars relève donc davantage de l'exercice diplomatique que de la transcription fidèle. Bernard Porte, qui représente les publications hebdomadaires, est troublé par toute cette affaire. Il a en effet l'impression que la direction des NMPP profite de sa très grande autonomie pour avantager *Le Monde* sur le dos des autres éditeurs, violant ainsi la loi Bichet, supposée garantir l'égalité et la solidarité entre les éditeurs. Il écrit à Frédéric Moulin, un des commissaires aux comptes des NMPP, pour lui demander si les éditeurs sont à « *l'abri d'autres dérives de ce type* ». Après avoir rappelé les « *conventions financières négociées entre la direction générale des NMPP et la société* Le Monde », Bernard Porte dit ne pas comprendre « *la pertinence de cet accord matérialisé par une facture de lobbying* (...). *Cet incident grave me trouble ; président de coopératives représentant trois cents éditeurs, je ne saurais assumer des accords particuliers qui, au bénéfice conséquent de l'un, se feraient au détriment de la collectivité des éditeurs* (...). *Je souhaiterais que* (...) *vous puissiez nous alerter à l'avenir sur les dérives discutables et pouvant comporter des risques ; je souhaiterais aussi que, compte tenu de la Loi de 1947 et de l'aspect égalitaire et solidaire de notre système, vous puissiez nous recommander les missions d'expertise et d'investigation nous permettant d'assumer complètement nos responsabilités de gérant vis-à-vis de nos mandants* (...). »

Le 28 avril, à 18 heures, Bernard Porte et les autres gérants se rencontrent au domicile d'Alain Ayache en vue de mettre au point leur stratégie pour la réunion du Conseil de gérance du lendemain, censée approuver le PV de la réunion précédente. Persuadé que Bernard Porte voulait que le nom du *Monde* y figure, Colombani est intervenu, *via* Bernard Villeneuve, pour que l'ex-dirigeant de Bayard Presse « mette la pédale douce ». Erreur : si Porte avait bien nommé *Le Monde,* c'était dans sa lettre au commissaire aux comptes, non dans le PV de réunion...

Au Conseil de gérance du 29 avril, Yves Sabouret tente de rassurer les responsables de la coopérative : « *Maintenant, les choses sont* clean ». Et d'évoquer l'échange de correspondance mis au point avec Dominique Alduy.

Quelques tractations plus tard, le texte suivant est adopté :

« SUR LA FACTURE DU *MONDE* :

Sur un point particulier, M. Sabouret informe le Conseil d'une demande d'intervention formulée par les NMPP auprès d'un éditeur, dans le domaine de la communication et des relations publiques. M. Sabouret précise que ces prestations ont donné lieu à facturation en bonne et due forme, le principe d'une telle intervention étant tout à fait exceptionnel.

Après un large débat, le Conseil s'étonne de telles pratiques – aberrantes pour certains – et demande au directeur général de ne plus y avoir recours.

SUR LA RÉINTÉGRATION DE L'AVANCE DANS LE BILAN :

Sur un autre plan, un point est fait sur les avances consenties par les NMPP aux Éditeurs. Il est ainsi fait état d'un prêt de 0,96 M d'euros consenti à un Éditeur, remboursable fin 2003. Le Conseil demande de nouveau à être informé très régulièrement de l'évolution de ces encours ***qui doivent rester exceptionnels***[28]. »

L'« affaire *Le Monde* » n'est pas terminée pour autant. Le 27 août 2002, Alain Ayache écrit à Yves Canac :

« *Je me vois contraint de revenir sur la fameuse facture que Le Monde a envoyée aux NMPP concernant le remboursement des frais entrepris par sa direction pour ses "interventions" auprès des pouvoirs publics afin d'accélérer le versement de l'aide de 80 millions de francs promise à la presse quotidienne.*

Je souhaiterais que vous m'éclairiez de la manière la plus précise, et naturellement l'ensemble du Conseil de gérance des NMPP, des risques juridiques qu'en tant que gérants nous prenons en avalisant le règlement d'une telle facture.

D'autre part, et c'est mon souci, pouvez-vous préciser les risques potentiels que courent les NMPP en réglant une facture sans bon de commande et émise par un éditeur ?

Il va de soi que, pour ma part, j'émets, comme mes collègues l'ont fait, les plus extrêmes réserves sur ces points. »

L'« affaire » est à nouveau évoquée lors des Conseils de gérance de septembre et octobre 2002, car les gérants ne la digèrent toujours pas. Et pourtant, ils ne savent pas que, dans leur dos, alors qu'ils faisaient exploser les accords occultes entre *Le Monde* et les NMPP, Dominique Alduy et Françoise Sempermans[29] en négociaient un autre

28. Souligné dans le texte.
29. Directrice des publications aux NMPP.

pour... compenser une partie des avantages perdus par le quotidien de référence. Dès le 3 avril, Françoise Sempermans confirmait par lettre au directeur général du *Monde* une « *remise de 50% sur les prestations hors barêmes* », soit la somme de 4,2 millions de francs. Comme les précédents accords, celui-ci était conclu en tournant le dos à la loi Bichet et ...dans celui des gérants. Ce n'est qu'au début de décembre 2002 – au moment d'effectuer le virement de 4,2 millions – que la direction financière a pris connaissance avec effroi de ce nouvel engagement...

« *Actionnaire minoritaire de notre imprimerie par l'intermédiaire d'Hachette, il* [Lagardère] *estimait sans doute qu'à ce titre, nous devions être l'un de ses groupes de pression. Si tel avait été le cas,* Le Monde *ne serait évidemment plus* Le Monde[30]. *L'indépendance a un prix que nous payons donc au prix fort* », écrivait Colombani dans son éditorial publié après que Jean-Luc Lagardère eut fait condamner *Le Monde* pour diffamation en première instance. Mais, comme tous les dogmes, celui de l'«indépendance » ne prouve son existence que par sa capacité à engendrer de la transgression...

Rien, ou presque, dans les articles du *Monde,* n'est venu troubler la belle harmonie entre les deux groupes depuis la paix qui avait suivi l'agression du journal, en novembre 1996. Un redressement fiscal de Jean-Luc Lagardère n'a mérité que onze lignes[31] dans le quotidien. *Le Monde* n'a pas davantage mobilisé ses fins limiers pour connaître les dessous de la cession – fort avantageuse – d'Aérospatiale à Matra. À la fin du mois d'avril 2000, la plume acérée d'Hervé Gattegno n'a pas été sollicitée par Edwy Plenel pour rendre compte du procès pour « abus de biens sociaux » intenté par un petit actionnaire, Alain Géniteau, suite à la plainte qu'il avait déposée en décembre 1992 après avoir découvert le système de redevances versées au titre du *management-fee* par les socié-

30. Finalement, fin décembre, un virement d'un peu moins d'un million de francs (141 000 euros) a été fait au *Monde*.
31. Voir *Le Monde* du 30 septembre 1999.

tés du groupe Matra-Hachette à Arjil SA, holding détenue par Jean-Luc Lagardère et son fils ; le 22 juin 2000, le Tribunal correctionnel de Paris a abandonné les poursuites sans se prononcer sur le fond, déclarant les faits par trop anciens ; le parquet a fait néanmoins appel. Le journaliste du *Monde* commis d'office s'est limité pour sa part au service minimum.

De la trêve à la paix armée, on semble être passé à une entente cordiale dans la gestion des NMPP. Certains dirigeants de Lagardère Groupe avaient cru avisé de faire appel au *Monde* pour obtenir des avantages du pouvoir politique. En contrepartie, *Le Monde* a obtenu deux avantages décisifs : une réduction de la facture des NMPP en échange des services rendus par Jean-Marie Colombani dans son action de lobbying auprès de Matignon ; la pérennisation d'un privilège exclusif dans la distribution de la presse quotidienne parisienne, chiffrable à environ 50 millions de francs (soit environ 7 millions d'euros).

CHAPITRE 18

JMC contre J2M

New York, lundi 3 décembre 2001. Il est bientôt 8 heures 30. Citizen Colombani papote avec Salman Rushdie. Pierre Lescure est tout près d'eux. Que de brillants esprits rassemblés dans la grande salle du *Four Seasons,* le plus prestigieux restaurant de Manhattan, situé dans la Tour Seagram, là-même où J2M a installé, voici deux mois, son nouveau bureau ! On reconnaît aussi le philosophe Luc Ferry, futur ministre, qui sirote son jus d'orange ; il y a Joël de Rosnay, Thierry de Montbrial, qui semble avoir troqué son masque professoral contre un rôle d'élève rebelle, Jorge Semprun, le staff de Vivendi Universal et une belle brochette de cerveaux yankees…

Jean-Marie Messier en majesté, chemise bleue, drapeau américain sur le revers de la veste et sourire aux lèvres, pénètre dans la salle. Il se dirige vers Jean-Marie Colombani et lui serre ostensiblement mais chaleureusement la main. On devine une fraîche connivence entre ces deux-là. Un photographe immortalise la scène, observée avec une moue évidente par Pierre Lescure, patron de Canal+. Le photo a été bonne, mais elle dort dans un album oublié par tous, y compris par Jean-Marie Messier qui a omis de conter la scène dans son *Vrai Journal*[1].

Sa mémoire sélective a aussi écarté d'autres scènes new-yorkaises qui auraient pourtant permis à son lecteur de mieux comprendre le récit de ses turbulentes relations avec la direction du *Monde.* Car l'ex-patron de Vivendi ne s'est

1. *Mon vrai journal* (avec Yves Messarovitch), Balland, 2002.

pas contenté de traiter le patron du quotidien de référence avec tous les égards et honneurs qui lui étaient dus : non seulement il l'a convié à un week-end de rêve à New York et l'a invité à co-présider une réunion prestigieuse – ce qui était susceptible de flatter un ego réputé insatiable –, mais il a aussi « cotisé », *via* Vivendi, à la souscription d'Obligations remboursables en actions (ORA) destinées à financer tant le déficit devenu structurel de son entreprise que ses ambitions dans la presse régionale et magazine.

Oui, mais voilà : pour rendre intelligible ce traitement de faveur réservé au patron du *Monde*, Jean-Marie Messier aurait dû narrer par le menu tous les dessous de leurs relations depuis le début de l'année 2001. Il aurait dû énumérer au lecteur de son *Vrai Journal* les efforts qu'il avait consentis afin de s'attirer les bonnes grâces d'un homme qui l'a, estime-t-il, malgré tout trahi. Mais si le tycoon déchu a su trouver les mots pour parler de l'homme blessé qu'il est aujourd'hui, s'il lui a bien fallu expliquer comment Claude Bébéar, le « *chasseur* », allié à la famille Bronfman et aidé par quelques « *chiens dociles de l'establishment* », a eu raison de sa stratégie et obtenu sa tête, il lui était difficile de pousser plus loin l'analyse des raisons de sa chute. Bien qu'ils soient parfaitement instruits de leur pouvoir de nuisance, les grands patrons considèrent encore trop souvent les « médiacrates » comme des saltimbanques qui ne jouent pas dans la même catégorie qu'eux. Comment avouer que lui, le « Maître du Monde », s'est fait « enfumer » par Colombani, petit baron dont le fief, à l'aune d'un pouvoir mondial, ne représente qu'une très modeste province ? C'était sans doute au-dessus de ses forces. Volontairement ou non, J2M a donc oublié les épisodes qui suivent.

Depuis la tentative ratée du *Monde* de mettre la main sur *L'Express*[2], nos deux Jean-Marie n'en finissaient pas de remâcher leur amertume. Messier n'avait pas résisté au désir de conter le douloureux épisode dans son livre

2. Voir *supra* chapitre 11, « Le dogme de l'indépendance », pp. 236-251.

J6.com[3], publié près de trois ans après, quitte à y attaquer – de façon indirecte, bien sûr – le patron du *Monde*. Gonflé de son prestige alors considérable, J2M se rappelait l'arrogance et les menaces de JMC : « *Si vous ne nous cédez pas* L'Express, *vous nous aurez contre vous pendant vingt ans. Et on finira par vous abattre* ! » De son côté, Colombani en rajoutait dans ses interviews, se donnant le beau rôle dans une histoire qui lui était tout autant restée en travers de la gorge. Bref, entre les deux, c'était la guerre froide...

Ces relations tendues inquiétaient l'entourage des deux patrons. À quoi bon laisser pourrir un différend d'autant plus préjudiciable que les deux « Jean-Marie » avaient pris du poids ? Chacun d'eux disposait des moyens de nuire gravement à l'autre. Deux hommes, en particulier, craignaient que ce foyer de tensions ne dégénère une nouvelle fois en conflit frontal : Maurice Lévy et Alain Minc. Ils ont donc été amenés à jouer les Messieurs Bons-Offices entre les deux « JM ».

L'un comme l'autre avaient apporté une contribution essentielle à la relance du nouveau *Monde*. Maurice, comme partenaire du quotidien dans sa filiale Le Monde Publicité, a mis toute la puissance de Publicis à son service, notamment en lui octroyant de confortables avances sur les contrats publicitaires à venir. Quant à Alain, président du Conseil de surveillance du *Monde*, conseiller proche d'Édouard Balladur, il a su dénicher de nouveaux actionnaires, apportant lui aussi, mais d'autre façon, de la « fraîche » au nouveau *Monde*. Voilà pour le côté Colombani...

Pour Minc, Jean-Marie Messier est une vieille connaissance. Celui-ci a été son élève à l'ENA, ainsi qu'il le raconte dans son avant-dernier ouvrage[4] : « *Sage, classique, appliqué, voué à la première place (...). Je n'avais – manque sans doute de psychologie de ma part – mesuré ni la volonté de fer, ni l'ambition hors normes, ni surtout l'audace. Il y a chez Messier du Giscard de la grande*

3. Hachette Littératures, 2000.
4. *Le Fracas du monde. Journal de l'année 2001*, Le Seuil, 2002.

époque, la sympathie en plus, c'est-à-dire une extrême sophistication dans la manœuvre, une grande capacité de calcul et une attention permanente aux détails, aux symboles, aux gestes. Il y a aussi du Bonaparte. »

Quant à Maurice Lévy, il est devenu un des conseillers les plus écoutés du patron de Vivendi Universal, lui-même un de ses très gros clients. Un client qu'il convient d'honorer à l'aune de son budget publicitaire, le plus important de la place avec celui de France Telecom.

Avant même toute tentative de réconciliation, Alain Minc prend langue avec Éric Licoys, numéro deux de Vivendi et ami fidèle de Messier. Il lui fait part de son souhait de voir VU devenir un « partenaire » du *Monde*. Licoys accepte de représentrer VU en tant qu'administrateur de la société Le Monde Investisseurs, société qui est elle-même un des co-actionnaires du *Monde* depuis 1995.

Parallèlement, les articles publiés par *Le Monde* sur Vivendi et son président se font plus équilibrés, voire bienveillants. Exemple : le grand portrait de « *Jean "Magic" Messier* », brossé le 28 juin 2000[5]. Le mois suivant, Guy Dutheil est le seul journaliste invité, à Hollywood, au grand *show* de Pierre Lescure, patron de Canal+, et de Jean-Marie Messier, organisé à l'intention des salariés d'Universal Studios que Vivendi vient de racheter. Dutheil insiste sur « *le trac, l'émotion, l'enthousiasme* » de Messier et de Lescure dont il rapporte un propos : « *Pendant deux minutes, je n'ai pu dire un mot. Puis, après, j'ai téléphoné à ma maman.* » Publié le 14 juillet 2000, le compte rendu de cette fête est si dithyrambique que l'on se demande si le journaliste n'a pas été lui-même gagné par l'émotion et l'euphorie de la puissance invitante. Nul ne songerait, bien entendu, à établir ici une relation entre l'entrée de VU au capital du *Monde*, que vient de sceller Éric Licoys, et le papier excessivement louangeur du quotidien...

5. « *L'ascension fulgurante de ce patron de quarante-trois ans ne laisse personne indifférent. Il est le plus doué de sa génération, affirmait Ambroise Roux* », ancien patron de la Compagnie générale de Eaux et « parrain » du capitalisme français, cité dans le portrait du 28 juin 2000.

Mais le réchauffement des relations entre les Jean-Marie ne dure guère. Le jeudi 12 octobre 2000, *Le Monde* annonce en « une » : « *Bruxelles bloque la fusion Vivendi-Seagram* ». Or c'est justement cette fusion, saluée à sa manière par Guy Dutheil, qui devait permettre à Vivendi de devenir le numéro deux mondial de l'audiovisuel ! Dans les pages intérieures, Martine Orange expédie un autre « Scud » en direction de Vivendi : les analystes de la Bourse seraient dubitatifs sur cette opération en raison du manque de clarté des dossiers relatifs au portail Internet et à la télévision. « Scud » d'autant plus meurtrier que le jour de la parution de cet article, Messier et son état-major planchent au Pavillon Dauphine devant un aréopage d'analystes financiers du monde entier, notamment de représentants de fonds de pension américains. Objectif : convaincre ce joli monde de la justesse de sa stratégie. Impossible de clore la réunion sans faire référence à cette maudite « une » du journal de référence français. Messier : « *Vous verrez, en sortant, la "une" d'un grand journal, dit sérieux, qui nous est consacrée. Je ne peux pas aujourd'hui vous la commenter, mais il faut toujours se souvenir qu'une course n'est jamais terminée avant que la ligne d'arrivée ne soit franchie. Je peux seulement vous dire que j'ai confiance...* », dit en substance le tycoon.

Qu'importe, le mal est fait ! Cette « une » du *Monde* entraîne une chute brutale de 7 % de l'action Vivendi à la Bourse de New York. En fait, c'est Edwy Plenel qui a « monté » la mayonnaise à partir d'un article du correspondant du *Monde* à Bruxelles. Ce dernier avait cependant pris la peine de mettre au conditionnel les informations provenant d'indiscrétions de fonctionnaires de la Commission. Mais, à Paris, Plenel n'a que faire de ces scrupules de jeune fille. Tout le texte est passé au présent de l'indicatif afin de justifier la manchette. L'article finalement publié ne mentionne même pas que Messier doit avoir, le soir même, un ultime contact avec Mario Monti, le commissaire européen à la Concurrence. Le dossier n'est donc pas encore bouclé. Et, de fait, lors de ce dernier entretien Messier/Monti, le président de Vivendi amadoue le commissaire européen par quelques concessions, et Bruxelles donne son « feu vert »... Vengeance au goût délicieux pour J2M !

Désormais certain d'obtenir l'agrément de Bruxelles en fin d'après-midi du vendredi, Messier convoque la presse à 18 heures sur son terrain, à l'Espace Vivendi, au pied du siège social de l'avenue Friedland. Il s'assure que *Le Monde* est bien représenté et attend le coup de fil de Bruxelles avant d'entamer son intervention. Sitôt que Bruxelles confirme son accord, J2M se félicite devant les journalistes de la chance qu'a la France de posséder un journal de référence qui, par définition, ne peut qu'être sérieux...

« *Nous attendions tous pour ce soir la décision de Bruxelles. Cette décision est maintenant prise. Comme chacun sait,* Le Monde *fait référence. Tournons-nous donc vers leur "une" pour savoir*[6]... », se moque le patron de Vivendi. Et il fait projeter sur écran une fausse « une » du *Monde* sur laquelle le titre « *Bruxelles bloque la fusion Vivendi-Seagram* » a été remplacé par « *Bruxelles autorise la fusion Vivendi-Seagram*[7] ».

Éclats de rire des journalistes, sauf ceux du *Monde*, qui sont humiliés : jamais on n'a administré une telle leçon à leur journal, de surcroît devant un parterre de confrères. Jean « Magic » Messier savoure d'autant plus sa victoire que la fausse nouvelle parue en vraie « une » du quotidien abhorré l'a en réalité servi et aidé à obtenir le « feu vert » de Mario Monti. *Le Monde* est obligé de faire amende honorable et de démentir en « une » l'information qu'il a donnée quarante-huit heures plus tôt : « *Contrairement à ce que nous avions laissé entendre à la "une" du* Monde *du 13 octobre, la Commission de Bruxelles a donné son feu vert, vendredi 13 octobre, à la fusion des groupes Vivendi et Seagram*[8]. »

6. In *Mon vrai journal, op. cit.*, p. 88.
7. *Ibid.*, p. 89.
8. La fausse « une » du *Monde* restera dès lors affichée dans les bureaux du président et du secrétaire général de Vivendi Universal.

La hache de guerre est à nouveau déterrée entre les deux Jean-Marie. Maurice Lévy et Alain Minc en redoutent les conséquences alors que la direction du quotidien prépare son entrée en Bourse afin de trouver les moyens financiers de son développement. Comme *Le Monde* a besoin de *cash* et de comptes assainis, Jean-Marie Colombani est cependant prêt à modérer son ego ombrageux... VU est en effet un gros annonceur qui peut tarir ou à tout le moins réduire ses ordres d'insertions publicitaires. D'où la suggestion de Minc à Maurice Lévy : organiser une rencontre pour tenter de réconcilier les deux Jean-Marie. Messier accepte : la France est encore essentielle à ses affaires, auxquelles nuirait une fâcherie trop prolongée avec le quotidien de référence. Le mercredi 17 janvier 2001[9], Maurice Lévy organise un petit-déjeuner au siège de Publicis avec Jean-Marie Colombani, Alain Minc et Jean-Marie Messier. Le publicitaire a veillé à préparer la rencontre avec Messier. Sa suggestion : *Le Monde* souhaitant racheter l'hebdomadaire *Courrier International*, propriété du groupe L'Express, filiale de VU, accepter ou même devancer ce désir détendrait notablement l'atmosphère.

Le petit-déjeuner se passe bien. On échafaude les bases d'un accord. Éric Licoys, numéro deux de Vivendi Universal, en fait les frais, lui qui ne désirait pas se débarrasser de *Courrier International* du fait de ses synergies avec *L'Express*. Jean-Marie Messier accepte donc de céder le périodique convoité. Entre deux croissants, des mots agréables aux oreilles de J2M sont prononcés : « *L'information sur Vivendi Universal sera désormais factuelle et proportionnée*[10]. » Le patron du *Monde* évoque une « *normalisation des rapports* ». C'est en tout cas ce qu'ont entendu les collaborateurs les plus proches de Messier quand leur président leur a rendu compte, peu après, des conditions de la paix. Maurice Lévy se porte garant de la bonne application

9. Dans son livre, Jean-Marie Messier situe par erreur ce petit-déjeuner neuf mois plus tard, en octobre. Il a probablement eu lieu le mercredi 17 janvier, mais il est inscrit la veille dans le propre ouvrage d'Alain Minc !
10. Citation reconstituée d'après les témoignages de participants.

de l'accord de principe passé entre les deux groupes. Satisfait sans être dupe, le président de Vivendi Universal n'a guère prêté attention, néanmoins, à une phrase chuchotée à son oreille par celui du *Monde* : « *Nous tenons beaucoup à Pierre Lescure, et si j'ai un conseil à vous donner, ne touchez jamais à un seul de ses cheveux. C'est une icône. Ce serait une déclaration de guerre*[11]*...* »

S'il évoque bien cette menace dans son livre, Jean-Marie Messier y a omis un élément de taille : la vente de *Courrier International* au groupe Le Monde et les tractations dont elle fut l'objet. Messier demande en effet à Éric Licoys de « finaliser » les négociations avec Jean-Clément Texier, le banquier du *Monde*. Licoys désigne lui-même Jean-Laurent Nabet, son bras droit, directeur des fusions-acquisitions et de l'analyse financière de Vivendi Universal, pour mener les discussions avec Texier, de la Banexi, mandaté par le quotidien. Le numéro deux de VU donne pour instruction à Nabet : pas question de brader *Courrier International* ! Nabet tente donc de résister pied à pied aux exigences du vice-président de la Banexi, excellent négociateur. Ce dernier sait qu'il a dans sa manche un atout-maître : Messier *tient* à cet accord. À l'inverse, la protection de Licoys, son patron, ne suffit pas à l'autre négociateur, Jean-Laurent Nabet, qui n'a pas intégré le fait que « J2M » souhaite à tout prix s'entendre sur ce *deal* avec « JMC ». Quand, agacé par une nouvelle demande de Texier de baisser encore le prix, Nabet fait le mort pendant quelque temps, les téléphones sonnent à l'étage au-dessus. Minc appelle Lévy qui contacte Messier qui donne pour instruction à Licoys de ne pas geler la négociation. Texier fait ainsi ramener le prix de cession à 14 millions d'euros. Mais là, tout se bloque à nouveau. Nabet n'entend plus céder d'un iota.

« *OK,* lui dit Texier[12], *si vous ne bougez plus, c'est que vous ne voulez pas perdre la face. Je comprends. Mais ce prix-là est trop élevé pour que nous puissions relancer le*

11. *Mon vrai journal, op. cit.*, p. 92.
12. Cette tirade doit bien sûr être entendue « en substance », d'après des témoignages rapportant la teneur de la conversation.

titre... Nous voulons bien accepter un prix public de 14 millions, mais nous voulons une compensation par le biais d'un accroissement de vos commandes publicitaires au Monde ».

La proposition dépasse les compétences de Nabet. Décidément, dans cette négociation, les dés sont pipés. Texier et Nabet sont à des degrés divers les exécutants de deux patrons qui veulent faire la paix, mais dont l'un – celui du *Monde* – est convaincu d'avoir barre sur l'autre. Et voilà donc Nabet contraint d'accepter les termes d'une proposition qu'il juge exorbitante. Bref, Vivendi consent à donner au *Monde* une garantie de recettes publicitaires s'étendant sur un an et demi. Une aubaine pour le quotidien : dans un contexte de repli général du marché, non seulement le quotidien obtient la reconduction du budget VU de 2001, mais il gratte par surcroît un *bonus* de 2,5 millions d'euros pour la période courant entre le 1er juillet 2001 et le 31 décembre 2002. C'est Noël !

Bien entendu, cette opération doit s'analyser comme une diminution de prix déguisée. « Le Monde *a préféré payer l'hebdomadaire un peu plus cher, en échange d'une amélioration artificielle de ses résultats d'exploitation en 2001 et 2002. Ils ont échangé 2,5 millions d'euros d'investissements (16,62 millions de francs) contre 2,5 millions d'augmentation du chiffre d'affaires* », confie l'un des négociateurs de ces accords occultes. Car la vente d'espaces publicitaires et l'achat d'une entreprise ne relèvent pas du tout de la même rubrique comptable : la vente de pages d'annonces permet de gonfler le chiffre d'affaires et donc le résultat (de réduire la perte), tandis que l'achat de *Courrier* concerne le haut de bilan. Du côté de Vivendi, et dans la mesure où l'accroissement des achats publicitaires au-delà des besoins de l'entreprise n'a d'autre justification que de rendre au *Monde*, sous la forme de chiffre d'affaires, une partie du prix de vente de *Courrier International*, l'opération a appauvri la société d'une dépense qui n'était pas nécessaire.

L'engagement de VU est finalisé le 12 juin 2001 par une

lettre d'Éric Licoys adressée à Jean-Marie Colombani. La missive fait allusion – mais seuls les initiés peuvent le comprendre – à la « paix des braves » négociée lors du petit-déjeuner dans la salle à manger de Publicis :

« Dans le cadre des relations que nous avons nouées[13] *et que votre décision d'acquisition de notre titre* Courrier International *vient de renforcer, ainsi qu'à raison de l'adéquation et de la cohérence évidentes des cibles touchées par les supports contrôlés par* Le Monde *avec la stratégie de communication de Vivendi, notre Groupe vous a assuré qu'il poursuivrait et accroîtrait ses achats d'espace publicitaire auprès de votre Groupe* ».

Et de préciser ensuite concrètement les termes de cet accord :

« *Le Groupe Vivendi s'engage irrévocablement à accroître, durant la période du 1er juillet 2001 au 31 décembre 2002, de la somme de 2,5 millions d'euros hors taxes, nette de toutes remises et ristournes, le montant de ses achats d'espace publicitaire à effectuer auprès du Groupe Le Monde.* »

La formule finale ne manque pas de sel : « *Il va de soi que tout ce qui précède devra être exécuté dans le plus parfait respect des lois et règlements en vigueur et, en particulier, de la loi sur la transparence* » (sic !).

Le dossier a été géré de façon si *transparente*, en effet, que Jean-Marie Colombani ne s'est jamais risqué à révéler publiquement le véritable prix d'achat de *Courrier*, y compris à l'intérieur même du *Monde* où l'existence d'une ristourne de 2,5 millions d'euros est largement méconnue. Le 26 juin 2001, lors d'une réunion du comité d'entreprise, à Alain Faujas, représentant du Syndicat national des Journalistes, qui lui demande « *une idée du prix* », Colombani répond :

« *Nous ferons une communication en temps utile, je ne connais pas exactement nos obligations dans ce domaine ; nous ferons un communiqué commun qui suivra les actes*

13. Souligné par nous.

de procédure. Le prix est à mi-chemin de leurs ambitions, qui étaient grandes, et de notre souhait. »

Le Monde annonce la nouvelle à ses lecteurs par un article de Nicole Vulser, journaliste de la rubrique « Communication[14] ». Dans le temple du journalisme d'investigation, la journaliste, qui n'a pas réussi à savoir à combien s'est montée la transaction, évoque un « *montant non dévoilé* »... !

La signature de la paix et du codicille secret avec *Le Monde* soulage le patron de Vivendi Universal. Le mardi 3 juillet 2001, l'euphorie de Messier est encore visible lors de la remise de sa Légion d'Honneur par Bettina Rheims. Pour remercier amis et parents présents, le médiatique patron a organisé un karaoké ! Subjugué, Alain Minc s'enthousiasme dans la pénombre de son journal intime. Messier serait un clone de Tony Blair, inventeur de la « troisième voie » : « *Ce sont les chefs du troisième type, ceux qu'attendent une démocratie d'opinion et une société médiatique.* » À un an de l'« accident industriel » de Messier, la perspicacité d'Alain Minc fait encore merveille. Demandez-lui ses favoris, à la veille du Grand Prix de l'Arc-de-Triomphe, et jouez sans complexe les autres canassons !...

On est moins romantique à la World Company. Dans le clan Messier, on respire : « *2,5 millions d'euros pour qu'ils nous lâchent, c'était le prix de la tranquillité... Un accord qui était garanti par Maurice et Alain...* », ironise aujourd'hui un ancien membre de la direction de Vivendi.

Mais, dès l'automne 2001, l'application de cet accord se révèle être un véritable casse-tête. Le grand jeu de la rentrée : trouver des achats publicitaires à réaliser dans le groupe Le Monde en sus des opérations habituelles ! Un ancien cadre de Vizzavi[15] se souvient de l'affolement d'Agnès Audier, patronne de Vivendi Universal Net, pour faire en sorte que Vizzavi remplisse son quota de pub au *Monde* avant la fin de l'année : « *Elle voulait que nous tra-*

14. *Le Monde* du 3 juillet 2001.
15. Il s'agit du portail Internet de VU.

vaillions étroitement avec lemonde.fr. Mon chef m'a dit qu'entre Vivendi et Le Monde, *il y avait déjà beaucoup de relations, que* Le Midi Libre *leur avait coûté cher et qu'entre gens de bonne compagnie, il fallait s'aider. Les instructions étaient claires : il faut, d'une façon ou d'une autre, leur filer du fric avant la fin de l'année ! »* Le même affirme que l'application de l'accord – dont il ne connaissait pas les termes – agita beaucoup son service. Il fallut payer des bandeaux publicitaires de MP3.com sur lemonde.fr, censés faire connaître des groupes musicaux inconnus à des jeunes à qui l'idée ne serait jamais venue de se connecter sur le site du *Monde*. Christine Delavennat, directeur des affaires publiques et de la communication institutionnelle de VU, s'arrache les cheveux : en dépit de « cadences infernales », la canalisation vers *Le Monde* du geyser publicitaire ne parvient pas à remplir les objectifs assignés par les négociateurs. Pourtant, la direction de Vivendi fait tout pour être agréable à Jean-Marie Colombani ! L'exemple le plus abouti de cette bonne volonté est l'achat de dix pages de publicité sur un total de quarante dans un supplément du *Monde*[16] encarté, « *Livres, DVD & CD en fête – Sélection Noël* ».

Jusqu'à la chute de Messier, l'application de l'accord pose encore quelques problèmes pratiques. Puis, quand Jean-René Fourtou prendra les rênes de VU, il demandera à Jean-Marie Colombani de mettre un terme à l'engagement de Vivendi en échange d'une somme forfaitaire. Sans pitié pour les « canards boiteux », le patron du *Monde* refusera tout net…

Mais nous n'en sommes pas encore là. À la fin de l'été 2001, les relations entre les deux Jean-Marie sont revenues au beau fixe, et Messier a l'esprit tranquille sur ce front-là quand il s'installe à New York. Les attentats du 11 septembre lui fournissent l'occasion de revenir sous les sunlights. Il donne son sang, porte le drapeau américain à la boutonnière, offre cinq millions de dollars à la Fondation du 11 septembre, et le fait savoir. La vie continue. Pour-

16. *Cf. Le Monde* du 28 novembre 2001.

quoi ne pas réunir à New York « son » conseil de prospective pour réfléchir sur l'« après-11 septembre » ? Ce conseil a été créé à la fin de l'année précédente pour réfléchir aux bouleversements culturels entraînés par les révolutions technologiques. Chargée de constituer et animer ce conseil, Christine Delavennat n'a eu aucun mal à convaincre de « grosses pointures » de le rejoindre : Joël de Rosnay, Luc Ferry, Jorge Semprun, Thierry de Montbrial, les professeurs Michel Maffesoli et Luc Montagnier ont accepté d'en devenir membres permanents. Il va sans dire que ces noms prestigieux, recrutés pour réfléchir, servent également à façonner, cautionner et refléter l'image du jeune tycoon français... Mais, tout prestigieux qu'ils soient dans l'hexagone, ces *frenchies* ne constituent pas une affiche suffisante à New York. Il a fallu attirer quelques grosses têtes américaines, ou à tout le moins des figures populaires outre-Atlantique pour « *comprendre le défi culturel du 11 septembre et y répondre au mieux* ». Salman Rushdie, l'auteur des *Versets sataniques,* Francis Fukuyama, chantre du capitalisme triomphant et inventeur de la « fin de l'Histoire », Samuel Huntington, auteur du *Choc des civilisations,* et Nicholas Negroponte, patron du Laboratoire des médias au Massachussets Intitute of Technology, ont accepté de prendre place aux côtés des Français. Mais J2M voulait de surcroît médiatiser cette réunion. D'où l'idée de l'organiser lors de la première réunion de son *board,* dans l'immeuble de la Tour Seagram, siège de son nouveau bureau. Et Maurice Lévy a alors l'idée d'inviter... Jean-Marie Colombani pour parachever la réconciliation entre les deux « J.-M. »[17].

C'est donc le patron de Publicis qui a eu l'idée et le patron de Vivendi Universal l'a trouvée « géniale ». Voici donc Colombani qui s'envole, avec Madame, de Roissy, dans l'après-midi du samedi 1er décembre. À l'atterrissage, le couple est installé à l'hôtel Peninsula, qui n'a rien d'une auberge de jeunesse.

17. Lors d'une réunion qui s'est tenue à Paris, le 7 novembre, dans le bureau de J2M, en présence de Christine Delavennat et Christophe Coffrant.

Retour à la réunion du *think tank* de Messier. Les « *special guests* » et le « *Think Tank Council* » du « *panel* [18]» – comme ils disent –, soit une vingtaine de personnes, s'asseyent autour d'une longue et large table. Comme s'il co-présidait la réunion, Colombani prend place, encadré par Pierre Lescure et Jorge Semprun, à un bout de table, face à Messier, lui-même encadré par Agnès Touraine[19] et Éric Licoys. Dans son petit *speech* introductif, le patron de Vivendi Universal cite d'ailleurs à deux reprises son hôte de marque :

« *Au nom de Vivendi Universal et notamment des directeurs exécutifs qui m'accompagnent, je suis ravi d'accueillir ce matin nos invités, ainsi que le directeur du* Monde, *Jean-Marie Colombani, qui nous fera part de ses réflexions sur les conséquences du 11 septembre (...). J'ai déménagé avec ma famille le 2 septembre dernier. Ce jour-là, nous étions heureux de venir à New York. Maintenant, nous sommes fiers d'être new-yorkais. Les questions d'intégration, après un tel événement, ne se posent plus, et notre engagement premier est de participer à la reconstruction. Ce fut une incroyable chaîne d'entraide qui redonnait espoir. Comme le disait* Le Monde, *dans de tels moments, nous nous sentons tous Américains !* »

À cette allusion à son propre éditorial, le patron du *Monde* rosit de plaisir. Il prend à son tour la parole après Messier :

« *Il est faux,* expose-t-il, *de dire que l'objectif d'Al-Qaida était la destruction des États-Unis. Son objectif concerne le monde islamique...* »

En fin de matinée, tout ce beau linge se retrouve à quelques mètres de là, au restaurant *Four Seasons*. Messier installe Colombani à sa droite et lui glisse à l'oreille :

18. Composé – outre les « *special guests* » : Jean-Marie Colombani, Francis Fukuyama, Samuel Huntington, Salman Rushdie – de l'équipe de Vivendi : Pierre Lescure, Éric Licoys, Agnès Touraine, Agnès Audier, Christine Delavennat, Catherine Lamour, Christophe Coffrant et Thierry Saussez ; et du conseil du Think Tank : Esther Dyson, Luc Ferry, Derrick de Kerckhove, Michel Maffesoli, Nancy Maynard, Thierry de Montbrial, Philippe Quéau, Joël de Rosnay, Jorge Semprun, Theodore Zeldin et Jean-Marie Messier.
19. La directrice de Vivendi Universal Publishing.

« *Jean-Marie, je serais très heureux que vous commenciez l'animation du déjeuner.* » En fait, peut-être même sans s'en rendre compte, le patron de Vivendi Universal transforme sa relation d'(apparente) égalité avec le patron du *Monde* en relation de dépendance. En obtempérant, en lançant la première question (en bon anglais), Colombani devient de facto le journaliste, l'animateur de réunion, quasiment un collaborateur de Messier...

La dernière partie de l'après-midi embrasse une question de portée moins générale, puisqu'il s'agit de répondre à cette interrogation : « *Que doit faire un groupe comme Vivendi Universal pour favoriser, encourager et promouvoir le dialogue entre les cultures ?* » De fait, les membres du *think tank* se transforment insensiblement en conseillers de luxe de Jean-Marie Messier. Le patron du *Monde* se prête au jeu sans difficulté. La connivence entre les deux « J.-M. » saute aux yeux. Au cas où certains n'auraient pas bien compris où il voulait en venir, Messier, au cœur de cette dernière partie du programme, met les points sur les « i » : « *Je voudrais entendre vos points de vue sur le rôle que Vivendi Universal doit jouer ou doit éviter de jouer en reconnaissant la diversité culturelle et la tolérance... Nous désirons envoyer ce message que, tout en combattant le terrorisme, nous écoutons et essayons de comprendre les messages qui nous furent envoyés le 11 septembre.* »

C'est Jean-Marie Colombani qui mouille le plus sa chemise pour répondre à son vis-à-vis, non sans le mettre en garde :

« *Vos objectifs sont courageux, mais posent des myriades de problèmes. Vous avez la capacité de permettre à des gens qui sont considérés comme dangereux dans leur pays de s'exprimer et de devenir des héros. Cette posture pourrait vous empêcher de réaliser certaines affaires et, finalement, nuire aux intérêts de vos actionnaires (...). Il est faux de dire qu'un message a été envoyé par les attaques du 11 septembre (...), et ce ne serait pas bien de justifier cette attaque de cette façon. D'un autre côté, vous avez raison de promouvoir la diversité culturelle dans la mesure où celle-ci conduit à la liberté. Au-delà, votre groupe ne doit pas oublier les liens étroits que vous avez forgés entre l'Europe et les États-Unis, et son rôle stratégique important dans le futur.* »

La réunion se termine peu après ce morceau de bravoure. Il est déjà tard. Messier conclut en encourageant les participants à le contacter par messagerie électronique. Il ne s'éternise pas, car il doit dîner à Boston avec le patron de l'éditeur américain Houghton Mifflin. Le soir même, le couple Colombani reprend l'avion pour Paris[20].

De retour à Paris, si Colombani est transporté de joie, ce n'est pas tant d'avoir rencontré Salman Rushdie ou Francis Fukuyama. L'excellente nouvelle est que le groupe Vivendi a accepté de souscrire pour trois millions d'euros d'obligations remboursables en actions (ORA) ! Que s'est-il passé à New York durant ce court séjour ? Les deux Jean-Marie se sont-ils rencontrés hors protocole dans la journée du dimanche ? Le maître du *Monde* a-t-il convaincu le « nouveau maître du monde » de mettre une nouvelle fois la main au portefeuille ? La plupart des membres de l'ancienne direction de VU, y compris Messier, prétendent tout ignorer de cette souscription. Nous avons bombardé d'*emails* l'ex-patron de Vivendi. Au premier de nos messages[21] concernant les ORA souscrites, il répond : « *Je ne sais pas à quoi vous faites allusion* », avant de trouver cela « *bizarre* ». Le lendemain, il dit toujours ne pas être au courant, mais il se défausse et reporte la responsabilité sur ses subordonnés : « *...Ce sont des montants qui se situent largement à l'intérieur des délégations de mes collaborateurs...* ». Or, cette souscription est bel et bien inscrite dans les comptes du *Monde*. Pourquoi la nier ? L'ex-patron de Vivendi, aujourd'hui en butte à de nombreux engagements de procédures de la part d'actionnaires du groupe,

20. Son déplacement a coûté 4 400 euros (3 000 euros pour le billet, 1400 pour l'hôtel) à Vivendi Universal. Seul le billet de Jean-Marie Colombani était pris en charge par VU. Air France s'était chargé d'offrir le billet à Madame.
21. Le 26 octobre 2002.

craint-il en l'occurrence d'ouvrir une brèche à leurs investigations ? Ou bien faut-il encore ici invoquer l'orgueil blessé de J2M ?

Quoi qu'il en soit, Vivendi a bien souscrit ces fameuses ORA. Fin octobre 2001, la résolution du *Monde* d'entrer en Bourse rendait en effet possible le lancement d'une souscription d'obligations reconvertibles en actions (ORA) auprès de ses « partenaires », autrement dit des actionnaires extérieurs. Les banques BNP-Paribas et Rothschild ont eu besoin d'un mois entier pour préparer le « mémorandum » adressé aux « privilégiés » qui auraient le droit de souscrire des ORA au prorata de leurs actions. Selon les calculs des banquiers, Canal+ devait souscrire à hauteur de 700 000 euros et Vivendi Universal de 372 000 euros, soit un total de 1 072 000 euros pour le groupe VU. À la fin du mois de novembre, Dominique Alduy, directrice générale du *Monde*, munie dudit mémorandum, rencontre Marc-André Feffer, vice-président de Canal+, et lui propose de souscrire pour 700 000 euros d'ORA. Le 6 décembre, Feffer recommande à Nabet, alors à New York, de faire un « geste amical » à l'égard du *Monde*. Est-ce Jean-Marie Colombani qui s'est chargé lui-même de remettre à Jean-Marie Messier, à New York, le « mémorandum » destiné à Vivendi ? J2M[22] refuse énergiquement de reconnaître qu'il a eu un tête-à-tête new-yorlais avec Colombani. Il refuse également de reconnaître le ou les tête-à-tête qu'il a eu(s) entre le 19 et le 21 octobre précédent. Or, avec un billet payé aussi par Vivendi (États-Unis), le patron du *Monde* avait pris le même avion Air France (AF 022) pour New York, que celui emprunté par Messier.

Quoi qu'il en soit, après lui avoir soutiré 2,5 millions supplémentaires de « dessous de table » publicitaires, Jean-Marie Colombani a convaincu Messier de tripler la souscription du groupe VU en ORA. Ce sont donc 3 millions d'euros, au lieu des 1 072 000 euros réclamés, qui sont apportés dans la corbeille du *Monde* : un million par

22. Par messagerie électronique.

Canal+ et 2 millions par Vivendi Universal. Soit au total la bagatelle de 2 millions d'euros supplémentaires pour consolider la paix !

Quelques jours après la rencontre du *Four Seasons*, J2M fait passer à Jean-Laurent Nabet le « mémo » avec cette annotation : « *M'en parler* ». Mais Nabet, à ce moment-là, est déjà très accaparé par les acquisitions américaines de VU. Il en oublie le dossier des ORA du *Monde*, « minuscule » à l'aune des milliards d'euros engagés par ailleurs par le groupe outre-Atlantique...

Jamais séjour n'aura paru aussi profitable à ce grand voyageur qu'est Colombani. Le bouclage de l'opération ORA est en vue, puisque les 2 millions d'euros supplémentaires obtenus de Vivendi viennent compenser les défaillances de certains partenaires. Le patron du *Monde* rend compte de l'accord de New York à Jean-Clément Texier, chargé de faire le nécessaire pour le transformer en espèces sonnantes et trébuchantes dans les caisses du quotidien.

Ne voyant rien venir, Jean-Clément Texier contacte, le 14 janvier 2002, Jean-Laurent Nabet pour lui demander « *où l'on en est* ». Et lui rappelle « *les sommes évoquées entre Jean-Marie Colombani et Jean-Marie Messier* », c'est-à-dire l'accord du second de souscrire pour 3 millions d'euros. Le 15 janvier, Nabet monte dans le bureau parisien[23] de Messier et lui demande confirmation du double achat d'ORA pour 3 millions d'euros. *« OK »,* répond un Messier en proie à des soucis autrement plus importants. Nabet peut ainsi confirmer l'engagement du groupe à Feffer, de Canal+, et à Texier, de la Banexi. Le 18 février, le directeur juridique du *Monde* présente à Éric Licoys le contrat d'émission d'ORA, qui est signé le même jour. Malgré déjà certains premiers accrocs au traité de paix...

Les deux chèques – 2 millions d'euros pour Vivendi, 1 million pour Canal+ – sont signés peu après et ont été encaissés par *Le Monde* à la fin février 2002[24]. Ce qui fait

---

23. Les deux hommes sont à Paris depuis le début du mois.
24. Plus précisément au moment où, si l'on en croit les informations diffusées par le journal *Le Monde* – que nous évoquerons ultérieurement –,

alors du groupe de communication le plus gros apporteur d'argent frais au journal de Jean-Marie Colombani[25] !

Depuis le rendez-vous de janvier 2001 au siège de Publicis organisé par Maurice Lévy et Alain Minc, Jean-Marie Messier a décidément payé au prix fort la paix des braves avec Jean-Marie Colombani ! Tout semblait donc aller pour le mieux dans le meilleur des mondes lorsque une petite phrase de « J2M » vient mettre à mal ce bel ordonnancement.

Le 17 décembre de la même année, au cours d'une conférence de presse, à l'hôtel Saint Regis à New York, alors qu'il est au faîte de sa gloire, Jean-Marie Messier plastronne devant un parterre de journalistes américains : Vivendi vient de racheter la société audiovisuelle USA Networks. C'est à ce moment-là que quelques journalistes français lui font perdre de sa superbe avec des questions – posées en français, bien sûr – sur des sujets qu'il estime d'un intérêt franco-français. Une question revient avec insistance : que va devenir Pierre Lescure ? Elle agace d'autant plus Messier que le patron de Canal+ se trouve dans la salle. Survient sa fameuse gaffe, qui marque le début de sa chute: « *L'exception culturelle française est morte.* » Selon un témoin de la scène, « *c'était Rastignac devant des cousins qui lui parlaient en patois... C'était un piège...* » Sortie de son contexte, cette phrase-là « tue » J2M. Lancée par les professionnels du cinéma et relayée par de nombreux intellectuels et hommes politiques, la polémique enfle rapidement.

Mais Jean-Marie Messier perçoit encore les « dividendes éditoriaux » de ses « investissements » au *Monde* ; le lendemain même de la déclaration « sacrilège », le quotidien publie en bas de sa première page un article du tycoon sur le thème : « *Construire les ponts de l'après-11 septembre* », alors que la « mort de l'exception

---

Vivendi Universal était depuis au moins deux mois en état de quasi cessation de paiement !...

25. La BNP-Banexi devance le groupe VU, mais sa souscription est la transformation en ORA de l'opération de portage qu'elle a effectuée dans le cadre du rachat du *Midi Libre*.

culturelle » ne fait même pas l'objet d'un appel de « une ». Le long papier du patron de Vivendi Universal reprend les thèmes qui ont été débattus quinze jours plus tôt à New York, plus précisément celui de la dernière intervention de Jean-Marie Colombani sur « *les liens étroits qu'il a forgés entre l'Europe et les États-Unis* », comme si le boss de Vivendi, bon élève, voulait montrer au patron du *Monde* que sa petite leçon de philosophie politique avait porté.

Le lendemain, *Le Monde* traite enfin de l'événement. Ce n'est toujours pas en « une », mais en page 35, avec un titre sur cinq colonnes : « *Vives réactions aux déclarations de Jean-Marie Messier* ». Le 21 décembre, toujours pas d'appel en « une » sur la polémique, mais une page entière sur « *La deuxième vie de Jean-Marie Messier* ». Une grande photo montre J2M souriant sur fond de gratte-ciel. Mais, cette fois-ci, le papier de Martine Orange se clôt par un coup de griffes :

« *Dans un an, deux ans d'après eux* [il s'agit de certains salariés du groupe en France], *même si Vivendi Universal vit des rentes assurées par ses filiales françaises – SFR et Vivendi Environnement –, le siège social déménagera de Paris à New York. À la faveur d'un rachat ou d'un autre, le groupe abandonnera son nom pour devenir seulement Universal.* "C'est un nom qui convient bien pour le maître du monde", *ironise un salarié. Une rumeur récurrente prêterait à Jean-Marie Messier, qui travaille actuellement avec un simple visa d'expatrié, l'intention de demander la nationalité américaine. Il a démenti.* »

Dans *Le Monde* daté du 28 décembre 2001, Martine Orange aiguise l'attaque. Elle reprend, en la développant et en la motivant par de nombreux chiffres, visiblement obtenus de source interne, la thèse de la rente prélevée par le groupe sur ses filiales françaises, SFR et Vivendi Environnement. Le titre de l'article est dépourvu d'ambiguïté : « *Vivendi Universal : quand l'eau finance les médias* ». Selon Martine Orange, l'ancienne Générale des Eaux procurerait 90% du résultat opérationnel du groupe.

Une façon de minorer tout ce qu'a fait Messier depuis son accession au pouvoir. « *Cette situation,* poursuit la journaliste du *Monde, illustre un des handicaps de Vivendi Universal : le groupe est sous contrainte financière.* »

Fou de rage, Messier demande à ses services les éléments d'un droit de réponse au *Monde.* Simple hasard du calendrier, enchaînement fortuit des événements ? Le lendemain, il monte en « une », sur quatre colonnes, sous la manchette : « *Le débat sur l'exception culturelle.* » Le sous-titre est cruel : « *Jean-Marie Messier fait l'unanimité contre lui dans les partis de droite et de gauche.* "L'exception culturelle franco-française est morte", *avait déclaré, à New York, le patron de Vivendi Universal. Seul Alain Madelin le soutient. Jack Lang au* Monde *:* "Pas question de se faire intimider." »

La lecture de cette « une » interpelle Alain Minc qui craint de voir ruiné son patient travail de pacification. Le soir-même du 28 décembre, le président du Conseil de surveillance du *Monde* vole au secours de Jean-Marie Messier dans son journal intime : « *Il ne fallait pas être prophète pour pressentir la tempête que soulèverait le mot de Jean-Marie Messier sur l'exception culturelle. J'avais parlé ici même d'une guerre de religions à la française. Nous y voilà ! La trêve des confiseurs aidant et le contexte poussant à la politisation à outrance, les journaux croulent sous les tribunes, admonestations, procès en sorcellerie (...). Publiée* in extenso, *la déclaration de Messier ne mérite ni cet excès d'honneur, ni cette indignité, mais notre jeune* tycoon *a oublié qu'endosser les habits d'un homme public, voire politique, expose au risque des* "petites phrases" *: trois mots sortis d'un contexte suffisent à* "plomber" *pour quelques mois une vedette. Mais qu'il se rassure : l'amnésie est inséparable du tohu-bohu. Plus une polémique est vive, plus elle s'estompe, comme si les événements disposaient d'un capital médiatique fixe, l'intensité de la querelle en rétrécissant la durée.* » Comme à son habitude, le Monsieur Soleil de l'*establishment* a tout faux. La vedette est « plombée » pour très longtemps...

Le 4 janvier 2002, *Le Monde* publie le droit de réponse du président de Vivendi Universal. Comme toujours dans ces cas-là, le droit de réponse, jugé insupportable pour l'orgueil du *Monde*, est maquillé en « *une lettre de...* », laquelle « lettre » est cinglante. En aucun cas, précise son auteur, *« l'eau ne finance les médias »,* comme l'annonçait le titre de l'article de Martine Orange. Suit une avalanche de chiffres pour démentir son article. La journaliste, qui prend mal ce démenti et en conçoit une très forte amertume à l'endroit de Messier, va affûter ses couteaux. Messier, en revanche, confirme son accord pour souscrire trois millions d'euros d'ORA.

La semaine du 14 au 21 avril 2002 qui précède le premier tour des élections présidentielles est déterminante pour l'avenir du pays. Le dimanche soir, quatorze candidats seront éliminés. Tout est en train de se jouer dans la tête des électeurs. Chacun pèse les arguments des uns et des autres. C'est la semaine de tous les dangers : Le Pen continue à grimper dans les sondages. Mais *Le Monde* ne tombe pas dans le « piège » de l'actualité ; le quotidien de référence préfère s'occuper d'un duel de « second tour » d'un genre particulier, celui qui oppose Jean-Marie Messier à Pierre Lescure ! Le premier est mis en scène dans le rôle du condamné à mort, tandis que le second devient un valeureux résistant des temps modernes qui défend bec et ongles les « valeurs » de la chaîne cryptée.

Le 17 avril 2002, c'est la mise à mort programmée en « une » : *« Vivendi : qui veut la chute de Jean-Marie Messier ? »*. *Le Monde* ne prend plus de gants : « *De la tutelle à une mise à l'écart : les scénarios envisagés contre Jean-Marie Messier* », annonce l'un des sous-titres. Le dessin de Plantu, également en « une », vaut éditorial et ne laisse planer aucun doute sur les intentions du quotidien. Au pied de la Bourse-échafaud, le patron de Vivendi, le corps entravé par la chute des cours, s'apprête à monter se faire couper la tête.

Qu'est-ce qui justifie une telle agressivité ? Une rumeur, des documents ? *Le Monde* s'est-il enfin lancé dans l'investigation en milieu d'affaires ? Non, il s'est mué, l'espace d'une journée, en Radio-Potins de l'*establishment* : « *Alors que son assemblée générale doit se tenir le 24 avril, le monde des affaires bruit de rumeurs sur le sort de Jean-Marie Messier.* » L'éditorial, titré « *Fragilité de Vivendi* », est à l'avenant : Jean-Marie Colombani, son probable signataire, se range résolument aux côtés de son ami Pierre Lescure contre Jean-Marie Messier, patron de Vivendi Universal, un de ses principaux annonceurs. Pendant toute l'affaire, il ne sera *jamais* rappelé aux lecteurs du *Monde* que Pierre Lescure est un hiérarque du quotidien, qu'il est un membre influent de son Conseil de surveillance, et que « sa » société, Canal+, est actionnaire du *Monde*. Dans les *Règles et usages*[26] codifiés par le *Style du* Monde, les Tables de la Loi du quotidien, il est pourtant écrit : « *Lorsqu'une entreprise actionnaire du* Monde *est citée dans un article du journal, cette particularité est signalée comme telle.* »

Messier mesure d'emblée la violence de l'attaque en recoupant les informations dont il dispose. Lescure a reporté en début d'après-midi du mardi 17 avril un rendez-vous prévu avec lui le matin, après la sortie du *Monde*. Le président de Canal+ a prétexté un petit-déjeuner important en Espagne. Or Messier croit savoir que Lescure n'est pas allé en Espagne, mais qu'il a passé une partie de l'après-midi du lundi au *Monde*. Il connaît aussi les contacts établis avec Minc et Colombani par Claude Bébéar, président du Conseil de surveillance d'AXA, le chef des « conjurés » mobilisés contre Messier. *Le Monde* sous le bras (avec la fameuse « une » : « *Qui veut la chute de Jean-Marie Messier ?* »), Lescure arrive au siège de Vivendi avec une demi-heure de retard.

– *As-tu lu* Le Monde ? demande-t-il.

Messier serre les dents :

– *C'est bien, ça va obliger mes administrateurs à réagir*[27]...

26. Figurant à l'intérieur du *Style du* Monde, *op. cit.*
27. Propos rapportés par Jean-Marie Messier.

En réalité, comme on peut l'imaginer, il est hors de lui.

– *Pierre, je te propose de prendre la présidence du Conseil de surveillance de Canal+*[28]*...*

– *Qui serait président du Directoire ?*

– *Xavier Couture. Tu as trois minutes pour accepter. C'est oui ou c'est non.*

– *C'est non !*

– *Alors tu en tires les conséquences,* dit Messier.

– *Non, c'est toi qui en tires les conséquences. Je ne démissionnerai pas.*

Le même jour, 17 avril, avant ce face-à-face, Alain Minc avait accordé un entretien au *Figaro* pour prendre la défense de Messier. Il avait été prévu que l'interview paraisse le 19 avril. Or, dans les quelques heures qui suivent le limogeage de Pierre Lescure, Minc annule sa publication, prétextant auprès du journal qu'il ne souhaite pas donner l'impression de participer au lynchage de Pierre Lescure.

Désormais, Messier en est convaincu : Lescure, qui n'a pas vraiment le profil d'un Commandant Marcos des médias, marche main dans la main avec la direction du *Monde* pour aider et amplifier la manœuvre lancée par Claude Bébéar. Il se tourne vers l'« homme de la paix », Maurice Lévy :

– *Vos amis du* Monde *n'ont pas de parole... Ils m'ont trahi*[29] *!*

Maurice Lévy appelle Alain Minc qui tente de joindre Messier pour le calmer. Rendez-vous est pris au siège de Vivendi, le vendredi suivant.

Le lendemain, la guerre continue. Nouvelle « une » du *Monde* sur quatre colonnes, sur ce sujet si crucial pour l'avenir de la France : « *Canal+ appelle à la révolte* ». La manchette y attache à nouveau plus d'importance qu'à la montée de Le Pen. Le lendemain, rebelote sur le thème : « *L'étau se resserre sur J.-M. Messier* » ; l'appel de « une »

28. Les propos qui suivent ont été rapportés par Pierre Lescure à Martine Orange qui les a reproduits dans *Le Monde 2* de septembre 2002.
29. Propos recueillis au siège de Vivendi à la fin juin 2002.

annonce deux pleines pages sur le sujet à l'intérieur du journal. Marc Ladreit de Lacharrière, administrateur de Canal+, joue les Zola de l'establishment par une lettre ouverte à Messier que *Le Monde* est ravi de publier sous le titre : « *Je ne voterai pas la révocation de Pierre Lescure* ». Encore une fois, la déontologie et les règles du *Style du* Monde sont en congé. Si le document de référence avait été respecté, les lecteurs auraient dû savoir que Ladreit de Lacharrière est actionnaire du *Monde* (et ami de Colombani), et qu'il vole au secours d'un membre de son Conseil de surveillance (lui aussi ami de Colombani) ! Bref, une montagne de conflits d'intérêt.

Le vendredi 19 avril, Alain Minc est dans le bureau de Jean-Marie Messier. Il lui montre, gage de son soutien, l'entretien accordé au Figaro et qui devait paraître ce jour, et lui déclare en substance :

– *Jean-Marie te l'avait bien dit. Il ne fallait pas toucher à Lescure. Je suis d'accord avec toi, ce n'est pas un bon* manager, *mais tu aurais dû attendre le 15 août pour le vider.*

De l'art de savoir cajoler les hommes que l'on va pousser dans la fosse :

– *Tu devrais réfléchir à partir. Si tu partais maintenant, ce serait un geste merveilleusement romantique*[30]...

Jean-Marie Messier remâche sa rancœur. Que de temps, d'énergie et d'argent perdus pour se concilier le quotidien de référence !

Mais les crocs du *Monde* ne le lâchent plus. Le 15 mai, il titre sur quatre colonnes : « *Les mystères de Vivendi* », à nouveau illustré par un terrible dessin de Plantu intitulé « *Avis de tempête* ». Commentant les éclairs dessinés sur une carte d'Europe, Messier déclare devant une assemblée : « *Après la pluie, la pluie !* » Mais c'est surtout une précision figurant dans le deuxième paragraphe de l'article qui déclenche une nouvelle fois l'ire de Messier : « *Selon nos informations, le groupe aurait car-*

30. Propos reconstitués à partir de témoignages recueillis dans l'entourage de Jean-Marie Messier.

rément frôlé la cessation de paiement à la fin 2001. »

C'est l'hallali ! Dans le climat de tension créé autour du groupe, fragilisant sa valeur en Bourse, les dégâts de ce dernier missile sont terribles. Tous ceux, de plus en plus rares, qui croyaient encore en la stratégie de Messier, se prennent à douter. Les banques – surtout étrangères – retirent leur confiance au groupe : « *Cet article a entravé fortement notre capacité à lancer un emprunt obligataire à un moment où celui-ci était pourtant bien utile* », écrit Jean-Marie Messier dans son *Vrai Journal.* Au point qu'une proche collaboratrice vient lui demander s'il est vrai que le groupe est au bord de la faillite ! Cette panique interne oblige Messier à rassurer rapidement les salariés du groupe. Il convoque une réunion avec les syndicats pour le lendemain matin. Il demande à Christine Delavennat, responsable de la communication institutionnelle, d'appeler le chef de la pub du *Monde* pour lui signifier que, « *puisqu'on a frôlé la cessation de paiement, on n'a plus d'argent pour* Le Monde ». Ce qui est fait dans les minutes qui suivent.

Messier appelle aussi son avocat, Jean-François Prat, pour qu'il prépare dans les plus brefs délais une attaque en justice pour diffamation à l'encontre du quotidien. Pour montrer toute la gravité de l'affaire, il réclame un million d'euros de dommages et intérêts. Me Dezeuze est chargé de monter le dossier. Lequel est finalisé dès le lendemain et signifié, dans la foulée, à Jean-Marie Colombani et Martine Orange, auteur de l'article incriminé. Messier demande à la Justice de reconnaître que le journal a développé deux séries d'allégations diffamatoires : les premières accréditent l'idée que la société aurait frôlé la cessation de paiement à la fin de l'année 2001 ; les secondes, qu'une opération réalisée en 2002 aurait été faussement comptabilisée sur l'exercice 2001 afin d'améliorer les résultats de cet exercice. Messier estime disposer d'un bon dossier sur ces deux « accusations ». Sur la prétendue cessation de paiement de la fin 2001, le patron de Vivendi Universal peut notamment tabler sur l'étude faite à la demande du comité d'entreprise par Sogex Cube à la suite de l'article de Martine Orange et concluant à la fausseté de l'affirmation du *Monde*[31].

Jean-Marie Messier demande enfin à Éric Licoys de démissionner du Conseil d'administration du Monde Investisseurs et de mettre en vente toutes les actions du *Monde* détenues par le groupe Vivendi.

Jean-Marie Colombani n'apprécie pas du tout ce tir nourri de missiles à un moment où les comptes du *Monde* ne sont pas des meilleurs. Il appelle Maurice Lévy pour lui demander de calmer « son Jean-Marie ».

Le patron de Publicis appelle à son tour celui de Vivendi. La conversation porte d'abord sur l'attaque en justice. Lévy demande à son ami de renoncer à son procès. Mais J2M s'entête :

– *Tes amis du* Monde *ont trahi leur parole et leurs engagements. Il n'est pas question que je revienne en arrière, car cette* « une » *a déstabilisé le groupe et ruiné la confiance des banques...*

– *Mais Colombani me dit que c'est toi qui ne tiens pas tes engagements sur les dépenses publicitaires !*

– *C'est faux, j'ai encore jusqu'à la fin 2002 pour honorer mes engagements*[32] !

Messier fait évidemment référence à la lettre du 12 juin 2001 décrivant la ristourne discrète qui assortissait la vente de *Courrier International*. Sa colère a été alimentée par les propos qu'auraient tenus Colombani devant des témoins qui les lui ont rapportés : « *Messier nous coupe*

31. Extrait de cette étude datée du 24 mai 2002 : « *La trésorerie réelle est au jour le jour. Le groupe a pour politique de disposer d'une sécurité en la matière, en se garantissant un droit de tirage sur des banques ("*back up*") au moins égal à ses financements à très court terme (billets de trésorerie et "*credits spot*", ces derniers étant un peu plus chers). Par exemple, au 31/12/2001, Vivendi Universal avait 3 Mds d'euros de billets de trésorerie et 0,5 milliard d'euros de* credits spot. *Cet endettement à court terme avait pour couverture (en cas de problème instantané pour couvrir une échéance) 4 milliards d'euros de* back up. *En clair, cela signifie que des banques s'étaient engagées (moyennant rémunération, évidemment) à fournir 4 milliards d'euros à la demande, selon les besoins. Ces engagements étaient valables un an.* »

32. Dialogue reconstitué à partir de témoignages recueillis dans l'entourage de Jean-Marie Messier.

la pub. Il sera éliminé avant d'avoir pu exécuter ses menaces... »

Maurice Lévy et Alain Minc tentent à nouveau de jouer les pompiers de service. Le président du Conseil de surveillance du *Monde* rencontre à deux reprises le patron de Vivendi au siège du groupe de communication.

– *C'est très simple,* lui dit-il en substance à la fin du mois de mai*, la condition préalable à toute discussion avec* Le Monde *est que tu arrêtes ton procès...*

Mais le président en sursis de Vivendi ne veut rien savoir. Alain Minc, que le mélange des genres n'effraie toujours pas, lâche le morceau :

– *Tu n'imagines pas la proximité des sources que nous avons*[33]*...*

J2M avait déjà été averti que, depuis le début de l'année, un cadre de la direction financière évoquait publiquement ses inquiétudes sur la situation du groupe. Le Pdg demande à Jean-François Dubos[34], secrétaire général du groupe, d'enquêter pour trouver le nom de la source du quotidien. Ce n'est pas trop difficile, SFR étant une filiale de Vivendi... L'analyse des relevés d'appels désignent un cadre de sexe féminin de VU qui appelle fort souvent Martine Orange. L'informatrice du *Monde* – appelons-la Brigitte – appartient à l'équipe très resserrée de la direction financière de la holding, laquelle monte les opérations depuis l'époque de la Générale des Eaux. Brigitte est entrée en relation avec *Le Monde* depuis quelques semaines, après l'assemblée générale qui a confirmé J2M dans sa fonction.

En contact quotidien avec les banques de VU, elle s'est en effet alarmée du décalage grandissant entre le triomphalisme du tycoon et la réalité financière du groupe qu'il dirige. Par l'intermédiaire du directeur financier adjoint, elle a tenté en vain d'alerter la direction générale. Elle a ensuite cherché à prendre contact avec un administrateur non inféodé à Messier. La proximité affichée du *Monde* avec des administra-

33. *Ibid.*
34. Qui fut chargé de mission de Charles Hernu, ministre de la Défense (1981-1984) et qui avait à ce titre ses entrées dans les services secrets militaires.

teurs opposants, aini qu'avec Claude Bébéar, l'a incité à se tourner vers le quotidien de référence alors qu'elle se sait déjà sous surveillance. Elle sollicite de la direction du *Monde* qu'elle l'aide à rencontrer un administrateur de VU ou bien Claude Bébéar. Une démarche quelque peu naïve : Brigitte se retrouve assise face à Plenel, mais n'aura pas l'honneur de voir Bébéar, ni aucun autre administrateur. Le directeur de la rédaction du *Monde*, qui « gère » toute cette affaire, entend garder la haute main sur une pièce essentielle, Brigitte, dans son combat contre Messier. En fait, Plenel estime sans doute que l'intérêt de l'entreprise n'est pas son problème. À partir de bribes d'informations relatives à la trésorerie et connues par les banques du groupe, il dramatise la situation par l'usage délibéré de la formule « quasi-cessation de paiement » dont il ne peut ignorer qu'elle ne manquera pas d'affoler les investisseurs.

Licenciée quelques jours après l'article retentissant du 13 mai qui vaut au *Monde* une attaque en justice, Brigitte va cependant bénéficier de la sollicitude du journal. La formule de « quasi-cessation de paiement » – spectaculaire mais erronnée – expose le quotidien à de forts dommages et intérêts : il lui faut ménager les bonnes grâces de la seule personne susceptible de témoigner si le procès va à son terme. À la demande de Plenel, Colombani cherche un point de chute à l'informatrice. Le patron corse appelle alors André Rousselet, fondateur de Canal+, dont il sait parfaitement qu'il a, depuis plusieurs années, un compte à régler avec Messier, et qu'il est devenu proche de Pierre Lescure. Bref, Rousselet se fait un plaisir de recaser celle qui a participé au « dégommage » de son ennemi à la G7, société de taxis qu'il a fondée et longtemps dirigée.

Alain Minc revient une dernière fois, le 19 juin, voir Jean-Marie Messier. Il lui redemande de retirer sa plainte :

– *Arrête ce procès, car il ne sera pas celui du* Monde, *mais le tien et celui de Vivendi, et ils vont continuer le matraquage contre toi*[35].

35. In *Le Point* du 5 juillet 2002.

Le matraquage se poursuit effectivement jusqu'à la démission de Jean-Marie Messier, le 1er juillet 2002. Bien sûr, *Le Monde* n'a pas « tuer » Messier, et son acharnement n'est pas la cause unique de sa chute. Mais il y a fortement contribué. L'importance attachée par *Le Monde* à ce combat personnel était patent depuis le début de l'affaire. Rien qu'entre le 17 avril et le 1er juillet, le président de Vivendi est encore « monté » six fois en « une » avant sa chute !

Quand le directeur du *Monde* a décidé de sonner l'hallali contre Messier, celui-ci titubait déjà sous les coups assénés par l'*establishment* du CAC 40 et plus encore sous ceux de la famille Bronfman : Claude Bébéar en tête, mais aussi Marc Ladreit de Lacharrière et Pierre Lescure. Or qui ignore que ces trois personnalités sont, à des titres divers, liées au *Monde ?* Les risques de l'entreprise de démolition étaient donc faibles. En tirant sur une ambulance, le journal n'a fait qu'accompagner et accélérer une décision prise par le Tout-Paris financier dont, en l'occurrence, il s'est fait le porte-flingue.

Une fois Messier tombé, *Le Monde* s'acharne volontiers sur le cadavre[36]. Il enchaîne trois nouvelles « unes » sur lui, avant de commander un feuilleton de cinq pleines pages à Martine Orange, publié du 2 au 6 septembre 2002. Cerise sur le gâteau, Messier fait la « une » du mensuel *Le Monde 2.*

Mais, à cette date, il y a déjà un moment que l'ex-patron de Vivendi, réfugié dans le Nevada, ne lit plus les journaux et ne fréquente plus que des animaux peu féroces. Pour *Le Monde,* l'opération « Feu sur Messier ! » se révèle en revanche excellente. D'une part, le patron de VU a été éjecté avant de pouvoir revenir sur les engagements publicitaires et capitalistiques que son groupe a souscrits vis-à-vis du *Monde.* Car Colombani a obtenu sans difficultés de Jean-René Fourtou, nouveau président de Vivendi Universal, l'arrêt des poursuites contre *Le Monde* et la reprise des engagements du 12 juin 2001 ; VU continuera à être

36. Voir la série de Martine Orange des numéros du 2 au 6 septembre 2002.

actionnaire du *Monde* et ne demandera pas le remboursement des ORA. Fourtou a accédé à toutes les requêtes de Colombani... D'autre part, le Tout-Paris économique et financier sait désormais ce qu'il peut en coûter de se mettre en travers de Colombani et Minc.

Devant la Société des Rédacteurs[37], faisant le point sur ce qu'il appelle « *la guerre qui nous oppose à Vivendi Universal* », Colombani n'hésite pas à citer le précédent d'Alcatel lorsque, en 1994, la France éberluée découvrit la « qualité » de la salle de bains personnelle de Pierre Suard, patron de ce groupe : « *Il s'est écoulé peu de temps entre le moment où Alcatel nous agressait et celui où M. Suard a été remercié par ses actionnaires* », conclut-il.

En somme, un homme de pouvoir qui attaque *Le Monde* serait un homme mort. Les rédacteurs ont compris la leçon. L'establishment parisien, aussi[38].

POST-SCRIPTUM

Quoique déchu, il semble qu'il ait fallu donner encore à Messier le coup de pied de l'âne. Ç'a été chose faite dans le quotidien daté du 11 novembre 2002. Rompant avec toutes les règles du journalisme, alors que le livre de Jean-Marie Messier faisait l'objet d'un accord d'exclusivité avec *L'Express* dans son édition du jeudi 14, *Le Monde* en rend compte en « avant-première », trois jours avant sa parution en librairie. « Le Monde *a pu se procurer un exemplaire...* » En clair, dans le journal de Colombani et Plenel, on se targue de pratiquer le recel, car l'exemplaire de *Mon vrai journal* a purement et simplement été volé, comme l'a écrit Denis Bourgeois, patron de Balland et éditeur de Messier : « *Disons-le clairement, cet exemplaire a été volé.* Le Monde *a donc choisi de* "griller" *ses confrères en employant des méthodes dignes de tabloïds.* » *Le Monde*

37. Le 28 juin 2002,
38. Inversement, dira-t-on à juste titre, quiconque n'est pas, n'est plus ou ne tient pas être un homme de pouvoir n'a pas à craindre de dire ce qu'il sait ou pense du « nouveau *Monde* ».

s'est contenté de reproduire le communiqué en même temps qu'il se lançait dans une explication vaseuse : il se serait « procuré » un exemplaire le samedi 9, avant la date officielle de mise en vente, dans une librairie de... Pont-Lévêque ! Faux : le livre était certes en vente dès le lundi matin dans une librairie de cette ville normande – à preuve, Philippe Labro en a acheté ce jour-là un exemplaire, le quotidien l'a su et a tenté ainsi de maquiller le vol – mais c'est Jean-Claude Elfassi qui s'est livré à ce « sport » d'un genre particulier, puis a été récompensé par un chèque et par la figuration de son nom en « une ». Pour finir d'écraser l'ennemi Messier et lui refuser un élémentaire droit de réponse à cette curée médiatique, le journal a affiché pour la première fois le nom du *paparazzi* qui n'avait guère hésité à pénétrer par effraction dans la villa de Sirven, aux Philippines, et à lui subtiliser son carnet d'adresses[39].

Comme l'écrit Denis Bourgeois en conclusion de son communiqué : « Le Monde, *décidément, n'est plus* Le Monde. » De fait, le quotidien de référence légitime à présent le vol pour mieux assouvir ses haines !

39. Dans *Le Monde* du 25 décembre 2000, Erich Inciyan a écrit un papier sur les méthodes de Jean-Claude Elfassi, intitulé « *Aux Philippines, un journaliste français met à prix la piste d'Alfred Sirven* ».

CHAPITRE 19

Ils n'aiment pas la France… ni le monde, d'ailleurs

« Nous ne sommes modernes que par ignorance désinvolte du passé. Dès que nous nous éveillons au passé, il nous apparaît absolument moderne. »

ROLAND BARTHES, *Carnets.*

Il a honte de l'avouer ou même de se l'avouer, mais, bien souvent, le lecteur du *Monde* a la nostalgie de ce qu'était naguère son journal. Ses dirigeants actuels lui disent en substance : « Il faut vivre avec son temps ! Pour survivre, *Le Monde* a besoin de vendre, c'est-à-dire de séduire une clientèle saturée d'images et accoutumée à des messages simples, clairs et souvent drôles. » Alors, la modernité devient cette potion non pas amère, justement, mais si sucrée qu'elle en est écœurante, à laquelle il doit s'accoutumer. Alors, le lecteur s'habitue aux manchettes sur *Loft Story* ou Diana, au supplément « Argent », aux pièges à pub consacrés à la mode. Alors, il jette un regard curieux, puis désabusé sur ces photos qui paraissent flotter dans les pages. Alors, il ne s'étonne plus que *Le Monde 2* joue les *Paris-Match* vaguement « intello ». S'il accepte le « *nouveau contrat de lecture* », il se convainc qu'il est plus jeune qu'il ne le croyait. Mais s'il le refuse, un doute lancinant finit par hanter ses rêveries diurnes : et si j'étais… vieux ? Cette inquiétude qui taraude les « bo-bos », le directeur du *Monde*[1] tente de l'ins-

1. À l'automne 2000, participant à un débat sur le journalisme sur *France Culture*, devant une vingtaine d'« apprentis » du Centre de Formation des Jour-

tiller à ses lecteurs. *Le Monde* approche de la soixantaine. Mais il doit à tout prix, comme ses lecteurs, rester jeune !

Pour rester *en forme*, *Le Monde*, en somme, doit changer *de forme*. Le changement de la « une » est ce qui marque le plus la différence entre l'ancien et le nouveau *Monde*. Il s'agit bien plus que d'un changement de manchette et de taille des caractères. Comme toujours, le fond finit par remonter à la surface…

Sauf circonstances vraiment exceptionnelles, *Le Monde* de Beuve et celui de ses successeurs se refusaient à bâtir la « une » sous un grand titre occupant la largeur de toutes les colonnes. Contre vents et marées, s'il le fallait, *Le Monde* sélectionnait dans sa « une » les quatre ou cinq évènements qui lui paraissaient le plus importants dans l'actualité du jour. Même si l'un d'eux se déroulait au cœur de l'Afrique. Même si le domaine concerné était peu familier au public. Tel était le « contrat » proposé au lecteur : votre quotidien ne vous offre pas simplement « des informations », mais un regard sur le monde. La « une » était *déjà*, en tant que telle, une analyse du monde. Or, qui peut seulement croire que la publication par Sylviane Agacinski de son journal d'épouse de candidat à la présidentielle a été l'évènement le plus important au monde le jour où il fut promu en « une » ?

Premier changement : deux, trois, parfois quatre fois par semaine, *Le Monde* consacre sa « une » à une actualité qu'*il a lui-même forgée*. À partir d'un livre dont il publie les bonnes feuilles. Ou d'une enquête entamée voici plusieurs semaines. Ou d'une prise de position… du *Monde*, habilement mise en scène, comme, à l'été 2000, l'arrêt du Tour de France pour cause de dopage, exigé par le journal de référence. Le *Monde* accepte de ne plus jouer son rôle de quotidien. Il a décidé d'aller concurrencer le fonds de commerce des hebdomadaires[2] en mettant à sa « une » des

nalistes, Edwy Plenel avait conclu le débat en disant à ses contradicteurs (Éric Dupin et Philippe Cohen qui souhaitaient engager une réflexion sur le pouvoir journalistique) : « *Messieurs, vous êtes vieux* ! »

2. En l'occurrence, Edwy Plenel ne fait que développer le concept du « quotidien-magazine » inventé par Serge July avec *Libération* dans les années 1980.

sujets de société, au détriment d'une hiérarchie des informations du jour qui fut sa raison d'être et bâtit sa réputation. L'alibi de cette métamorphose de la « une » en « vitrine » séductrice ? Vendre, bien sûr.

Voilà un changement majeur qu'il convient d'interpréter : autrefois, le patron du *Monde* ne cherchait nullement à « vendre sur la "une" ». Il misait sur le fait que le lecteur achèterait le journal *les yeux fermés*, durablement convaincu qu'une lecture originale et pertinente de l'actualité lui était offerte chaque jour et que cette lecture remettait un certain ordre dans la masse d'informations dont il était bombardé par ailleurs. Bien entendu, on dira que tout cela est dépassé ; qu'aujourd'hui même, *Le Monde* ne peut se dispenser de faire chaque jour la démonstration du « *plus* produit » ; que l'achat du *Monde* dépend de l'impulsion provoquée (ou non) par l'attrait de sa « une » en devanture du kiosque ; que les pointes parfois importantes des ventes, les jours de manchette spectaculaire (le *Loft*, les « affaires », etc.), imposent aux dirigeants du *Monde* de sacrifier au marketing ; que les lecteurs, jeunes et même plus âgés, montrent une tolérance moins grande aux articles dépassant une certaine taille ; etc.

Arguments qui tous se retournent comme un gant.

D'abord, vendre sur la « une » n'a rien de *moderne*. Ce choix est proposé aux éditeurs depuis que la presse existe, et il s'en est toujours trouvé pour opter dans un sens ou dans un autre. Lorsque *Le Monde* de Beuve-Méry se cantonnait dans l'épure d'une « une » à multiples entrées, le *France Soir* de Lazareff vendait sur ses manchettes émotionnelles, voire agressives.

Ensuite, c'est peut-être précisément en renonçant à son métier traditionnel – informer l'honnête homme, c'est-à-dire le citoyen, avant que ce dernier mot n'ait été galvaudé – que *Le Monde* se fragilise en instituant une relation nouvelle fondée sur la séduction et non plus sur la confiance. Ce que le marketing ne peut pas calculer, c'est le nombre de lecteurs écœurés, voire définitivement perdus le jour de la « une » sur Diana ou *Loft Story*, et surtout le vide colossal engendré par l'absence d'analyses pertinentes ou de décryptages des grandes incertitudes du temps – les rêveries éveillées d'un intellectuel ou les fausses évidences d'un pseudo expert n'étant pas du même secours que la plume aguerrie par des années de journalisme diplomatique d'un correspondant. Nous verrons d'ailleurs que la progression de la vente du *Monde* depuis 1994 peut être considérée comme un artefact reposant essentiellement sur des astuces[3]... et une importante capacité d'influence.

Deuxième conséquence primordiale du changement de forme : il dessert l'éclairage pertinent jeté sur l'information, qui devrait d'autant plus demeurer la raison d'être du quotidien que celle-ci est éclatée, démultipliée. *Le Monde* s'est en somme moulé dans l'univers anglo-saxon : des articles réputés factuels, le plus courts possible ; des commentaires pointus et identifiés comme tels ; une maquette rendue « nerveuse » par cette séparation de l'information et du commentaire, fièrement revendiquée par le manifeste[4]. C'est sans doute là qu'est mort l'ancien *Monde* dans ce qu'il avait de plus appréciable : le refus, justement, de séparer le fait du commentaire au profit de l'aventure intellectuelle que constitue la tentative, pour un journalisme d'analyse, de rendre compte d'une réalité contradictoire. En outre, le Monde ne s'est hélas pas contenté de se conformer à l'épure anglo-saxonne, critiquable mais honnête. Dans la pratique du nouveau *Monde*, l'énoncé et le récit des faits servent d'alibi à l'inscription d'une thèse, les commentaires ne servant qu'à la renforcer. « *Le pluralisme ne réside pas dans la juxtaposition de points de vue différents. En revanche, on ressent un article comme honnête s'il prend en compte les arguments des différentes parties* », note justement le philosophe Marcel Gauchet. Or le nouveau *Monde*, on l'a vu, tombe aisément dans le dénigrement. Il disqualifie ou nie ses adversaires : « Circulez, il n'y a rien à voir ! » Les responsables du

3. Voir chapitre 25, « Des comptes à la Enron », p. 594 et suivantes.
4. « *Le Monde* et ses principes », in *Le Style du* Monde, *op. cit.*, p. 7.

Monde passent leur existence à « séparer le bon grain de l'ivraie ». Jean-Marie Colombani s'emploie à distinguer Jean-Pierre Chevènement, qu'il respecte, de la « vulgate républicaine », qu'il exècre[5]. Plenel congédie le Debray de 1999 qui se rend au Kosovo, mais conserve celui de 1967 qui s'est engagé en Bolivie après Normale Sup'. L'hommage aux « bons » sociologues (Laurent Mucchielli, François Dubet, etc.) ou aux économistes jugés « compétents » (Daniel Cohen, Patrick Artus) dispense d'évoquer ceux qui pensent différemment (en sociologie, Louis Chauvel, Michèle Tribalat ; en économie, Bernard Maris, Maurice Allais, Alain Cotta, Gérard Lafay). On pourrait multiplier à l'infini les exemples de cette curieuse philosophie qui consiste à offrir au lecteur un « prêt-à-penser » qui lui épargne tout effort intellectuel par trop intense. Pour un certain nombre de gens – heureusement en diminution –, *Le Monde* est aussi l'organe de la pensée par procuration. Il est vrai que, dans procuration, il y a « procureur »…

La volonté de définir, d'étiqueter et d'encadrer est omniprésente dans la charte du nouveau *Monde*. Les catégories traditionnelles de la presse (reportage, article d'analyse, billet…) sont démultipliées comme s'il s'agissait de codifier strictement et de délimiter – c'est-à-dire de restreindre – la liberté du rédacteur que l'on enferme dans des sortes de « cellules éditoriales » : l'instantané (60 lignes), kiosque (110-140 lignes), nécrologie (50 à 200 lignes), « nécrologie express » (14 à 49 lignes), éditorial (90 lignes), commentaire (60 lignes maxi), profil (60 à 80 lignes), portrait (80 à 200 lignes), synthèse (60 à 200 lignes), synthèse à tiroirs (150 à 200 lignes), entretien questions-réponses (80 à 200 lignes), trois questions à (60 à 80 lignes), ventre (90 à 120 lignes), etc., etc.

Certes, nul ne doit ignorer les contraintes de lisibilité et de maquette. Certes, la confection d'un journal impose un certain ordre. Mais, en l'occurrence, on est passé d'un certain ordre… à un ordre certain. Que celui qui brûle du

5. *Cf.* « La ligne du *Monde* », revue *Commentaire*, n° 92, 2000.

désir d'écrire « une synthèse à tiroirs » ou une « nécro-express » lève le doigt… ! Refonder *Le Monde*, c'était aussi le doter d'un nouveau langage, créer enfin cette « novlangue » qui permettrait, à l'intérieur de l'institution, de distinguer les praticiens véloces du nouveau lexique des « *nuques raides*[6] » accrochées au parler ancien du vieux *Monde*.

L'idéologie du nouveau *Monde* est bien l'idéologie du monde nouveau. Cette formulation est moins tautologique qu'il y paraît de prime abord, car il existe une différence essentielle entre l'engagement de l'équipe de direction actuelle et celui des équipes qui l'ont précédée. Le *Monde* de Beuve-Méry, celui de Fauvet et même celui de Laurens affichaient certaines préférences dans les domaines politique ou diplomatique. Il leur arrivait de critiquer les décisions des gouvernements au nom de leur vision de l'intérêt général ou national. Le nouveau *Monde* – ou plutôt sa direction – s'est persuadée d'une doctrine à prétention universaliste qu'elle martèle de façon obsessionnelle.

Beuve, Fauvet, Laurens cultivaient, chacun à sa façon, une certaine distance avec les États-Unis. Ils croyaient que le colonialisme devait laisser place au droit des peuples à disposer d'eux-mêmes. Contemporains de l'apparente toute-puissance soviétique, ils étaient neutralistes, c'est-à-dire que leur pessimisme raisonné les amenait à considérer que le monde avait tout à gagner à un certain équilibre des forces entre les grandes puissances, et que si la France ou l'Europe avaient un avenir, celui-ci se situait dans une assez large autonomie par rapport aux deux puissances dominantes. Ils pensaient que l'alternance était une nécessité pour la France après plus de dix ans de pouvoir gaulliste. L'ensemble de ces choix étaient clairement exposés dans des éditoriaux peu fréquents, mesurés et limités. En outre, ceux des rédacteurs qui pensaient autrement avaient la faculté de l'exprimer pour peu que le sujet abordé concernât leur domaine de compétence. Ainsi la ligne de

6. Qualificatif accolé par les partisans de Jean-Marie Colombani aux derniers opposants à la nouvelle direction. On dit aussi « psycho-rigides ».

soutien à l'Union de la gauche de Jacques Fauvet coexista-t-elle avec l'anticommunisme « fondamentaliste » du bouillant Jacques Amalric. On était *quand même* entre gens du *Monde*, et cela impliquait, quelles que fussent les guerres intestines, savoir-vivre et pluralisme.

Rien de tout cela n'a survécu. L'actuelle direction du nouveau *Monde* estime que l'Histoire a un *sens* qui oriente nos sociétés dans plusieurs directions essentielles : l'autonomie des individus permettant leur émancipation morale et sexuelle, l'effacement des nations, la relativisation du poids des États, la substitution des lobbies aux corporations, la conquête de nouveaux droits pour les minorités, l'émergence d'un droit international fondé sur l'ingérence et la réparation, l'émancipation des pratiques artistiques de tous les carcans religieux, politiques et historiques... Voilà comment se présente, si l'on veut faire court, la grille idéologique du nouveau *Monde*.

Elle a d'abord un « impensé » : l'acceptation de l'économie de marché et des inégalités qu'elle engendre comme « naturelles ». Car c'est tout à la fois un fait et un paradoxe : en économie, *Le Monde* est « suiviste[7] ». Il prend la pente la plus courante des opinions professées par les experts dominants. En macro-économie, le prisme européen domine, ou plutôt il faudrait dire le prisme « bruxellois », puisque l'on peut bien entendu être européen et critiquer la façon dont la Commission est « managée » par les technocrates. Depuis 1992, *Le Monde* a mené une bataille résolue en faveur de l'orthodoxie monétariste défendue à Bruxelles. Keynes[8] était et reste aux abonnés absents, malgré la présence d'un marxiste-keynésien revendiqué à la tête du service « Entreprises[9] ». Et puisque le franc fort était jugé indispensable

7. Nous excluons de notre analyse *Le Monde de l'Économie*, supplément du mardi qui a su rester en marge du « suivisme » ici évoqué.
8. C'est-à-dire, pour faire court, la possibilité pour un État, ou un groupe d'États, de limiter les conséquences d'une séquence récessive par une politique « contra-cyclique » (grands travaux, développement des services publics) donnant le maximum d'impact aux investissements, et plus généralement, une politique économique favorisant la consommation et décourageant (relativement) l'épargne.
9. Il s'agit de Laurent Mauduit.

pour aller à la monnaie unique, *Le Monde* y a été favorable, ignorant, des années durant, le million de chômeurs supplémentaire, tribut payé par la France à l'instauration de cette monnaie unique telle qu'elle s'est déroulée. La question, ici encore, n'est pas de savoir s'il avait tort ou raison, mais de constater que l'éthique de l'ancien *Monde* aurait requis d'exposer aux lecteurs tout à la fois les nécessités de l'engagement en faveur de la monnaie unique, et les sacrifices qu'il impliquait. Au lieu de quoi, l'orthodoxie nouvelle a induit une vision strictement comptable au sein de la rédaction. L'équilibre budgétaire, celui de la Sécurité sociale, les privatisations de services publics étaient parés de vertus en soi. La France, dès qu'elle s'écartait de ces disciplines, était montrée du doigt.

Tandis qu'aujourd'hui, nombre de responsables européens, y compris récemment Romano Prodi, dénoncent l'inanité des principes du Pacte de stabilité, le quotidien poursuit son procès ridicule contre l'indiscipline française. Le 1er octobre 2002, *Le Monde* fait les gros yeux : « *Bruxelles veut obliger Paris à modifier le budget 2003* », affirme la manchette. Passons sur la stupidité du principe défendu qui voudrait que, non contents d'avoir atteint l'objectif de limiter à 3% du PIB leur déficit budgétaire, les pays européens s'engagent à atteindre un déficit zéro. L'analyse néglige en outre les conséquences des attentats du 11 septembre qui ont ouvert un nouveau cycle de politique macroéconomique : les États développés, à commencer par les Etats-Unis, sont *tous* conduits à relativiser le dogme de l'orthodoxie budgétaire. Car la France n'est pas seule à écorner le commandement de Bruxelles : l'Allemagne et l'Italie sont dans une situation voisine. Dès lors, il n'était nul besoin d'être un fin analyste pour prévoir que les rodomontades de la Commission européenne resteraient sans effet.

Persistant dans cette ligne, *Le Monde* s'oppose pour le coup à la thèse déployée, à l'automne 2002 par l'économiste Jean-Paul Fitoussi[10], l'un de ses éditorialistes associés, y compris dans ses propres colonnes.

10. Celui-ci dénonce les effets néfastes du Pacte de stabilité, notamment dans

Le Monde a-t-il au moins transféré sa créativité et son sens de l'innovation dans son traitement des entreprises ? Absolument pas ! Des années durant, l'investigation ne s'est pas égarée dans les pages Économie, excepté pour des affaires remettant en cause des entreprises nationales (Elf-Aquitaine), les cas de Vivendi ou de Lagardère obéissant quant à eux à des logiques différentes. En revanche, *Le Monde* a « cotisé » à toutes les modes du monde de l'économie. Comme beaucoup de leurs confrères, les journalistes économiques du *Monde* se montrent sensibles à la puissance. Ils se sont fait les chantres du « gouvernement d'entreprise » dont les affaires Enron, Arthur Andersen, France Telecom auront tôt fait de démontrer l'inanité. Ils ont gobé les théories de la nouvelle croissance fondée sur les nouvelles technologies, la direction du quotidien allant jusqu'à engloutir des dizaines de millions de francs dans sa propre filiale Le Monde Interactif, et ne s'avisant que tout récemment de la faillite totale du « modèle économique » basé sur la gratuité de l'accès à l'information.

L'appétit contestataire du *Monde*, anémié en économie, s'est en revanche beaucoup développé dans le domaine sociétal. Longtemps dirigé par des chrétiens tolérants et modérés, *Le Monde* resta des décennies durant méfiant envers les modes, leur témoignant au mieux une curiosité de type sociologique qu'exprimait bien son supplément, *Le Monde Dimanche*. Il lui tient à cœur aujourd'hui d'être le premier à les populariser, voire à les lancer. Homosexualité, « pacsification » des esprits, légalisation des drogues douces, télé-réalité, néo-pornographie, défense et illustration des « romans de cul » (comme il existait naguère des romans à thèse), peoplisation du monde, dénonciation du harcèlement[11], ultra-féminisme, anti-fascisme conventionnel : *Le Monde* est devenu le champion, toutes catégories confondues, de la rébellion de salon. En ces domaines, le

l'ouvrage qu'il a fait paraître, *La Règle et le Choix*, Seuil/La République des idées, 2002.

11. Voir *infra* le cas d'Hervé Le Bras, au chapitre 22, « *Le Monde* tel qu'il hait (suite) », p. 521.

quotidien abandonne la mesure qu'il manifeste en économie. Il a profité des années 1980 pour devenir plus bougiste[12] que *Libération,* comme l'annonce, en 2003, la création d'une rubrique intitulée « Tendances ». Rien de plus urgent, en effet, que de mobiliser le lecteur pour la défense des *ravers* fâchés avec les exploitants de champs de maïs. Rien de plus indispensable que de dénoncer le ringardisme de l'école républicaine et de ses défenseurs « intégristes ». Rien de plus plaisant, enfin, que de choquer le lecteur traditionnel par la porno-littérature : « *Elle met tout de suite deux doigts, elle les enfonce, c'est complètement inondé et ça l'inonde encore plus de regarder dans le miroir sa main qui empoigne sa chatte et ses doigts qui fourragent... Chaque femme a sa technique propre pour se branler...* » Ce texte d'Emmanuel Carrère, publié en nouvelle estivale, en juillet 2002, au moment précis où Jean-Marie Colombani affirmait que le groupe *Le Monde* partageait avec le groupe PVC (*Télérama*) un certain nombre de valeurs chrétiennes[13], confirme le désir de choquer précisément tout ce qui peut, de près ou de loin, se rapporter à la pudeur, à la tradition et à la culture chrétiennes. Les dirigeants du nouveau *Monde* éprouvent une jouissance particulière à braver « l'interdit » qui pesait jusque là, au nom de cette pudeur, sur les rédacteurs du quotidien. Les confessions ardentes d'un Schneidermann tombé sous le charme de *Loft Story* évoquent le plaisir de transgresser que l'on prête aux prêtres défroqués. Le nouveau *Monde* a enfin trouvé son ministre de l'hédonisme en la personne d'un Philippe Sollers[14] qui a mobilisé son intelligence pour réconcilier la papauté et le libertinage, comme s'il s'agissait de deux voisins de palier provisoirement brouillés....

Cette orientation ne revêt pas seulement un caractère

---

12. Voir *Résister au bougisme,* de Pierre-André Taguieff, Fondation du 2 mars/Mille et une nuits, 2001.
13. Le médiateur du *Monde,* Robert Solé, n'a pas manqué de relever la contradiction dans sa chronique.
14. *Cf. supra,* chapitre 16, « La police littéraire ou *Le Monde des Livres* », pp. 359, 366.

anecdotique : elle témoigne du basculement du nouveau *Monde* dans l'« idéologie des droits de l'homme ». Marcel Gauchet qui en a, le premier sans doute, pointé la naissance en 1980, avant d'en décrire plus récemment[15] l'avènement, a eu l'intuition de la relation étroite entre l'« idéologie des droits de l'homme » et l'ascension du pouvoir des médias : « *Le discours des droits de l'homme, dans son nouveau rôle, ne s'entend que dans le nouveau cadre de la société de l'information ; c'est à la caisse de résonance qu'elle lui offre qu'il doit son efficacité*[16]… »

Or, l'« idéologie des droits de l'homme » s'est très vite émancipée de la solidarité avec les dissidents soviétiques qui l'avait fondée au cœur des années 1970. Comme le montre bien Marcel Gauchet, elle « *isole un élément, l'élément du droit, en lui conférant un rôle exclusif, comme s'il suffisait à lui seul à définir la démocratie. Les difficultés et les tensions qui en résultent font apparaître par défaut les deux autres éléments auxquels le droit (comme droit des individus) se trouve nécessairement et problématiquement lié dans notre monde : l'élément politique et l'élément social-historique.* »

Que le lecteur nous pardonne cette incursion dans la philosophie politique qui n'est pas notre domaine de compétence ! Mais cette analyse de Gauchet nous paraît éclairer à merveille ce que pressent le lecteur du nouveau *Monde* sans jamais pouvoir le formuler : l'histoire est expulsée de la logique de son journal. Non pas qu'on n'y fasse pas *de l'histoire* : le quotidien affectionne les commémorations et les anniversaires ; les ouvrages historiques sont abondamment traités dans le *Monde des Livres* et certains rédacteurs du *Monde* ne négligent pas de manifester çà et là une certaine culture historique. Mais cette histoire-là est « muséifiée », « formolisée ». Elle s'efface devant l'actualité. Lorsque *Le Monde* traite

15. *La Démocratie contre elle-même*, Gallimard, 2002.
16. *Ibid.*, p. 350. Voir aussi p. 333 : « *Comment ne pas voir la connivence de leur règne* [il s'agit des droits de l'homme] *avec l'avènement de la société de l'information, c'est-à-dire l'ascension du pouvoir des médias* ? »

du Kosovo ou de la Tchétchénie, il refuse de considérer le passé des peuples, des ethnies, des nations. Il prend une posture qui écrase l'information et la formation historiques : il s'agit de dénoncer l'« injustifiable » au nom d'un point de vue moral, comme si, à chaque fois, pour chaque conflit, une ligne de partage nette et sans bavures devait être opérée entre le Bien et le Mal, ou plutôt l'humain et le barbare ; comme si, justement, le problème de l'humanité n'était pas, comme l'a noté Hannah Arendt, que *le barbare est partie intégrante de l'humain*. C'est du côté de cet humain en quelque sorte « purifié » que le lecteur est convoqué dans la plupart des conflits internationaux[17]. Élisabeth Lévy a bien montré[18] comment, pour les hérauts du nouveau *Monde* et quelques autres, « *comprendre, c'est déjà justifier* ». La vacuité de leurs analyses sur les grands conflits des temps actuels s'explique par leur renoncement intellectuel à tout autre point de vue que celui de l'indignation morale.

« *Le Monde*, analyse Jean-Michel Quatrepoint qui travailla au quotidien jusque dans les années 1980, *a perdu beaucoup de sa dimension internationale en adoptant le point de vue des droits de l'homme. Un correspondant en Chine qui se contente de ce prisme-là ne comprendra rien à ce qui se passe dans ce pays. Entre autres parce qu'il s'isole forcément de ses sources.* »

Une actualité plus récente vient de fournir un autre exemple des errements diplomatiques du *Monde* à travers sa couverture des évènements de Côte-d'Ivoire à l'automne 2002. Par lettre datée du 5 octobre, Théophile Kouamouo, correspondant du *Monde* dans ce pays, donne sa démission. Ce jeune journaliste africain de vingt-cinq ans a été choqué par les méthodes de son journal : deux de ses articles ont été « caviardés » sans qu'il ait été consulté. La réécriture partielle des correspondances est monnaie cou-

17. Celui entre Israël et les Palestiniens, pour des raisons que nous n'aborderons pas ici, semble pour le moment échapper à cette logique.
18. *Cf.* « Kosovo : l'insoutenable légèreté de l'information », *Le Débat*, mars-avril 2000 ; *Les Maîtres censeurs*, JC Lattès, 2002.

rante dans tous les journaux : celui qui écrit de loin ne se représente pas forcément dans quel contexte rédactionnel son papier va être publié. Il n'est pas au courant des informations parues dans les journaux concurrents ou diffusés à la radio et à la télévision. Bref, il n'y a rien d'anormal à ce que la hiérarchie d'un journal intervienne pour modifier un article. À condition de ne pas dénaturer ce qu'a transmis le correspondant – qui, lui, est sur place – et, si possible, après lui avoir soumis les modifications apportées à son papier. Or, dans les deux cas cités par le correspondant en Côte-d'Ivoire, il n'en a rien été.

« *La première raison de cette décision* [la démission] *est l'article paru ce jour dans le* Monde, *intitulé* "Laborieuses tractations pour une trêve en Côte-d'Ivoire" (...). *Je ne me reconnais dans aucune des phrases de cet article* (...). *C'est un pur scandale journalistique et c'est une honte pour un si grand journal. Je comprends bien que l'article que j'ai envoyé a pu être incomplet, ou tout simplement mauvais – je n'ai que quatre petites années d'expérience professionnelle –, mais il aurait pu être passé à la trappe et remplacé par un article meilleur que son auteur aurait eu le courage de signer. D'autant que cet article prenait des tournures éditorialisantes dont je n'approuve pas, personnellement, les arguments* (...). *J'en suis d'autant plus choqué que j'avais déjà demandé à Stephen Smith* [responsable de la section Afrique] *qui avait ajouté un bout de phrase à un de mes articles*[19] *– affirmant que le général Guéi avait été assassiné à son domicile, ce qui est une des nombreuses thèses qui circulent sur ce décès –, de ne plus ajouter de choses aussi importantes à mes papiers sans m'en avertir, eu égard au contexte particulièrement délicat dans lequel nous travaillons. La presse et les autorités ivoiriennes nous accusent en effet de prendre parti pour* "les mutins", *et de dépeindre les loyalistes négativement.*

« *J'ai également fait un papier sur le rôle ambigu de l'armée française dans ce conflit, censuré sans que l'on m'op-*

19. Il s'agit de l'article du 21 septembre 2002 : « Une tentative de putsch souligne la fragilité de la Côte-d'Ivoire ».

pose la moindre raison. Par ailleurs, l'allure que prend la couverture de cet événement par le vénérable quotidien du soir me permet de moins en moins de le défendre mordicus *face aux accusations ivoiriennes. Je ne comprends pas qu'il soit impossible de passer la moindre ligne sur le sursaut patriotique qu'on peut observer dans la moitié sud du pays, cosmopolite et abritant plus de 75 % de la population : marches quotidiennes de grande ampleur dans toutes les villes, drapeaux partout, ralliement de tendances politiques opposées, dons de plusieurs dizaines de millions d'euros pour soutenir* "l'effort de guerre". *Rien de tout cela ne mérite visiblement d'être raconté (...). Je ne veux pas assister (...) à un nouveau désastre programmé dont le scénario diabolique est connu de tous ceux qui réfléchissent depuis belle lurette et qui se parent, comme d'habitude, des oripeaux de la défense des droits de l'homme et* tutti quanti. *Je ne veux pas faire de reportages larmoyants et emplis de bonne conscience sur le futur Front révolutionnaire unifié (RUF) tendance ivoirienne – souvenons-nous des* "freedom fighters" *de ce mouvement rebelle sierra-léonais, déjà appuyé à l'époque par le Burkina Faso et le Liberia* ! *Je n'ai que vingt-cinq ans et une carrière à protéger, mais j'ai également une naïveté et des convictions qui font que je ne peux plus longtemps continuer. J'arrête* ! »

La missive se passe de commentaires. Remarquons que cette ligne éditoriale pour laquelle les « droits de l'homme » passent avant la réalité des conflits locaux est bien commode pour des dirigeants qui, quoi qu'ils en disent, ne sont guère familiarisés avec la politique internationale. Qu'importe en effet de connaître le conflit entre Irakiens et Kurdes si l'on s'en tient à la dénonciation de la « dictature de Saddam » ! Pourquoi s'inquiéter des liens de l'UCK avec la mafia albanaise si cette organisation incarne la résistance aux tentatives dites « génocidaires » ? Les dirigeants du *Monde* ont vite fait de stigmatiser ceux qu'ils dénoncent comme « nationaux ». Mais, contrairement aux apparences, leur internationalisme *éloigne* le lecteur de la vie qui a cours dans les autres pays. Embrassant les justes causes, il oublie ceux qu'elles opposent. Alors qu'il a accru le nombre de ses rédacteurs dans des proportions considérables, *Le Monde* de 2002 compte *moins* de correspondants « en pied » que celui de 1995[20]. Cette économie n'est pas le fruit du hasard : sous le magistère d'Edwy Plenel, les « unes » consacrées à l'actualité en d'autres pays ont tendance à diminuer. Encore un sacrifice sur l'autel du marketing : « parisien », le quotidien français de référence n'a plus de « planétaire » que son titre. L'accord avec le *New York Times* qui prévoit l'ajout à l'édition du week-end d'un supplément en anglais constitue un autre témoignage de l'internationalisme factice prôné par les dirigeants du journal. Le projet de suppplément retenu – une autre formule avait été proposée, qui aurait consisté en une sélection d'articles traduits de la *Repubblica* et d'*El País* – témoigne surtout d'un désir quelque peu infantile d'adhésion au modèle anglo-saxon. Il suscite d'ailleurs davantage l'ironie que le respect outre-Atlantique : « *Personne ne sait si quelqu'un le lit* », écrit Rodney Benson, professeur à l'Université de New York[21], qui remarque sobrement que le supplément est une bonne lecture plutôt pour un Américain à Paris que pour un Français désireux de s'informer sur les États-Unis.

La même mécanique intellectuelle à l'œuvre en politique internationale se retrouve dans la « défense des minorités ». Celle-ci est considérée comme un impératif catégorique qui finira par s'imposer de toutes les façons. Le mariage homosexuel ? L'adoption d'enfants par des couples homosexuels ? D'autres l'ont fait, pas la France ! Celle-ci est donc en retard, et ceux qui s'y opposent, de fieffés réacs, doublés de pauvres ringards ! Nulle réflexion sur la signification de l'accueil mitigé réservé par une partie de nos concitoyens à la création du Pacs. Aucune mise

20. *Cf.* La nouvelle formule du *Monde*, organigramme (9 janvier 1995) : 21 correspondants. Document lemonde.fr du 4 octobre 2001, organigramme : 15 correspondants, dont trois aux États-Unis, deux en Allemagne et en Grande Bretagne, mais *aucun* en Afrique ni en Amérique latine !

21. « *The End of the French Alternative* », *Columbia Journalism Review*, à paraître.

en perspective historique. Nul effort pour articuler la libération des mœurs avec le socle catholique du pays. Le droit, la loi, *point barre* !

Gauchet, encore : « Elle [la nouvelle critique sociale] *sera d'autant plus portée à l'être* [radicale] *qu'elle n'est plus arrêtée par la contrainte de formuler une proposition d'ensemble, laquelle, même onirique, fonctionnait comme un rappel à la réalité ; au lieu qu'en son absence, la considération isolée de chaque cause et son appréciation à la lumière de l'absolu du droit ouvrent une carrière sans limite à la surenchère démagogique...* »

Nous voilà au cœur de la « nouvelle philosophie » du *Monde*. Hier encore, ses dirigeants considéraient que la plume des rédacteurs ne devait pas enfreindre les limites de leur responsabilité : il était trop commode, aux yeux de Beuve-Méry et de ses contemporains, de critiquer une politique ou une décision sans se mettre à la place de celui qui l'avait prise. C'est justement ce sens de la responsabilité qui a longtemps contribué à faire du *Monde* le quotidien des élites. Jamais Beuve n'aurait prononcé la phrase de Colombani que nous citons dans le chapitre consacré à la Corse : « *Nous, nous sommes dans une situation confortable. Ce sont eux qui décident. Nous, on commente.* »

Cette irresponsabilité éditoriale et cette posture postmoderne ne sont pas – c'est pourquoi nous n'y insistons pas – l'apanage du *Monde*. D'autres médias ont fait des « nouveaux droits de l'homme » et de la « modernité » l'alpha et l'oméga de leur politique éditoriale[22]. Mais *Le Monde* occupe une place toute particulière dans le paysage médiatique. Il est resté le référent de l'ensemble de la « classe journalistique » ; autrement dit, quand *Le Monde* s'engage, chacun est tenté de le suivre. Ainsi, lorsqu'Edwy Plenel titre à la « une » (en date du 16 octobre 2001) sur le livre du directeur de cabinet de Matignon, Olivier Schrameck, les principales radios (France Inter, RTL, Europe 1, France Info)

22. Citons en vrac *Libération*, *Le Nouvel Observateur* (par moments et sur certains sujets), *Les Inrockuptibles*, *France Culture*, etc.

et télévisions (TF1, France 2) relaient l'information l'après-midi même. Jamais livre n'avait bénéficié d'un tel lancement. Un an plus tard, la même opération sera rééditée avec le journal de Sylviane Agacinski là encore : les « reprises » sont au rendez-vous.

Le Monde n'est donc pas isolé au sein des médias. Le quotidien s'est banalisé en même temps que son aura a grandi dans les rédactions, du moins jusqu'à une période récente.

Il est en revanche une spécificité dans laquelle les dirigeants du *Monde* ont manifesté, si ce n'est une volonté de monopole, du moins un systématisme pugnace et sans égal : la haine de la France.

Au rayon de l'information, le journal n'a de cesse, depuis 1994, de souligner les manquements, les écarts, les faiblesses, les déficits, les erreurs, les mauvais choix, les errements français ; il s'est fait le comptable obsessionnel de tout ce qui est supposé ne pas aller bien dans ce pays. *Le Monde* de Colombani et Plenel est devenu le quotidien sans compassion du déclin national.

En matière internationale, la France, aux yeux du *Monde*, a toujours tort, sauf lorsqu'elle s'aligne sur les États-Unis ou sur l'Allemagne[23]. Elle est coupable des liens historiques qu'elle a tissés au fil des siècles avec les Serbes et les Russes. Elle est forcément suspecte de sombrer dans des intrigues post-coloniales en Afrique. Elle est condamnable de préférer le maintien des « avantages acquis » de ses agriculteurs dans le cadre de la PAC à l'élévation du niveau de vie des paysans du Sud. Sa raison d'État, ses intérêts pétroliers doivent être traqués partout dans le monde, fût-ce au profit d'autres États moins scrupuleux.

La malédiction nationale, s'agissant de la vie en France et des Français eux-mêmes, est couverte avec beaucoup plus d'assiduité encore. « *La France est-elle un pays corrompu* ? » s'interroge gravement et sur huit pages *Le*

23. En 2002, l'hypothèse d'une guerre préventive contre l'Irak est l'occasion d'une conjonction exceptionnelle : la France y est l'alliée de l'Allemagne pour une fois opposée aux États-Unis.

Monde des 7 et 8 avril 2002. Les illustrations et la typographie parlent d'elles-mêmes : l'expression *La France* est en grisé. Au-dessus, une photo d'une pleine demi-page reproduit le triptyque de la République figurant derrière deux colonnes du Palais de Justice de Paris. À quelques jours du premier tour de l'élection présidentielle, l'allusion n'est pas subliminale. Conclusion de l'implacable Gattegno : « *Dix ans après l'engagement de Pierre Bérégovoy à la tribune de l'Assemblée* [le Premier ministre s'était alors engagé à "vider l'abcès de la corruption"], *l'abcès reste à vider.* » Ah bon ? Des centaines d'élus mis en examen, des dizaines et des dizaines de dossiers disséqués sur la place publique par les médias – et singulièrement par *Le Monde* et Hervé Gattegno lui-même –, parfois au mépris de la présomption d'innocence, deux lois sur le financement des partis politiques, le renforcement de l'indépendance du Parquet par rapport à la place Vendôme, la création d'équipes de magistrats spécialisés dans la répression des faits de corruption, et, se désole le journaliste, *tout reste à faire* ! ? L'appétit d'épuration de notre justicier est insatiable. Plus loin, le dossier semble opposer « *les pratiques* [sous-entendu, de corruption], *plus rares dans les entreprises, et les combines au quotidien qui sont celles des élus* ». Outre que cette opposition entre un monde de l'entreprise plutôt intègre et un milieu politique décidément incorrigible prête à sourire en pleine affaire Enron, elle révèle de surcroît l'une des convictions fortes des responsables du nouveau *Monde* : plus sensible au droit et au pouvoir des médias, c'est-à-dire aux nouveaux points d'appui de la démocratie « moderne », les managers d'entreprises seraient plus prompts que les dirigeants publics et les élus à se « racheter une conduite ».

Quelques jours plus tard, les 14 et 15 avril 2002, la France est de nouveau sur le grill : est-elle un « *pays d'exception* » ? La photo le suggère, avec ce Français à béret et à vélo, accompagné de son garçonnet à béret lui aussi, pourvus de deux baguettes de pain. La rédaction en chef du *Monde* ne craint pas le stéréotype. Dans le même dossier, un article titré « *Une puissance de poids moyen* » indique que « *dans le concert des nations, la France n'a pas l'influence qu'elle revendique* ». Passons sur le « *poids moyen* » : la France est l'une des six puissances possédant l'arme nucléaire[24] ; elle a le quatrième PIB du monde. La moyenne commence-t-elle avec le Japon, second, ou l'Allemagne, troisième ? La conclusion du *Monde*, elle, est nette comme une coupe de cheveux des années 1950 : « *La disparité entre, d'un côté, une réalité hexagonale souvent médiocre – état des prisons, fonctionnement de la justice, traitement des immigrés, banlieues ghettoïsées, etc. – et, de l'autre, la prétention de la France à l'exemplarité dans le domaine des droits de l'homme et en matière sociale, ainsi que sa propension à donner des leçons de morale*[25] *aux États-Unis ou au monde anglo-saxon en général, ont exacerbé l'image d'un pays arrogant et passablement hypocrite.* »

« *Europe : les Français moins riches que les autres* », proclame à sa « une » *Le Monde* du 15 janvier 2002, s'appuyant sur un classement d'Eurostat fondé sur la notion de PIB par habitant, critiquée et réfutée par de nombreux économistes[26].

Enfin, notre pays est encore régulièrement épinglé sur deux dossiers « historiques » : Vichy et la guerre d'Algérie, fautes originelles qui ont généré, selon les dirigeants du nouveau *Monde*, l'antisémitisme et le racisme qui perdurent dans la France d'aujourd'hui.

Le lundi 24 février 1997, *Le Monde* s'inquiète : « *La politique d'immigration altère l'image de la France à l'étranger. Les pays francophones s'inquiètent du développement de la xénophobie.* » David Martin-Castelnau a fort justement épinglé la « xénophilie » du *Monde* : « *On se souvient de cet incroyable – au sens propre – sondage publié*

24. Avec les États-Unis, le Royaume-Uni, la Russie, la Chine, Israël et, dans un futur proche, l'Inde, le Pakistan et l'Iran.
25. Seul point sur lequel *Le Monde* fait figure de journal excellemment français !
26. Il faudra attendre *Le Monde 2* pour voir un économiste s'en prendre sérieusement à cette notion.

par un quotidien crépusculaire le 2 juillet 1998, prétendant que 70% des Français étaient "tentés" *par le racisme. Le chiffre fit l'effet d'une bombe. On le reprit en boucle, tel quel, sur les ondes, dans les éditoriaux* (...). *Il est intéressant de constater que la commande de cette enquête ne suivait pas une vague de meurtres racistes* (...), *mais un moment de ferveur et de communion nationale. Le mois précédent, en effet, avait débuté la Coupe du Monde de football qui vit descendre dans la rue des milliers de Français bigarrés, et qui culmina la semaine suivante par un déferlement sans équivalent depuis la Libération*[27]. »

Le 30 mai 2000, le quotidien y revient : « *Les Français décomplexés par rapport aux idées de l'extrême droite.* » Le 22 mars 2001, publiant un sondage extraordinairement contestable de la Commission nationale consultative des droits de l'homme sur le racisme[28], *Le Monde* s'alarme de « *la progression du racisme en France* ». On pourrait poursuivre sur des pages et des pages, tant les signes de l'engagement éditorial du *Monde* contre la France – et surtout contre tout ce qui fait son système étatique et sa tradition républicaine – sont nombreux et récurrents. Il nous paraît plus intéressant d'approfondir ici l'idée du pays que se font les dirigeants du journal. La tentation est d'autant plus grande que la France est l'un des « personnages » principaux de leurs ouvrages.

Voilà pourquoi *Le Monde* consacra en l'espace de quelques mois des dizaines d'articles au livre[29] puis au procès Aussaresses, s'évertuant à faire de la torture en Algérie une « révélation » alors qu'elle faisait déjà débat – ô combien ! – à la fin des années 1950 et au début des années 1960, du temps de Beuve-Méry. Voilà pourquoi la

27. *Les Francophobes, op. cit.*

28. En réaction contre ce sondage, l'hebdomadaire *Marianne* avait publié un sondage avec des questions différentes, débouchant sur des résultats totalement contradictoires.

29. Rappelons que si le livre du général Aussaresses, *Services spéciaux* (Perrin, 2001), fit l'objet d'un procès, ses déclarations, recueillies complaisamment dans *Le Monde* avant même la parution de ses mémoires, ne valurent au journal aucune poursuite ni, bien sûr, aucun reproche des associations et des ligues habituées d'ordinaire à plus de vigilance...

« une » du *Monde* des 1er et 2 décembre 2002 a annoncé sur quatre colonnes : « *Avec Alexandre Dumas, le métissage entre au Panthéon* ». Alors que le pays, jusque là ignorant la couleur de peau et l'origine de l'écrivain, s'apprêtait à le fêter, Edwy Plenel – complètement surexcité par sa trouvaille, selon plusieurs témoignages internes au journal – consacrait, lui, le « *petit-fils de l'esclave* » et le « *fils d'un mûlatre* ». Une occasion pour le directeur des rédactions du *Monde* de stigmatiser une fois de plus la face noire de notre histoire nationale[30].

Mais pourquoi donc Vichy et la guerre d'Algérie sont-ils devenus des dossiers « *toujours à instruire* » pour *Le Monde* ? Parce que les deux périodes ont pour dénominateur commun de présenter l'État français sous son jour le plus défavorable. Parce qu'elles constituent des maladies infectieuses de la République, ou plutôt des symptômes de sa disparition : la torture et la Collaboration signent la mort de l'idéal républicain. Ces symptômes, Colombani et Plenel préfèrent en faire des traits inhérents à la République dite coloniale, dont la Ve République serait la continuation et qu'il conviendrait donc à présent d'enterrer pour de bon.

« *Cette république-là*, résume Colombani, *fut aussi, plus ou moins, coloniale, inégale, injuste, autoritaire, répressive, sexiste*[31]... » On comprend pourquoi Colombani comme Plenel ont applaudi à la décision de Jacques Chirac de reconnaître la responsabilité de l'« État français » dans la déportation des enfants juifs rassemblés au Vélodrome d'Hiver ; cette reconnaissance officialisait enfin l'idée contre laquelle De Gaulle avait combattu toute sa vie : Vichy, c'est la France. Aux yeux du Général, si la France était Vichy, pourquoi donc aurait-il fallu risquer sa vie pour elle ? Pour Jean-Marie Colombani, au contraire, « *il appartient aux responsables politiques*

30. Plenel fait référence au rétablissement de l'esclavage par Napoléon Bonaparte en mai 1802, ainsi qu'à l'exclusion des militaires noirs de l'armée. L'abolition de l'exclavage, cette fois-ci définitive, fut adoptée grâce à la campagne de Victor Schœlcher en 1848.
31. *Les Infortunes de la République*, Grasset, 2000, p. 39.

d'entretenir la mémoire d'une culpabilité qui ne fut pas qu'allemande. »

La culpabilité française doit de même être entretenue pour ce qui concerne la guerre d'Algérie. D'où l'acharnement avec lequel *Le Monde* est revenu sur la torture pratiquée par un certain nombre de militaires, sans jamais rappeler ni expliquer – ce qui, bien sûr, ne justifie rien – le contexte de ces graves dérives, à savoir les exactions et attentats sanglants et souvent cruels perpétrés par les nationalistes algériens. D'où, aussi, l'énorme difficulté éprouvée par le quotidien à analyser avec un minimum de recul et d'objectivité la violence de certains jeunes issus de l'immigration[32], comme si le ressentiment envers la France et les Français pouvait le moins du monde excuser les agressions contre les banlieusards, les juifs laïcs ou religieux, ou comme si même les « tournantes » pouvaient s'expliquer simplement par la « ghettoïsation » des quartiers !

Mais honnir ne saurait tenir lieu de ligne politique. Les dirigeants du *Monde* ont l'âge de la sagesse. Laquelle exige propositions et réformes. Lors d'un débat organisé dans le cadre du *think tank* de Vivendi universal[33], Jean-Marie Colombani ne se contente plus de critiquer le jacobinisme ou même la République française : « *J'ai un problème avec le concept d'*"universalisme" *que je ne crois plus pertinent*[34]. ». On ne peut être plus clair : pour le patron du *Monde*, les événements du 11 septembre sanctionnent la faillite de l'universalisme. Et la critique de la République finit par déboucher sur une remise en cause de la philosophie des Lumières. Voilà un réactionnaire qui n'est pas si nouveau...

Dans son dernier ouvrage[35], Edwy Plenel passe d'« Adieu la France » à « Bonjour métis » ! Le directeur

32. Sur ce point, consulter le livre de Jeanne-Hélène Kaltenbach et Michèle Tribalat, *La République et l'Islam*, Gallimard, 2002.
33. Vivendi Universal, « Think Tank Meeting », 3 décembre 2001, voir chapitre 18 « JMC conytre J2M », p. 420 et suivantes.
34. *Ibid.*, en anglais : « *I have an issue with the word* "universalism", *which I believe is no longer relevant.* »
35. *La Découverte du monde*, Stock, 2002.

de la rédaction du *Monde* a enfin trouvé matière à refonder et « positiver » son engagement à travers ce qu'il comprend des théories du métissage. Il redéfinit le métis comme étant celui « *qui ne peut pas dire* "Je suis", *qui est lui-même et un autre* ». Suit une belle envolée très new age : « *Le métissage, ce n'est pas une fusion, l'addition d'un et d'un, la rencontre de deux identités dans l'illusion de leurs puretés originelles, encore moins un croisement d'espèces et de genres où la biologie aura sa part. Non, le métissage, c'est une politique. Et, plus précisément, une politique de résistance.* »

Plenel inverse ici la rhétorique racialiste qui place la pureté dans l'origine : le métissage ne suffit pas à son bonheur, il faut encore que l'homme résultant du métissage s'émancipe des deux origines qui l'ont fait naître. Plenel est en miroir parfait avec le racialiste qu'il exècre. C'est-à-dire que et l'un et l'autre, comme souvent tous ceux qui s'opposent radicalement, se retrouvent au moins sur un point : l'exigence de pureté revient à une seule origine dans un cas, tandis qu'elle revient dans l'effacement pur et simple de l'origine selon Plenel.

La pensée du directeur de la rédaction du *Monde* procède d'une inversion mécaniste. Pétain a déclaré que la terre ne ment pas. Plenel clame qu'elle ment toujours. Croyant confondre la maladie nationale française, il se livre à une interprétation osée de la traduction française du terme « *globalization* » : le choix du terme « mondialisation », unique dans le monde, témoignerait des « ambiguïtés » de la gauche française qui serait plombée par le poids du souverainisme, voire du lepénisme. D'ailleurs, le chef du Front national n'évoquait-il lui-même pas le « *mondialisme*[36] » ?

Poussant le bouchon encore plus loin, le directeur de la rédaction du *Monde* intente un faux procès à l'éditeur de Joseph E. Stiglitz qui a accompagné le titre de son livre, *La Grande Désillusion*[37], d'un bandeau portant la phrase :

36. *La Découverte du monde, op. cit.*, p. 29.
37. Fayard, 2002.

« *La mondialisation, ça ne marche pas* ». Faux procès parce que – loin de révéler la moindre intention maligne de la part de l'éditeur – la phrase en question est tirée du livre. Faux procès enfin, car fondé sur une ignorance linguistique. La créativité lexicale française existe en effet dans tous les domaines : elle a ainsi opté par exemple pour le terme « ordinateur », et non « *computer* », contrairement à la plupart des autres langues. Faudrait-il mettre ce fâcheux penchant à l'exception lexicale au compte d'un refus français du métissage ?

Seul, pour Plenel, le métissage, qui annule l'origine, porte en lui l'émancipation de l'humanité. Dès lors, il faut d'urgence aviser les couples constitués de personnes d'origines différentes : le postier antillais qui convole avec l'institutrice du Cantal, le professeur arabe vivant avec une Bretonne n'ont sans doute pas conscience d'avoir rejoint les commandos de la Résistance du XXIe siècle ! Au fait, Commandante Plenel, résister, pourquoi pas, *mais à quoi, à qui* ? Quel est cet ennemi que l'on sent poindre et prospérer dans les écrits pleneliens ? La France ? l'État ? la République ? Tout cela est dépassé ! Dans *La Découverte du monde*, Plenel peaufine la définition du Grand Satan déjà dénoncé dans ses précédents ouvrages : le sol, le territoire, la terre, niés par ce nouveau métissage. Métis, oui, mais parce que d'ailleurs et en définitive de « nulle part ». Au pays d'Edwy Plenel, être *de quelque part*, c'est « *quelque part* » exclure l'Autre au lieu de s'y mélanger. Car « *nous sommes tous mêlés et nous le savons. Mais nous n'avons pas encore les mots pour le dire, le vivre et l'assumer. Trop habitués à penser cette chose qui ne serait qu'elle seule, un état, et non pas un est-ouest, une relation, nous rechignons à nous projeter dans un monde qui est pourtant déjà en nous, tout ou partie de nous, tout entre nous.* »

Par-delà l'enflure et l'emphase qui l'illustrent, cette mystique du métissage ne laisse qu'une issue à l'identité : celle de l'individu. « *L'identité est une histoire personnelle* », écrit l'anthropologue et historien Serge Gruzinski, nouveau maître à penser de Plenel[38]. Voici définie, pour ce dernier, la deuxième altérité : *Nous*. Comme la terre, le *Nous* ment. La nation, la terre, l'identité collective, ce sont leurs prétentions à rassembler et à identifier qui doivent être combattues.

Telle est, pour finir, la nouvelle posture d'Edwy Plenel : l'*inquiétude*. L'inquiétude qui sied à ses seuls « amis », les « vaincus » de l'Histoire. L'inquiétude, car la nation est trop petite pour constituer une communauté ouverte, et le monde trop vaste pour prétendre rassembler les hommes. À la base de cette philosophie de pacotille, mais qui adhère bien au « sansfrontiérisme » du temps, une phobie foncière qui rejoint certaines des détestations de Jean-Marie Colombani[39] : celle de la France et de son État. Une phobie qui renvoie, bien sûr, au seul pays dont Edwy Plenel s'estime sans doute originaire : l'enfance...

38. Citation tirée de *La Pensée métisse*, Fayard, 1999, in *La Découverte du monde*, *op. cit.*, p. 106.

39. On aura compris que l'éloge plénélien est aux antipodes de la corsitude colombanienne : on chercherait vainement des traces d'internationalisme dans les discours et écrits des nationalistes corses.

CHAPITRE 20

Le palimpseste du nouveau *Monde*

« *Notre journal s'appelle* Le Monde, *pas* La Nation[1]. » Pour comprendre la philosophie politique qui inspire la rédaction du nouveau *Monde*, par exemple son attitude vis-à-vis de la France et de la notion de patrie, ses retours obsessionnels sur les batailles de la mémoire, sur la France coloniale, voire aussi sur le problème corse et ce qu'il implique[2], il nous faut non seulement évoquer la biographie des deux hauts responsables du contenu du journal, mais aussi, comme ils l'ont fait dans leurs ouvrages respectifs, remonter jusqu'à la trajectoire de leurs pères dont ils disent eux-mêmes prolonger les combats. Car la figure tutélaire du père plane au-dessus des idéaux et des comportements des deux dirigeants du *Monde*, comme si cette hérédité maintes fois rappelée pouvait à elle seule légitimer leur position. C'est ainsi que les lecteurs lucides du *Monde* doivent payer à tempérament une sorte de psychanalyse sauvage couchée sur le papier par les co-responsables du quotidien.

Nous aurions, de loin, préféré éviter de longues incursions dans ces remémorations familiales – qui n'ont bien entendu rien à voir avec un viol de la sphère privée –, mais, en campant et invoquant eux-mêmes leurs géniteurs sur la place publique, les fils nous ont en quelque sorte contraints à ce délicat détour.

---

1. Entretien d'Edwy Plenel à *Livres Hebdo*, 4 octobre 2002. À noter qu'outre-Pyrénées, le partenaire habituel du *Monde* s'appelle *El País*, et son rival conservateur *El Mundo*...
2. Voir chapitre 13, « Un "Monsieur Corse" nommé *Le Monde* », p. 289 et chapitre 19, « Ils n'aiment pas la France... ni le monde, d'ailleurs », p. 439.

Edwy Plenel a dédié *La Part d'ombre*[3] à son père. Il lui a consacré de nombreuses pages dans *Les Mots volés*[4] et surtout dans *Secrets de jeunesse*[5], ainsi qu'en d'autres ouvrages. C'est d'ailleurs par une « *dette d'enfance* » qu'il explique son entrée dans le militantisme trotskiste : « *Pour moi, le militantisme, ce fut aussi l'enfance : une dette à honorer vis-à-vis d'un père et d'une mère* (...). *De mon trotskisme passé, c'est en vérité le seul vrai secret* (...). *Il n'y a de vrai secret que d'enfance.* » Ses amis proches témoignent de l'étroitesse de sa relation avec la figure de ce père mythique. Ne lui arrive-t-il pas encore de dire : « *Je ne suis pas à la hauteur de mon père* »? Mais ce « secret d'enfance » n'en est pas du tout un. Sans fréquenter Plenel ni même ouvrir ses livres, il suffit, pour en avoir eu vent, de regarder la télévision[6] ou d'écouter la radio[7], tant le directeur de la rédaction du *Monde* se plaît à exhiber ce père-là dans ses nombreuses prestations médiatiques.En revanche, en 1985, le journaliste du *Monde* n'a eu aucun scrupule à fouiller dans le passé du père de Raymond Barre, et révéler notamment ses déboires d'homme d'affaires, pour expliquer son parcours politique[8].

Jean-Marie Colombani a, lui aussi, dédié à son père, Jules Antoine Colombani, l'un de ses ouvrages qui compte le plus à ses propres yeux, *Les Infortunes de la République*[9], dans lequel il explique pourquoi son journal et lui ont soutenu le « processus de Matignon », conçu et mis en œuvre par Lionel Jospin, sur la Corse. Là encore, c'est l'origine familiale mythifiée qui est avancée comme ultime explication de l'avènement du nouveau *Monde*, ou du moins comme *le* secret de sa propre association avec Edwy Plenel : « *Edwy Plenel partage avec moi un sens aigu de l'insularité qu'il doit à son père, comme je le dois au mien.*

3. Stock, 1992.
4. Stock, 1997.
5. Stock, 2001.
6. Notamment à l'émission *Campus,* de Guillaume Durand, le 14 octobre 2001.
7. Sur France Culture, le 19 novembre 1997.
8. Voir note 19, chap. 5, « Cabinet blanc contre cabinet noir... », page 117.
9. Publié par Grasset en 2000.

Le sien est breton, le mien est corse : tous deux ont bien connu l'outre-mer, c'est-à-dire nos colonies. Son père sur un mode majeur, le mien, plus discrètement, *ont vécu certaines situations, conscients qu'ils étaient des déconvenues auxquelles la France s'exposait. Cela crée des liens, comme on dit, profonds*[10]*...* »

Tout est dit ici : ce qui rassemble les deux co-responsables du journal serait à rechercher du côté de ces deux pères « victimes » de l'Histoire, surtout de celle de la France. Gageons que Plenel ne trouverait rien à redire à l'exposé des motifs de cette connivence.

Revenons un instant sur l'adverbe « discrètement », souligné plus haut. Jules Antoine Colombani aurait-il eu, comme Alain Plenel, à affronter l'État « colonial » français ? Son patriotisme aurait-il été déçu par l'évolution du pays ? Ce n'est certes pas écrit, mais suggéré. Et cela ne peut que plonger dans un abîme de perplexité celui qui se penche tant soit peu sur le passé de ce père-là. Celui-ci[11], rappelle son fils, « *ne dut rien à une introuvable école républicaine, mais tout aux moines salésiens de Colle Salvetti, près de Pise, qui prirent en charge son éducation*[12]. » Pour le patron du *Monde*, en somme, la République discrimine, l'école républicaine n'irrigue pas la Corse de façon aussi dense que le continent, contraignant ainsi le petit Jules à l'exil... « *À deux reprises, en 1914 (au prix d'un sacrifice inouï) et en 1940 (où il fallut une opération chirurgicale douloureuse conduite par les Alliés),* nos parents *ont vécu dans la hantise de la mort de la France*[13]. » La République a heureusement marqué les esprits, puisque « *naît ainsi une génération qui sera pleinement corse et française, et qui le dira encore hautement lors du serment de Bastia en 1939, face à la revendication fasciste qui vou-*

10. *Ibid.*, p. 157. C'est nous qui soulignons « *discrètement* ».
11. Né à Poggio di Nazza, le 12 avril 1915, de Jules François et Marie Olive Chiari.
12. *Les Infortunes de la République*, p. 54.
13. *Ibid.*, p. 19. Souligné par nous.

lait refaire de la Corse une terre italienne[14] ». L'accent mis ici sur le patriotisme de la génération du père Colombani revêt une importance, on le verra, considérable.

Rappelons d'abord les faits. Après les accords de Munich qui ont très provisoirement écarté le conflit européen, la France renoue, le 7 octobre 1938, ses relations avec l'Italie. Mais, le 30 novembre suivant, le comte Ciano, ministre italien des Affaires étrangères et gendre de Mussolini, défend avec fougue les « *naturali aspirazioni del popolo italiano* ». Aussitôt, à Rome, les députés se lèvent comme un seul homme et entonnent : « *Tunisia, Corsica, Savoia, Gibuti !* »... Cet appel à la reconquête par l'Italie fasciste suscite aussitôt d'imposantes manifestations dans les principales villes de Corse pour crier la fidélité des insulaires à la France. À Bastia, un serment de fidélité est adopté à l'unanimité : « *Face au monde, de toute notre âme, sur nos cœurs, sur nos tombeaux, sur nos berceaux, nous jurons de vivre et de mourir français.* » Le 10 décembre, Joseph Antonini, président du Comité d'action et de défense de la Corse française, adresse une lettre ouverte au consul général d'Italie, dans laquelle il affirme : « *La Corse entière, M. le Consul général, non seulement a affirmé son loyalisme à la Nation française, mais a signifié sa volonté de s'opposer, même par la force, à ce que son sort soit discuté autour d'un tapis vert (...) ; il ne peut y avoir de question corse.* »

Le lecteur des *Infortunes de la République* comprend que le père de l'auteur faisait partie de cette génération « *pleinement corse et française et qui le dira hautement lors du serment de Bastia* » en décembre 1938 (et non pas 1939, comme l'écrit par mégarde Colombani). Au demeurant, le fils aurait-il écrit une telle phrase si son père avait soutenu si peu que ce soit la « *revendication fasciste* » ? On peut même se demander si ce n'est pas l'appartenance de Jules Colombani à cette génération de Corses qui surent dire « Non » à Mussolini, qui autorise Jean-Marie à se montrer aussi sévère, dans le même ouvrage, à l'égard du

14. *Ibid.*, p. 60.

père de Lionel Jospin qui, lui, était dans le camp de ceux qui, pacifistes et munichois, disaient à l'époque « Oui » à une conciliation avec l'Allemagne hitlérienne : « *Le père de Lionel Jospin et, avec eux, tous ceux qui, à gauche, de Marcel Déat à Marceau-Pivert, refusaient de démoniser l'Allemagne, fût-elle hitlérienne, en signant le manifeste* "Mourir pour Dantzig" *de septembre 1939* (...), *tous ceux-là n'ont-ils pas, à leur façon, accompagné le pire ?*»

Jules Colombani fit-il aussi partie « *de ceux qui, dès septembre 1943, se libérèrent, largement par eux-mêmes, du joug nazi et fasciste – période glorieuse peuplée d'authentiques héros* » ? Jean-Marie Colombani ne l'affirme pas. On le subodore ; on imagine que, par pudeur sans doute, le fils n'ose l'écrire explicitement. On retrouve encore un hommage indirect au père à travers celui rendu aux « *innombrables gouverneurs des colonies, et la longue cohorte de ceux, militaires ou universitaires, qui encadrèrent l'Empire colonial. Bref, les Corses étaient, il n'y a pas si longtemps, les dépositaires d'un patriotisme français superlatif. Ils étaient des* "Français au carré"[15]. » Jules Antoine Colombani également ? Son itinéraire pourrait le laisser croire : il part à Abidjan en 1942 comme petit fonctionnaire, et, cinq ans plus tard, devient administrateur des Colonies, sert de nouveau à Abidjan, puis à Dakar, puis au ministère des Territoires d'Outre-Mer, avant d'assurer, à la Direction des Relations extérieures, le contrôle des importations de produits étrangers dans l'Empire colonial français. À partir de 1963, il est muté aux Nouvelles-Hébrides, puis en Nouvelle-Calédonie où Jean-Marie passera son adolescence avant d'y retourner, en poste, comme journaliste de l'ORTF.

Toujours dans *Les Infortunes de la République*, le directeur du *Monde* a aussi des mots très durs pour... ces nationalistes corses dont « *le gros des troupes vient d'une droite qui fut souvent extrême dans ses jeunes années, et dont les ancêtres ont parfois été des nostalgiques de l'Italie mussolinienne* ».

15. *Ibid.*, p. 49.

Tel serait donc l'itinéraire de Colombani père pour le lecteur des *Infortunes de la République* : malchanceux d'être né dans un recoin délaissé par l'école de la République, éduqué par des moines salésiens, puis, revenu dans son île, manifestant discrètement sa double filiation de Corse et de Français par des années de bons et loyaux services à Marianne.

Cette trajectoire n'est cependant pas si rectiligne, et sans doute est-ce là que réside un authentique « secret de jeunesse » que, dans sa piété filiale, l'auteur des *Infortunes de la République* a peut-être voulu nous épargner. Une chose pourtant attestée par les archives départementales de Corse et celles dites « de Moscou[16] », déposées à Fontainebleau : Jules a milité pour le rapprochement de la Corse avec l'Italie mussolinienne, manifestant même une coupable inclination pour le Duce au point de devenir un agent appointé de la Rome fasciste.

C'est l'abbé Carlotti, un militant irrédentiste, qui convainc la veuve Marie Olive Colombani d'envoyer son fils Jules – « Giulio » – au séminaire de Cervetto, près de Pise. Il l'en persuade d'autant plus facilement que les études y sont gratuites et qu'elle est très pauvre, la charge d'un autre fils infirme n'arrangeant pas les choses. D'autant que partir en Italie pour y faire ses études n'était pas un fait exceptionnel à Poggio di Nazza : jusqu'à la loi de séparation de l'Église et de l'État, frères et moines italiens y assuraient en effet l'éducation d'une partie de la population. Ainsi le cordonnier du village, parce qu'il avait fait quelques études chez les frères italiens, recevait à l'époque l'*Osservatore Romano* et disposait d'une bibliothèque nourrie de livres envoyés de Rome, Pise ou Livourne.

Probablement influencé par l'abbé, le jeune Jules croit avoir la vocation. Il hésite seulement entre carrière ecclésiastique et vie monastique. Mais il quitte bientôt les moines salésiens pour le lycée de Livourne dont le directeur n'est autre que Francesco Guerri, responsable de la

16. Les archives de la Sûreté. Le dossier de l'irrédentiste Jules Antoine Colombani est coté au CAC : versement 1994 0437, article 325, dossier 29574.

propagande irrédentiste à destination de la Corse. Giulio n'est évidemment pas le seul Corse à fréquenter l'établissement. Tous sont choyés et embrigadés dans le mouvement irrédentiste[17]. La surveillance dont le jeune Jules fait l'objet de la part de la police française à chacun de ses séjours de vacances en Corse confirme que son engagement est connu. Ainsi les archives du commissariat spécial de Bastia relèvent précautionneusement le séjour de Jules à Poggio di Nazza, entre le 21 décembre 1932 et le 7 janvier 1933, pour les vacances de fin d'année. Le gendarme Ladurelli, de la section de gendarmerie de Ghisonnaccia, fait un rapport sur la visite du curé Carlotti à la mère de Jules Antoine Colombani, rapport qui parvient au préfet de Corse, *via* le commissariat spécial d'Ajaccio, le 18 juin 1934 :

« *L'abbé Carlotti est arrivé aux Bains de Pietrapola di Fiurnorbo le 3 juin. Il a quitté le hameau le 12 juin 1934 pour se rendre à Poggio di Nazza où il est arrivé le même jour à 13 heures. Dans cette dernière localité, il a été hébergé et nourri par M*[me] *V*[ve] *Colombani Marie Olive avec laquelle il n'existe aucun lien de parenté. Le fils de cette dernière, Colombani Jules, âgé actuellement de dix-neuf ans, a quitté il y a quatre ans environ la commune de Poggio di Nazza pour aller poursuivre ses études dans un séminaire en Italie. (...) Des renseignements discrets recueillis auprès de personnes dignes de foi, il résulte que ce départ aurait été provoqué et favorisé par l'abbé Carlotti (...).*

« *Cet étudiant se trouve actuellement dans l'établissement de* "La Prima Via di la Dippenzza di Livorno" *où il aurait été reçu en 1933 à la première partie du baccalauréat. Il serait sur le point de venir en vacances chez sa mère (...). Son passage* [celui de l'abbé Carlotti] *à Poggio di Nazza a eu uniquement pour but de donner de vive voix à M*[me] *V*[ve] *Colombani des nouvelles de son fils Jules. Cette dernière est illettrée et ne peut être suspectée comme dangereuse au point de vue national.* »

17. Mouvement militant à l'époque pour le rattachement de la Corse à l'Italie.

Après les vacances d'été 1934, le commissaire spécial de Bastia signale le départ de Corse de Jules Antoine Colombani, le 5 septembre, à bord du paquebot *Citta di Trapani* à destination de Livourne…

Jusqu'à son départ d'Italie à la fin 1938, Jules Colombani est boursier du gouvernement italien. Ses études secondaires achevées, il suit les cours de la Faculté de médecine, d'abord à Pise, puis à Florence où il retrouve Francesco Guerri, mais aussi Bertino Poli, natif lui aussi de Poggio di Nazza et qui n'est autre que le fils du cordonnier déjà évoqué. Giulio (Jules) devient alors proche de cet aîné qui achève ses études tout en étant très engagé dans le combat irrédentiste[18]. Après plus de sept années passées en Italie, il quitte Florence pour revenir en France. Est-ce parce qu'il a échoué à son examen de troisième année ? Ou bien s'agit-il pour lui de défendre sur place la cause irrédentiste ? Jusqu'à la mi-décembre, il ne fait en tout cas l'objet d'aucune note du commissariat spécial qui surveille pourtant de près les individus ayant son profil. Jules Colombani s'agite pourtant beaucoup : il fait campagne lors des élections sénatoriales d'octobre ; il est même élu délégué suppléant au collège des « grands électeurs ». Il rencontre alors beaucoup de monde, notamment Antoine Pantalacci, un autonomiste repenti qui a travaillé au journal *A Muvra* avant de renoncer à ses idées et de se mettre au service de la police pour dénoncer ses ex-camarades. Giulio savait-il qu'Antoine était devenu un indic ? C'est probable. L'ami de Bertino Poli et de Francesco Guerri semble avoir usé de son truchement pour faire passer un message aux autorités françaises :

« *Je suis en désaccord avec Guerri et je reviendrai bientôt sur le continent français continuer mes études. J'espère que la France me pardonnera mon passé infidèle. Du jour où j'ai dit à Guerri ma façon de penser sur les néfastes conséquences de l'Anschluss, j'ai été considéré dans les milieux fascistes comme un subversif, et il ne me reste plus qu'une ressource : quitter l'Italie, et pour toujours*[19]… »

18. Après la guerre, il choisira la nationalité italienne.
19. Archives dites de Moscou, déposées à Fontainebleau.

Giulio expose ensuite à Pantalacci les plans du Duce pour l'année 1939, qui doivent aboutir à l'envoi d'un corps expéditionnaire en Corse... Craignant que la visite de Giulio ne soit une manœuvre de Francesco Guerri, l'indic attend plus d'un mois avant d'en rendre compte au commissaire spécial de Bastia. Celui-ci écrit aussitôt au préfet de Corse, le 14 décembre 1938, pour l'informer. Ledit préfet prévient évidemment Paris. Quasi simultanément, le ministère des Affaires étrangères puis le ministère de l'Intérieur sont saisis d'une note du consul de France[20] à Florence, envoyée le 24 novembre 1938. Intitulée *Agissements du nommé Colombani Jules,* la note retrace l'histoire de Giulio :

« *Venu ici en bas âge aux frais de la propagande italienne pour l'indépendance corse, il en est en ce moment un des agents* (...). *Colombani reçoit 800 lires par mois d'émoluments du chef de la propagande irrédentiste corse, M. Guerri, actuellement inspecteur d'académie à Florence. Il collabore au journal de Livourne* Il Telegrafo *et prend une part active à la propagande que mène ce journal contre les* "maîtres provisoires de l'Ile perdue" (...). *Il fait de fréquents voyages en Corse et séjourne à Poggio di Nazza, son village natal. M. Guerri s'efforce d'entraîner dans son sillage d'autres membres de la famille Colombani ; c'est ainsi qu'un tout jeune neveu de cet individu a été placé récemment dans une école de la province, toujours aux frais de la Propagande* (...). *J'ai appris de plus que Colombani aurait des contacts fréquents avec des officiers de la marine italienne.* »

La note précise en outre que Jules Antoine a quitté Florence « *ces jours derniers* ». Ainsi donc, Colombani père est un agent de l'Italie fasciste qui, en plus d'avoir ses études et son hébergement payés par le gouvernement italien, reçoit l'équivalent actuel de 3 000 francs mensuels d'argent de poche. Les affirmations de M. Flach, consul de France à Florence, sont d'autant plus crédibles que lui-même, originaire de Bastia, connaît fort bien Jules Colombani.

20. Un Bastiais du nom de Flach.

Sa note est transmise à la Sûreté Nationale le 10 décembre 1938, mais il faudra attendre quelques semaines pour qu'elle soit exploitée : le temps de localiser l'individu visé. C'est chose faite par note du Commissaire spécial d'Ajaccio datée du 10 février 1939, qui tient, de son collègue de Bastia, l'adresse de l'irrédentiste à Paris. Note confirmée trois jours plus tard par le préfet de Corse. La Surveillance du Territoire (ST) et la Préfecture de Police de Paris sont immédiatement sollicitées et se mettent en chasse. Jules Colombani est alors le seul « gros poisson » irrédentiste installé en Région parisienne. Plusieurs policiers mènent d'abord une enquête d'environnement autour du domicile de son oncle, Sébastien Colombani, 5, rue Bernard-Palissy, Paris VIe, et du tout proche Hôtel du Dragon, où est descendu Jules. Ce dernier a pu obtenir l'équivalent français de son diplôme italien ; le 16 février 1939, il s'inscrit à la Faculté de Lettres – pour y parfaire son italien – et en Droit. Perplexes, les policiers relèvent qu'il reçoit une volumineuse correspondance d'Italie, chez son oncle, et de nombreux coups de téléphone à son hôtel. Jules Antoine fréquente beaucoup ses compatriotes corses, qui arborent en général l'insigne « Corsica ». « *C'est là, semble-t-il, le plus clair de son activité, car pour ce qui concerne ses études, il ne paraît pas s'en occuper sérieusement...* »

Jules Colombani reçoit alors la visite d'un fonctionnaire de la Sécurité du Territoire, originaire de Corse. Il n'apprécie guère cette intrusion, élude les questions, voire ment effrontément. S'il consent à reconnaître que l'Université italienne subvenait en grande partie à ses besoins, il affirme n'avoir reçu « *aucune mensualité ni subsides quelconques de M. Guerri ou autres* ». Il affirme que c'est sur les conseils du consul de France à Florence qu'il a quitté l'Italie pour reprendre de nouvelles études à Paris, alors que c'est le même consul qui a dénoncé ses agissements en le présentant comme un « agent » de Francesco Guerri. Il a certes laissé une fiancée à Florence, à qui il écrit tous les jours, mais ne correspond avec

« *aucun homme politique, ou journaliste, ou universitaire italiens en Italie...* » Il prétend ne pas avoir reçu de nouvelles de Guerri et n'a « *jamais écrit une seule ligne* » dans *Il Telegrafo*, ne connaît pas d'A. Chiari, correspondant du *Telegrafo* à Paris, et ne connaît pas davantage le dénommé Pantalacci...

Le fonctionnaire n'est pas dupe et, après avoir donné la version de Jules Colombani, se lance dans un long commentaire :

« *La conversation avec Colombani laisse une impression très pénible. Énigmatique, réticent, il se tient constamment sur la plus prudente réserve ou observe même un mutisme complet (...). Il paraît ne manquer ni d'intelligence ni d'astuce. Il a paru très mal à l'aise en présence de l'article inepte et mensonger signé A. Chiari, dans le* Telegrafo, *édition de Corse, n° 52. Il connaissait l'article, mais il n'a pas voulu le lire ni donner son opinion. Colombani ne paraît pas être un* "repenti" *et n'a nulle disposition pour solliciter un* "pardon". *Il n'a pas été possible, au cours d'une première conversation, de lui faire dire franchement et nettement que les Corses étaient français (...). Il veut être* "quelqu'un" *et avoir un* "nom". *Il fera sans doute parler de lui au cours des prochaines années (...). En résumé, Colombani n'inspire aucune confiance. Il y a lieu de le considérer au premier chef comme éminemment suspect au point de vue national, et de surveiller de très près ses agissements (...). On reste d'autant plus perplexe qu'à aucun moment il n'a fait connaître qu'il trouve déplacées les revendications territoriales italiennes à l'encontre de notre pays, pour lequel il n'a eu aucune parole favorable. Il y aurait lieu d'examiner dans les mois à venir s'il ne conviendrait pas de faire suspendre le sursis d'incorparation de Colombani (...). La sortie du territoire devrait d'ores et déjà lui être interdite (...). Pour mieux illustrer la mentalité de cet individu, il convient de faire connaître la remarque suivante qu'il a faite spontanément :*

– Si la guerre avait éclaté entre la France et l'Italie au moment où j'étais à Florence, j'aurais été obligé de rester

prisonnier et d'aller dans un camp, ou alors il m'aurait fallu prendre les armes contre la France...

– Quel parti auriez-vous pris ?

Silence de Colombani. »

Et l'agent de la Sécurité du Territoire de terminer sur une suggestion lourde de signification : « *La provenance des ressources dont il peut disposer est pour l'instant inconnue. Le montant mensuel de ses dépenses de première nécessité (logement, blanchissage, nourriture, frais d'inscription, livres, journaux, transports et autres) ne peut être inférieur à 1 500 francs. Il serait intéressant de connaître dans quelle mesure sa mère ou ses parents corses peuvent subvenir à ses besoins.* »

Le fonctionnaire de la Préfecture de Police qui mena une enquête parallèle arriva aux mêmes conclusions :

« *Les opinions de Colombani sont bien connues de son entourage. Il ne cache pas sa sympathie pour l'Italie et déclare nettement que la Corse est une terre italienne qui le deviendra un jour ou l'autre (...). Il y a lieu de le considérer comme un irrédentiste convaincu, dont les agissements au point de vue national ne laissent pas d'être inquiétants. Il y aurait intérêt à le surveiller très activement.* »

Ces deux notes vont circuler dans tout l'appareil d'État, mais la montée des bruits de bottes ne fait pas du cas Colombani un dossier prioritaire. Personne, semble-t-il, ne cherche à en apprendre davantage. Nul n'analyse les parutions du *Telegrafo* depuis que Jules Colombani est en âge d'y collaborer. Policiers et agents auraient pu pourtant, sans grands efforts, y puiser de quoi conforter leurs analyses.

Il Telegrafo est la propriété du comte Ciano, ministre des Affaires étrangères et gendre de Mussolini. Il publie une édition corse à partir de 1927. Le journal, qui affiche des opinions fascistes, est violemment anti-français. Il accueille les signatures des grands irrédentistes corses dont il signale d'ailleurs les faits et gestes. C'est ainsi que l'abbé Noël Carlotti, le protecteur de Jules Colombani, y est particulièrement bien traité. Le nom de Francesco Guerri, chef de la propagande irrédentitste corse, qui a pris en mains le destin de l'étudiant Colombani, y revient souvent. On y annonce aussi bien la publication de la traduction française de son livre, *La Conquista francese della Corsica*, que son transfert à l'université de Florence (numéro daté du 28 avril 1937).

Colombani a pris le nom de jeune fille de sa mère – Chiari – pour y publier ses écrits irrédentistes. Dans une rubrique intitulée « *Spigolando* » [En glanant], dans le numéro daté du 9 février 1938, il signe un papier qui se termine par « *Tutto per la Corsica !* ». Le 2 mars 1938, Chiari exerce une nouvelle fois sa verve anti-française dans un article intitulé « *Un fossile de l'époque chelléenne* », qu'il termine par une longue citation d'un « *responsable français* » : « *Mais si les représentants de la Corse, au lieu de se combattre, s'étaient mis d'accord... la grande île française serait depuis longtemps le jardin de la Méditerranée* » – qu'il fait suivre par un grossier mais efficace « *Si ma tante en avait...* ».

Le 14 septembre, *Il Telegrafo* publie un très long article sous le titre « *L'italanità della Corsica* », annoncé comme la reprise d'une conférence d'un « *jeune Corse qui s'adresse aux étudiants de l'Italie de Mussolini* ». Sa lecture donne à penser qu'il pourrait être de la plume du père de l'actuel patron du *Monde*. Ce papier exalté proclame que le mot de la fin appartiendra à Rome et aux quarante-cinq millions d'Italiens, pour reconnaître cette vérité profonde : « *Nonobstant cent soixante années de domination française, l'esprit italien est toujours aussi vif en Italie* (...). *Ce que nous avons de plus beau dans nos villes vient de Toscane. Et, comme l'affirme le professeur Francesco Guerri* (...), *les morts de Ponte-Novo*[20] *peuvent être considérés comme les premiers martyrs de la renaissance italienne* [« risorgimento »]. *Cela est notre orgueil.* » Et de conclure par un tonitruant : « *Vive la Corse italienne* ! »

Le dernier article de Jules est daté de Paris, le

20. La bataille de Ponte-Novo, le 8 mai 1769, entre les troupes corses de Paoli et les soldats français emmenés par le comte de Vaux, marque la fin de l'indépendance corse.

12 décembre 1938, mais n'a été publié que le 28. C'est celui que l'inspecteur de la Surveillance du Territoire lui a montré et qu'il a refusé de lire. Son titre ? « *Nel covo degli illusi* » [« Dans le repaire des naïfs »]. Le père du patron du *Monde* s'enflamme contre les opposants corses à l'irrédentisme qui ont réclamé l'interdiction du journal *La Muvra* et l'« *arrestation immédiate de tous les irrédentistes et de leurs défenseurs, petits et puissants* ». Lyrique, il évoque la bataille de Ponte-Novo qui, « *dans son héroïsme tragique et désespéré, constitue une page sacrée de notre histoire* » et les révoltes de la Crocetta[21] et de Fiumorbo[22] qui « *deviennent pour les misérables de l'opposition des chants insignifiants entre deux amours* ». Des misérables qui « *osent avec un culot écœurant baiser la main de Marianne, criminelle et traîtresse. Une main encore tachée du sang de nos pères, de notre sang et aucune puissance au monde ne pourra effacer tant d'ignominie* ».

La rédaction et la publication de cet article interviennent peu après les grandes manifestations qui se sont déroulées dans l'île de Beauté pour proclamer l'attachement de la très grande majorité des Corses à la France et affirmer qu'ils sont même prêts à prendre les armes pour ne pas devenir italiens. Elles prouvent à l'évidence que Jules Colombani n'était pas dans le camp de ceux qui prononcèrent le fameux « serment de Bastia », mais qu'il appartenait avec flamme aux partisans, très minoritaires dans l'île, d'un rattachement à l'Italie mussolinienne.

La guerre est déclarée le 2 septembre 1939. Un mois et demi plus tard, le commissaire divisionnaire d'Ajaccio écrit au général de division, commandant supérieur de la Défense en Corse :

« *Après avoir vécu en Italie et collaboré à des périodiques italiens,* [Colombani] *est revenu en Corse en novembre 1938. Il a déclaré être un repenti, mais, en réa-*

21. Après la réoccupation française de l'île de Beauté en 1796, des insurgés paysans corses portant une petite croix blanche se battent contre les Français en 1798 avant que ces derniers ne les écrasent impitoyablement.
22. Dernière flambée bonapartiste, en 1816, menée par le commandant Poli, autour de Poggio di Nazza, pour défendre le trésor de Murat qu'il a gardé.

lité, il est resté très italophile. Un interrogatoire qu'il a subi à Paris a laissé l'impression que ses sentiments n'avaient pas changé et qu'il devait toujours être considéré comme suspect. Comme il est inscrit au Bureau de recrutement d'Ajaccio, il semble que son chef de corps pourrait être utilement prévenu. »

En effet, Jules Antoine Colombani est affecté depuis le 16 septembre 1939 à la 16e Section d'infirmiers à Montpellier. Démobilisé le 18 juillet 1940, il reprend ses études de lettres et obtient sa licence en 1942. Mais les temps ont changé : il n'est plus surveillé par la police et peut même envisager de devenir fonctionnaire français. L'administration des Colonies est truffée de Corses. On dénombre alors pas moins de quatre Colombani travaillant en Afrique (ainsi Don Jean, adjoint au délégué du gouvernement à Rufisque, Sénégal).

Jules bénéficie-t-il d'une bonne recommandation quand il frappe à la porte du secrétariat d'État aux Colonies, alors dirigé par Jules Brévié dans le gouvernement de Pierre Laval ? En tout cas, cette porte s'ouvre sans difficulté. Par arrêté du 5 juin 1942, il est nommé adjoint stagiaire de deuxième classe des services civils des Colonies autres que l'Indochine, et mis à la disposition du gouverneur général, haut-commissaire de l'Afrique occidentale française[23].

Le 23 juin, la lettre ministérielle l'avisant de sa nomination est envoyée. Jules Antoine accepte son affectation par lettre, le 27 juin. De Marseille, le 18 juillet, il sollicite une avance sur solde et prévient le secrétariat d'État qu'il rejoint son village natal en Corse. Jules Antoine convole en justes noces le 12 septembre. Douze jours plus tard, le jeune couple embarque de Marseille pour Abidjan où il arrive le 16 octobre 1942. Ce n'est que quatre ans plus tard qu'il sera admis au stage de l'École nationale de la France d'Outre-Mer, avant d'être nommé administrateur. Il ralliera alors à nouveau Abidjan, puis Dakar où Jean-Marie naîtra en 1948.

23. Le gouverneur Pierre Boisson est celui qui empêcha par les armes De Gaulle et Churchill de mettre la main sur le Sénégal au début des hostilités... Il rejoindra les Alliés après le débarquement américain en Afrique du Nord.

Jules Antoine a ensuite bien servi la France et ses colonies. La Patrie reconnaissante l'a fait chevalier de la Légion d'Honneur en avril 1971 (*J. O.* du 8 avril), puis officier en décembre 1990 (*J. O.* du 1er janvier 1991).

Comment ne pas être particulièrement désarçonné par le récit de ses jeunes années telles que s'est évertué à les évoquer son fils ? Comment ne pas s'étonner parallèlement de l'impérieuse nécessité que celui-ci a ressentie ou s'est imposée, dans *Les Infortunes de la République,* de charger a contrario le père de Lionel Jospin, coupable d'avoir été munichois dans sa banlieue ?

*

* *

N'est-ce pas céder à une manie de la suspicion que de vouloir traquer une vérité cachée sur quelqu'un qui intitule un de ses livres *Secrets de jeunesse*[24] ? Voilà un titre qui annonce la couleur : circulez, il n'y a rien à voir, puisque l'auteur livre noir sur blanc ses secrets et jusqu'à son intimité, lui qu'on reconnaît si pudique ! Avant de traquer les secrets de ces secrets, comme Edgar Morin se penchait sur la « méthode de la méthode », contentez-vous donc déjà de méditer sur ceux qui vous sont livrés d'une plume si habile !

À quelques exceptions près[25], la critique, qui n'a jamais si mal porté son nom, s'est adonnée à la louangerie la plus ductile à l'occasion de la sortie, puis du couronnement (prix Médicis-essai) de *Secrets de jeunesse,* livre concocté durant l'été 2001 dans la fièvre des aveux extorqués à Lionel Jospin, en juin de la même année, sur son propre engagement trotskiste de jadis[26]. Car, pouvait-on apostropher un Premier ministre sur l'opacité de son passé mili-

24. Stock, septembre 2001.
25. Jean-François Kahn de *Marianne*, François Reynaert, de l'émission *Campus* (France 2).
26. Voir chap. 15, « Comment *Le Monde* a "soutenu" Jospin », p. 338 et suivantes.

tant sans mettre aussitôt le sien sur la table ? Il fallait qu'on puisse lire dans la vie d'Edwy Plenel comme dans un livre ouvert ! « Leur morale et la nôtre », disait déjà le Vieux[27]. Quitte à se « déboutonner », à « se livrer », ce qui donne un livre « émouvant » (Laurent Joffrin[28]), « étrange et très beau » (Bernard-Henri Lévy[29]), « courageux » (Josyane Savigneau[30]).

Comment s'en prendre à un homme qui s'assigne pour programme, dès les premières pages de son propre livre, « *de s'approcher de son propre passé comme un homme qui fouille* [31] » ? Beaucoup de nos interlocuteurs ont souvent paru agacés par nos questions, telle cette ancienne amie d'Edwy Plenel au lycée d'Alger qui, jolis yeux bleu profond, bouche en « ô », nous a rétorqué : « *Il n'y a qu'à lui demander* ! » Par naïveté (cas de celle-ci) ou prudence, par loyauté ou finasserie, nombre de ceux qui approchent ou ont approché l'actuel directeur de la rédaction du *Monde* considèrent ou préfèrent laisser croire qu'il serait le seul dépositaire de la vérité sur son propre compte, un peu comme ces stars qui prétendent disposer d'un droit – exorbitant – sur leur propre image. Le héros n'a nul besoin de biographe, sa plume est par essence, en tout cas par profession – de foi et de fait – au service de la vérité. « *Notre métier consiste à penser contre soi-même*[32] », répète-t-il ainsi depuis quelques années. Il faudrait être fort malveillant pour prétendre aller au-delà d'un credo aussi sourcilleux.

On aura donc dû procéder par effraction. Se montrer un peu « ficelle ». Se faire passer, là, pour des biographes « neutres ». Ici, consulter des ennemis, aigris ou vengés.

27. Léon Trotsky a écrit sous ce titre un opuscule sur les relations entre morale et politique dans lequel il s'opposait à la fois à l'humanisme et au stalinisme.
28. *Cf. Le Nouvel Observateur*, p. 74.
29 « *Sa part de vérité* », *Le Figaro*, 9 novembre 2001.
30. *Campus* (France 2).
31. La formule est du philosophe allemand Walter Benjamin.
32. *Cf.* l'émission *Tam-tam* (France Inter), interview par Pascale Clark, septembre 2001. La même formule a ensuite été érigée en règle pour tous les journalistes du *Monde* (*Cf. Le Style du* Monde, *op. cit.*)

Écouter les amis délaissés. Mais, d'abord, reconstituer un passé lointain.

Nous voici sur les hauteurs de Fort-de-France. Nous sommes en 2001. Quarante-six ans auparavant, la vue devait être tout aussi somptueuse, de celles dont le voyageur se dit qu'elles rendent vain l'usage de la photographie. Car c'est une vue qu'on ne peut emporter : elle se respire. On y sent une nature lascive, détendue, complaisante. Elle vous rend le monde subitement paisible, aimable. De la terrasse du deuxième étage, où était situé l'appartement de fonction d'Alain Plenel, nommé vice-recteur de la Martinique en 1955, c'est toute la baie de Fort de France qui s'offre à vos yeux. C'est un poste, vice-recteur ! Alain Plenel est d'ailleurs fort peu « vice », puisque la Martinique, la Guadeloupe et la Guyane sont rattachées au rectorat de Bordeaux, à huit mille kilomètres de là. De fait, le fonctionnaire jouit d'un statut de quasi gouverneur, avec résidence et chauffeur. C'est sans doute le plus gros employeur des Antilles. L'un de ceux, peu nombreux, qui doit, aux yeux des autorités, « porter la voix de la France » dans l'île.

Voici le port, la corniche, les flamboyants en fleurs. Vous, vous êtes sur le plancher des vaches, dans une de ces maisons coloniales qui rappellent certaines sagas créoles. Une vue de maître du monde, aussi. À l'aube d'une vie – Edwy n'a que trois ans quand il débarque ici –, elle ne peut qu'inciter à croire en la singularité de son destin. D'autant que la vie, décidément bonne fée, n'a pas seulement intégré le garçonnet au milieu privilégié des « métro », et livré clefs en main une maison de rêve à partager avec sa famille. Elle lui a offert deux parents qui l'aiment plus qu'ils ne s'aimaient eux-mêmes. « *Le petit Edwy était charmant* » ; il était « *adorable* » : aucun témoin de cette enfance antillaise n'a infirmé ce cliché de départ qui augurait bien d'une existence heureuse. Edwy était le chouchou de sa mère, la fierté de son père, il était adoré de leurs nombreux amis. Mais la fierté paternelle est plus que discrète, rentrée, même ; Alain Plenel est un homme de rigueur et d'exigence[33]. Pas question de s'extasier sur les « *prouesses du petit* », raconte Raymond Tesaurus, un ami de ses parents de ce temps-là ; cela risquerait de lui monter à la tête. L'humilité que l'on porte en soi est une façon d'arroser la graine afin qu'elle pousse droit.

Un détour s'impose ici, fût-il un peu long, tant ce père va se révéler « aimant » aux deux sens du terme, et tant Edwy en fera un monument à l'ombre duquel il pensera avoir forgé sa propre carrière, ses valeurs et son engagement, tout en lui rendant une part de cette humilité qu'il manifesta autrefois. Certes, *Secrets de jeunesse* rend hommage à ce haut fonctionnaire qui s'opposa à l'État français des années 1960, quand ce dernier vivait le crépuscule de la question coloniale. Mais le trait reste plutôt vague, trop général pour s'appliquer à un tel modèle paternel. Edwy en fait une « *personnalité sage et réservée* », un « *sans-parti* », un « *esprit indépendant* », un « *politique amateur* », un « *individualiste égaré* », un « *maladroit* », un « *courageux* » et un « *audacieux* », un « *républicain de gauche radicalisé par principe*[34] », etc. Bref, un homme trop vertueux pour un monde sans foi ni loi... Que seul son fils, peut-être, plus aguerri par l'existence, saura venger ?

« *Mon père, ce héros...* » La légende est commode, en un sens. Edwy ne révèle rien de la vie et des choix de son père avant 1958, pendant et après la guerre. Complétons-le donc.

Né à Lannion en 1922, Alain Plenel a vingt ans en 1942. Il est reçu à l'agrégation d'histoire en 1946, ce qui laisse supposer qu'il a été avant tout un étudiant appliqué pendant les « années noires ». Il fera allusion à cette époque dans un discours prononcé en décembre 1959 à Morne-Rouge, rappelant qu'« *ayant eu vingt ans en 1942* », il avait « *appris par une triste expérience qu'il était de mauvais Français, prompts au racisme, à la délation, à la col-*

33. L'amour sans réserve de ces deux personnalités si opposées, un père rigoureux et taciturne, une mère extravertie, passionaria à Fort-de-France, puis célèbre pour son « punch » à Alger, ne dut pas être si facile à vivre, en définitive.
34. *Secrets de jeunesse*, *op. cit.*, p. 163.

laboration, mais qu'en 1944, nous avions senti combien la grande majorité des Français était attachée aux idéaux de liberté et de démocratie... » Il devient professeur à Nantes, où naît Edwy, avant de devenir inspecteur d'académie en 1953.

L'acte de naissance politique du vice-recteur, si l'on en croit son fils, se situerait en 1958 avec la rencontre de Jacques Peyrega, ancien doyen de la Faculté de droit d'Alger, nommé à son tour à Fort-de-France pour diriger l'Institut d'études juridiques : « *S'il est parfois des rencontres qui font des destins, celle de Jacques Peyrega et de mon père devrait être du nombre.* » L'auteur de *Secrets de jeunesse* pourrait ajouter qu'elle a aussi largement infléchi son propre destin, puisque Alain et Edwy ont fait leur l'histoire héroïque vécue par Jacques Peyrega au printemps 1957. Ce dernier devient alors célèbre du fait que *France-Observateur* (ancêtre du *Nouvel Observateur*), puis *Le Monde* publient une lettre qu'il a adressée le 18 mars 1957 à Maurice Bourgès-Maunoury, ministre de la Défense nationale. Témoin, le samedi 26 janvier, d'un meurtre commis à Alger par un parachutiste, il a pris au mot le ministre qui avait déclaré dans un communiqué, au sujet des soupçons pesant sur l'armée : « *Les témoins* [d'exactions en] *seraient véritablement les complices s'ils n'en informaient les autorités.* » Cette lettre était on ne peut plus factuelle :

« (...) *J'entendis un homme qui hurlait, tout à côté, quelque chose comme* "Non, non, ne tirez pas !" *Je déverrouillai la porte et sortis. À cinq mètres à ma droite se tenait un homme, un musulman, pauvrement vêtu d'une gabardine beige, debout, les mains levées, légèrement tourné vers le mur ; il était encerclé par des agents de police et des parachutistes, mitraillettes braquées, qui faisaient signe de s'écarter. Sans savoir exactement d'où venait cet homme, il semblait assez difficile de le tenir avec certitude pour l'un des terroristes qui avaient pu être aperçus, dix minutes auparavant, à une centaine de mètres de là. D'ailleurs, un parachutiste, tout à côté de lui, allait sans doute lui demander ses papiers; il lui mettait la main au cou, le faisait tourner et avancer dans ma direction, vraisemblablement pour l'amener au commissariat. L'homme ne criait plus et marchait ; puis le parachutiste lui donnait un coup de genou dans le bas des reins, et l'homme trébuchait et tombait en avant sur les mains. Un peu de brutalité, sans doute inutile, me disais-je, mais l'époque n'est plus à la sensiblerie en Algérie. L'homme tombé était accroupi comme pour la prière, presque devant moi, un peu sur ma gauche ; le parachutiste était toujours collé derrière lui, la mitraillette à la hauteur des reins de son prisonnier ; deux petits coups secs claquèrent. Toute cette scène ne s'était pas passée rapidement, brutalement, "comme en un clin d'œil" ; mais, au contraire, elle s'était déroulée "comme au ralenti", en deux ou trois minutes ; et les agents de police paraissaient un peu gênés du dénouement inattendu. Alors je m'avançai vers le parachutiste, disant :* "Pourquoi avez-vous tiré sur cet homme ?..." »

Edwy Plenel raconte que cette lettre fut évoquée par Maurice Bourgès-Maunoury[35] en Conseil des ministres sous la présidence de René Coty, en présence de Guy Mollet, président du Conseil, et du Garde des Sceaux, un certain... François Mitterrand : « *Le ministre de la Justice était évidemment présent. Il se nommait François Mitterrand, et on ne se souvient pas qu'il ait en cette occasion prononcé une parole historique. En théorie, il était en charge du droit, de son respect, non de ses violations ; de son exécution, non de celle des interpellés. En pratique, il s'abstint.* »

Dans les années 1980, Plenel évoqua même, devant des amis, un « acte de déshonneur » commis en l'occurrence par François Mitterrand envers l'un de ses proches. Sans doute là un des épisodes fondateurs de sa haine à l'endroit du défunt président de la République.

Pour son histoire familiale, en revanche, Plenel ne s'embarrasse guère de son souci affiché des « petits faits

35. Né en 1914, résistant, M. Bourgès-Maunoury fut plusieurs fois ministre sous la IVe République et Président du Conseil entre juin et septembre 1957.

vrais ». En la circonstance, il a fait l'économie du travail de « contextualisation », de cette recherche vétilleuse des détails qui viennent parfois à bout de la thèse qu'on voulait asséner. Voici donc la véritable histoire Peyrega, ou tout au moins une version de cette histoire qui se rapproche davantage de la vérité.

Même si sa marge de manœuvre était plutôt étroite face à Robert Lacoste, ministre-résident en Algérie, et face au ministre de la Défense, François Mitterrand avait réussi à imposer à Alger un nouveau procureur général qui lui rapportait fidèlement les dérives et les excès des militaires. Il en alerta Guy Mollet à plusieurs reprises. Ainsi, le 22 mars 1957, il envoie au président du Conseil une lettre très sévère dans laquelle il dénonce les agissements de fonctionnaires et de militaires qui bafouent les principes fondamentaux du droit français. Il constitue alors un « *accablant dossier sur les tortures d'Algérie* », s'éloigne de Guy Mollet et rejoint ainsi, sur ce plan, Gaston Defferre, Jean Masson, Jean Filippi et Paul Ramadier[36]. Lors du Conseil des ministres du 27 mars 1957, il est d'abord question du refus du général de la Bollardière d'appliquer les instructions ordonnant de perquisitionner les mosquées. La lettre de Peyrega est évoquée en même temps que la menace de démission de certains hauts fonctionnaires. La discussion entre les ministres est animée. Elle oppose notamment François Mitterrand à Bourgès-Maunoury. Le 2 avril suivant, le Garde des Sceaux reconnaît devant la commission de la Justice du Parlement l'existence en Algérie de sévices et de détentions arbitraires de citoyens « *retenus indûment dans les locaux où ils n'ont pas à être et où des gens non qualifiés les interrogent* ».

Après avoir été menacé de représailles et avant d'être finalement obligé de quitter Alger, le « *doyen fellagha* », comme l'appelaient ses ennemis d'alors, a écrit à deux reprises à *France-Observateur*[37]. La première fois pour se

36. In *France-Observateur* du 28 mars 1957.
37. Contrairement à ce que Plenel laisse entendre, ce n'est pas *Le Monde,* mais *France-Observateur* qui fut en première ligne sur cette affaire.

plaindre que sa lettre eût été publiée. La deuxième, pour expliquer très longuement le sens de cette lettre et son refus de la rendre publique. Il ne voulait pas qu'on pût penser qu'il participait à une campagne, d'autant moins qu'il n'avait été témoin que d'un seul fait mais, surtout : « *Ce ne sont pas, à mon avis, les soldats qui sont personnellement responsables, ce n'est pas l'Armée que l'on doit accuser (et, personnellement, je ne l'accuse pas, contrairement à ce que l'on veut faire croire) : certes, la situation particulière créée par le terrorisme et les conditions de la lutte contre le terrorisme expliquent la fréquence de certaines exactions. Mais nos dirigeants sont gravement responsables (...). La raison principale pour laquelle je ne voulais pas publier ma lettre venait en effet de ce que j'étais par-dessus tout préoccupé de ne pas voir préciser les conceptions nettes et les techniques appropriées qui constituent les éléments les plus essentiels du maintien des liens entre la France et l'Algérie*[38]. »

La conclusion de cette longue missive avait de quoi ébranler Plenel, car Peyrega, en revendiquant son statut de professeur de science politique coloniale depuis treize ans, espérait, en l'écrivant, « *essayer d'amorcer, entre spécialistes, une discussion d'idées et de techniques sur ce problème crucial de l'organisation de relations durables, confiantes et solides entre la France et les Territoires d'Outre-Mer, y compris l'Algérie* ». Pour être encore plus clair, il reproduisait, en terminant, le télégramme qu'il avait envoyé à ses étudiants : « *J'estime surtout nécessaire une prise de conscience du problème de l'évolution de la situation actuelle et de la définition de la place de l'Algérie dans l'Union Française, question vitale qui eût gagné à être étudiée rapidement et sans passion.* »

La violente campagne menée contre lui, les tracas administratifs qu'il va essuyer après l'arrivée au pouvoir du général de Gaulle, vont avoir raison de la modération de Jacques Peyrega, l'honnête homme...

38. *France-Observateur* du 4 avril 1957.

À partir de sa rencontre avec Peyrega, le parcours d'Alain Plenel nous éloigne de cette histoire de père fragile, victime de sa propre vertu, que lui prête son fils, mais renforce au contraire notre conviction d'avoir affaire à un homme qui mène un vrai combat et ne néglige aucune arme pour le remporter.

Nous sommes à la fin des années 1950. De retour au pouvoir, le gaullisme décolonise vite, en Afrique comme au Maghreb. Par ces temps de révolutions (Cuba, à quelques centaines de kilomètres, secoue les consciences des îliens de gauche), il s'agit de ne pas mélanger les torchons des colonies et les serviettes des départements d'outre-mer : pour le Général, les Antilles (à la différence de l'Algérie, comme on va le voir) sont vraiment la France, un archipel où, comme il le dira, en visite en 1960, les immigrants représentent 100% de la population !

Alain Plenel, lui, ne mange pas de ce pain-là. Dès 1958, il vote « non » au référendum sur les institutions qui consacre le retour au pouvoir du Général. Cela ne l'empêche pas d'utiliser à plein les structures de l'« État colonial » pour parfaire la scolarisation de l'île où, à l'époque où il débarque, cinq à six mille gosses traînent encore dans les rues. Premier oubli du fils : Alain Plenel, qui a fait de cette lutte pour la scolarisation de tous une priorité, a été un vrai « hussard noir de la République »...

Historien, Alain Plenel s'est penché sur les origines et le développement de la Martinique, dont il s'est épris dès sa nomination. Il publiera plus tard, dans un long article des *Temps modernes*[39], une réflexion plutôt aboutie, quoique assez théorique, sur le sujet. Le Lénine de *L'Impérialisme, stade suprême du capitalisme,* y est abondamment cité, notamment pour expliquer les ressorts spécifiques de l'exploitation coloniale dans les Antilles françaises. Retraçant la politique française dans les départements d'outre-mer depuis la Révolution de 1789, Alain Plenel construit une typologie susceptible d'expliquer le

39. « Libération nationale et assimilation à la Martinique et à la Guadeloupe », in *Temps modernes,* n° 205, juin 1963.

« retard » pris par la décolonisation : « *L'assimilation, doctrine bourgeoise, s'oppose d'une part au colonialisme direct, qui maintient la suprématie totale d'une minorité de planteurs sur une masse d'esclaves, et, d'autre part, l'émancipation totale, aussi bien des personnes que des territoires.* » Cette « émancipation totale » dont se réclame Alain Plenel l'incite à donner une interprétation « maximaliste » des événements des 20, 21 et 22 décembre 1959 : durant ces trois journées, quelques dizaines de jeunes affrontent les CRS, s'en prennent aux vitrines des magasins. Le préfet ne parvient pas à ramener l'ordre. Édouard Delépine, « plenélien » de l'époque – et membre du Parti communiste martiniquais –, raconte bien comment ces trois jours d'émeute qui enflammèrent Fort-de-France illusionnèrent quelques intellectuels anti-colonialistes :

« *C'était, comme on dit chez nous, un "chien sur une yole"* [un chien sur une barque] *et non le point de départ du mouvement vers l'indépendance que nous voulions voir. Nous étions deux ou trois à hurler* "Vive Fidel Castro !", "Indépendance, Révolution !". *Mais personne ne reprenait d'autre mot d'ordre que* "CRS, Ma'che !" [CRS, dehors !], *lancé par les chefs naturels du mouvement,* "Bec en or" *ou* "Diable en personne", *des gars du lumpen-prolétariat, des loubards un peu plus âgés que les autres. L'incident qui avait servi de prétexte aux manifestations était mineur : il s'agissait d'un accrochage entre une voiture conduite par un Blanc et un deux-roues piloté par un Noir. Les deux hommes s'étaient d'ailleurs réconciliés… mais la gauche a alors plaqué une dimension politique, anti-colonialiste, sur des troubles qui en étaient totalement dénués. L'histoire de la Martinique est pleine d'événements de ce genre, sans lendemains.* »

Selon le témoignage de Delépine, « *Alain Plenel aussi y croyait* ». Après ces émeutes qui ont provoqué la mort de trois jeunes, le vice-recteur estime le moment venu de se départir de son devoir de réserve. Présent depuis quatre ans, il est assez populaire dans les milieux enseignants. Sa maison, ouverte, accueille même des Martiniquais du bas peuple. Il consulte quelques personnes sur le comportement qu'il doit adopter, et notamment Roland Suvelor, à l'époque récent fondateur et leader local du PSU, l'une des formations de gauche indépendantiste ou à tout le moins « autonomiste ». Suvelor, comme Emmanuel Véry, député socialiste de l'île, lui conseillent la prudence : il est plus utile à la gauche en demeurant dans l'ombre et en continuant d'assumer ses fonctions. Mais Alain Plenel croit vivre un de ces moments au cours desquels il faut forcer le cours de l'Histoire. Lors de l'inauguration d'une école à Morne-Rouge, ville dont le maire est communiste, il prononce un discours radical. Il propose d'abord de baptiser l'école du nom de Christian Marajo, un des trois jeunes élèves tués lors des récentes manifestations, puis, après avoir rappelé sa « *triste expérience* » du début des années 1940, il implore « *l'indulgence pour les jeunes dont la rébellion n'était pas sans analogie avec celle des jeunes Français lors des Trois Glorieuses de 1830* (...). *Si graves qu'aient été les faits, la propriété privée a été respectée et si trois commissariats ont été incendiés, c'est à la suite d'une dure répression policière...* » Lyrique, avant que ne soit entonnée la *Marseillaise*, il termine par : « *Bientôt, il y aura un navire de guerre en rade de Fort-de-France ; mais ce que veut la Martinique, ça n'est pas des canons dirigés contre son cœur, mais la liberté et des preuves d'amour* ! »

Les rapports sur le comportement du vice-recteur arrivent à Paris, notamment sur le bureau de Jacques Foccart qui, bon connaisseur des Antilles, garde un œil attentif sur tout ce qui s'y passe. Alain Plenel pense que le rapport de forces ne permet pas au « pouvoir colonial » de le sanctionner : « *Il s'était persuadé*, raconte Suvelor, *qu'il était devenu intouchable et que le peuple martiniquais se soulèverait pour lui, le cas échéant.* » Il engueule même Roland Suvelor qui, au nom du PSU, a signé, à la demande du préfet, un appel au calme au nom de l'ensemble des forces politiques et des institutions de l'île. Plenel, affirme Suvelor, croit la révolution imminente. Il pense que les Martiniquais redescendraient dans la rue si le gouvernement français venait à s'en prendre à ce nouveau « Schoelcher[40] », comme le surnommaient non sans une méchante ironie certains indépendantistes plus « fanoniens » que le fanonien Plenel[41].

Du jour où le gouvernement révoque Alain Plenel et prépare son expulsion, Édouard Delépine, lui, organise « la résistance ». Il faut planquer le vice-recteur, gagner du temps en attendant d'être à même d'organiser une riposte de masse. Il contacte notamment à cet effet Renoult Valbon, ouvrier communiste, adjoint au maire du Lamentin, l'un des tout premiers responsables de la CGT, leader notamment des ouvriers agricoles. « *Autour de Plenel,* raconte-t-il, *il y avait des instituteurs, des profs, etc. Je pensais qu'il fallait mettre des ouvriers dans le coup.* » L'espace de quelques jours, le vice-recteur a-t-il caressé le rêve de devenir une sorte de « líder maximo » en Martinique et de faire de celle-ci un autre Cuba ? C'était l'époque où, comme s'en souviennent aussi bien Roland Suvélor que Roland Tesaurus, il évoquait la nécessité de la violence pour « accoucher l'Histoire ». Pendant plusieurs jours, sa maison est gardée par des militants. Lui-même transfère ses dossiers en lieu sûr. Mais cet épisode quelque peu romanesque ne dure pas. Lorsque les autorités raccompagnent Plenel au bateau, ils ne sont plus qu'une centaine – la plupart communistes – à l'escorter et à protester.

La République est cependant bonne fille, puisqu'elle recase Alain Plenel à la tête du département des moyens audiovisuels de l'Institut pédagogique national. À Paris, il reprend de plus belle son combat pour l'indépendance des Antilles en participant aux premiers pas de ce qu'il croit être le grand mouvement qui conduira la Martinique à

40. Humaniste français et républicain du XIX° siècle qui mena un long combat en faveur de l'abolition de l'esclavage. Plusieurs rues et monuments portent son nom en Martinique.
41. Alain Plenel est en effet à l'époque un adepte de Frantz Fanon, anti-colonialiste radical, apôtre de la violence, lui-même originaire de la Martinique, auteur notamment de *Peaux noires, masques blancs* (1952) et de *Les Damnés de la terre* (1961).

l'émancipation. Il milite à la tête du Mouvement Patriotique Martiniquais (MPM) et devient membre du Comité directeur des Libertés démocratiques aux Antilles, à la Guyane et à la Réunion (CDLARG). Un engagement qui lui vaut, en septembre 1961, une circulaire administrative lui interdisant de quitter le territoire métropolitain. Dans l'*Histoire de la Martinique*[42], ouvrage abondamment illustré, on le voit en photo au Congrès de l'AGEM (Association générale des Étudiants martiniquais). On l'entendra aussi témoigner au procès des militants de l'OJAM[43], l'Organisation de la Jeunesse anticolonialiste martiniquaise, constituée dans la foulée du FAG[44] et qui était censée tenir son Congrès constitutif en août 1961.

Le pouvoir ne tenant pas à ce que les Antilles prennent le relais de l'Algérie, la répression ne tarde pas et le FAG comme l'OJAM sont dissous. En août 1962, Alain Plenel tente de revenir en Martinique « pour les vacances ». Il est refoulé à l'aéroport. Le fonctionnaire entame alors un combat opiniâtre contre les autorités françaises. Il assigne Roger Frey, ministre de l'Intérieur, devant le Tribunal de Grande Instance, et lui réclame 15 000 francs de dommages et intérêts pour voie de fait. Le 28 novembre 1963, il témoigne en faveur des dix-huit inculpés de l'OJAM qui remettaient en cause le premier principe de la République, son unité et son indivisibilité.

En décembre 1963, le haut fonctionnaire s'absente de France pour organiser à Alger un colloque sur les moyens audiovisuels en Afrique. Il rejoint son ami Peyrega qui a pris fait et cause pour le nouveau pouvoir en place. Il accorde à son ami une très longue interview pour *El Moudjahid,* intitulée « *La Martinique, colonie française* », dans laquelle il s'en prend rudement à la politique antillaise du gouvernement français. En juillet 1964, il est l'un des organisateurs des « Rencontres internationales d'Alger » sur le thème « Image et Son au service de l'édu-

42. *Histoire de la Martinique*, vol. 3, Bibliothèque de Fort de France.
43. Voir *Le Monde*, 26, 27 et 29 novembre 1963.
44. Front antillais pour l'Autonomie.

cation en Afrique », colloque soutenu par des membres du PCF. En février 1965, Plenel est radié par décret de l'Inspection d'Académie pour s'être départi de son devoir de réserve et s'être absenté irrégulièrement. Il est alors nommé professeur à Clermont-Ferrand. Me Manville proteste, au nom du Mouvement Patriotique Martiniquais, contre cette mesure qui frappe un homme « *en prise directe avec le mouvement de décolonisation qui secoue les derniers confetti de l'ex-Empire français* ».

Alain Plenel interjette un recours en Conseil d'État contre la mesure qui le frappe[45]. Le 18 août 1965, il signe dans *Le Monde* une tribune intitulée : « *Pour une politique coloniale française* ». Au terme de nombreuses péripéties, il gagne ses différentes procédures contre le ministre de l'Intérieur. L'État est condamné pour voie de fait et se voit contraint de verser des dommages et intérêts au haut-fonctionnaire pour l'avoir empêché de rentrer en Martinique. Celui-ci est de surcroît réintégré dans ses fonctions à l'Inspection d'Académie, le 23 septembre 1968, et mis immédiatement à la disposition du ministère des Affaires étrangères qui crée à son intention un poste de conseiller pédagogique au Centre pédagogique de l'Office culturel à Alger. Plenel, qui avait refusé d'exercer les fonctions de professeur à Clermont-Ferrand, était en effet reparti pour Alger, à l'appel de son ami Peyrega, afin de venir y occuper des fonctions dans la haute administration algérienne...

Difficile, à la lumière de ces faits, de voir en Alain Plenel un martyr de la Ve République et du régime gaulliste, comme voudrait le présenter son fils. La République, magnagnime, l'a rétabli dans tous ses droits et lui a octroyé un poste taillé sur mesures... Une réhabilitation qui n'a pas empêché le fils de clamer que son père avait été « *le seul homme de gauche à s'exiler* [sic] *sous le régime gaulliste*[46] ! »

Alain Plenel, qui a persévéré dans son engagement en

45. Cette affaire donna lieu à un arrêt de la Cour de cassation potassé depuis lors par des milliers d'étudiants en droit sous l'intitulé « arrêt Plenel ».
46. In *Les Mots volés, op. cit.*, p. 321.

Algérie, est loin d'avoir été ce démocrate radical inorganisé que nous présente aujourd'hui l'auteur de *Secrets de jeunesse*. Il a même joué un certain rôle dans l'Alger bouillonnante des débuts de la révolution nationaliste. Le pays était alors à reconstruire. Ses dirigeants souhaitaient aider les mouvements révolutionnaires de par le monde. Alger, devenue une plaque-tournante du tiers-mondisme, attira en particulier celui qui allait devenir l'idole d'Edwy Plenel, Che Guevara ; on y voyait les responsables des mouvements indépendantistes du Mozambique, de Guinée-Bissau, du Congo ex-belge, de l'Angola, etc. On y croisait des Antillais du GONG (Groupement des Organisations nationales de Guadeloupe), des Comoriens et même Choukeiri, le premier leader palestinien, ou Eldridge Cleaver, du Black Panthers Party américain. Alain Plenel est lui-même proche de l'avocat Marcel Manville – ami de Frantz Fanon, mort le 12 décembre 1961 à Washington – qui a défendu des combattants du FLN poursuivis en France.

Quant à Edwy, il a vécu comme un arrachement le départ forcé de Martinique. Aujourd'hui encore, il affirme d'ailleurs être un « *exilé de son enfance* ». Lorsque Delépine vient voir les Plenel à Sucy-en-Brie où la famille s'est installée après le retour en métropole, il est interloqué par la sortie du jeune Edwy montrant un doberman : « *Je voudrais être un petit chien pour pouvoir rentrer avec toi en Martinique...* » Ses parents accèdent à son vœu. Qu'on imagine quelle attention et quelle affection traduit cette décision en un temps où les parents ne se départissaient pas si aisément de leur tutelle... Le jeune Edwy débarque bientôt chez les De Thoré, pharmaciens martiniquais, où il séjourne toute l'année de son CM2... Il passe ensuite peu de temps en France, puis rejoint son père en Algérie qui deviendra alors le second pays de son enfance – « *n'ayant d'autre pays que cette enfance-là...* » – et qui l'aura profondément marqué.

C'est là qu'il commet son premier acte politique, une lettre adressée à l'ambassadeur de Cuba à Alger : « *Excel-*

lence, Bien que nous n'ayons pas voulu y croire jusqu'à la dernière minute, il a fallu nous rendre à l'évidence : Ernesto Che Guevara a été assassiné par les serviteurs de l'impérialisme nord-américain. Notre douleur est d'autant plus vive qu'il représente un premier pas vers un idéal maintenant réalisable. Ses actes, ses écrits sont pour nous, jeunes, un véritable enseignement car nous savons que bientôt ce sera notre rôle de "créer deux, trois, de nombreux Vietnam", *et nous nous y préparons avec l'aide d'hommes comme le Che*[47]*...* »

Ici commence donc l'itinéraire militant d'Edwy Plenel. Par un processus assez extraordinaire et dont aucun des deux protagonistes n'a sans doute conscience sur le moment, c'est aussi là que se termine la carrière politique d'Alain Plenel.

Edwy s'engage tôt. Il anime un journal lycéen, puis déclenche sa première grève en mars 1969. Mais, selon le témoignage de Sophie Pouget, lycéenne qui, comme lui, rejoindra la Ligue Communiste, Edwy avait aussi beaucoup de relations « en ville ». Il fréquentait les milieux d'immigrés révolutionnaires d'Alger tout en entourant ses activités du plus grand secret. Gérard Vergeat, ex-dirigeant de la Ligue Communiste et de la IVe Internationale, se souvient d'ailleurs d'avoir recruté Plenel-« Krasny » à ce moment-là. Dans son autobiographie, le récit de notre héros s'écarte quelque peu, sur ce point, de la logique des « *petits faits vrais* » : « *En 1969, c'est à la demande de Gérard Vergeat que j'ai rencontré un homme de cette trempe-là, un homme qui avait vraiment choisi de ne pas avoir de patrie, ou plutôt d'avoir le genre humain pour seule patrie. Il se prénommait Elbio*[48] *et, à dire vrai, je l'ai plutôt "réveillé" au sens où l'on use de cette expression pour les espions dormants dans les romans de John Le Carré*[49]. »

Vérité légèrement imparfaite et qui prête volontiers au

47. Voir *Secrets de jeunesse, op. cit.*, p. 29.
48. Le vrai nom d'Elbio est Compagnoli.
49. *Secrets de jeunesse*, p. 187.

jeune Edwy le beau rôle. En réalité, Compagnoli, ici évoqué, est un militant proche de Pablo[50] ; ingénieur, il a construit une usine métallurgique au Maroc durant la guerre d'Algérie pour aider le FLN. C'est Gérard Vergeat qui le « réveille » et estime utile de le mettre en contact avec ce lycéen de dix-sept ans.

On peut donc dire qu'à compter ce moment, Alain Plenel a transmis à son fils son bâton de révolutionnaire, ou plutôt de militant anticolonialiste. Le premier article publié dans *Rouge* par « Krasny », futur pseudonyme d'Edwy Plenel à la Ligue Communiste, concerne d'ailleurs les « Trois Glorieuses » dont l'évocation a entraîné la révocation de son père et son départ des Antilles. Mais, curieusement, le passage de relais voue le père au silence, comme si la famille ne pouvait porter qu'un révolutionnaire à la fois : on n'entendra plus guère parler ensuite d'Alain Plenel. Après avoir été nommé en Inde en 1972, il cherchera encore à revenir aux Antilles en 1979. Candidat à un concours au poste proposé en 1978, de délégué général à la formation professionnelle, et s'estimant le plus qualifié pour l'occuper, il dénoncera, dans une lettre à son ami Roland Tesaurus, les incroyables contorsions de l'administration pour éviter de le lui octroyer. Sa plume est colère : « *Un homme sanctionné voici bientôt deux décennies pour avoir exprimé avec franchise ses opinions sur la répression de 1959, ou sur la situation antillaise de 1964, doit-il être éternellement un indésirable, un réprouvé, un pestiféré, et peut-il concourir loyalement à un poste administratif* ? »

Pourquoi prendre tant de peine à rappeler le passé familial des deux principaux dirigeants du *Monde* ? Pourquoi chercher à confondre deux discours qui ne sont peut-être que l'expression d'un amour filial respectable jusque dans

50. Pablo, alias Michel Raptis, est l'un des dirigeants de la IVe Internationale frankiste, qui, à partir de son expérience d'aide directe à la révolution algérienne, finira par créer en France son propre courant, l'Alliance Marxiste révolutionnaire, et la revue *Sous le drapeau du socialisme*.

ses partis-pris ou ses aveuglements ? Parce que ces histoires familiales alimentent des postures devenues essentielles dans le positionnement idéologique du *Monde*. Parce que l'histoire respective de ces deux pères rend bien compte, semble-t-il, de la communauté d'attitude qui, au fond, unit les deux dirigeants du *Monde,* d'origine politique et de tempérament par ailleurs si différents : une opposition fondatrice à l'État français, une profonde méfiance à l'égard du pays comme aussi du régime – la République – dont il s'est doté. Peu importent ici les différences – considérables – entre les itinéraires d'Alain Plenel et de Jules Antoine Colombani. Peu importe que le second ait pu, par une chance assez exceptionnelle, échapper à la répression d'un État suffisamment désorganisé pour ne pas trop prêter attention aux forces qui tentaient, avec l'appui d'une puissance étrangère sous régime fasciste, d'annexer un pan de son territoire, alors que le premier, anti-colonialiste de conviction, dut, lui, affronter les autorités de son temps. Peu importent enfin les différences de trajectoires et d'idéologies tout aussi grandes entre les fils qu'elles le furent entre les pères. Si Edwy Plenel a longtemps milité à l'extrême gauche et s'est donc engagé, comme son père, Jean-Marie Colombani, lui, ne semble jamais avoir été attiré par la gauche avant l'avènement de Michel Rocard. Avant comme après ce bref engouement, on le suppose plutôt démocrate-chrétien. On a signalé qu'on lui connaissait même quelques papiers, signés d'un pseudonyme, parus dans *Spectacles du monde,* pas vraiment une revue d'extrême gauche…

Mais si la France sait parfois unir ceux qui l'aiment ou simplement l'adoptent, elle sait aussi rassembler ceux qui la méprisent et la combattent. Plenel comme Colombani, le guévariste et le démocrate-chrétien, paraissent unis par un même ressentiment à l'endroit d'un pays avec lequel leurs pères sont entrés en conflit. Leur francophobie latente ou explicite vient-elle de ces mêmes uniformes qui jadis rembarquèrent Alain Plenel sur un bateau à destination de la métropole et qui auraient pu embastiller Jules Antoine pour haute trahison ? Qu'elle soit aujourd'hui en phase avec la détestation d'une grande partie des élites françaises pour leur pays[51] n'ôte rien à la responsabilité des deux hommes. Qu'il s'agisse de la guerre d'Algérie, de la mémoire de la Seconde Guerre mondiale, du racisme et de l'antisémitisme aujourd'hui, de la prégnance des idées d'extrême droite, ou encore de l'Europe, *Le Monde,* depuis une dizaine d'années, opte toujours pour l'interprétation la moins généreuse à l'égard de ce pays et de ses habitants. Certains lecteurs estiment sans doute ce choix éditorial justifié par une vigilance nécessaire à l'endroit de la « bête immonde »... Nous croyons pouvoir y discerner, pour notre part, un aveuglement d'origine certes idéologique, mais d'autant plus pugnace, obtus, qu'il est adossé à un désir sacré, chez deux hommes d'âge mûr, d'honorer, en la réécrivant, la mémoire de leurs pères.

C'est ainsi que le nouveau *Monde* est imprimé sur un palimpseste mal gratté qui laisse apparaître çà et là les traces des destins respectifs de Jules Antoine et d'Alain, pères de Jean-Marie et d'Edwy.

51. Voir David Martin-Castelnau, *Les Francophobes, op. cit.*

CHAPITRE 21

Docteur Jean-Marie et Mister Colombani : le lancement de *20 Minutes*

À l'automne 1997, Jean-Marie Colombani faisait encore mine de découvrir la jungle du capitalisme[1] : « *Il est rare qu'un journaliste plonge dans le milieu des affaires. Il y a donc eu pour moi une part de découverte. J'avoue donc une certaine candeur en vous disant que l'idée que je me faisais du capitalisme n'était pas celle de la jungle, mais d'un monde codifié où une parole est une parole.* » Mais le directeur du *Monde* a très vite appris les règles, écrites ou non écrites, de l'*establishment*. Au besoin, il sait aussi en inventer de nouvelles, fondées sur l'impunité que lui procure sa situation et qui ne sont pas toujours bien reçues. Mais qui oserait poursuivre le patron du *Monde* pour quelque délit que ce soit, par exemple pour trafic d'influence ?

Connaissant les difficultés qu'il rencontrerait pour imposer en France un journal gratuit, le groupe norvégien Schibsted, le premier dans son pays (260 millions d'euros de chiffre d'affaires) est allé chercher un allié dans la presse française. En 2000, il prend contact simultanément avec *Le Figaro*, *Le Monde* et *Le Parisien*. Objectif : proposer à la fois un contrat pour l'impression du futur *20 Minutes,* ainsi qu'une association capitalistique. Le groupe intéressé pourrait éventuellement trouver un débouché commercial pour son imprimerie et espérer gagner de l'argent en prenant des parts dans une affaire destinée à être rentable à court ou moyen terme.

1. In *Le Figaro* du 6 novembre 1997.

D'entrée de jeu, Jean-Marie Colombani se dit séduit par le projet. Il confie à Anne Chaussebourg[2] la mission d'étudier les termes d'un partenariat. Le 31 juillet 2000, celle-ci expédie une lettre au groupe norvégien, dans laquelle la société Le Monde SA s'engage à respecter « *la confidentialité des divers concepts, documents et maquettes explicités ou fournis par la société 20 Minutes Holding AG* ». Elle se dit prête à s'engager dans une « *collaboration exclusive... d'une durée de trois ans* ». Enfin Le Monde SA « *s'engage à mettre en œuvre tous les moyens intellectuels dont elle dispose pour faciliter la réussite de ce projet* ». Cette dernière formule a été mûrement pensée et soupesée par Jean-Marie Colombani. Tout au long des négociations, le Pdg du *Monde* s'est en effet montré soucieux de ne pas laisser traîner de documents qui pourraient laisser deviner, en cas de « fuites », la nature exacte de son aide au groupe éditeur de *20 Minutes*. En fait, la formule « *mise en œuvre des moyens intellectuels* » est ici un doux euphémisme pour désigner le lobbying à la française...

En réalité, les Norvégiens semblent bien moins pressés que *Le Monde*. Il faut attendre le début de l'été 2001 pour que les deux parties entament des discussions concrètes. *Le Monde* s'engage sur deux plans. D'abord, il aidera au lancement et au développement de journaux gratuits en France sous la marque *20 Minutes*. Ensuite, il s'engage à créer les conditions favorables à leur lancement en menant une intense action de lobbying auprès des instances professionnelles (les différents syndicats patronaux de la presse parisienne et provinciale, les NMPP[3]...), politiques (la Mairie de Paris, Matignon, le ministère de la Culture), économiques (notamment Hachette et France-Rail Publicité) et sociales (le Syndicat du Livre et toutes ses composantes). Un peu interloqués, les « Norvégiens » entendent Anne Chaussebourg, Éric Pialloux[4] et Michel Baumann[5]

2. Elle a le titre de directeur délégué.
3. On a vu le poids de Colombani dans les Nouvelles Messageries, *cf. supra*, chap. 17, « Une facture assez peu confraternelle », p. 383.
4. Le directeur exécutif du *Monde*.
5. Directeur du développement commercial du journal.

décrire avec force détails la puissance du *Monde* et les rouages déterminant son influence, essentielle pour la réussite de leur projet. Les trois représentants de Jean-Marie Colombani évoquent son carnet d'adresses comme s'il s'agissait du trésor des Incas. Ils magnifient son poids personnel auprès de Lionel Jospin et de Bertrand Delanoë, ainsi que de Daniel Cukierman, patron de France-Rail Publicité, la régie publicitaire de la SNCF, ce qui est tout aussi important pour le projet. Bref, concluent-ils, le soutien d'un homme aussi répandu est à l'évidence une garantie de succès.

Il est vrai que les Norvégiens ont rapidement l'occasion de mesurer l'efficacité et le poids du *Monde* et de son patron. Les obstacles tombent les uns après les autres. Alors que HDS, la filiale du groupe Hachette qui exploite les magasins de presse Relay dans les gares RER et SNCF, a interdiction formelle de distribuer ouvrages et journaux gratuits sur le domaine ferroviaire, eux obtiennent de France-Rail Publicité la disposition de quatre cents présentoirs sur les quais en région parisienne...

Jean-Marie Colombani suit de près l'avancement des pourparlers avec les Norvégiens. Prudent, il n'en déclare pas moins à un journaliste de la presse « médias » que la presse gratuite est, pour *Le Monde,* « *hors de portée* », tout en constatant qu'elle est « *le prolongement naturel de la presse nationale*[6] ». Il s'agit manifestement de préparer les esprits à l'annonce prochaine du partenariat du *Monde* avec *20 Minutes.* Après plusieurs réunions entre les deux parties, les Norvégiens rédigent un protocole qui récapitule les points d'accord :

« *Les parties conviennent qu'au regard du développement actuel de la presse d'information générale gratuite à travers le monde et en Europe, la France constitue un marché potentiel très attractif...* » Sur les apports du *Monde* au développement de *20 Minutes* France, il est précisé[7] : « 20 Minutes *France reconnaît que les apports du* Monde,

6. In *Correspondance de la Presse* du 4 juillet 2001.
7. Les passages sont soulignés par l'auteur.

notamment dans le cadre des discussions avec des partenaires commerciaux, des partenaires financiers, dans le cadre des négociations avec les instances syndicales et professionnelles en France, *ainsi que dans l'établissement de relations favorables à ce lancement* avec les pouvoirs économiques et politiques à Paris et en France, *sont très importants* (...). Le Monde *s'engage à continuer de mettre en œuvre tous les moyens dont il dispose pour faciliter la réussite de ce projet, tant à l'occasion de son lancement que dans le long terme. Ce soutien a déjà pris et pourra, entre autres, prendre les formes suivantes :*

– facilitation des contacts dans le cadre de la recherche de partenaires financiers et industriels (...) ;

– mise en œuvre de son influence pour contribuer à établir une image de marque positive pour 20 Minutes *France, tant auprès de l'opinion publique que dans le monde de la presse et de la publicité ;*

– toutes autres interventions par lesquelles Le Monde *apporte son* "soutien bienveillant" *à* 20 Minutes, *notamment auprès d'acteurs, institutions ou sociétés ayant une quelconque influence sur la réussite du projet...* »

Ce texte est on ne peut plus limpide : les Norvégiens reconnaissent que *Le Monde* est un très puissant groupe de pression en France et acceptent de bien le rémunérer pour son opération de lobbying, y compris d'ailleurs en direction de l'opinion publique. Ils s'engagent ainsi à lui offrir 2,5% du capital. Mais ce n'est pas tout. Pour ses services futurs, le groupe Schibsted offre au « lobbyiste » 7,5% du capital au prix de souscription et, de surcroît, avec un crédit de paiement, afin de ne pas grever sa trésorerie.

Dans le même temps, des négociations sont menées en vue de l'impression de l'édition du lundi de *20 Minutes* sur les rotatives du Monde Imprimerie. Jean-Marie Colombani n'a rien trouvé à redire à la signature du contrat passé par les Norvégiens avec le puissant groupe Quebecor pour l'impression, pendant deux ans, des éditions des autres jours de la semaine. Or, Quebecor possède des imprimeries de labeur non contrôlées par le CILP (le tout-puissant

Syndicat du Livre parisien, foncièrement hostile à la presse gratuite) et n'est donc pas soumis aux règles sociales qui régissent les presses des quotidiens nationaux. Il est seulement convenu avec *Le Monde* qu'au bout de deux ans, les deux parties tenteront de trouver un accord en sorte que la totalité du tirage de *20 Minutes* soit imprimée sur les presses du *Monde* à Ivry, « contrôlées » par les « rotos » du Livre. D'ici là, Colombani se fait donc fort de neutraliser l'action du Syndicat du Livre ou plutôt d'obtenir sa « bienveillance » avec l'impression d'une seule édition par semaine, celle du lundi, alors que ce syndicat s'est jusqu'alors presque toujours opposé à la fabrication d'un quotidien sur d'autres presses que celles qu'il « contrôle ».

Le 18 juillet 2001, Jean-Marie Colombani écrit au groupe norvégien qu'en ce qui concerne l'impression du « gratuit », il lui semble qu'« *aucune difficulté majeure ne soit susceptible d'entraver un accord formel* ». Il évoque aussi ses conditions à son entrée dans le capital de *20 Minutes* France, qui ne saurait être inférieure à 10% du capital, alors qu'il ne veut[8] investir qu'un million d'euros dans les deux prochaines années. Le groupe norvégien comprend que *Le Monde* n'a pas une trésorerie florissante, mais s'évertue à compenser cette faiblesse par une surévaluation de son action de lobbying. Or les Norvégiens cherchent aussi de l'argent frais pour monter leur projet. D'où l'intérêt qu'ils manifestent pour les propositions du *Parisien*, tout aussi séduit que *Le Monde* par la perspective d'entrer au capital du « gratuit ».

Le 14 septembre, le représentant de *20 Minutes* France apprend ainsi à Anne Chaussebourg qu'un accord avec *Le Parisien* est imminent. Dans une lettre du 21 septembre, Jean-Marie Colombani manifeste sa « *stupéfaction et* [sa] *consternation* » au groupe norvégien. Après avoir fustigé le « *manque de transparence* » et évoqué une « *rupture totale* », il en vient à l'essentiel : « *Faire entrer un concurrent potentiel, et donc lui donner librement accès à tout le*

8. La suite montrera que *Le Monde* n'a tout simplement pas les moyens de miser davantage.

travail accompli, sans concertation avec nous, revient à faire peu de cas de notre collaboration ainsi que des travaux, études, actions de mise en relation, accomplis jusqu'à présent... Dans ces conditions, vous ne nous laissez d'autre choix que d'interrompre notre collaboration. » Et le patron du *Monde* d'annoncer aussi sec... l'envoi d'une facture de lobbying : « *J'espère que vous aurez l'élégance de reconnaître les efforts consentis jusqu'à présent et le dédommagement qu'ils méritent. Nous vous enverrons prochainement une facture représentant une estimation de notre intervention en ce sens.* »

Conscients du pouvoir du *Monde* à la fois dans le milieu patronal, dans la sphère politique et auprès des syndicats, les Norvégiens font amende honorable, et ce, d'autant plus rapidement que *Le Parisien* décide de ne pas donner suite au projet d'association. Une réunion de réconciliation est organisée le 4 octobre 2001. L'un des patrons du groupe norvégien écrit à Jean-Marie Colombani, le 16 octobre, pour faire le point sur leurs relations. *Le Monde* y est confirmé comme le « *partenaire stratégique privilégié dans le cadre du lancement de* 20 Minutes *France (...). Le prestige du* Monde *et votre soutien personnel, notamment au plan politique et dans le cadre des relations avec les organisations sociales, sont des facteurs importants de réussite de ce projet* ». On apprend incidemment dans cette lettre que *Le Monde* a proposé de compenser son incapacité d'apporter des fonds propres par une action auprès d'investisseurs potentiels, choisis notamment parmi les actionnaires du *Monde*.

Décidément, rien ne se perd, et le patron du *Monde* a tôt fait de considérer que toutes ses relations, qu'elle soient d'affaires, liées à l'actionnariat du journal, ou relevant de sa propre position d'éditorialiste, peuvent se monnayer. Après tout, si de grandes entreprises françaises, ou plutôt leurs représentants, ont eu la faiblesse de cotiser, au titre d'actionnaires minoritaires du *Monde*, des millions d'euros pour avoir le droit de se taire, on ne voit pas pourquoi le directeur du quotidien de référence ne pourrait pas convaincre certains d'entre eux d'« *accompagner* » aussi le groupe scandinave.

Mais peu importe : les Norvégiens ne se posent point trop de questions sur le « business à la française ». Ils sont tout disposés à trouver une formule pour permettre au *Monde* d'accroître ultérieurement sa participation dans le capital, quand il se trouvera dans une meilleure situation financière, probablement après son introduction en Bourse[9].

Les réunions entre Francis Jaluzot, président de *20 Minutes* France, et Anne Chaussebourg reprennent. Des difficultés se font jour pour formaliser l'accord. Son patron a donné pour consigne à Anne Chaussebourg de refuser toute référence écrite à l'action de lobbying qui pourrait nuire « *à la réputation du journal* ». Le groupe norvégien croyait parler français ; il doit apprendre la « langue du milieu », autrement dit se contenter de la parole verbale des collaborateurs de Jean-Marie Colombani... Très frileux sur ce point – la transparence, c'est bon pour les autres –, le Pdg suggère même aux Norvégiens de permettre au *Monde* de se cacher derrière un « faux-nez », c'est-à-dire une société intermédiaire, avant de proposer que la collaboration se noue non pas directement avec *20 Minutes* France, mais, par-dessus celle-ci, avec le groupe Schibsted.

Les discussions pour l'impression du journal sur les rotatives du *Monde* se révèlent également très compliquées. *Le Monde* se refuse à prendre un quelconque engagement, au nom des syndicats, d'imprimer le « gratuit », préférant que le groupe Schibsted en discute directement avec eux... Pourquoi ? Parce que Jean-Marie Colombani a certes tissé des relations étroites avec « ses » rotos et leurs chefs ; mais il sait cette paix sociale fragile et souhaite éviter de prendre le moindre risque.

9. Qui n'est, semble-t-il, pas près de se faire, Jean-Marie Colombani ayant annoncé en juillet 2002 que l'achat du groupe PVC (voir chap. 24, « Un nouveau prédateur dans la presse, pp. 579-580) devait inciter le groupe à s'épargner cette délicate opération... Or, dans le cadre de sa conférence de presse en jancier 2003, il a indiqué que l'entrée en Bourse pourrait s'effectuer, si la conjoncture boursière s'y prête, avant 2006, terme des ORA (obligations remboursables en actions).

Bref, les Norvégiens restent dubitatifs devant tant de complications. Peu sûrs de l'engagement du *Monde* qui, de surcroît, ne veut pas mettre beaucoup de *cash*, ils engagent, à la fin de l'année 2001, des discussions avec le groupe *Ouest-France* qui a lui aussi manifesté son intérêt pour le projet *20 Minutes.* Avec les Bretons, tout va beaucoup plus vite : *Ouest-France* prend 50% du capital pour 17 millions d'euros. Mais il ne veut pas que *Le Monde* dépasse 5% du capital. Le groupe Ouest France ne souhaite pas non plus que le journal soit imprimé à l'imprimerie du *Monde*, estimant que cela reviendrait à accorder un important moyen de chantage au Livre-CGT...

Le Monde est prévenu. Mais, cette fois-ci, Colombani ne rompt pas.

Dans une lettre du 13 décembre 2001, il confirme « *tout l'intérêt que* Le Monde *attache à ses relations avec Schibsted* » et propose une rencontre avec Kjell Aamot dans le courant du premier trimestre 2002. « *Il serait bon qu'au tout début de l'année 2002, vos collaborateurs et les nôtres puissent examiner les domaines dans lesquels nos stratégies pourraient être complémentaires* », écrit-il au patron norvégien. Kjell Aamot répond le 21 janvier et propose les 8 ou 11 février à Oslo ou à Paris. Citizen Colombani finit par obtenir de Kjell Aamot qu'il se déplace à Paris le 30 janvier.

Manifestant une fois de plus son « sens des affaires », Jean-Marie Colombani expédie Anne Chaussebourg et Éric Pialloux pour accueillir le Norvégien qui a tout de même parcouru deux mille kilomètres pour le rencontrer. Une façon de remettre à sa place le « petit » patron norvégien. Comble du mépris, le patron du *Monde* arrive très en retard au rendez-vous et ne reste qu'une petite heure. Quelle humiliation pour le Kjell Aamot ! Celui-ci a tout de même le temps d'expliquer que ses propositions ne sont plus les mêmes qu'au début du fait de l'accord conclu avec *Ouest-France*. Il promettait 2,5% d'actions pour le lobbying ? Ce sera 1,5%. Quant aux 7,5% dans le capital de 20 Minutes France, ils sont ramenés à 5%...

– *On n'achète pas* Le Monde *pour ce prix-là !* rétorque Colombani.

Cinq jours plus tard – le 4 février à 10 heures 46 –, Éric Pialloux envoie un email au patron norvégien pour lui confirmer que ses conditions sont inacceptables et qu'il ne voit plus quel intérêt *Le Monde* aurait à rester dans le projet. Estimant que *20 Minutes* a d'ores et déjà bénéficié de l'aide du *Monde,* notamment dans le domaine de la distribution, il exige le règlement d'une facture pour « services » se montant à la bagatelle de 875 000 euros, soit près de 6 millions de francs dont la moitié à régler *cash,* le reste le 30 juin 2003 au plus tard. Bigre !

À la réception du courrier du directeur exécutif du *Monde*, Kjell Aamot manque s'étrangler. Mais il n'est pas au bout de ses surprises. Dans *Le Monde* daté du 19 février, Colombani écrit un éditorial intitulé « *Le prix de la gratuité* ». Il y attaque *Metro* – l'autre journal gratuit, en train de s'installer à Paris – pour dumping économique et social. Mais le texte est à double détente, et peut être compris comme une menace réelle contre *20 Minutes :*

« *Autrement dit, la règle du jeu est faussée : il ne peut y avoir deux lois sociales aussi différentes sur le même marché. Il y a là matière à interrogation pour les pouvoirs publics et le Conseil de la concurrence. Et matière à intervention, faute de quoi c'est tout l'équilibre du secteur qui est, à terme, menacé.*

« *Au-delà des arguments économiques, une question de principe est posée : n'est-ce pas dévaloriser l'information que de la rendre gratuite ? N'est-ce pas induire que le journalisme n'apporte aucune plus-value ? Depuis le XIXe siècle, les journaux dépendent principalement de deux sources de revenus : la contribution des lecteurs et l'apport de la publicité. Renoncer à la première, c'est préparer le terrain d'une uniformité mortelle pour l'information.* »

Le patron du *Monde* en remet une louche dans *Stratégies*[10] en affirmant que « *la presse gratuite provoque une*

10. Numéro du 5 avril 2002.

distorsion de concurrence hallucinante. Elle se présente comme un dépliant publicitaire pour être distribuée dans les gares, lieux pour nous inaccessibles à la vente à la criée... »

Quelle extraordinaire duplicité, puisque que c'est le même Jean-Marie Colombani qui a joué les *go-between* entre la direction de *20 Minutes* et France Rail Publicité !

Quelques semaines plus tard, alors que l'affaire de la facture pour « services » s'ébruite dans quelques journaux (*L'Express*, *Le Nouvel Obs* et *Charlie Hebdo*), Jean-Marie Colombani déclare, la main sur le cœur : « *Cette histoire est une plaisanterie. Nous avons rencontré* 20 Minutes *comme d'autres. Et nous avons rompu les négociations, car le projet ne nous correspondait pas*[11]. »

Méditant sur son comportement, le patron français de *20 Minutes*, Francis Jaluzot, se demande s'il a le loisir d'envoyer aux pelotes Colombani et sa facture. Il se dit en son for que le chantage de la direction du *Monde*, s'il n'est pas transparent, se laisse deviner : sans la bienveillance du *Monde*, pas de paix sociale, et donc pas d'impression du « gratuit » ! Car Jaluzot a compris que Jean-Marie Colombani, à la tête du *Monde*, a les syndicalistes du Livre dans sa poche, liés qu'ils sont par les accords conclus avec eux depuis l'avènement de la nouvelle direction du *Monde*. Mieux : quand les syndicalistes jettent sur la chaussée des centaines de milliers d'exemplaires de « gratuits » ou empêchent par la force les colporteurs de les distribuer, l'état-major du quotidien intervient auprès des responsables de l'ordre public, non pour empêcher ces agissements, mais pour faire libérer tels ou tels de ceux qui ont commis des voies de fait. Et ministre ou préfet de s'exécuter !

Bref, le lancement chaotique de *20 Minutes* – dont la distribution a été sabotée par le Livre-CGT – convainc Francis Jaluzot de reprendre langue avec *Le Monde* pour imprimer partiellement le « gratuit » sur ses rotatives.

---

11. *Le Nouvel Observateur*, 11-17 avril 2002.

Il n'est d'ailleurs pas inutile de raconter quelques dessous des actions du Livre-CGT contre les deux journaux gratuits, *Metro* et *20 Minutes,* et mieux comprendre ainsi les rapports entre le Livre et la direction du *Monde.* Le lundi 11 mars 2002, deux ouvriers du Livre-CGT ont été interpellés près du centre commercial Auchan, à Fontenay-sous-Bois, sur réquisition d'un colporteur du journal *Metro* auquel ils avaient subtilisé ses exemplaires dans la gare RER Val de Fontenay. Informés, les responsables du Livre-CGT de Paris Diffusion Presse ont prévenu la direction du *Monde* que si leurs amis n'étaient pas libérés à 10 heures 30, ils bloqueraient le tirage du quotidien, qui débute d'ordinaire à 11 heures 10. Colombani est intervenu auprès du cabinet du ministre de l'Intérieur. Les deux ouvriers ont été libérés. Les rotatives du *Monde* ont commencé à tourner à l'heure.

Le lendemain, scénario à peu près similaire à la même station du RER, mais, cette fois-ci, ce sont huit ouvriers du Livre qui se sont fait remettre par six colporteurs tous les exemplaires de *Metro.* Les policiers les ont interpellés : les ouvriers du Livre étaient en possession de couteaux et de bombes lacrymogènes. En bout de chaîne, Colombani les a fait libérer...

Le 13 mars, le différend entre ouvriers du Livre et colporteurs se déroule à côté de la mairie des Lilas. Trois ouvriers du Livre sont interpellés. Ils sont remis en liberté vers 10 heures 30, selon la même procédure que les deux jours précédents.

Le même jour, des incidents similaires ont lieu en Seine-Saint-Denis ; des ouvriers du Livre sont interpellés, puis relâchés.

Le 14 mars, nouveaux incidents, cette fois à Noisiel (77). Les faits sont plus graves. Un véhicule léger et deux camionettes ont été interceptés par des syndicalistes et leur contenu – des milliers d'exemplaires de *Metro* – répandu sur la chaussée. Un des conducteurs a tenté de s'opposer aux actions perpétrées par une dizaine d'individus. Il a été frappé et a ensuite déposé plainte. L'auteur principal des coups a été interpellé et gardé à vue. Comme le parquet de Meaux a ordonné une confrontation entre l'agressé et l'agresseur, le militant du Livre-CGT ne pourra cette fois être libéré avant le démarrage des rotatives du *Monde*. Les rotativistes CGT du *Monde* retardent d'une dizaine de minutes le lancement des machines et s'arrangent ensuite pour que surviennent divers « incidents techniques » qui retardent d'autant la diffusion du quotidien. Les coups de téléphone destinés à faire libérer le syndicaliste frappeur n'ont, cette fois, rien donné...

Le lendemain, place de la Nation, à 8 heures 10, des personnes distribuant *20 Minutes* sont agressées. Trois des agresseurs sont interpellés. Le même scénario se reproduit. Les militants sont libérés avant le démarrage des rotatives du *Monde*.

Le 26 mars, intervention beaucoup plus musclée, menée par une vingtaine d'individus venus à bord de huit voitures pour empêcher la distribution de *20 Minutes* à l'imprimerie Quebecor, à Torcy (77). Un homme est molesté et deux gardiens de la paix assistent, impuissants, au déchargement sauvage de deux fourgons... Le scénario est ensuite le même.

Les responsables du Livre-CGT connaissent le poids du *Monde* auprès du gouvernement et celui-ci fait comme si la parution du quotidien à l'heure exacte relevait de la raison d'État. C'est ainsi que le quotidien de référence est pratiquement le seul à ne jamais être pénalisé par les actions du Livre-CGT. Cet accord tacite entre le Livre-CGT et la direction du *Monde* fait dire aux autres patrons de presse que leurs confrères sont de « mauvais camarades » qui, de surcroît, empêchent toute réforme en profondeur de la distribution en région parisienne, alors que le poids financier représenté par la masse salariale de Paris Diffusion Presse (à l'intérieur des NMPP) est supérieure... au chiffre d'affaires réalisé !

Reprenons le cours de notre histoire franco-norvégienne. Francis Jaluzot se borne à discuter désormais avec le patron du Monde Imprimerie et ses adjoints, qui en référeront sûrement à Jean-Marie Colombani et Anne Chaussebourg. Jaluzot noue également un dialogue serré avec les syndicats : il est prêt à accepter un surcoût pour obtenir la paix sociale et la neutralité du *Monde,* à condition que soient satisfaites ses exigences de qualité et de prix, le surcoût ne devant pas remettre en cause l'équilibre du journal. Un accord se dégage : Le Monde Imprimerie fabriquera 225 000 exemplaires (soit la moitié du tirage) le dimanche et le lundi soir, le reste du tirage étant assuré par Quebecor. Par « réalisme » – c'est-à-dire, en fait, par peur des nuisances que pourrait occasionner l'harmonieux couple Syndicat du Livres/direction du *Monde* –, le groupe norvégien a accepté un surcoût au numéro de quelque 50%....

Cette singulière affaire révèle le côté Mister Hyde de Jean-Marie Colombani. Pendant que Dr Jekyll-Jean-Marie rappelle à longueur d'éditorial les règles de l'équité et de la libre concurrence, les principes de loyauté et de transparence, Colombani-Mister Hyde monnaie à la façon d'un chef de clan ses relations et sa capacité de nuire. Il pianote tour à tour sur toutes les touches blanches et noires de son clavier. Il y a la touche éditorialiste, bien connue du grand public, ou celle, tout aussi immaculée, de Pdg du groupe Le Monde. Il y a par ailleurs les touches sombres : « ami » de la CGT du Livre, « copain » des barons de la distribution de la presse.

Ne tirez pas sur le pianiste : il a du réflexe et peut être dangereux ! Le dossier *20 Minutes* n'est pas le seul à témoigner de ses méthodes. Nous avons vu[12] que le patron du *Monde* a su également facturer ses interventions auprès du gouvernement de Lionel Jospin pour avoir obtenu 240 millions de francs de subventions (sur trois ans) pour les NMPP. Dès lors que ce type de pratiques s'est installé à la tête du quotidien de référence, la voie est ouverte pour que les talents musicaux de sa direction trouvent d'autres publics...

---

12. *Cf.* le chapitre 17, « Une facture assez peu confraternelle », pp. 392-395.

CHAPITRE 22

Le Monde tel qu'il hait (suite)

La chronique de la haine reprend. C'est à présent au tour de Dominique Strauss-Kahn d'y entrer.

Dominique Strauss-Kahn

Encore un familier du *Monde* qui doit penser, comme dit le proverbe anglais, « qu'avec de tels amis, on n'a plus besoin d'ennemis » !

Dominique Strauss-Kahn est à l'époque un ministre heureux. Il cultive de fort bonnes relations avec l'ensemble des médias, singulièrement avec *Le Monde*. Son épouse Anne Sinclair n'a-t-elle pas, dans les années 1980, présenté l'émission « Questions à domicile » avec Jean-Marie Colombani ? Son style (décontracté), ses idées (plutôt libérales), son engouement pour la modernité (Internet) ont fait de DSK la coqueluche de la presse. Mais voici que la carrière du ministre préféré va déraper.

Dans le cadre de l'enquête diligentée sur la Mnef, un témoignage de Philippe Plantagenet, ancien directeur d'une filiale de la Mutuelle, le met en cause. Il ne s'agit pas de nier la réalité de la prestation qu'en tant qu'avocat Dominique Strauss-Kahn, alors sans responsabilités gouvernementales, a effectué pour la Mnef afin de permettre à la Compagnie Générale des Eaux d'entrer au capital de sa filiale Raspail Participation et Développement (RPD). Une note du bâtonnier Vatier a, en janvier 1999, montré que DSK avait effectué « *des travaux importants* » pour la

Mutuelle, justifiant des honoraires de 603 000 francs. Il ne s'agit pas non plus d'invoquer le fait qu'en jouant les intermédiaires entre la CGE et la Mnef, DSK monnayait en quelque sorte sa position de « ministrable », laquelle a « facilité » peut-être l'accord donné par la CGE à une opération en milieu étudiant. Ceci, qui constitue un vrai problème non pas judiciaire, mais d'ordre politique, aucun journaliste, aucun journal n'y a trouvé à redire, ce genre de comportement à la confluence entre affaires publiques et affaires privées étant on ne peut plus courant aux États-Unis et tendant à le devenir en Europe. Non, ce qui est reproché à DSK, c'est d'avoir, à la demande de Michel Spithakis, à l'époque patron de la Mnef, antidaté la facture de ses honoraires. Qu'importe si ce genre de manipulation comptable est courante dans la plupart des entreprises pour se mettre en conformité avec une réglementation pointilleuse. Qu'importe si, en l'espèce, DSK n'a commis d'autre faute que celle d'accéder à la demande de son client. Qu'importe si le « faux » pointé par la presse n'a eu et n'a aucune conséquence pratique et n'autorise aucune inférence sur la probité ou la moralité du ministre. La meute médiatique tient son affaire bien en gueule.

Dès le vendredi 29 octobre 1999, *Le Parisien* et *Libération* dévoilent en substance le témoignage de Philippe Plantagenet sans se poser aucune question sur la raison de son « lâchage ». Lui a-t-on promis quelque chose ou bien a-t-on menacé le cadre de la Mnef pour obtenir un aveu « à charge » contre le ministre ? Chacun s'en contrefiche : l'heure n'est pas au raisonnement, mais au lynchage.

Comme nous l'avons esquissé au chapitre 15 (« Comment Le Monde a "soutenu" Jospin »), *Le Monde* va jouer sa propre partition dans la « mise à mort » de DSK. Le samedi 30 octobre 1999, dans son édition datée des 31 octobre-1er novembre, le journal affirme, par la plume d'Ariane Chemin et celle de Michel Noblecourt, que Lionel Jospin ne s'est jamais engagé sur la question de la démission des ministres mis en examen. À l'appui de cette affirmation, les deux journalistes citent une déclaration à France 2 du Premier ministre, remontant à 1998, dans laquelle il évoque de façon très prudente l'affaire de la Mnef. Le 1er novembre (édition du 2), *Le Monde* en remet une louche. Dans un article titré « *Matignon veut se donner du temps et impose le silence* », Laurent Mauduit et Pascale Robert-Diard, auxquels les conseillers de Matignon comme de Bercy ont refusé de dévoiler les intentions de Lionel Jospin et de Dominique Strauss-Kahn, annoncent que le Premier ministre souhaite ne pas appliquer la fameuse jurisprudence Balladur-Bérégovoy imposant à un ministre mis en examen de démissionner[1]. S'appuyant sur une déclaration – fort anodine, au demeurant – émanant du seul Pierre Moscovici, ministre délégué aux Affaires européennes, les deux rédacteurs du *Monde* en déduisent que Lionel Jospin a toujours confiance en son ministre et ne lui demande pas d'abandonner son portefeuille.

Sous l'article de Mauduit, Thierry Bréhier convoque le constitutionnaliste et rocardien Guy Carcassonne, peu soucieux de venir en aide à DSK : « *Quiconque entre au gouvernement doit savoir et accepter que pèse sur sa personne une véritable présomption de culpabilité s'il est sérieusement accusé. La femme de César doit être insoupçonnable. Ses ministres plus encore.* » Dès lors, *Le Monde* ayant ouvert la voie, le reste de la meute peut se ruer et déchiqueter la proie. Dès le lendemain matin, *Le Figaro*, jusqu'alors à l'unisson d'une droite rétive à exploiter l'affaire, titre : « *Jospin prend le risque d'attendre.* » Quant au *Parisien* et à *Libération*, en pointe sur le dossier depuis le début, ils confirment que l'affaire DSK est en passe de devenir une « *affaire Jospin* ». Car – et c'est là que l'attitude du *Monde* fait mouche – la confrérie des « journalistes d'investigation » est – subliminalement, ou plus exactement entre les lignes – appelée à se mobiliser – ce qu'elle fait par titres de presse interposés – pour défendre bec et ongles ce « droit acquis » que constitue, pour l'al-

1. ... et, serait-on tenté d'ajouter, à un Premier ministre mis en examen de se suicider ?

liance juges/journalistes, la fameuse jurisprudence Balladur-Bérégovoy autorisant les deux corporations à déstabiliser et mettre à terre un homme politique. Il semble bien, d'ailleurs, que cette chasse ait été relayée à Matignon même par certains « communicants » soucieux de « *protéger le Premier ministre* ». Ce qui provoquera l'ire de Jean Glavany dans des termes qui nous ont été rapportés : « *C'est* Le Monde *qui a limogé DSK* ! »

L'affaire est d'autant plus singulière qu'elle n'aurait pas fait l'unanimité au sein du triumvirat Colombani-Plenel-Minc. Ce dernier a écrit dans son journal *Le Fracas du monde*[2] tout le mal qu'il pensait de l'exploitation des « affaires » par la presse. Quant à Colombani, il subit en l'occurrence avec quelques réticences, d'après des témoins de la rédaction, la « ligne Plenel ». Le directeur de la rédaction du *Monde* joue quant à lui sur du velours : n'est-ce pas en s'opposant à la gauche sur le front des « affaires » et en se montrant intraitable sur l'« éthique » que le journal a redressé, depuis 1985, son image, puis – officiellement du moins – sa diffusion ? Il ne reste plus à Colombani, une fois tombée la tête de DSK, qu'à trousser de lui un portrait dithyrambique, drôle d'éloge funèbre d'un homme politique convié à son propre enterrement ! « *Quel ministre des Finances peut se prévaloir, au bout de deux ans d'exercice, d'un bilan aussi flatteur* ? », écrit-il dans l'édition du 4 novembre, non sans pester contre cette « *République des juges* » à laquelle collabore pourtant assidûment, semble-t-il, le journal qu'il dirige. « *Lécher, lâcher, lyncher...* », écrivait Jean-François Kahn.

Il faut attendre l'été et l'automne 2001 pour connaître l'épilogue de cette affaire. Le 21 juin, *France Soir* s'interroge benoîtement : « *DSK a-t-il démissionné pour rien* ? » Renseignements pris, la journaliste qui avait suivi l'affaire au moment du lynchage du ministre se sentait coupable[3] d'être allée jusqu'à écrire que DSK avait détourné l'argent des étudiants ! En réalité, depuis le 24 mars 2001, la

2. *Op. cit.*
3. Le fait est suffisamment rare pour lui rendre hommage.

confrérie des journalistes d'investigation sait pertinemment que le réquisitoire supplétif engagé sur le dossier Mnef risque fort d'aboutir à un non-lieu. Mieux : l'enquête sur la seconde affaire mettant en cause DSK – l'emploi prétendument fictif d'une ancienne collaboratrice – n'a rien donné.

Le papier de *France Soir* publié, *Le Monde* est bien obligé de revenir à son tour sur l'affaire. Le 2 octobre, un éditorial tortueux[4] reconnaît qu'un « *préjudice grave* » a été infligé à Dominique Strauss-Kahn, « *qui conduit à s'interroger sur le pouvoir des juges et son impact public.* » Suit un laborieux argumentaire en faveur des journalistes d'investigation, les protégeant en quelque sorte à l'avance des accusations qui pourraient être portées contre eux. Que dit-il ? « *Après tout, la presse, en informant le public, a rempli sa mission ; et la justice, en relaxant l'ancien ministre, a montré qu'elle était capable de reconnaître ses erreurs.* » Voilà comment un incendiaire peut justifier l'intérêt de son geste : démontrer la compétence des pompiers !

Mais, argument suprême, « *le temps de la presse n'est pas celui de la justice ni celui de la politique...* » Car, voyez-vous, le temps de la presse est « *celui de l'immédiateté, qui ne permet pas d'estimer la valeur des charges retenues contre un accusé* ». En somme, le temps des médias autorise ceux-ci à publier n'importe quel bobard au nom de l'urgence qu'il y a à délivrer de l'information. Beuve-Méry, qui mettait un soin tout particulier à recommander aux journalistes du *Monde* de préférer le silence au risque d'inexactitude, doit « faire la rotative » dans sa tombe !

Quelques jours plus tard, Hervé Gattegno revient sur l'affaire DSK pour soutenir les juges[5] (en les nommant, ce qui est rare), qui, écrit-il en substance, même s'ils sont susceptibles de commettre des erreurs, n'en doivent pas moins être défendus, et disposer de davantage de moyens

---

4. On a cru reconnaître la plume d'Edwy Plenel, mais l'information n'est pas vérifiable.
5. « *La Justice, l'innocence et la faute* », *Le Monde* des 18 et 10 novembre 2001.

pour lutter contre la corruption. Juste renvoi d'ascenseur aux sources habituelles du *Monde* qui doivent être protégées afin de continuer à alimenter le quotidien en « scoops » faciles à dénicher...

Plus tard, en publiant le « *verbatim* » de la cassette vidéo de Jean-Claude Méry mettant en cause Jacques Chirac, *Le Monde* va involontairement nuire à nouveau à DSK en relançant la chasse à l'homme médiatique. En effet, suite à cette révélation du *Monde*, Jean-Marie Pontaut et Jérôme Dupuis, journalistes à *L'Express,* sont informés par un proche de l'Élysée[6] que Dominique Strauss-Kahn « *possédait un exemplaire de la cassette Méry* ». *L'Express* publie immédiatement la nouvelle sur Internet, ce qui détourne l'attention des médias : on ne parlait jusque là que du fameux épisode du récit de Méry dans lequel Chirac était censé manipuler des billets de banque ; on ne parle plus désormais que de la cassette « égarée » par DSK. S'ensuit une nouvelle « chasse au DSK » qui dure quelques jours, sans autre effet que de ruiner à nouveau sa réputation.

En définitive, souhaitant par-dessus tout se « faire un Président », comme naguère le *Washington Post* avec Richard Nixon, le quotidien de Jean-Marie Colombani n'est parvenu qu'à se payer un ex-ministre de gauche qui avait déjà été poussé à démissionner – ce qui contribuera à affaiblir décisivement un candidat-président : Jospin. Gardons-nous de nos « amis » !

Loïk Le Floch-Prigent

Le 18 décembre 2001, *Le Monde* publie son 297e article mettant en cause Loïk Le Floch-Prigent. Le papier, intitulé « *Cinq ans après sa mise en examen, M. Le Floch-Prigent apparaît cerné par des soupçons convergents* », est signé Hervé Gattegno. Mais il retranscrit fidèlement la thèse des juges Van Ruymbecke et Joly selon laquelle Alfred Sirven

6. Il s'agit sans doute de l'avocat Francis Szpiner.

et Le Floch-Prigent ont pillé Elf. Après cinq ans de lynchage médiatique, les simples soupçons font office de preuves. Quant au titre selon lequel Le Floch « *apparaît cerné* », il devrait être enseigné dans les écoles de journalisme afin de montrer comment nuire à une personnalité sans avoir à prouver quoi que ce soit.

Trop, c'est trop. Après ses six mois de prison préventive, ses trente-trois mises en examen en sept ans d'instruction, lâché par tous les responsables politiques, ruiné et humilié par la juge Eva Joly, l'ancien président d'Elf ne supporte pas, sur le plan psychologique, ce nouvel article du *Monde*. Il se laisserait aller à une nouvelle déprime si sa famille et quelques rares amis ne le secouaient. Il se laisse donc convaincre d'exercer son droit de réponse vis-à-vis d'un journal qui le traîne dans la boue depuis si longtemps.

Mais impossible à Le Floch de joindre Colombani ou Gattegno. L'un et l'autre lui font le coup du mépris. L'épouse de l'ancien président d'Elf, qui connaît le second, l'invite à déjeuner le 21 décembre 2001. Elle exige un geste du journal qui ne cesse d'enfoncer son mari. Hervé Gattegno, devenu depuis peu patron virtuel du service politique (même s'il n'en est officiellement que le numéro deux), donne son accord de principe pour un droit de réponse. L'ancien patron d'Elf rédige un texte ciselé. Le 2 janvier 2002 au matin, de retour d'un voyage à Brazzaville, il obtient Gattegno au téléphone ; il lui propose de lui envoyer son texte, ainsi qu'un double à Michel Kajman, responsable de la rubrique « Horizons ». Le lendemain, ce dernier appelle le « repris de justice » sur un ton désagréable et haut perché : impossible, lui annonce-t-il, de passer un papier qui traite *Le Monde* de cette façon.

Il est vrai que Le Floch-Prigent n'a pas bridé sa plume. Il affirme n'avoir pas de comptes cachés, à la différence de bien d'autres. Il rappelle que, de tout temps, « *Elf a servi à des financements politiques en France et à l'étranger* (...). *Vous osez, après six ans d'une enquête qui démontre le contraire, écrire encore noir sur blanc cette hypothèse* [qu'une bonne partie de l'argent a été détourné à son profit personnel] *; je trouve cela honteux, insultant, indigne (…). Mais arrêtez une fois pour toutes ces propos humiliants qui me transforment en petit escroc maladroit. J'ai fait la richesse des compagnies que j'ai dirigées, celle de l'État qui en était actionnaire, pas la mienne, je n'en avais ni le temps ni le goût. J'ai écrit un livre pour m'expliquer, vous balayez d'une gifle mon explication et vous insinuez sans preuves. Que cherchez-vous ? Que ma famille vienne vous remettre les clés de sa maison avec la corde au cou, comme les bourgeois de Calais, ou qu'un accident heureux vienne à vous débarrasser de moi et que vous me fassiez alors un hypocrite hommage posthume ?* »

Au téléphone, Kajman s'énerve. Le Floch-Prigent finit par raccrocher. Ulcéré, il rappelle Gattegno qui prend le parti de Kajman et refuse à son tour la tribune. Une conversation s'engage entre les deux. L'homme traîné dans la boue depuis sept ans explique au « journaliste d'investigation » qu'il tient à répondre à un article qui n'est en réalité que « *le réquisitoire fidèle du juge Van Ruymbecke* ».

– *Vous l'avez pris comme cela…*, fait Gattegno

– *Oui.*

– *Il vous paraît une reprise fidèle des conclusions du juge ?*

– *Oui, bien sûr…*

– *Je suis content de ce que vous me dites-là. Nous devons la vérité à nos lecteurs. Je suis content d'avoir bien reproduit ce que Van Ruymbecke pense…*

– *Pourtant, il y a un petit détail qui ne vous a pas échappé…*

– *Lequel ?*

– *L'article est signé Hervé Gattegno et non pas Van Ruymbecke !*

– *Oui, mais ce que nous devons aux lecteurs, c'est la position des juges*[7]*…*

Gattegno refuse pour finir la tribune sous le fallacieux prétexte qu'elle est trop longue ! Le Floch envoie immé-

7. Propos rapportés par Loïk Le Floch-Prigent.

diatement un *email* à Jean-Marie Colombani pour lui rendre compte de ses altercations avec Gattegno et Kajman. Il lui demande son « *opinion sur la possibilité, ou non, de faire paraître, pour la première fois depuis sept ans, un texte dans* [le] *journal pour présenter* [sa] *défense.* » L'ancien président d'Elf devra attendre le 17 février pour que sa « *lettre* », dûment raccourcie, soit publiée.

Hervé Le Bras

Lui-même n'en revient toujours pas de ce qui lui est arrivé... Proche des idées de ses dirigeants actuels, Hervé Le Bras se considérait comme un ami du *Monde.* Dans le milieu des démographes, il a croisé le fer avec plusieurs intellectuels considérés comme des adversaires du quotidien de la rue Claude-Bernard. Il a, l'un des premiers, dénoncé les « nationaux-républicains ». Il s'est aussi affronté avec Michèle Tribalat lorsque ce chercheur a voulu comparer les trajectoires des jeunes Français issus de familles étrangères et des jeunes Français de souche[8]. Il entretenait en outre de bonnes relations avec plusieurs membres éminents de la rédaction du *Monde.* Si l'adage les « ennemis de mes ennemis sont mes amis » est vrai, alors Hervé Le Bras aurait dû rester un « ami » du *Monde....*

À la fin de janvier 2002, une journaliste du quotidien, Pascale Kremer, entre en relation avec le démographe. « *Je vous téléphone pour quelque chose d'assez ennuyeux. Il y a une plainte contre vous pour harcèlement sexuel. On voudrait avoir votre réaction.* » Le Bras ne cède à aucune panique : « *Il doit y avoir erreur sur la personne : la doctorante* [étudiante en doctorat] *dont vous parlez ne travaille plus dans mon université.* » Le professeur demande à la journaliste de bien vouloir lui communiquer les pièces

8. Voir, sur ces deux points, Elisabeth Lévy, *Les Maîtres censeurs*, JC Lattès, 2002.

à charge pour qu'il puisse se défendre. La journaliste refuse. Il lui demande alors de lui résumer l'accusation. Pascale Kramer se fait évasive. Subodorant un mauvais coup, Le Bras exige de publier un communiqué écrit. La conversation en reste là. Le Bras, qui a cherché en vain à faire intervenir certaines de ses relations, comme Michel Wieviorka, reste en contact par e-mail avec la journaliste. Il lui propose une rencontre pour lui montrer, documents à l'appui, que :

1) La plaignante, Sandrine Bertaux, ne dépend plus professionnellement de lui depuis longtemps, puisqu'elle n'est pas inscrite à son université, qu'il n'est pas son directeur de thèse et qu'il a même démissionné de son jury de thèse depuis plusieurs mois. Dès lors, peut-on parler de « harcèlement » si, en tant qu'enseignant, il ne dispose plus d'aucun moyen de pression sur la doctorante ?

2) Les e-mails produits par Sandrine Bertaux semblent bien avoir été falsifiés.

Après que Le Bras lui eut communiqué les documents, Pascale Kremer lui déclare : « *Donc, je note que vous me dites que cette étudiante n'est pas inscrite à l'École pratique des Hautes Études.* » Le Bras s'énerve : « *Non, vous ne notez pas ça. Je vous communique un document officiel de l'Université démontrant que Sandrine Bertaux n'est pas inscrite. Il s'agit d'un fait et non d'un témoignage. Ce n'est pas pareil. Comprenez que mon problème est de vous empêcher de publier un article m'accusant de harcèlement parce que ce n'est pas arrivé et que c'est faux*! » Réponse de la journaliste : « *Il paraîtra.* »

Hervé Le Bras comprend alors que Pascale Kremer est en mission : il s'agit de rendre publique une « affaire Le Bras » susceptible d'étayer la pétition contre le harcèlement sexuel à l'Université que *Libération* vient de publier[9]. Le démographe quitte donc brusquement la jour-

9. *Cf.* « *Harcèlement sexuel, la fac se réveille* », *Libération* du 28 janvier 2002. L'article annonce la création du Collectif de lutte antisexiste contre le harcèlement dans l'enseignement supérieur (CLASCHES). Ce même 28 janvier, l'AFP reprend l'information en faisant état de la pétition. Peut-être le fait que

naliste non sans lui avoir indiqué le nom de son avocat, Francis Terquem. Se rendant en taxi auprès de lui, Hervé Le Bras apprend que, comme dans un mauvais polar, l'avocat a déjà reçu un coup de fil de la journaliste : « *Nous avons un dossier extrêmement grave sur M. Le Bras* », lui a-t-elle déclaré.

Le 3 février 2002 paraît donc l'article du *Monde*[10]. Même s'il fait état de la version du démographe, son titre est abominable pour lui : « *Une plainte pour harcèlement sexuel vise Hervé Le Bras* ». Bien entendu, les deux journalistes peuvent s'abriter derrière la « factualité du titre » : il est en effet exact qu'une plainte a été déposée. Mais pourquoi, parmi des milliers de plaintes déposées chaque semaine, faire référence à celle-ci – qui n'a même pas donné lieu à une mise en examen[11] – sur quatre colonnes dans *Le Monde*, en sachant qu'une telle information, même démentie, risque de ruiner la réputation et la carrière d'un homme ? Admettons même que la justice valide ultérieurement le bien-fondé de la plainte : est-ce au *Monde*, après quelques heures d'enquête, à anticiper sa décision, au risque d'entamer l'honneur d'un homme ?

L'article énonce et retient pour toute charge une tentative du professeur de poser la main sur le genou de la plaignante dans un taxi. Pour Le Bras, c'est un coup de massue. D'autant que, comme il fallait s'y attendre, le papier du *Monde* déclenche aussitôt une réaction médiatique hypertrophiée. Dès 14 heures, Le Bras est contacté par France 3 et TF1, ainsi que par plusieurs radios. L'entretien avec la journaliste de TF1, visiblement venue pour le coincer, se termine mal : le professeur surprend le technicien à déclencher la caméra à des moments où il est censé parler *off*. L'équipe de TF1 s'en va. Peu de temps après son départ, Hervé Le Bras a un accident cardiaque[12].

Libération ait grillé *Le Monde* à propos du CLASCHES a-t-il joué un rôle dans l'empressement de la journaliste à traiter le cas Le Bras ?

10. Signé de Pascale Kremer et Sylvia Zappi.

11. Le Parquet de Paris ouvrira une information judiciaire contre X pour harcèlement sexuel le 18 février 2002.

12. Fort heureusement, l'accident ne laissera pas de séquelles chez le démographe.

L'article du *Monde* aura d'autres suites. La relation entre Sandrine Bertaux et Hervé Le Bras est étalée sur la place publique. La première ne s'exprime que par la voix de ses défenseurs, à savoir son avocat ainsi que quelques-uns des initiateurs de la pétition contre le harcèlement à l'Université. C'est ainsi que le 22 février 2002, *Le Monde* publie une tribune signée du sociologue Éric Fassin, qui semble s'être fait une spécialité de l'importation en Europe du « politiquement correct » à l'américaine. La tribune ne mentionne pas le nom d'Hervé Le Bras, pour éviter les poursuites judiciaires, mais l'insinuation rôde à chaque ligne. On discerne mieux la stratégie adoptée par Sandrine Bertaux à l'instigation d'Éric Fassin ; celle-ci repose sur la conviction que, puisque les autorités universitaires sont incapables de s'en prendre aux mandarins, seule une action médiatico-judiciaire peut « lancer le débat » : « *Trois éléments définissent la configuration nouvelle. D'abord, l'initiative ne vient ni d'enseignants, ni de responsables administratifs, mais de doctorants, c'est-à-dire d'étudiants en voie de professionnalisation, d'autant plus dépendants en cette période de précarité accrue pour ceux qui rentrent dans la carrière. Ensuite, on sort de l'université* : *la plainte nous fait entrer dans le registre judiciaire. Enfin, le collectif et la plainte rencontrent un écho médiatique : l'enjeu échappe ainsi, pour une part, aux seules logiques universitaire et judiciaire.*[13] »

Hervé Le Bras doit donc comprendre qu'il est devenu un rat de laboratoire à la disposition du savant Éric Fassin qui souhaite convaincre les intellectuels et les femmes de la réalité « immergée » de la société française : des milliers de femmes subissent des outrages sans oser les révéler, voire même sans oser les penser comme outrages...

En révélant une correspondance entre Éric Fassin et Sandrine Bertaux, Le Bras nous fera bientôt comprendre que la seconde a été « conseillée » par le premier[14]. Le

13. « *Actualité du harcèlement sexuel* », par Éric Fassin. Cinq jours plus tard, Francis Terquem, l'avocat de Le Bras, fera, dans les mêmes colonnes du *Monde*, un sort aux arguments du sociologue.

14. L'email d'Éric Fassin assure Sandrine Bertaux de son soutien en établis-

Bras, lui, se bat comme un beau diable. Il reçoit le soutien de quelques personnalités comme Élisabeth Badinter et Alain Finkielkraut. *Le Figaro* et *Le Point* publient des papiers plus mesurés. Au terme d'une longue enquête, Blandine Grosjean tente d'innocenter Le Bras dans *Libération*[15]. Le 17 février, celui-ci a même droit à un papier du médiateur du *Monde*, Robert Solé, qui reconnaît que l'article le mettant en cause a suscité une vague de protestations écrites de la part de chercheurs, d'intellectuels et même de journalistes. Pourtant assez gêné aux entournures, Robert Solé défend le principe de l'article en s'appuyant sur une jurisprudence récente de la Cour de Cassation libérant les journalistes de l'obligation découlant d'une loi de 1931 qui leur interdit de faire état d'une plainte avant une première décision judiciaire (enregistrement ou non-lieu). Il fallait bien, argumente le médiateur, utiliser cette toute nouvelle liberté d'expression. Visez le sophisme : puisque la loi est là, il *faut* l'utiliser ! Le médiateur se voit néanmoins contraint de reconnaître explicitement qu'il ne fallait pas faire figurer le nom d'Hervé Le Bras dans le titre de l'article !

Après qu'Éric Fassin eut à nouveau bénéficié des colonnes de la rubrique « Horizons » du *Monde* pour répondre à Francis Terquem, Le Bras, jusqu'alors silencieux, se décide à expédier une tribune au quotidien[16]. Cri de colère, mais qui pose deux bonnes questions :

1) La concomitance entre la pétition et la plainte de Sandrine Bertaux, laquelle n'a pas signé la pétition pour faire croire à l'autonomie des deux démarches. « *Le procédé qui consiste à faire signer de bonne foi des étudiants et des universitaires pour une pétition qui se présente comme générale, alors qu'en fait elle est utilisée pour traîner dans*

sant formellement que, « *d'après les échanges électroniques dont j'ai eu connaissance, il s'agit bien de harcèlement sexuel* ». En somme, l'« expert » est mieux placé que la victime pour déterminer la nature du délit. Il évalue ensuite l'intérêt d'une plainte et d'autres types d'action, « médiatique » ou « institutionnelle ».

15. « *Promotion université* », *Libération* du 19 février 2002, pp. 16-17.

16. « *Chasse à l'homme* », *Le Monde* du 20 mars 2002.

la boue une personne précise, est manipulatoire et indigne. Pourquoi Le Monde *s'est-il prêté à une telle manœuvre* ? »

2) « *Depuis six mois, à l'instigation de la Cour européenne, la Cour de Cassation a autorisé la publication de plaintes en justice dès leur dépôt. (...) Le revers de la médaille est clair. N'importe quelle plainte, aussi peu fondée soit-elle, c'est-à-dire n'importe quelle diffamation, n'importe quelle calomnie, peut être de cette manière largement diffusée par les médias.* »

En réalité, la tribune de Le Bras posait également un troisième problème en soulignant les relations d'amitié entre le directeur de la rédaction du *Monde*, Edwy Plenel, son épouse, Nicole Lapierre, et les parents de Sandrine Bertaux. Mais ce passage a été censuré avec l'assentiment de Le Bras, celui-ci étant obligé de « négocier » et de jeter du lest s'il voulait que sa réponse paraisse au moment opportun, ce qui était vital pour lui. Nous nous permettons donc de restituer ce passage jugé « inopportun » par *Le Monde* : « *Certes, Daniel Bertaux, père de la plaignante, déjeune avec Edwy Plenel. Certes, Nicole Lapierre, épouse d'Edwy Plenel, a écrit le 4 janvier, dans les colonnes du* Monde, *une critique favorable au livre de la nouvelle femme de Daniel Bertaux* (*qu'on me pardonne ce journalisme d'investigation* !). *Certes, mais si le microcosme parisien peut accentuer des dérives, il paraît incapable de les engendrer...* »

Voilà en effet une interprétation possible. Qui permet de comprendre pourquoi seule la journaliste du *Monde*, parmi une dizaine de journalistes (dont plusieurs à *Libération*) destinataires, avait jugé utile à la « cause des femmes » de prendre au sérieux une lettre de délation anonyme de dix pages.

Dix mois après la polémique qui a rebondi ensuite dans *Le Nouvel Observateur*, puis dans *Médias*[17], la plainte de Sandrine Bertaux n'a donné lieu à aucune mise en exa-

17. Les deux papiers, très favorables à la thèse de Sandrine Bertaux et du *Monde*, ont suscité de vigoureux droits de réponse.

men[18]. Mais Hervé Le Bras, lui, peut toujours attendre les excuses du *Monde*.

Régis Debray

Dans *L'Épreuve*[19], Edwy Plenel explique la démarche qui l'amène à consacrer un livre entier à commenter les positions de Régis Debray sur le conflit du Kosovo : « *Pour un péguyste vrai*[20], *il y aura toujours des affaires sur lesquelles on ne se réconcilie pas – et, si elle était la première, l'*"Affaire" *Dreyfus n'était certes pas la seule. Chaque génération intellectuelle a les siennes. S'agissant de la nôtre, jusqu'à récemment, dans la liste de ces moments de vérité directement vécus ou reçus en héritage, et qui mirent en jeu l'idée que nous nous faisons de la France, il y avait, à tout le moins, la Collaboration, la guerre d'Algérie et Mai 68. Trois dossiers dont l'instruction, tant que nous aurons la force de les plaider, ne sera jamais close.*

Il faut maintenant en ajouter un quatrième : l'affaire yougoslave, du Kosovo au Kosovo, en passant par Vukovar, Saravejo, Srebrenica, etc. »

Des « dossiers ». Une « instruction »... Ce n'est sans doute pas par inadvertance que la langue de Plenel choisit les mots du prétoire. C'est bien devant un tribunal – de l'Histoire – que Régis Debray, en proposant au *Monde* une libre opinion publiée en « une » le 13 mai 1999, s'est aventuré sans même le savoir...

Rappelons le contexte. Dans la nuit du 23 au 24 mars 1999, les forces de l'Otan entament leurs bombardements en Yougoslavie. La plupart des médias français et européens, écrits ou audiovisuels, ont appelé de leurs vœux cette intervention. À leurs yeux, l'engagement de l'Europe

18. En revanche, Hervé Le Bras a été débouté de sa plainte contre les journalistes du *Monde*. Le démographe a fait appel.
19. Stock, juin 1999, p. 18.
20. Interrogeons-nous donc sur le « concept en creux », si ce n'est creux tout court, de « *péguyste faux* »...

est censé éviter que ne se renouvellent les précédents bosniaque et croate avec leurs contingents d'horreurs type Sarajevo et Srebrenica. Avant même que les hostilités ne soient déclenchées, l'ensemble des médias sont acquis à la cause otanesque. Seuls *L'Humanité*, *Marianne* et *Le Monde Diplomatique* émettent des réserves sur la guerre. Ce quasi unanimisme des médias coïncide avec un consensus, au sein du monde politique, en faveur de l'intervention : il n'y a même pas de protestations contre le fait que l'engagement de la France se soit effectué avant consultation du Parlement.

Après une discussion avec Jean-François Kahn, directeur de *Marianne*, Régis Debray décide de partir sur place et de raconter. Le fait en lui-même est assez incongru : c'est la première fois de sa vie que l'écrivain se met dans la position du journaliste qu'il n'est pas[21]. Une fois sur place, il a l'idée d'écrire, en sus des notations destinées à *Marianne*, une adresse au Président de la République pour prendre à témoin l'opinion de l'erreur que commet, selon lui, la France de s'engager aux côtés des Kosovars et de l'Otan. Edwy Plenel, à qui il propose l'idée par téléphone, l'accepte. Il l'accepte même si bien qu'il presse Régis Debray de rendre son texte dès le 12 mai, à son retour de Belgrade. L'écrivain rédige son texte dans l'avion, exercice auquel il n'est guère habitué. Il accepte les coupes de la rédaction en chef[22]. Et *Le Monde*, conformément à l'engagement de Plenel, publie le papier en « une ».

Le lendemain, le philosophe est littéralement fusillé dans le même journal. À la même place que sa tribune démarre en « une » un papier de Bernard-Henri Lévy intitulé « *Adieu, Régis* ». Voilà pour le verdict moral, philosophique et générationnel. En page intérieure, la

21. La distinction importe, car on fera à Régis Debray le reproche d'avoir joué les reporters sans respecter les règles de la profession. Or, le philosophe s'est bien gardé d'employer le mot « reportage ». Dans *Le Monde*, bien sûr – ce qui n'a pas empêché ses détracteurs de fustiger le « *reportage dans* Le Monde *de Régis Debray* » –, mais aussi bien dans *Marianne* où l'article fut publié sous la mention « *Choses vues* ».
22. Ce qu'il regrettera ensuite : voir *Cahiers de Médiologie* n° 8, « *Croyances en guerre* », p. 204.

condamnation est stratégique, géopolitique, historique, bref « experte » : c'est Alain Joxe, ami de Debray, auquel ce dernier avait proposé de partir avec lui au Kosovo, qui l'écrit sous un titre non moins terrible : « *Le crétinisme international* ». En somme, BHL pour l'émotion, la rhétorique, le cerveau gauche ; et Joxe pour la raison, l'argumentation, le cerveau droit.

Debray comprend alors qu'à défaut de « débat », c'est son procès qui a commencé, auquel le tribunal-maison se livre dans le désordre le plus échevelé. Pourquoi pas, en effet, commencer l'audience par le verdict ? La rapidité de la réaction – 24 heures – n'est pas innocente : dans *L'Épreuve*[23], Edwy Plenel écrit : « *Tout serait-il devenu vieux ? C'est la question que je me pose depuis que j'ai lu, le 13 mai 1999, dans* Le Monde, *la lettre d'un voyageur au président de la République, adressée par Régis Debray à son retour de Serbie et du Kosovo.* » Arrêtons-nous un instant sur cette phrase : tout n'y est pas jeune ou vieux, mais mensonge.

Examinons cela dans le détail. « *J'ai lu, le 13 mai 1999, dans* Le Monde » ? Impossible, non seulement parce que *Le Monde* contenant l'article est disponible dès la veille, le 12 mai, donc, mais aussi parce que Plenel, qui a commandé l'article, l'a forcément lu avant publication. Il l'a même probablement transmis (ou fait transmettre) à BHL et à Alain Joxe pour qu'ils règlent son compte au philosophe : il fallait boucler, dès le 12 au soir, à l'extrême limite et au plus tard le 13 très tôt dans la matinée, les pages « Horizons » pour que le numéro puisse être dans les kiosques le 13 à midi ; il fallait donc que les deux répondants aient impérativement entre les mains le texte de Debray avant sa parution pour pouvoir eux-mêmes écrire et être publiés dans l'édition du *Monde* datée du 14 mai 1999. Précisons qu'il est fort rare que *Le Monde* publie une réponse dès le lendemain d'une tribune. Le quotidien attend généralement 48 heures, précisément

23. *Ibid.*, p. 25.

pour des raisons de temps. Plenel a donc prémédité le téléscopage du texte et des deux réponses. Le choix des répondants est d'ailleurs fort bien pensé : BHL, qui avait envie depuis longtemps de « se faire » Debray, comme chef talentueux de la tribu des intellectuels, prononce l'excommunication ; Joxe, parce que Plenel connaît l'amitié qui le lie à Debray, et pour « descendre » son texte d'un point de vue diplomatique...

Fermons la parenthèse procédurale et intéressons-nous à la polémique. L'article de BHL est carrément injurieux. Sur le fond, puisque Debray est comparé à Drieu la Rochelle. Mais aussi sur la forme, puisque Lévy met en cause « *la platitude du style* (*justice immanente de la littérature*) ». Rassurons-nous : le jugement de Lévy, lui, n'est pas « immanent ». Quant à Alain Joxe, son texte, très méprisant, se donne comme compétent, fondé sur la géostratégie et la connaissance de l'histoire de la Yougoslavie et de son régime. Sa relecture avec trois ans de distance est éclairante : Joxe évoque une « *enquête* » établissant les crimes contre l'humanité des Serbes, mais ne révèle pas qui l'a faite, et ne fournit aucune référence. Or les vraies enquêtes du TPY, qui seront, elles, publiées en 2000, feront justice de ce type d'article impressionniste. Elles démontreront que les exactions serbes ont commencé *après* l'intervention de l'Otan, et que le nombre total de victimes se sera élevé au total à 5 000 et non à 100 000, voire davantage, comme l'ensemble des médias l'avait déclaré sur la foi des discours et communiqués de l'Otan. Or, c'est principalement sur ces deux points qu'aura portée l'excommunication de Debray.

Son évocation de la « *pizzeria albanaise* » est à l'époque jugée « révisionniste ». Il est vrai que si l'UCK est dirigée par des Jean Moulin, alors tout devient possible[24].

Debray est donc tombé dans un guet-apens. Car les

24. À ce moment-là, les intellectuels du Comité Kosovo ont fait passer dans la presse, surtout à *Libération* et au *Monde*, la phraséologie de la Résistance pour qualifier la lutte de l'UCK. Debray raconte qu'il a pu manger dans une pizzeria libanaise, preuve, selon lui, que la « purification ethnique » souffrait de notables exceptions.

contributions de BHL et de Joxe ne sont que les premiers pilonnages d'une guerre idéologique qui va durer des mois. Soyons là encore précis, au nom de l'amour des « petits faits vrais ».

Suite à l'article du médiologue publié le 13 mai 1999, le quotidien fait paraître *dix-sept* tribunes de personnalités extérieures au journal : onze attaquent Debray, six le défendent. En termes de signes, la proportion est la même : près de 100 000 contre le philosophe (l'équivalent d'un petit livre de poche), contre 45 000 signes pour sa défense. Parallèlement, le journal a publié seize lettres de lecteurs : huit favorables et huit hostiles. Ce n'est pas exactement la parité, mais enfin, on pourrait considérer que le surnombre de tribunes hostiles traduit un majorité d'opinion, ou bien simplement l'engagement du journal aux côtés de l'Otan, ouvertement soutenu par Jean-Marie Colombani dès le déclenchement des hostilités.

Mais cette comptabilité ne rend pas compte de l'iniquité du procès conduit contre Debray, et ce, pour plusieurs raisons. D'abord, la publication des tribunes et des courriers s'accompagne de la couverture rédactionnelle à proprement parler, qui est loin d'être neutre. *Le Monde* publie ainsi, durant la même période, pas moins de sept chroniques faisant référence au fameux article de Régis Debray :

– deux chroniques de Daniel Schneidermann[25] ;

– trois chroniques « Kiosque » d'Alain Rollat[26] ;

– une chronique de Pierre Georges[27] ;

– deux dessins[28] ;

– une chronique de Robert Solé pour répondre justement à ceux qui jugeraient trop partisane la « couverture » du *Monde*. Le médiateur donne bien sûr quitus au journal qui l'emploie : « *Montrer, expliquer, débattre : malgré quelques hésitations inévitables face à ce genre d'événe-*

25. Les 17 et 24 mai 1999.
26. Les 18 et 22 mai, 5 juin 1999.
27. 18 mai 1999.
28. *Le Monde* du 17 mai 1999.

ment, Le Monde *a largement rempli son contrat.* » Grâce à la méthode Coué...

Chacune de ces chroniques multiplie les angles d'attaque contre la cible. La plume du chroniqueur est acérée. Il s'agit de « *mettre les rieurs de son côté* ». On pilonne Debray avec d'autant plus de cœur qu'on n'ignore pas que ce dernier ne peut ni ne souhaite d'ailleurs répondre.

En sus de ces chroniques, certains articles d'actualité abordent directement la polémique, notamment ceux émanant du service politique. Le 22 mai, sous le titre évocateur – « *Les irréductibles pacifistes de la gauche française* » –, Ariane Chemin et Alain Beuve-Méry attaquent bille en tête les rares hommes politiques (Paul Quilès, Julien Dray, Robert Hue) qui ne se sont pas indignés contre l'article de Debray. Mieux, un encadré non signé fait resurgir le spectre des fameux « Rouges-Bruns », déterré par *Le Monde* et Plenel au moment de la succession de Georges Marchais[29] à la tête du PCF :

« *Dans* Libération *du 18 mai, l'écrivain communiste Didier Daeninckx, membre du comité de soutien de la liste* “Bouge l'Europe”, *qui avait mis au jour, à la fin des années 80, l'existence de réseaux* “rouges-bruns” *au sein du PCF, s'en est pris aussi au* “révisionnisme au présent” *de Régis Debray. Le texte, à l'origine, était destiné à* L'Humanité. *Mais le quotidien de Pierre Zarka, qui, dès le 1er avril, mettait ses lecteurs en garde contre une* “guerre de l'intox”, *n'a pas accepté la contribution de l'écrivain.* »

Le décryptage de ce morceau de bravoure vaut le détour. En fait, Didier Daeninckx est connu dans les rédactions parisiennes : il a été le seul à reprendre à son compte la théorie des « Rouges-Bruns » inventée par *Le Monde* en 1993, allant même jusqu'à écrire un livre entier dénonçant comme crypto-fasciste l'écrivain Gilles Perrault à cause de son engagement de jeunesse dans les paras[30] ! Autre détail

29. Voir à ce sujet Élisabeth Lévy, *Les Maîtres censeurs*, « Aux armes, mitoyens ! », JC Lattès, p. 129.
30. On lira avec amusement *Didier dénonce*, de Patrick Besson, Gérard de Villiers, 1997 ; rééd. Fayard, 2002. Gilles Perraut revient sur son histoire dans son récit autobiographique, *Go !*, Fayard, 2002.

piquant : Pierre Zarka, le « censeur » de *L'Humanité*, est justement le candidat à la succession de Marchais que le scandale des « Rouges-Bruns », inventé par *Le Monde* en 1993, avait permis d'écarter....

Ensuite, *Le Monde* agit en l'espèce en franc-tireur, voire en « chef de bande ». Les premières salves contre Debray valent autorisation de lynchage dans tout le PAF et au delà. Après les télévisions et les radios, *Libération*, *L'Obs*, *L'Express* ne vont pas se gêner pour canarder la cible désignée par *Le Monde*. Même le *Canard* s'y met !... Mais, si bien des organes de presse[31] sont, à l'instar des journaux anglo-saxons, revenus sur les erreurs et les outrances qu'ils avaient proférées durant la guerre du Kosovo, *Le Monde*, lui, nullement. « *Tout au long de l'année 2000,* écrit Marc-Antoine Coppo[32], *alors que se multiplient dans la presse étrangère les informations gênantes, voire contredisant carrément les thèses du quotidien,* Le Monde *s'applique méthodiquement à transformer ces révélations en simples* "polémiques" *ne remettant en cause ni le bien-fondé de l'intervention de l'OTAN, ni la justesse de ses propres analyses.* » Le quotidien *El País* est ainsi revenu, le 23 mars 2000, sur le prétendu plan « Fer à cheval », document censé programmer l'extermination des Kosovars par les Serbes de Milosevic. En réalité, on apprit que ce document brandi par le ministre allemand de la Défense Joschka Fischer pour légitimer l'enrôlement de l'armée allemande aux côtés de l'Otan provenait des services secrets bulgares[33]. Le plan « Fer à cheval » était indispensable pour justifier les bombardements de l'Otan. *Le Monde* des 8 et 10 avril 1999 lui avait fait une longue et large publicité. Mais, contrairement à *El País*, par ailleurs partenaire du *Monde*, le quotidien de référence n'est jamais revenu sur les faits[34].

31. Notamment *L'Express*.
32. « *Le Monde* au miroir des Balkans », texte non publié.
33. Une analyse détaillée du traitement par les médias de la guerre du Kosovo a été publiée par Serge Halimi et Dominique Vidal : *L'opinion, ça se travaille*, Agone, 2000.
34. Le 15 avril 2000, Daniel Vernet et Alain Frachon ont cependant reconnu qu'il n'y avait jamais eu au Kosovo rien qui ressemblât à une tentative de génocide.

Pas question, donc, de rendre justice à Régis Debray alors que beaucoup de ses affirmations (les trois cents écoles détruites, le doute sur la réalité de l'épuration ethnique et de l'exode forcé) ont été depuis lors confirmés.

D'autant qu'entre-temps, l'acte final du procès est joué : il s'agit d'un livre, *L'Épreuve*, écrit et publié, là encore, en un temps record, puisqu'il paraît dès le mois de juin, soit moins de deux mois après l'article de Debray. Il est structuré comme l'article de BHL, dont il semble s'inspirer. L'entame est une évocation du passé de Debray (les geôles boliviennes, le compagnonnage du Che). Un éloge dont on comprend ensuite la seule fonction : faire miroiter davantage, par un procédé rhétorique assez banal, la « trahison » de l'écrivain qu'annoncent ses ralliements à Mitterrand en 1974, puis à Chevènement à la fin des années 1990. On ne trouve pas, dans l'ouvrage de Plenel, de démontage factuel de l'article hérétique. Nul retour sur le texte. Peu de mentions de faits. Le directeur de la rédaction considère ses propres livres comme des échappées estivales dans lesquelles il donne libre cours à cet influx littéraire qu'il condense dans les recoins de son âme. Plenel ne dégaine pas, il dégomme en passant, tentant d'entraîner le lecteur dans une sorte de ronde littéraro-historique faite de pseudo-coïncidences. Maspero fut l'éditeur du Debray de *Révolution dans la révolution* ; mais lui n'a pas trahi. De Maspero on passe à Péguy, et de ce dernier à Lucien Herr, bonne passerelle pour Trotsky, pourfendeur du « national-communisme ». Lui, Debray, est passé de Castro à Mitterrand, et de Mitterrand à Chevènement, pour finir chez Milosevic. Plenel ne l'écrit pas, mais le lecteur le devine : l'itinéraire de Debray est celui de l'infâme. En somme, le livre décline la « pensée BHL » qui comparait Debray à Drieu. Fermez le ban, au dossier suivant !

Depuis sa lettre d'un voyageur au président de la République, Debray n'a plus écrit dans *Le Monde*[35]. Non parce

35. Excepté une protestation, avec Jean-Claude Guillebaud, contre le mauvais sort fait à Daniel Cohn-Bendit au début 2001, au moment où fut exhumé un

qu'il aurait été victime de quelque censure, mais sans doute parce que l'écrivain lui-même n'en a plus le cœur[36].

Denis Robert

Dans l'univers du journalisme d'enquête, Denis Robert est un cas à part. Devenu très connu, si ce n'est célèbre, par ses articles parus dans *Libération* sur les affaires, il a pris ses distances avec le quotidien – et s'en sera expliqué ensuite – tout en poursuivant certaines enquêtes dont la publication alterne avec celle de romans. Bref, Robert vit de sa plume en indépendant revêche, installé – pour aggraver son cas – en province, à Metz. Selon la rumeur parisienne, un tempérament d'écorché vif ne lui permet pas de demeurer au sein d'une rédaction. Selon lui, c'est plutôt le fonctionnement de la profession qui est en cause. Peu importe pour ce qui nous occupe ici.

Le 28 février 2001 paraît un livre important sur un sujet peu abordé sur un mode concret dans la presse : le blanchiment de l'argent sale. Faisant équipe avec un professionnel de la finance, Ernest Blackes, longtemps cadre de direction de la société Clearstream (Luxembourg), Denis Robert démonte le système de transactions financières de cette société, l'une des deux plus importantes dans ce type d'opérations. S'appuyant sur des listings issus de l'entreprise, les deux enquêteurs s'emploient à démontrer que le fonctionnement de Clearstream peut autoriser et même faciliter le blanchiment de l'argent du crime organisé ou de la corruption. Pour résumer la thèse des deux auteurs : les facilités accordées aux banquiers-clients de Clearstream (qui sont aussi actionnaires) pour créer des comptes « non publiés » afin de simplifier les échanges entre une

passage – qui servit à taxer celui-ci de sympathies pédophiles – de son livre *Le Grand Bazar*, écrit au milieu des années 1970. Et, fin 2002, un rectificatif à propos d'un article indécent du *Monde* dans lequel était évoqué le baptême de son fils, censé témoigner de sa conversion à la foi chrétienne.

36. Précisons que ce récit a été écrit hors tout témoignage de Régis Debray, qui n'a pas souhaité nous répondre.

banque et ses filiales à travers le monde, débouchent sur l'opacité totale de milliers de transactions dont certaines concernent des établissements implantés dans les paradis fiscaux. Or, Robert et Blackes notent que le nombre de comptes « non publiés » a explosé, passant de 101 en 1991 à 7500 en 2000 ; que des comptes « non publiés » ont été ouverts au nom de sociétés non clientes de Clearstream, en contravention avec les règles de l'entreprise ; enfin, que des sociétés industrielles sont devenues clientes de Clearstream alors que l'accès à cette société est en principe réservé aux seuls établissements bancaires.

Bref, il s'agit d'un scoop important. Edwy Plenel ne s'y trompe pas, puisque, à la suite d'une rencontre avec Laurent Beccaria, responsable des éditions Les Arènes, il s'engage, contre l'exclusivité des bonnes feuilles du livre, à publier trois doubles pages dans le quotidien. Pour Beccaria comme pour Robert, cet engagement est précieux : comment, en effet, une maison d'édition aux moyens modestes peut-elle crédibiliser une enquête qui remet en cause le fonctionnement de tout le système bancaire ? L'appui de Canal +, avec la diffusion d'un documentaire simultanément à la publication du livre, était déjà un bon point. Celui du *Monde* garantit que le livre ne passe pas inaperçu.

Une dizaine de jours avant la sortie du livre, Edwy Plenel n'est plus aussi enthousiaste et divise par trois la pagination promise en échange de l'exclusivité. Enfin, une petite semaine avant la parution, après plusieurs jours de silence, il finit par annoncer qu'il suspend tout engagement concernant l'ouvrage. Pour les auteurs et l'éditeur, c'est la catastrophe : au nom de l'exclusivité accordée au *Monde*, ils n'ont pas vraiment cherché à convaincre d'autres journalistes français d'en traiter. Et il leur reste moins d'une semaine pour les alerter sur un sujet complexe. *Le Figaro* mord à l'hameçon, et Éric Decouty convainc la rédaction en chef du journal de mettre le dossier à la « une », le lundi 26 février. Le matin du même jour, Edwy Plenel et Hervé Gattegno commandent en catastrophe à Sophie Fay un papier destiné à « flinguer » le livre. L'enquête devient « *un livre controversé* ». La méthode des enquêteurs est vilipendée, « *fondée principalement sur l'affirmation et la juxtaposition* ». On lit aussi que « *les deux auteurs ne semblent pas avoir respecté les règles minimales de l'investigation journalistique* ». La preuve figure en encadré : les deux auteurs se sont trompés sur la signification de l'intitulé « DGSE » de l'un des comptes : il ne s'agit pas, comme Robert et Blackes l'ont cru, d'un compte des services secrets français, mais d'un service de la Banque centrale. Un ton bien arrogant. S'il est vrai que les deux auteurs ont commis une grossière confusion, il n'était pas difficile de se rendre compte que celle-ci n'entamait pas forcément la légitimité du reste de leur enquête. Avant de condamner celle-ci en bloc, la journaliste ne pouvait-elle consulter toute la documentation (les listings) mise à sa disposition par les deux enquêteurs, documentation examinée par d'autres journalistes du *Figaro*, de la *Tribune*, des *Inrockuptibles* ou du *Nouvel Observateur* ?

Mais peut-être Sophie Fay est-elle en l'occurrence la victime d'un conflit qui la dépasse ? Car son article est un fusil à deux coups : un – *Le Monde* défend son « magistère » de l'investigation en montrant que le « scoop » du *Figaro* est faisandé ; deux – le quotidien expédie un « Scud » à l'auteur et à l'éditeur qui ont tenté de jouer la concurrence contre lui.

Car, sitôt le papier du *Monde* publié, le vide se fait autour du livre. *Libération* devient méfiant. Le lendemain 27 février, *Le Monde* en remet une couche en annonçant une plainte d'André Lussi, Pdg de Clearstream, contre les auteurs. Au total, *Le Monde* va consacrer pas moins de quatre articles à dégommer le livre et le reportage diffusé par *Canal+* !

C'est dans les locaux de la chaîne cryptée que, le 1er mars, les huissiers débarquent pour exiger, à la demande de Clearstream, le visionnage du reportage de « 90 minutes » sur l'enquête intitulée *Révélation$*. L'assignation est bâtie pour l'essentiel sur l'article du *Monde*.

Fort heureusement, la direction de la chaîne ne cède pas. Mais TF1, qui avait filmé des images sur le sujet, annule son reportage. Le quotidien espagnol *El País* renonce aux deux pages qu'il avait prévues sur le livre. Le *Stern*, hebdomadaire allemand, l'agence Bloomberg, le *Daily Telegraph* et *The Guardian* se rangent aux côtés du *Monde*. Cette avalanche de retraits le montre : la condamnation par le quotidien de référence a littéralement saboté la carrière de l'ouvrage, ce qui confirme son autorité et son rôle central dans l'univers des médias.

Seulement, ce coup-ci, l'attitude du *Monde* va se trouver ridiculisée. Paradoxalement, c'est grâce à ceux qui sont d'ordinaire des alliés du quotidien, les députés socialistes Arnaud Montebourg et Vincent Peillon, animateurs de la Mission parlementaire sur le blanchiment de l'argent sale, que l'enquête va être sauvée. Dès sa publication, ils invitent en effet les deux auteurs à plancher officiellement devant eux, le 13 mars 2001. Voilà qui crédibilise leur travail et contraint bientôt *Le Monde* à un virage à cent quatre-vingts degrés. Le 10 mai, il publie une tribune de cinq magistrats spécialisés dans la délinquance financière internationale[37]. Selon eux, l'enquête *Révélation$* est fondamentale, car elle démontre la traçabilité des flux financiers, qui donne la possibilité d'agir à la Justice, ce qu'on ignorait jusqu'alors. Deuxième scoop contenu dans le livre : l'existence des « comptes non publiés » démontre que le cœur du système peut dissimuler et permettre de recycler des flux financiers provenant de l'argent du crime.

Le lendemain de la parution de cette tribune, l'enquête du substitut du grand-duché luxembourgeois, Carlos Zeyen, est transmise au juge d'instruction Ernest Nilles. Une information judiciaire est ouverte contre les dirigeants de Clearstream. Quelques jours plus tard, le Conseil d'administration de Clearstream suspend son Pdg, André Lussi. À Paris, Edwy Plenel annonce à l'éditeur de *Révé-*

37. « Les boîtes noires de la mondialisation financière », par Bernard Bertossa, Benoît Dejemeppe, Eva Joly, Jean de Maillard, Renaud Van Ruymbecke.

lation$, Laurent Beccaria, que l'enquête judiciaire valide le livre, et qu'il mandate une autre journaliste pour suivre l'affaire. Celle-ci, Pascale Santi, se « *passionne pour le dossier* », selon Denis Robert lui-même[38]. Sous le bandeau « Livre » (mention plutôt curieuse, la critique – défavorable – en ayant été faite trois mois auparavant...), *Le Monde* fait la « une » sur l'affaire, le 26 mai 2002. Cette fois, il n'y a plus aucune réserve sur *Révélation$.* Certes, un discret renvoi se réfère à la publication du livre trois mois plus tôt ainsi qu'à l'article du *Monde* ; mais le lecteur ne lira pas une ligne d'autocritique du quotidien.

Jacques Chirac

« *Je vais tuer Chirac* » ; « *Nous allons tuer Chirac* »... Dans les couloirs de la rédaction du *Monde*, ni Hervé Gattegno ni Edwy Plenel ne prennent la peine de camoufler leurs intentions à l'égard du Président. La cible a été manquée lors de la campagne de 1995[39]. Mais Edwy Plenel et ses « snipers » disposent désormais de sept ans pour se payer le Président. Ils n'ont pas ménagé leurs efforts.

Pour beaucoup de lecteurs, il est à l'honneur du *Monde* de tout faire pour repérer, épingler, dénoncer les délits commis par le Président avant ou depuis son élection. En l'occurrence, la presse exercerait ainsi pleinement sa fonction dite de quatrième pouvoir. L'électeur de gauche, pour sa part, n'est pas loin de se dire qu'au fond, *Le Monde* sauve la face de son camp, sa position et sa réputation lui permettant de dénoncer la corruption quand le PS, lui-même englué dans quelques affaires, aurait davantage de mal à le faire. Il est vrai, pour compliquer les choses, que le comportement de Chirac, chef du RPR, maire de Paris, voire Président, l'expose à de nombreuses critiques.

Mais, lorsque l'on fait le recensement de toutes les

38. Ce dernier a raconté, dans *La Boîte noire* (Les Arènes, 2002), les tribulations de l'enquête et son conflit avec *Le Monde*.
39. Voir chapitre 9, « Journal de campagne », p. 175.

« unes », enquêtes et articles publiés sur lui par *Le Monde,* on se dit que de deux choses l'une : soit *Le Monde* a raison, et nous vivons dans une véritable république bananière ; soit *Le Monde* « exagère », et il faut analyser comment et comprendre pourquoi.

Un recensement non exhaustif des articles consacrés à Jacques Chirac et aux affaires le touchant de près ou de loin nous a permis de sélectionner plus de 500 occurrences entre 1995 et 2002, score imbattable, sans comparaison possible, laissant les journaux concurrents[40] loin derrière *Le Monde,* même si certains, tels *Libération,* n'ont pas non plus résisté aux plaisirs de la « chasse au Chirac »...

Ces centaines d'articles ne concernent qu'un petit nombre de dossiers : le financement du RPR par la gestion des HLM de Paris (qui alimenta également d'autres partis que le RPR) ; le financement du RPR par les emplois fictifs ; la fraude électorale à Paris ; le financement du RPR (parmi d'autres partis politiques) par le Conseil régional Ile-de-France ; et les voyages de Jacques Chirac financés grâce aux fonds de l'Élysée.

Évidemment, les révélations sur le financement de la vie politique apportées par ces enquêtes ont sans doute impressionné les Français, et nous ne cherchons nullement à minorer les faits ainsi dénoncés. Mais il nous faut bien constater, que sur ces cinq dossiers, deux désignent personnellement l'actuel Président : d'une part, les révélations post-mortem de Jean-Claude Méry, ancien membre du Comité central du RPR, accusant Chirac d'être parfaitement informé du trucage des marchés des lycées en région parisienne ; et, d'autre part, les voyages privés du Président. Les révélations de Méry, si elles révèlent l'ampleur d'un dispositif occulte de financement des partis politiques, montrent également que celui-ci bénéficiait à l'ensemble des groupes parlementaires du Conseil régional. Or, *Le*

40. Lorsque l'on recense 372 occurrences du couple « Chirac et affaires » dans *Le Monde*, la même recherche donne 51 pour *Libération*, 30 pour *Le Figaro,* 18 pour *la Tribune*, 34 pour *Les Echos* et 11 pour *La Croix*, tous organes de presse qui – excepté *Le Figaro* – ne sont pas réputés très chiraquiens.

Monde ne les a abordées que sous la dimension qui mettait en cause Jacques Chirac. Restent les fameux voyages présidentiels. Selon les estimations, le montant des sommes mobilisées pour le bon plaisir du chef de l'État et de sa famille, s'élevait à un montant compris entre 1,2 (estimation de l'entourage présidentiel) et 2,3 millions de francs (expertise des juges). Sans vouloir excuser le moins du monde les écarts constatés, méritaient-ils tant d'opprobre alors que les exigences de la sécurité et l'évolution des usages rendent difficile la distinction entre la vie privée et la vie publique d'un homme d'État ? Fallait-il alerter presque quotidiennement l'opinion publique et contribuer ainsi à donner de la France une image forcément dégradée ?

Un examen plus détaillé du corpus des articles ainsi sélectionnés nous aidera à répondre à ces questions.

Pendant une première période allant de juin 1995 à décembre 1999, la couverture des « affaires » vise Chirac sans le nommer explicitement, mais le lecteur sait que le Président fraîchement élu n'est pas loin[41] :

26 mai 1995 : « *La mise en examen d'un proche*[42] *de Jacques Chirac relance l'affaire des HLM parisiennes* » ;

28 juin 1995 : « *Didier Schuller accuse Charles Pasqua*[43] » ;

14 mai 1996 : « *La Justice suisse précise la piste d'un financement occulte du RPR*[44] » ;

6 juin 1996 : « ***La police a perquisitionné au siège de l'Office HLM de Paris*** » (quatre articles et deux éditoriaux) ;

29 juin 1996 : « ***La police a refusé d'assister le juge Halphen dans son enquête*** » (cinq articles et deux édito-

41. Dans le texte qui suit, les titres en caractère gras indiquent qu'il s'agit d'une « une » du *Monde*.
42. Il s'agit de Gilbert Pérol, ancien collaborateur de Jacques Chirac, soupçonné d'avoir financé de façon occulte les campagnes électorales dans le Limousin.
43. Notons qu'à cette occasion, Hervé Gattegno se rend à Saint-Domingue pour réaliser sa première interview de Didier Schuller, qui a fui la France le 9 février 1995 pour se soustraire à la Justice.
44. Il s'agit du compte Farco, qui a reçu à ce moment-là deux millions de francs d'une filiale de la Lyonnaise des Eaux.

riaux). Il s'agit de l'enquête sur l'appartement du fils Tibéri ;

1er juillet 1996 : « *Affaire Tibéri : le PS attaque le Garde des Sceaux* », « *La Mairie de Paris prépare la riposte* » ;

2 juillet 1996 : « ***Le parquet classe l'enquête sur l'appartement du fils Tibéri*** » (cinq articles) ;

15 juillet 1996 : « ***Jacques Chirac est ramené malgré lui sur le terrain de la politique intérieure*** » (trois articles).

Ici commence à être utilisée une technique de « mise en scène » qui va être développée à plusieurs reprises : le « feuilletonnage » des dossiers, découpés en épisodes et rebondissements. Première étape : *Le Monde* rapporte une initiative judicaire ; deuxième étape : il recueille les réactions ; troisième étape : il annonce la « contre-attaque » des personnalités mises en cause ; quatrième étape : il constate que l'enquête annoncée fait chou blanc ; cinquième étape : il recueille les réactions à ces décisions. Etc., etc. Sur le papier (si l'on peut dire), le quotidien ne fait que son métier : qui lui en voudrait d'enquêter sur des faits graves, pouvant établir des éléments de corruption au sommet de l'État ? Mais la perversion du système réside dans cette mise en scène de l'information telle qu'elle est organisée : le même événement judiciaire peut ainsi susciter une ou cinq « unes » selon que le « chef cuisinier » fait ou non monter la mayonnaise. Dans le cas de Jacques Chirac, le procédé est systématique. On tire et étire l'événement dans toutes ses dimensions pour en faire le maximum, on l'étale sur plusieurs « unes », quand on ne le crée pas de toutes pièces, comme dans le cas de la cassette Méry.

Poursuivons :

23 octobre 1996 : « ***Olivier Foll est sanctionné mais maintenu à la tête de la PJ parisienne*** » (neuf articles et un éditorial). Il s'agit en fait des suites de l'affaire du fils Tibéri ;

9 décembre 1996 : « ***Xavière Tibéri a été mise en examen*** » (trois articles) ;

10 septembre 1997 : « *Un rapport de la PJ critique les marchés HLM de Paris* » (deux articles) ;

19 mai 1998 : « *Xavière Tibéri a été placée en garde à vue à la PJ de Versailles* » (deux articles) ;

21 mai 1998 : « *Jacques Chirac et Lionel Jospin appellent à une trêve au sujet des "affaires"* (un article et un éditorial) ;

28 mai 1998 : « ***L'Élysée craint la mise en cause d'Alain Juppé dans l'enquête sur le financement du RPR*** » (trois articles : il s'agit de l'enquête du juge Desmures sur les emplois fictifs au RPR) ;

27 août 1998 : « ***L'enquête qui inquiète Jacques Chirac*** » (deux articles et un éditorial) ; l'enquête du juge Desmures vient d'aboutir à la mise en examen d'Alain Juppé.

Dans cette série, deux thèmes apparaissent qui vont devenir dominants au fur et à mesure que l'échéance de l'élection présidentielle approche. Premièrement : les « affaires » « remontent » jusqu'au Président ; deuxièmement : les « affaires » sont au centre du duel entre Chirac et Jospin.

On peut certes – et c'est ce que fait la direction de la rédaction du *Monde* – désirer ardemment que le scénario bâti sur ces deux évolutions se réalise, mais c'est alors se situer sur le plan des *souhaits,* non sur celui des *faits.* Car plus nous approchons de l'échéance présidentielle, plus il apparaît évident, d'une part, que les affaires ne « remontent » justement pas au Président, le Conseil Constitutionnel ayant confirmé l'immunité présidentielle ; et d'autre part, que la multiplication des affaires et scandales n'affecte en rien la popularité du Président. D'une certaine façon, par sa campagne soutenue, et contrairement à son objectif, la direction du *Monde* a bercé la gauche et les jospiniens d'une illusion qu'ils vont payer cher : à de très nombreuses reprises, la gauche s'est fourvoyée dans des attaques « judiciaires » contre l'Élysée qui n'auront eu aucun impact, mais qui installent la division en son sein entre les « franc-tireurs », du type Montebourg, et les « institutionnels », gênés par une exploitation ouverte de la thématique des « affaires » rendue difficile par la « cohabitation ».

26 janvier 1999 : « *Le Conseil constitutionnel attribue à M. Chirac une immunité pénale* » (un article en page intérieure) ;

18 mars 1999 : « *Financement du RPR : un document met en cause Jacques Chirac* » (un article) ;

20 mars 1999 : « *Casse-tête juridique autour de la responsabilité pénale de Jacques Chirac* » (un article et deux éditoriaux) ;

22 mars 1999 : « *Le parquet prône l'incompétence du juge face au chef de l'État* » (un article et un éditorial) ;

5 novembre 1999 : « ***Chirac-Jospin, le choc des affaires*** » (trois articles et deux éditoriaux).

À partir de l'année 2000, la direction du *Monde* entre en campagne et celle-ci ne va aller qu'en s'intensifiant jusqu'à l'élection, au printemps 2002.

19 juin 2000 : « *L'affaire des "faux électeurs" de Paris relancée à la veille des assises du RPR* » (un article) ;

6 juillet 2000 : « *M. Chirac directement menacé par les "affaires" parisiennes* » (un article) ;

22 septembre 2000 : « ***Le testament financier du RPR*** » (un article de deux pages et un éditorial) ;

23 septembre 2000 : « ***Jacques Chirac répond aux accusations posthumes de Jean-Claude Méry*** » (sept articles) ;

27 septembre 2000 : « ***Chirac-Jospin : la guerre est déclarée*** » (deux articles) ;

28 septembre 2000 : « ***Affaire Méry : Chirac va-t-il parler ?*** » (trois articles et deux éditoriaux) ;

30 septembre 2000 : « *Le RPR ne veut ni amnistie ni repentance* » (un article et un éditorial) ;

4 octobre 2000 : « *Jean-Louis Debré rejette amnistie, "repentance" et témoignage* » (un article et un éditorial) ;

5 octobre 2000 : « *Les Français attendent des explications de Jacques Chirac* » (un article, un sondage et un éditorial) ;

7 octobre 2000 : « *Jacques Chirac veut restaurer, sur le*

terrain, une image dégradée » (un article) ;

12 octobre 2000 : « ***Jacques Chirac face à l'affaire Méry*** » (quatre articles) ;

5 décembre 2000 : « ***Les angoisses de Jacques Chirac*** » (six articles et un éditorial) ;

9 décembre 2000 : « ***Politiques : le vertige des affaires*** » (deux articles et un éditorial) ;

15 décembre 2000 : « ***Jacques Chirac s'explique*** » (sept articles, sous le bandeau « *Jacques Chirac est contraint de répondre sur les affaires* », et un éditorial) ;

16 décembre 2000 : « *Jacques Chirac se pose en victime permanente de la justice spectacle* » (un article et un éditorial). [On notera qu'ici, selon un procédé qu'affectionne le directeur de la rédaction du *Monde*, le quotidien annonce sur plusieurs pages un événement qui n'a pas encore eu lieu, mettant ainsi en scène sa propre influence – c'est « *à cause du* Monde » que Jacques Chirac est contraint de s'expliquer, avant, une fois l'événement consommé – l'intervention télévisée de Chirac – de le traiter *a minima*.] ;

29 mars 2001 : « ***Le juge Halphen convoque Jacques Chirac en qualité de témoin*** » (sept articles) ;

30 mars 2001 : « ***Colère de Chirac, résistance des juges*** » (onze articles et deux éditoriaux) ;

5 avril 2001 : « ***Un nouveau témoin***[45] ***accuse M. Chirac*** » (deux articles) ;

27 avril 2001 : « ***Le juge Halphen se dessaisit du cas de M. Chirac au profit de la Haute Cour*** » (huit articles et un éditorial) ;

28 avril 2001 : « ***Pour François Hollande, le cas de M. Chirac constitue un "déni de justice"*** » (trois articles) ;

15 juin 2001 : « ***Entre Chirac et Jospin, c'est la guerre des nerfs*** » (cinq articles) ;

5 juillet 2001 : « ***Les voyages de M. Chirac : désarroi à l'Élysée*** » (six articles et un éditorial) ;

6 juillet : « ***Lionel Jospin commande un rapport sur les***

45. Il s'agit de François Ciolina, ex-dirigeant de l'office HLM de Paris.

fonds spéciaux » (deux articles) ;

10 juillet 2001 : « ***Les voyages de M. Chirac divisent la justice*** » (quatre articles et un éditorial) ;

12 juillet 2001 : « ***La Justice s'approche de M. Chirac*** » (six articles) ;

13 juillet 2001 : « ***Comment Chirac organise sa défense*** » (cinq articles et un éditorial) ;

16 juillet 2001 : « ***Jacques Chirac l'intouchable*** » (quatre articles) ;

17 Juillet 2001 : « ***Chirac-Jospin : vers un combat sans merci*** » (trois articles et un éditorial) ;

19 juillet 2001 : « *Sous la pression des "affaires", le chef de l'Etat a discrètement annulé un voyage au Japon* » (quatre articles) ;

21 juillet 2001 : « *La Cour de cassation statuera en octobre sur la responsabilité pénale du Président* » (trois articles) ;

23 juillet 2001 : « *Le Conseil Constitutionnel ne veut pas voir contester sa décision sur le statut pénal du chef de l'État* » (4 articles) ;

24 juillet 2001 : « *Le patrimoine de M. Chirac* » (quatre articles) ;

25 juillet 2001 : « ***Toute l'enquête des juges*** » (quatre articles et un éditorial) ;

6 septembre 2001 : « *M. Chirac remporte une victoire partielle dans l'affaire des HLM de Paris* » (six articles et un éditorial).

Sur la cassette Méry comme sur les voyages, la direction de la rédaction du *Monde* a « mis le paquet », s'efforçant de crédibiliser l'éventualité d'une mise en examen du Président. Mais, à partir de la rentrée de septembre 2001, elle semble prendre acte de ce qu'il n'y aura pas de procès Chirac. Les sondages manifestent une certaine lassitude des Français sur le traitement médiatique des affaires. Les observateurs les plus pertinents remarquent même que celui-ci a fini par être contre-productif, jetant la suspicion sur l'objectivité des médias qui « enfonçaient le clou », abrités derrière leur bonne conscience, persuadés de rendre service à la démocratie. Il aura néanmoins fallu plus de trente « unes » du quotidien de référence et encore plus de « dossiers » pour faire prendre conscience d'une réalité pourtant aisément décelable dès le début de l'année 2000.

Le dossier de l'Office HLM de Paris n'a donc pas tenu toutes ses promesses. Le scandale de la cassette Méry a été neutralisé, la mise en cause de DSK éloignant les médias du Président. Celui des voyages du Président a laissé les Français indifférents. Son patrimoine (estimé à 8 millions de francs) ne leur a pas paru indécent. Mais comme arrivait l'échéance de l'élection présidentielle de 2002, il fallait agir. La direction du *Monde* décide alors de tenter un « dernier coup ».

C'est à ce moment-là que resurgit Didier Schuller. En exil depuis 1995 à Saint-Domingue, il est l'une des personnalités importantes mises en examen dans l'instruction sur les offices HLM de Paris et des Hauts-de-Seine. Hervé Gattegno le connaît bien. Quelques années auparavant, il a obtenu de lui un entretien aux Bahamas pour le compte du *Nouvel Observateur*. Il réalise, on l'a vu, une deuxième interview quelque temps plus tard, grâce aux bons soins de son avocat Francis Szpiner. Puis, Gattegno reste en contact avec Schuller. Il sait donc qu'il réside à Saint-Domingue. Il n'ignore pas que l'exilé a peur de rentrer, par crainte d'être emprisonné. En 1996, Me Szpiner tente une démarche auprès du juge Van Ruymbecke pour savoir si son client a quelque chance d'éviter la prison en regagnant le territoire national. Le juge lui fait une réponse très raide. Il la réitère lorsque, à l'instigation de l'épouse de Didier Schuller, une autre démarche est faite, cette fois par l'avocat – de gauche – Michel Tubiana. Le juge se refuse à offrir une quelconque garantie à Schuller.

Comment se fait-il alors qu'en mars 2002, en pleine campagne présidentielle, Schuller décide finalement de rentrer en France et d'affronter la Justice ? Comment expliquer que, défendu depuis des années par un avocat de droite proche de Jacques Chirac, Me Szpiner, Didier

Schuller choisisse un nouvel avocat, Jean-Marc Fedida, proche, lui, d'Arnaud Montebourg, pourtant en campagne judiciaire contre Chirac depuis des années ? La réponse se laisse deviner.

Après s'être livré à la Justice, Didier Schuller ne reste que quelques jours en prison. Chacun lorgne du côté de Matignon : le procureur Dintilhac est réputé proche d'Olivier Schrameck, directeur de cabinet de Lionel Jospin, lequel est assurément fort proche d'Edwy Plenel. Du côté de l'Élysée, on soupçonne fort Fedida d'avoir emmené Gattegno à Saint-Domingue pour aller chercher Schuller – sans pouvoir en apporter la preuve –, plusieurs de nos interlocuteurs sont convaincus que le journaliste a en tout cas trouvé appuis et encouragements auprès d'Olivier Schrameck. Quoi qu'il en ait été, du 22 janvier au 10 mars 2002, *Le Monde* consacre la bagatelle de onze « unes » à Didier Schuller. Parmi les épisodes le plus significatifs, on retiendra : « *Les révélations d'un fugitif* », puis « *Qui a peur du retour de Didier Schuller ?* », puis encore « *Schuller se retourne contre Chirac* », « *Schuller confirme les révélations de la cassette Méry* ». Hervé Gattegno a monté, mis en scène, répété et matraqué des informations qui avaient pour objectif de discréditer l'un des candidats au moment précis où il se déclarait. Mieux : profitant de l'exclusivité de son accès à Schuller, sur laquelle les autres journalistes auraient pu davantage s'interroger, il a su organiser avec les autres médias les reprises et la « résonance » de son scoop. À l'école d'Edwy Plenel, on apprend vite....

Quelle que soit l'antipathie politique que l'on puisse éprouver à l'endroit du chef de l'État, la campagne du *Monde* contre Chirac finit par susciter le même sentiment nauséeux que celui provoqué naguère par l'accumulation de charges contre François Mitterrand. On a l'impression que, ce faisant, ceux qui dirigent le « quotidien des élites » ont grandement encouru au discrédit de la politique et à la diffusion du mot d'ordre « Tous pourris ! » dont continue de profiter un Jean-Marie Le Pen. Au-delà

des clivages entre la droite et la gauche, on jurerait d'ailleurs que c'est l'institution de l'Élysée comme pouvoir qui était par dessus tout visée par les dirigeants du *Monde*. Jamais l'aphorisme de Pascal, « Qui fait l'ange, fait la bête », n'a été aussi approprié : en prétendant vouloir sauver la démocratie, les « anges » du *Monde* lui ont fait passer un bien sale quart d'heure...

CHAPITRE 23

Beuve, la paille et la poutre...

Mitterrand, Chirac, Strauss-Kahn, Dumas, Tiberi... Dans le domaine des « affaires », les dirigeants du *Monde* ont à cœur de démontrer qu'ils tiennent une balance équitable entre la gauche et la droite.

En surplomb de cette « belle ouvrage » d'investigation journalistique, Jean-Marie Colombani a eu l'occasion de s'indigner des turpitudes de la Chiraquie, notamment dans un éditorial remarquable intitulé « *Morale publique*[1] » : « *L'affaire des voyages a mis en évidence des faits qu'il nous faut regarder en face. Le premier fait est que Jacques Chirac, étant maire de Paris, capitale de la France, (...) s'est offert, ainsi qu'à sa famille, des voyages privés sans rapport avec ses fonctions électives.* » Il en profite pour soulever une « *question taboue* » : « *Sinon celle de l'enrichissement personnel de certains responsables politiques, en marge de leurs fonctions et grâce à elles, du moins celle de grandes facilités auto-accordées en toute bonne conscience. Avec, jusqu'à présent, un parfait sentiment d'impunité.* » Et le patron du *Monde* de poursuivre : « *Tout salarié – et un élu en est un, payé par la collectivité – peut s'enrichir grâce aux économies qu'il prélève sur son salaire, une fois payées les dépenses courantes. Si ces dépenses courantes sont assurées par d'autres ressources soit liées à la fonction, soit prélevées sur les fonds spéciaux, soit augmentées par de généreux donateurs, il va de soi que le salaire se transforme en patrimoine que tout*

1. Daté du 13 juillet 2001.

citoyen, fût-il protégé par le Conseil constitutionnel, est tenu de déclarer. »

Une telle leçon de vertu ne peut émaner à l'évidence que d'un citoyen au-dessus de tout soupçon. Qui refuse tout voyage privé qu'il ne paierait pas lui-même. Qui s'interdit de profiter de sa fonction pour obtenir des avantages. Qui déclare intégralement ses revenus, y compris celles des ressources liées à sa fonction qui lui permettent d'« alléger ses dépenses courantes ». Sur cette question, le girondin Colombani se montre d'ailleurs un intransigeant émule de Robespierre, puisqu'il a validé le code de conduite proposé par Edwy Plenel – très strict envers ses journalistes –, par ailleurs consultable par les lecteurs moyennant la modique somme de huit euros : *Le Style du Monde*[2]. On y découvre que, pour la rédaction du quotidien de référence, la morale doit être pratiquement un *style* de vie. Dans cette France que *Le Monde* décrit comme archi-corrompue, la lecture en est rassurante. Le quotidien de la rue Claude Bernard y apparaît comme un bunker de trappistes en robe de bure reclus dans la banlieue de Chicago. Ses moines-soldats « *ne doivent pas accepter les cadeaux supérieurs à 70 euros. Au-dessus de ce chiffre, ils doivent les renvoyer* ». Ils doivent « *rendre les invitations à déjeuner qu'ils ont acceptées. Ils déclinent les invitations répétées, sans objectif clair* ». Ils « *n'acceptent pas de voyage de presse gratuit avant d'en avoir reçu l'autorisation de leur chef de séquence ou de son adjoint. Ils respectent une règle impérative : une préparation active du voyage de manière à pouvoir évaluer les informations recueillies au cours du déplacement...* »

On imagine donc les journalistes du *Monde*, seuls de la profession à devoir consulter frénétiquement leur bréviaire de PPJV (parfait petit journaliste vertueux) avant de savoir si leur éthique les autorise à boire le coup (avec ou sans alcool) aux frais de leur informateur... Père supérieur de cette rédaction exemplaire, le patron du journal est donc

2. Déjà cité.

le *primus inter pares,* plus vertueux et irréprochable que la femme de César elle-même. Mais, comme saint Thomas qui ne croit que ce qu'il voit, ou, mieux, comme Edwy Plenel, le moine laïc, « *il faut donc en revenir aux faits vrais, dérangeants et désagréables* »...

Le décryptage des dérives du *Monde* suffisant largement à nous occuper, nous n'avions pas l'intention de retourner contre tel ou tel des responsables du quotidien les accusations volontiers portées par celui-ci contre certains dirigeants politiques. Il a fallu que l'on mette littéralement sous nos yeux un certain nombre de faits et de documents, et qu'ils nous paraissent suffisamment significatifs pour mériter un chapitre de ce livre. Bien entendu, jamais une telle idée ne nous serait venue à l'esprit si le directeur du *Monde* – puisqu'il s'agit ici de lui – n'avait pris le risque de donner des leçons de morale réitérées sur le sujet.

Le premier indice d'une certaine liberté prise avec une éthique professée par ailleurs a été dénoncée dans *Charlie Hebdo* par François Camé[3] :

« [C'est amusant] *: jusqu'en janvier 1997, le directeur du* Monde, *Jean-Marie Colombani, a touché 30 000 francs par mois pour sa participation à "L'Heure de vérité". D'accord, "L'Heure de vérité" s'est arrêtée en juin 1995. Le chef du grand fanzine du soir a donc touché dix-neuf mois de salaire pour un travail virtuel. Mais, quand France 2 a menacé de ne plus le payer, Colombani a eu raison de hurler. Il ne faisait alors, dit-il aujourd'hui,* que "défendre les droits élémentaires des pigistes". *Et ça, c'est sacré.*

En janvier, la direction de France 2 a donc dû lui verser 290 000 francs de plus, pour rupture de contrat.

Au total, depuis juin 1995, la chaîne publique aura donc réglé au patron du Monde *860 000 francs – plus de douze ans de Smic – pour rien. (Et cela agace quelque peu la rédaction de France 2. C'est* "d'autant plus agaçant, *note un journaliste du cru,* que chaque fois qu'on lui a demandé de venir faire une intervention lors du journal

3. « *Le patron du* Monde *est hors de prix* », *Charlie Hebdo,* 16 avril 1997.

télévisé, il a refusé". *Et qu'il n'est apparu au JT qu'une fois* : "Quand il est venu faire la promotion de son bouquin." *(C'est un peu gênant, pour le directeur d'un quotidien qui se veut très à cheval sur la déontologie.) Mais pas de poujadisme : le débat est politique.* "C'est pour cela qu'on m'exclut", *note Colombani.*

On se souvient en effet de l'agressivité hystérique de ce balladurien-spontex lors de L'Heure de vérité : *elle explique tout.* "C'est simple, *argumente d'ailleurs le patron du* Monde, nous vivons une époque où les résistants sont suspects."

T'as raison, Jean-Marie. Même en 1943, personne ne faisait chier Jean Moulin avec le montant de ses piges ! »

Vérification faite à France 2, tout ce qu'a écrit Camé est vrai. Mais, après tout, le péché est véniel. Disons que Jean-Marie Colombani doit avoir des besoins conséquents. Et qui irait lui jeter la pierre s'il a quelque peu abusé de son influence pour inverser le rapport de forces existant généralement entre patrons de presse et pigistes ?

Le problème est que le directeur du *Monde* n'a pas seulement « pigé » pour les médias. Après qu'il eut payé le prix fort pour ses pratiques, Pierre Botton a osé s'en prendre au patron du *Monde* dans son livre *Il y a toujours des complices*[4]. La sortie du livre de Botton n'a d'ailleurs pas été une mince affaire. Charles-Henri Flammarion a été l'objet de fortes pressions de la part du directeur du *Monde*, puis de plusieurs responsables italiens du groupe Fiat dont dépend la maison d'édition[5]. Non seulement le livre de Pierre Botton n'a pas été recensé par *Le Monde*, mais seul *Libération* a osé émettre un articulet évoquant les manquements à la déontologie de Jean-Marie Colombani. Comme si les autres médias avaient une trouille bleue du *Monde*, ou tenaient absolument à se conformer à l'*omerta* décrite par Alexandre Wickham

4. Publié chez Flammarion, janvier 2002.
5. Georgio Farasca, le patron de Fiat France, est membre du Conseil de surveillance du *Monde* et président de la société Le Monde Europe, actionnaire du *Monde*.

et Sophie Coignard[6], ou encore au devoir de connivence vilipendé par Serge Halimi[7] ou Pierre Carle[8].

Pierre Botton publie l'intégralité de l'audition de Jean-Marie Colombani par le juge Courroye, le 12 novembre 1993. Remarquons d'abord que ce PV a mis plus de huit ans à sortir ! Quand certains hommes politiques sont directement ou indirectement concernés, *Le Monde* se procure le PV d'audience et le publie dans les heures qui suivent leur audition...

Pourquoi le juge a-t-il convoqué le patron du journal de référence ? Il voulait l'entendre sur la déclaration suivante de Michel Noir :

« *J'ai effectivement suivi pendant deux ou trois ans des séances de* training, *entre 1986 et 1988. C'était Alexandre Tarta et Michel Colomès qui organisaient ces séances... Je sais que Colomès participait à ces séances de façon gratuite et amicale. Il faisait parfois appel à des journalistes extérieurs. On devait remettre à ces journalistes de l'argent en liquide. Le prix de la séance devait être de l'ordre de 3 000 francs environ. Ont dû intervenir notamment : Pierre Tchernia, Jean-Marie Colombani, Pierre-Luc Séguillon, Olivier de Rincquesen.* »

Colombani est manifestement mal à l'aise devant le juge. C'est effectivement Alexandre Tarta qui l'a conduit au domicile de Michel Noir, rue de Solférino. Oui, mais le journaliste du *Monde* « *ne savait pas* » qu'il participait à des séances de media-training : « *Je crois que d'autres personnes étaient avec Michel Noir, mais je ne les connaissais pas. Je me souviens que l'un d'entre eux avait une caméra vidéo et qu'il m'a demandé si j'acceptais qu'il filme Michel Noir. Je n'ai pas été particulièrement étonné par la présence de cette caméra. Je n'ai pas refusé, car je désirais nouer un dialogue en confiance avec Michel Noir...* »

Étrange réponse. On aura donc appris que, pour Jean-

6. *L'Omerta*, Albin Michel, 1998.
7. *Les Nouveaux Chiens de garde*, Liber/Raisons d'agir, 1999.
8. Voir le mensuel *PLPL*, que nous avons consulté et utilisé sur ces questions.

Marie Colombani, la présence d'une caméra est indispensable pour établir un « *dialogue en confiance* ».

Puis, le juge Courroye lui ayant lu la déclaration de Michel Noir, celle-ci déclenche la réaction suivante :

« *Il n'y a eu qu'une rencontre au domicile de Michel Noir au cours de laquelle il y avait une caméra vidéo. Selon moi, il ne s'agissait pas de séance de* media-training *à proprement parler. C'était simplement une conversation dont une partie a été filmée... Je ne comprends pas pour quelles raisons Michel Noir vous a cité mon nom au sujet de ces séances de* training. *Je pense que son système de défense consiste à citer le plus de noms possible et qu'à travers le mien, il cherchait à faire pression sur le journal* Le Monde. *Je n'ai pas été rémunéré après cette rencontre. Je n'ai pas perçu d'argent liquide et je n'ai pas l'habitude d'en percevoir.* »

La meilleure défense reste l'attaque. Une déclaration précise, corroborée par d'autres, atteste qu'il a accepté d'être payé par un homme politique ? Inutile de répondre sur les faits, encore moins de les reconnaître, comme d'autres journalistes l'ont fait[9]. Si lui, Jean-Marie Colombani, est attaqué, c'est au *Monde* que l'on cherche à s'en prendre. Ceux qui ne sont pas avec le Parti sont forcément contre lui...

Notons au passage l'innovation lexicale : parler à un homme politique devant une caméra privée n'est pas une séance de *media-training*, mais simplement une « conversation dont une partie a été filmée ». Brillant euphémisme !

Au cours de la même audition, Jean-Marie Colombani a également reconnu s'être rendu deux ou trois fois au festival de Cannes à l'invitation de la mairie de cette ville, dirigée alors par Michel Mouillot. Heureusement que le *Style du Monde* n'avait pas encore cours à l'époque, car le rubricard Colombani aurait écopé au moins d'un blâme pour avoir accepté une « *invitation n'entrant pas directement dans le cadre de ses activités* ». En revanche – juré, croix

9. Patrick Poivre d'Arvor notamment.

de bois, croix de fer !... –, il avait refusé l'invitation de Michel Noir et Pierre Botton de se rendre au même festival de Cannes ! Malheureusement pour Colombani, les archives de Pierre Botton sont plus fidèles que sa mémoire :

« *Arrivé le 9 mai 1991 pour la soirée d'ouverture en compagnie de son épouse, Catherine, par le vol IT 5055 parti de Paris à 15 h 55 et atterri à Cannes à 17 h 15, il avait rejoint l'hôtel Carlton où il avait été logé. Le lendemain, c'est par le vol IT 3246 de 9 h 05 qu'il était reparti, pour se poser à 10 h 25 à Paris Orly. Des détails précis que j'ai retrouvés sur un bordereau de facture adressé à Air France en date du 29 avril 1991 portant la référence LYS. SS92096...* » Facture bien entendu honorée par Pierre Botton.

« *Et, puisqu'il faut bien en venir là, à nos* "affaires" *à nous, autant dire tout net que le silence corporatiste n'est plus de mise quand, au détour d'un dossier judiciaire lyonnais, nos misérables dérives sont enfin dévoilées...* »

Qui est ce saint Jean Bouche d'or irrité par l'apparition de grands noms de la presse parmi les bénéficiaires des largesses de Pierre Botton, le gendre de Michel Noir ? Edwy Plenel lui-même[10] ! Manifestement, le journaliste ignorait que son patron et ami pouvait être lui aussi impliqué dans ces « misérables dérives » qu'il jugeait utile de fustiger par quelques salves salvatrices.

Si la faiblesse coupable du directeur du *Monde* envers le cinéma explique sans doute ses voyages cannois, d'autres factures de transport et d'hôtel correspondant à des invitations de sociétés et d'institutions françaises et italiennes dorment très probablement dans les dossiers de certains chefs-comptables. Le directeur du *Monde* a ainsi été invité à Venise à de multiples reprises à l'occasion de la Biennale ou d'une exposition, mais aussi à Cannes, et vers d'autres destinations. Notons que le directeur du *Monde* semble ne même plus supporter de voyager en classe Affaires. Une fois dans l'avion, il obtient son surclasse-

10. *Cf. Un temps de chien, op. cit.*, 1994.

ment en First. Cet acharnement compulsif à exiger ce qu'il estime sans doute être un privilège de rang indispose parfois ses compagnons de voyage comme lors du Paris-Pékin du 20 novembre 2002 (vol AF128).

Ces « écarts » ne sont sans doute pas exceptionnels. Mais il est difficile de l'établir, car la plupart des informateurs potentiels préfèrent rester anonymes. Le cas de Pierre Botton ou la déclaration de Michel Noir restent exceptionnels : ce n'est que coupé pénalement du monde que l'on peut accepter de… se moquer du *Monde*. Autrement dit, dans le grand monopoly de l'establishment parisien, il faut se trouver à la case « Prison » pour accepter de prendre le risque de s'en affranchir…

Tel est aussi le cas de Jean-Michel Boucheron que Pierre Botton rencontre régulièrement au Club Mialet[11] où se retrouvent des personnalités qui ont été en prison. L'ancien maire d'Angoulême a changé du tout au tout. Il parle des juges avec sympathie, « *parce qu'ils l'ont mis dans le droit chemin* ». Il évoque sans gêne ses frasques passées et se souvient du temps où François Mitterrand pariait sur lui :

« *Pendant la première cohabitation, Jean-Louis Bianco*[12] *m'a téléphoné pour me fixer un rendez-vous avec le Président. En présence du Secrétaire général, le Président m'a encouragé à prendre une dimension nationale et à perfectionner mon élocution télévisuelle. Quelques jours plus tard, Bianco m'a présenté Jacques Pilhan, qui a de suite décidé d'organiser pour moi quelques séances de* media-training… *Je me suis ainsi retrouvé dans les sous-sols de* Temps public *– la société de Pilhan, située à côté de l'ambassade du Zaïre –, dans un petit studio de télévision, face à deux caméras, un cadreur et un preneur de son, et… Jean-Marie Colombani. Lequel a joué le rôle d'interviewer. Ses questions étaient sans intérêt… J'ai fait quatre séances*

11. Association rassemblant des personnalités ayant été emprisonnées. Son objectif affiché est d'œuvrer à l'amélioration des conditions de vie des détenus.
12. Jean-Louis Bianco, pour sa part, ne se souvient pas de ce rendez-vous chez le Président.

d'entraînement avec celui qui est devenu le patron du Monde ... »

Sans en avoir la preuve formelle, Jean-Michel Boucheron est convaincu que Pilhan payait ces prestations avec des billets sortis de l'armoire forte du directeur de cabinet du Président. Toujours selon Boucheron, il semble bien qu'il n'ait pas été le seul « client » à s'entraîner de la sorte...

Après son accession à la tête du journal, Jean-Marie Colombani augmente son propre salaire de 85%[13]. Pourquoi pas ?... Mais pourquoi sitôt après sa prise de fonction établir sa résidence fiscale en Corse en déclarant ses revenus à Poggio di Nazza, le village de la famille Colombani ? On a du mal à croire que le patron du *Monde* ignore qu'il est illégal de déclarer ses impôts sur le lieu d'une de ses résidences secondaires[14]. D'ailleurs, en 1997, l'administration fiscale lui notifie sèchement qu'il doit déclarer ses impôts à Paris. L'impétrant s'exécute, non sans quelques bizarreries. Ainsi, en 2001, le contribuable a encore délocalisé une partie de ses revenus, au minimum sa pige de RTL[15] en Corse[16]. Peut-être Colombani s'est-il persuadé que tout finit par s'arranger avec le fisc ? En janvier 1990, alors qu'il n'était encore que rédacteur en chef, il avait appelé Philippe Martin, chef de cabinet de Michel Charasse, pour lui demander d'intervenir en sa faveur dans une affaire fiscale qui aurait pu être utilisée contre lui et l'empêcher de prendre la présidence du *Monde*. On accéda à sa requête...

Au cours des sept années qui ont suivi sa première augmentation, le patron du *Monde* s'est fait attribuer 70 % de hausses de salaire et primes diverses. Il perçoit désormais 29 919 euros par mois, dont 4 300 au titre de l'ancienneté et 4 116 de piges (!). À cette somme s'ajoutent 2 540 euros

13. En mars 1994, son salaire brut mensuel était de 40 066 francs. Le 1er mai 1994, il était passé à 74 347 francs.
14. En vertu des articles 10 et 11 du Code général des Impôts et de la Jurisprudence, on doit déclarer ses impôts au lieu de sa résidence principale, définie comme celle où vit la famille et où sont scolarisés les enfants.
15. 134 132 francs.
16. Soata (au lieu de Foata) Poggio di Nazza, 20 240 Ghisonaccia.

au titre de Pdg du quotidien, un confortable défraiement pour le loyer de son appartement (3 511 euros), et une voiture de fonction. Lors d'une réunion de direction, Jean-Marie Colombani n'a pas craint de faire voter une prime de 300 000 francs en sa faveur à l'occasion de l'année 2000, fort bonne pour le quotidien[17].

Manifestement, le montant de ces émoluments et leur croissance rapide ne satisfont guère le patron du *Monde*. Jean-Marie Colombani a sans doute été frappé par le « syndrome du vendeur de Rolls » qui exige de sa direction qu'elle lui rembourse cigares, costumes, restaurants et parfums de luxe ! Le Pdg d'une grosse PME provinciale de mécanique industrielle est sans doute moins exigeant dans la mesure où il fréquente des personnes en général moins fortunées. Colombani, lui, rencontre des Pdg de grands groupes, des ministres, des présidents, des producteurs de cinéma, des artistes multimillionnaires, des auteurs à succès. Ces fréquentations lui procurent la désagréable sensation d'être demeuré bien misérable. Bref, gagner autant que son ami Minc lui paraît le minimum syndical. D'ailleurs, cet Alain qui profite de sa position au *Monde* pour conforter sa clientèle, ne lui doit-il pas beaucoup ?

Deuxième volet de l'activité de Jean-Marie Colombani : les piges. La perte d'audience de la politique à la télévision prive le directeur du *Monde* d'un gros cachet. Du coup, il multiplie les prestations pour d'autres médias – RTL, France Culture, *Challenges* – ainsi que des collaborations ponctuelles.

Enfin, il y a l'activité « livres ». Ceux-ci lui rapportent de substancielles avances, en dépit de ventes modestes.

Malgré des revenus annuels dépassant les trois millions de francs – ce que nul n'a l'air de savoir à l'intérieur du journal[18] –, le patron du *Monde* réussit encore à gratter d'autres menus avantages ici et là...

17. Serge Marty, responsable du supplément économique du mardi, a eu le courage de s'abstenir.
18. Malgré trois courriers, dont un en recommandé, comportant une référence

Évoquant la posture engagée de Beuve-Méry, Edwy Plenel écrivait[19] qu'elle était « *menacée par son adversaire de toujours, dont l'arrogance n'a jamais été aussi éclatante* : *l'argent* ». L'argent dans lequel, on le sait, en disciple acharné de Charles Péguy, Beuve-Méry voyait « *le mal* » au point de penser « *qu'à partir d'un certain revenu, les hommes se désagrègent presque nécessairement* ».

explicite à la question de la fiscalité personnelle des deux responsables, le directeur du *Monde* a refusé de nous rencontrer sur ce point... comme sur le reste !

19. In *Un temps de chien, op. cit.*

CHAPITRE 24

Un nouveau prédateur dans la presse

Depuis le départ de Hubert Beuve-Méry, les directeurs du *Monde* se sont tous persuadés l'un après l'autre que le quotidien était devenu une machine à faire du déficit, pour laquelle l'équilibre financier était hors d'atteinte. Aussi curieux que cela paraisse, dans tous les débats qui ont secoué le journal depuis 1969, cette idée n'a jamais été remise en cause. Pourtant, dans quel autre secteur accepterait-on l'idée qu'une entreprise privée est structurellement contrainte de vivre au-dessus de ses moyens ? Qui peut prétendre que, sur une activité représentant plus d'un milliard de francs de chiffre d'affaires, il serait impossible de réaliser au bas mot 15 à 20 % d'économies sur nombre de dépenses, en sorte de remettre le quotidien sur de bons rails ?

Le consensus qui prévaut sur l'impossibilité d'équilibrer *Le Monde* arrange en fait un peu tout le monde. Il sied d'abord à son directeur : élu pour des aptitudes qui n'ont rien à voir avec celles d'un gestionnaire hors pair, il répugne en général à être jugé sur ce point et chacun de ceux qui ont succédé à Beuve n'avait aucune envie de « resserrer les boulons ». Protecteur de la rédaction, puisque c'est par elle qu'il est élu, aucun – jusqu'à l'automne 2002[1] – n'a osé faire campagne pour plus de rigueur, ni annoncer son intention de réduire la « voilure »

1. Tard – trop tard ? –, Jean-Marie Colombani s'est résolu à jouer les Père Fouettard. Le 1er octobre 2002, il a envoyé une lettre à l'ensemble du personnel déclarant que « *la stricte rigueur dans la gestion de nos moyens est donc une obligation absolue (...). Il nous faut impérativement abaisser le point d'équilibre de la maison* Monde, *et réduire nos coûts de fonctionnement, à périmètre constant, de 10 % sur trois ans, dont 5 % dès 2003...* »

dans ce secteur. Aucun non plus n'a jamais manifesté le désir de s'attaquer de front à la question de l'imprimerie. De notoriété publique, l'impression du *Monde* coûte au moins moitié plus que celle d'un journal fabriqué de manière indépendante du Livre-CGT. Mais tous les responsables du *Monde*, y compris bien entendu Jean-Marie Colombani, ont préféré laisser le Livre maître de l'impression. Enfin, la distribution est elle aussi très onéreuse, à cause notamment de son heure, en début d'après-midi. Mais la direction du *Monde* semble avoir préféré faire financer ce surcoût par les NMPP, c'est-à-dire par les autres éditeurs, plutôt que d'envisager d'autres solutions comme, par exemple, la transformation du quotidien en journal du matin.

Longtemps les rédacteurs du *Monde* ont cru un peu naïvement – mais surtout parce que la gestion ne les a jamais beaucoup passionnés – que le « navire amiral », leur quotidien, pourrait un jour être financé par une flottille de frégates, à savoir les publications annexes comme *Le Monde de l'Éducation, Le Monde de la Musique, Dossiers et Documents* ou *Le Monde Diplomatique*. Or, si l'on examine les chiffres sur la durée, seul *Le Monde Diplomatique* répond *grosso modo* à cet idéal tel qu'il eut cours dans les couloirs du quotidien durant les années 1980 et 1990. Or le *Diplo* a adopté une stratégie radicalement différente de celle des magazines spécialisés : il ne mise que très marginalement sur la publicité – ce qui le rend bien moins fragile que le quotidien – et son image, à tous égards, se distingue de plus en plus de celle de ce dernier. Par surcroît, sa spécificité et son engagement lui assurent une diffusion internationale conséquente. Mais combien faudrait-il de *Diplo* pour combler les pertes considérables du *Monde* de Jean-Marie Colombani en années de basses eaux publicitaires ?

Le consensus sur l'impossibilité d'une gestion équilibrée du *Monde* repose en fait sur deux arguments :

1. Les frais de production du quotidien sont considérés comme incompressibles. Autrement dit, impossible de fabriquer et vendre un quotidien de qualité sans 370 cartes

de presse, sans l'une des plus chères imprimeries d'Europe, et sans les modalités de distribution les plus compliquées de la presse française. Rappelons qu'élu à la tête d'un journal subissant des pertes historiques, Jean-Marie Colombani n'en a pas moins promis – puis réalisé – l'embauche d'une centaine de nouveaux rédacteurs !

2. *Le Monde* peut parvenir à l'équilibre, voire réaliser un léger bénéfice dans une situation de croissance des recettes publicitaires. Mais l'écart de recettes est tel entre les bonnes et les mauvaises années (entre 2000 et 2001, par exemple) qu'il semble impossible d'éviter de lourds déficits lors des retournements de conjoncture : quoi qu'en aient dit ses dirigeants, les pertes du groupe Le Monde en 2001 (13,1 millions d'euros, soit 87,2 millions de francs) ont constitué un record dans l'histoire du journal. Un record suivi d'une autre contre-performance en 2002[2].

D'où le pari stratégique que Jean-Marie Colombani a très vite exposé à sa rédaction : l'équilibre du *Monde* ne pouvant être réalisé au sein même du quotidien, il convient de l'adosser, dans le cadre d'un groupe, à des activités de presse au caractère cyclique moins prononcé, ou bien encore légèrement décalé par rapport à la presse nationale quotidienne. Les *news magazines* sont censés répondre au premier critère ; la presse quotidienne régionale au second. Les nouveaux stratèges du *Monde* se sont convaincus de ce qu'un magazine hebdomadaire pouvait, à la différence d'un quotidien, équilibrer ses comptes lorsque la publicité est faible, et devenir très profitable lorsque ses recettes sont bonnes. Ils spéculent par ailleurs sur le fait qu'une récession frappant Paris ne toucherait la province qu'avec six mois, voire un an de retard. D'où, là encore, l'intérêt de lier le groupe Le Monde à des activités de presse quotidienne régionale.

En réalité, ni l'un ni l'autre de ces arguments ne tient la route. La presse magazine est tout aussi tributaire que la quotidienne du marché publicitaire et de la conjoncture ;

2. Voir chap. 25, « Des comptes à la Enron », p. 590.

elle l'est même deux fois plus si, comme dans les cas de *L'Express* ou de *Télérama*, les petites annonces constituent une part importante de ces recettes. Quant au « décalage » de cycle publicitaire entre presses nationale et régionale, il durera ce que durent les roses : croit-on vraiment qu'à l'heure de l'Internet, un Pdg du Languedoc ou du Pays-Basque ne verra pas venir une récession parce qu'il réside à huit cents kilomètres du palais Brognard ?

En réalité, cette stratégie n'a de sens qu'à une condition, peu avouable : constituer un groupe dans lequel *Le Monde*, opérateur majoritaire, pourra « piller » les autres journaux regroupés sous sa bannière. Pour décrire la stratégie *colombanienne*, la métaphore de la Rome antique vivant sur le dos de provinces conquises est très efficace. S'il fallait en somme donner un nom plus « réaliste » au modèle économique prôné par le trio Colombani-Minc-Plenel, ce serait la « stratégie du tiroir-caisse ». Faire financer la croissance interne d'un groupe par les sociétés qu'il « achète », voilà qui ressemble fort, si on se place du point de vue de la filiale, à l'art de faire travailler les filles…

Mais examinons cette démarche dans le détail à l'aide de trois exemples : le rachat du groupe *Midi Libre*, le partenariat avec *Le Nouvel Observateur* et le rachat du groupe VPC-*Télérama*. Ces trois opérations, couronnées de succès, sont survenues après trois tentatives infructueuses : la prise de participation dans la société belge Mediabel, éditrice de *La Libre Belgique*, au début du premier mandat de Jean-Marie Colombani, le rachat de *L'Express* en 1997 et celui de la *Dépêche du Midi* en 1999.

Nous sommes en 1998. Le groupe *Midi Libre* vit une triple crise. Crise sociale, puisque le quotidien a été paralysé par une grève de cinq semaines organisée au moment de la mise en place de la nouvelle formule concoctée par Claude Bujon, nouveau Pdg et fils de Maurice Bujon, qui avait pris la direction du journal à la Libération. Crise industrielle, car le groupe, éditeur de trois quotidiens (*Midi Libre* à Montpellier, *L'Indépendant* à Perpignan,

Centre Presse à Rodez[3]), s'est doté d'une organisation qui est loin d'être optimale. Crise actionnariale, enfin, car le groupe est organisé en société en commandite dont aucun actionnaire ne peut détenir plus de 15 % des parts. Cette règle débouche sur une instabilité de la majorité de gestion qui peut être faite ou défaite au gré des alliances, brouilles et foucades des uns et des autres.

À cette époque, José Frèches, nouveau manager du groupe, s'est persuadé de ce que le fils Bujon menait l'entreprise à sa perte. Dans les couloirs du journal, les plaisanteries fusent sur le nouveau patron. On raconte ainsi qu'il s'est fait « fourguer » une imprimerie très au-dessus des besoins requis pour éditer un journal à 200 000 exemplaires. Frèches réussit à faire alliance avec Pierre Fabre et Roger Bene pour prendre le contrôle du groupe. Il cherche des alliés et se souvient un beau matin des bonnes relations qu'il a nouées avec Jean-Marie Colombani à l'époque où il était conseiller de Jacques Chirac[4]. Il tombe bien : *Le Monde* s'est cassé les dents sur la famille Baylet. Jean-Clément Texier, patron de la Banexi (filiale de la BNP, banque du *Monde*), tout comme Alain Minc, suggèrent à Colombani de regarder du côté du groupe Midi Libre. Or, ce dernier dispose par ailleurs d'une précieuse opportunité : Jean-Marie Messier, Pdg de Vivendi, lui « doit » quelque chose depuis l'échec du rachat de *L'Express*. Comment refuser au *Monde* les 10 % que possède le groupe – portés par Havas – dans le *Midi Libre* ? En janvier 1999, l'association prend forme. *Le Monde* devient un actionnaire favorable à José Frèches, ce qui conforte la majorité du manager. Colombani invite Frèches à plancher devant le Conseil de surveillance du *Monde*. En décembre 1999, la famille Bujon vend 15 % des parts du groupe à la Banexi[5], partenaire du *Monde*.

3. Le premier affiche une diffusion de 158 000, le second de 68 775 et le troisième de 23 648 exemplaires (OJD 1999).
4. José Frèches a été directeur adjoint à la Ville de Paris, puis conseiller technique (en communication) à Matignon en 1986.
5. Plus exactement, la transaction s'effectue *via* la Société Marloise de Participation, filiale à 100 % de la Banexi.

Le quotidien de référence rachète lui-même 1 % restant à la famille ainsi que 4 % à diverses personnes physiques, ce qui porte sa propre participation à 15%, maximum autorisé par les statuts de la société.

José Frèches a pourtant mis en garde le patron du *Monde* : le prix exigé par la famille Bujon (3 200 francs l'action) était beaucoup trop élevé, alors que le statut de société en commandite permettait aux responsables du quotidien de la rue Claude-Bernard d'attendre encore et de ne payer pour finir que 2 000 à 2 500 francs l'action. Mais Minc et Colombani sont pressés, on comprendra pourquoi par la suite.

Parallèlement à cette opération, Jean-Marie Colombani convainc Alain Rollat de s'installer à Montpellier et de préparer les esprits locaux à une montée en puissance du groupe Le Monde au sein du groupe Midi Libre. Il lui recommande tout particulièrement de souligner les divers apports que représenterait pareille arrivée du *Monde* dans le groupe méridional, notamment parmi les rédactions et auprès des syndicalistes. Alain Rollat est un enfant du pays, il y a fait jadis ses premières armes. Il a longtemps été un dirigeant de la Société de Rédacteurs du *Monde*, ainsi – on l'a vu – qu'un syndicaliste de premier plan de la CGT. Bref, il a le profil idéal pour mener à bien cette mission qui lui tient à cœur : n'a-t-il pas effectué ses débuts de journaliste dans une « locale » du *Midi Libre* ? Rollat est même associé aux manœuvres capitalistiques du *Monde* : il signe personnellement, au côté de Jean-Marie Colombani et Jean-Clément Texier, un pacte d'actionnaires réunissant *Le Monde*, une filiale de la Banexi et la Caisse d'Épargne. À cette étape, ladite association regroupe 32,13 % des parts du groupe[6].

Au bout de quelque temps, Alain Rollat s'inquiète par écrit de la gestion Frèches. Après lecture de sa note, Colombani commande un audit à René Gabriel et Éric

6. 29 247 actions (15 %) pour *Le Monde*, 29 247 actions pour la Marloise de Participation (15 %), 1 000 actions (0,51 %) pour Colombani, une action pour Texier et une pour Rollat.

Pialloux. Mais, jusqu'en mai 2000, il confie à Rollat son intention de ne pas revenir, pour l'heure, sur son alliance avec Frèches auquel il a garanti qu'il serait maintenu deux ans à la tête du groupe en vue de le redresser.

Puis les événements se bousculent. Le 27 juin, Jean-Marie Colombani est réélu pour six ans à la tête du *Monde*. Le lendemain, il débarque à Montpellier pour un Conseil d'administration du groupe *Midi Libre*. Dès son entrée dans les locaux, il prend à part Rollat et l'informe de ses intentions : il va prendre la majorité dans le quotidien grâce à un nouveau pacte d'actionnaires, puis écarter Frèches de la direction et installer à sa place Nöel-Jean Bergeroux, le tout s'effectuant comme prévu par le biais d'une transformation du groupe en SA. Il annonce en outre à Rollat son intention de lui confier la direction de *L'Indépendant* de Perpignan.

Car, entre-temps, après celles de Bujon et de Vivendi, Colombani et Minc ont, au nom du *Monde*, acheté – toujours au prix fort – les actions de Pierre Fabre et celles de Hachette-Filipacchi. Résultat : au cours du conseil d'administration où ils obtiennent un changement des statuts, *Le Monde*, en association avec *La Stampa* et *El País*, est devenu actionnaire majoritaire (à 60 %) du groupe Midi Libre. D'après José Frèches, la transaction a surévalué de 200 millions de francs le prix du groupe. Mais les deux *raiders* sont enfin maîtres d'un ensemble dont le chiffre d'affaires, proche du milliard de francs en 1998, permet d'augmenter considérablement le périmètre du groupe Le Monde.

Dans une interview au journal de référence[7], José Frèches avait évoqué avec flamme « *une confédération industrielle avec des journaux du Sud permettant à chacun de préserver son indépendance* ». Mais, au lendemain du 28 juin, invité à fêter à Paris l'entrée en force du *Monde*, il doit déchanter avant même qu'aient commencé les agapes : le journal du jour sous-entend en effet que le

7. Le 10 mars 2000.

maintien de José Frèches à la tête du groupe n'est pas assuré. Et pour cause : les maîtres du *Monde* ont déjà « négocié » son limogeage avec la famille Bujon. Car, lorsque celle-ci s'est chargée de convaincre Pierre Fabre de vendre son lot d'actions au *Monde,* elle a posé une condition : être par la suite « vengée » des « mauvaises façons » de Frèches. Depuis quelque temps, celui-ci n'est donc plus qu'un patron en sursis. À son insu, bien sûr...

Comprenant enfin la manœuvre, le Pdg du *Midi Libre* débarque en éructant dans le bureau d'Alain Minc, avenue George V à Paris, où il retrouve Colombani : « *Espèce d'enfoiré ! Tu vas m'éjecter ?* » Lequel lui répond d'un ton doucereux : « *Écoute, José, je t'aurais bien gardé, mais Alain n'est pas de cet avis*[8]*...* » Voilà comment les dirigeants du *Monde,* après avoir soutenu le « tueur » Bujon, ont accepté de venger ce dernier afin de prendre la direction gérée du groupe de presse régionale.

Frèches a donc été le « dindon de la farce[9] ». Mais, même si ce ne lui sera qu'une piètre consolation, il n'est pas le seul : les actionnaires du *Monde* ont eux-mêmes été appauvris d'un montant égal à la survaleur consentie aux actionnaires du *Midi Libre.* Dans une société gérée conformément aux conceptions des rédacteurs de la rubrique économique du *Monde,* une telle erreur serait passible de sanctions, à tout le moins, d'un examen vétilleux en Conseil d'administration et en Assemblée des actionnaires. Ce n'est pas le genre de la maison : en interne, la version servie aux journalistes actionnaires indique que Frèches a été limogé à cause de sa gestion calamiteuse, notamment du fait de ses tentatives de diversification. Bien entendu, pas un mot du *deal* passé avec les Bujon, sur lequel a reposé toute l'affaire. En revanche, les rédacteurs du *Monde* invités par Jean-Marie Colombani à réaliser un grand portrait d'Yves Barsalou, patron du Crédit Agricole et créateur des vins Listel[10], ne sauront jamais

8. Dialogue reconstitué d'après le témoignage de José Frèches.
9. *Cf. CB News* du 3 juillet 2000.
10. *Cf. Le Monde* du 26 mai.

qu'ils ont été des « idiots utiles » dans l'opération : ladite page était destinée à « consoler » un homme, par ailleurs membre du Directoire du *Midi Libre,* dont on craignait qu'il n'eût gardé quelque sympathie pour José Frèches...

En tout cas, les journalistes locaux apprennent vite qui sont les nouveaux maîtres. Les lecteurs aussi... Depuis dix-huit ans, ils lisaient les éditoriaux d'un certain Jérôme Collet. En décembre 2001, celui-ci écrit son dernier éditorial, dont il libelle la fin en ces termes : « *Après dix-huit années au service de ses lecteurs,* Midi Libre *me demande d'interrompre cette chronique. Je le regrette. Adieu.* » Cette conclusion ne parviendra pas jusqu'à ses destinataires. À la place, ceux-ci doivent se contenter d'un communiqué leur indiquant ce qu'il faut penser du départ de... Denis Jeambar. Si ce dernier les quitte, en effet, est-il écrit en substance, Michel Richard – le deuxième chroniqueur écrivant sous le même pseudonyme de Jérôme Collet – poursuivra sa collaboration « au nom de la transparence[11] ». Le lecteur aura compris que ce n'est pas au nom de cette valeur très « mondienne » que le directeur de la rédaction de *L'Express* a été évincé, mais à cause de sa résistance à la récente tentative de mainmise du *Monde* sur l'hebdomadaire.

Les salariés du groupe Midi Libre ne sont pas au bout de leurs peines. À Perpignan, ceux qui se réjouissaient du retour au pays d'Alain Rollat sont déçus : Dominique Alduy – qu'il a pourtant fait venir au *Monde*[12] ! – s'oppose à sa nomination, le jugeant « trop indépendant » pour diriger... *L'Indépendant*[13]. Non, ce n'est pas un gag ! Quand on sait que celle que l'on présente alors comme le numéro deux du *Monde* est également... l'épouse du maire UDF de la ville, Jean-Paul Alduy, on se dit que Beuve-Méry doit bondir dans sa dernière demeure ! Mais ainsi va le nouveau *Monde*...

11. C'est le *Canard enchaîné* (24 janvier 2001) qui a révélé cette demi-censure : le choix du pseudonyme permettait au quotidien de bénéficier des services des deux éditorialistes.
12. *Cf.* chapitre 7, « La conquête », p. 146-147.
13. *Cf. La Lettre M* du 12 septembre 2000.

Blessé, Alain Rollat accepte, au nom de trente ans de compagnonnage avec Colombani, son ultime proposition : la direction de *Centre-Presse*, basé à Rodez. Mais là, que se passe-t-il ? Il apprend de Nöel-Jean Bergeroux que le groupe va fermer les imprimeries de Rodez et de Perpignan, sans doute en guise de prélude à une fusion des rédactions locales de l'Aude où *L'Indépendant* et *Midi Libre* sont en concurrence. C'est qu'aux yeux du Directoire du *Monde*, le groupe Midi Libre doit gagner au plus tôt ses galons de « tiroir-caisse[14] ». Or Rollat, mandaté par Colombani pour préparer journalistes et syndicalistes au « partenariat avec *Le Monde* », a juré, la main sur le cœur, que jamais un « journal de journalistes » ne se lancerait dans une restructuration à la Hersant... Dégoûté, celui qui a toujours su rendre service à « Jean-Marie », l'aidant tour à tour à devenir journaliste politique, puis chef de service, puis patron de la rédaction, démissionne sur la pointe des pieds, trop écœuré pour les mettre dans le plat.

Le souci de voir un journal que l'on dirige perdurer après sa disparition n'est pas un comportement très répandu dans le monde de la presse. Claude Perdriel, patron du *Nouvel Observateur,* fait exception à la règle. Voilà des années qu'il cherche le meilleur moyen de permettre que le *Nouvel Observateur* reste longtemps un journal à la fois prospère et indépendant sur le plan rédactionnel. À l'aube de 2002, il estime être pratiquement parvenu à ses fins. À sa mort, les 97 % de parts de l'entreprise qu'il possède seront répartis entre son épouse (à hauteur de 46 %) et ses enfants. Une clause interdit à chacun de ces actionnaires familiaux de vendre ses parts sans les avoir au préalable proposées aux autres. Le Pdg du groupe, qui possède par ailleurs une PME industrielle spécialisée dans le sanitaire, elle aussi florissante, a tout de même un souci : il laisse derrière lui six enfants, dont quatre d'un premier mariage. Ces derniers, encore partiellement sous

14. On verra au chapitre suivant les premiers résultats de cette politique.

l'influence de leur mère, ne pourraient-ils pas être conduits à vendre au meilleur prix, au détriment de l'indépendance du journal ? Bref, pour introduire une sécurité supplémentaire et parachever l'édifice, Perdriel cherche un allié « du métier » qui puisse à la fois être actionnaire minoritaire et constituer une autorité professionnelle. Il a pensé à Jean-Marie Colombani. Les deux patrons se fréquentent et s'apprécient de longue date. Les Perdriel ont invité la famille Colombani dans leur maison italienne. Les deux couples discutent passionnément de l'éducation de leurs enfants et se soutiennent dans l'adversité qu'elle engendre parfois. Et puis, Claude Perdriel se méfie des journalistes. Ils se sont opposés à lui au *Matin de Paris,* dans les années 1980 : un échec dont il les tient au moins partiellement[15] responsables. Présent au Conseil d'administration de *Libération,* il a eu l'occasion de déplorer le comportement de la Société des Rédacteurs du quotidien de la rue Béranger. Pas question, donc, de laisser les rênes aux journalistes de l'*Obs*, qui ne manqueraient pas de s'étriper, quitte à casser le beau jouet que lui-même a mis si longtemps à construire. À ses yeux, Jean-Marie Colombani n'est pas un journaliste comme les autres : il est l'un des rares à avoir subi et assumé la « mutation génétique » permettant de passer de l'état de « plumitif » à celui de manager.

C'est ainsi que naît dans la tête des deux hommes le projet d'un échange d'actions de 6 % entre les deux sociétés.

Jean Daniel valide le projet[16]. Mais le reste de la rédaction du *Nouvel Observateur,* prévenue il est vrai au dernier moment, fait plus que traîner des pieds. Les rédacteurs craignent que les « digues » proposées par Perdriel ne se révèlent trop fragiles. Ils se méfient de la direction du nouveau *Monde,* qu'ils estiment être un dangereux prédateur. Le 6 mai 2002, le bureau de la Société des Rédacteurs et le

15. Claude Perdriel s'est désinvesti du *Matin de Paris* à la suite d'une grève des journalistes

16. Il en sera vite récompensé, *as usual,* par deux pages fort aimables dans *Le Monde* à l'occasion de la parution de son gros recueil autobiographique (Grasset, 2002). *Cf. Le Monde* des 22 et 23 mai 2002.

Comité d'Entreprise de l'hebdomadaire adoptent par 140 voix (90,9 % des suffrages) une motion exigeant le gel du projet d'échange d'actions. À l'appui de ce vote, un argumentaire fort lucide. Les rédacteurs soulignent que, contrairement au *Nouvel Observateur*, société prospère et bien gérée, *Le Monde* est en proie à de graves difficultés financières. Son endettement est jugé considérable (la Société des Rédacteurs de l'*Obs* l'évalue à un montant compris entre 400 et 500 millions de francs[17]). Ses pertes pour l'année 2001 sont estimées à 80 millions de francs. Les rédacteurs citent le président de la Société des Rédacteurs du *Monde*, Michel Noblecourt, qui vient de rappeler publiquement son opposition à l'entrée en Bourse du *Monde*[18]. En fait, les journalistes de *L'Obs* se demandent si Perdriel ne souhaite pas « adosser » l'hebdomadaire au *Monde*, idée qu'ils jugent catastrophique compte tenu de la fragilité financière du quotidien et de l'autoritarisme qu'ils font plus que subodorer chez Edwy Plenel, instruits qu'ils sont de ses méthodes par les « anciens » qui ont rejoint l'hebdomadaire. La récente nomination de celui-ci comme « directeur des rédactions du groupe *Le Monde* » leur fait par avance froid dans le dos. En outre, les hiérarques du *Nouvel Observateur* craignent que, même si Perdriel leur garantit de son vivant l'indépendance, ses enfants ne soient en définitive tentés de vendre au *Monde*. Les assurances données sur ce point par Perdriel – « *Cela ne se produira jamais* » – leur paraissent bien verbales ! Bref, le patron de l'*Obs* réussit à mettre le feu à sa maison. La grève – encore inédite dans ce groupe – est évitée de justesse, ce que regretteront par la suite les responsables de la Société des Rédacteurs.

Car l'entente entre les deux patrons de presse se poursuit. Le 24 juin, Jean-Marie Colombani est désigné administrateur de la SA *Nouvel Observateur*, tandis que Claude

17. Après la conférence de presse donnée par Colombani le 7 janvier 2003, *Libération* évoque le chiffre de 50 millions d'euros, soit 333 millions de francs.
18. *Cf. Stratégies* n° 1200, juillet 2001.

Perdriel devient administrateur de la société Le Monde Presse. Parallèlement, Colombani est convié par *Challenges*, mensuel économique « couvé » par Perdriel, à publier désormais une chronique mensuelle. Cela n'a bien entendu aucun rapport !

Au début de l'été 2002, un autre dossier éclipse celui du *Nouvel Observateur* dans les conversations de couloirs de la rue Claude-Bernard, et surtout dans les priorités de Jean-Marie Colombani. Cette fois, le « tiroir-caisse » est à portée de main, et il s'appelle le groupe des Publications de la *Vie Catholique* (PVC), c'est-à-dire l'hebdomadaire *Télérama* ainsi que diverses autres activités représentant un chiffre d'affaires total de 173 millions d'euros. Cela fait déjà un moment que Colombani jette des regards concupiscents sur ce groupe. Son vaisseau amiral, *Télérama,* se porte comme un charme, sans effort de gestion trop soutenu. Il vend 660 000 exemplaires par semaine, en grande majorité par abonnements. En 2001, son résultat d'exploitation atteignait 10 millions d'euros. Le groupe compte également une société de gestion d'abonnements, Presse Informatique, leader sur son marché, qui a le privilège de servir les quelque cinq millions d'abonnés de Canal+ – le plus gros fichier de la place – ainsi que ceux du *Parisien*, du groupe Emap, de Bayard-Presse et... du *Monde*. Chiffre d'affaires : 82 millions d'euros. Le groupe abrite aussi un secteur librairie (La Procure) et édition (Desclée de Brouwer, Le Cerf, Zodiac) représentant un chiffre d'affaires de 27 millions d'euros. Cerise sur le gâteau : son parc immobilier n'est pas négligeable, avec une quinzaine de SCI[19] évaluées à environ 40 millions d'euros.

Autant dire que PVC serait bien plus en position d'avaler *Le Monde* que l'inverse ! C'est pourtant ce qui risque de se passer...

Le groupe PVC est détenu par les héritiers d'un actionnaire historique qui ont la particularité d'avoir soixante-

19. Sociétés civiles immobilières.

dix ans et plus, et d'être en même temps assez néophytes dans le métier : ce sont d'abord les enfants du fondateur, Georges Hourdin, mort à l'âge de cent ans. Ce catholique fervent, démocrate chrétien, a construit le groupe autour de l'hebdomadaire *La Vie Catholique*[20], très florissant dans les années 1960, qu'il avait reçu « en héritage » du père Boisselot, prêtre dominicain d'ailleurs fort proche à l'époque de Hubert Beuve-Méry. L'alliance entre les deux hommes dura quatre décennies. Elle illustra la naissance et le développement d'une gauche chrétienne[21] en opposition avec l'autre pôle de presse catholique, le groupe Bayard, plus proche du Vatican. Lorsque *Télérama*, financé au départ grâce aux recettes de *La Vie*, est devenu le vaisseau amiral du groupe, il a contribué – et contribue – à combler les pertes – au demeurant peu importantes – de *La Vie* (ainsi que de quelques publications confessionnelles) à laquelle le fondateur, puis sa famille et ses amis étaient et restent attachés.

Une fois disparu le vieux Hourdin, le principal souci de ses enfants a été de céder le groupe tout en pérennisant *La Vie*. Autrement dit, il s'agissait de trouver un acheteur partageant les valeurs chrétiennes de la famille Hourdin et des autres actionnaires. « *La famille Hourdin,* raconte un bon connaisseur du groupe PVC, *a vécu des années durant dans le déni de sa propre richesse. Les enfants Hourdin se sentaient coupables de vendre trop cher ce qui n'était pas seulement une entreprise, mais aussi un engagement et le sens d'une vie : celle de leur père. Voilà pourquoi la sauvegarde de* La Vie *confinait pour eux au sacré.* »

Au départ, Jean-Marie Colombani n'avait pas intégré cette dimension du projet de vente. Venu avec Alain Minc rencontrer Jean-Pierre Hourdin, l'aîné des vendeurs, le « contact » ne s'était pas établi, pour user du langage de la diplomatie. Les deux mandataires n'avaient manifesté

20. Rebaptisé par la suite *La Vie*.
21. Gérard Leclerc a raconté cette histoire dans *Le Figaro* des 13-14 juillet 2002, non sans prendre nettement position contre le rachat du groupe PVC par *Le Monde*.

que fort peu d'intérêt pour *La Vie,* et s'étaient révélés incapables de dissimuler que seuls les faisaient saliver le « cash » et les actifs financiers du groupe. Après les avoir quittés, Jean-Pierre Hourdin était persuadé de devoir faire plutôt affaire avec l'un des deux autres candidats au rachat : le groupe Ouest France ou les éditions Lefèvre, deux entreprises de tradition catholique.

C'est d'ailleurs ce qui se passa dans un premier temps. Une fois que *Ouest France* eut retiré son offre, on s'achemina vers un accord avec les éditions Lefèvre. Mais voilà que leurs mandataires commettent à leur tour de grossières erreurs psychologiques. Une batterie d'auditeurs d'Arthur Andersen installent leur campement dans les bureaux du boulevard Malesherbes, siège du groupe PVC, où l'on est peu accoutumé à ce type de mœurs. Là encore, les exigences de l'acheteur trahissent des motivations exclusivement financières. Les pourparlers achoppent sur l'exigence des éditions Lefèvre : une minorité de blocage immédiate (34 %), ainsi qu'une clause de résiliation de deux ans.

C'est à la faveur de ce différend que Jean-Marie Colombani s'engouffre dans la brèche et revient dans le dossier en recourant à une tactique toute différente. Cette fois, le patron du *Monde* a été instruit par Jean-Clément Texier, de la Banexi, lui même assez proche de la culture des actionnaires du groupe PVC. Lors de cette reprise de contact, il porte sa foi à la boutonnière et commence par évoquer son profond attachement aux valeurs chrétiennes. Non sans une certaine crédibilité : n'est-il pas un pratiquant assidu ? N'a-t-il pas adopté deux jeunes enfants en plus des siens ? Hourdin tombe sous le charme.

Les actionnaires vendeurs[22] souhaitent conclure l'affaire dès le mois de juillet 2002. Cette précipitation favorise les desseins du *Monde* : acheter le groupe sur la base d'une évaluation la plus faible possible. L'accord négocié par Jean-Clément Texier se fait sur un prix de 27,5 millions d'euros, ce qui valorise le groupe à 92 millions d'euros. Soit, pour

22. Outre la famille Hourdin (27% des parts), Houssin (15%), Geneviève Laplagne (6%), De La Villeguérin (4%) et Bayet (4%).

tous les observateurs tant soit compétents, 2, voire 2,5 fois moins que sa valeur réelle ! Le groupe PVC détient en effet quelque 40 millions d'euros d'actifs immobiliers, ainsi qu'une solide trésorerie, estimée à 38 millions d'euros. Si l'on y ajoute le prix de *Télérama,* ainsi que Presse informatique et le secteur librairie, qui est mieux qu'équilibré, on dépasse sans doute les 200 millions d'euros.

Les sociétés de personnel du groupe VPC refusent d'entériner une cession aussi précipitée. Du coup, la résistance au *Monde* s'organise. Les journalistes s'informent, enquêtent, commencent à se méfier. Jacques Duquesne, membre du Conseil de surveillance et autorité morale, adresse aux actionnaires un long plaidoyer hostile à l'accord avec *Le Monde.* Il dénonce d'abord « *une vente qui s'apparente à une braderie* ». Puis, contrairement au communiqué publié par le quotidien de référence à l'occasion de l'annonce du projet d'accord, indiquant que l'entreprise partageait avec le groupe PVC « *les valeurs du christianisme* », Duquesne explique pourquoi « Le Monde *d'aujourd'hui n'a plus grand chose à voir avec celui de Hubert Beuve-Méry dont le nom est cité quatre fois, comme si le passé était garant de l'avenir.* »

À l'appui de cette affirmation, Jacques Duquesne dénonce le scandale d'InterFrance Media[23], notamment la publication récente (du 25 juillet 2002) d'un supplément sur le Nigeria, pays où les chrétiens sont persécutés. Il évoque aussi l'affaire de *20 Minutes*[24], avant d'exposer ses craintes : le groupe Le Monde comprend dans son actionnariat « *seize associations ou sociétés. Le moins averti des élèves de première année de Sciences-Po sait que, dans une telle situation, les dirigeants du groupe peuvent faire à peu près ce qu'ils veulent. Ce qui est le cas* ». Poursuivant, Duquesne rappelle que « *les vendeurs vont faire entrer dans notre groupe, dont la situation financière est saine, un groupe très lourdement endetté (...) et qui le sera davantage (...) à la fin 2002. Le communiqué parle*

23. Voir le chapitre 14, « Intégrité à vendre », page 325.
24. Voir le chapitre 21, « Docteur Jean-Marie et Mister Colombani », page 499.

de "synergies" : il ne faut pas compter, en tout cas, qu'elles se traduiront par un effort financier du groupe Le Monde. *A-t-on la garantie qu'elles ne seront pas en sens contraire ?* » La lettre se poursuit en évoquant la vacuité de l'engagement souscrit pour l'avenir de *La Vie*. Rien n'empêchera *Le Monde*, demain, insiste cruellement Duquesne, de transformer ce journal en un huit pages sur papier de quotidien, tout en respectant l'accord signé. Enfin, citant le cas du *Midi Libre*, il rappelle qu'il a cessé d'y publier une chronique littéraire lorsque, après le rachat par *Le Monde*, l'éditorial de Denis Jeambar a été supprimé.

L'effort de Duquesne n'a pas été couronné de succès. Certes, Geneviève Laplagne, impressionnée par cette missive, a demandé à rencontrer Jean-Marie Colombani. Lequel lui a joué de la flûte : « La Vie, lui a-t-il juré la main sur le cœur, *j'y tiens comme à la prunelle de mes yeux ! Les aspirations spirituelles ont toujours guidé mon existence. J'ai toujours été un bon catholique. Ne craignez rien*[25] *!* » La vieille dame est sortie requinquée de l'entretien. Quant aux sociétés de personnel du groupe PVC, elles ont fini par entériner l'accord. D'abord par respect vis-à-vis des actionnaires : la maison fonctionnant depuis toujours au consensus, il leur était difficile de s'opposer à la cession dès lors que les actionnaires historiques s'étaient convaincus du bien-fondé de l'opération. Ensuite parce qu'elles estimaient que lesdits actionnaires, personnes privées, n'étaient pas en mesure de consentir eux-mêmes à des investissements ni d'élaborer une stratégie adaptée à la situation. De surcroît, Colombani a veillé à satisfaire la plupart des exigences de garanties qu'elles avaient formulées. Enfin, leur position minoritaire (18,17 %) ne leur laissait pas une marge de manœuvre suffisante pour s'opposer à l'opération.

Du côté des actionnaires du *Monde*, le projet de Colombani n'a pas rencontré beaucoup d'oppositions. Dans un

25. Citation reconstituée à partir de témoignages internes au groupe PVC.

premier temps, la Société des Rédacteurs a manifesté son inquiétude. Concernant le financement, d'abord : alors que la direction ne jure plus que par la Bourse, voilà qu'elle annonce un nouvel emprunt bancaire, préalable à la souscription de nouvelles ORA (obligations remboursables en actions). « *Le Conseil*, annonce le communiqué interne de la SDR, *va rencontrer à nouveau la direction financière pour obtenir des informations précises* ». Le communiqué s'inquiète également de « *la cohabitation entre une politique de rigueur au sein du groupe et le coût de ce nouvel investissement. Toutes les catégories de personnel vont être touchées dans les six mois à venir par un plan d'économies qui risque d'être mal vécu au regard des facilités financières dont nous semblons disposer* ». Mais comment s'opposer « *à une si bonne affaire* » ? Et comment le faire après toutes ces années de béni-oui-ouisme manifesté par les représentants du premier actionnaire à l'égard de la direction du *Monde* ? Dès le 19 juillet, la fronde de la SRM était plus qu'apaisée, et le vote fut unanime[26].

Auparavant, Jean-Marie Colombani avait eu la bonne idée de confier au bureau de la SRM que le rachat du groupe PVC rendrait sans doute superfétatoire l'introduction en Bourse, puisque le « périmètre du groupe » lui permettrait désormais de compter sur ses propres forces pour se développer et faire face à d'éventuels problèmes. Le patron du *Monde* avait d'ailleurs tenu le même raisonnement aux journalistes de *Télérama*, ce qui aurait dû les inquiéter davantage : si *Le Monde* n'a plus besoin de trouver de l'argent en Bourse, n'est-ce pas parce qu'il va puiser, à court ou moyen terme, dans les caisses du groupe PVC ?

Dès les premiers jours de septembre, la transaction se réalise. *Le Monde* acquiert un deuxième et important « tiroir-caisse »... Qu'il ne pourra cependant ouvrir avant deux ans : l'accord stipule en effet que le journal de référence, qui a d'ores et déjà acquis 30 % du capital du

26. Cependant, trois membres du bureau (sur neuf) ne prirent pas part au vote. Sur une question aussi stratégique, la proportion semble incongrue.

groupe[27], ne deviendra cependant majoritaire qu'en 2004, si les actionnaires historiques n'y voient toujours pas d'inconvénient. Qui vivra, verra !

En attendant, dès la fin octobre, les rédacteurs de *Télérama* apprenaient une mauvaise nouvelle : *Le Monde* et *Le Nouvel Observateur* envisagent de fusionner leurs suppléments Spectacles *Aden* et *Le Nouvel Obs-Paris*. La formule unique paraîtrait le mercredi avec *Le Monde* et le jeudi dans *Le Nouvel Observateur*. L'opération semble utile aux deux journaux. Colombani espère ainsi réduire la perte occasionnée par ce supplément (2 millions d'euros), tandis que les responsables de l'*Obs* sont ravis d'étoffer leur supplément en offrant aux lecteurs parisiens les programmes de spectacles. Mais les dirigeants du groupe VPC, qui apprennent la nouvelle de l'extérieur, sans même un coup de fil de politesse de Colombani, sont furieux. Ce projet de fusion montre à la rédaction de *Télérama* que *Le Monde* ne se gêne pas pour concurrencer directement sa future filiale, qui édite elle aussi le même type de supplément. Bref, il s'agit d'un véritable *casus belli*. Les dirigeants de VPC ne tardent pas à en informer le Pdg du groupe Le Monde, lequel se rappelle à temps que son journal ne sera majoritaire dans le groupe VPC que d'ici trois ans, si les actionnaires sont satisfaits du partenariat. Le projet est donc « gelé ». Depuis 1920, *La Vie* était un long fleuve tranquille ; mais avec le nouveau *Monde*, comme dit la chanson, « *times are changing* »...

La gestion, on le voit, est un autre terrain où se manifeste l'opposition foncière entre Hubert-Beuve Méry et son actuel successeur. L'ancien patron du *Monde* fut le bâtisseur d'un trésor de guerre dont il espérait, à la fin de sa vie, qu'il permettrait au journal de repousser durablement l'assaut de ces « forces de l'argent » qu'il avait toujours combattues : « *Ce qui a probablement perdu* Le Temps de

27. Après l'accord, la composition du capital du groupe PVC est la suivante : *Le Monde* détient 30 %, Société Civile de Participation (famille et dirigeants) 17,4 %, Associations de Personnel 18,17 %, Hourdin 15,42 %, Houssin 7,75 %, Geneviève La plagne 3,1 %.

Paris [ancêtre du *Monde*], *c'est d'avoir trop d'argent. Ce qui a été une des grandes forces du* Monde, *c'est de ne pas en avoir*[28]. »

À présent, les progressions parallèles de l'endettement et du chiffre d'affaires du groupe Le Monde devraient inquiéter actionnaires et investisseurs sollicités : ces courbes évoquent celles d'une entreprise qui fait de la « cavalerie » en vivant très largement au-dessus de ses moyens. La perspective d'intégration du groupe PVC, qui est encore loin d'être assurée, permet au *Monde* de « consolider », c'est-à-dire d'agréger le chiffre d'affaires et la rentabilité du groupe PVC alors même qu'il y est minoritaire. Mais, du coup, il argue de son « nouveau périmètre » pour obtenir de nouveaux crédits qui lui permettront, escompte-t-il... de se payer le groupe VPC ! Il y a de la « pyramide » dans cette logique de développement. La peur de s'en prendre à l'actuelle direction, qui paralyse ses actionnaires, ses alliés, et jusqu'à ses banquiers et fournisseurs, ne rend pas service à l'entreprise. Comme si toutes ses faiblesses réunies pouvaient parvenir en fin de compte à gonfler l'endettement du groupe ! Jusqu'à en faire un Enron à la française ?

28. Hubert Beuve-Mery, *Paroles écrites*, Grasset, 1991, p. 152.

CHAPITRE 25

Des comptes à la Enron

« En 2001, Le Monde *continue sa progression et son expansion…* Lemonde.fr, *premier site français d'information… Le redressement du groupe* Midi Libre *se confirme…* Courrier international *confirme son succès…* Le Monde 2, *un pari réussi* »…

Qu'a dû penser le lecteur du quotidien de référence en lisant ces énoncés triomphalistes que même *L'Humanité* n'oserait plus publier ? Pas grand-chose, sans doute. La rubrique Communication du *Monde* n'étant pas la plus valorisée par ses lecteurs (non plus que par ses rédacteurs), il a dû faire comme tous ceux-ci, indulgents ou philosophes : soupirer et passer son chemin, autrement dit tourner la page.

Mais certains n'ont pas tourné la page. Pour eux, analystes financiers de la place, les pages 24 et 25 du *Monde* daté des 26 et 27 mai 2002 relèvent de la communication d'entreprise à destination des actionnaires, ou plutôt – ce qui est encore plus important – de futurs actionnaires, puisque *Le Monde* a annoncé à ce moment-là son intention d'entrer en Bourse, son premier actionnaire, la Société des Rédacteurs, ayant même adopté le principe. Candidat à la cotation, *Le Monde* doit donc en accepter les règles, dont la première – la plus attendue, par les temps qui courent – est la transparence de ses comptes. Le bilan du *Monde* aurait donc dû être établi selon les normes financières offcielles, ce qu'il a omis de faire, surprenant sans doute la célébrissime vigilance du directeur de la rédaction.

Nous avons sollicité un de ces experts, reconnu sur la place de Paris et, de surcroît, lecteur assidu du *Monde*. Ce spécialiste des médias n'a formulé qu'une exigence : garder l'anonymat.

« *Ça fait Enron* ! » Tel a été le premier commentaire de l'homme de l'art. Il a enchaîné : « *Quand vous affirmez, comme le fait l'article, que le journal poursuit sa progression et son expansion, à quoi pensent les analystes financiers ? Ils s'attendent à ce que les résultats progressent eux aussi, car, en fin de compte, c'est la seule chose qui les intéresse. Et là, patatras ! Il y a des pertes importantes et un gros endettement ! Impossible de gérer une telle contradiction entre le discours et les chiffres !* »

Notre cadre nous avait accordé quarante-cinq minutes d'un temps apparemment précieux. Mais il a vite oublié de consulter sa montre et a épilogué pendant plus d'une heure et demie, passant de son bureau au *paper board* pour faire quelques calculs et souligner des points importants :

« *Prenons Vivendi Universal. Messier a dit que ses résultats de 2001 étaient formidables, mais qu'il y avait un petit problème comptable... En réalité, le* trou *était déjà de 14 milliards d'euros !... De la même façon, quand le patron du* Monde *annonce dans son éditorial que* "l'année 2001 a montré la capacité du *Monde* à résister à la dégradation de son environnement économique et à réagir avec succès après le choc du 11 septembre"*, je comprends que cette société, qui faisait des bénéfices en 2000, a bien résisté, et que, malgré les difficultés, elle est encore bénéficiaire en 2001. Eh bien non, elle affiche de lourdes pertes !*

« *Autre anomalie* Le Monde *présente systématiquement ses résultats dans la rubrique* Communication *et non dans sa rubrique financière. Pourra-t-il encore se le permettre quand la société éditrice sera cotée ? La crédibilité est très importante pour le marché et les épargnants. Or, pour le moment, on est en pleine confusion des genres. Ces deux pages sont en réalité des communiqués de presse, non des documents d'analyse. En termes d'analyse financière, ça ne vaut rien, c'est du* "bullshit"*, comme disent les Améri-*

cains. On nage en pleine confusion entre business, éditorial et information.

« *Il faut chercher pour trouver l'information essentielle, qui concerne le résultat net consolidé. Lequel est passé d'un bénéfice de 7,4 millions d'euros à une perte de 13,1 millions d'euros, soit un écart de 20,5 millions d'euros. Ce qui revient à dire qu'en une année, les comptes se sont dégradés de quelque 135 millions de francs ! Ou bien, si l'on veut comparer avec le passé, les pertes de 2001 ont pratiquement doublé par rapport aux pertes dramatiques de l'exercice 1994, la dernière année de l'ancien* Monde.

« *Ce qui me choque*, poursuit l'analyste financier, *c'est que, dans sa rubrique économique,* Le Monde *exige des sociétés transparence et rigueur ; il engage même des investigations pour traquer la réalité économique que cachent parfois les comptes de certaines entreprises divulgués à leurs actionnaires. Eux qui donnent des leçons de transparence financière, s'en exonèrent totalement. Cela me semble de mauvaise augure pour la suite. Car une entreprise de presse n'est pas une entreprise comme une autre. Elle délivre elle-même des messages, alors que les autres font des communiqués qu'elles envoient aux journaux. Ceux-ci les analysent, les dissèquent, les commentent, lancent éventuellement des investigations pour en savoir davantage... Or, quand un journal rédige lui-même son communiqué, puis le publie dans son intégralité sans qu'il soit passé par le tamis de l'analyse, que fait-il : de la communication ou de l'information, hein ?* s'exclame notre interlocuteur en brandissant les deux pages du quotidien de référence, *c'est quoi : de l'info ou de la com'* ?

« *En réalité*, poursuit l'expert financier, *le rapport de l'entreprise Le Monde et du journal – puisque tout est mêlé – avec les grandes entreprises est on ne peut plus ambigu. La plupart des grands patrons tiennent compte du risque d'être maltraité dans les colonnes du* Monde. *Pour une raison simple à comprendre : ce journal est celui de l'*establishment, *il est lu par les décideurs financiers, par tous les analystes financiers et par les épargnants.* »

Puis, l'analyste nous invite à examiner de plus près ces comptes *consolidés,* car il n'est pas délivré de comptes d'exploitation par activité. Il constate qu'aucun chiffre n'est fourni sur le quotidien national lui-même, alors que de nombreux éléments sont avancés pour le *Midi Libre* dont le redressement se confirme, avec un doublement du résultat d'exploitation et surtout un bénéfice de 3 millions d'euros en 2001, contre une perte de 4,6 millions d'euros en 2000. Le journal régional contribue ainsi pour 7,6 millions d'euros à l'évolution des résultats du groupe, ce qui signifie que « *hors du* Midi Libre, *les comptes du groupe se seraient dégradés de quelque 28 millions d'euros ! Ce qui commence vraiment à faire beaucoup* », conclut notre interlocuteur avant d'aborder l'article consacré au *Monde Interactif* :

« *Ici, on nage en plein mystère, car Le Monde Interactif a été créé en association avec le groupe Lagardère. Qui finance donc cette société qui doit être en perte*[1] *? Quel est son chiffre d'affaires ? Quels sont ses besoins de trésorerie ? Qui les comble ? On ne sait pas non plus. Dommage, car nul n'ignore que c'est là que se situent les risques de déficit accru... Alors que* Le Monde *s'est beaucoup gaussé de Vizzavi, qui a été un foyer de pertes considérables pour Vivendi...* »

Puis notre expert s'attarde quelques instants sur les commentaires consacrés à *Courrier international,* qui « *confirme son succès* » : « *Le bénéfice annoncé (394 000 euros) amplifie d'autant, par simple déduction, la dégradation des résultats du quotidien... Là encore on choisit, au détriment de toute méthode, les résultats qui arrangent le plus les dirigeants : on ne connaît pas les résultats nets, mais seulement un résultat d'exploitation.* »

Puis, l'analyste financier lit l'article intitulé *Le Monde 2, « un pari réussi »*. Il bute sur la phrase suivante : « *Grâce à*

1. Hachette a pris effectivement 34 % du Monde Interactif. En 2000, les pertes ont été de 3,2 millions d'euros ; en 2001, de 5,3 millions d'euros, soit 35 millions de francs. En 2002, elles seront, selon Jean-Marie Colombani, de 3,5 millions d'euros.

ces excellents résultats, alliés à ceux de la publicité, Le Monde 2 *a, dès sa première année, atteint l'équilibre économique, et absorbé les frais de développement et de promotion engendrés par sa création.* » : « *Qu'est-ce que c'est que cette nouvelle notion d'équilibre économique ?* » commente-t-il.

Il se plonge enfin dans les tableaux titrés « *Un groupe en développement, Comptes de résultat, Variations des flux de trésorerie* et *Bilan consolidé du groupe Le Monde et Partenaires associés* », et résume ses commentaires pour nous les rendre accessibles. L'analyse de l'organigramme juridique du groupe Le Monde le laisse songeur de par sa complexité. La structure de l'actionnariat lui paraît elle aussi « *extraordinairement compliquée* ». En février 2002, rappelle-t-il, des actionnaires de la structure Le Monde et Partenaires ont été sollicités afin de souscrire à une émission d'obligations remboursables en actions (ORA) auprès de la SA Le Monde pour un montant de 22 millions d'euros. Ces titres sont censés être transformés en actions le jour de la cotation. « *Oui, mais quelle était la motivation ? Le développement ou le comblement des pertes ? On voit bien qu'ils étaient étranglés financièrement en attendant désespérément l'introduction en Bourse.* »

Notre expert relève que le groupe affiche un endettement de 80 millions d'euros, soit un demi-milliard de francs. « *C'est significatif, et ça va s'aggraver. La perte, on la constate comptablement, mais après on la décaisse. La trésorerie s'est dégradée, elle doit être très tendue. Ils ont investi 33 millions d'euros en 2001, l'année même où ils ont fait plus de 13 millions de pertes. Par quel miracle ont-ils financé leurs investissements ? Par des emprunts et par des ORA. Le recours à ces ORA doit signifier tout simplement qu'ils ne disposaient plus de crédits bancaires et qu'ils ont emprunté auprès d'entreprises amies...* »

L'audit succinct de notre ami se clôt par le souvenir d'un article du *Monde* du 14 mars 2002 – « *excellent* », intitulé : « *Trucs et astuces pour présenter ses comptes* » et sous-titré « *Les sociétés multiplient les méthodes pour afficher leur bilan au mieux de leurs intérêts ».* En réalité, les deux pages qu'il a sous les yeux montrent que la direction du groupe utilise ces mêmes astuces dénoncées par la rubrique Économie du quotidien. Il cite notamment « *les jeux sur les périmètres* » pour donner l'impression que le chiffre d'affaires augmente alors que cette croissance est due à la croissance externe ; les « *engagements hors bilan* » peuvent aussi être évoqués : comment savoir si les dettes annoncées sont bien exactes, si, par exemple : « Politis, *détenu à 34%, n'a pas de dettes, s'il n'y pas de risque qu'il dépose son bilan, et même interrogation à propos des très coûteux* Cahiers du Cinéma...? » À propos des « *jeux sur les provisions* », notre expert cite le même article de Martine Orange[2] : « *Ainsi, tout dirigeant arrivant à la tête d'une entreprise est tenté de faire d'énormes provisions lors du premier exercice, en reportant la faute sur son prédécesseur, de façon à s'assurer d'un rebond rapide par la suite, et en les utilisant selon les besoins.* » N'est-ce pas exactement ce qu'annonce Jean-Marie Colombani dans l'éditorial accompagnant la présentation des comptes du *Monde :* « *C'est pourquoi nous avons fait, en 2001, des provisions importantes liées, tant au* Monde *que dans le groupe Midi Libre, à des départs anticipés : celles-ci expliquent le déficit de notre résultat net. Notre situation s'en trouvera conforté en 2002* » (année prévue initialement pour l'introduction en Bourse). Ces providentiels départs anticipés auraient permis aux résultats de l'entreprise d'effectuer, si tout s'était bien passé, un bond significatif à peu près au moment de l'entrée en Bourse. Qu'importe : les petits actionnaires, comme les lecteurs, n'y auront vu que du feu.

L'analyste financier enchaîne : « *Le patron du* Monde *développe des pratiques qu'il a beaucoup reprochées à Jean-Marie Messier : il communique au lieu d'informer, présente ses résultats au mieux de ses intérêts, ne parle abondamment que de ce qui marche bien, et est ainsi terriblement discret sur ce qui intéresse le plus les lecteurs*

2. In *Le Monde* daté du 14 mars 2002.

mais aussi les financiers, puisqu'il représente la vraie valeur de l'entreprise : le journal Le Monde *lui-même* ».

Ces conclusions rejoignent le souci du Comité d'entreprise du *Monde*. Le 26 juin 2001, l'expert-comptable que celui-ci avait mandaté relevait déjà que « *le niveau actuel d'endettement atteint un plafond qui ne saurait être dépassé. Il faut donc trouver de nouveaux capitaux* ». D'où l'option d'un appel au marché boursier, choisie par Jean-Marie Colombani. « *Sans cette perspective, la maison* Monde *aurait du mal à passer l'année 2001 et devrait faire des efforts beaucoup plus considérables pour faire face à l'effondrement de la recette publicitaire.* »

Confronté aux représentants du personnel qui ont accès à une partie des comptes, le patron du *Monde* se montre beaucoup plus prudent que dans ses déclarations publiques : « *Après 2002, nous aurons franchi un nouveau cap et gagné notre pari – pari de ne pas redescendre, de contrarier l'histoire de la maison qui redescend après des remontées, de vaincre le fatalisme.* » Et, essayant de convaincre les membres du CE de la nécessité d'un effort visant à réduire encore les dépenses, il a même prononcé cette phrase révélatrice : « *Il ne faut pas attendre d'être dans le mur pour agir...* »

Réplique d'Alain Faujas, représentant du Syndicat national des Journalistes :

– *C'est la première fois aujourd'hui que nous t'entendons parler de mur !*

– *Non, j'en ai déjà parlé, j'en parle depuis deux mois aux rédacteurs, cadres, employés de cette maison...*

Le groupe Le Monde, estime Colombani, doit trouver, en dehors du *Midi Libre,* d'autres filiales « tiroirs-caisses » pour subventionner la maison *Monde,* structurellement déficitaire. Le rachat du groupe PVC obéit, on l'a vu, à la même stratégie. Mais si la liberté de Rome repose sur l'asservissement de ses provinces, celles-ci doivent rester dans l'ignorance de cet état de fait. D'où l'euphémisation de la stratégie du *Monde*. Pomper une filiale en bonne santé devient ainsi « *construire un périmètre écono-*

mique », les « *recettes* » du *Monde* étant « *plafonnées* », tandis que ses charges, elles, « *augmentent mécaniquement....* » Bref, devant ses plus proches gouverneurs, l'empereur reconnaît à huis clos que « *l'année 2001 tourne à la catastrophe* ».

Autre souci de l'expert-comptable commis par le Comité d'entreprise pour examiner les comptes 2001 : « *La baisse récurrente de la valeur ajoutée est un sujet de préoccupation. Sa dégradation tient dans un double constat très simple : une baisse des recettes couplée à des volumes qui restent identiques (avec notamment une hausse de la diffusion et une pagination stable)... Ainsi, le résultat économique brut (REB) est négatif pour la première fois depuis quatre ans... Le résultat courant est fortement contraint par le solde des opérations financières...*

« *Au niveau Groupe, la Société Éditrice du Monde est le premier foyer de pertes avec 14,3 millions d'euros (M). Le Monde Interactif réalise également des pertes significatives à plus de 5,5 M (3,2 M en 2000*[3]*). À noter que le Groupe Midi Libre contribue positivement aux résultats (+ 4,5 M de résultat net pour le seul* Midi Libre[4]).

« *L'introduction en Bourse a pour vocation de donner à la société les ressources financières nécessaires à la croissance externe, non d'améliorer la structure actuelle de l'endettement. Ce dernier a toutefois atteint un niveau important et il est peu envisageable d'aller au-delà, compte tenu du business-plan actuel (l'endettement net est de 44,8 M en 2001).*

« *Les perspectives pour 2002 ne sont pas très bonnes...* »

Elles ne sont même pas bonnes du tout. Devant la Société des Rédacteurs, actionnaire principal du Monde Partenaires et Associés, Jean-Marie Colombani est contraint d'évoquer, le 28 juin 2002, ces mauvaises perspectives :

---

3. En 2002, Le Monde Interactif a encore perdu 3,5 millions d'euros.
4. Selon Jean-Marie colombani lui-même (conférence de presse du 7 janvier 2003), le groupe Midi Libre n'a pas confirmé ce résultat positif en 2002.

« *On vise un résultat d'exploitation de 4 millions d'euros environ et nous sommes en retard sur ce tableau de marche* (...). *L'année sera difficile dans sa deuxième partie.* »

Alors que l'équilibre était prévu à la fin du premier semestre 2002, celui-ci se termine pour la maison-mère, c'est-à-dire pour le journal, par une perte d'exploitation d'environ 2 millions d'euros. Et, trois mois plus tard, le 1er octobre 2002, Colombani adresse une lettre à l'ensemble du personnel pour lui faire part de la grave dégradation de la situation économique et financière de l'entreprise, à la suite, écrit-il, d'une « *conjoncture qui s'est fortement dégradée* ». La lettre annonce des mesures drastiques pour « *abaisser le point d'équilibre de la maison* Monde*, et réduire nos coûts de fonctionnement, à périmètre constant, de 10% sur trois ans, dont 5% dès 2003.* » Mais pourquoi attendre un retour de conjoncture pour « *réduire le point d'équilibre* », alors que le problèmes des écarts de recettes publicitaires provoqués par la conjoncture fait partie de l'équation économique de base de l'entreprise *Le Monde* ? Finalement en 2002, les pertes sont encore au rendez-vous, et l'entrée en Bourse repoussée à des jours meilleurs. Le 7 janvier 2003, Jean-Marie Colombani a annoncé, au cours d'une conférence de presse, des pertes d'environ 3 millions d'euros pour le groupe Le Monde. Selon des sources internes, cette présentation enjolive énormément la situation : en fait, c'est le résultat brut d'exploitation qui se monte à - 3,2 millions d'euros. Le résultat net, lui, qui mesure la rentabilité réelle de la société, s'élève à - 12,1 millions d'euros, soit - 80,6 millions de francs. Cette médiocre performance prend en compte les pertes exceptionnelles (4,6 millions d'euros), les frais financiers (3,6) et les créances fiscales (0,5).

Ainsi, le groupe Le Monde a enregistré en deux ans des pertes dépassant 25 millions d'euros, soit 167 millions de francs ! Jamais, depuis sa création, *Le Monde* n'a vécu de telles affres financières. Le spécialiste américain des médias, Rodney Benson ne s'y est pas trompé qui écrit :

« Colombani a acquis la conviction que "plus gros" voulait dire "plus indépendant"[5]. » Il n'hésite pas à reprendre l'expression peu flatteuse de « *new Vivendi* » pour qualifier le nouveau *Monde.*

Notre analyste ne savait pas davantage qu'au moment de l'achat du *Midi Libre,* la direction du *Monde* s'était engagée à l'égard de son banquier, la BNP, à ne pas dépasser un certain ratio d'endettement. Or ce même ratio s'est trouvé, au printemps 2002, dépassé de plus de 20 %, ce qui entraîna un refus de la BNP de consentir un nouveau prêt pour passer ce cap difficile. Un refus qui suivait les résultats d'une consultation officieuse demandée à la COB par la direction du quotidien et visant à savoir comment elle réagirait à une introduction en Bourse : « *Ne faites pas cette opération, car on donnerait un avis négatif.* »

Et que dire des réactions de notre homme de l'art s'il avait eu connaissance de certaines acrobaties comptables à laquelle s'est livrée l'entreprise *Le Monde* ? La première, obtenue par le biais d'un accord occulte avec les NMPP, a abouti, on l'a vu, à un allègement ponctuel des frais de distribution et à l'émission d'une simili-facture d'un million de francs (devenue vraie *a posteriori),* le tout bonifiant le chiffre d'affaires du journal de référence de 7,3 millions de francs, pour l'exercice 2001, alors que les comptables du *Monde* auraient dû inscrire une dette de 6,3 millions de francs envers les NMPP qui, elles, ont fait figurer une créance de ce montant sur *Le Monde* après le refus de la direction financière des NMPP[6].

Le seconde jonglerie comptable correspond à la diminution de prix déguisée assortissant l'achat de *Courrier International* : puisque le rachat de l'hebdomadaire a été financé par des recettes publicitaires, cela signifie que le chiffre d'affaires *réel* du *Monde* doit être amputé de quelque 800 000 euros[7]. Au total, ces deux tours de passe-

5. « *Colombani clearly buys into the notion that "bigger" equals "more indipendant".* » Rodney Benson, « *The end of french alternative* », Columbian Journalism *Review, op. cit.*

6. Voir chapitre 17, « Une facture assez peu confraternelle », page 397.

7. La diminution de prix déguisée était de 2,5 millions d'euros, à répartir du

passe, qui ne sont peut-être pas les seuls du genre, ont réduit les pertes officielles du journal de près de 3 millions d'euros, soit 20 millions de francs !

Enfin – c'est sans doute le point le plus important –, ces manipulations ont dressé un véritable rideau de fumée autour de la diffusion qui est pourtant, lorsqu'on les interroge, le principal argument avancé par les avocats de la direction du *Monde* pour défendre la stratégie de Jean-Marie Colombani et Edwy Plenel. Car le traitement des « affaires », la « peoplisation » de la « une », les « coups » et scandales mis en avant par le marketing du nouveau *Monde* n'y ont rien fait : les ventes au numéro – kiosques, maisons de la presse et autres boutiques –, qui constituent le véritable thermomètre de la santé d'un quotidien, n'ont cessé de baisser depuis 1995. « *En cinq ans, nous pourrions remplir le Parc des Princes avec nos nouveaux lecteurs* », s'est vanté un jour[8] Jean-Marie Colombani. En l'an I du nouveau *Monde*, 236 133 lecteurs achetaient tous les jours le journal de Colombani et Plenel. Ils n'étaient plus que 213 014 en 2001, soit quelque 23 000 en moins, *grosso modo*, soit la moitié du Parc des Princes. Et encore, les gradins du stade des lecteurs disparus aurait pu être encore beaucoup plus remplis... sans la tragédie du 11 septembre !

Certes, la direction du *Monde* pourrait récuser l'argument en s'appuyant sur la progression du nombre des abonnements. Mais la diminution du nombre d'acheteurs en kiosque dans un contexte de croissance de la population et du nombre de diplômés (donc de lecteurs potentiels) montre en tout cas que la politique de vente sur la « une » ne constitue pas la « *réussite incontestable* » que l'on attribue généralement à Edwy Plenel.

Par ailleurs, Jean-Marie Colombani a quelque peu bousculé la vérité des chiffres en déclarant[9] que la diffusion

---

1er juillet 2001 au 31 décembre 2002, soit un peu plus de 800 000 euros pour le second semestre de l'exercice 2001.

8. In *Correspondance de la Presse* du 13 décembre 2001.

9. *Stratégies* du 5 avril 2002,

de 2001 avait été la meilleure de toute l'histoire du journal », ajoutant même, ce qui n'est guère élégant l'année de sa mort, que « *le record de Jacques Fauvet est battu : je n'ai plus personne devant moi !* ». Sûr de ne pas être contredit, le patron du *Monde* a martelé la même idée à destination du grand public, cette fois, dans un éditorial intitulé : « *Poursuivre l'effort*[10] ». : « *Cette réactivité à l'événement s'est notamment manifestée, au lendemain du 11 septembre, par une mobilisation formidable qui a fait de 2001 une année de diffusion record, la plus forte que le journal ait jamais connue en France depuis sa fondation.* »

Le patron du *Monde* n'a pas résisté à la tentation d'utiliser les mêmes méthodes que les chefs d'entreprise désignés par son journal à la vindicte : il choisit les chiffres qui le servent le mieux et laisse les autres dans l'ombre. Dans les statistiques de l'OJD, il a ainsi sélectionné celui de la diffusion France (368 243) et non celui, plus logique, de la diffusion payée totale du journal, c'est-à-dire cumulant celle de la France et de l'étranger (405 982), pour parvenir à « sauter plus haut » que Fauvet. Si l'on considère cette diffusion totale payée, on s'aperçoit que *Le Monde* a perdu quelque 35 000 lecteurs par rapport à il y a vingt-deux ans (405 982 en 2001 contre 440 360 en 1979). Non, Jacques Fauvet n'a toujours personne devant lui !

Cette faiblesse traduit un repli « hexagonal » du journal dans un monde de plus en plus internationalisé, qui correspond d'ailleurs à la baisse du nombre de correspondants permanents évoquée plus haut[11].

Depuis son arrivée à la tête du quotidien il y a six ans, la direction du *Monde* a cependant augmenté de 8% la diffusion totale, si l'on prend pour référence l'année 1995, c'est-à-dire la nouvelle formule du quotidien. Comment expliquer cette hausse de la diffusion alors que la vente au numéro a baissé ?

10. Dans son édition datée des dimanche et lundi, 26 et 27 mai 2002
11. *Cf.* chapitre 19, « Ils n'aiment pas la France... ni le monde, d'ailleurs », p. 453.

D'abord par l'augmentation des abonnements en France (+ 23 %), grâce à une politique attractive (tarifs très avantageux, mais non rentables) à destination des jeunes étudiants et universitaires que l'on espère fidéliser à long terme. Ensuite, par le doublement des « *ventes au numéro payées par tiers en nombre* ».

Ce langage abscons oblige à un petit détour par les cuisines du *Monde*. Un détour indispensable, puisque ces « *ventes au numéro payées par tiers en nombre* » représentent *la moitié* des lecteurs gagnés par le quotidien, soit un « demi-Parc des Princes », pour reprendre la terminologie maison ! Or il faut savoir que ces « lecteurs » ne paient pas leur exemplaire, qu'ils n'ont qu'à saisir sur des présentoirs avant de prendre l'avion. Il s'agit de cadeaux des compagnies aériennes et surtout de la première d'entre elles en France : Air France. Les achats d'exemplaires du *Monde* par les compagnies d'aviation ont plus que doublé depuis 1995, passant de 24 827 à 50 070 en 2001. En outre, ainsi que l'a révélé *Le Canard enchaîné* (8 décembre 2002), la direction du *Monde* a récemment passé un accord avec le groupe Vinci pour diffuser le quotidien auprès des usagers clients de cette compagnie.

Ces ventes ont leur intérêt en ce qu'elles sont prises en compte dans les chiffres de diffusion établis par l'OJD, l'organisme de contrôle de la diffusion de la presse payante, alors qu'elles n'obéissent pas, en fait, aux critères que cet organisme lui-même a définis. La profession le sait pertinemment. Mais elle n'évoque jamais le sujet dans la mesure où les chiffres de l'OJD conditionnent les tarifs publicitaires des supports... Il est vrai que ledit OJD refuse de prendre en compte les numéros gratuits ou vendus en dessous de la moitié du « prix facial ». Pour contourner cette règle, *Le Monde* – mais il n'est pas le seul – facture à Air France ses exemplaires à la moitié du prix de kiosque, Air France émettant ensuite une contre-facture pour ses « frais de mise à bord ». Pratiquement, *Le Monde* n'a encaissé qu'1,60 franc (pour l'année 2000/2001) pour chaque numéro vendu à Air France, et l'OJD ne prend évidemment en compte que la première facture... Ainsi, tout le monde est content : la diffusion de l'éditeur Le Monde paraît renforcée sans qu'il en coûte grand chose à la compagnie aérienne. C'est ce qu'on appelle, dans le langage du management, un « *deal win-win* ».

Les bizarreries de ce commerce ne s'arrêtent pas là. Air France est le seul maître de la répartition des achats des différents quotidiens nationaux. La compagnie peut ainsi avantager l'un ou l'autre, ou, au contraire, s'imposer une certaine règle d'équité. Elle prétend néanmoins « acheter » les exemplaires de journaux sur la base d'enquêtes réalisées auprès de ses passagers. Le seul problème est que personne, à l'extérieur de l'entreprise, ne peut les consulter. L'évolution de ses achats depuis quelques années pourrait en tout cas faire douter du sens de l'équité qui est censé l'animer. En 1996-97, Air France achetait beaucoup plus de *Figaro* que de *Monde* (65 % en plus). Trois ans plus tard, le rapport s'est trouvé inversé, et la tendance s'est accentuée encore l'année suivante (22 % de *Monde* en plus). Pour l'exercice 2002/2003, la répartition n'a plus rien à voir avec la réalité du marché telle que définie par l'OJD. L'accord-cadre passé par Air France au début de cet exercice prévoit en effet 11 millions de numéros du *Monde* pour l'année, contre 7,5 millions pour *Le Figaro* !

La clé de répartition utilisée par Air France pour « dispatcher » les quotidiens en province est encore plus aberrante : 24 % pour *Le Monde,* 16 % pour *L'Équipe,* 15 % pour *Libération,* et seulement 11 % pour *Le Figaro* (à égalité avec *Les Échos),* 3 % pour *La Tribune,* le solde étant comblé par des quotidiens régionaux. Ces pourcentages ne tiennent nullement compte des besoins de chaque aéroport. Voilà pourquoi le chef d'escale d'un aéroport du Sud-Ouest fait mettre à la benne, chaque jour, quelque 600 exemplaires du quotidien de référence ! Encore des arbres qui, comme dirait l'autre, sont morts pour rien....

À la distorsion de la répartition s'ajoute celle des prix : en 2000/2001, la vente du *Monde* à Air France rapportait

1,60 franc par numéro, pour seulement 1,28 franc au *Figaro*.

Pourquoi de telles inégalités de traitement ? Le patron du *Figaro* laisse entendre que c'est le cabinet de Lionel Jospin qui aurait, à l'époque, fait pression sur le président d'Air France pour augmenter ses achats d'exception du journal *Le Monde*. Il ajoute qu'il s'agissait en quelque sorte d'une « bonne manière » de Matignon en guise de remerciement pour l'aide apportée par le quotidien au processus du même nom. Une pièce supplémentaire à apporter au dossier « Corse » ?

En tout état de cause, ce « partage inégal » donne une idée de la façon dont *Le Monde* a su imposer un certain rapport de forces vis-à-vis de ses concurrents et de la profession dans son ensemble. Apparemment, les règles de bon voisinage professionnel sont devenues étrangères à la culture du nouveau *Monde*. Piégés par une *omerta* qui les bâillonne pour mieux dissimuler une survalorisation de la diffusion, elle-même gage de recettes publicitaires, les autres éditeurs croient devoir se taire lorsque l'un d'eux ne se contente plus d'engranger un quota de ventes supplémentaires, mais profite de son réseau de relations politiques pour augmenter le sien au détriment de celui des autres.

12. Voir chapitre 15, « Un "Monsieur Corse" nommé *Le Monde* », p. **328**.

Conclusion

Le cordon sanitaire

> « Il aura fallu deux cents ans pour imposer la liberté de la presse. Il faut maintenant se battre contre la presse pour être libre. »
>
> JACQUES MUGLIONI

« *On ne peut pas traiter le monde comme ça.* »

Novembre 1998 : sur le plateau de la nouvelle émission de Michel Field, *Public*, sur TF1, la sortie d'Edwy Plenel affole l'animateur. Le tournage commence dans quelques minutes et la remarque du directeur de la rédaction du *Monde* l'inquiète : lui-même a pu éprouver l'inconfort des sièges destinés aux invités de l'émission, mais il est trop tard pour changer le décor. Il s'approche de Plenel :

« *Vous êtes donc si mal assis que ça ?* » s'inquiète Field.

À la tête que fait son interlocuteur, l'animateur de « Public » comprend sa méprise : il s'agissait du *Monde,* le journal, et non du *monde,* le mot désignant les participants de l'émission ! Edwy Plenel jugeait inconvenant d'être assis sur les gradins, au milieu du public, comme un simple quidam. Sa place était sur le plateau. Et de s'approcher des deux autres journalistes invités par Field pour débattre du journalisme d'investigation, Claude Angeli, du *Canard Enchaîné,* et Jean-Marie Pontaut, de *L'Express*, afin de les rallier à sa cause. En vain.

Une fois l'émission terminée, Plenel, toujours aussi furibard, interpelle Michel Field :

– *Ça ne passera pas comme ça ! Dès ce soir, j'appelle Jean-Marie. Il avisera Patrick Le Lay* [Pdg de TF1].

– *Décidément, tu es toujours aussi con,* conclut Field qui a connu Plenel lorsque ce dernier s'appelait « Krasny » et se rappelle le « toutou » de la direction qu'il était du temps de la LCR, quand tous deux s'occupaient du secteur lycéen de l'organisation[1].

Cette anecdote n'est pas qu'anecdotique. Comme Jean-Marie Colombani d'ailleurs, Edwy Plenel se considère comme un nabab des médias : la moindre divergence, la moindre réserve émise en public, le plus petit manquement aux égards qui, estiment-ils, leur sont dus, sont interprétés comme une déclaration de guerre. Au point, comme sur le plateau de « Public », de ne même plus éprouver, parfois, ce sentiment si bien partagé par le commun des mortels : le sens du ridicule. Si les deux patrons du *Monde* sont si sensibles au *protocole,* c'est, est-on conduit à penser, qu'ils sont en définitive plus attachés aux signes du pouvoir qu'aux idées qu'ils défendent avec passion sur la scène publique. Edwy Plenel et Jean-Marie Colombani s'inquiètent en public des aléas et vicissitudes du monde d'aujourd'hui. Mais, dans la vie non filmée, ils paraissent littéralement obsédés par tout ce qui pourrait écorner ou raboter, fût-ce de façon symbolique, ce qui constitue l'aboutissement de tous leurs efforts : le pouvoir de diriger un pouvoir, celui du premier des médias de par son influence.

Avec l'aide précieuse d'un troisième homme de l'ombre, Alain Minc, ils ont mis *Le Monde* au cœur des réseaux de pouvoir français. Ils ont entraîné le quotidien de référence dans une mutation décisive : le passage du statut de contre-pouvoir à celui d'un pouvoir de type nouveau, affranchi de tout contrôle, absolu en ce sens que les trois patrons du *Monde* ont réussi à se mettre hors de portée des actionnaires et des personnels de leur entreprise, et à tenir à distance les autres pouvoirs de la société française : l'exécutif, l'*establishment* et les autres médias.

1. Voir chap. 2, « Comme "Krasny" a fabriqué Plenel, et vice-versa », pp. 48-49.

Pour parvenir à leurs fins, les trois hommes ont utilisé tous les moyens, plus ou moins licites, dont ils pouvaient disposer : lapidations médiatiques, contre-vérités, trafic d'influence, maquillage des comptes et des chiffres de diffusion, menaces, etc. Bref, pour « sauver *Le Monde* », ils ont vendu son âme.

Quel est aujourd'hui le pouvoir du *Monde,* et quels intérêts sert-il ?

Sur le plan politique, *Le Monde* est plus constant dans ses animosités (Mitterrand, Chevènement, Chirac) que dans ses inclinations (Delors, Rocard, Balladur, Jospin). Il a eu la peau de chefs de gouvernement et de certains ministres, parmi lesquels Édith Cresson, Pierre Bérégovoy, Roland Dumas, etc. C'est *Le Monde* qui a convaincu Jospin de se lancer dans le « processus de Matignon » dont l'inefficience à stopper les violences en Corse apparaît aujourd'hui de manière éclatante, ou bien encore de se séparer de Dominique Strauss-Kahn, puis de Jean-Pierre Chevènement, toutes décisions qui ne furent sans doute pas pour rien dans l'échec du candidat socialiste à l'élection présidentielle.

En revanche, *Le Monde* n'a pu écourter les septennats de François Mitterrand ni, jusqu'à présent, les mandats de Jacques Chirac. Ce dernier a su résister à une offensive qui s'est déployée tout au long de son premier mandat. Mairie de Paris, RPR, Élysée..., *Le Monde* n'a cessé de lui mordre les talons, multipliant les « unes » calamiteuses pour le Président. Sans autre succès que de contribuer, en accréditant la double figure de l'escroc et du menteur, à favoriser l'accession de Le Pen au second tour de la dernière présidentielle.

Hier organe de la « deuxième gauche », puis du « cercle de la raison », *Le Monde* n'a plus vraiment d'identité politique. Ce qui n'empêche nullement les hommes politiques de craindre par-dessus tout son pouvoir de nuisance. Non seulement le quotidien de référence s'est affranchi de toute logique idéologique ou politique, mais c'est lui, au contraire, qui est en position de « tenir » le personnel politique et en premier lieu celui qui dirige les affaires courantes du pays : le Premier ministre. Au faîte de l'influence du *Monde*, quand Lionel Jospin était à Matignon, Olivier Schrameck, son directeur de cabinet, s'entretenait chaque matin par deux fois avec des journalistes du service politique du quotidien de référence. Lorsque Jean-Pierre Raffarin lui a succédé, celui-ci a été frappé par la fébrilité régnant dans les bureaux de Matignon jusqu'à l'arrivée du numéro du *Monde*, vers midi.

Puisqu'il n'est pas désintéressé, *Le Monde* serait-il devenu un valet du capital ? Un examen sommaire pourrait le laisser croire. *Le Monde* s'est assurément rapproché des « puissances d'argent ». La liste de ses actionnaires se confond avec celle des vedettes du Cac 40. Il a défendu la doxa néolibérale dans les années 1990 : privatisations, orthodoxie budgétaire et monétaire, net-économie, libre échange, etc. *Le Monde* adopte le point de vue des élites internationales, ces fameux « manipulateurs de symboles » (traders, publicitaires, journalistes, médiacrates) qu'évoquaient Robert Reich et Christopher Lasch[2]. Si *Le Monde* a une idéologie que l'on s'est attaché ici à décrypter, ce n'est pas à proprement parler un journal idéologique, puisque des raisons jugées supérieures ont pu l'affranchir çà et là des causes qu'il défend habituellement. Il a aussi montré qu'il pouvait tenir la dragée haute à un grand patron. En fait, le comportement personnel de ses responsables montre qu'ils ne croient guère aux valeurs défendues dans ses colonnes.

En fin de compte, nous nous serions épuisés en vain, au long de cette enquête, à chercher une justification ultime aux agissements honnêtes ou malhonnêtes du *Monde*. Cette raison ultime n'existe pas, hors d'une trivialité que l'on pourrait énoncer ainsi : tout ce qui est bon pour les dirigeants du *Monde* est bon pour *Le Monde* ; et tout ce qui est mauvais pour eux est réputé l'être pour le journal. Nous approchons ainsi de la définition d'un pouvoir qui a

2. *Cf. L'Économie mondialisée*, Dunod 1997 et *La Révolte des élites*, Climats, 2001.

réussi à s'extraire du système et à gagner une autonomie qu'il met au service exclusif de ceux qui l'ont construite. En somme, *Le Monde*, notre quotidien, a été détourné par des « pirates » du journalisme dont nous nous sommes efforcés d'appréhender les agissements par notre enquête.

Cette logique se retrouve assez bien dans la chronologie des conquêtes des dirigeants du *Monde*. À la base de l'édifice, le journalisme d'investigation, mobilisé au début des années 1990 contre François Mitterrand au profit d'Édouard Balladur en 1995, puis contre des grands patrons comme Jean-Luc Lagardère ou Jean-Marie Messier. Avec le recul, on se rend compte que cette politique s'apparente à une forme de communication « pédagogique » en direction des puissants. Message principal : on ne gagne rien à affronter *Le Monde* du trio Colombani-Minc-Plenel. Message reçu cinq sur cinq par l'opérateur des NMPP qui en est venu à accorder cadeaux et dérogations au *Monde* jusqu'à prendre quelques libertés avec la règle commune des Nouvelles Messageries, ou par Martin Bouygues qui a choisi d'honorer les dirigeants du *Monde* en leur confiant des émissions, voire par Jean-Marie Messier dont le seul tort, en définitive, fut de ne pas comprendre que Pierre Lescure, en tant que membre du Conseil de surveillance du quotidien, était intouchable.

Nous avons pu, à travers notre enquête, remonter, sonder et comprendre les méandres de certains de ces jeux de pouvoir. Mais si la présente investigation ne saurait être exhaustive, elle attire l'attention sur d'autres opérations où l'on devine que *Le Monde* a davantage défendu des intérêts particuliers que ceux de la vérité.

Le Monde a traité l'affaire Elf, déclenchée par son nouveau Pdg, Philippe Jaffré, à partir d'un seul point de vue, celui d'Eva Joly, qui écarta obstinément tous les témoignages montrant que le système mis au jour avait perduré sous la présidence du même Jaffré. *Le Monde* a préféré mettre en scène et dérouler un feuilleton destiné à laminer les défenses de Loïk Le Floch-Prigent et de Roland Dumas, tout en épargnant soigneusement Philippe Jaffré, client d'A. M. Conseil, dont le frère, Jérôme Jaffré, est depuis longtemps fort proche de Jean-Marie Colombani. Soupçon.

Autre client d'A. M. Conseil : Louis Schweitzer, ancien directeur de cabinet de Laurent Fabius, alors Premier ministre, a été, à ce titre, mis en examen dans les affaires des « écoutes de l'Élysée » parce qu'il lui revenait, à son poste, de signer toutes les demandes d'interceptions téléphoniques. Or il est la seule personnalité à avoir été, dans ces affaires, épargnée par le *Monde*. En juillet 1997, le quotidien, contrairement à ses habitudes dans de tels cas, a rendu compte de façon bienveillante des licenciements opérés à Vilvoorde par le Pdg de Renault. Soupçon encore.

Stéphane Marchand, biographe de Minc, raconte l'histoire du projet de la TGF (Très Grande Financière) qui devait rassembler la BNP, UAP et Suez. Alain Minc connaît le projet pour avoir été, peu de temps auparavant, le conseiller de Suez, avant de devenir celui de Pinault. Ce dernier, désireux d'entrer en possession de 15 % des titres de Suez, est contrarié par le projet TGF : « *Minc (...) n'est pas patient. Il réfléchit vite et voudrait exécuter aussi vite. Il trépigne comme il respire. Pour mettre le feu aux poudres et tordre le cou au projet TGF, il active les leviers dont il dispose dans la presse. Le jour de la Pentecôte 1995,* Le Monde *publie un article assassin sur les failles du projet de Très Grande Financière. Inutile d'être grand clerc pour deviner qui l'a inspiré*[3]. » Soupçon encore.

Quand AXA absorbe UAP, *Le Monde* se fend d'un article louangeur[4] sur cette opération qui « *permet à la France de jouer dans la cour des grands* », et trace un portrait avantageux de Claude Bébéar : « *L'homme croit au marché. Militant de l'"entreprise citoyenne", il a certes tiré de sa réussite une fortune personnelle; mais ses salariés, ses actionnaires et ses clients en ont aussi bénéficié.* » Lorsque Claude Bébéar dérape sur la « race blanche » à l'Université d'été 2001 du Medef, *Le Monde*, d'ordinaire champion

3. *Cf. Le Commerce des illusions, op. cit.*
4. Le 14 novembre 1996.

sourcilleux de l'antiracisme, se contente d'un entrefilet avant d'interviewer le gaffeur et lui permettre ainsi de « s'expliquer ». Au printemps 2002, le quotidien reprend certaines rumeurs qu'on dit alimentées par le même Claude Bébéar pour enclencher le processus de « mise à mort » de Jean-Marie Messier. Là encore, le « parrain » de l'establishment économique est proche d'Alain Minc et actionnaire du *Monde*. Soupçon toujours.

Le 12 juin 2002, la nomination de Michel Pébereau, patron de la BNP, à la tête de la Fédération bancaire française, lui vaut une page entière dans *Le Monde,* avec un titre sans ambiguïtés : « *Superbanquier* », assorti de ce sous-titre très « objectif » : « *Il est le meilleur banquier commercial de sa génération.* » En conclusion, le lecteur du *Monde* apprend que « *Pierre Richard, le président de la banque franco-belge Dexia, le trouve particulièrement aimable, ces derniers temps* ». Mais le lecteur ignore que Michel Pébereau est le principal banquier du *Monde,* lequel connaît de graves difficultés financières, et que Pierre Richard, sollicité par l'auteur de l'article, lui aussi proche de Minc et de Colombani, est également actionnaire du *Monde*. Soupçon, cette fois encore.

Le 8 décembre 2000, *Le Monde* consacre deux pages intérieures et un éditorial à François Pinault – « *sa collection, sa maison de vente, et bientôt sa fondation risquent de bouleverser totalement le paysage artistique* ». Une fois de plus, le lecteur n'est nullement prévenu des liens étroits – professionnels et amicaux – qui unissent Pinault, Minc et Colombani, ni du fait que Pinault est non seulement le principal client de A. M. Conseil, mais le premier actionnaire, en tant que personne privée, du *Monde* à travers sa holding familiale Artémis.

En mai 2000, peu après s'être séparé de José Frèches qui l'avait pourtant aidé à conquérir le groupe Midi Libre, Jean-Marie Colombani commande et publie dans *Le Monde* un portrait, fort complaisant, de Yves Barsalou, patron de Listel, influent actionnaire du groupe, qu'il craignait d'avoir heurté. En dehors de l'intérêt bien compris du clan dirigeant du *Monde*, rien dans l'actualité ne justifiait à l'évidence un tel article.

Soupçons, soupçons, mais surtout silences fracassants, quand, dans un pays comme les États-Unis, l'existence de conflits d'intérêt si évidents suffirait à jeter l'opprobre sur un journal. Mais, heureusement pour l'inventeur de la formule, si nous sommes « tous Américains », nous vivons encore tranquillement, sur ce plan, dans l'exception française... Cette contradiction n'a pas échappé à Rodney Benson, de l'Université de New York[5], qui dresse la liste de ce qui s'apparente, selon lui, à des conflits d'intérêts. L'universitaire américain cite pêle-mêle la mansuétude du quotidien à l'égard de François Pinault et de Francis Bouygues, et surtout les attaques contre Jean-Marie Messier après que ce dernier se soit séparé de Pierre Lescure.

L'arrivée d'Alain Minc s'est donc révélée décisive dans l'infléchissement du destin du *Monde*. D'abord parce qu'il a rapproché le quotidien du milieu des affaires. « *Depuis la fondation du* Monde, disait après sa retraite Hubert Beuve-Méry à ses visiteurs[6], *l'argent se tient en bas, à la première marche de l'escalier, pour se faire admettre dans le bureau du Directeur. Il est là, patient comme toujours, persuadé qu'il finira bien par avoir le dernier mot.* » Cette vision du fondateur du *Monde*, Colombani l'a rendue prémonitoire grâce, justement, à Alain Minc. Déjà niché au cœur de tous les réseaux de pouvoir et d'influence, le « petit Prince des salons » a installé le quotidien au centre du Tout-Paris.

Ainsi, en novembre 2001, au musée Guimet loué par Minc, les invités triés sur le volet ont pu visualiser la nouvelle nomenklatura parisienne gravitant autour du nouveau *Monde*. Des grands patrons, industriels et banquiers (François Pinault, Gérard Mestrallet, Pierre Richard), quelques éditeurs, des journalistes « amis » et en vue, enfin quelques intellectuels qui faisaient cercle autour du

5. « *The End of the French Alternative* », *Columbia Journalism Review, op. cit.*
6. C'est Gilbert Comte, longtemps collaborateur du journal, qui le rapporte dans une lettre non publiée envoyée à Jean-Marie Colombani en 1994.

président du Conseil de surveillance du *Monde*, du président du Directoire et – événement exceptionnel – du directeur de la rédaction, Edwy Plenel, qui se prête rarement à de telles mondanités. Après la visite du musée rénové, les *happy few* s'installent à table devant des cartons savamment disposés en fonction des affinités et rapports de pouvoir du moment. La cuisine est indienne. Tout est parfait, jusqu'au menu calligraphié sur un papyrus de grammage léger. En février 1994, nul n'aurait pu imaginer, excepté le cerveau de formule 1 d'Alain Minc, que son coup de pied de l'âne pour expulser Jacques Lesourne de la direction du *Monde* propulserait les trois compères au centre de ce tableau néobalzacien du musée des Arts asiatiques. Le major de l'ENA[7] avait déjà participé à un premier sauvetage du *Monde* en 1985 en mettant son carnet d'adresses[8] au service de son financement. Pour la première fois, de grandes sociétés françaises – Saint-Gobain, Elf, Air France – mettaient la main au portefeuille sans rien exiger (dans l'immédiat) en retour. Minc, il est vrai, s'était dépensé sans compter pour sauver le journal dont il faisait la promotion avec des accents churchilliens. Il n'avait rien demandé non plus pour lui-même. Mais il savait pouvoir profiter du devenir du journal pour accumuler de nouvelles relations.

Dix ans plus tard, sitôt Colombani élu à la tête du quotidien, l'illusionniste doit de nouveau trouver des capitalistes pour sauver *Le Monde*.

« *Alain Minc,* raconte le nouveau patron du journal[9], *m'a proposé de contacter François Pinault. Je lui ai présenté le dispositif. Il m'a écouté et m'a déclaré en retour qu'il avait gagné beaucoup d'argent, qu'il estimait avoir une dette vis-à-vis de la Société, que le combat du* Monde *pour son indépendance lui plaisait.* » Quelques déjeuners

7. Promotion Léon Blum, 1975.
8. D'inspecteur des finances, de directeur financier de Saint-Gobain, de coauteur du rapport Nora-Minc, de conseiller de Pierre Mauroy, de membre du Siècle, le club très fermé de l'*establishment*.
9. In Pierre-Angel Gay et Caroline Monnot, *François Pinault milliardaire : les secrets d'une incroyable fortune*, Balland, 1999.

plus tard, à son domicile, rue de Tournon, et Pinault devient le premier actionnaire à titre privé[10] du journal, avec 2,43 % des parts. Colombani oublie juste un « détail » : François Pinault était déjà le principal client d'A. M. Conseil, la société d'Alain Minc. Au centre du dispositif économique et financier de l'entreprise *Monde*, ce dernier devient le « passeur » ou le « douanier », c'est selon, entre le premier des journaux et le plus puissant des patrons. En fait, l'homothétie entre l'actionnariat du *Monde* et la clientèle d'Alain Minc est presque parfaite : on peut certes être actionnaire du *Monde* sans être client de A. M. Conseil, mais l'inverse est plus difficile[11]. Ce qui donne raison à Stéphane Marchand : « *Son secret, c'est de passer pour un homme de presse auprès des banquiers, pour un financier auprès des journalistes, et pour un écrivain auprès des industriels (...). On achète à Minc de l'information et de l'influence.* » Minc, est un « *broker en informations (...), tout près du délit d'initié. (...) Comment évite-t-il le conflit d'intérêts* » ? Bien entendu, à ce stade, l'investigation relève de la gageure : on ne trouvera ni factures, ni états de prestations. Simplement, des phrases utiles prononcées au bon moment.

« *Chez tous ces anciens de l'ENA et de Sciences-Po,* raconte un patron de grand groupe, *il sait faire vibrer leur jeunesse, l'attachement à "leur" journal dont la France peut, à juste titre, être fière. Il les amène ensuite à reconnaître l'importance qu'il y a pérenniser une telle institution... Il insiste sur l'indépendance de la rédaction, qui fait la force du journal, indiquant ainsi implicitement qu'il ne pourra pas, le cas échéant, intervenir directement... Mais il laisse entendre à son interlocuteur qu'au cas*

---

10. Nous entendons par là que si certains actionnaires disposent d'une part de capital plus importante, François Pinault est à titre personnel l'actionnaire le plus important du journal.
11. Il est vrai que les actionnaires du *Monde* (73 entreprises, banques ou mutuelles) sont plus nombreux, Alain Minc ne revendiquant qu'une vingtaine de clients. Parmi les entreprises apparaissant dans les deux listes, on retrouve Saint-Gobain (Jean-Louis Beffa), le groupe Pinault (François Pinault), la Fimalac (Marc Ladreit de Lacharrière), Suez-Lyonnaise (Gérard Mestrallet), Axa (Claude Bébear), BNP-Paribas (Pébereau), Dexia, (Pierre Richard).

improbable où un article déséquilibré le concernerait, lui ou sa société, il pourrait essayer d'intervenir – auprès de Colombani – afin de faire en sorte qu'il soit à l'avenir traité avec davantage d'équilibre... Pas besoin de faire un dessin : l'interlocuteur d'Alain Minc a compris qu'il était sollicité pour souscrire une sorte d'"assurance", tout à fait incertaine, d'ailleurs, la seule garantie proposée étant de pouvoir passer un coup de fil à Minc. D'aucuns appellent cela du trafic d'influence... »

Un client d'A. M. Conseil[12] disait ainsi : « *Est-ce que j'utilise Minc pour ses talents, ou pour son pouvoir d'influence ?... Sans doute pour les deux.* »

Machiavel a consacré plusieurs chapitres du *Prince* aux sentiments que ce dernier devait inspirer : « *Vaut-il mieux être aimé que craint, ou craint qu'aimé ? Je réponds que les deux seraient nécessaires ; mais, comme il paraît difficile de les marier ensemble, il est beaucoup plus sûr de se faire craindre qu'aimer quand on a renoncé à l'un des deux*[13]. »

Colombani, bon élève de Machiavel ? Oui, mais comment s'assurer que la peur ne suscite point de révoltes ? D'où la stratégie du « cordon sanitaire » destinée à se mettre hors de portée de toutes représailles, de conquérir l'impunité, voire cette immunité absolue qui seule permet de fustiger et sanctionner qui que ce soit d'autre.

Pour ce faire, il convient de renforcer le magistère idéologique, politique et moral du *Monde* sur l'ensemble du champ médiatique. Tel est le job de Plenel. *Le Monde* doit continuer à faire référence auprès des confrères, donner le *la* de l'actualité. Par tous les moyens. La tradition des scoops mise en place par Plenel se pérennise après qu'il a lui-même « raccroché les crampons », comme on le dit d'un joueur de football professionnel. Plenel a fait école : il met régulièrement sur le marché de « nouveaux produits », les « J. I. » (comme *journalistes d'investigation*), véritable garde prétorienne que le directeur de la rédac-

12. Cité par *Challenges*, avril 1998.
13 Machiavel, *Le Prince*, Le Livre de Poche, p. 87,

tion du *Monde* peut à sa guise lancer à la poursuite de ses cibles. Qui, à Paris, possède un tel pouvoir ? Le directeur de la Police ou des Renseignements généraux ? Ce fut vrai il y a quarante ans. Aujourd'hui, un haut fonctionnaire trop porté à la manœuvre serait immédiatement dénoncé, y compris et d'abord par *Le Monde*. Les « J. I. » bénéficient d'un autre avantage : juges, policiers, avocats, syndicalistes, éditeurs et informateurs en général savent qu'en réservant leurs exclusivités au *Monde*, ils se donnent un maximum de chances de « reprises » dans tous les médias. Ils savent en outre que *Le Monde* est en permanence à la recherche de « coups ». En fin de compte, la direction du Monde semble rivée à un objectif stratégique : contrôler, par intimidation, alliance ou vassalisation, les instances de contrôle de la société. Tous, juges, flics, médiacrates doivent entrer dans la toile d'araignée du titre mondien.

En politique, *Le Monde* reste le support privilégié des ministres ou des opposants qui aspirent à faire un « effet d'annonce ». Les auteurs comme les cinéastes[14], les hommes et femmes de théâtre ou de cinéma, les romanciers, tous connaissent ou subodorent plus ou moins l'étendue du pouvoir éditorial que s'est arrogé *Le Monde*. Lequel se vérifie par une étude des retombées de chacune de ses « unes » : après la sortie du quotidien, il est courant que les titres des bulletins radio changent de physionomie en reprenant la manchette ou les principaux titres du quotidien de l'après-midi. France 2, par exemple, reprend et développe fréquemment les unes du quotidien de référence. Cette situation, à l'évidence, ne favorise pas les regards critiques portés sur *Le Monde*. Elle explique d'une part pourquoi certains témoignages sont boycottés[15] ou peu commentés[16], d'autre part la volonté d'anonymat de certains de nos interlocuteurs et le scepticisme assez

14. On se souvient de la façon dont *Le Monde* avait « carotté » un appel collectif de cinéastes contre les abus de la critique en le publiant avant même que toutes les signatures aient été recueillies.
15 Ainsi le livre de Bernard Botton, *Il y a toujours des complices*, *op. cit.*
16 Ainsi les passages concernant *Le Monde* dans le best-seller de Gilbert Thiel, *op. cit.*

général rencontré par notre initiative (« *Pensez-vous trouver un éditeur ?* »). En fait, la direction du nouveau *Monde* poursuit un rêve : devenir le porte-parole reconnu de l'ensemble des médias, une sorte d'hypermédia.

Certains théoriciens de la « deuxième gauche », comme Pierre Rosanvallon, considèrent que le suffrage universel ne suffisant plus à légitimer le pouvoir politique, la démocratie doit aujourd'hui s'appuyer sur d'autres contre-pouvoirs, comme la Justice et les médias. La Justice peut difficilement être accaparée ou représentée par un individu ou un clan. Les magistrats se font concurrence dans les médias, et la montée en puissance du juge s'est accompagnée d'un déclin marqué du Syndicat de la Magistrature qui a pourtant ardemment milité pour elle. Dans le champ médiatique, en revanche, *Le Monde* pourrait parfaitement devenir l'incarnation d'un « Tiers-État médiatique » qui se substituerait de plus en plus au suffrage populaire. Mais le cynisme ayant amené ses dirigeants à fouler aux pieds tous les beaux principes dont il se réclame – les trois « i » : indépendance, intégrité, impartialité –, son leadership ne peut plus reposer sur la seule exemplarité des idées. Edwy Plenel peut encore faire illusion devant une promotion du Centre de formation des Journalistes – à condition qu'il n'y ait pas de contradicteur dans l'assistance –, plus devant une salle de rédaction. Son fameux « journalisme d'investigation » suscite les quolibets – discrets, cependant – parmi ses confrères. Son pouvoir au sein même du *Monde* est devenu autocratique : une partie de la rédaction le protège parce qu'elle lui est redevable, une autre se tait parce qu'elle le craint. Les réactions négatives des rédactions de *L'Express* et du *Nouvel Observateur,* celles mitigées de *Télérama,* sont significatives d'un vrai changement : dans la profession, *Le Monde* n'est plus respecté pour sa valeur, mais pour sa puissance de feu éditoriale et son réseau. Bref, jusque dans le métier, le pouvoir du *Monde* repose sur l'intimidation.

Mais cela ne suffit pas. Il faut ancrer *cette force d'intimidation* sur des bases économiques. Telle est la tâche de

Jean-Marie Colombani. *Le Monde* ne parvenant pas à l'équilibre, il lui faut trouver des gisements financiers assez profonds. C'est le « développement durable » façon rue Claude-Bernard, fondé sur le pillage de sociétés en bonne santé financière. Le groupe Midi Libre, piégé, en fait déjà les frais. *Télérama* ou *Le Nouvel Observateur*, sauf réaction salvatrice, seront les futures victimes de cette stratégie rusée mais redoutable. Redoutable mais plausible, dans la mesure où les dirigeants du nouveau *Monde* exercent aujourd'hui leurs talents hors de tout contrôle.

Le Monde étant édité par une société comme une autre, ses dirigeants devraient en théorie dépendre de la satisfaction de ses clients et être contrôlés par ses actionnaires. Il n'en est rien. La transparence ? Elle s'arrête à l'entrée de l'immeuble de la rue Claude-Bernard. La délégation de pouvoirs ? Elle est valable partout ailleurs qu'au quotidien. La gouvernance d'entreprise ? Elle s'impose dans les grandes entreprises, mais reste au *Monde* une notion superflue.

Côté lecteurs, nous avons montré par quels subterfuges l'éditeur était parvenu à camoufler la stagnation de sa diffusion depuis 1994. Celle-ci se comprend aisément. *Le Monde* fut autrefois un journal qui nous apportait *les nouvelles,* tout en nous proposant quelques façons de les penser. Cette époque est bien révolue. La « une » du *Monde,* la hiérarchie des informations qu'elle propose sont davantage en relation avec le souci commercial de l'éditeur et avec les quelques obsessions de ses dirigeants (francophobie, jeunisme, etc.) qu'avec ce qui se passe *vraiment* de par le monde. Au-delà du strict *packaging*, les articles pertinents ou simplement surprenants se raréfient, qu'il s'agisse d'économie, de politique ou de diplomatie. Les éditorialistes « associés » – ils nous pardonneront cette remarque –, substitués aux rédacteurs expérimentés au nom de la fameuse séparation entre faits et commentaires, nous laissent pour la plupart sur notre faim, car leur point de vue est par trop désincarné, détaché de l'énoncé des faits qui fonde ce que fut le journalisme d'analyse.

Le journaliste a égaré son idéal professionnel, et le lecteur a perdu son quotidien. Les habitudes de lecture, l'absence de challenger affiché, le désir de défendre un quotidien « de gauche » empêchent encore ce dernier de sanctionner *Le Monde* par une grève trop soutenue de l'achat. Sans changement de cap, cela ne durera pas.

Quoi qu'il en soit, les chiffres – officiels – flatteurs de la diffusion permettent de maintenir, hors période de basse conjoncture, un volant de publicité qui représente la deuxième source de recettes de l'entreprise (38%). Et puis, comment les 73 entreprises actionnaires du *Monde* pourraient-elles aller « contre leur intérêt » en refusant au *Monde* les pages d'annonces nécessaires à son existence ? Au besoin, Jean-Marie Colombani rappellera les récalcitrants à leurs devoirs.

Le Monde est-il, comme toute entreprise, sous le contrôle de ses actionnaires ? Le premier, la Société des Rédacteurs, semble bel et bien aux ordres de la direction : Colombani et Plenel y ont fait le vide, et il n'y a plus guère d'opposants – si ce n'est silencieux – à leur domination. Alain Minc est réélu depuis 1985 à la tête d'un autre actionnaire, la Société des Lecteurs du *Monde*, association totalement « verrouillée ». Cette position lui permet de présider le Conseil de surveillance. Quant aux représentants des 73 grandes entreprises indirectement présentes dans le capital, mais éparpillées entre seize associations d'actionnaires, ils sont tout aussi muselés. Mieux : l'architecture nouvelle du groupe Le Monde, fort sophistiquée, permet à la direction, comme Jean-Marie Colombani s'en est récemment vanté[17], de pouvoir vendre encore pour quelque 57 millions d'euros d'ORA[18] (obligations remboursables en actions) sans perdre la majorité ! Grâce à l'ingénieux dispositif mis au point par Alain Minc, on est passé de la vieille Sarl (société par actions à responsabilité limitée) à une innovante « *Saii* », « société par actions à irresponsabilité illimitée ».

17. Devant les représentants des sociétés de personnel du groupe VPC, ainsi que devant le bureau de la Société des Rédacteurs, en juillet 2002.
18. Ce qui ferait 120 au total, soit 800 millions de francs !

Hubert Beuve-Méry n'employa jamais l'expression de « contre-pouvoir ». Promouvoir une information libre et sauvegarder à cette fin l'indépendance du *Monde* lui suffisait. Colombani et Plenel ont souhaité de leur côté que le quotidien devienne un contre-pouvoir. En réalité, sous leur autorité, ce contre-pouvoir est devenu un pouvoir. Un pouvoir absolu, puisqu'il prétend se soustraire à tout contre-pouvoir comme à tout autre pouvoir. La vérité – effrayante – est que l'équipe dirigeante du *Monde* peut encore accroître l'endettement de l'entreprise par une stratégie ressemblant de plus en plus à celle de feu Robert Hersant dans les années 1970 : en grossissant à un point tel que la sanction économique devienne impossible, les pouvoirs publics étant contraints d'intervenir pour sauver le groupe. Sur ce plan, nous n'inventons rien : nous relatons dans ce livre deux interventions des pouvoirs publics – auprès d'Air France et auprès des NMPP – qui démontrent la puissance d'intimidation du *Monde* ; celle-ci contribue à mettre ses dirigeants, avec la complicité des pouvoirs publics, hors de portée du marché.

Mais quel Premier ministre oserait mécontenter ou braver *Le Monde* quand Matignon est exposé tous les jours aux coups du quotidien de référence ? L'Élysée ? Le geste de colère de François Mitterrand dans les dernières semaines de son septennat – annulant une cinquantaine d'abonnements au *Monde* – a davantage affaibli que renforcé le Président. Depuis cet épisode, qui permit au *Monde* de se présenter comme une victime, Jacques Chirac doit se contenter de « mépriser » le quotidien de référence sans jamais l'attaquer de front.

Quant aux médias, ils sont les premiers tenus en respect par le *Monde*, même lorsque ce dernier s'en prend à leurs journalistes. Dans les couloirs, les dîners, on dit pis que pendre du *Monde* et surtout de ses dirigeants. Il y a eu peu d'enquêtes à son sujet. En fait, plus Le *Monde* tend à devenir un géant des médias, plus il cherche à se mettre hors d'atteinte des autres médias. Car, parallèlement à la « fuite en avant » de l'actuelle direction, celle-ci a structuré un véritable réseau autour du journal. Ce réseau repose sur des liens capitalistiques : après *Courrier International* et les *Cahiers du Cinéma*, *Midi Libre* en province, *Le Temps* en Suisse, bientôt *Télérama* et le *Nouvel Obs*. Il s'appuie aussi sur des amitiés ou des complaisances intéressées : RTL, LCI et TF1, France 2 de façon plus diffuse, France Culture grâce à un accord maison. À l'étranger, des liens de cousinage ont été tissés avec *La Stampa*, *El País*, Edit-press Luxembourg. Colombani, Plenel et Minc disposeront sous peu de l'armada médiatique sinon la plus puissante, du moins la plus influente, susceptible de renforcer l'impunité dont ils jouissent déjà. Cette hégémonie leur permet d'ores et déjà d'attirer et parfois instrumentaliser toute une pléiade d'intellectuels fascinés par la puissance. L'attractivité de la rubrique « Horizons », qui se voudrait le lieu exclusif du débat intellectuel en France, joue en faveur de l'équipe de direction. Enfin, la création d'un pool d'« éditorialistes associés » témoigne d'une tentative de mobiliser des « mercenaires de l'intelligence » utiles pour défendre les causes du moment ou aider au marketing des livres des dirigeants[19].

Le rachat du *Figaro* et de *L'Express* par le groupe Dassault peut paradoxalement renforcer le dessein de ceux-ci en leur fournissant un argument susceptible de séduire la gauche : face au « bloc de l'argent », disent-ils déjà, la gauche ne doit-elle pas regrouper ses forces ? Ce serait pure folie sous leur bannière, mais qui aura le courage et la liberté d'esprit de le proclamer ? Il est à cet égard significatif que le seul article tant soit peu critique sur l'hypothèse d'une entrée en Bourse du *Monde* ait été publié dans le *Financial Times*.

Voilà comment les dirigeants du *Monde* pensent avoir conquis le double droit d'agrandir leur groupe par annexion pure et simple de certains de leurs confrères et

19. Tous les éditorialistes associés ne marchent pas forcément dans la combine. Mais quand d'aucuns se lancent dans des éloges sans retenue de Colombani ou Plenel et sont « pigés » pour ce faire, on ne se pose plus beaucoup de questions...

celui de nuire en toute impunité, dans l'irrespect des règles de la morale qu'ils continuent de professer en politique, vis-à-vis du monde des affaires, comme au sein de la profession journalistique. Les pieuvres aussi ont une enfance.

Le 27 janvier 2003.

Annexes

Documents
Extrait du n° 3 de *Police d'Aujoud'hui*
annonçant le plan de Modernisation

ÉDITORIAL

UN PLAN POUR CONSTRUIRE NOTRE AVENIR

1985 c'est l'année de la jeunesse, ce sera aussi l'An 1 pour une police plus moderne, plus dynamique, plus responsable, plus humaine. Nous en tirons un enseignement : le syndicalisme est nécessaire à la police, il lui permet d'évoluer, il est souvent en avance sur la réflexion de l'institution et de sa haute hiérarchie. Cette loi pluriannuelle de modernisation ne tombe pas du ciel. Quinze milliards pour les dix années à venir, plus d'un milliard pour 1986.
Souvenons-nous de nos multiples actions passées, plus particulièrement des orientations du Congrès fédéral de Schiltigheim en 1983 et plus près encore, du 29e Congrès du S.G.P. à Fontenay-sous-Bois où nous installions à nos frais le commissariat de l'An 2000.
Tout ceci n'était pas un rêve dans notre esprit, cela faisait partie d'une action cohérente et permanente de nos syndicats. Oui, ce plan, cette loi, sont une conquête syndicale. La conquête d'un syndicalisme responsable, soucieux des intérêts de la collectivité, d'un syndicalisme qui parle vrai aux policiers de leurs conditions de travail, de leurs compétences, de leurs formations, de leur qualification, de leur déontologie, de leur dignité et, bien naturellement, de leur situation matérielle. Un syndicalisme qui se refuse aux surenchères démagogiques, qui n'engage pas le policier dans l'impasse d'une contestation tous azimuts de la société et de tous les pouvoirs en place. Un syndicalisme qui se refuse à manipuler nos collègues à des fins partisanes et politiques.
Notre activité syndicale responsable vient d'être reconnue publiquement devant les parlementaires au cours du débat à l'Assemblée nationale, où les élus de la nation, convoqués en séance extraordinaire, devaient examiner le projet de loi de modernisation et de programmation pour la police en vue de répondre aux attentes de nos concitoyens et des personnels de police. **Cette loi fut votée le 10 juillet 1985 à 4 heures du matin par 284 voix « POUR » (283 P.S. et M.R.G. et 1 non inscrit) et 158 voix « CONTRE » (87 R.P.R., 63 U.D.F., 8 non inscrits), le Groupe communiste (44 voix) s'est abstenu.**
Cette attitude du ministre devait mettre un terme définitif aux campagnes scandaleuses, voire faire échec à l'action de proposition pour faire avancer les revendications de la fédération. Souvenez-vous de leurs slogans « Hiérarchie parallèle - courroie de transmission - Fédération socialo-communiste ». Chacun sait bien chez nous que tout ceci était loin de la vérité, mais servait à l'évidence à tenter de détourner nos collègues du syndicalisme authentique pour masquer leur incapacité de proposer un plan cohérent pour la police et les personnels qui la composent. Ils préféraient plutôt la laisser s'enliser dans ses difficultés. Heureusement leurs manœuvres ont échoué.
La masse financière nécessaire pour appliquer ce plan de modernisation pour la police est passée par des phases difficiles dans nos négociations. M. Bérégovoy, ministre des Finances, n'acceptait de débourser que la moitié de ce qui fut obtenu. Devant ces difficultés, la F.A.S.P., sur sa demande, fut reçue le 24 juin pendant près d'une heure par le Premier ministre, M. Laurent Fabius, afin d'obtenir un arbitrage favorable. Nos arguments et notre conviction ont emporté cette décision.
Cette nécessaire modernisation n'obtiendra ses pleins effets qu'à la condition que les personnels de police voient leur situation catégorielle améliorée au cours de la durée de ce plan.
Pour 1986, l'ensemble des administrations et des fonctionnaires sont frappés une nouvelle fois du sceau « pause catégorielle ». Face aux situations criantes et choquantes des catégories les plus défavorisées, nos arguments ont permis de dégager une enveloppe budgétaire de 107 millions de francs pour 1986.
Dans le rapport annexe du gouvernement, nous pouvons lire : « *Un certain désordre subsiste dans la carrière des fonctionnaires de la police nationale depuis la réforme de 1977. Certains corps ont été laissés en dehors des mesures prises à l'époque au titre de la parité entre la gendarmerie et la police. Il s'agit notamment des agents de surveillance de la Voie publique qui, en contrepartie de leur titularisation, n'ont pu être reclassés qu'au niveau le plus bas de la fonction publique, des agents de service des C.R.S. et des personnels administratifs qui n'ont pu bénéficier de l'application de la parité. Les mesures prises en 1977 ont créé des déséquilibres dans les corps actifs. Dans les personnels en tenue, les commandants d'une part et les sous-brigadiers en fin de carrière d'autre part, ont été décrochés de leur parité indiciaire antérieure. Ce sont des problèmes irritants qui créent des malaises...* »
Nos collègues y retrouveront les revendications les plus prioritaires et nécessaires de notre fédération. Au cours de ces deux mois d'été, nous allons nous employer à négocier au sein des Comités techniques paritaires, l'application concrète de cette enveloppe budgétaire. Pas question de laisser les plus nantis de la profession se servir dans la modeste assiette des plus défavorisés. Un peu de pudeur tout de même !
Nous vous appelons tous et toutes à nous soutenir malgré cette période estivale, dans nos dernières négociations en cours. De votre unité et de votre solidarité dépend votre devenir.
Tout ceci est bien, mais il nous reste encore à engager des négociations sur les réformes de structures. Nous l'avons dit clairement le 12 juillet à M. Pierre Joxe, présidant la séance du C.T.P. de la police nationale. Là, il ne sera pas question de nous opposer des problèmes financiers. Il s'agira en réalité de s'attaquer aux mentalités, aux rivalités et à certaines situations de rente. Notre maison a besoin d'une nouvelle architecture et chacun le sait bien, d'implanter les ferments d'unités pour réduire ces divisions entre directions et services.
La guerre des polices très souvent évoquée par les journalistes spécialisés n'est en fait qu'une guerre des chefs. Si nous voulions vous en convaincre, il suffisait d'assister au navrant spectacle offert aux Français dans la récente émission « Droit de Réponse » de Michel Polac. Ce que nous savions déjà, les Français l'ont découvert à cette occasion.
Modernité c'est fait, structure c'est à faire, déontologie à parfaire. Ces trois exigences sont inséparables si nous voulons une autre police qui change ses habitudes, ses relations humaines internes, plus proche des citoyens, plus scrupuleuse encore du respect des libertés individuelles et collectives. Oui pour cette police-là !

Le secrétaire général
Bernard DELEPLACE

DOSSIER

Plan de Modernisation

1985
ANNEE DE LA POLICE

1985 fera date dans l'histoire de la police nationale.
La loi de modernisation de 1986 à 1990, adoptée par l'Assemblée nationale en juillet sur proposition du gouvernement, est une conquête syndicale. Nous obtenons ce que nous réclamions depuis une éternité. Mieux vaut tard que jamais. Cela ne changera pas tout, mais cela change beaucoup : locaux, véhicules, déontologie, qualifications judiciaires, transmissions, informatique, etc., nos conditions de travail vont être profondément modifiées et améliorées.
Police d'aujourd'hui ouvre le dossier en trois volets : l'aspect financier du plan de modernisation, qui sera contraignant, quel que soit le gouvernement, jusqu'en 1990 ; ce qui va changer concrètement dans notre métier ; et, en exclusivité, l'introduction du plan qui en définit les objectifs généraux.

Plan de Modernisation

15 MILLIARDS...

... OU LA RANCON D'UN SYNDICALISME EFFICACE

De 1986 à 1990, plus de 5,34 milliards de francs de crédits supplémentaires seront consacrés à la modernisation de la police, soit 50% de plus que ce qu'on aurait dépensé si l'on s'était contenté de reconduire les crédits inscrits au budget 1985 (1,97 milliard). Au total, la police bénéficiera durant ces cinq années de plus de 15 milliards de francs de crédits : près de 10 milliards correspondant à la reconduite des crédits (1,97 × 5) et 5,34 milliards de crédits supplémentaires.

LA programmation des dépenses adoptée par l'Assemblée nationale est la suivante : 2,86 milliards en 1986 ; 3,05 milliards en 1987 ; 3,1 milliards en 1988 ; 3,1 encore en 1989 et en 1990 ; soit exactement 15,21 milliards de francs pour la période 1986-1990.

L'effort est donc significatif dès la première année d'application du plan, en 1986. Ainsi, dès l'an prochain, les dépenses consacrées au fonctionnement et à l'équipement progresseront-elles de 44% par rapport à 1985.

Durant les cinq ans du plan de modernisation, l'augmentation des crédits est considérable dans certains secteurs qui illustrent les priorités choisies. Elle sera ainsi de 100% pour les crédits consacrés à l'immobilier, de 40% pour l'informatique et la bureautique, de 68% pour les moyens de transports, de 57% pour l'équipement des transmissions. On n'avait jamais vu ça dans la police !

UNE CONQUETE

Ces crédits accordés à la modernisation de notre administration constituent un choix politique d'importance en ces temps d'austérité, où sévissent le chômage et la crise économique. Nous savons, nous, que nous n'étions pas des favorisés, que les retards accumulés depuis 25 ans justifiaient cet effort, que la police était à bien des égards sous-développée. Nous avons, par notre action constante, responsable, constructive, convaincu les pouvoirs publics

de faire ce choix. Reste maintenant à en être dignes aux yeux de la population, à lui prouver que cet argent n'est pas jeté par les fenêtres mais va servir à changer la police, à améliorer les services qu'elle lui rend déja, à la rendre plus efficace et plus proche.
Car cet argent n'est pas un cadeau mais une conquête. C'est la FASP qui, lors de son congrès de Schiltigheim, en 1983, revendiquait une loi de programmation financière en faveur de la police à une époque où le pouvoir ne l'envisageait pas. C'est la FASP encore qui, en 1984, lors du congrès de son syndicat en région parisienne, le Syndicat général de la police (SGP), présentait à ses frais le prototype du *« commissariat de l'an 2000 »* en montrant tout ce qui pouvait être fait en matière d'informatique, de vidéo, de transmissions, de véhicules, de protection, d'architecture. Le rapporteur du projet de loi à l'Assemblée nationale, M. Gilbert Bonnemaison, a dû rappeler cette initiative qui faisait de notre fédération et de son syndicat parisien des précurseurs. Le ministre de l'Intérieur, le ministre de la Justice, des directeurs centraux, le directeur général, avaient visité cette installation à une époque où les services du ministère n'avaient pas encore cette vue globale de la police de demain. Ils s'étaient avoués impressionnés par nos efforts.
La réflexion syndicale a donc précédé celle des responsables politiques et nous nous félicitons qu'aujourd'hui ils reprennent nos idées et les traduisent dans des choix financiers conséquents.
Mais cela ne s'est pas fait tout seul. Ce que nous obtenons aujourd'hui est la conséquence d'un travail syndical long, patient, opiniâtre, où nous n'avons jamais perdu le cap, où nous ne nous sommes jamais égarés dans des voies de traverse, des impasses politiciennes, des surenchères dangereuses, nuisibles à l'image de la police.

De gauche à droite : Dominique Muller, Laurent Fabius, René Espanol, Lucien Masson, Bernard Deleplace, Eugène Asencio et Jean-Pierre Maljean.

NOTRE BATAILLE

Notre ligne de conduite a toujours été la même : améliorer le sort des personnels, moderniser la police toute entière ; bref, avoir une vue d'ensemble qui veille tout à la fois aux intérêts des policiers et à ceux de l'institution. Une police moderne, c'est aussi une police où l'on travaille mieux, où l'on est plus à l'aise dans un métier revalorisé, où l'intendance, les conditions matérielles, le délabrement des locaux et des techniques ne sont plus l'alibi de l'immobilisme ou l'antichambre de la démoralisation. C'est ce que nous avons expliqué inlassablement à tous nos interlocuteurs, et jusqu'au plus haut niveau de l'Etat, dans des démarches répétées. Et nous avons été entendus, enfin !
Pour autant, nous ne nous sommes pas reposés sur nos lauriers. Immédiatement, nous avons insisté sur le fait que la modernisation ne devait pas se faire sur le dos des personnels. Cette police plus rentable, plus efficace, plus proche que l'on souhaite, elle ne verra le jour que si les policiers eux-mêmes sont incités à mieux y participer, à prendre en charge leur avenir, à adhérer à cette grande ambition collective. Cela suppose qu'il soit mis fin à certaines situations catégorielles héritées du passé et toujours intolérables. Qu'il soit tenu compte aussi de conditions de travail plus difficiles dans certains secteurs, notamment la région parisienne. Bref, que ceux que l'institution a abandonnés, oubliés et laissés pour compte, voient leur sort changer.
Nous avons ainsi obtenu que, dès 1986, 107 millions de francs de crédits supplémentaires soient consacrés à des mesures statutaires et indemnitaires. Ce n'est pas encore suffisant, et nous ne relâcherons pas notre pression. Mais c'est déja un acquis. Par ailleurs, la modernisation aura déjà des conséquences sur la vie quotidienne dans certains services. Nous avons ainsi obtenu qu'un effort particulier soit fait en faveur de la région parisienne, où l'état des commissariats, l'absence de logements, la non-revalorisation de la prime de pénibilité constituaient un scandale. Cela aussi va changer, dès 1986.

L'AVENIR

Parallèlement deux autres vieilles revendications de la FASP sont enfin satisfaites : **le code de déontologie**, qui n'est pas un code de surveillance de la police, mais son code d'honneur, le témoignage de la dignité de ses personnels et de la grandeur de son métier auprès de toute la population ; **la qualification d'agent de police judiciaire**, qui va nous permettre, à nous policiers de la tenue, de faire un travail plus valorisant, de conclure nous-mêmes certaines affaires, de ne plus voir le produit de notre travail nous échapper, et de satisfaire ainsi plus rapidement les plaintes du public.
Tout est-il fini pour autant ? Bien sûr que non ! La modernisation, c'était l'urgence. Ne pas la faire, c'était courir au désastre, laisser la police dans un état d'abandon. Mais elle ne suffit pas à changer tout ce quil faudrait revoir dans notre vieille maison. Une autre réforme reste à faire, celle des structures. La police, qui n'est « nationale » que depuis 1966, a besoin de revoir son architecture, de la rendre plus transparente, plus rationnelle, plus cohérente.
Il faut maintenant s'attaquer à l'organisation parfois incohérente et bureaucratique des SGAP, ainsi qu'au statut de la préfecture de police de Paris qui reste trop marqué par le passé et, de ce fait, inadapté à l'évolution de la métropole parisienne, de ses habitants et de sa criminalité.
Pour un syndicat responsable, il n'y a jamais de pause. Il faut toujours se remettre à l'ouvrage. Le nôtre, aujourd'hui, est clair : veiller à ce que les engagements du plan de modernisation soient respectés, aujourd'hui comme demain ; s'attacher à ce que nos attentes catégorielles soient prises en compte ; réclamer cette réforme des structures qui est, maintenant, la seconde étape vers la police de l'an 2000.

Bernard DELEPLACE

Document

Le Monde, 28 septembre 1990

« Crise au sommet du principal syndicat policier M. Bernard Deleplace quitte le secrétariat général de la FASP »

Secrétaire général depuis 1981 de la Fédération autonome des syndicats de police (FASP), principal syndicat policier, M. Bernard Deleplace a démissionné de ses fonctions il y a une dizaine de jours. Une décision qu'il devrait commenter dans une conférence de presse prochaine et qui intervient sur fond de querelles intestines nourries d'ambitions personnelles de ses successeurs.

Le syndicalisme policier majoritaire retournerait-il à ses vieux démons ? À ces incessantes guerres intestines des années 70, souvent manipulées par la haute administration, où les débats de fond laissaient le pas aux attaques personnelles, aux conjurations d'ambitions et aux intrigues corporatistes ? La question est posée depuis qu'est connue la manière cavalière employée pour précipiter le départ du secrétariat général de la FASP de M. Bernard Deleplace, dont l'ascension, en 1981, avait justement marqué une rupture avec ces manœuvres à courte vue. Ce que l'on sait de la crise qui a agité, ces dernières semaines, les sommets du principal syndicat policier – malgré le silence gêné des assaillants – fait en effet apparaître une querelle fratricide, impulsée par une coalition hétérogène dont le seul objectif commun semble une prise de pouvoir anticipée, accompagnée cependant d'un discours « musclé » sur les revendications salariales.

Car, depuis le 10e Congrès de la FASP, tenu en mai dernier, le départ de M. Deleplace était prévu. Élu à son quatrième mandat de secrétaire général, il ne pouvait de toute façon aller au-delà : les statuts de la Fédération interdisent la prise de responsabilités après cinquante ans ; or M. Deleplace est dans sa quarante-huitième année. Un temps, il avait même caressé l'idée de passer la main dès ce 10e Congrès. Deux objectifs qui lui tenaient à cœur l'avaient incité à rester. D'abord l'inauguration, fin 1990 ou début 1991, de la Maison de la Police républicaine, nouveau local syndical, dans le dix-neuvième arrondissement de Paris, où symboliquement seront regroupées, pour la première fois, toutes les composantes de la Fédération, des gardiens de la paix aux commissaires de police, de la province à Paris. Ensuite, la réforme des corps et des carrières de la police nationale, dernier étage d'une modernisation et d'une démocratisation engagées sous son impulsion.

Le sentiment du devoir accompli

À quelques intimes, le bouillant secrétaire général avait cependant confié cet été son désir de quitter ses responsabilités en décembre ou janvier prochains. Une décision où se mêlaient le sentiment du devoir accompli et une réelle fatigue physique. « Un homme d'excès » : le médecin qui, il y a quelques années, énonça ce diagnostic visait le caractère entier et stakhanoviste de M. Deleplace. Depuis vingt ans qu'il exerce des responsabilités syndicales, l'homme ne se ménage guère.

Travaillant au minimum quinze heures par jour, multipliant les contacts personnels avec les adhérents, payant de sa personne dans d'innombrables négociations « au rapport de forces » avec les responsables du ministère de l'Intérieur, cet autodidacte chaleureux et rusé a sacrifié sa santé et sa vie privée pour la cause qui l'habite. Une cause qui est celle d'un enfant pauvre du Nord minier, contraint de travailler dès l'âge de dix ans et qui, ouvrier devenu par hasard « flic » en 1964, ne cessera d'identifier son combat à celui des laissés-pour-compte de l'institution, des « OS de la sécurité », incarnant ainsi l'univers populaire qui est l'assise sociale de la police.

Pourquoi, dès lors, avoir précipité une décision déjà prise ? Sans doute l'impatience des divers lieutenants de M. Deleplace était-elle réelle. La stature de ce dernier, l'ampleur de son réseau de relations personnelles dans le monde policier et politique, sa personnalité peu complaisante, occupaient indéniablement tout l'espace syndical, créant un sentiment de frustration dans la génération montante. Mais il aurait suffi à celle-ci d'être patiente. Ce ne sera pas le cas, pour des raisons qui tiennent aux difficultés rencontrées par le tout nouveau Syndicat unitaire de la police républicaine (SUPR) qui, depuis mai, regroupe l'ensemble des anciens syndicats de gardiens de la paix de la FASP : le SGP, syndicat parisien, le SNIP, syndicat des CRS, et le SNPT, syndicat des provinciaux. Très vite, des différends sont apparus, les provinciaux prenant leurs distances face à une montée en puissance des parisiens, alliés aux CRS.

M. Deleplace a-t-il été le bouc émissaire des querelles intestines ? Toujours est-il qu'à son retour de vacances, début septembre, il affronte une coalition menée par ses camarades du SGP – dont il fut lui-même le leader jusqu'au dernier congrès – et par les tout nouveaux dirigeants du jeune syndicat de commissaires – minoritaire au sein de ce corps, mais dont le ralliement constituait, pour le secrétaire général, une revanche sur une hiérarchie policière qui, longtemps, le méprisa. L'attaque n'est ni syndicale ni politique. Se sentant probablement en position de faiblesse sur ce terrain, les adversaires de M. Deleplace multiplient les critiques personnelles. L'endettement de la FASP pour la construction et l'aménagement de son nouveau siège devient un argument, bien qu'aucune irrégularité comptable ne soit constatée. Des notes de frais sur les dîners du secrétaire général avec ses interlocuteurs de l'administration sont brandies alors que tous ceux qui le connaissent de près peuvent témoigner de l'intégrité de M. Deleplace, resté fidèle à ses origines sociales et à sa devise « ni galons ni décorations ».

« Sauver l'essentiel »

« Qu'est-ce que voulez à la fin ? Le pouvoir ? Eh bien, le voilà ! vous l'avez. Je m'en vais, je donne ma démission. Car il y a une chose dont je suis incapable : me battre contre ma propre famille. » C'est par ces mots qu'il y a une dizaine de jours, M. Deleplace a pris de court ses détracteurs. Contrairement à certaines rumeurs, il n'y eut ni vote ni mise en minorité. Une certaine lassitude et un sentiment d'ingratitude s'étaient emparés du leader syndical devant ce qu'il ressentait comme « un procès de Moscou », une vilaine querelle de famille dont le seul enjeu véritable était le pouvoir. Il aurait pu se battre et renverser la situation, ce que lui conseillaient notamment les dirigeants des policiers de province, majoritaires en mandats et qui, encore aujourd'hui, ne veulent pas se résoudre à son départ. Mais il a préféré « sauver l'essentiel, l'appareil syndical qui, sinon, aurait éclaté », et cela d'autant plus que, parmi les contestataires, se trouvait son fils spirituel, M. Richard Gerbaudi, dont il voulait faire son successeur. Lassitude aussi devant l'impression que des pressions extérieures n'étaient pas étrangères à cette guerre intestine : les animateurs de la Nouvelle École socialiste (NES), animée par M. Julien Dray, ne se vantent-ils pas, au sein du PS, d'être les artisans de cette succession ?

En théorie, le départ devait se faire en douceur, à la fin de l'année. Des « fuites » le rendront immédiat. Lundi 24 septembre, la lettre confidentielle le *Pli*, animée par un ancien collaborateur de M. Pierre Joxe, annonce l'imminence du passage de témoin. Mercredi matin 26 septembre, la nouvelle est confirmée par la FASP, alors que M. Deleplace se refuse à tout commentaire jusqu'à une conférence de presse qu'il devrait tenir prochainement. Ainsi se termine une époque, tant il est vrai que le nouveau visage de la police nationale, qu'il s'agisse du plan de modernisation ou du code de déontologie façonné depuis 1982, doit beaucoup à ce « chtimi » sous l'uniforme.

Dans son autobiographie, M. Deleplace émettait le souhait « que l'on se souvienne, et que notamment les jeunes se souviennent, d'une action que j'ai menée avec succès : l'affichage, depuis le 1er janvier 1986, dans les locaux de police, de la Déclaration des droits de l'homme et du citoyen ». Un idéal que ses successeurs devront forcément assumer en héritage s'ils ne veulent pas apparaître comme des apprentis sorciers.

EDWY PLENEL

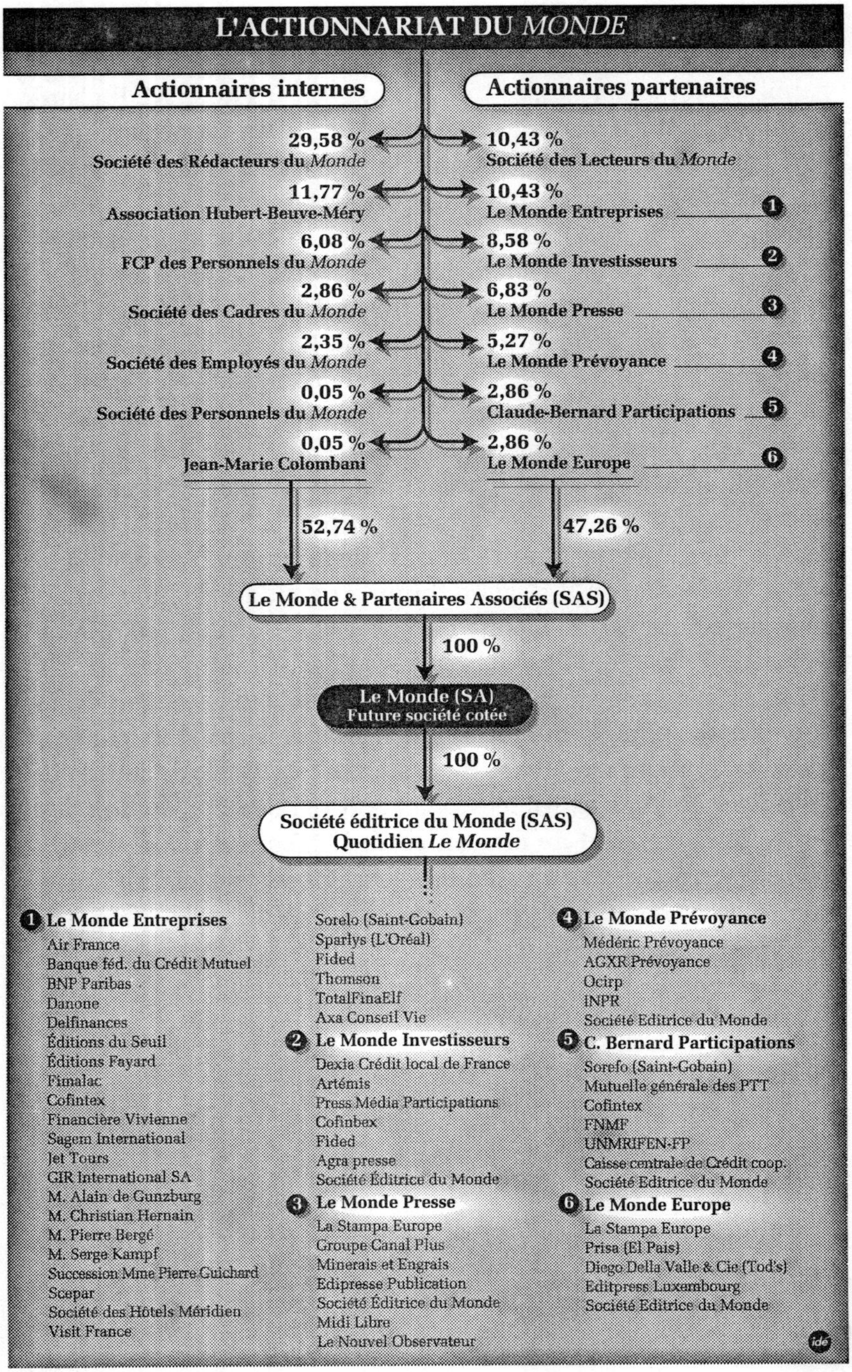
L'ACTIONNARIAT DU MONDE
Actionnaires internes
Actionnaires partenaires
29,58 %
Société des Rédacteurs du Monde
11,77 %
Association Hubert-Beuve-Méry
6,08 %
FCP des Personnels du Monde
2,86 %
Société des Cadres du Monde
2,35 %
Société des Employés du Monde
0,05 %
Société des Personnels du Monde
0,05 %
Jean-Marie Colombani
10,43 %
Société des Lecteurs du Monde
10,43 %
Le Monde Entreprises 1
8,58 %
Le Monde Investisseurs 2
6,83 %
Le Monde Presse 3
5,27 %
Le Monde Prévoyance 4
2,86 %
Claude-Bernard Participations 5
2,86 %
Le Monde Europe 6
52,74 %
47,26 %
Le Monde & Partenaires Associés (SAS)
100 %
Le Monde (SA)
Future société cotée
100 %
Société éditrice du Monde (SAS)
Quotidien Le Monde
1 Le Monde Entreprises
Air France
Banque féd. du Crédit Mutuel
BNP Paribas
Danone
Delfinances
Éditions du Seuil
Éditions Fayard
Fimalac
Cofintex
Financière Vivienne
Sagem International
Jet Tours
GIR International SA
M. Alain de Gunzburg
M. Christian Hernain
M. Pierre Bergé
M. Serge Kampf
Succession Mme Pierre Guichard
Scepar
Société des Hôtels Méridien
Visit France
Sorelo (Saint-Gobain)
Sparlys (L'Oréal)
Fided
Thomson
TotalFinaElf
Axa Conseil Vie
2 Le Monde Investisseurs
Dexia Crédit local de France
Artémis
Press Média Participations
Cofinbex
Fided
Agra presse
Société Éditrice du Monde
3 Le Monde Presse
La Stampa Europe
Groupe Canal Plus
Minerais et Engrais
Edipresse Publication
Société Éditrice du Monde
Midi Libre
Le Nouvel Observateur
4 Le Monde Prévoyance
Médéric Prévoyance
AGXR Prévoyance
Ocirp
INPR
Société Editrice du Monde
5 C. Bernard Participations
Sorefo (Saint-Gobain)
Mutuelle générale des PTT
Cofintex
FNMF
UNMRIFEN-FP
Caisse centrale de Crédit coop.
Société Editrice du Monde
6 Le Monde Europe
La Stampa Europe
Prisa (El Pais)
Diego Della Valle & Cie (Tod's)
Editpress Luxembourg
Société Editrice du Monde
ide

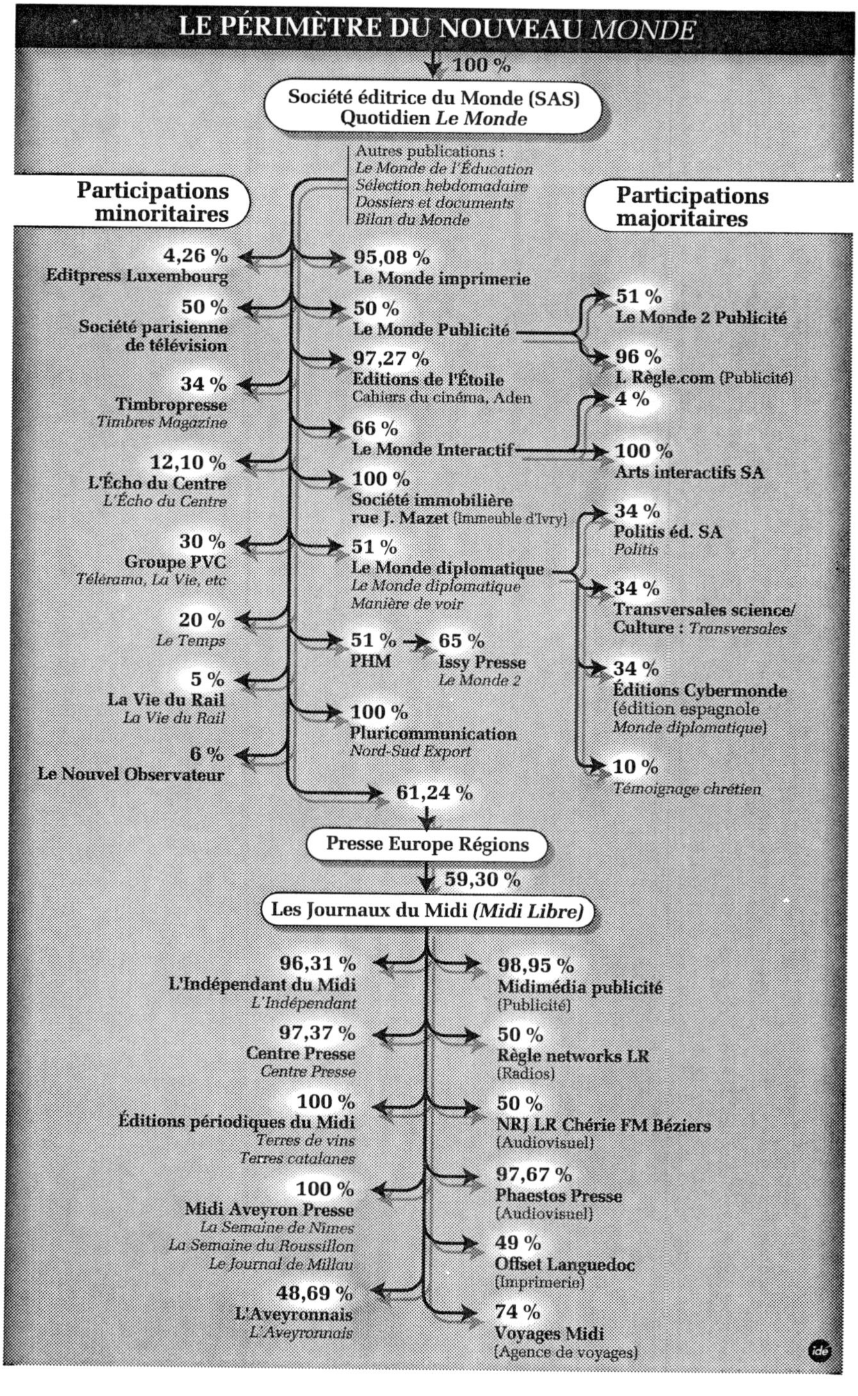
LE PÉRIMÈTRE DU NOUVEAU MONDE
100 %
Société éditrice du Monde (SAS)
Quotidien Le Monde
Autres publications :
Le Monde de l'Éducation
Sélection hebdomadaire
Dossiers et documents
Bilan du Monde
Participations minoritaires
Participations majoritaires
4,26 %
Editpress Luxembourg
50 %
Société parisienne de télévision
34 %
Timbropresse
Timbres Magazine
12,10 %
L'Écho du Centre
L'Écho du Centre
30 %
Groupe PVC
Télérama, La Vie, etc
20 %
Le Temps
5 %
La Vie du Rail
La Vie du Rail
6 %
Le Nouvel Observateur
95,08 %
Le Monde imprimerie
50 %
Le Monde Publicité
97,27 %
Editions de l'Étoile
Cahiers du cinéma, Aden
66 %
Le Monde Interactif
100 %
Société immobilière rue J. Mazet (Immeuble d'Ivry)
51 %
Le Monde diplomatique
Le Monde diplomatique
Manière de voir
51 %
PHM
65 %
Issy Presse
Le Monde 2
100 %
Pluricommunication
Nord-Sud Export
61,24 %
51 %
Le Monde 2 Publicité
96 %
L Règle.com (Publicité)
4 %
100 %
Arts interactifs SA
34 %
Politis éd. SA
Politis
34 %
Transversales science/Culture : Transversales
34 %
Éditions Cybermonde
(édition espagnole Monde diplomatique)
10 %
Témoignage chrétien
Presse Europe Régions
59,30 %
Les Journaux du Midi (Midi Libre)
96,31 %
L'Indépendant du Midi
L'Indépendant
97,37 %
Centre Presse
Centre Presse
100 %
Éditions périodiques du Midi
Terres de vins
Terres catalanes
100 %
Midi Aveyron Presse
La Semaine de Nîmes
La Semaine du Roussillon
Le Journal de Millau
48,69 %
L'Aveyronnais
L'Aveyronnais
98,95 %
Midimédia publicité
(Publicité)
50 %
Règle networks LR
(Radios)
50 %
NRJ LR Chérie FM Béziers
(Audiovisuel)
97,67 %
Phaestos Presse
(Audiovisuel)
49 %
Offset Languedoc
(Imprimerie)
74 %
Voyages Midi
(Agence de voyages)

Paris, le 9 décembre 2002

Le Monde

Monsieur Philippe Cohen
273, rue du Faubourg Saint-Antoine
75011 Paris

Monsieur,

C'est avec grand intérêt que nous lirons l'ouvrage que vous êtes en train d'achever sur l'histoire récente du *Monde*.

Toutefois, nous ne souhaitons pas vous rencontrer, ni répondre à vos questions. Il nous paraît en effet difficile de cautionner une enquête dont l'impartialité ne sera sans doute pas la qualité première.

Ancien et persistant, votre contentieux personnel avec notre journal n'y prédispose guère. Finalement négocié à l'amiable, votre licenciement du *Monde* en 1987 fut provoqué par une faute déontologique que vous aviez reconnue dans une lettre à notre directeur d'alors, André Fontaine. La mesure est assez exceptionnelle, sinon rarissime, dans notre collectivité pour ne pas laisser des traces et des blessures.

Cordialement,

Jean-Marie Colombani

Edwy Plenel

PS. Nous nous permettons de transmettre le double de cette réponse au président de la Société des rédacteurs du *Monde*, notre principal actionnaire.

J.-M. Colombani & E. Plenel
Le Monde
21, rue Claude Bernard
75005 Paris

<u>RECOMMANDÉ AVEC ACCUSÉ DE RÉCEPTION</u>

Copie à la Société des Rédacteurs

Paris, le 15 décembre 2002

Messieurs,

J'ai été désagréablement surpris de votre réponse négative (en date du 9 décembre) à ma demande d'entretien : la transparence due aux citoyens ne saurait épargner nul pouvoir, pas plus *Le Monde* qu'un autre. Sachez que si votre refus de répondre peut sans doute retarder la publication de mon enquête, elle ne l'empêchera nullement.

Je note hélas que vous vous refusez à tout échange contradictoire et sur pièces au sujet de l'entreprise que vous dirigez. Je ne peux que le regretter.

Ce que je ne puis tolérer, en revanche, c'est le motif que vous avez l'audace d'invoquer et qui me concerne personnellement.

Ce motif appelle, d'une part, une rectification factuelle et, d'autre part, une précision légale – et je vous invite à prendre soigneusement connaissance de l'une comme l'autre.

1) <u>Philippe Cohen et *Le Monde*</u>

Je lis *Le Monde* depuis 1969, ce qui compte bien davantage que mon bref passage au *Monde de l'Éducation* en 1986-87 que vous évoquez.

Mais puisque vous le faites, je me dois d'apporter les précisions suivantes, puisées dans la corrspondance que j'ai conservée et que les archives du Monde, qui semblent bien tenues, vous permettront aisément de vérifier :

a) Comme vous l'admettez, mon licenciement du Monde s'est effectué à l'amiable, c'est-à-dire avec mon accord. j'ai eu un différend avec le chef de mon service, Jean-Michel Croissandeau, à propos d'une pige –en fait un travail de réécriture – effectuée pour une agence de communication, pige sans aucune incidence pour mon travail journalistique, que ma hiérarchie a toujours estimé d'une qualité intransigeante. André Fontaine, directeur du *Monde*, m'a si peu tenu grief de cette pige qu'il m'a proposé d'assumer des responsabilités au bureau lyonnais du *Monde*. pour des raisons strictement personnelles, j'ai refusé ce poste, préférant quitter *Le Monde* de l'Éducation et rejoindre l'agence de presse « Zelig » que j'avais créée avant mon embauche.

b) Après ce départ, Le Monde a publié des dizaines d'articles de cette agence de presse, dont j'étais le directeur de rédaction. Preuve, s'il en était besoin, que la qualité de nos relations comme de mon travail donnait entière satisfaction au Monde, notamment d'un point de vue déontologique.

c) Enfin, j'ai eu l'occasion depuis de me réconcilier avec Jean-Michel Croissandeau, quand je travaillais comme rédacteur en chef au sein de la rédaction d'InfoMatin, journal dont Le Monde, rappelons-le, était actionnaire de référence.

2) De la diffamation

Dès lors, les allégations de votre courrier en date du 9/12/02 ne peuvent être jugées que mensongères.

Exploitées publiquement, à des fins de dénigrement « préventif », elles relèveraient de la diffamation pure et simple, et feraient donc l'objet de poursuites judiciaires immédiates.

Je vous prie, Messieurs, d'agréer mes salutations distinguées.

PHILIPPE COHEN

Table des matières

Impression réalisée sur CAMERON par
BRODARD ET TAUPIN
La Flèche

pour le compte des Éditions Mille et une nuits
en mars 2003

Imprimé en France
Dépôt légal : mars 2003
N° d'édition : 33358 – N° d'impression : 17881
49-45-4854-3/08